Gründungsmanagement

Vom erfolgreichen Unternehmensstart
zu dauerhaftem Wachstum

Springer
Berlin
Heidelberg
New York
Hongkong
London
Mailand
Paris
Tokio

Inhaltsverzeichnis

VI

X

23. Wachstumsstrategien für Neugründungen und Wachstumsfehler 359
Michael Dowling und Hans Jürgen Drumm

1. Grundprobleme, Ziele und Vorgehensweise von Gründungsmanagement und Entrepreneurship

HANS JÜRGEN DRUMM UND MICHAEL DOWLING

1.1. Grundprobleme

Gründungsmanagement und Entrepreneurship sind Begriffe für zwei miteinander verbundene unternehmerische Problemfelder, die etwa ab Anfang der 70er Jahre zunächst in den USA und später ab den 90er Jahren auch in Deutschland zuerst bei Praktikern und dann bei Wissenschaftlern wachsende Beachtung finden. Entrepreneurship hat sich zwar im angelsächsischen, noch nicht aber im deutschen Sprachraum durchgesetzt. Beide Problemfelder zusammen decken die Gründung und den Erhalt junger Unternehmungen sowie insbesondere deren Wachstum ab. Wer sich mit diesen Problemfeldern beschäftigt, stößt rasch auf *sechs Grundprobleme,* von denen die ersten beiden mehr den Wissenschaftler und die übrigen mehr den Praktiker interessieren dürften.

Das erste Grundproblem besteht in der genauen *Abgrenzung der Problemfelder und Gegenstände* des Gründungsmanagements und des weiter gefassten Konzepts Entrepreneurship. Diese Abgrenzung wird später im zweiten Kapitel genauer diskutiert. Diese Abgrenzung ist wichtig, weil sie eine Zuordnung typischer Probleme auf die neu entstehende oder bereits entstandene Unternehmung ermöglicht und irrelevante Probleme ausklammert. Zu diesen typischen Problemen gehören die Entwicklung einer - häufig technisch geprägten - marktfähigen Produktidee ebenso wie die wichtigsten Maßnahmen zu deren Umsetzung im Markt. An dieser Stelle ist lediglich festzuhalten, dass sich Gründungsmanagement auf die Schaffung der Institution Unternehmung konzentriert (ähnl. Klandt 1999). Entrepreneurship greift dagegen weiter und bezieht zusätzlich die Probleme und Lösungen der Führung und des Wachstums der jungen Unternehmung mit ein (vgl. z.B. Timmons/Olin 1999, insbesondere Kapitel 16; Sexton/Landström 2000 passim). Mit der Problemabgrenzung verbunden ist im übrigen auch die Abgrenzung von Gründungsmanagement als engerem und Entrepreneurship als weiterem Begriff. Die Beiträge in diesem Buch sind auf den weiteren Begriff hin konzipiert, soweit deren Thema dies zugelassen hat.

Das zweite Grundproblem besteht in der Suche nach einer *geeigneten Theorie zum Gründungsmanagement und zu Entrepreneurship.* Eine solche Theorie wäre für Gründerunternehmer ebenso wie für Theoretiker wichtig und nützlich, wenn sie empirisch gehaltvoll erklären könnte, unter welchen Bedingungen und mit welchen Maßnahmen die Gründung einer Unternehmung zu deren Überleben und zu langfristigem, wirtschaftlichem Erfolg führt. Eine solche Theorie müsste sowohl in allgemeiner Form für alle neuen Unternehmungen als auch in speziellen Varianten für neue Unternehmungen verschiedener Branchen formuliert werden. Bis heute ist keine dieser Theorieausprägungen erkennbar. Das überrascht nicht, denn das Problemfeld ist noch jung und seine Komplexität ist hoch. Es gibt zwar Versuche, diesen Theoriemangel zu heilen, indem Theorien aus anderen Wissenschaftsdisziplinen adaptiert oder multikriterielle Bezugsrahmen für die Einordnung von Aussagen zum Gründungsmanagement konstruiert werden (vgl. z.B. Wippler 1998, Teil B). Einen Ersatz für die benötigten Theorieausprägungen bieten solche Versuche jedoch nicht. Bisher bekannt sind lediglich empirisch ermittelte Bedingungen, die einen günstigen Einfluss auf das Überleben und den Erfolg junger Unternehmungen haben (vgl. z.B. Sternberg 2000, Kapitel 5 und 6). Auf solche Bedingungen wird auch im dritten Kapitel dieses Buchs näher einzugehen sein. Alle übrigen Kapitel dieses Buchs bauen entweder auf zu beachtenden Rechtsvorschriften oder auf mehr oder weniger bewährten Kunstlehren zum „richtigen" Managementhandeln in jungen Unternehmungen auf.

Das dritte Grundproblem besteht in der *Auswahl von Managementproblemen*, die ausschließlich in einer zu gründenden oder soeben gegründeten Unternehmung anfallen. Sicherlich gehören dazu die erstmalige Entwicklung einer Produktidee einschließlich deren Produktions- und Markteinführungsstrategie sowie die Bereitstellung von Risikokapital im allgemeinen und einer Kapital-Erstausstattung im besonderen. Diese Probleme werden größtenteils in den Kapiteln sechs bis zehn dieses Buchs behandelt. Hinzu kommen die Auswahl einer geeigneten Rechtsform sowie die Durchführung einer Gründungsprüfung, die Gegenstand der Kapitel vier, fünf und zwölf sind. Dass neu gegründete Unternehmungen in der Regel klein sind, wirft ebenso einige organisatorische wie auch personalwirtschaftliche Probleme auf, mit denen sich unter anderen die Kapitel vierzehn und fünfzehn beschäftigen. In vielen neu gegründeten Unternehmungen fallen in der Gründungsphase vor allem periodenfixe und kaum variable Einzelkosten je Leistungseinheit an. Dies wirft besondere Probleme für die von jungen Unternehmungen kaum gepflegte interne Rechnungslegung auf. Diese Probleme und ihre Lösungsansätze werden im neuen Kapitel siebzehn diskutiert. Alle übrigen der in diesem Buch aufgegriffenen Managementprobleme können in jungen wie in älteren Unternehmungen auftreten. Die Art ihrer Handhabung in jungen Unternehmungen verweist jedoch auf die Existenz des folgenden, vierten Grundproblems. Rechtliche Probleme und Lösungen etwa der Vertragsgestaltung mit Kunden oder Lieferanten sowie der Gestaltung von Arbeitsverträgen gehören zwar nicht direkt zu den Managementproblemen junger Unternehmungen. Sie liefern jedoch in der Regel einen Bezugsrahmen für diese Probleme, den Jungunternehmer kennen und an dem sie ihr Managementhandeln ausrichten müssen. Deshalb befasst sich das neue Kapitel fünf mit wichtigen Rechtsproblemen und – lösungen.

Das vierte Grundproblem besteht darin, dass *Managementdefizite der Gründer* abgebaut werden müssen. Gründer sind in vielen Fällen Experten in Technik, Naturwissenschaften, Medizin, Informationstechnologie (IT) oder Softwareentwicklung. Sie verfügen aber nicht immer über fundierte Kenntnisse zum Management des Überlebens sowie des Wachstums ihrer neu gegründeten Unternehmung. Aussagen zum Management von Gründung und Entrepreneurship müssen daher davon ausgehen, dass Wissenslücken der Gründer und ihrer Führungskräfte geschlossen werden müssen. Deshalb haben die Aussagen in den meisten Kapiteln dieses Buchs die Funktion einer Einführung in das Management junger, vielleicht bereits wachsender Unternehmungen. Sie geben im Einzelfall auch Empfehlungen ab, wie man Risiken und Managementfehler vermeiden sowie Wachstumsprozesse erfolgreich starten kann. Dies ist wichtig, weil Managementfehler die Konkurswahrscheinlichkeit steigern, die Behebung der Fehler jedoch häufig zu spät kommt.

Das fünfte Grundproblem besteht darin, nach *branchenspezifischen Besonderheiten* der Gründungs-, Überlebens- und Wachstumsprozesse junger Unternehmungen zu suchen, die zweifellos existieren. Ein Marketingplan einschließlich der Berücksichtigung von Marktrisiken, wie er im sechsten Kapitel vorgestellt wird, muss für Biotechnologie oder medizinische Leistungen andere Strukturen und Inhalte haben als ein Marketingplan für eine Medienunternehmung oder einen jungen Anbieter von Informationstechnologie. Eine einführende Monografie wie diese kann diese Besonderheiten nicht berücksichtigen. Sie muss sich auf allgemeine und branchenunabhängige, konzeptionelle Bausteine des Managements von Gründung und Wachstum junger Unternehmungen beschränken.

Das sechste Grundproblem lässt sich durch die Frage umschreiben, ob und ggf. welche *Elemente des Gründungs- und Wachstumsmanagements aus anderen Wirtschaftsnationen* übernommen werden können, um sie unverändert oder in heuristischer Absicht in deutschen jungen Unternehmungen zur Anwendung zu bringen. Hier gilt, dass Managementkonzepte mit andersartiger Rechtsgrundlage nicht immer übertragbar sind. Diese Bedingung wird uns in den Kapiteln vier, sieben, zehn, zwölf bis dreizehn, fünfzehn, siebzehn und einundzwanzig wieder begegnen. Für alle anderen Probleme des Managements von Gründung, Überleben und Wachstum junger Unternehmungen gilt, dass ausländische Lösungsansätze auf ihre heuristische Nutzbarkeit hin überprüft werden müssen. Diese kann durch soziokulturelle Unverträglichkeit ausländischer mit deutschen Verhaltensnormen und Werthaltungen eingeschränkt werden. Ist diese nicht gegeben, spricht nichts gegen eine Adaption ausländischer Gründungs- und Wachstumskonzepte. Diesem Gedanken wird man besonders in den Kapiteln vierzehn, einundzwanzig und dreiundzwanzig wieder begegnen.

Die Breite der betriebswirtschaftlichen Problemstellungen, denen sich Gründer und Jungunternehmer stellen müssen, ist beeindruckend. Während dieser Personenkreis jedoch zu den Generalisten gehören darf, die zur Lösung von Spezialproblemen auf Experten zurückgreifen können, gilt dies nicht für die Autoren von Spezialbeiträgen, wie sie in diesem Buch angeboten werden. Diese Autoren müssen Experten sein, um ihren Lesern aus Praxis und Wissenschaft einen fundierten Einblick in ihr jeweiliges Problemfeld zu verschaffen.

1.2. Ziele

Erstes Ziel dieses Buch ist es, Lösungsbeiträge für alle zuvor erläuterten Grundprobleme anzubieten, indem es zu allen wichtigen Funktionsfeldern eines Managements von Gründung, Überleben und Wachstum teils einführende, teils vertiefende Problemanalysen und Gestaltungsvorschläge macht.

Zweites Ziel dieses Buchs ist es, die zuvor genannte Leistung für *verschiedene Adressaten* zu erbringen. Eine *erste Adressatengruppe* sind Praktiker, die sich mit dem Gedanken einer Unternehmungsgründung tragen. Eine *zweite Adressatengruppe* sind Gründer und ihre Führungskräfte, die bereits in der neu gegründeten Unternehmung tätig sind. Die *dritte Adressatengruppe* sind Personen und Institutionen, die sich mit Gründungsberatung beschäftigen. Die *vierte Adressatengruppe* sind Studenten an Universitäten sowie Fachhochschulen, die dort Gründungsmanagement studieren. Die einzelnen

Autoren der dreiundzwanzig Kapitel dieses Buchs tragen den Interessen der verschiedenen Adressatengruppen dadurch Rechnung, dass sie sich um sprachlich klare und verständliche Darstellung ihrer zum Teil sehr komplexen Themen bemüht haben.

Das dritte Ziel dieses Buchs besteht darin, dessen Lesern Texte von Autoren anzubieten, von denen jeder Experte auf seinem behandelten Gebiet ist. Alle Beiträge sind soweit als möglich aufeinander abgestimmt worden. Sie werden zusätzlich durch ein gemeinsames Schlagwortregister erschlossen. Man kann kaum erwarten, dass ein einzelner Autor alle hier gebotenen Funktionsfelder auf hohem Niveau in gleicher Weise abdeckt. Andererseits ist die Behandlung von Managementproblemen der Gründung, des Überlebens und des Wachstums aus der Sicht nur eines einzigen Fachs oder Berufsfeldes für die zuvor genannten Adressatengruppen wenig hilfreich (vgl. z.B. Kußmaul 2001; Buttler/Herrmann/Scheffler/Voigt 2000, 2. Teil).

Implizites Ziel dieses Buchs ist es, den einzelnen Autoren ihre Eigenständigkeit zu lassen und diese nicht durch starke Vereinheitlichung aller Beiträge zu beschneiden. Die individuelle Sicht auf die hier behandelten Managementprobleme bleibt für jeden Autor erhalten. Diese Eigenständigkeit wird auch dadurch respektiert, dass bei gleichem Begriff die unterschiedlichen Bezeichnungen *Unternehmung* und *Unternehmen* nebeneinander existieren dürfen.

1.3. Vorgehensweise und Leseempfehlung

Die meisten der Beiträge in diesem Buch sind aus einem Konzept für eine fächerübergreifende betriebswirtschaftliche Vorlesung zum Thema „Entrepreneurship - Gründungsmanagement" heraus entstanden. Diese fachübergreifende Vorlesung ist 1997 an der Wirtschaftswissenschaftlichen Fakultät der Universität Regensburg insbesondere von Dowling konzipiert und seither jährlich einmal durchgeführt worden. Da Gründungsmanagement interdisziplinär ist, werden nicht nur die einschlägigen betriebswirtschaftlichen Fachgebiete präsentiert, sondern auch die zur Realisierung von Gründungsideen wichtigen Gebiete des Patentrechts, des Vertragsrechts, der multikriteriellen Standortwahl sowie Teile des Steuerrechts vorgestellt. Ergänzend kommen befreundete Kollegen aus anderen Fakultäten sowie einschlägige Praktiker zu Wort.

In das Konzept „Gründungsmanagement und Entrepreneurship", führt *Dowling* als Experte für Entrepreneurship im zweiten Kapitel durch eine Analyse der Grundlagen und des Gründungsprozesses ein. Im dritten Kapitel analysiert er einige Erfolgs- und Risikofaktoren bei Neugründungen, die bei der Evaluierung von Marktchancen bedeutsam sind. Es ist wichtig, sich von Anfang an Gedanken über die für eine Neugründung geeignete Rechtsform zu machen, da sie einen wesentlichen Einfluss auf den Aufbau der Managementstrukturen hat. *Meyer-Scharenberg* als Experte für Rechtsformen und Steuerlehre präsentiert dazu im vierten Kapitel seine Problemanalyse und macht Lösungsvorschläge. *Kirnberger* erörtert im fünften Kapitel rechtliche Probleme und Lösungen des Vertragsrechts für junge Unternehmungen.

Der nächste große Schritt, der vielen Gründern Probleme bereitet, liegt im Bereich der Marktabschätzung, der Marketingstrategien und der Preispolitik. Hierzu geben *Gierl* und *Helm* als Experten für Marketing eine fundierte Einführung in die Aufstellung eines Marketingplans. Wenn eine Marktabschätzung erfolgt ist und sich Marktchancen bieten, dann ist es wichtig, gleich zu Beginn deren finanzielle Realisierbarkeit zu überprüfen. Deshalb zeigt *Drukarczyk* als Experte für Finanzierung im siebenten Kapitel, wie wichtig die richtige Wahl der Finanzierungsformen und -instrumente ist. Diese Überlegungen dienen als Einleitung für die in Kapitel 8 folgende Fallstudie der Firma Clarion Optical, geschrieben von Stevenson, einem der führenden amerikanischen Gründungsforscher von der Harvard Business School, in Kooperation mit Roberts. Wichtig ist von Anfang an auch die nötige Sicherstellung der finanziellen Ressourcen. Hierzu gibt es zwei Beiträge aus der Praxis. Im neunten Kapitel zeigt *Jantz* als Risikokapitalgeber, wie das Modell der Venture-Capital-Finanzierung in der Praxis funktioniert. Dieser Beitrag wird um Hinweise auf das Konzept der Business Angels ergänzt, das ebenfalls für die Finanzierung von Neugründungen erfolgreich eingesetzt wird. Im zehnten Kapitel berichtet *Huber* als Fachmann für staatliche Förderungsmaßnahmen, wie Gründer staatliche Fördergelder bekommen können, die in Deutschland sehr oft mit Venture Capital kombiniert werden.

Wenn die Ressourcen bereitgestellt sind, geht der Entrepreneur in die *Realisierungsphase*. In ihr werden Strukturen für ein Businesskonzept aufgebaut, um ein Geschäft erfolgreich führen zu können. Dabei sind allgemeine und gründungsrelevante Aspekte des Risikomanagements zu beachten, die im elften Kapitel von *Altenburger* als Experte für Versicherungsmanagement präsentiert werden. Rechnungslegung und Prüfungen begleiten in der Aufbauphase die junge Unternehmung. Sie werden von *Scherrer* als Experte für interne und externe Unternehmungsrechnung im zwölften Kapitel ausführlich dargestellt und diskutiert. Die steuerlichen Aspekte der Unternehmungsgründung stellt *Meyer-Scharenberg* im dreizehnten Kapitel vor. Im vierzehnten und fünfzehnten Kapitel erläutert *Drumm* als Experte für Personalwirtschaft und Organisation geeignete Organisationsstrukturen für junge sowie für wachsende Unternehmungen und zeigt Lösungen für deren personalwirtschaftliche Probleme auf. Die Realisierungsphase wird mit der Aufstellung von Businessplänen abgerundet, in deren Struktur *Dowling* im sechzehnten Kapitel einführt.

Die letzten Kapitel des Buchs gehen auf einige sehr wichtige *Spezialthemen* ein. *Scherrer* erörtert im siebzehnten Kapitel Ansätze zu einer internen Rechnungslegung für junge Unternehmungen, die als Problem nach deren Start gelöst werden müssen. *Beck* stellt im achtzehnten Kapitel Patentstrategien für Geschäftsideen dar, die für Gründer wichtig sind. Gerade im hoch technologisierten Bereich sind Patentstrategien notwendig, um den nötigen Schutz von Ideen zu gewährleisten. *Schmude* zeigt im neunzehnten Kapitel, von welchen Einflussgrößen die Standortwahl und der Aufbau geografischer Netzwerke für Gründer abhängen. *Lechner* geht im zwanzigsten Kapitel auf die Gestaltung von Unternehmungsnetzwerken ein und greift dabei auf empirisches Material aus seiner Gründungsforschung zurück. *Von Lerchenfeld* und *Dirscherl* beschreiben als Wirtschaftsprüfer und Berater im einundzwanzigsten Kapital die strategischen Schritte, die neu gegründete und wachsende Unternehmungen bei einem Gang an die Börse erfolgreich durchlaufen müssen. *Meckl* untersucht im zweiundzwanzigsten Kapitel gestützt auf zwei spektakuläre Fallstudien, welche Strategien junge, wachsende Unternehmungen bei ihrer Internationalisierung wählen müssen. Im Schlusskapitel untersuchen *Dowling* und *Drumm* die Wachstumsstrategien für Neugründungen und junge Unternehmungen und diskutieren Managementfehler, die zum Scheitern dieser Strategien führen können.

Das Buch wird durch ein kapitelübergreifendes *Schlagwortregister* erschlossen und durch ein *Verzeichnis der Autoren* mit jeweils kurzer Vita abgeschlossen. Alle Kapitel mit Ausnahme des ersten sind gleich aufgebaut: Zu dessen Beginn zeigt ein kurzer Überblick, womit sich die Sachdarstellungen in den folgenden Abschnitten des Kapitels beschäftigen. An dessen Ende folgt eine Zusammenfassung, die jeweils die wichtigsten Ergebnisse des Kapitels hervorhebt. Aus diesem Aufbau ist eine *Leseempfehlung* ableitbar: Eilige Leser konzentrieren sich auf Überblick und Zusammenfassung, um für sich den Wert der Lektüre des gesamten Kapitels zu überprüfen. Wissensdurstigen, gründlichen Lesern bleibt allerdings die Lektüre des gesamten Kapitels, ja sogar des gesamten Buchs nicht erspart.

1.4.   Verwendete und weiterführende Literatur

Buttler, Günter; Herrmann, Harald; Scheffler, Wolfram; Voigt, Kai-Ingo (Hrsg.) (2000): Existenzgründung - Rahmenbedingungen und Strategien. Heidelberg.

Klandt, Heinz (1999): Gründungsmanagement - Der integrierte Unternehmensplan. München, Wien.

Kußmaul, Heinz (2001): Arbeitsbuch Betriebswirtschaftslehre für Existenzgründer. 3. Auflage, München, Wien.

Wippler, Armgard (1998): Innovative Unternehmensgründungen in Deutschland und den USA. Wiesbaden.

Sexton, Donald L.; Landström, Hans (Hrsg.) (2000): The Blackwell Handbook of Entrepreneurship. Oxford, Malden.

Sternberg, Rolf (2000): Entrepreneurship in Deutschland - Das Gründungsgeschehen im internationalen Vergleich. Berlin.

Timmons, Jeffry A.; Olin, Franklin W. (1999): New Venture Creation. Entrepreneurship for the 21st century. Boston usw.

2. Grundlagen und Prozess der Gründung

MICHAEL DOWLING

2.1. Überblick

In diesem Kapital wird zuerst die Wichtigkeit des Themas „Gründungsmanagement" anhand aktueller Forschungsergebnisse diskutiert. Danach erfolgt eine Begriffsabgrenzung von Entrepreneurship/Gründungsmanagement, und darauf aufbauend wird der Gründungsprozess erläutert.

2.2. Wichtigkeit des Themas

Das Management von neu gegründeten und schnell wachsenden Unternehmen in hoch technologisierten Branchen wie z.B. in der Informations- oder Biotechnologie hat während der letzten 5 Jahre in Deutschland sowohl in der Praxis als auch in der Lehre und Wissenschaft an Bedeutung gewonnen. Trotz der Schwierigkeiten mancher in den letzten 12 Monaten neu gegründeter Firmen und trotz des Kursverfalls am Neuen Markt ist der Saldo zwischen den Neugründungen und den Handelsregisterlöschungen weiterhin positiv (Abb. 1) und so ist durchaus die Meinung vertretbar, dass es in Deutschland grundsätzliche Änderungen gibt, die zu einem Wandel des Bewusstseins in vielen Bereichen unseres Wirtschaftssystems führen: Unternehmensgründungen und das junge Unternehmertum werden zunehmend positiv bewertet.

Dies belegt auch eine Studie, die von Sternberg am Wirtschafts- und Sozialgeographischen Institut der Universität zu Köln durchgeführt wurde (vgl. Sternberg/Otten/Tamásy 2001). Der sog. „Global Entrepreneurship Monitor" (GEM) hat

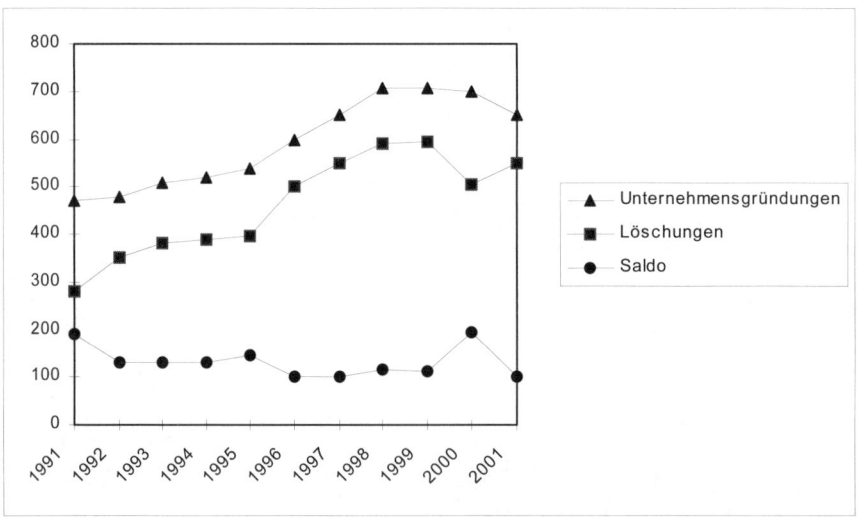

Abb. 1: Gründungssaldo weiterhin positiv; Angaben in Tausend; Quelle: Wirtschaftswoche Nr. 41, 2002

zum Ziel, die Zusammenhänge zwischen Entrepreneurship und dem wirtschaftlichen Wachstum zu untersuchen. Es wird unter anderem aufgezeigt, dass die Gründungsaktivitäten im Jahr 2001 im Vergleich zu 2000 zwar zurückgegangen sind, jedoch deutlich über den Werten aus dem Basisjahr 1998 liegen (Abb. 2). Diese Entwicklung wird als eine gewisse Ernüchterung der deutschen Gründungsszene als Folge der New-Economy-Krise seit Mitte des Jahres 2000 gewertet. Allerdings weist die Studie ausdrücklich darauf hin, dass dies nicht bedeutet, dass alle betrachteten Gründungen aus dem Bereich der New-Economy kommen, sondern dass vielmehr auch potentielle Gründer außerhalb der New-Economy durch dieses Geschehen abgeschreckt wurden. Es kann also trotz des leichten Rückgangs von einer weiterhin positiven Entwicklung ausgegangen werden.

Die GEM-Studie untersucht auch die länderspezifischen Unterschiede der Gründungsaktivitäten. Sie kommt zu dem Ergebnis, dass der Anteil der „Nascent Entrepreneurs" (Erwachsene, die versuchen ein Unternehmen zu gründen) in Deutschland im Zweijahreszeitraum um 2,15 Prozentpunkte gestiegen ist, was deutlich mehr ist als in Großbritannien und den USA, deren Quoten sich sogar leicht verringerten. Damit liegt Deutschland über dem Mittelwert der übrigen untersuchten Länder. Zudem zeigt sich, dass Deutschland eine hervorragende Bewertung im Bereich Gründungsförderpolitik (2001 Platz 1 unter 26 Ländern) erhält, dass aber Nachholbedarf

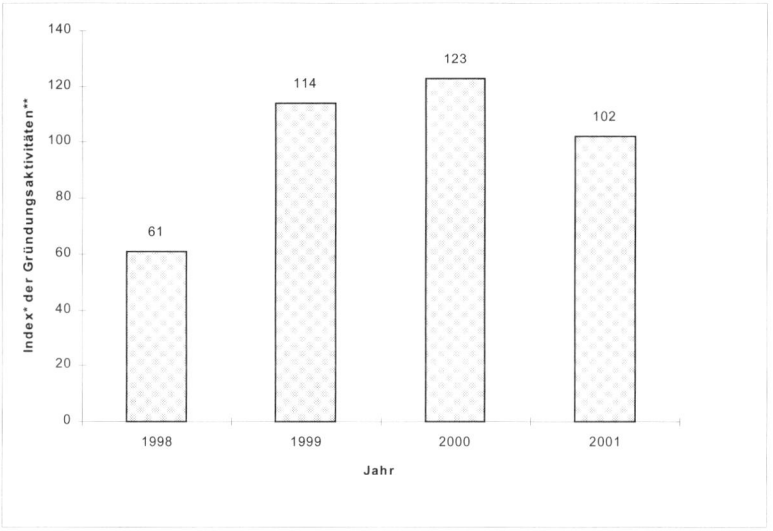

Abb 2: Entwicklung der Gründungsaktivitäten in Deutschland 1998-2001 (Index); Quelle: GEM Bürgerbefragung 1998-2001
  *   Der ungewichtete Mittelwert der vier Jahre beträgt 10,9% und wird gleich 100 gesetzt.
  ** Anteil der erwachsenen Befragten, die zum Zeitpunkt der Erhebung versuchten, alleine oder mit Partnern ein neues Unternehmen zu gründen.

in den Bereichen Forschungs- und Technologietransfer sowie gründerbezogenen Rahmenbedingungen besteht.

Eine andere Studie eines Forschungsprojekts an der European Business School (EBS) im Jahr 2000 zeigt, wie nachhaltig der wirtschaftliche Wandel in Deutschland ist (www.e-startup.org). Im Rahmen dieses Projekts wurde eine Befragung von über 1000 neu gegründeten Firmen in der Internet/E-Commerce-Branche durchgeführt. Die Studie zeigt, dass in Deutschland etwa 15.000 Neugründungen aktuell im Geschäftsfeld Internet/E-Commerce tätig sind. An der Entstehung dieser neuen Firmen waren 25.000 Gründer beteiligt, und inzwischen sind dafür über 151.000 Mitarbeiter fest angestellt. Die Vielfalt dieser Firmen ist größer als allgemein angenommen, da innovative Dienstleister mit über 75 % die Masse der Unternehmen stellen. Im Vergleich zu ähnlichen Gründern in den USA sind die deutschen Gründer in der Regel 10 Jahre jünger und haben einen höheren Bildungsgrad, obwohl sie weniger Internet- und Industrieerfahrung haben. Es bestehen nach wie vor interessante Nischen, in denen Gründungsfirmen im E-Commerce-Bereich durchaus Erfolg haben können.

Auch das Angebot an Fremdfinanzierung und Risikokapital wird mittlerweile durchwegs positiv bewertet. Die „European Private Equity and Venture Capital Association" (EVCA) gibt in ihrem Newsletter vom August 2002 einen investierten Betrag von 24.3 bn Euro in 8.104 europäischen Firmen an. Dabei belegt Deutschland Rang 2 der untersuchten Länder mit einem Volumen von 4,435 Millionen Euro in 2001, was 22 % der gesamten Mittel darstellt (Abb. 3). Bei einer Umfrage von EVCA innerhalb den Monaten Januar bis März 2002 ergab sich folgendes Bild: 95 % der 364 Rückantworten von VC-finanzierten Unternehmen gaben an, dass sie ohne dem Risikokapital gar keine Gründungsmöglichkeit gehabt hätten. 60 % der Befragten er-

	2000 Millionen Euro	2001 Millionen Euro	Änderung in %	2000 Anzahl	2001 Anzahl	Änderung in %
U.K.	13.180	6.926	-47,5	1.980	2054	3,7
Deutschland	4.767	4.435	-7,0	3.012	2311	-23,3
Frankreich	5.304	3.287	-38,0	2.994	1926	-35,7
Italien	2.969	2.185	-26,4	646	489	-24,3
Schweden	2.300	2.043	-11,2	702	619	-11,8
Niederlande	1.916	1.887	-1,5	789	593	-24,8
Spanien	1.127	1.199	6,4	389	412	5,9
Belgien	565	410	-27,5	483	329	-31,9
Dänemark	274	331	21,2	253	260	2,8
Norwegen	296	279	-5,9	256	279	9,0
Finnland	384	257	-33,2	398	485	21,9
Schweiz	626	243	-61,1	237	184	-22,4
Polen	202	150	-25,4	102	68	-33,3
Österreich	163	147	-9,7	151	212	40,4
Irland	223	145	-35,3	205	184	-10,2
Ungarn	51	143	179,5	51	32	-37,3
Portugal	183	108	-40,8	161	87	-46,0
Griechenland	195	104	-46,7	78	49	-37,2
Tschechien	122	26	-78,2	32	35	9,4
Island	138	18	-86,7	179	51	-71,5
Slowakei	1	9	470,1	9	13	44,4
Gesamt	34.986	24.332	-30,5	13.107	10672	-5,2

Abb 3: Venture-Capital Investitionssummen in Gründungen der europäischen Länder im Vergleich; Quelle: EVCA Newsletter August 2002

klärten weiterhin, dass sie ohne dem Startkapital heute gar nicht mehr existieren würden.

Auch bei etablierten Unternehmen gibt es mehrere Beispiele von Corporate Venture Capital Gesellschaften, die versuchen, aus Großunternehmen sog. Spin-Offs mitzu-finanzieren oder Geld in neu gegründete Firmen zu investieren, um leichteren Zu-gang zu neuen Technologien zu bekommen. Hier sind u.a. T-Ventures von der Deut-schen Telekom und Siemens Venture Capital zu erwähnen.

Diese neuen Finanzierungsmöglichkeiten haben allgemein in Europa, und insbeson-dere in Deutschland, die Gründungswelle in vielen Branchen vorangetrieben. Inzwi-schen wird allgemein bestätigt, dass Geld nicht mehr einen großen Engpass für Gründer bedeutet, sondern dass es Engpässe hinsichtlich guter Ideen gibt, die von erfahrenen Teams umgesetzt werden können.

Vor allem Gründungsvorhaben im Bereich von schnell wachsenden, hoch technolo-gisierten Branchen bedeuten eine Herausforderung für Managementfähigkeiten und Kenntnisse. Man hat in Deutschland versucht, Defizite in der betriebswirtschaftli-chen Lehre und Forschung in diesem Bereich durch die Etablierung von Grün-dungsmanagement-Lehrstühlen auszugleichen. In den letzten fünf Jahren wurden bereits über 35 solcher Lehrstühle an verschiedenen Universitäten und Fachhoch-schulen im deutschsprachigen Raum eingerichtet (Klandt 2002). Es wird in den fol-genden Kapiteln deutlich werden, dass Gründungsmanagement nicht nur auf die Überwindung ungünstiger Bedingungen bei der Gründung selbst sowie die Nutzung von Wachstumschancen, sondern auch auf die Handhabung von Professionalitäts-mängeln zielt. Dazu sind die nachfolgende Begriffsabgrenzung und die Offenlegung der Struktur des Gründungsprozesses zwingend erforderlich.

2.3. Der Begriff Entrepreneurship/Gründungsmanagement

Der Begriff „Entrepreneurship" ist, wie viele Konzepte in der betriebswirtschaftli-chen Forschung und Lehre, relativ schwierig einheitlich zu definieren. In seiner Pio-nier-Dissertation *Entrepreneurship als ökonomischer Prozess* hat Ripsas 1997 die verschie-denen Aspekte des Entrepreneurship-Begriffes sehr detailliert erläutert. Er stellte fest, dass in den USA eine Verschiebung des Entrepreneur-Begriffes von einer Betonung der Charakteristika des Entrepreneurs auf eine mehrdimensionale Definition erfolgte. In ähnlicher Weise definierten auch Bygrave und Hofer (1991) die verschiedenen Aspekte von Unternehmensgründungen und Gründungsprozess:

- The *Entrepreneurial Event* " ... involves the creation of a new organization to pursue an opportunity";
- The *Entrepreneurial Process* " … involves all functions, activities, and actions associated with the perceiving of opportunities and the creation of organiza-tions to pursue them";
- The *Entrepreneur* " … is someone who perceives an opportunity and creates an organization to pursue it".

Stevenson et. al. kritisieren in der 4. Auflage ihres bekannten Lehrbuchs *New Business Ventures and the Entrepreneur (1994)* eine Reihe von wissenschaftlichen Studien, in denen versucht wurde, Merkmale von Entrepreneuren zu definieren. Sie beurteilen diese Studie mit ihren teilweise widersprüchlichen Resultaten insgesamt als „nicht aussagekräftig". Stevenson et. al. kommen zu dem Ergebnis, dass die Forschung in Entrepreneurship viel mehr als nur die Merkmale der Entrepreneure untersuchen soll. Sie behaupten, dass Entrepreneurship ein neuer Managementansatz ist und definieren diesen Ansatz knapp mit folgendem Satz: „Entrepreneurship is the pursuit of opportunity without regard to resources currently controlled." Auf der Basis dieser Definition erläutern Stevenson et. al. das Konzept von Entrepreneurship anhand von sechs verschiedenen Dimensionen (Stevenson et. al., Seite 14-15):

1. die strategische Orientierung,
2. das Kommitment zu einer „Opportunity",
3. der Einsatz von Ressourcen,
4. die Kontrolle über Ressourcen,
5. das Managementsystem,
6. die Anreiz- und Belohnungssysteme.

Sie analysieren verschiedene Verhaltensmuster zwischen zwei Extremen. Ein Extrem ist der Entrepreneur als Promoter, der neue Möglichkeiten erkennt und ergreifen will, auch wenn er im Moment nicht genügend Ressourcen dafür aufweisen kann. Auf der anderen Seite dieses Kontinuums gibt es die traditionellen Manager oder Verwalter, die versuchen, die Nutzung von existierenden Ressourcen zu optimieren.

So argumentieren Stevenson et. al. aus der Perspektive der strategischen Orientierung, dass ein Entrepreneur seine Strategie definiert, um eine „Opportunity" (im Deutschen ungefähr mit Chance oder Gelegenheit zu übersetzen), die er erkannt hat, zu ergreifen und auszubauen. Er wird nicht durch momentane knappe Ressourcen behindert, sondern sucht neue Ressourcen, um diese Möglichkeiten zu realisieren. Ein Manager ist andererseits durch die Kontrolle von existieren Ressourcen eingegrenzt und versucht eher, diese Ressourcen effizient einzusetzen und zu optimieren.

Mit der zweiten Dimension, dem Kommitment zu einer „Opportunity", betonen Stevenson et. al., dass Kreativität für einen Entrepreneur nicht ausreicht. Eine Idee muss auch umgesetzt werden. Diese Umsetzung verlangt schnelle Entscheidungen, das Management von Risiken und große Flexibilität. Die Entscheidungen sind von den Ressourcen abhängig, die für jede Phase der Gründung notwendig sind. Mit der vierten Dimension, dem Kommitment zu Risiken, beschreiben Stevenson et. al. Entrepreneure als besonders fähig, auch durch kooperative Strategien Ressourcen von anderen Personen oder Firmen zu akquirieren. Unter den Dimensionen „Management" und „Anreizsysteme" zeigen sie, dass sich Entrepreneure viel mehr auf das Management von Risiken außerhalb der eigenen Firma konzentrieren und mit sehr flachen Hierarchien arbeiten. Sie schaffen Anreiz- und Belohnungssysteme, die auf individuellen Leistungen nicht nur für die Mitarbeiter, sondern auch für die Geldgeber der neu gegründeten Firma aufgebaut sind. Dieser Ansatz von Stevenson et. al. ist sowohl für eine Neugründung relevant als auch für etablierte Firmen, die mit neuen Technologien neue Wachstumsfelder erschließen möchten.

Zusammenfassend muss man Entrepreneurship/Gründungsmanagement als ein mehrdimensionales Konzept betrachten. Relevant ist nicht nur die Betrachtung des Entrepreneurs, sondern noch wichtiger die Gründungsgelegenheit, die sich aus einer Idee und deren potentiellen Umsetzbarkeit zusammensetzt. Die Aktivitäten des Gründers sind zudem deutlich von traditionellen Management-Aktivitäten, vor allem in der Anfangsphase, zu unterscheiden. Dazu ist es nützlich, die verschiedene Phasen des Gründungsprozesses zu analysieren.

2.4. Der Gründungsprozess

2.4.1. Prozessmodelle

Obwohl es keine einheitliche Definition von Entrepreneurship bzw. Gründungs-management gibt, wird in der Praxis bei Neugründungen in der Regel der Grün-dungsprozess als Phasenmodell dargestellt. Derartige Modelle zeigen eine Struktur auf, die den Überblick erleichtert. Szyperski und Nathusius haben in einem ihrer ersten Bücher zum Thema „Unternehmensgründungen im deutschsprachigen Raum" (1977) bereits ein Phasenmodell der Unternehmensgründungen beschrieben. Dieses Modell baut auf Produktlebenszyklen und Projektplanungsmodellen auf. Klant, der erste Inhaber eines Gründungsmanagement-Lehrstuhls in Deutschland an der Euro-pean Business School, präsentiert in seinem Lehrbuch ein Vier-Phasen-Modell (1998), und Ripsas unterteilte in seiner Dissertation den unternehmerischen Prozess ebenfalls in vier Phasen (1997). Diese Modelle sind nicht alle gleich, haben aber eine ähnliche Struktur. Sie beginnen in der Regel mit der Entstehung von Ideen, dann folgt eine Planungsphase mit einer verfeinerten Entwicklung eines Geschäfts- bzw. Businessplans, eine Phase für den Aufbau einer Wachstumsorganisation und eventu-ell eine Phase, in der Ernte oder Ausstiegsmöglichkeiten realisiert werden.

Die Länge der Phasen kann in verschiedenen Branchen durchaus unterschiedlich ausfallen. Internetfirmen haben sehr schnelle (oft zu schnelle!) Planungsphasen. Bio-techfirmen müssen durch die erforderliche Regulierung sehr lange Forschungsphasen durchlaufen.

Unseres Erachtens wird im deutschsprachigen Raum zuviel Betonung auf „die Idee" als Anfangspunkt solcher Phasen gelegt. Eine gute Idee ohne die mögliche Umsetz-barkeit ist keine Basis für einen längerfristigen Geschäftserfolg. Die Überlegungen von Stevenson et. al., die wieder auf ihren Entrepreneurship-Ansatz aufbauen, sind daher sinnvoller. Bei Stevenson liegt die Betonung auf „Opportunity", d.h. auf der Gelegenheit, die aus der Kombination von einer Idee plus Marktpotential zu verste-hen ist. Stevenson unterscheidet in seinem Modell die folgenden fünf Phasen, die auf einer „Opportunity" aufbauen.

2.4.2. Die Evaluierung der „Opportunity"

Bei diesem Ansatz sind die Geschäftsidee plus Machbarkeit und Umsetzbarkeit der Schlüssel zum Erfolg. Die erste Frage ist: Was sind relevante Dimensionen einer „Opportunity"? Sie existieren nur über einen bestimmten Zeitraum, und die Risiken und Renditepotentiale sind über die Zeit unterschiedlich zu beurteilen. Um „Opportunities" zu erkennen, muss man die richtigen wirtschaftlichen Kräfte wie z.B. technologische Änderungen, Deregulierungen, Änderungen im Konsumverhalten oder die Nachfrage analysieren. Die Frage nach dem Gewinn ist genauso wichtig wie die Frage nach der Qualität der „Opportunity": Sind die Gewinnmöglichkeiten der „Opportunity" hinreichend, um eine angemessene Kapitalrendite für die Investoren zu erzielen und um die Opportunitätskosten der Gründer zu erwirtschaften? Stevenson et. al. betonen von Anfang an, dass Gründer auch sofort über die Renditemöglichkeiten nachdenken und Geschäftsmodelle aufbauen müssen, um die angestrebten Umsätze und Renditen generieren zu können. Die Wichtigkeit dieses Aspekts konnte man in den letzten 12 bis 18 Monaten nur zu deutlich an den gescheiterten Internetfirmen am Neuen Markt in Deutschland erkennen.

2.4.3. Die Entwicklung des Businesskonzepts

Die nächste Phase des Modells ist die Entwicklung des Businesskonzepts. Heute spricht man von „Geschäftsmodellen" und meint hier nichts anderes als die Entwicklung eines strategischen Plans. Dazu sind die Werkzeuge des strategischen Managements von großer Bedeutung. Wenn man eine „Opportunity" analysieren will, muss man erst ein Branchenverständnis gewinnen. Erst dann erkennt man, welche Eintrittsbarrieren es gibt, welche Kunden man mit welchem Kundennutzen erreichen kann, welche Zulieferer kritische Ressourcen kontrollieren oder eventuell kritische Renditen bekommen können und welche Substitute am Markt sind. Das sogenannte Fünf-Kräfte-Modell von Porter (1980) kann bei Neugründungen nützlich für die Analyse von Wettbewerbsbedingungen sein wie auch bei etablierten Firmen.

2.4.4. Die Akquirierung der Ressourcen

Der nächste Schritt ist die Akquirierung der nötigen Ressourcen. Entrepreneurship bedeutet die Verfolgung einer „Opportunity", auch wenn man im Moment nicht die nötigen Ressourcen hat. Dazu ist es notwendig, in dem Gründungsprozess die fehlenden Ressourcen zu identifizieren und einen Plan zu erstellen, wie man die nötigen Ressourcen bekommen kann. Hier sind nicht nur die finanziellen Ressourcen gemeint, sondern auch andere Ressourcen im Bereich von Technologien, von Marketing und von Vertrieb und Personal. Alle Ressourcen, die für die Implementierung des Businesskonzepts notwendig sind, müssen ermittelt und evaluiert werden. Sind sie nicht vorhanden, müssen detaillierte Pläne erstellt werden, um sie zu erwerben oder anderweitig z.B. durch Verträge oder kooperative Strategien zu erhalten.

2.4.5. Das Management des Geschäfts

Der vierte Schritt ist das Management des neuen Geschäfts, weil hier die gesammelten Ressourcen eingesetzt werden. Dabei gelten die Grundsätze von Betriebswirtschaftslehre und Management. Man muss Systeme und Strukturen schaffen, um die laufenden Geschäftsprozesse abwickeln zu können und auch für Wachstum zu sorgen.

2.4.6. Die Abschöpfung des Mehrwerts

In der letzten Phase „Ausstieg oder Ernte" muss überlegt werden, wie der Mehrwert abgeschöpft werden kann, den man in einer neu gegründeten Firma geschaffen hat. Dieser Mehrwert kann durch Akquisitionen von größeren Firmen erfolgen, einem sogenannten „Trade Sale". Der berühmteste Weg, der in letzter Zeit zu einigen Fehlentwicklungen geführt hat, ist natürlich ein Börsengang. Gründer sollten jedoch schon von Anfang an überlegen, wie sie eventuell einen Mehrwert mit ihrer Gründung erzielen wollen.

2.5. Zusammenfassung

In dieser kurzen Einführung wurde gezeigt, dass sich trotz momentaner Schwierigkeiten bei einigen Neugründungen, vor allem in der Internetbranche, die wirtschaftliche Lage und Möglichkeiten für Gründer in Deutschland grundsätzlich und nachhaltig geändert haben. Entrepreneurship/Gründungsmanagement ist ein komplexes Phänomen mit vielen Perspektiven, die professionell und grundlegend betrachtet werden müssen. Der Gründungsprozess hat erkennbare Phasen, die auch in Planungsinstrumenten wie z.B. Geschäftsplänen berücksichtigt werden müssen.

In den folgenden Kapiteln wird ein Leitfaden für erfolgreiches, mehrdimensionales Management entwickelt, der sowohl für bereits bestehende Unternehmen oder Ausgründungen als auch für „Nascent Entrepreneurs" umsetzbar ist. Vor allem den Gründern soll geholfen werden, die nicht nur eine „Existenz" durch kleine Firmen schaffen wollen, sondern von Anfang an planen, durch schnelles Wachstum größere Unternehmen aufzubauen und langfristige Wettbewerbsvorteile zu erzielen.

2.6. Verwendete und weiterführende Literatur

Bygrave, William D.; Hofer, Charles W. (1991): Theorizing about Entrepreneurship. In: Entrepreneurship Theory und Practice, 16. Jg., S. 13 – 22.

European Private Equity and Venture Capital Association (2002): Quaterly Newsletter, August 2002. Zaventem, Belgien.

Klandt, Heinz (1999): Gründungsmanagement: Der integrierte Unternehmensplan. München.

Klandt, Heinz (2002): Gründungsprofessuren 2002. Oestrich-Winkel.

Porter, Michael (1992): Wettbewerbsvorteile. 3. Auflage, Frankfurt/Main.

Ripsas, Sven (1997): Entrepreneurship als ökonomischer Prozeß. Wiesbaden.

Sternberg, Rolf; Otten, Claus; Tamásy, Christine (Wirtschafts- und Sozialgeographisches Institut, Universität zu Köln): Länderbericht Deutschland 2000 und 2001. In: Global Entrepreneurship Monitor.

Stevenson, Howard H; Roberts, Michael J.; Grousbeck, H. Irving (1994): New Business Ventures and the Entrepreneur. 4th Edition. Chicago.

Szyperski, Norbert; Nathusius, Klaus (1999): Probleme der Unternehmensgründung, 2. Auflage. Lohmar, Köln.

3. Erfolgs- und Risikofaktoren bei Neugründungen

MICHAEL DOWLING

3.1. Überblick

In diesem Kapital werden zunächst einige Forschungsberichte über das Gründerpotential aus den Hochschulen in Deutschland zusammengefasst. Dann werden die Erfolgsfaktoren für schnell wachsende neugegründete Unternehmen anhand von Forschungsergebnissen aus den USA und Deutschland identifiziert. Andere Studien zeigen die wichtigsten Risikofaktoren. Abschließend wird die Bedeutung dieser Faktoren für Gründer analysiert.

3.2. Gründungspotenzial

In den letzten Jahren hat sich das Gründungsklima in Europa und insbesondere in Deutschland grundsätzlich geändert. Statistiken über Hochschulabsolventen als Existenzgründer reflektieren diese Änderung. In einer 1994 veröffentlichten Studie stellte die Deutsche Ausgleichsbank (DtA) durch eine Stichprobe von Gründern aus ihren Förderdatenbanken in den Jahren 1991 und 1992 ein eher geringes Potential von Neugründungen aus dem Hochschulbereich fest. Der Anteil der Akademiker an allen durch die DtA geförderten Existenzgründer lag schätzungsweise in der Größenordnung von 10 %. Es zeigte sich, dass Fachhochschul- und Universitätsabsolventen durchschnittlich erst 10 bis 11 Jahre nach ihrem Hochschulabschluss gründeten und dass diese Absolventen durchschnittlich 38 Jahre alt waren (vgl. Richert/Schiller 1994). In einer neueren Studie stellte Otten von der Universität Köln fest, dass die Gründungsabsichten und Aktivitäten von Studenten und wissenschaftlichen Mitarbeitern im Kölner Raum viel höher sind als die vergleichbaren Daten von der Deutschen Ausgleichsbank (vgl. Otten 2000). Anhand einer Gesamtstichprobe von 5.200 Studenten und wissenschaftlichen Mitarbeitern konnte Otten analysieren, dass unter ihnen 65 % die Selbstständigkeit als ernsthafte Alternative in Betracht zogen. Von diesen Studenten und Mitarbeitern, die Selbstständigkeit anstreben, hatten schon 30 % eine Idee und 12 % hatten die ersten Schritte in Richtung Selbstständigkeit gemacht. Erstaunlich ist auch die Feststellung, dass über 50 % der Gründungswilligen planen, diesen Schritt gleich nach dem Studium zu wagen und nicht erst nach mehreren Berufsjahren. Deshalb ist auch der Altersdurchschnitt der Gründungswilligen auf 30 Jahre gesunken. Otten stellte zusätzlich fest, dass diese Gründungwilligen viel mehr als früher in soziale oder unternehmensbezogene Netzwerke eingebunden sind.

Eine andere kürzlich veröffentlichte Studie, die von schwedischen Wirtschaftsverbänden initiiert wurde und die unterschiedlichen Einstellungen zur Selbständigkeit in den verschiedenen europäischen Ländern untersuchte, kam zu ähnlichen Ergebnissen: Jeder vierte Jugendliche in Europa möchte lieber selbstständig als angestellt sein. Der Wunsch nach Selbstständigkeit variiert zwar in den Ländern der EU, dennoch können die Werte generell als hoch eingestuft werden (Abb. 1). Allerdings setzen weniger junge Menschen die Selbstständigkeit auch um. In der EU sind derzeit nur circa 13 Prozent der Beschäftigten selbstständig, in den Vereinigten Staaten rund 10 Prozent und in Japan nur 9,7 Prozent. Auch hier erkennt man Unterschiede im europäischen Vergleich (Abb. 2).

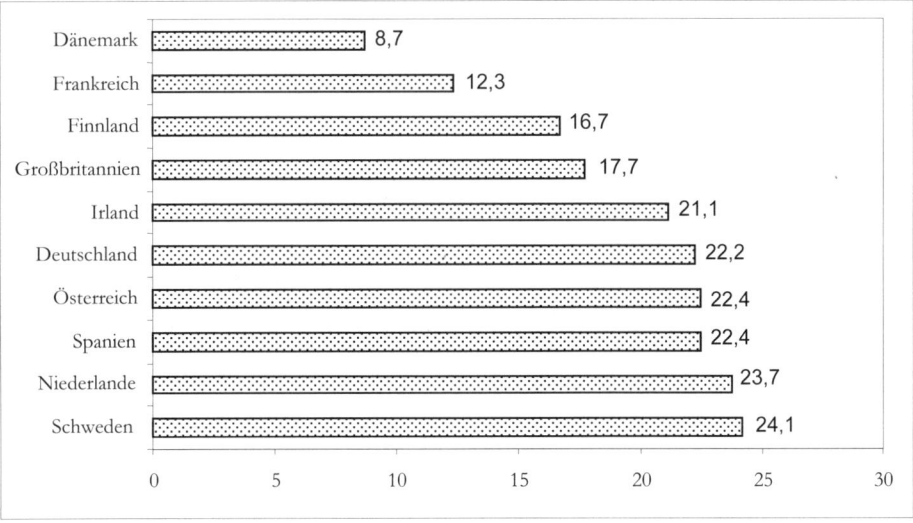

Abb. 1: Früher Wunsch nach Selbstständigkeit; Anteil der 16- bis 29-Jährigen in Prozent, der die Selbstständigkeit einem Angestelltenverhältnis vorzieht; Quelle: Artikel Frankfurter Allgemeine Zeitung vom 22. April 2002

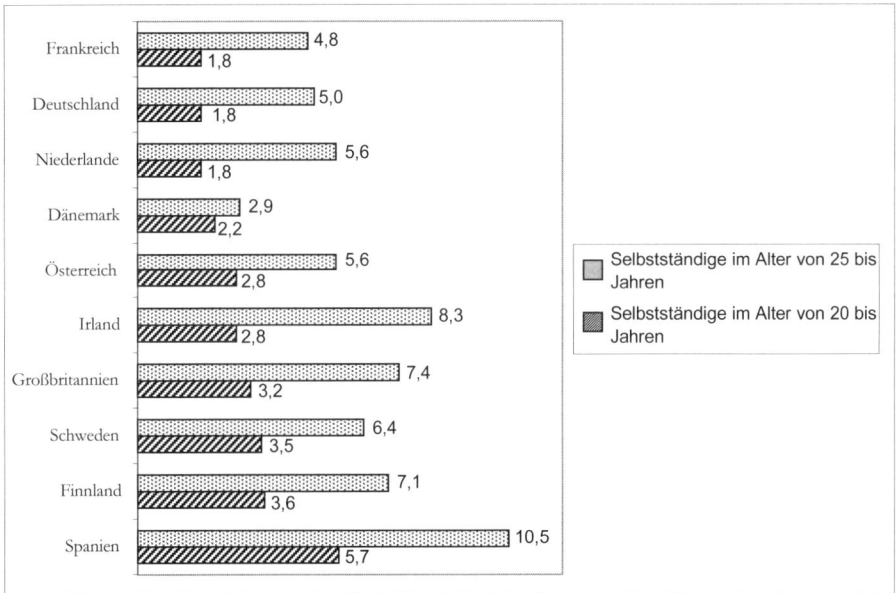

Abb. 2: Junge Selbstständige im europäischen Vergleich; Anteil an der Altersgruppe in Prozent; Quelle: Artikel Frankfurter Allgemeine Zeitung vom 22. April 2002

Eine ähnliche empirische Untersuchung führte Franke, Institut für Innovationsforschung und Technologiemanagement an der Ludwig-Maximilians-Universität München 1998 durch (vgl. Franke 1999). In einer Stichprobe von über 500 Studenten in Wirtschafts- und Ingenieurwissenschaften stellt Franke fest, dass 12 % der Studenten während des Studiums einer selbstständigen Tätigkeit nachgehen und über ein Drittel plant, in absehbarer Zeit nach dem Studium den Schritt in die Selbstständigkeit zu wagen. Chancen bieten hauptsächlich Dienstleistungs- und IT-Branchen. Franke stellt insgesamt fest, dass nicht nur sog. „Gründertypen" oder „Gründerpersönlichkeiten" eine positive Einstellung zur Selbstständigkeit besitzen, sondern dass es auch ein noch beträchtlicheres Potential an Unternehmensgründern unter Akademikern gibt, als zunächst erwartet. Genau wie Stevenson et. al. (1994) kommt auch Franke zu dem Schluss, dass die Untersuchung der Persönlichkeit von Gründern und die Untersuchung von Gründermerkmalen alleine nicht ausreichen. Wichtig ist vielmehr vor allem eine umsetzbare Geschäftsidee.

Bei einer anderen Studentenbefragung von EXIST im Wintersemester 2000/2001 konnten weitere fundierte Erkenntnisse auf der Basis von 5.324 Befragten an zehn Hochschulen zum Thema „Studierende und Selbstständigkeit – Wie ist Ihre Haltung?" gewonnen werden. Besonders interessant waren dabei die Ergebnisse bezüglich Gründer, die die Akademiker trotz ihrer positiven Einstellung gegenüber Selbstständigkeit von der Gründung abschrecken (Abb. 3). Nach dem zu erwartenden Ergebnis des unzureichenden Kapitals (42,8 %), nannten die Studierenden als nächstes die Punkte des persönlichen Risikos und der relativ guten Perspektive in einer abhängigen Beschäftigung. Das unternehmerische Risiko kann durch gute Planung zwar geschmälert werden, bleibt aber trotzdem ein bedeutsamer Faktor. In diesem Kapitel sollen daher die Erfolgs- und Risikofaktoren bei Neugründungen eingehender beschrieben werden.

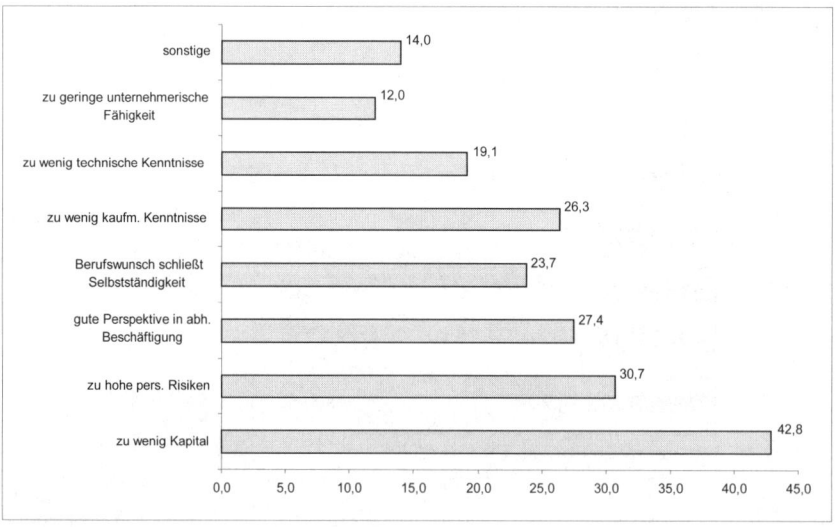

Abb. 3: Was Akademiker von einer Unternehmensgründung abschreckt (Angaben in Prozent); Quelle: Görisch 2002

3.3. Erfolgsfaktoren: Forschung in den USA

Es gibt inzwischen zwar auch in Deutschland und Europa eine Reihe von For-schungsergebnissen über Erfolgsfaktoren für neu gegründete Firmen. Dennoch soll mit einer Zusammenfassung der Forschung von Edward Roberts am Massachusetts Institute of Technology (MIT) in Cambridge, Massachusetts, USA, begonnen werden (vgl. Roberts 1991). Das MIT ist seit über 30 Jahren im Bereich von „HighTech-Entrepreneurship" die führende Universität in den USA, und es sind über 4.000 Neugründungen mit einer heutigen Mitarbeiterzahl von über 1 Million Beschäftigten und über $ 200 Mrd. Umsatz daraus entstanden. Roberts veröffentlichte in seiner wissenschaftlichen Karriere über 40 empirische Studien zum Thema Technological Entrepreneurship. Er untersuchte auch über 150 direkte Ausgliederungen von MIT und verglich diese Gründungen mit anderen Arten von Gründungen. In seinen For-schungsarbeiten liegt der Fokus auf den Charakteristika der Entrepreneure, aber auch auf anderen Erfolgsfaktoren.

Als typisches Beispiel kann man die Entwicklungsgeschichte von Ken Olsen und der Firma Digital Equipment nennen. Ken Olsen wurde 1926 als Sohn eines Ingenieurs geboren und schloss nach seiner Militärzeit bei der US-Marine ein Bachelor-Studium in Elektrotechnik am MIT erfolgreich ab. 1950 war er als Forschungsassistent bei Jay Forrester in dem berühmten „Digital Computing Laboratory" am MIT tätig, dessen Forschungsaktivitäten in Zusammenarbeit mit der Firma IBM durchgeführt wurden. 1956 machte Ken Olsen zusammen mit einigen Freunden den ersten Versuch, eine Firma zu gründen, was aber misslang. Im Jahr 1957, als er 31 Jahre alt war, gründete er zusammen mit einem Partner, Harlan Andersen, der 28 Jahre alt und auch MIT-Assistent war, eine neue Firma: die „Digital Computer Corporation". Dafür entwi-ckelte das Team einen Businessplan und entschloss sich nach weiteren Beratungen, den Namen der Firma auf „Digital Equipment Corporation" zu ändern. Die Ur-sprungsfinanzierung von $ 70.000 erhielten die beiden Partner von der „American Research and Development Corporation" und mussten dafür 70 % der Anteile an der Firma abgeben. Diese American Research and Development Corporation war eine Venture Capital Firma, die ebenfalls aus MIT heraus gegründet wurde.

In der Anfangsphase war die Zusammenarbeit mit MIT maßgeblich für die ersten Entwicklungserfolge von Digital Equipment Corporation (DEC). Man bekam aus MIT nicht nur Technologien und technologisch geschulte Mitarbeiter, sondern auch Mitglieder des Managementteams mit betriebswirtschaftlichen Kenntnissen aus dem Umfeld. So war beispielsweise Ted Johnson, der einen Bachelor-Abschluss in Ingeni-eurwissenschaften von MIT und ein Harvard MBA besaß, der nächste Mitarbeiter. Als Managementberater in der Ursprungsphase wirkte Prof. Edgar H. Schein an der Fakultät für Management vom MIT mit.

DEC erlebte in den Anfangsjahren eine rasante Wachstumsentwicklung. Schon 1962 erwirtschaftete die Firma fast $ 10 Mio. Umsatz und eine Rendite von $ 1,2 Mio., und in den nächsten 30 Jahren stieg dieser Umsatz auf $ 13 Mrd. Ken Olsens persönlicher Anteil an Aktien stieg auf $ 200 Mio. Das bekannteste Produkt der Digital Equip-ment Corporation war der VAS-Minicomputer. Leider schaffte Digital den Generationswechsel zur PC-Welt nicht erfolgreich und wurde vor einigen Jahren von Compac Computer aufgekauft und integriert.

Trotzdem sind an diesem Beispiel einige interessante Aspekte zu erkennen, wie aus einem Universitätsumfeld eine erfolgreiche Neugründung starten kann, und zwar nicht nur durch Wissenstransfer aus der Universität, sondern auch durch Beratungsmöglichkeiten und finanzielle Unterstützung von universitätsnahen Venture Capitalists. Dieses Beispiel ist typisch für die technischen Entrepreneure, die Roberts anhand mehrerer empirischer Studien detailliert untersuchte. Aus diesen Studien kann man folgende Ergebnisse zusammenfassen. Zunächst analysierte Roberts die Familienverhältnisse der technischen Gründer, wobei er bemerkte, dass diese häufig aus Familien stammten, in denen der Vater ebenfalls selbstständig war. Roberts stellte auch fest, dass die Familienkulturen im Allgemeinen sowohl leistungsorientiert als auch eher konservativ religiös waren. Die technischen Entrepreneure zeigten auch Gemeinsamkeiten, was die Schulerziehung und das Alter betreffen. In der Regel besaßen diese Gründer meistens ein Masters Degree als Ingenieur, was in Deutschland ungefähr einem Diplom-Ingenieur entspricht, und sie waren zum Zeitpunkt der Gründung etwa Mitte 30. Im Durchschnitt hatten diese technischen Entrepreneure 10 Jahre Arbeitserfahrung und arbeiteten sehr oft in sog. „Quellenorganisationen", d.h. in Firmen, die mit einer gleichen Technologiebasis oder in den gleichen Branchen tätig waren. In der Regel sammelten die Gründer diese Arbeitserfahrung immer in der Forschungs- und Entwicklungsabteilung, weniger im betriebswirtschaftlichen Bereich. Von der Zielorientierung und Persönlichkeitsseite gesehen, waren diese technischen Entrepreneure „Erfinderpersönlichkeiten" mit mäßigen Leistungs- und Machtbedürfnissen, aber mit dem ausgeprägten Wunsch nach Selbstständigkeit. Die Hauptmotivation, um eine neue Herausforderung zu bewältigen, war das starke Bedürfnis nach Selbstständigkeit, weniger die finanziellen Gewinne.

Um Erfolgsfaktoren bei erfolgreichen Neugründungen eingehender zu untersuchen, analysierte Roberts Ende der 80er Jahre 21 erfolgreiche Neugründungen mit einem Umsatz zwischen $ 30 und $ 100 Mio. Die Gründer hatten Geschäftserfahrung zwischen fünf und zwanzig Jahren. Roberts führte mit zwei anderen Forschungsassistenten Gespräche mit allen 21 Firmen und sammelte im Durchschnitt die Daten von jeweils vier verschiedenen Managern der Firma einschließlich der Chief-Executive-Officer und der Manager für Marketing, Finanzen und Entwicklung. Die 21 Firmen hatten Wachstumsraten zwischen 20 % und 60 % und Aktienrenditen zwischen minus 9 % und plus 25 %. Insgesamt fanden Roberts und sein Team heraus, dass der Haupterfolgsfaktor des Managements ein sog. „Critical Event" war. In dem typischen Verlauf dieser technisch orientierten Gründungen trat ein Wendezeitpunkt ein, zu dem in einer Firma die vorwiegend forschungsgetriebene Kultur in eine zunehmend marktorientierte Kultur umgewandelt werden musste. Dadurch gab es auch eine Übergangsphase von einer Entrepreneurial-Firma zu einer traditionellen Organisation. Bei diesem Wandel kam es sehr oft dazu, dass die Gründer aus dem Unternehmen ausgeschieden sind. Tabelle 1 zeigt eine Zusammenfassung der Faktoren vor und nach diesem kritischen Event. Man kann ganz deutlich erkennen, dass vor dem kritischen Event im Bereich von Strategie und Planung ganz selten geplant oder geforscht wurde und dass danach mehr formalisierte strategische Planung und Marketingfunktionen eingeführt wurden. Nunmehr betonte man auch die gleichzeitige

Entwicklung von mehreren Produkten und musste daher Wettbewerbsanalysen in einem breiteren Wettbewerbsfeld mit mehreren Wettbewerbern in verschiedenen Marktsegmenten durchführen. Das ursprüngliche Management wurde in der Regel zumindest ergänzt und in vielen Fällen auch ersetzt. Vor allem wurden Manager mit mehr Marketingerfahrung eingestellt.

Faktoren	zuvor	danach
Wachstumsstrategie	keine/Rückwärtsintegration	horizontale/ Vorwärtsintegration
Marktplanung	existiert nicht	formal und in die Strategieplanung integriert
Marktforschung	keine/gekauft aber ungebraucht	firmeninterne Abteilung
Kontrolle neuer Produktentwicklung	CEO oder Kontrolle des Maschinenbaus	Marketing oder Marketing und Kontrolle des Maschinenbaus
Trennung des Absatzes und Marketingfunktionen	kein Marketing oder Marketing mit dem Absatz kombiniert	unabhängig organisiertes Marketing und Verkaufsfunktionen
Konzentration auf F&E	Redesign, Entwicklung neuer Produkte, Prozessoptimierung	Entwicklung neuer Produkte
Intensität des Wettbewerbes	1 bis 3 Konkurrenten in einem Markt	viele Märkte mit einem bis vielen Konkurrenten
Marktsegmentierung	unsegmentiert oder nur einige	segmentiert/ hierarchisch
Produktlebenszyklus	bis zu 10 Jahren	3 bis 5 Jahre
Anzahl der Produkte	1 bis 3 Hauptprodukte	mehr als 3 Hauptprodukte
Rückwärtsintegration	häufig	keine/selten
F&E Ausgaben	verschiedene Änderungsmodelle	zunehmende Überstunden
Kundenbasis	OEM	Distribuent und Endverbraucher
Planungshorizont	1 bis 5 Jahre	3 bis 10 Jahre
Verhältnis der Innen- zu Außenverkaufsleitern	1:1	1:5
Führungsteam	Gründer	Führungskräfte von außerhalb eingestellt
CEO	Gründer	Führungskräfte mit Marketing-Fachkenntnissen

Tabelle 1: Charakteristische Faktoren bei „Critical Events" (vgl. Roberts 1991)

3.4. Erfolgsfaktoren: Forschung in Deutschland

Um die Relevanz der Forschungsergebnisse von Roberts am MIT für die Gründerszene in Deutschland zu untersuchen, ist die Studie von der Fraunhofer Gesellschaft interessant (vgl. Kulicke 1993). Diese Studie präsentiert Ergebnisse eines Modellversuchs des Bundesministeriums für Forschung und Technologie „Förderung technologieorientierter Unternehmensgründungen". Ziel des Projektes war die Schaffung eines innovations- und gründungsfreundlichen Klimas in Deutschland und die Verbesserung der Start- und Entwicklungsbedingungen für Technologieunternehmen. In den achtziger Jahren wurden über 300 junge Technologieunternehmen gefördert, und Kulicke sowie ihre Kollegen führten detaillierte Interviews bei 93 dieser Firmen durch. Die Interviews fanden erst nach der Markteinführung der Produkte statt und befassten sich mit allen wesentlichen Aspekten des Geschäftsverlaufs, u.a. mit der Entwicklung des Umsatzes, der Mitarbeiterzahl und des Betriebsergebnisses. Diese Firmen waren in verschiedenen Branchen mit Schwerpunkt in der Biotechnologie und Mikroelektronik tätig und waren teilweise mit Risikokapital finanziert. Über 60 % der geförderten Projekte waren aus dem Informations- und Kommunikationstechnologiebereich. Ähnlich wie in den Studien von MIT fanden die Fraunhofer-Forscher heraus, dass die Gründer in der Regel aus bestehenden Industrie- oder Dienstleistungsunternehmungen kamen. Von ihrer Ausbildung her hatten über 80 % technische oder wissenschaftliche, nur 12 % kaufmännische Studienabschlüsse. Die Gründer waren im Allgemeinen höher gebildet: 37 % hatten einen Diplomabschluss und 32 % sogar eine Promotion. Über 65 % der Ideen für die Gründung entstanden aus bestehenden beruflichen Tätigkeiten.

Die Fraunhofer-Forscher versuchten nun, Unterschiede zwischen erfolgreichen und nicht erfolgreichen jungen Technologieunternehmen (JTU) herauszuarbeiten. So konnten sie z.B. feststellen, dass die erfolgreichen Firmen in der Regel schneller einen Umsatzwachstum nachweisen und durchschnittlich nach drei Jahren positive Jahresergebnisse erwirtschaften konnten. Die erfolgreichen JTU verzeichneten auch einen schnelleren Zuwachs der Mitarbeiterzahl.

Tabelle 2 ist eine Zusammenfassung der Gründermerkmale und der Erfolgs- und Misserfolgscharakteristika. Hier sieht man deutlich, dass auch in Deutschland, ähnlich wie in den USA, erfolgreiche Gründer in der Regel in Teams gründen, dass sie bereits Erfahrung in das Team bringen, und dass sie sich auf die Gründung gut vorbereiten. Die Ergebnisse stimmen mit anderen empirischen Studien in Deutschland überein (vgl. Picot/Laub/Schneider 1989; Sternberg et. al. 1996).

Ähnlich wie die Auswirkung des MIT auf das Gründergeschehen in der Region um Boston, hat man auch in Deutschland festgestellt, dass sich eine Hochschule mit einem hohen Anteil von hoch qualifizierten Studienabgängern im Dreißig-Kilometer-Umkreis positiv auf den Erfolg von Gründungen auswirkt (vgl. Harhoff 1997). Eine Besonderheit in Deutschland im Vergleich zu den USA sind öffentliche Förderprogramme (siehe Kapitel 10). Studien zeigten auch, dass die Nutzung solcher Programme einen positiven Effekt auf die Unternehmensentwicklung hat (vgl. Brüderl et. al. 1995).

Gründermerkmale	Erfolg	Misserfolg
Gründung im Team oder durch Einzelpersonen	überwiegend Teamgründungen (76 %)	überwiegend Einzelgründungen (60 %)
Anzahl der Gründer	überdurchschnittlich oft 3 oder mehr Personen	unterdurchschnittlich größerer Gründerkreis
Alter der Gründer beim Schritt in die Selbstständigkeit	selten junge Gründer, überdurchschnittlich oft Gründer der mittleren Altersgruppe	überdurchschnittlich häufig junge Gründer, seltener Gründer der mittleren Gruppe
Zusammenarbeit in der F&E	doppelt so häufig Zusammenarbeit mit externen F&E Einrichtungen	wenig Zusammenarbeit
Finanzierungsengpässe	wenn Engpässe, ohne Komplikationen für das Unternehmenskonzept	deutlich überdurchschnittlich Modifikationen des Konzeptes erforderlich
Gründungsvorbereitung	Überdurchschnittlich häufig systematische Gründungsvorbereitung, nur zweimal Entstehung im Trial-and-Error-Verfahren	in keinem Fall systematische Gründungsvorbereitung, überdurchschnittlich häufig Entstehung im Trial-and-Error-Verfahren

Tabelle 2: Erfolgs- und Misserfolgsmerkmale von jungen Technologieunternehmen (vgl. Kulicke 1993)

Weiterhin beeinflusst auch die Wahrnehmung von Gründungschancen die Gründungsaktivitäten in einer Region. Bei der schon in Kapitel 2 erwähnten Befragung des Wirtschafts- und Sozialgeographischen Instituts der Universität zu Köln wurden innerhalb des sogenannten „Regional Entrepreneurship Monitor" bei Experten und in der Bevölkerung ermittelt, wie sie die Möglichkeiten für eine Unternehmensgründung in den nächsten sechs Monaten einschätzen. Hierbei gab es nicht nur deutliche Unterschiede bei der Experten- und Bevölkerungseinschätzung, sondern auch bezüglich der einzelnen Regionen (Abb. 4). Vor allem die Agglomerationsräume München, Stuttgart und Köln heben sich deutlich von den anderen Regionen ab.

3.5. Risikofaktoren bei Neugründungen

Um Risikofaktoren bei Neugründungen identifizieren zu können, sind Forschungsergebnisse von zwei neueren Studien aus Deutschland beachtenswert. Beide Studien sind nicht unbedingt hoch wissenschaftlich ausgelegt; die Stichproben und Ergebnisse sind aber trotzdem interessant. 1997 schickte die Beratungsfirma Maisberger und Partner (vgl. Maisberger et. al. 1997) 8.500 Fragebögen an Gründer in München, Hamburg und Frankfurt sowie an eine Gruppe von Firmen, die von der Deutschen Ausgleichsbank unterstützt wurde. Sie erhielten 547 ausgefüllte und verwertbare Fragebogen zurück. Die Zielgruppe waren Unternehmensgründer, deren Gründung

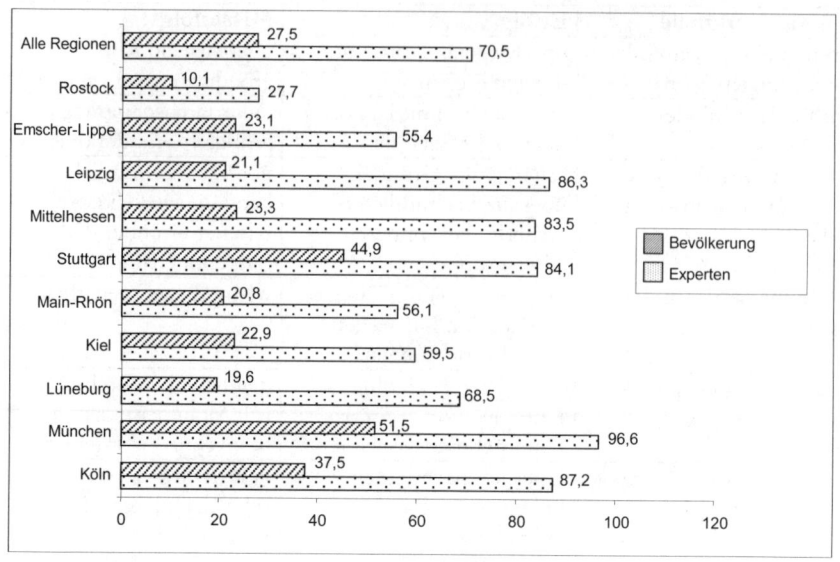

Abb. 4: In den nächsten sechs Monaten werden sich in der Region, in der sie leben, gute Möglichkeiten für eine Unternehmensgründung ergeben; „Ja" Antworten der Befragten in Prozent; Quelle: Bergmann 2002

nicht länger als drei Jahre zurückliegt. Die untersuchten Firmen waren in vielen verschiedenen Branchen tätig, von Handel und Handwerk über Dienstleistung, Medizin, EDV und Telekommunikation. Ähnlich wie die ältere Studie der Fraunhofer Gesellschaft und Studien in den USA bereits gezeigt hatten, besaß die Mehrheit dieser

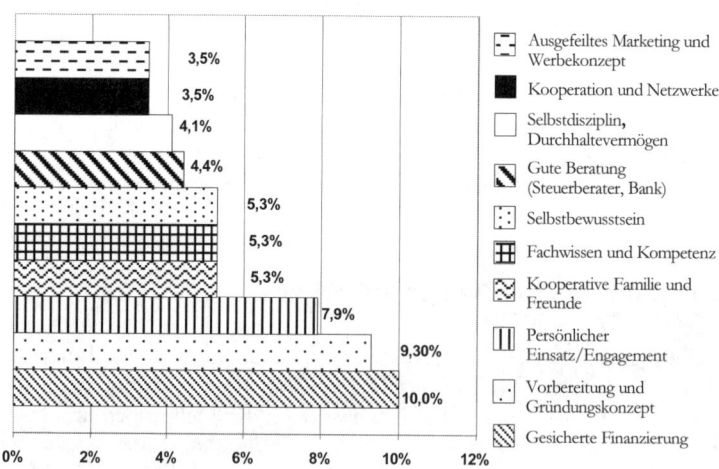

Abb. 5: Hauptfaktoren für eine erfolgreiche Unternehmensgründung
(vgl. Maisberger et. al. 1997)

Gründer, nämlich 59 %, mehr als fünf Jahre einschlägige Erfahrung in der Branche, in der sie gründeten. Diese Firmen waren in der Regel durch Bankkredite oder Förderprogramme für Existenzgründungen finanziert, nur 3 % erhielten Venture Capital. Abbildung 5 listet die Hauptfaktoren für die erfolgreichen Unternehmensgründungen aus dieser Studie auf. Man sieht, dass vor allem die Finanzierung und die Vorbereitung eines Gründungskonzeptes wichtig waren, danach kamen persönliche Faktoren und die des Familienumfeldes und schließlich das Fachwissen und eine gute Beratung.

Die Hauptfaktoren für das Scheitern einer Unternehmensgründung werden in Abbildung 6 dargestellt. Hier waren, umgekehrt zu den Erfolgsfaktoren, Finanzierungsprobleme und Planungsfehler als Hauptgründe zu nennen, dann kamen Probleme im Bereich der Qualifikation sowie Selbstüberschätzung und mangelnder Einsatz für die Unternehmung oder unzureichende Beratung in Frage.

Die Wirtschaftswoche präsentiert seit November 1999 in jeder Ausgabe eine Beschreibung von sog. „Schumpeter-Firmen". Das waren Gründer, die folgende Kriterien erfüllen mussten: etwas Neues anbieten, Arbeitsplätze schaffen, Erfolge und eine gute Reputation auf dem Markt aufweisen. Bei einer ersten Analyse einer Stichprobe dieser Firmen im Jahr 1999 wurden insgesamt 150 Gründungen mit folgenden Ergebnissen analysiert: 90 % von diesen Firmen bestanden noch am Markt, obwohl die Überlebenschance für Gründer in Deutschland nach dieser Zeit im Durchschnitt nur 70 % beträgt. Davon konnten 97 % Wachstum nachweisen, 81 % sogar Gewinn. Insgesamt wurden 5000 neue Arbeitsplätze geschaffen. Die Gründer wurden auch nach ihren persönlichen Risikofaktoren gefragt bzw. „womit sie schon am härtesten zu kämpfen hatten" (Abb. 7). Hier wurden hauptsächlich Probleme mit der „Finanzierung" (49 %), „qualifizierte Mitarbeiter" (39 %), sowie weniger wichtig, „staatliche

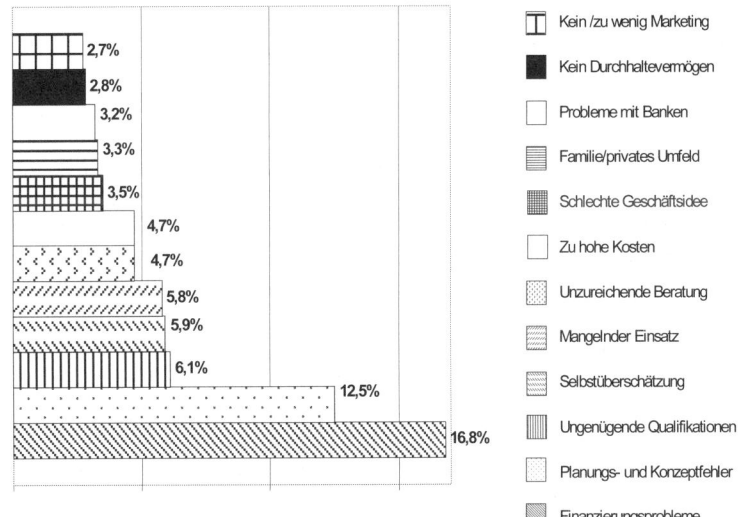

Abb. 6: Hauptfaktoren für das Scheitern einer Unternehmensgründung
(vgl. Maisberger et. al. 1997)

30

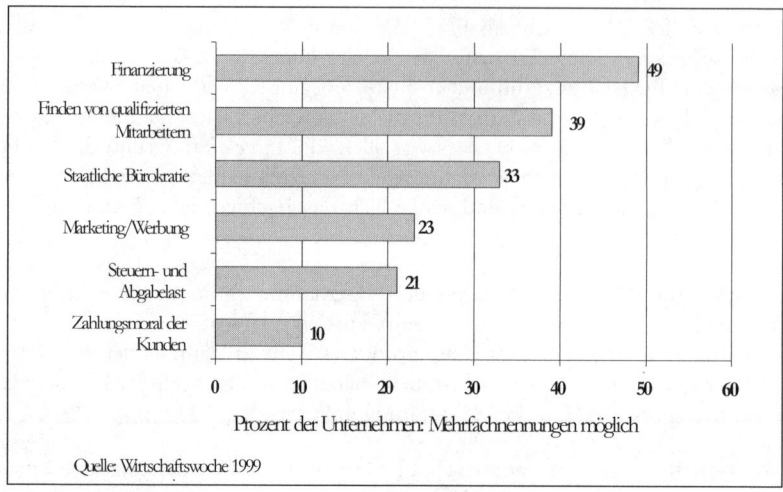

Quelle: Wirtschaftswoche 1999

Abb. 7: Womit die Schumpeter am härtesten zu kämpfen hatten

Bürokratie" (33 %) und „Marketing und Werbungsprobleme" (23 %) genannt. Im
Juli 2001 musste bei einer zweiten Umfrage unter den bis dahin vorgestellten 200
Firmen jedoch Folgendes festgestellt werden: Die New-Economy-Krise und die
allgemeine Wirtschaftsflaute haben Spuren hinterlassen. Immerhin gelang es doch
über 80 % aller seit 1996 vorgestellten „Schumpeter-Firmen" die kritischen Anfangsjahre zu überstehen. Zudem gaben 78 % der Firmen an, Gewinne zu machen und
jede zweite hat das selbst gesteckte Umsatzziel erreicht, jede dritte sogar übertroffen.

3.6. Zusammenfassung

In diesem Kapitel wurden durch die Zusammenfassung von Forschungsergebnissen
in den USA, insbesondere am MIT, und durch einige ausgewählte Studien in
Deutschland die Erfolgs- und Risikofaktoren bei Neugründungen, besonders in
schnell wachsenden Märkten, herausgearbeitet. Diese Forschungsergebnisse haben
einige Gemeinsamkeiten, und man kann daraus für Gründer klare Empfehlungen
ableiten. Es hat sich sowohl in Deutschland als auch in den USA gezeigt, dass junge
Gründer ohne Branchenerfahrung weniger erfolgreich sind. Allerdings zeigen die
Ergebnisse auch, dass Teamgründungen wichtig sind und dass junge Gründer aus
dem Universitätsbereich diese fehlende Branchenerfahrung kompensieren können,
indem sie erfahrenere Mitglieder ins Boot holen. Insgesamt müssen gerade Neugründungen in schnell wachsenden Technologiebranchen in ihren Teams auch die nötigen
Managementkompetenzen im kaufmännischen Bereich aufbauen. Die Studien zeigen,
dass die Finanzierung nach wie vor ein Hauptrisikofaktor bei Neugründungen bleibt.
Allerdings sind Finanzierungsprobleme öfter sehr eng mit Planungs- und Konzept-
fehlern verknüpft. Gerade für technisch oder naturwissenschaftlich ausgebildete
Gründer empfiehlt es sich, so schnell wie möglich auch Teammitglieder mit kaufmännischen Kompetenzen zu gewinnen. Die folgenden Kapitel dieses Buches bieten

sowohl im Finanzierungsbereich als auch auf allen anderen wichtigen Management-feldern Hilfen für Gründer an, um diese Probleme der Unternehmensführung professioneller lösen zu können.

3.7. Verwendete und weiterführende Literatur

Bergmann, Heiko (2002): Regionaler Entrepreneurship Monitor; Gründungsaktivitäten und Rahmenbedingungen in zehn deutschen Regionen. Arbeitspapier. Wirtschafts- und Sozialgeographisches Institut. Universität zu Köln.

Brüderl, J.; Preisendörfer, P.; Ziegler, R. (1995): Der Erfolg neugegründeter Betriebe – eine empirische Studie zu den Chancen und Risiken von Unternehmensgründungen. Betriebswirtschaftliche Schriften, Bd. 140, Berlin.

Franke, Nik (2000): Studentische Unternehmensgründungen – dank oder trotz Förderung? Working Paper. Fakultät für Betriebswirtschaft. Ludwig-Maximilians-Universität München.

Görisch, Jens (2002): Studierende und Selbstständigkeit – Ergebnisse der EXIST-Studierendenbefragung. BMBF, Bonn.

Harhoff, D. (Hrsg.) (1997): Unternehmensgründungen – Empirische Analysen für die alten und neuen Bundesländer. ZEW-Wirtschaftsanalysen, Bd. 7, Baden-Baden.

Kulicke, Marianne (1993): Chancen und Risiken junger Technologieunternehmen. Physica. Heidelberg.

Kulicke, Marianne (2002): Erfahrungen aus EXIST Querschau über einzelne Projekte. Arbeitspapier. Bundesministerium für Bildung und Forschung.

Leedertse, Julia; Tödtmann, Claudia (Nov. 1999): Schöpferische Zerstörer. In: Wirtschaftswoche Nr. 46, S. 188-199, Tab. S. 191.

Maisberger, Paul et. al. (1998): Hinterher ist man immer klüger. Bielefeld.

Otten, Claus (2000): Unternehmensgründungen aus Kölner Hochschulen. Arbeitspapier, Wirtschafts- und Sozialgeographisches Institut, Universität zu Köln.

Picot, Arnold; Laub, Ulf-Dieter; Schneider, Dietram (1989): Innovative Unternehmensgründungen. Berlin usw.

Richert, Jörg; Schiller, Rüdiger (1994): Hochschulabsolventen als Existenzgründer. Auftragsstudie der Deutschen Ausgleichsbank für das Bundesministerium für Bildung und Wissenschaft. Bonn.

Roberts, Edward B. (1991): Entrepreneurs in High Technology. New York usw.

Sternberg, R.; Behrendt, H.; Seeger, H.; Tamásy, C. (1996): Bilanz eines Booms – Wirkungsanalyse von Technologie- und Gründerzentren in Deutschland. Dortmund.

Stevenson, Howard H.; Roberts, Michael J.; Grousbeck, H. Irving (1994): New Business Ventures and the Entrepreneur. 4th Edition. Chicago.

4. Rechtsformwahl

DIRK E. MEYER-SCHARENBERG

4.1. Überblick

Dieser Artikel beschreibt die Überlegungen, die bei der Wahl der Rechtsform eines Unternehmens anzustellen sind. Steuerrechtliche Überlegungen stehen dabei im Vordergrund. (Die rechtlichen Aspekte werden in Kapitel 5 behandelt.) Daneben gibt es jedoch eine Vielzahl nicht steuerlicher Kriterien, die für die Wahl der Rechtsform von Bedeutung sind, insbesondere die Beschränkung der Haftung der Unternehmer. Aufgrund der Vielzahl der steuerlichen Entscheidungsparameter sind allgemeine Aussagen über die Vorteilhaftigkeit einer Rechtsform nur schwer möglich. Zur Entscheidungsfindung sind daher detaillierte Planungsberechnungen im Einzelfall erforderlich. Da sich insbesondere die steuerlichen Rahmenbedingungen der Rechtsformwahl ständig ändern, sind auch Ausführungen zur Möglichkeit einer späteren Änderung der Rechtsform und deren steuerliche Folgen erforderlich. Auch sollte man bereits bei der Gründung die Folgen eines Unternehmensverkaufs nicht außer Acht lassen.

4.2. Rechtsformen

Unter Rechtsform versteht man die rechtliche Organisation eines Unternehmens („Rechtskleid"). Insbesondere aus steuerlicher Sicht ist die Unterscheidung zwischen Personenunternehmen und Kapitalgesellschaften bedeutsam. Wer ohne sich Gedanken über die Rechtsform zu machen allein eine unternehmerische Existenz gründet, wird als Einzelunternehmer bezeichnet. Tun sich mehrere Personen zu einem gemeinsamen Zweck zusammen, spricht man von einer Personengesellschaft. Im Zweifel handelt es sich um eine GbR (Gesellschaft bürgerlichen Rechts, §§ 705-740 BGB). Betreibt eine Personengesellschaft ein Handelsgewerbe i.S.d. § 1 Abs. 2 HGB, d.h. das Unternehmen erfordert nach Art und Umfang einen in kaufmännischer Weise eingerichteten Geschäftsbetrieb, liegt eine Offene Handelsgesellschaft (OHG, §§ 105-160 HGB) vor. Die Handelsregistereintragung ist nur deklaratorisch. Sollen nicht alle Gesellschafter voll haften, kann die Kommanditgesellschaft (KG, §§ 161-177a HGB) gewählt werden. Die Haftungsbegrenzung für die Kommanditisten tritt erst mit der Eintragung ins Handelsregister in Kraft.

Für Personen*handels*gesellschaften und ins Handelsregister eingetragene Einzelkaufleute gelten verschärfte Bedingungen im Rechtsverkehr (Beispiel: Bürgschaften bedürfen nicht der Schriftform, sind also auch mündlich gültig, § 350 HGB; Nichtbeantwortung eines kaufmännischen Bestätigungsschreibens bedeutet Zustimmung, § 346 HGB; keine Einrede der Vorausklage bei Bürgschaften, § 349 HGB; erschwerte richterliche Herabsetzung von Vertragsstrafen, § 348 HGB). Die Partnerschaftsgesellschaft ist eine besondere Personengesellschaftsform für Freiberufler (§ 1 PartGG). Eher für größere Unternehmen ist die Rechtsform der Kapitalgesellschaft gedacht. Als juristische Personen können sie im Rechtsverkehr agieren wie natürliche Personen. Die Haftung der Gesellschafter der Kapitalgesellschaft ist ausgeschlossen. Es haftet nur das eigene Vermögen der Kapitalgesellschaft, das bei einer GmbH mindestens 25.000 € und bei einer AG 50.000 € betragen muss. Die rechtsformspezifischen Kosten einer Aktiengesellschaft sind im Regelfall höher als die einer GmbH, da die Aktiengesellschaft z.B. einen Aufsichtsrat haben muss. Kommanditgesellschaft auf Aktien und Genossenschaft haben für Existenzgründer keine Bedeutung (vgl. Schneeloch 1997, S. 15).

Um einen Ausschluss der persönlichen Haftung sämtlicher Gesellschafter einer Personengesellschaft zu erreichen, eignet sich die GmbH & Co. KG. Bei dieser Kommanditgesellschaft ist der einzige Vollhafter (sog. Komplementär) eine GmbH. Diese haftet zwar mit ihrem gesamten Vermögen, das jedoch zweckmäßigerweise auf das Mindestkapital von 25.000 € begrenzt ist. Durch diese Rechtsform kann auch ein Einzelunternehmer praktisch eine Haftungsbegrenzung erreichen, indem er gleichzeitig einziger Gesellschafter der Komplementär-GmbH und einziger Kommanditist der KG ist. Im Mittelstand weit verbreitet ist auch die sog. Betriebsaufspaltung, bei der eine Betriebskapitalgesellschaft die risikoreiche unternehmerische Tätigkeit ausübt und die hierfür benötigten Vermögensgegenstände von einem Besitzunternehmen anmietet, wobei die beiden Unternehmen (weitgehend) denselben Personen gehören.

Als GmbH & Still bezeichnet man eine Kapitalgesellschaft, an der sich ein stiller Gesellschafter mit einer Einlage beteiligt, die in das Vermögen der GmbH eingeht. Bei einer typisch stillen Gesellschaft ist der stille Gesellschafter lediglich Fremdkapitalgeber, der eine gewinnabhängige Vergütung bekommt und unter Umständen am Verlust beteiligt ist. Dagegen ist der atypisch stille Gesellschafter Mitunternehmer, weil er im Falle seines Ausscheidens oder der Liquidation an den stillen Reserven partizipiert. Die GmbH & atypisch Still ist mit einer GmbH & Co. KG vergleichbar, bei der stille Gesellschafter - anders als der Kommanditist - nach außen hin nicht in Erscheinung tritt (vgl. König/Sureth 1998, S. 57 ff.).

I. Personenunternehmen	1. Einzelunternehmen
	2. Personengesellschaften
	   a) BGB-Gesellschaft (§§ 705-740 BGB)
	   b) Partnerschaftsgesellschaft (PartGG)
	   c) Personen h a n d e l s gesellschaften
	     aa) OHG (§§ 105-160 HGB)
	     bb) KG (§§ 161-177a HGB)

II. Kapitalgesellschaften	1. GmbH (GmbHG) 2. AG (§§ 1-277 AktG) 3. Genossenschaften (GenG)

III. Mischformen	1. GmbH & Co. KG
	2. Betriebsaufspaltung
	3. GmbH & Still
	   - typisch still
	   - atypisch still

Abb. 1: Rechtsformalternativen

4.3. Kriterien für die Wahl der Rechtsform

4.3.1. Die Kriterien im Überblick

Da Kapitalgesellschaften und Personenunternehmen steuerlich sehr unterschiedlich behandelt werden, dürften steuerliche Überlegungen im Regelfall den Ausschlag für die Wahl zwischen diesen beiden Alternativen geben. Für die Wahl der konkreten Rechtsform innerhalb beider Gruppen sind dann nicht steuerliche Kriterien relevant. Als wesentliche Entscheidungskriterien werden die folgenden Punkte genannt (vgl. hierzu auch Schneeloch 1997, S. 17 ff.):

1. Haftung,
2. Mindestkapital,
3. Prüfungspflicht,
4. Offenlegungspflicht,
5. Rechtsformspezifische Kosten,
6. Mitbestimmung,
7. Finanzierungsmöglichkeiten,
8. Leitungsbefugnis.

4.3.2. Haftung

Die Beschränkung der persönlichen Haftung des Existenzgründers dürfte das wichtigste Kriterium nichtsteuerlicher Art bei der Wahl der Rechtsform sein. Bei den Kapitalgesellschaften ist die Haftung gesetzlich auf das Vermögen der Gesellschaft begrenzt. Insofern liegt es nahe, eine Kapitalgesellschaft als Rechtsform zu wählen. Aus steuerlichen Gründen ist die Kapitalgesellschaft häufig jedoch für Existenzgründer nicht empfehlenswert. Das bedeutet jedoch nicht, dass er die volle persönliche Haftung für sein Engagement übernehmen muss. Durch Gründung einer (Einmann-) GmbH & Co. KG können auch Existenzgründer die Vorteile der Haftungsbegrenzung erreichen, ohne von vornherein die steuerlich oft ungünstige Kapitalgesellschaft wählen zu müssen (siehe 13.6.).

4.3.3. Mindestkapital

Soll eine GmbH oder AG gegründet werden, muss das Mindestkapital vom Existenzgründer aufgebracht werden können. Allerdings muss die Einlage nicht sofort voll geleistet werden. Bei einer GmbH mit 25.000 € (§ 5 Abs. 1 GmbHG) Mindeststammkapital müssen mindestens 25 % der Summe der Stammeinlagen, mindestens aber 12.500 € vor Anmeldung zur Handelsregistereintragung (§ 7 Abs. 2 Satz 2 GmbHG) geleistet werden. Bei einer Aktiengesellschaft beträgt das Mindestkapital 50.000 € (§ 7 AktG) und die Mindesteinlage 25 % des Aktiennennbetrags und ggf. das gesamte Agio (§ 36a Abs. 1 AktG). Bei einer Kommanditgesellschaft muss die

Hafteinlage der Kommanditisten ins Handelsregister eingetragen werden. Es gibt jedoch keine gesetzlichen Vorschriften über ein Mindesthaftkapital. Es können also auch sehr geringe Beträge eingetragen werden. Soweit der Kommanditist seine Einlage geleistet hat, kann er für Schulden der Gesellschaft nicht persönlich in die Haftung genommen werden (§ 171 Abs. 1 HGB). Der Gläubiger muss sich immer an die Gesellschaft oder die persönlich vollhaftenden Komplementäre halten.

4.3.4. Prüfungspflicht

Sehr hohe Kosten entstehen, wenn ein Unternehmen seinen Jahresabschluss durch einen Wirtschaftsprüfer oder vereidigten Buchprüfer prüfen lassen muss. Eine Prüfungspflicht besteht in erster Linie für Kapitalgesellschaften. Seit dem Jahr 2000 sind auch Personengesellschaften, bei denen nicht mindestens eine natürliche Person persönlich haftet (vor allem also GmbH & Co. KG's ohne vollhaftende natürliche Person) prüfungspflichtig (§ 264a HGB). Börsennotierte Aktiengesellschaften sind unabhängig von Größenmerkmalen immer prüfungspflichtig (§§ 267 Abs. 3 Satz 2 i.V.m. 316 Abs. 1 HGB), während die anderen Unternehmen nur ab einer bestimmten Größe prüfungspflichtig werden. Die Größenmerkmale sind primär in § 267 HGB geregelt.

Mittelgroße Gesellschaften können von einem vereidigten Buchprüfer geprüft werden, während große Gesellschaften nur durch Wirtschaftsprüfer geprüft werden dürfen. Neben den Vorschriften des HGB gibt es noch Vorschriften nach dem Publizitätsgesetz, die für sehr große Gesellschaften jeglicher Rechtsform gelten.

Die Jahresabschlussprüfungen sind meist sehr zeitaufwendig und verursachen daher hohe Kosten. Das Prüfungsergebnis wird in einem Prüfungsbericht zusammengefasst, der mit einem Bestätigungsvermerk (§ 322 HGB) abschließt. Unabhängig von dieser gesetzlichen Verpflichtung zur Prüfung des Jahresabschlusses finden sich häufig Bestimmungen in den Gesellschaftsverträgen, die eine freiwillige Prüfung fordern. Diese Prüfung kann auch von Steuerberatern durchgeführt werden. Das Ergebnis der

	§ 316 HGB		§ 6 PublGes. 1969
	GmbH & Co. KG Kapitalgesellschaft (mittelgroße und große)		alle anderen Rechtsformen (OHG, KG, GmbH & Co. KG)
Bilanzsumme	mittelgroß	groß	groß
	> 3.438.000 €	> 13.750.000 €	> 65 Mio. €
Umsatz	> 6.875.000 €	> 27.500.000 €	> 130 Mio. €
Arbeitnehmer ohne Azubi	> 50	> 250	> 5.000

Abb. 2: Größenklassen prüfungspflichtiger Unternehmen

Prüfung wird allerdings nicht in einem Bestätigungsvermerk, sondern in einer bloßen Bescheinigung niedergelegt (§ 57 Abs. 3 Nr. 3 StBerG). Auch Banken fordern gelegentlich die Durchführung von Jahresabschlussprüfungen. In der Öffentlichkeit wird der Bestätigungsvermerk des Wirtschaftsprüfers häufig als Gütesiegel verstanden. Geprüft wird jedoch nur der Jahresabschluss, nicht die Effektivität des Managements und die Qualität des erzielten Erfolges. Außerdem ist die Prüfung vergangenheitsorientiert, da sie sich auf ein abgelaufenes Geschäftsjahr bezieht. In Konkursfällen geraten daher die Wirtschaftsprüfer immer wieder in die Kritik, nicht gründlich genug geprüft zu haben. Tatsächlich kann ein Wirtschaftsprüfer einen Jahresabschluss jedoch nicht lückenlos prüfen, sondern sich über Stichproben nur einen Überblick verschaffen. Dies schließt nicht aus, dass auch grobe Fehler übersehen werden. Man sollte daher einen positiven Prüfungsbericht bzw. einen Bestätigungsvermerk nicht überbewerten.

4.3.5. Offenlegungspflicht

Unabhängig vom Bestehen einer Prüfungspflicht müssen alle Kapitalgesellschaften und GmbH & Co. KG's sowie alle unter das Publizitätsgesetz fallenden Unternehmen ihren Jahresabschluss mehr oder weniger vollständig der Öffentlichkeit zugänglich machen. Zu unterscheiden sind:

- Vollpublizität und
- Handelsregisterpublizität.

Alle großen Kapitalgesellschaften, börsennotierte Aktiengesellschaften und die unter das Publizitätsgesetz fallenden Unternehmen müssen ihren Jahresabschluss im Bundesanzeiger vollständig veröffentlichen. Für die unter das Publizitätsgesetz fallenden Personenunternehmen gibt es gewisse Erleichterungen (§ 5 Abs. 5 Satz 3 PublG). Der vollständige Abdruck des Jahresabschlusses im Bundesanzeiger verursacht natürlich erhebliche Kosten. Außerdem ist die Einsichtnahme für fremde Dritte unschwer möglich, da der Bundesanzeiger kostengünstig zu beschaffen und in vielen Bibliotheken einsehbar ist.

Eine geringere Bedeutung hat die Handelsregisterpublizität, die in der Vergangenheit so gut wie überhaupt nicht vollzogen wurde. Durch § 335a HGB sind die Vorschriften, mit denen eine Hinterlegung des Jahresabschlusses beim Handelsregister erzwungen werden kann, für Jahrsabschlüsse für nach dem 31.12.1999 beginnende Geschäftjahre erheblich verschärft worden. Bei hartnäckiger Verweigerung der Offenlegung kann das Registergericht ein Zwangsgeld von höchstens 25.000 € festlegen, erforderlichenfalls auch mehrmals. Das Gericht schreitet jedoch nicht von Amts wegen ein, sondern nur auf Antrag. Im Gegensatz zur alten Rechtslage kann dieser Antrag jedoch von jedermann gestellt werden. Man wird abwarten müssen, ob diese Regelungen ausreichen, die Unternehmen zur Offenlegung ihrer Jahresabschlüsse beim Handelsregister anzuhalten. Bisher jedenfalls wurden Jahresabschlüsse nur in geringer Zahl beim Handelsregister eingereicht, obwohl eine gesetzliche Verpflichtung hierzu besteht. Im Ergebnis ist die Registerpublizität daher nicht sehr wirksam. Der Interessierte muss sich zum Handelsregister am Sitz der Gesellschaft begeben, um (während der Öffnungszeiten) in Erfahrung zu bringen, ob ein Jahresabschluss hinterlegt ist oder nicht. Häufig wird er feststellen müssen, dass dies nicht der Fall ist. Er hat dann die ggf. weite Reise vergeblich gemacht. Möglicherweise werden jedoch künftig auch Auskunfteien und Ratingagenturen verstärkt die Jahresabschlüsse der Unternehmen anfordern, um sie ihren Kunden zur Verfügung stellen zu können.

4.3.6. Rechtsformspezifische Kosten

Neben den schon angesprochenen erheblichen Prüfungs- und Offenlegungskosten fallen bei Aktiengesellschaften noch die Kosten für einen Aufsichtsrat an, die steuerlich nur zur Hälfte als Betriebsausgaben abzugsfähig sind (§ 10 Nr. 4 KStG). Der Aufsichtsrat ist verpflichtet, mindestens vier Sitzungen pro Jahr abzuhalten (§ 110 Abs. 3 AktG). Hierfür entstehen Reisekosten und Sitzungsgelder. Im Hinblick auf die verschärfte Haftung für Aufsichtsräte wird die Vergütung für ein normales Aufsichtsratsmitglied, selbst bei kleineren AG's, nicht unter 10.000 € liegen, für einen stellvertretenden Vorsitzenden 15.000 € und einen Aufsichtsratsvorsitzenden doppelt soviel. Da es jedoch keine gesetzlichen Vorschriften für die Qualifikation eines Aufsichtsrates gibt, kann sich ein Existenzgründer auch mit Familienangehörigen und/oder Beratern behelfen, die mit einem geringeren Honorar zufrieden sind oder mit Aktienoptionen liquiditätsschonend vergütet werden. Bei der Aktiengesellschaft schlagen auch noch die Kosten der Hauptversammlung zu Buche, da diese von einem Notar protokolliert und beurkundet werden muss. Bei der GmbH müssen nur satzungsändernde Beschlüsse notariell beurkundet werden (§ 53 Abs. 2 Satz 1 GmbHG). Entsprechendes gilt für die kleine Aktiengesellschaft, d.h. die normale Hauptversammlung muss nicht von einem Notar beurkundet werden, wenn keine satzungsändernden Beschlüsse gefasst werden (§§ 130 Abs. 1 Satz 3 i.V.m. 179 Abs. 2 Satz 1 AktG).

4.3.7. Mitbestimmung

Die Mitbestimmung von Arbeitnehmern in den Leitungsgremien eines Unternehmens ist vielen Unternehmern ein Dorn im Auge. Drei Rechtsgrundlagen für die Mitbestimmung sind zu unterscheiden:

(1)   Betriebsverfassungsgesetz (1952),
(2)   Montanmitbestimmung (1951),
(3)   Mitbestimmungsgesetz (1977).

Grundsätzlich beschränkt sich die Mitbestimmung der Arbeitnehmer auf den Aufsichtsrat. Nur in der Montanindustrie gibt es einen arbeitnehmernahen Vertreter im Vorstand, den sog. Arbeitsdirektor.

Arbeitnehmervertreter im	Aufsichtsrat	Vorstand
Betriebsverfassungsgesetz	AG, KGaA: 1/3 GmbH ab 500: 1/3	./.
Montan-Mitbestimmung (ab 1.000 Arbeitnehmer)	50 : 50 + neutraler Mann (wird gemeinsam bestimmt) (5+5+1 = 11)	Arbeitsdirekter (kann nicht gegen die Stimmen der Ar- beitnehmervertreter im Aufsichtsrat gewählt werden)
Mitbestimmung 1977 (mehr als 2.000 Arbeitnehmer)	50 : 50 AR-Vorsitz* doppeltes Stimmrecht (§ 29 Abs. 2)	./.

Abb. 3: Arbeitnehmervertreter im Aufsichtsrat und Vorstand
  * § 27: i.d.R. Arbeitgebervertreter durch Art des Wahlmodus

Daneben gibt es arbeitsrechtliche Mitbestimmungsvorschriften nach dem Betriebsverfassungsgesetz. Alle Betriebe ab fünf Arbeitnehmern müssen unabhängig von der Rechtsform einen Betriebsrat haben, wenn die Mitarbeiter dies beantragen (§ 1 BetrVerfG). Alle Betriebe ab 10 leitenden Angestellten haben darüber hinaus einen Sprecherausschuss der leitenden Angestellten, der allein das Kündigungsrecht von höher bezahlten Mitarbeitern besitzt. Viele Betriebe von Existenzgründern in der New Economy verzichten bisher allerdings auf den ihnen an sich zustehenden Betriebsrat, weil sie diesen als nicht mehr zeitgemäße Gängelung durch den Gesetzgeber betrachten.

Personenunternehmen haben den Vorteil, dass für sie eine Mitbestimmung der Arbeitnehmer in der Geschäftsleitung (bislang) gesetzlich nicht vorgesehen ist. Bei der GmbH, AG und typischen GmbH & Co.KG kommt es auf die Zahl der Mitarbeiter an.

4.3.8. Finanzierungsmöglichkeiten

Börsennotierte Aktiengesellschaften haben die Möglichkeit, über die Platzierung einer Kapitalerhöhung an der Börse Eigenkapital zu beschaffen. Andere Unternehmen sind auf Platzierungen durch Banken, Venture-Capital-Gesellschaften, Kapitalanlagegesellschaften und andere Finanzintermediäre angewiesen (s.a. Kapitel 7, 9). Da es für die Platzierung von Aktien über die Börse strenge Vorschriften gibt, die Haftungsfolgen auslösen, wenn die im Prospekt dargestellten Angaben unvollständig oder fehlerhaft sind, ist das Risiko für die Anleger bei Platzierungen außerhalb der Börse wesentlich höher, da hier nur die allgemeine Rechtsprechung zur Prospekthaftung und die Grundsätze des Kapitalanlagebetrugs (§ 264a StGB) als Haftungsgrund-

OHG, KG, EinzelU:	*keine* Mitbestimmung		
untyp. GmbH & Co. KG:	*keine* Mitbestimmung		
typ. GmbH & Co. KG:	bis	2.000:	*keine* MB
	ab	2.000:	MBG 1977
			(AN der KG und GmbH)
GmbH:	bis	500:	*keine* MB
	ab	500:	BetrVG (1/3 Beirat)
	ab	1.000:	Montanmitbest.
	ab	2.000:	MBG 1977
AG/KGaA	bis	2.000:	BetrVG (1/3 AR)
	ab	2.000:	MBG 1977 (50 : 50)

Abb. 4: Rechtsformabhängigkeit der Mitbestimmungsregelungen

lage in Betracht kommen (s.a. Kapitel 21).

Nachdem sich die Großbanken wegen des hohen Risikos immer mehr aus der Kreditfinanzierung mittelständischer Unternehmen zurückziehen, sind Sparkassen sowie Raiffeisen- und Volksbanken die natürlichen Kreditpartner für existenzgründungswillige Unternehmen. Diese Problematik wird sich ab 2003 noch verschärfen, wenn das einer Bank zur Verfügung stehende Kreditvolumen nicht mehr nur von ihrem Eigenkapital, sondern vom Rating der Kreditkunden abhängt.

4.3.9. Leitungsbefugnis

Zu unterscheiden ist die Vertretungsmacht im Außenverhältnis von der Geschäftsführungsbefugnis im Innenverhältnis. Die bei den Personengesellschaften bestehenden gesetzlichen Vorschriften sind überwiegend dispositives Recht, das heißt sie können durch den Gesellschaftsvertrag verändert werden. Dies geschieht in der Praxis auch regelmäßig. Beispielsweise ist die für die BGB-Gesellschaft vorgesehene einstimmige Geschäftsführung durch alle Gesellschafter unpraktikabel und wird meist dadurch ersetzt, dass ein oder mehrere Geschäftsführer bestellt werden, die die Gesellschaft nach außen hin vertreten und die Geschäfte im Innenverhältnis führen (§ 710 BGB).

Bei der GmbH vertritt der Geschäftsführer, bei der Aktiengesellschaft der Vorstand und bei der Kommanditgesellschaft der Komplementär die Gesellschaft nach außen. Auch bei Personengesellschaften ist es üblich, einen Geschäftsführer zu bestellen, der nach außen hin die anderen vollhaftenden Gesellschafter vertritt (§ 714 BGB). Während dem Geschäftsführer einer GmbH im Innenverhältnis Beschränkungen auferlegt werden können und er jederzeit abberufen werden kann (§ 38 GmbHG), handelt der Vorstand einer Aktiengesellschaft eigenverantwortlich (§ 76 AktG), d.h.

	Geschäftsführung / Innenverhältnis	Vertretung / Aussenverhältnis
BGB	alle gemeinsam, einstimmig (dispositiv)	die Geschäftsführer vertreten die anderen Gesellschafter (nicht die Gesellschaft) nach aussen (§ 714 BGB)
OHG	jeder allein (§§ 114, 115 HGB)	- jeder Gesellschafter einzeln vertritt die Gesellschaft (§ 125 Abs. 1 HGB) - Ausschluss einzelner möglich - Beschränkung der Vertretungsmacht nicht möglich (§ 126 Abs. 2)
KG	Komplementär(e) § 164 HGB, dispositiv *kein* Widerspruchsrecht der Kommanditisten (nur Kontrollrecht: Abschrift Jahresabschluss; Einsicht Bücher)	*nur Komplementär* (zwingend!! § 170 HGB)
AG	Vorstand eigenverantwortlich § 76 AktG (nicht an Weisung des AR oder der HV gebunden) Abberufung nur aus *wichtigem* Grund § 84 Abs. 3 AktG	Vorstand gemeinsam (dispositiv) § 78 Abs. 2 AktG
GmbH	Geschäftsführer - Beschränkung sind im Innenverhältnis möglich - kann *jederzeit* abberufen werden (§ 38 GmbHG)	Geschäftsführer

Abb. 5: Geschäftsführung und -vertretung

er ist nicht an Weisungen des Aufsichtsrates oder der Hauptversammlung gebunden. Er kann zudem nur aus wichtigem Grund abberufen werden (§ 84 Abs. 3 AktG). Der Vorstand einer Aktiengesellschaft hat daher die stärkste Stellung. Wenn es darum geht, ein Unternehmen vor den Interessen widerstreitender Gesellschaftergruppen zu schützen, ist daher die Aktiengesellschaft die beste Rechtsform.

4.4. Ablauf einer GmbH-Gründung

Die Gründung einer Kapitalgesellschaft, hier am Beispiel einer GmbH, läuft in drei Stufen ab (vgl. auch Lutter/Hommelhoff 2000, § 11 Rz. 1 ff.): Insbesondere aus steuerlichen Gründen ist darauf zu achten, dass die geschäftliche Tätigkeit der geplanten GmbH nicht bereits vor dem Gang zum Notar begonnen wird. Denn die sog. Vorgründungsgesellschaft wird als Personenunternehmen behandelt, das nicht ohne Schwierigkeiten in die GmbH überführt werden kann. Läuft das Unternehmen bereits, muss das bestehende Unternehmen im Wege der Sachgründung in die neue Kapitalgesellschaft eingebracht werden, was einen entsprechenden Sachgründungsbericht (§ 5 Abs. 4 GmbHG) erfordert, damit der Registerrichter prüfen kann, ob die eingebrachten Sachwerte dem Wert des anzusetzenden Stammkapitals entsprechen. Eine Gründungsprüfung durch externe Sachverständige ist nur für die Aktiengesellschaft vorgeschrieben (§ 33 Abs. 2 Nr. 4 AktG). Eine verschleierte Sachgründung liegt vor, wenn eine Bargründung durchgeführt wird und die Bareinlage z.B. zum Ankauf von Gegenständen aus dem Besitz des Gesellschafter oder zur Begleichung einer Forderung des Gesellschafters verwendet wird (vgl. Schmidt 1997, S. 798 ff.). Im Insolvenzfall erwächst daraus ein erhebliches Haftungsrisiko, da die Bareinlage als noch nicht geleistet gilt. Sie muss also im Insolvenzfall nachgezahlt werden. Die verkauften Wirtschaftsgüter könnten zwar theoretisch zurückverlangt werden, sind aber oft nicht mehr vorhanden oder im Wert gemindert. Handelt es sich bei den angekauften Wirtschaftsgütern um einen ganzen Betrieb, Teilbetrieb oder Mitunternehmeranteil, können hohe steuerpflichtige Gewinne entstehen, weil eine Buchwertfortführung nach § 20 UmwStG nicht möglich ist, da es sich nicht um eine Einbringung gegen Gewährung von Gesellschaftsrechten handelt. Da im Zeitpunkt der Handelsregistereintragung das Stammkapital vorhanden sein muss, können Verluste, die während der Vorgesellschaft entstehen, zu einer Nachzahlungspflicht führen (sog. Differenzhaftung).

Auch der Kauf einer bestehenden bereits im Handelsregister eingetragenen Kapitalgesellschaft, die über Verlustvorträge verfügt, aber im übrigen vermögenslos ist, kann

Abschluß des Gesellschaftsvertrages zwischen den Gründungsgesellschaftern "Vorgründungsgesellschaft" =	Personen- unternehmen
notarielle Errichtung der GmbH: ♦ Beurkundung des Gesellschaftsvertrags ♦ Übernahme der Stammanteile ♦ Bestellung der Geschäftsführer ♦ Anmeldung zum Handelsregister "Vorgesellschaft" = ♦ Prüfung der Anmeldung durch den Registerrichter	zu behandeln wie eine Kapital- gesellschaft
Eintragung ins Handelsregister "GmbH" = ♦ Bekanntmachung der Handelsregistereintragung	Kapital- gesellschaft

Abb. 6: Stufen einer GmbH-Gründung

erhebliche Risiken bergen, weil die zivilrechtliche Rechtsprechung in diesen Fällen davon ausgeht, dass das Stammkapital verbraucht und daher vom neuen Anteilseigner erneut aufzubringen ist. Im Insolvenzfall wird der Insolvenzverwalter diese Forderung beim Gesellschafter eintreiben. Steuerlich ist der Verlust ohnehin wegen § 8 Abs. 4 KStG regelmäßig nicht verwertbar (sog. Mantelkauf).

Wird das vereinbarte Stamm- bzw. Grundkapital nicht voll eingezahlt, haften alle Gesellschafter gesamtschuldnerisch für die nicht eingezahlte Einlage (§ 24 GmbHG). Es besteht also die Gefahr, dass ein einzelner Gesellschafter für die Einzahlung aller ausstehenden Einlagen herangezogen wird, ohne dass er die Möglichkeit hat, seine Mitgesellschafter in Regress zu nehmen, weil diese vermögenslos sind. Bei Steuerschulden im Konkurs können diese Ansprüche vom Finanzamt gepfändet werden.

4.5. Steuerliche Überlegungen zur Rechtsformwahl

4.5.1. Steuerliche Argumente für ein Personenunternehmen

4.5.1.1. Bessere Verlustverrechnung

Neu gegründete Unternehmen erwirtschaften typischerweise zunächst (erhebliche) Verluste. (Mit-)Unternehmer von Personenunternehmen können diese Verluste - anders als Gesellschafter von Kapitalgesellschaften - mit positiven Einkünften aus anderen Einkunftsquellen saldieren, so dass eine Einkommensteuerersparnis entsteht, die aus Liquiditätsgründen vorteilhaft ist. Häufig sind die Verluste so hoch, dass sogar ein Verlustrücktrag auf das Vorjahr möglich ist (§ 10d EStG: ab 2001 maximal 511.500 €, bei Ehegatten doppelt). Durch den Verlustrücktrag können bereits bezahlte Steuern sofort zurückgeholt werden. Dagegen können die Verluste, die von einer Kapitalgesellschaft erzielt werden, nur von dieser verwendet werden, d.h. regelmäßig können Anlaufverluste nur mit zukünftigen Gewinnen saldiert werden (Verlustfalle). Es kann also die Situation eintreten, dass die Geschäftsführervergütungen der Gründungsgesellschafter den Verlust der Kapitalgesellschaft erhöhen, während sie auf der persönlichen Ebene Einkommensteuer auf ihr Gehalt zahlen müssen. Dadurch kommt es zu einer Liquiditätsbelastung, die durch die Wahl der Personenunternehmung als Rechtsform vermieden werden kann.

4.5.1.2. Gewerbesteuerliche Vorteile

Freiberufler bevorzugen die Personenunternehmung, weil nur auf diese Weise eine Gewerbesteuerpflicht der Einkünfte vermieden werden kann. Denn inländische Kapitalgesellschaften erzielen ausschließlich Einkünfte aus Gewerbebetrieb, womit eine Gewerbesteuerpflicht der Gewinne verbunden ist. Die Kapitalgesellschaft muss ihren Gewinn zudem vom ersten € an der Gewerbesteuer unterwerfen. Dagegen erhalten Personenunternehmen einen Freibetrag von 24.500 €, der Kapitalgesellschaften nicht zusteht, allerdings durch Aufnahme eines atypisch stillen Gesellschafters auch einer Kapitalgesellschaft zugute kommen kann. Bis zu einem Gewerbeertrag von ca. 50.000 € wirken sich außerdem die gestaffelten Messzahlen, die nur für Personenunternehmen und nicht für Kapitalgesellschaften gelten, gewerbesteuermindernd aus.

Je höher die Gewinne werden, desto größer wird das Gewerbesteuerproblem bei Personenunternehmen. Die Gewerbesteuerbelastung wird allerdings dadurch reduziert, dass die Gewerbesteuer als Betriebsausgabe abzugsfähig ist. Dadurch reduziert sich sowohl die Bemessungsgrundlage der Gewerbesteuer als auch der Einkommensteuer, was zu einer Einkommensteuerersparnis führt (vgl. Schneeloch 1997, S. 112). Die nominelle Gewerbesteuer von ca. 20 % (5 % Messzahl x 400 % Hebesatz) wird dadurch ca. auf die Hälfte reduziert. Durch die Unternehmenssteuerreform soll ab dem Jahre 2001 die verbleibende Gewerbesteuer indirekt dadurch aus der Welt geschafft werden, dass die Gewerbesteuer auf die Einkommensteuer der Gesellschafter angerechnet wird. Entgegen den ursprünglichen Ankündigungen des Finanzministers kommt es jedoch nicht wirklich zu einer Anrechnung der gezahlten Gewerbesteuer. Vielmehr handelt es sich um eine Tarifermäßigung, die nur dann zu einer vollständigen Entlastung der gezahlten Gewerbesteuer führt, wenn eine ausreichend hohe Einkommensteuer vorhanden ist (vgl. Ritzer/Stangl, INF 2000, S. 641 [643]). Aus einer Vielzahl von Gründen wird die volle Entlastung in den meisten Fällen nicht möglich sein, so dass die Gewerbesteuerbelastung zum Teil vorhanden bleibt. Eine Quantifizierung dieser Wirkungen ist jedoch äußerst schwierig, da sie von der Zusammensetzung des Gesamteinkommens des (Mit-)Unternehmers beeinflusst wird. Funktioniert die Gewerbesteueranrechnung (ausnahmsweise), könnte man auf die Gewerbesteuer als Belastungsfaktor bei der Rechtsformwahl verzichten. Liegen die Einkünfte des Gesellschafters über ca. 55.007 € (ledig) bzw. ca. 110.014 € (verheiratet), unterliegen die Gewinne aus dem Unternehmen dem Einkommensteuerhöchstsatz zuzüglich Solidaritätszuschlag und Kirchensteuer.

Bei hohen Gewinnen liegt die Steuerbelastung des Personenunternehmens immer unter der Steuerbelastung einer Kapitalgesellschaft, die ihre Gewinne nicht einbehält, sondern an die Gesellschafter ausschüttet. Die vorteilhaften Auswirkungen der Unternehmenssteuerreform für Kapitalgesellschaften können sich nur ergeben, wenn die Gewinne langfristig im Unternehmen einbehalten bleiben (vgl. Tischer 2000, S. 1009).

Zur Vermeidung von Gewerbesteuer ist es auch möglich, sich in Gemeinden mit niedrigen Hebesätzen anzusiedeln. Bislang gibt es drei (kleine) Gemeinden mit einem Hebesatz von null, die als Standort jedoch nur für reine Verwaltungsgesellschaften

	2002	2003	2004	2005 ff.
Spitzensteuersatz	48,50 %		47,00 %	42,00 %
Effektivgesamtbelastung	55,05 %		53,35 %	47,67 %

Abb. 7: Entwicklung des Spitzensteuersatzes

mit geringer aktiver Geschäftstätigkeit geeignet sind. Obwohl aufgrund des Hebesatzes von null keine Gewerbesteuerbelastung entsteht, ist eine Entlastung bei der Einkommensteuer der Gesellschafter durch die Tarifermäßigung nach § 35 EStG möglich, weil sich der Ermäßigungsbetrag nicht nach der gezahlten Gewerbesteuer richtet, sondern dem 1,8-fachen Gewerbesteuermessbetrag entspricht (vgl. zu den Auswirkungen von § 35 EStG Herzig/Lochmann 2000, S. 1728 ff.).

4.5.2. Argumente für die Kapitalgesellschaft

Durch die Unternehmenssteuerreform sinkt die Körperschaftsteuerbelastung von bisher 40 % auf 25 %-Punkte. Entgegen dem bisherigen Recht ist es künftig nicht mehr möglich, durch eine Ausschüttung der Gewinne an den Gesellschafter diese Körperschaftsteuerbelastung wieder zu beseitigen, selbst wenn der Gesellschafter in seiner Privatsphäre ausreichende Verluste zur Verrechnung hat. Die Körperschaftsteuer ist somit neuerdings eine Definitivsteuer, die unter gar keinen Umständen im Rahmen einer Ausschüttung erstattet werden kann (Erle/Sauter 2000, S. 8; Schaumburg/Rödder 2000, S. 153). Hinzu kommt die Gewerbesteuerbelastung, die zwar durch Geschäftsführergehälter reduziert werden kann. Diese werden jedoch nur bis zu einer gewissen Größenordnung von der Finanzverwaltung als angemessen anerkannt (Schneeloch 1997, S. 167). Selbst bei Gewinnen in Millionenhöhe können die Geschäftsführergehälter wohl nicht höher liegen als 0,5 Mio. € pro Geschäftsführer. Wird der thesaurierte Gewinn der Kapitalgesellschaft an den Gesellschafter ausgeschüttet, muss der Gesellschafter, sofern er eine natürliche Person ist, den halben Dividendenbetrag der normalen Einkommensteuer unterwerfen (sog. Halbeinkünfteverfahren). Die auf der Ebene der Kapitalgesellschaft entstandene Steuerbelastung inkl. Gewerbesteuer von insgesamt rund 40 % wird somit im Ausschüttungsfall nochmals um rund 15 % erhöht, so dass die Gesamtsteuerbelastung mit 55 % deutlich über der Belastung eines Personenunternehmens liegt. Das neue Körperschaftsteuerrecht begünstigt daher nur Kapitalgesellschaften, die ihre Gewinne langfristig einbehalten. Dies sind in erster Linie börsennotierte Publikumsaktiengesellschaften. Dagegen wollen mittelständische Unternehmen ihre Gewinne regelmäßig an die Gesellschafter ausschütten. Lediglich Unternehmen, die einen sehr hohen Investitionsbedarf haben und daher Ausschüttungen an die Gesellschafter nur eingeschränkt vornehmen können, werden von der neuen Rechtslage begünstigt. Nach Berechnungen im Schrifttum (Tischer 2000, S. 1009) müssen die Gewinne mindestens 10 bis 25 Jahre einbehalten bleiben, damit die Steuermehrbelastung im Ausschüttungsfall durch Steuerstundungseffekte während der Thesaurierungsdauer kompensiert wird, so dass die Kapitalgesellschaft als Rechtsform vergleichbar ist mit einer Personengesellschaft.

4.5.3. Belastungsvergleich

Bei der Rechtsformwahl sind aus steuerlicher Sicht neben den genannten wesentlichen Punkten auch noch weitere Überlegungen maßgeblich. Wegen der Vielzahl der Entscheidungsparameter sind allgemeine Aussagen über die Vorteilhaftigkeit von

Rechtsformen kaum möglich. Die Entscheidung muss daher durch einen konkreten Belastungsvergleich im Einzelfall vorbereitet werden. Für derartige Belastungsvergleiche stehen EDV-Programme der DATEV und anderer Anbieter zur Verfügung. Sie ermöglichen es in überschaubarer Zeit, die Rechtsformentscheidung durch quantitative Analysen zu erleichtern.

4.6. Änderung der Rechtsform

Die Entscheidung über die Wahl der Rechtsform ist nicht unumkehrbar. Beim Wechsel von der Personenunternehmens- in die Kapitalgesellschaftebene und umgekehrt droht jedoch eine Versteuerung der stillen Reserven, d.h. der Differenz zwischen Verkehrs- und Buchwert des Unternehmens. Unter den Voraussetzungen der einschlägigen Vorschriften des Umwandlungssteuergesetzes ist jedoch eine Umwandlung auch steuerneutral möglich. Im Falle der Umwandlung eines Personenunternehmens in eine Kapitalgesellschaft (= Einbringung) richten sich die Bedingungen für die Buchwertfortführung nach § 20 UmwStG. Wichtigste Voraussetzung ist, dass die Einbringung des Unternehmens im Wege der ordentlichen Kapitalerhöhung, also als Sachgründung bzw. Sachkapitalerhöhung erfolgt. Schwierigkeiten gibt es nur dann, wenn nicht alle wesentlichen Betriebsgrundlagen auf die Kapitalgesellschaft übertragen werden sollen (Meyer-Scharenberg 1990, S. 142 f.).
Seit 1995 ist die Entscheidung für die Kapitalgesellschaft als Rechtsform keine Einbahnstraße mehr. Die Rückumwandlung einer Kapitalgesellschaft in ein Personenunternehmen ist jederzeit zum Buchwert möglich (§ 3 Satz 1 UmwStG; Meyer-Scharenberg 1995, S. 19). Im Gegensatz zu früher kann die Umwandlung auch auf eine GmbH & Co. KG erfolgen, so dass für die Gesellschafter keine Gefahr der persönlichen Haftung für die Schulden der Kapitalgesellschaft mehr besteht.

Das handelsrechtliche Umwandlungsgesetz sieht für beide Fälle der Umwandlung erleichterte Bedingungen vor. Bei der Einbringung von Personenunternehmen in Kapitalgesellschaften ist hierfür jedoch Voraussetzung, dass das Personenunternehmen im Handelsregister eingetragen ist.

4.7. Optimierung der Rechtsformwahl im Hinblick auf den Unternehmensverkauf

Im Falle des Verkaufs eines Personenunternehmens unterliegt die Differenz zwischen dem erzielten Kaufpreis und dem Buchwert des Unternehmens der normalen Einkommensteuer. Die Tarifvergünstigung nach § 34 Abs. 1 EStG (sog. Fünftelregelung) ist für Steuerpflichtige, deren laufende Einkünfte bereits den Höchststeuersatz erreicht haben, ohne steuermindernde Wirkung. Allerdings lässt sich die Regelung dann optimieren, wenn es gelingt, die laufenden Einkünfte des Verkäufers durch Verlustsaldierung aus anderen Einkunftsarten auf null zu stellen. In diesem Fall lassen sich Steuerersparnisse erzielen, die das Doppelte des Grenzsteuersatzes ausmachen können (vgl. Ritzer 2000, S. 169 ff.). Allerdings verwässert sich dieser Effekt, je höher der Veräußerungsgewinn ist. Außerdem soll die vorrangige Saldierung von Verlusten mit laufenden Einkünften nach Ansicht der Finanzverwaltung nicht immer möglich sein (vgl. Ritzer 2000, S. 151 ff.).

Ab 2001 wurde der halbe durchschnittliche Steuersatz für den Verkauf von Betrieben, Teilbetrieben und Mitunternehmeranteilen wieder eingeführt. Die Steuerbelastung entspricht allerdings mindestens dem Eingangssteuersatz bei der Einkommensteuer (2001: 19,9 %; 2003: 17 %; 2005: 15 %). Diese Vergünstigung kommt aber nur für Steuerpflichtige in Betracht, die das 55. Lebensjahr vollendet haben oder dauernd berufsunfähig sind. Außerdem kann die Vergünstigung nur einmal im Leben in Anspruch genommen werden und ist auf 5 Mio. € begrenzt.

Beim Verkauf von Betrieben, Teilbetrieben und Mitunternehmeranteilen fällt keine Gewerbesteuer an, es sei denn, dass der Betrieb innerhalb der letzten fünf Jahre vor der Veräußerung durch Rückumwandlung einer Kapitalgesellschaft in ein Personenunternehmen entstanden ist (§ 18 Abs. 4 UmwStG). Für den Verkauf von Anteilen an Kapitalgesellschaften wird der halbe durchschnittliche Steuersatz nicht gewährt. Es kam nur die Fünftelregelung in Betracht und deren Optimierung durch verrechenbare Verluste (vgl. zum Unternehmenskauf nach dem Steuersenkungsgesetz Seibt 2000, S. 2061 ff.). Ab 2002 (Regelfall) greift jedoch das sog. Halbeinkünfteverfahren auch für Veräußerungsgewinne von Beteiligungen an Kapitalgesellschaften, die von natürlichen Personen gehalten werden. Im Ergebnis läuft dieses Verfahren auf eine Versteuerung des Veräußerungsgewinns zum halben Steuersatz hinaus. Allerdings wird ein Erwerber, der die Wahl zwischen dem Kauf eines Personenunternehmens und dem Kauf von Anteilen an einer Kapitalgesellschaft hat, für letztere einen geringeren Kaufpreis zahlen. Denn den Kaufpreis für ein Unternehmen (asset deal) kann der Erwerber über die betriebsgewöhnliche Nutzungsdauer der Wirtschaftsgüter abschreiben und somit erhebliche Steuerersparnisse erzielen. Dies ist beim Erwerb von Anteilen an Kapitalgesellschaften nicht mehr möglich, weil die früher üblichen Verfahren zur steuerneutralen Aufstockung der stillen Reserven (Umwandlungsmodell, Kombinationsmodell; vgl. hierzu Endres 2000, S. 197 ff.; Herzig 2000, S. 163 ff.; Endres 2000, S. 197 ff.) nicht mehr mit Erfolg angewendet werden können (Seibt 2000, S. 2073 f.).

Die beachtlichste Änderung durch die Unternehmenssteuerreform ist, dass Anteile an Kapitalgesellschaften, die von einer anderen Kapitalgesellschaft gehalten werden, vollkommen steuerfrei verkauft werden können (§ 8b Abs. 2 KStG). Zwar ergibt sich auch hier das Problem für den Erwerber, dass er seine Anschaffungskosten für die Beteiligung nicht in Abschreibungspotenzial verwandeln kann. Dies spielt jedoch beispielsweise in Fällen eines Börsengangs mit breiter Platzierung der Aktien keine Rolle. Ein Kaufpreisabschlag ist daher in diesen Fällen nicht zu befürchten. Der erzielte Veräußerungsgewinn bleibt solange steuerfrei, wie er in der Beteiligungsgesellschaft verbleibt und nicht ausgeschüttet wird. Würden die Gewinne in Aktien angelegt, wären sowohl die Dividenden als auch die Veräußerungsgewinne steuerfrei (sog. Spardoseneffekt). Erst wenn die GmbH ihre Gewinne an den Anteilseigner ausschüttet, käme es zur Nachversteuerung im Rahmen des Halbeinkünfteverfahrens

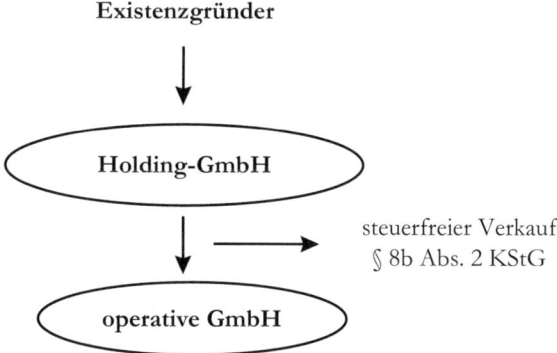

Abb. 8: Vorteilhafte Holding-Struktur

Diese neuen Vorschriften, die insbesondere deshalb eingeführt wurden, damit Banken und Versicherungen ihren über viele Jahre aufgebauten Beteiligungsbesitz steuerfrei bereinigen können, stellen einen großen Anreiz dar, das Unternehmen als doppelstöckige GmbH zu gründen.

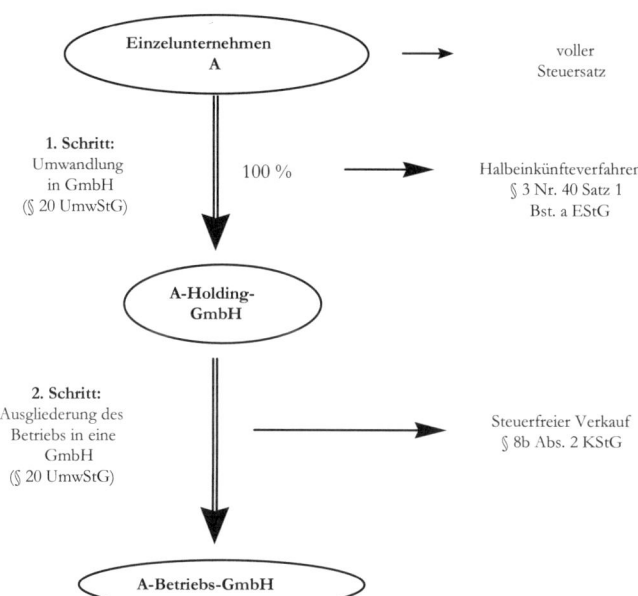

Abb. 9: Nachträglicher Aufbau einer vorteilhaften Holding-Struktur

Die doppelstöckige Struktur mit Kapitalgesellschaften hat den Nachteil, dass Anlaufverluste nicht mit positiven Einkünften der Gesellschafter verrechnet werden können (Problem der Verlustfalle). Grundsätzlich könnten die Existenzgründer zwar mit einem Personenunternehmen starten und die vorteilhafte Struktur durch eine erfolgsneutrale Umwandlung erst nachträglich herstellen (vgl. Abb. 9).

Wird ein Unternehmen zunächst als Personenunternehmen gegründet und erst anschließend nach den Regelungen des Umwandlungssteuergesetzes steuerneutral in eine Kapitalgesellschaft umgewandelt, ist ein steuerfreier Verkauf der einbringungsgeborenen Anteile allerdings erst nach einer Sperrfrist von sieben Jahren möglich (§ 8b Abs. 4 KStG).

Sofern absehbar ist, dass der Börsengang bzw. Verkauf von Anteilen innerhalb von sieben Jahren nach der Gründung erfolgen soll, muss die doppelstöckige Struktur daher von Anfang an mit Kapitalgesellschaften hergestellt werden. Damit wird der Nachteil in Kauf genommen, dass die Anlaufverluste nicht mit positiven Einkünften der Gesellschafter verrechnet werden können. Häufig sind die Anlaufverluste von neu gegründeten Unternehmen allerdings auch derart hoch, dass die Gesellschafter mit diesen Verlusten ohnehin nichts anfangen können, so dass die Verlustfalle nur ein Scheinproblem darstellt.

4.8. Zusammenfassung

Die Rechtsformwahl stellt für Neugründungen eine grundlegende Entscheidung dar. Neben Kriterien wie Haftungsbeschränkungen, Mindestkapitaleinlagen, rechtsformspezifische Kosten, Finanzierungsmöglichkeiten u.ä. spielen steuerliche Aspekte eine wichtige Rolle. Generell gibt es bei der Rechtsformwahl der Personenunternehmung die Möglichkeit der besseren Verlustverrechnung und damit eine realisierbare Einkommensteuerersparnis. Zu beachten ist hierbei auch die Anrechenbarkeit der Gewerbesteuer bei Personenunternehmen. Bei der Kapitalgesellschaft wurde zwar durch die Unternehmenssteuerreform der Körperschaftsteuersatz von bisher 40 % auf 25 % gesenkt. Die neue Rechtslage begünstigt aber nur Kapitalgesellschaften, die ihre Gewinne langfristig einbehalten wollen oder müssen, weil sie einen hohen Investitionsbedarf haben. Eine Verminderung der Belastung durch die Ausschüttung der Gewinne an den Gesellschafter ist nicht mehr möglich. Ob die Rechtsform einer Personenunternehmung oder einer Kapitalgesellschaft günstiger ist, hängt von einer Vielzahl von Entscheidungsparametern ab, die im Einzelfall gegeneinander abgewogen werden müssen. Schließlich sollten bereits bei der Neugründung Überlegungen in Betracht gezogen werden, welche Rechtsform bei einem möglichen Verkauf der Unternehmung günstig wäre.

4.9. Verwendete und weiterführende Literatur

Brönner, Herbert (1999): Die Besteuerung der Gesellschaften des Gesellschafterwechsels und der Umwandlung. 17. Auflage, Stuttgart.

Endres, Dieter (2000): Kombinations-, Mitunternehmerschafts- und Umwandlungsmodell im Vergleich. In: Schaumburg, Harald (Hrsg.): Unternehmenskauf im Steuerrecht. 2. Auflage, S. 197-232, Stuttgart.

Erle, Bernd; Sauter, Thomas (2000): Reform der Unternehmensbesteuerung: Kommentar zum Steuersenkungsgesetz mit Checklisten und Materialien. Köln.

Haritz, D.;Wisnieweski, T. (2000): Das Umwandlungssteuerrecht nach Verabschiedung der Unternehmenssteuerreform. GmbHR, S. 789.

Heigl, Anton (1996): Unternehmensbesteuerung. 2. Auflage, München et al.

Heinold, Michael (1996): Unternehmensbesteuerung. Bd. I: Rechtsform, Stuttgart.

Herzig, N.; Lochmann, U. (2000): Steuersenkungsgesetz. Die Steuerermäßigung für gewerbliche Einkünfte bei der Einkommensteuer in der endgültigen Regelung. DB, S. 1728.

Herzig, Norbert (2000): Umwandlungsmodell beim Kauf von Anteilen an Kapitalgesellschaften. In: Schaumburg, Harald (Hrsg): Unternehmenskauf im Steuerrecht. 2. Auflage, S. 163-195, Stuttgart.

Kessler, Wolfgang; Schiffers, Joachim; Teufel, Tobias (2002): Rechtsformwahl Rechtsformoptimierung. München.

König, Ralf; Sureth, Caren (2002): Besteuerung und Rechtsformwahl. 3. Auflage, Landsberg, Lech.

Krüger, Dirk (2002): Zweckmäßige Wahl der Unternehmensform: eine synoptische Darstellung. 7. Auflage, Bonn.

Kußmaul, Heinz (2000): Betriebswirtschaftliche Steuerlehre. 3. Auflage, München, Wien.

Jacobs, O.H.; Spengel, C.; Vituschek, M (2000): Steuerreform 2001: Internationale Wettbewerbsfähigkeit deutscher Unternehmen und Rechtsformwahl. RIW, S. 653.

Jacobs, O.H. (2002): Unternehmensbesteuerung und Rechtsform. 3. Auflage, München.

Jacobs, Otto; Scheffler, Wolfram (1995): Steueroptimale Rechtsform: eine Belastungsanalyse für mittelständische Unternehmen. 2. Auflage, München.

Lehr, D.; S. Höft (2000): Die Wahl der richtigen Gesellschaftsform für Existenzgründer und Berater. Neuwied.

Lutter, Marcus; Hommelhoff, Peter (Hrsg.) (2000): GmbH-Gesetz. Kommentar, 15. Auflage, Köln.

Meyer-Scharenberg, Dirk E. (1990): Steuergestaltung durch Umwandlung. Berlin.

Meyer-Scharenberg, Dirk E. (1995): Umwandlungsrecht: Einführung, Gesetze, Materialien zum neuen Handels- und Steuerrecht. Berlin.

Ritzer, Claus J. (2000): Die Mindestbesteuerung nach dem Steuerentlastungsgesetz 1999/2000/2002. Neuwied, Kriftel.

Ritzer, Claus; Stangl, Ingo (2000): Anwendungsprobleme der Steuerermäßigung für gewerbliche Einkünfte von Einzelunternehmen und Personengesellschaften nach § 35 EstG. INF, S. 641.

Schaumburg, Harald (Hrsg.) (2000): Unternehmenskauf im Steuerrecht. 2. Auflage, Stuttgart.

Schaumburg, Harald; Rödder, Thomas (2000): Unternehmenssteuerreform 2001. München.

Scheffler, Wolfram (2002): Besteuerung von Unternehmen. Bd. I: Ertrags-, Substanz und Verkehrsteuern. 5. Auflage, Heidelberg.

Schiffers, J. (2000): Steuersenkungsgesetz: Steuerliche Rechtsformwahl und Rechtsformoptimierung. GmbHR, S. 1005.

Schmidt, Karsten (2001): Gesellschaftsrecht. 4. Auflage, Köln et al.

Schneeloch, Dieter (1997): Rechtsformwahl und Rechtsformwechsel mittelständischer Unternehmen: Auswahlkriterien, Steuerplanung, Gestaltungsempfehlungen. Berlin.

Seibt, C. H. (2000): Unternehmenskauf und -verkauf nach dem Steuersenkungsgesetz. DStR, S. 2061.

Tischer, F. (2000): Rechtsformwahl nach der Unternehmenssteuerreform im Endwert-Modell. FR, S. 1009.

Wellisch, D. (2002): Besteuerung von Erträgen. München.

Wöhe, Günter; Bieg, Hartmut (1995): Grundzüge der Betriebswirtschaftlichen Steuerlehre. 4. Auflage, München.

Wöht, Günter (1990): Betriebswirtschaftliche Steuerlehre. Bd. II/1: Der Einfluß der Besteuerung auf die Wahl und den Wechsel der Rechtsform des Betriebes. 5. Auflage, München.

5. Rechtliche Aspekte der Unternehmensgründung

CHRISTIAN KIRNBERGER

5.1. Überblick

Dieses Kapitel beleuchtet die rechtlichen Aspekte einer Unternehmensgründung. Es wird dabei zunächst auf die rechtliche Umwelt, in der die Unternehmung eingebettet ist, eingegangen. Es werden Überlegungen zu regelungsbedürftigen Rechtsverhältnissen erörtert, um mögliche entstehende Konflikte mit Dritten von Beginn an zu vermeiden bzw. präventiv zu handeln. Auch die verschiedenen zu beachtenden Gesetze (Zivilrecht, öffentliches Recht etc.) werden angesprochen. Im Anschluss daran werden (in Ergänzung und zur Vertiefung des Kapitels Rechtsformwahl) die verschiedenen privatrechtlichen Unternehmensformen dargestellt. Dabei wird vor allem auf *die* Aspekte eingegangen, die neben den steuerlichen Gesichtspunkten entscheidend sein können. Der letzte Teil des Kapitels schildert das Verhältnis der Neugründung zu Dritten. Es werden Interaktionen mit Kapitalgebern, Arbeitnehmern, Lieferanten und Kunden angesprochen und abschließend daraus die Pflicht zur ständigen Unternehmensbeobachtungspflicht abgeleitet.

5.2. Einführung

Bei einer Unternehmensgründung sind neben den notwendigen betriebswirtschaftlichen auch vielfältige rechtliche Aspekte zu berücksichtigen. Die Unternehmensgründer treten in Rechtsgebiete ein, mit denen Nicht-Unternehmer in der Regel nie in Berührung kommen. Die *Mitwirkung von Rechtskundigen* bei der Unternehmensgründung ist daher in aller Regel erforderlich. An sich sind nur Rechtsanwälte (RA) und für bestimmte Rechtsfragen Wirtschaftsprüfer (WP) zur Rechtsberatung befugt, allerdings geben auch viele Industrie- und Handelskammern und Behörden hilfreichen und kostengünstigen Rechtsrat. Einen Anspruch bei Falschberatung erlangt man jedoch nur bei einem Beratungsverhältnis mit einem RA oder WP. Dessen ungeachtet muss der Unternehmensgründer mit den Gründzügen der rechtlichen Aspekte vertraut sein, um die notwendigen Regelungen zu verstehen und mitgestalten zu können.

Unabhängig von der konkreten Ausgestaltung entfaltet ein Unternehmen stets ein vom Unternehmer rechtlich unabhängiges Eigenleben. Neben der Notwendigkeit der vermögensrechtlichen Trennung von Unternehmern und Unternehmer muss ein Unternehmen die vielfältigen zivil- und öffentlich rechtlichen Rahmenbedingungen beachten, denen es ausgesetzt ist. Da sich verschiedene *bei der Gründung ausgeübte Wahlrechte*, welche das Rechtssystem bietet, im weiteren Lebensweg eines Unternehmens nur noch eingeschränkt revidieren lassen, muss bereits in der Gründungsphase bzw. schon davor sorgfältig geplant werden.

5.2.1. Regelungsbedürftige Rechtsverhältnisse

Ein Unternehmen befindet sich im Zentrum einer Vielzahl von Interessensverhältnissen. Das Recht als Wissenschaft der *Konfliktprävention und -lösung* hat hier die Aufgabe, diese Verhältnisse so zu regeln, dass Streitigkeiten wenn möglich vermieden

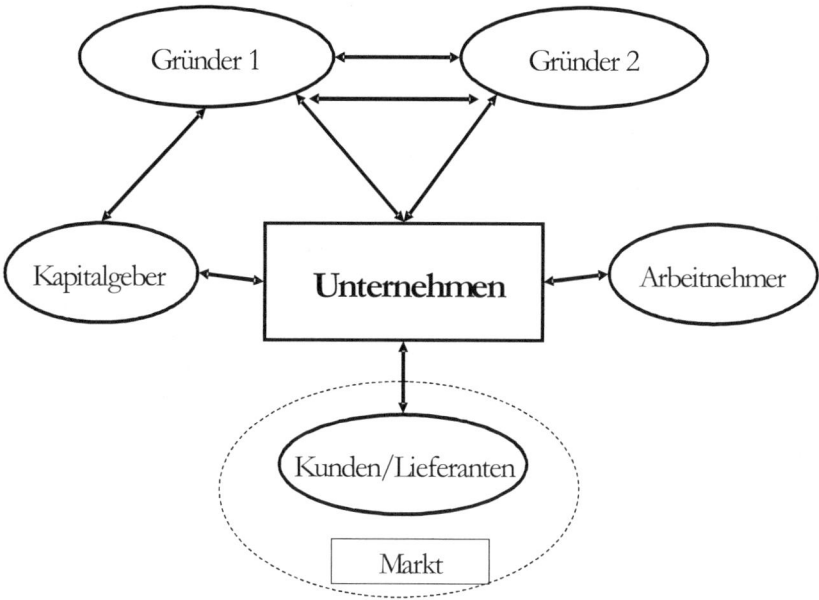

Abb. 1: Regelungsbedürftige Rechtsverhältnisse

oder zumindest interessengerecht gelöst werden. Zur Ermittlung der regelungsbedürftigen Rechtsverhältnisse muss geklärt werden, mit wem das Unternehmen in Interaktion tritt. Die am häufigsten auftretenden regelungsbedürftigen Rechtsverhältnisse sind in Abb. 1 dargestellt.

Schon vor dem Beginn eines Unternehmens steht – außer es ist nur ein Gründer vorhanden – das Verhältnis der Gründer untereinander. Bei der Gründung eines Unternehmens entsteht das „magische" Dreieck zwischen den Gründern und dem Unternehmen. In diesem besteht ein ganzes Bündel an Rechtsbeziehungen. Daneben wird ein Unternehmen insbesondere in der Gründungsphase neben den Unternehmern weitere Kapitalgeber benötigen. Außer in der unmittelbaren Startphase wird ein Unternehmen nicht ohne Arbeitnehmer auskommen, mit denen ein besonderes Rechtsverhältnis besteht. Neben diesen *unternehmensnotwendigen Dauerschuldverhältnissen* (Verträge, die nicht durch die einmalige Erbringung von Leistung und Gegenleistung wie z.B. beim klassischen Kaufvertrag erfüllt werden können, sondern zu einer wiederkehrenden Leistung und Gegenleistung verpflichten) geht ein Unternehmen mit Beginn seiner Gründung eine Vielzahl von Einzel- oder Dauerschuldverhältnissen mit Lieferanten, Kunden und sonstigen Dritten ein. Die Gesamtheit dieser „Dritten" bilden einen „Markt", mit dem das Unternehmen in Interaktion tritt. Aus dieser Tatsache entspringen für das Unternehmen eine ganze Reihe weiterer gesetzlicher Verpflichtungen.

5.2.2. Verträge als Prävention von Konflikten und Ergänzung der gesetzlichen Regelungen

Bevor wir uns mit den einzelnen Rechtsverhältnissen befassen, bedarf es noch einiger Ausführungen zum Verhältnis von Verträgen und gesetzlichen Regelungen. Die Konfliktlösung des Rechts erfolgt vereinfacht durch vorformulierte Musterlösungen (Gesetze), die auf ihre Vergleichbarkeit mit dem zu lösenden Konflikt hin untersucht werden (sog. subsumieren). So bestimmt z.B. § 121 Abs. 3 HGB – für den Fall einer diesbezüglichen Meinungsverschiedenheit – die Gewinn- und Verlustverteilung unter den Gesellschaftern einer oHG – nach einer Mindestverzinsung – nach Köpfen und unterstellt dabei einen gleichen Erfolgs- bzw. Misserfolgsbeitrag aller Gesellschafter. Ob dies in dem konkreten Fall auch *interessengerecht* ist, sei dahingestellt. Es ist jedenfalls dann zweifelhaft, wenn die Gesellschafter unterschiedliche Erfolgsbeiträge geleistet haben. Dies wird aber von der gesetzlichen Regelung nicht berücksichtigt. Dies erscheint aus der Sicht eines abstrakten Gesetzes zwar richtig, weil man die Erfolgsbeiträge oft schwer messen kann. Im konkreten Einzelfall versagt aber die Regelung unter Umständen.

Weitaus wirksamer als diese Art der Konfliktlösung ist daher die Prävention durch *Verträge*. Hier überdenken – in einer idealen Welt – die Parteien im Vorfeld mögliche Konflikte und versuchen diese, durch einvernehmliche Regelungen zu vermeiden oder zumindest die „gerechte" Lösung für den Konfliktfall im Vorhinein zu vereinbaren. Wenn diese Lösung von der gesetzlichen Regelung abweicht, spricht man von Disposition der Parteien. So vereinbaren die Gesellschafter einer oHG in ihrem Gesellschaftsvertrag oft, den Gewinn und Verlust – nach Abzug einer Tätigkeitsvergütung – nach dem eingesetzten Kapital zu verteilen. Ob dies eher den Interessen entspricht, kann hier nicht abschließend geklärt werden. Aber es entspricht durchaus einem allgemein anerkannten betriebswirtschaftlichen Konzept, den Gewinn eines Unternehmens als Verzinsung des eingesetzten Eigenkapitals zu verstehen. Unterstellt man dies als Maßstab, ist die konkrete vertragliche Regelung „besser" als die abstrakte gesetzliche Regelung.

Diese autonome „Gesetzesänderung" durch einzelne Parteien wird von unserem Rechtssystem allerdings kritisch betrachtet. Insbesondere dort, wo vermutet wird, dass sich keine gleichwertigen Verhandlungspartner gegenübersitzen, verbietet das Gesetz seine „Korrektur" durch Verträge (zwingende oder *nicht disponible Gesetzesregelungen*). Im Unternehmensbereich begegnen uns derartige zwingende Gesetzesregelungen insbesondere beim Arbeitsrecht und im Recht der Kapitalgesellschaften. Ob eine Regelung im Einzelfall disponibel ist oder nicht, ergibt sich in aller Regel aus dem Gesetzestext. Die Frage muss aber im Zweifelsfall nach dem Sinn und Zweck des Gesetzes gelöst werden. Allgemein lässt sich sagen, dass die Regelungen des Schuldrecht des BGB und das Gesellschaftsrecht des HGB weitgehend disponibel sind, während die Regeln des Arbeitsrechts und des Gesellschaftsrecht der Kapitalgesellschaften weitgehend zwingend sind.

5.3. Das Rechtsverhältnis der Gründer vor der Unternehmensgründung

Bewusst oder unbewusst befinden sich viele Unternehmensgründer bereits vor der eigentlichen Unternehmensgründung (das erste Auftreten des Unternehmens im Markt) in einem Rechtsverhältnis mit den späteren Mitgründern. Insbesondere die gemeinsame Entwicklung einer Geschäftsidee und Erarbeitung eines Businessplans – und sei es nur im Rahmen eines der inzwischen verbreiteten Businessplanwettbewerbe – schaffen einen Wert, um dessen Herstellung und spätere Verteilung es einen Konflikt geben kann. Je nach der Intensität der Handlungen während der Gründungsvorbereitung besteht zwischen den Gründern entweder eine Gesellschaft des bürgerlichen Rechts (GbR) oder *ein sogenanntes vorvertragliches Rechtsverhältnis* (§ 311 Abs. 2 BGB).

Aus diesem Grund sind die Gründer in aller Regel gut beraten, bereits vor dem eigentlichen Eintritt in die Phase der eigentlich Gründung die Basispunkte der Vorgründung *vertraglich zu regeln*. Diese sind insbesondere:

- Beitragspflichten *(A erstellt den Businessplan, B übernimmt die Vermarktung desselben)*
- Anteile *(A und B erhalten an dem zu gründenden Unternehmen jeweils 50 %)*
- Weiteres Vorgehen bis zur Gründung *(Die Gründung soll bis zum ... erfolgen. Sollte dies bis dahin nicht geschehen ist, kann jeder die Ergebnisse der Zusammenarbeit alleine verwerten).*

5.4. Das Unternehmen als Rechtsbegriff

Unser Recht kennt *keinen einheitlichen Rechtsbegriff* „Unternehmen". Vielmehr ist dieser nach den Besonderheiten des jeweiligen Gesetzes zu bestimmen.

5.4.1. Zivilrechtlicher Unternehmensbegriff

Als Zivilrecht lassen sich vereinfacht alle Regelungen bezeichnen, die zwischen „gleichwertigen" Parteien gelten, die ihre Rechtsbeziehungen insbesondere durch Verträge und gesetzliche *Schuldverhältnisse* regeln. Das Unternehmen wird hier als Partei eines Vertrags oder eines gesetzlichen Schuldverhältnisses verstanden. Dabei darf nicht übersehen werden, dass insbesondere einem Unternehmen viele derartige Schuldverhältnisse gesetzlich vorgeschrieben werden.

5.4.1.1. Handels- und Gesellschaftsrecht

Als *Handelsrecht* bezeichnet man alle Regelungen, die für Kaufleute gelten und die insbesondere im Handelsgesetzbuch (HGB) geregelt sind (sog. Sonderprivatrecht der Kaufleute). Für Unternehmen sind insbesondere die Regelungen über die Rechnungslegung (§§ 238 ff. HGB) und die Handelsgeschäfte (strengere Vertragsregeln im Interesse der raschen Rechtssicherheit, §§ 343 ff. HGB) von Bedeutung. Daneben regelt das HGB die Firma (der „Name" des Unternehmens, §§ 17 ff. HGB). Das Handelsrecht sieht in einem Unternehmen einen möglichen Kaufmann, auf den seine Regeln anzuwenden sind. Die Prüfung der Kaufmannseigenschaft fragt gemäß § 1 Abs. 1 HGB nach dem Vorliegen eines Handelsgewerbes, wobei dieser historisch geprägte Begriff insoweit missverständlich ist, als jeder Gewerbebetrieb mit einem gewissen Umfang als Handelsgewerbe gilt. Ohne auf diesbezügliche Einzelheiten einzugehen muss jeder Unternehmensgründer damit rechnen, dass er unabhängig von der gewählten Rechtsform ein Handelsgewerbe begründet und damit die Regeln des HGB zu beachten hat.

Daneben finden sich im 2. Buch des HGB verschiedene für ein Unternehmen mögliche Rechtsformen (offene Handelsgesellschaft, oHG, §§ 105 – 160 HGB, Kommanditgesellschaft, KG, §§ 161 – 177a HGB, stille Gesellschaft, §§ 230 – 237 HGB). Zusammen mit weiteren Gesetzen, welche die sonstigen Rechtsformen beinhalten bilden diese Regelungen das sogenannte *Gesellschaftsrecht*. Das Gesellschaftsrecht betrachtet das Unternehmen als Ort von gesellschaftsrechtlichen Rechten und Pflichten zwischen den Gesellschaftern und der Gesellschaft, welche den Träger des Unternehmens darstellt.

5.4.1.2. Arbeitsrecht

Als *Arbeitsrecht* bezeichnet man das besonders geregelte Privatrecht von Parteien, die einen sogenannten Arbeitsvertrag abgeschlossen haben. Ein solcher Arbeitsvertrag liegt vereinfacht vor, wenn ein abhängiges Beschäftigungsverhältnis besteht. Das Arbeitsrecht beschäftigt sich mit dem Unternehmen als Arbeitgeber. Dieser hat gegenüber seinem Vertragspartner, dem Arbeitnehmer, ein höheres Maß an Pflichten als sie einem sonstigen Dauerschuldverhältnis (Miete, Darlehen o.ä.) bekannt sind.

5.4.1.3. Sonstiges Zivilrecht

Für Unternehmen besonders relevant sind darüber hinaus Regelungen, die Verbraucher schützen sollen, z.B. das (inzwischen in das BGB integrierte (§§ 355 ff. BGB)) Haustürwiderrufsgesetz, das (inzwischen in das BGB integrierte (§§ 491 ff. BGB)) Verbraucherkreditgesetz oder das (inzwischen in das BGB integrierte (§§ 305 ff. BGB)) sog. AGB-Gesetz. Diese Regelungen wurden vom Gesetzgeber eingeführt, um das *Ungleichgewicht* in einer Verhandlungssituation zwischen Unternehmen und den vermeintlich unterlegenen Verbrauchern *„auszugleichen"*. Für neu gegründete Unternehmen, die in der Regel noch keine derartige Verhandlungsmacht aufgebaut haben, stellen diese Gesetze ein Hindernis dar, die es besonders zu beachten gilt, um durch die Missachtung von gesetzlichen Vorgaben bereits realisierte Umsätze wieder zu verlieren. Das neu gegründete Unternehmen muss unbedingt seine Allgemeinen Geschäftsbedingungen und Vertragsmuster auf die notwendigen Inhalte überprüfen lassen. Der hierfür eingesetzte Aufwand ist in aller Regel gut investiert.

5.4.2. Öffentlich-rechtlicher Unternehmensbegriff

Als öffentliches Recht bezeichnet man vereinfacht diejenigen Rechtsnormen, welche die Möglichkeit der Verwaltung (als Sammelbegriff für die sogenannte Exekutive) regeln, mittels Anordnungen (insbesondere Verwaltungsakten) Sachverhalte zwangsweise zu regeln. Das öffentliche Recht sieht das Unternehmen insbesondere als Beteiligter eines Verwaltungsverfahrens und *Adressat von Verwaltungsakten*. Neu gegründete Unternehmen sehen sich dabei oft einer zunächst unübersehbaren Flut von öffentlich-rechtlichen Vorschriften gegenüber, die es zu beachten gibt. Hier muss schon im Vorfeld der Unternehmensgründung geprüft werden, mit welchen Regelungen das Unternehmen konfrontiert werden kann. Die Unternehmensgründer sollten sich nicht scheuen, die allgemeine Fürsorgepflicht der Behörden für sich zu verwenden sowie die Zwangsorganisationen von Industrie und Handwerk, insbesondere die IHK zur kostenlosen Information zu verwenden.

5.4.2.1. Steuerrecht

Das *Steuerrecht* beschäftigt sich mit allen Normen, welche den Staat ermächtigen, Geldbeträge mittels Steuern und Abgaben von den Steuerpflichtigen verlangen zu können. Das Unternehmen spielt dabei insoweit eine zentrale Rolle, als eine Vielzahl von Steuergesetzen und –normen nur für diese gelten und das Unternehmen insbesondere bei der Umsatz- und Lohnsteuer eine wesentliche Aufgabe für die „Eintreibung" der Steuern übernehmen muss. Die Entwicklung eines rechtsformunabhängigen Unternehmensteuerrecht steckt scheinbar dauerhaft fest. Statt dessen müssen Unternehmen sich einer unübersehbaren Vielzahl an Steuergesetzen stellen. Wichtig ist für die Unternehmensgründer, die oftmals gesetzliche Vertreter der Unternehmen werden, dass das Steuerrecht oft eine persönliche Haftung der Vertreter für Fehler vorsieht (§ 69 AO).

Versucht man das Dickicht der Steuergesetze zu lichten, muss ein Unternehmen derzeit ca. 13,79 %(16 v. H. aus einem Bruttoumsatz von 116) aus seinen Umsätzen als Umsatzsteuer, bei bestimmten Produkten weitere Verbrauchsteuern (u.a. Mineralölsteuer, Tabaksteuer, Kaffeesteuer, Brandweinsteuer und Salzsteuer), von seinem Personalaufwand ca. 50 % Lohnsteuer und Sozialabgaben sowie von seinem Gewinn 40 % Ertragsteuern abführen. Geht man von einem idealisierten Unternehmen aus, das 40 % seines Umsatzes als Personalaufwand ausgibt und 10 % Gewinn vor Ertragsteuern erwirtschaftet, führt es von 100 Punkten Umsatz insgesamt fast 40 Punkte an Steuern (und Sozialabgaben) ab. Ergänzt man diese Rechnung noch um Beiträge und sonstige gesetzlich erzwungene Abgaben, erreicht man sicherlich eine *Quote von 50 % des Umsatzes*, der für die öffentliche Hand zunächst vereinnahmt und dann abgeführt wird.

5.4.2.2. Gewerberecht

Als Gewerberecht bezeichnet man alle Normen, welche die *Kontrolle von unternehmerischem Handeln* betreffen. Je nach der abstrakten Gefährdung der unternehmerischen Tätigkeit muss das neue Unternehmen seine Gründung anzeigen (§ 14 Abs. 1 Satz 1 GewO), steht während seiner Tätigkeit unter mehr oder weniger intensiver Kontrolle durch staatliche Behörden oder muss sogar vor Beginn der Tätigkeit eine Genehmigung abwarten. Neben der „Gründungskontrolle", die das Gewerberecht einer Unternehmensgründung unterzieht, sieht es bei Verstößen Sanktionen bis hin zum Verbot (Gewerbeuntersagung, § 35 GewO) vor.

5.4.2.3. Umweltrecht

Das Umweltrecht ist der Teil des öffentlichen Rechts, das sich mit dem *Schutz der natürlichen Lebensgrundlagen* beschäftigt. Es ist Teil des sogenannten Ordnungsrechts und operiert mit Genehmigungsvorbehalten, Verbotstatbeständen und Sanktionierungen. Das Unternehmen wird hier vor allem als potentieller „Umweltverschmutzer" und wegen seiner ökonomischen Leistungsfähigkeit als für eine Inanspruchnahme geeigneter Störer (Bei Umweltstörungen stehen der verantwortlichen Behörde meist mehrere sogenannte Störer zur Verfügung, die sie für die Beseitigung in Anspruch nehmen kann. Bei der Auswahl darf berücksichtigt werden, wer die Störung am ehesten beseitigen kann. Ob er auch zivilrechtlich verantwortlich ist, kann dabei offen bleiben.) wahrgenommen. Zum Umweltrecht im weiteren Sinne muss auch der Teil des Baurechts gezählt werden, der die unternehmerische Betätigung in als reinen Wohngebieten ausgewiesenen Regionen nicht gestattet ist. Im übrigen sind die Bestimmungen des Umweltrechts vor allem für Gründungen im Bereich der Biotechnologie von Bedeutung. In den übrigen Branchen werden Neugründung zunächst nicht als Produktionsbetriebe konzipiert werden.

5.5. Die wichtigsten privatrechtlichen Unternehmensformen

Eine der zentralen Frage bei der Unternehmensgründung ist die nach dem geeigneten Träger und damit der richtigen Gesellschaftsform. Die bereits geschilderten Gesellschaftsformen stellen einen sogenannten *numerus clausus* dar. Das bedeutet, die Unternehmensgründer können keine eigene Gesellschaftsform kreieren. Die Auswahl der Gesellschaftsform wird häufig in erster Linie von steuerlichen Erwägungen geprägt (Siehe ausführlich Kapitel 4). Der Steuergesetzgeber ist indes schon seit längerem aufgerufen, ein rechtsformunabhängiges Unternehmensteuerrecht zu schaffen, um wirtschaftlich gleichwertige Sachverhalte nicht wegen ihrer mehr oder weniger willkürlichen Einbettung in eine bestimmte Gesellschaftsform unterschiedlich zu besteuern. Wenn es dazu kommen sollte bzw. weil die Unternehmensgründer nicht nur steuerliche Aspekte berücksichtigen sollten, bestehen doch erhebliche zivilrechtliche Unterschiede zwischen den Gesellschaften, die bei der Auswahl bekannt und abgewogen sein sollten.

5.5.1. Personengesellschaften

Personengesellschaften sind dadurch geprägt, dass der Gesellschaftsvertrag die Namen ihrer *Gesellschafter* (Personen) enthält und sich mit dem Wechsel eines Gesellschafters ändert. Das Vermögen der Gesellschaft gehört nach der dogmatischen Grundkonzeption den Gesellschaftern „zusammen" (sog. Gesamthand).

5.5.1.1. Gesellschaft des bürgerlichen Rechts (GbR)

Obwohl die GbR für Unternehmensgründungen vorab gesagt nur bedingt geeignet ist, besteht ihre zentrale Bedeutung in ihrer *Musterfunktion für alle Personengesellschaften*. Das Recht der wichtigen Personengesellschaften (GbR, oHG, KG) ist durch eine Verweisungskette strukturiert. Das Recht der GbR gilt für alle Gesellschaften (§ 105 Abs. 3 HGB), das der oHG für die KG (§ 161 Abs. 2 HGB), soweit die besonderen Regeln nichts anderes bestimmen. So verhält es sich auch mit den nachfolgenden Ausführungen.

Die Gründung einer GbR erfolgt durch den Abschluss eines (in der Regel formfreien) Gesellschaftsvertrags (Auch ein mündlich abgeschlossener Vertrag ist denkbar, die Schriftform aber aus Beweisgründen unbedingt empfehlenswert. Eine Ausnahme besteht nur dann, wenn der Gesellschaftsvertrag die Verpflichtung zur Übertragung eines Grundstücks oder eines GmbH-Geschäftsanteils auf die Gesamthand der Gesellschafter enthält, dann bedarf es der notariellen Beurkundung, § 313 BGB bzw. 15 GmbHG). Dieser Vertrag muss (**fett**) oder sollte folgende Regelungen enthalten:

- Name und Sitz *(XY Workflow GbR mit Sitz in Z-Stadt)*
- **Gesellschafter** *(X und Y gründen durch den nachfolgenden Vertrag eine Gesellschaft des bürgerliches Rechts)*
- **Zweck** *(Gesellschaftszweck ist die Entwicklung von Software für betriebliche Prozessabläufe und deren Vertrieb. Die Gesellschaft kann hierfür Zweigniederlassungen erreichten.)*
- **Beiträge** *(X leistet eine Einlage von n Euro. Y verpflichtet sich, der Gesellschaft zwanzig Stunden Arbeitsleistung je Woche ohne besonderes Entgelt zur Verfügung zu stellen.)*
- Geschäftsführung *(Zur Geschäftsführung ist nur Y berechtigt.)*
- Dauer *(Die Gesellschaft ist für unbestimmte Zeit geschlossen und kann nach zehn Jahren und dann jedes Jahr mit 3 Monaten Frist gekündigt werden)*
- Gewinnverteilung und Rechenwerk *(Jeder Gesellschafter erhält die Hälfte des Jahresüberschusses. Für die Gesellschafter werden ein Festkapial- und ein variables Konto geführt, auf das Gewinne, Verluste und Entnahmen gebucht werden.)*
- Folgens des Ausscheidens eines Gesellschafters *(Scheidet ein Gesellschafter durch Kündigung oder sonst aus, so wird die Gesellschaft mit den anderen Gesellschafter fortgeführt. Der Ausscheidende erhält seinen Anteil am Unternehmenswert ausbezahlt.)*

Während es bislang die GbR im Rechtsverkehr nur als „X und Y in GbR" gab, hat der Bundesgerichtshof (BGH) in einer grundlegenden Entscheidung die sogenannte Teilrechtsfähigkeit der GbR anerkannt und dadurch die Möglichkeiten einer GbR zur

Teilnahme am Rechtsverkehr entscheidend erweitert (BGH NJW 2001, 1056). Daneben ist die GbR durch das Verbot der Fremdorganschaft geprägt, die Geschäftsführung kann – von Umgehungen abgesehen – nur durch einen oder alle Gesellschafter erfolgen. Dies kann bei wachsenden Unternehmen insoweit zum Problem werden, wenn nicht jeder Geschäftsführer auch Gesellschafter werden soll oder kann.

Wichtigstes „Problem" einer GbR ist die *persönliche und unbeschränkte Haftung* aller Gesellschafter für Gesellschaftsschulden, auch wenn sie ein anderer Gesellschafter verursacht hat (§ 735 BGB). Soll die Haftung der Gesellschafter begrenzt werden, so muss dies mit dem jeweiligen Vertragspartner einzeln vereinbart werden. Dem in der Praxis früher häufig anzutreffenden Versuch, lediglich über den Zusatz in der Bezeichnung „GbR mit beschränkter Haftung" eine Haftungsbeschränkung auf das erbrachte Gesellschaftsvermögen zu beschränkten, hat der BGH eine deutliche Absage erteilt (BGH ZIP 1999, 1755). Aus diesem Grund wird die GbR in erster Linie im Vorfeld einer Unternehmensgründung und für sogenannte Gelegenheitsgesellschaften verwendet, hauptsächlich für Arbeitsgemeinschaften im Baubereich (ARGE).

5.5.1.2. Offene Handelsgesellschaft (oHG)

Die oHG ist die *„gewerbliche"* Variante der GbR. In ihren Gesellschaftsvertrag sollte auch die sogenannte Firma (gewerblicher Name der Gesellschaft mit besonderen Prüf- und Schutzregen, XY Workflow oHG) aufgenommen werden. Die oHG muss nach ihrer Gründung mit ihrer Firma zur Eintragung in das Handelsregister angemeldet werden.

5.5.1.3. Kommanditgesellschaft (KG)

Eine Kommanditgesellschaft liegt vor, wenn *zwei Gruppen von Gesellschaftern* vorhanden sind. Eine mit unbeschränkter (Komplementär bzw. persönlich haftender Gesellschaft, phG) und eine mit beschränkter Haftung (Kommanditist). Sie eröffnet damit den Bereich der Personengesellschaften für einen größeren Kreis an Gesellschaftern. In der Praxis haben sich insbesondere für sogenannte Fonds „Auswüchse" in Form der sog. Publikums- oder Massen-KGs entwickelt, für die eigentlich die AG oder KGaA vorgesehen ist. Die Kommanditisten sind hier anonym und haben kaum eine Beziehung zur Gesellschaft. Die Rechtsprechung hat für derartige Gesellschaften eine Reihe von Regeln entwickelt, welche die Kommanditisten vor „Übervorteilung" schützen sollen (Prospekthaftung und Inhaltskontrolle des Gesellschaftsvertrags.

Im Gesellschaftsvertrag einer KG muss für die einzelnen Gesellschafter bestimmt werden, ob die phG oder Kommanditist sein sollen. Des weiteren sollte das *Rechtsverhältnis zwischen den beiden Gesellschaftergruppen* geregelt werden. Das Gesetz und üblicherweise auch der Gesellschaftsvertrag sieht als „Ausgleich" für die unbegrenzte Haftung des phG dessen (bzw. deren) ausschließliche Geschäftsführungsbefugnis vor, die Kommanditisten sind auf ein Widerspruchsrecht bei außergewöhnlichen Geschäften beschränkt (§ 164 HGB), welches in der Praxis oft zugunsten eines Zustimmungskatalogs modifiziert wird (*Zur Geschäftsführung ist nur der phG berechtigt und verpflichtet. Für Geschäfte, die einen Gegenstandswert von mehr als n Euro haben, ist die Zustimmung der Kommanditisten notwendig.*)

Die beschränkte Haftung der Kommanditisten tritt erst dann ein, wenn die Kommanditgesellschaft vor der Aufnahme ihrer Tätigkeit in das Handelsregister eingetragen ist (§ 176 HGB). Daher sollte der Kommanditist dafür Sorge tragen, dass die Gesellschaft zunächst eingetragen wird bzw. der Eintritt in eine Gesellschaft als Kommanditist sollte aufschiebend bedingt auf die Eintragung in das Handelsregister erfolgen.

5.5.1.4. Stille Gesellschaft

Sofern die Beteiligung als Kommanditist mit zu großer Außenwirkung oder (aus Sicht des phG) Mitwirkungsrechten verbunden ist (Eintragung in das Handelsregister, Nennung der Haftsumme, Widerspruchsrecht), eröffnet das Gesetz die haftungsbeschränkte Beteiligung als stiller Gesellschafter an einem Handelsgewerbe (Einzelunternehmen, Personengesellschaft oder Kapitalgesellschaft). Die gesetzliche Grundkonzeption sieht als Gegenstück für die *Anonymität* statt des Widerspruchsrechts lediglich ein Kontrollrecht des Stillen vor. In der Praxis kommen stille Gesellschaftsverträge in vielen Varianten, vor allem auch mit Verlustbeteiligung vor. Dabei ist die Abgrenzung mit verwandten Rechtsinstituten oft schwierig. Ziel solcher Konstruktionen ist oft die Herstellung einer sogenannten steuerlich atypischen stillen Gesellschaft, welche eine besondere steuerliche Behandlung erfährt.

Für neu gegründete Unternehmen ist die stille Gesellschaft eine interessante Möglichkeit, *Kapitalgeber*, die nicht zum eigentlichen Gründerkreis gehören, an dem Unternehmen *zu beteiligen*, ohne zu viele Mitspracherechte einräumen zu müssen.

5.5.1.5. Partnerschaftsgesellschaft (PartG)

Nur der Vollständigkeit halber sei erwähnt, dass es für Angehörige Freier Berufe (insbesondere Architekten, Ingenieure, Rechtsanwälte, Wirtschaftsprüfer und Ärzte.) die Möglichkeit gibt, ihr Unternehmen als PartG zu gründen. Hauptvorteil ist eine differenziertere Haftung im Hinblick auf denjenigen, der jeweils für die Gesellschaft handelt. Aufgrund der komplizierten Regelungen hat diese Gesellschaftsform aber bisher eher zurückhaltende Verwendung gefunden.

5.5.2. Kapitalgesellschaften und andere juristische Personen

Kapitalgesellschaften sind im Gegensatz zu Personengesellschaften vom Bestand ihrer Mitglieder unabhängig und *eigenständige juristische Personen*. Ihr Vermögen ist vollständig getrennt von dem ihrer Gesellschafter, eine Rückzahlung von erbrachtem Eigenkapital ist nur in engen Grenzen möglich. Jede Kapitalgesellschaft muss einen notariell beurkundeten Gründungsakt durchlaufen und entsteht erst mit ihrer Eintragung in das Handelsregister.

5.5.2.1. Vorgesellschaft

Nach der notariellen Beurkundung der Gründung entsteht bis zur Eintragung der Kapitalgesellschaft in das Handelsregister eine sogenannte Vorgesellschaft. Diese Vorgesellschaft stellt nach der vorherrschenden Auffassung der Rechtswissenschaft eine Personengesellschaft dar, die bereits am Markt auftreten kann, zur Kennzeichnung ihres Status mit dem Zusatz „i. G." (in Gründung). Wegen der erheblichen Unsicherheiten bezüglich der Behandlung von Verlusten einer Vorgesellschaft sollte in jedem Fall eine Tätigkeit der Vorgesellschaft vor Eintragung der Kapitalgesellschaft in das Handelsregister unbedingt vermieden werden.

5.5.2.2. Aktiengesellschaft

Die Aktiengesellschaft ist die vom Gesetz vorgesehene Rechtsform für *anonyme Großgesellschaften* mit einer Vielzahl von Gesellschaftern, die an der Unternehmensführung selbst nicht beteiligt sind. Das Konzept des Gesetzes ist es deshalb, die Rechte der Hauptversammlung, der Gesamtheit der Aktionäre, bis auf ein schwaches Informationsrecht stark zu beschränken und die Pflichtwahl eines Aufsichtsrates vorzusehen, der – von Weisungen der Hauptversammlung unabhängig – den Vorstand und damit die Geschäftsführung bestimmt und überwacht. Dieses Grundkonzept passt auf Neugründungen an sich nicht. Dass dennoch viele Unternehmensgründungen in der Rechtsform der AG stattfinden, hängt mit Plänen für einen „Börsengang" und der Möglichkeit zusammen, sogenannte Stock Options für die Beteiligung von Mitarbeitern am Unternehmen auszugeben (siehe Achleitner/Wollmert 2000).

In der Satzung einer AG (§ 23 AktG)müssen (**fett**) bzw. sollten geregelt werden:

- **Firma** *(Satzung der Superneu AG mit Sitz in Neusstadt.)*
- **Unternehmensgegenstand** *(Die Gesellschaft entwickelt und vertreibt Softwarelösungen für Großhandelsunternehmen.)*
- **Grundkapital und Aktiendefinition** *(Das Grundkapital beträgt 50.000 Euro (gesetzliches Mindestkapital) und ist in 50.000 nennbetragslose Inhaberstückaktien eingeteilt.)*
- **Vorstand** *(Der Vorstand besteht aus zwei Personen. Der Aufsichtsrat kann die Anzahl der Vorstände abweichend bestimmen.)*
- **Bekanntmachungen** *(Die Bekanntmachungen der Gesellschaft erfolgen nur im Bundesanzeiger)*
- Aufsichtsrat *(Der Aufsichtsrat besteht aus drei Mitgliedern und gibt sich eine Geschäftsordnung zur Form und Inhalt seiner Sitzungen.)*

- Hauptversammlung *(Die Hauptversammlung findet am Sitz der Gesellschaft statt und hat in den ersten vier Monaten nach Ablauf eines Geschäftsjahres stattzufinden.)*
- Ermächtigung zur Fassungsänderung durch den Aufsichtsrat *(Der Aufsichtsrat ist ermächtigt, Änderungen der Satzung, die nur die Fassung betreffen, vorzunehmen.)*

Daneben finden sich in den Satzungen von Aktiengesellschaften eine Vielzahl von Regelungen, auf die hier im einzelnen nicht eingegangen werden kann.

5.5.2.3. Kommanditgesellschaft auf Aktien

Die Kommanditgesellschaft auf Aktien (KGaA) ist ebenfalls im Aktiengesetz geregelt, jedoch streng genommen eine Mischform zwischen Aktiengesellschaft und Kommanditgesellschaft. An dieser Gesellschaft muss sich zwingend ein phG beteiligen. Ihm gegenüber steht – sozusagen statt der Kommanditisten – die Gesamtheit der Aktionäre (auch Kommanditaktionäre genannt), die sich untereinander nach Aktienrecht organisieren. Die KGaA ist aufgrund ihrer Kombination von Personen- und Kapitalgesellschaftsrecht eine sehr interessante Rechtsform für bestimmte Konstellationen, aufgrund ihres hohen Komplexitätsgrads aber für Unternehmensgründungen nur sehr bedingt geeignet (näheres Niedner/Kusterer 1998, 584 ff).

5.5.2.4. Gesellschaft mit beschränkter Haftung

Die GmbH ist die *einfachste Form der Kapitalgesellschaft* und daher für Unternehmensgründer sehr interessant. Sie ist vom Gesetzgeber für wenige mit dem Unternehmen verbundene Gesellschafter konzipiert worden. Aus diesem Grund ist die Gesellschafterversammlung auch berechtigt, der Geschäftsführung Weisungen zu erteilen. Ein Zwischenorgan wie der Aufsichtsrat bei der AG ist bei der GmbH nicht zwingend vorgesehen, er kann aber durch den Gesellschaftsvertrag eingerichtet werden.

Der *Gesellschaftsvertrag der GmbH* muss bzw. sollte letztlich den gleichen Inhalt wie die Satzung einer AG haben, die Vorschriften sind indes weniger zwingend und flexibler zu handhaben. An die Stelle des Vorstands treten der oder die Geschäftsführer. Das Stammkapital muss mindestens 25.000 Euro betragen und ist ein sogenannte Geschäftsanteile zu mindestens 100 Euro eingeteilt. Zu beachten ist, dass die Übertragung von Geschäftsanteilen an einer GmbH notariell zu beurkunden sind (Ablauf einer GmbH-Gründung siehe Kapitel 4).

5.5.2.5. Sonstige

Theoretisch können Unternehmensgründungen neben den Kapitalgesellschaften auch in Form einer eingetragenen Genossenschaft (eG) oder einer Stiftung erfolgen. Dies dürfte aber *nur ein wenigen Einzelfällen* sinnvoll sein.

5.5.3. Hybride Gesellschaftsformen

Der numerus clausus der Gesellschaftsformen hat die Vertragspraxis immer wieder herausgefordert. Bei der Suche nach neuen Rechtsformen wurde auch immer wieder mit *Kombinationen zwischen Personen- und Kapitalgesellschaft* experimentiert (sogenannte hybride oder doppelköpfige Gesellschaftsformen).

5.5.3.1. Kapitalgesellschaft & Co. KG

Insbesondere identifizierte man – auch steuerlich – die Kommanditgesellschaft als „ideale" Rechtsform für Unternehmensgründungen und mittelständische Familienunternehmen, allerdings muss ein Gesellschafter die unbeschränkte persönliche Haftung übernehmen. So kam der Gedanke, eine mit dem Minimalkapital von 25.000 € ausgestattete GmbH diese Rolle einnehmen zu lassen. Nach langen dogmatischen Kämpfen über die *Zulässigkeit dieser GmbH & Co. KG* hat diese mittlerweile einen beispiellosen Siegeszug angetreten. Sie ist die von Unternehmen am häufigsten gewählte Rechtsform. Statt einer GmbH kann auch eine AG oder eine weitere GmbH & Co. KG die Rolle des persönlich haftenden Gesellschafters bei einer KG übernehmen. Der Gesetzgeber hat diese Rechtsform mittlerweile dadurch akzeptiert, dass er anordnet, ihre besondere Konstruktion durch die Firma „GmbH (oder AG) & Co. KG" offen zu legen (§§ 177a Satz 1, 125a Satz 2 HGB).

5.5.3.2. Kapitalgesellschaft & Co. KGaA

Ähnlich wie bei der KG kann *auch bei der KGaA* eine Kapitalgesellschaft oder eine Kapitalgesellschaft & Co. KG die Rolle des persönlich haftenden Gesellschafters übernehmen. Dennoch wird diese komplizierte Konstruktion für Unternehmensgründungen kaum in Frage kommen.

5.5.4. Richtige Rechtsformwahl

Grundsätzlich können Unternehmen sowohl als Personen- als auch als Kapitalgesellschaft erfolgreich gegründet werden (siehe ausführliche Abwägung der Kriterien in Kapitel 4). In aller Regel werden zudem steuerliche Aspekte bei der Auswahl beherrschend sein. Wenn man aber zivilrechtlichen Aspekten den gebührenden Raum zugesteht, wird eine oHG und eine AG in der Regel ausscheiden. Die oHG ist haftungsrechtlich zu riskant, die AG mit zu großem Aufwand verbunden. Empfehlenswert kann eine oHG für die Fortsetzung einer gewerblich tätigen GbR oder eines Einzelunternehmens sein und wenn die Gleichberechtigung aller Gesellschafter der wichtigste Aspekt ist. (Eine AG sollte dann erwogen werden, wenn Aktienoptionsprogramme unbedingt von Anfang an realisiert werden sollen oder wenn über den Aufsichtsrat externes Know-How gewonnen werden soll.) Die zivilrechtliche Abgrenzung einer GmbH und einer KG, insbesondere einer GmbH & Co. KG ist indes sehr schwierig zu führen. Allgemein lässt sich sagen, dass bei einer KG die zivilrechtlichen Rechtsbeziehungen zwischen Gesellschafter und Gesellschaft einfacher zu handhaben ist, weil sie nicht in jedem Fall auf vertraglicher Grundlage erfolgen müssen. Zudem ist für die Übertragung von Anteilen an einer KG im Gegensatz zur GmbH keine notarielle Beurkundung erforderlich. Insoweit schlägt die Waage bei sonst gleichen Bedingungen ganz leicht zugunsten der GmbH & Co. KG aus.

5.5.5. Rechtsformwechsel

Nimmt das Unternehmen die erwartete Entwicklung, wird sicherlich irgendwann die Rechtsformentscheidung zu überdenken sein (siehe ausführliche Beschreibung in Kapitel 4). Hier ist es insoweit hilfreich, dass Rechtsformentscheidungen nicht unumkehrbar sind. Das Umwandlungsgesetz sowie die allgemeinen Instrumente des Zivilrechts (Schuld- und Sachenrecht) ermöglichen es jederzeit, praktisch von jeder in eine andere Rechtsform zu wechseln, ohne jeden Vermögensgegenstand, jedes Vertragsverhältnis und jede Verbindlichkeit einzeln übertragen zu müssen. Flankiert werden diese Regelungen durch das Umwandlungsteuergesetz (UmwStG), das derartige Rechtsformwechsel ohne steuerliche Nachteile ermöglicht. Hierbei spielt die sogenannte Buchwertfortführung eine zentrale Rolle, nach der die Vermögensgegenstände unabhängig von ihrem aktuellen Zeitwert von dem neuen Rechtsträger mit den bisherigen Buchwerten übernommen werden kann und somit durch den Rechtsformwechsel kein unerwünschter steuerlicher Ertrag entsteht.

5.6. Das Verhältnis des Unternehmens zu Dritten

Unternehmen können ihre betriebswirtschaftlichen Grundlagen (Kapital, Arbeit und Umsätze) nur durch Interaktion mit Dritten erlangen. Wichtig ist dabei, dass jede Interaktion auf vertraglicher Basis erfolgt und Rechtsbeziehungen zur Folge hat.

5.6.1. Kapitalgeber

Aufgrund mangelnder Eigenmittel und fehlender Innenfinanzierung ist nahezu jedes neu gegründete Unternehmen von der Zuführung von Kapital durch Dritte abhängig. Gerade bei neu gegründeten Unternehmen versagen jedoch oft die klassischen Fremdkapitalinstrumente von Finanzinstituten, weil diese aufgrund ihrer Richtlinien und gesetzlichen Rahmenbedingungen Sicherheiten benötigen, die junge Unternehmen nicht bieten können. Diese Lücke wurde in den letzten Jahren durch sogenanntes *Venture-Capital (VC)* geschlossen, welches die rechtlichen Grenzen des geschäftsmäßigen Fremdkapitals durch die offizielle Beteiligung im Eigenkapital „umgeht". Allerdings enthalten Verträge mit VC-Gebern üblicherweise folgende Elemente:

• Beteiligung durch Kapitalerhöhung mit Aufgeld oder stille Beteiligung,

• Bindung der Unternehmensgründer an das Unternehmen für eine bestimmte Laufzeit,

- Verkaufsmöglichkeit des VC nach einer bestimmten Laufzeit („Exit") durch Mitverkaufsrecht beim Verkauf der anderen Gesellschafter oder Recht, die Anteile der anderen Gesellschafter mit zu verkaufen,
- Nachbesserung der Konditionen durch Erhöhung der Beteiligung bei negativer Wertentwicklung,
- Kontrollrechte des VC bei wichtigen Geschäftsführungsentscheidungen.

Betrachtet man diese Elemente ökonomisch, könnte man durchaus zu dem Schluss gelangen, dass es sich hier um Fremdkapital (Sicherheiten, Rückzahlung, Verzinsung) im rechtlichen Gewand des Eigenkapitals handelt. Die diesbezügliche Diskussion ist sicherlich erst am Anfang.

Das neu gegründete Unternehmen muss die verschiedenen Anbieter von VC sorgfältig analysieren und die oben genannten *Kernpunkte der Vereinbarung* vorab diskutieren, ob hier ein Einigungsbereich besteht. Des weiteren sollte die Dauer der Beteiligung und die Bereitschaft, die weitere Entwicklung des Unternehmens durch weitere Kapitalmaßnahmen zu einem späteren Zeitpunkt hinterfragt werden. Auch wenn es letztlich für Neugründungen kaum eine Alternative zu VC gibt, existiert am Markt eine weite Bandbreite an verhandelbaren Konditionen, die es auszuloten gilt.

5.6.2. Arbeitnehmer

Wahrscheinlich von der ersten Minute an wird ein Unternehmen Arbeitnehmer beschäftigen. Hierbei ist neben rein formalen Punkten vor allem zu beachten, dass der Arbeitsvertrag kein reiner schuldrechtlicher Austauschvertrag i. S. des BGB ist, sondern dem Arbeitgeber eine Reihe von teilweise privat-, teilweise öffentlich-rechtlichen *Fürsorgepflichten* gegenüber dem Arbeitnehmer auferlegt, deren Nichtbeachtung ernsthafte Konsequenzen zur Folge haben kann. Diese sind insbesondere

- Arbeitzeiten: Das Arbeitszeitgesetz verbietet letztlich Arbeitszeiten über 10 Stunden
- Gesundheit: Der Arbeitsplatz muss so eingerichtet sein, dass gesundheitliche Schäden möglichst vermieden werden
- Arbeitsklima: Der Arbeitgeber muss sein Unternehmen beobachten und bei negativen Entwicklungen gegen einzelne Mitarbeiter vorbeugend tätig werden

Ab 6 Mitarbeitern in einem Unternehmen (das Arbeitsrecht spricht von Betrieb) besteht ein *Kündigungsschutz*, Entlassungen sind nur mit Rechtfertigung möglich, die vor Gericht oft schwer durchzusetzen sind. Ab 5 Mitarbeitern können die Arbeitnehmer einen *Betriebsrat* wählen, der ein Mitspracherecht in verschiedenen betrieblichen Belangen hat, mit dem aber auch Betriebsvereinbarungen abgeschlossen werden können, die dann für alle Arbeitnehmer gelten. Möglicherweise könnte ein Teil der Energie, die Unternehmen dazu verwenden, Betriebsräte zu verhindern oder zu bekämpfen, positiv darin verwandt werden, den Betriebsrat als Mittel der Unternehmenskommunikation und als Verhandlungspartner für die Belegschaft zu „benutzen".

5.6.3. Lieferanten

Auch wenn das neu gegründete Unternehmen bei ihren Lieferanten als Kunde auf-tritt und somit eine vermeintlich gute Verhandlungsposition hat, sollte auch den Beschaffungsverträgen genügend Aufmerksamkeit geschenkt werden. Insbesondere die Produkte, die weiterverarbeitet werden, müssen in der notwendigen Qualität und mit ausreichenden Gewährleistungsansprüchen versehen erworben werden. In vielen *Beschaffungsverträgen* kann es deshalb sinnvoll sein, sich Mitwirkungs- und Kontroll-rechte bei der Herstellung einräumen zu lassen. Die gesetzliche Gewährleistungsfrist von nunmehr 2 Jahren (§ 438 Abs. 1 Nr. 3 BGB) dürfte in den meisten Fällen zwar ausreichend sein. Allerdings sollte das Unternehmen darauf achten, dass ausreichen-de Vertragsstrafen für den Fall der verspäteten Lieferung vereinbart sind. Des weite-ren muss die Situation geregelt werden, dass der Lieferant für einen Mangel des Unternehmensprodukts, der auf einen Mangel des Vorprodukts zurückzuführen ist, ausreichend haftet. Zentraler Bestandteil einer solchen Regelung ist die Niederlegung des Verwendungszwecks in den Beschaffungsvertrag.

5.6.4. Kunden und Markt

Der Absatz der hergestellten Ware oder Dienstleistung ist zwar das Ende der unter-nehmerischen Leistungskette, hat aber eine hohe rechtliche Relevanz. Dies liegt vor allem in der (hoffentlich) hohen Zahl an gleichartigen Rechtsgeschäften. Fehler hier-bei haben oft eine verheerende Wirkung auf neue Unternehmen (beispielsweise dau-erte es sehr lang bis der BGH anerkannte, dass bei Internetauktionen ein Rechtsge-schäft zustande kommt). Aus diesem Grund muss das dem Absatz zugrundeliegende Rechtsgeschäft besonders genau analysiert (was passiert) und rechtlich geprüft (wer hat welche Rechte) werden. Dies gilt umso mehr, wenn vorformulierte Verträge (AGB) eingesetzt werden.

5.6.4.1. Kunden

Rechtsgeschäfte mit Kunden können entweder einmalige Austauschgeschäfte oder Dauerschuldverhältnisse sein. In einer immer mehr auf Dienstleistung ausgerichteten Ökonomie gewinnen die Dauerschuldverhältnisse immer mehr an Bedeutung. Diese Verträge sollten unbedingt schriftlich (wichtig, weil das Gesetz in vielen Fällen kei-nen den Verhältnissen angepasste Lösung des Konfliktes bietet) und mit der not-wendigen Ausführlichkeit abgefasst werden. Kernpunkte eines derartigen Absatzver-trages sind unabhängig von den Besonderheiten der Leistung:

- Definition der Leistung, die auch ein fremder Dritter nachvollziehen kann,
- Höhe und Fälligkeit der Gegenleistung,
- Dauer und Kündigungsmöglichkeiten des Vertrags,
- Verfahren bei Leistungsstörungen,
- Nebenrechte (Wohlverhaltensregelungen, Wettbewerbsregeln etc.).

Junge Unternehmen neigen aus Angst, gerade gewonnene Kunden zu verlieren, dazu, deren Forderungen nach *fehlender Dokumentation* der Rechtsbeziehungen nachzugeben. Der oft gehörte Hinweis, Vertrauen brauche keine Verträge, ist in aller Regel schlicht falsch. Vertrauen verträgt und braucht Verträge. Kommt es trotz aller Vorsicht und wegen eines fehlenden schriftlichen Vertrags zu einem Konflikt, sollte dieser – statt in einer gerichtlichen Auseinandersetzung zu enden – dazu benutzt werden, für die Zukunft vernünftige Vereinbarungen zu treffen.

5.6.4.2. Gewährleistung und Produkthaftung

Mit dem Absatz des Produkts ist die Rechtsbeziehung zu vorhandenen und potentiellen Kunden nicht abgeschlossen. Die rechtlich eigentlich heikle Phase beginnt erst. Zum einen muss das Unternehmen ungeachtet aller Einschränkungsmöglichkeiten eine Gewährleistung für die Ordnungsmäßigkeit seiner Produkte übernehmen. Innerhalb einer vernünftigen Zeit nach Herstellung müssen Mängel behoben oder zumindest Erläuterungen gegeben werden. Diesem Aspekt ist auch bei der Budgetplanung absolute Beachtung zu schenken. Deshalb muss sich das Unternehmen über den *Umfang und die Dauer* einer möglichen Gewährleistung detailliert im klaren sein.

Ein Unternehmen hat wie oben ausgeführt nicht nur Rechtsbeziehungen mit seinen konkreten Kunden, sondern auch mit der *Gesamtheit seiner potentiellen Kunden*, von den Juristen oft „Rechtsverkehr", griffiger vielleicht „Markt" genannt. Diesem Markt gegenüber hat das Unternehmen die Rechtspflicht, keine „gefährlichen" Produkte in Umlauf zu bringen, ohne zumindest ausreichend vor den Gefahren zu warnen. Die Produkte eines Unternehmens landen oft nicht bei dessen eigentlichem Kunden, sondern über eine kaum beeinflussbare Leistungskette bei unbekannten Dritten. Dem Umstand des mangelhaften Schutzes dieser Dritten mangels vertraglicher Beziehung zum Unternehmen hat der Gesetzgeber vor einigen Jahren mit der Einführung des Produkthaftungsgesetzes (ProdHG) Rechnung getragen. Danach haftet ein Unternehmen für Schäden an Leben, Gesundheit und privaten Sachen, die sein fehlerhaftes Produkt bei Dritten verursacht (§ 1 Abs. 1 Satz 1 ProdHaftG). Er kann sich aber dann von dieser Haftung befreien, wenn zum Zeitpunkt der Herstellung der Fehler nicht erkannt werden konnte (§ 1 Abs. 2 Nr. 5 ProdHaftG). Für Personenschäden gilt eine Höchstgrenze von 85 Mio. Euro (§ 10 Abs. 1 ProdHaftG). Für das junge Unternehmen ist vor allem die Frage relevant, ob eine Produkthaftpflichtversicherung abgeschlossen werden muss oder nicht.

5.7. Zusammenfassung und Ausblick –
Unternehmensbeoachtungspflicht

Mit der Gründung eines Unternehmens ist stets der Eintritt in ein neues Rechtssystem verbunden. Die Gründer müssen sich eine Vielzahl von notwendigen Rechtsverhältnissen vor Augen führen, die zur Konfliktprävention geregelt werden müssen. Wo möglich, sollte dies im Vorfeld durch Verträge geschehen. Ein solcher bietet sich schon vor der eigentlichen Unternehmensgründung für das Verhältnis der Gründer untereinander an. Ein Unternehmen ist kein allgemeingültiger Rechtsbegriff. Jedes Rechtsgebiet hat „seine" Sicht auf ein Unternehmen. Das allgemeine Zivilrecht sieht es als Vertragspartner und Träger von gesetzlichen Rechten und Pflichten an, das Arbeitsrecht als Arbeitgeber und Betrieb. Darüber hinaus kann ein Unternehmen öffentlich-rechtlich als Steuerpflichtiger, Adressat von sonstigen Verwaltungsakten oder als Störer in Erscheinung treten. Das Gesellschaftsrecht regelt die für Unternehmen möglichen Rechtsformen. Auf der einen Seite stehen die Personengesellschaften. Während bei der oHG alle Gesellschafter unbeschränkt haften, unterscheidet man bei der Kommanditgesellschaft zwischen dem phG und den beschränkt haftenden Kommanditisten. Eine reine Kapitalbeteiligung ermöglicht die stille Gesellschaft. Auf der anderen Seite stehen die Kapitalgesellschaften als eigenständige juristische Personen. Während die AG mit einem zwingenden Aufsichtsrat und relativ komplizierten Regelungen eher für Unternehmen mit einer Trennung von Kapital und Management gedacht ist und die KGaA nur in Ausnahmefällen in Betracht kommt, hat der Gesetzgeber die GmbH als flexible Kapitalgesellschaft vorgesehen. Auf der Suche nach der „idealen" Rechtsform treten die Mischformen ins Blickfeld, allen voran die GmbH & Co. KG, die rein zivilrechtlich betracht in den meisten Fällen die am besten geeignete Rechtsform darstellt. Im Laufe einer Unternehmensgeschichte sind auch Wechsel der Rechtsform möglich. Für das unternehmerische Handeln muss das Unternehmen Verträge mit Dritten abschließen. Als Fremdkapitalgeber kommen Banken oft nicht in Frage, so dass Verträge mit Venture Capital Gesellschaften verhandelt werden müssen. Hier wird formell Eigenkapital zugeführt, allerdings mit erheblichen Modifikationen, die in Richtung Fremdkapital deuten. An die nächste Stelle treten die Verträge mit Arbeitnehmern, wobei das Unternehmen nicht nur vertragliche, sondern auch allgemeine Fürsorgepflichten hat. Mit Lieferanten müssen geeignete Gewährleistungsregeln vereinbart werden. Den Absatzverträgen ist besonderes Augenmerk zu schenken, weil sie massenweise vorkommen und daher nicht fehlerhaft sein dürfen. Mit den Absatzverträgen ist das Unternehmen der Gesamtheit von potentiellen und tatsächlichen Kunden gegenüber zur Produktbeobachtung und –haftung verpflichtet.

Neben dieser Produkthaftungspflicht gibt es in der Rechtswissenschaft eine Diskussion über die Haftung von Geschäftsführern von Unternehmen, die in eine Richtung einer allgemeinen *Unternehmensbeobachtungs- und haftpflicht* gehen. Die Wirkung von Unternehmen auf den Rechtsverkehr, ohne in konkrete schuldrechtliche Beziehungen zu diesem zu treten, stellen eine Herausforderung für das Rechtssystem aus. Ein Unternehmen muss sich bewusst sein, dass es alleine durch seine Existenz und seine Tätigkeit eine Vielzahl von Signalen aussendet, welche Marktteilnehmer bei ihren rechtserheblichen Entscheidungen verwenden (sich als Arbeitnehmer bewerben, sich am Unternehmen beteiligen, Räume an das Unternehmen vermieten, seine Produkte erwerben usw.). Für die Richtigkeit all dieser Entscheidungen kann und darf ein Unternehmen nicht einstehen müssen. Es hat aber meines Erachtens die Verpflichtung, sich ständig zu beobachten und zu entscheiden, ob die Fortführung seiner Tätigkeit sinnvoll und wertschöpfend ist. Eine Fortführung gegen eine derartige Erwartung verletzt die Schutzsphäre von allen, die mit dem Unternehmen in Rechtsbeziehungen treten. Eine solche Pflicht – sollte sie entwickelt oder gesetzlich normiert werden – würde betriebswirtschaftlich auch positiv wirken, weil eine derartige

Selbstreflexion eine unabdingbare Voraussetzung für erfolgreiches unternehmerisches Handeln ist und das mit der Unternehmensgründung begründete Wertzuwachspotential optimal genutzt werden kann.

5.8. Verwendete und weiterführende Literatur

Achleitner, Ann-Kristin; Wollmert, Peter (Hrsg.) (2000): Stock Options, Stuttgart.

Glanegger, Güroff, Kirnberger,, Kusterer, Peuker, Ruß, Selder, Stuhlfelner (2002): Heidelberger Kommentar zum Handelsgesetzbuch. 6. Auflage, Heidelberg.

Heigl, Anton (1996): Unternehmensbesteuerung. 2. Auflage, München et al.

Heussen, Benno (2002): Handbuch Vertragsgestaltung und Vertragsmanagement. 2. Auflage, Köln.

Hoppe, Werner; Beckmann, Martin; Kauch, Petra (2000): Umweltrecht. 2. Auflage, München.

Hüffer, Uwe (2002): Aktiengesetz. 5. Auflage, München.

Hüffer, Uwe (1998): Gesellschaftsrecht. 5. Auflage, München.

König, Ralf; Sureth, Caren (1998): Besteuerung und Rechtsformwahl. Landsberg/Lech.

Krüger, Dirk (1999): Zweckmäßige Wahl der Unternehmensform: eine synoptische Darstellung. 6. Auflage, Bonn.

Lehr, D.; S. Höft (2000): Die Wahl der richtigen Gesellschaftsform für Existenzgründer und Berater. Neuwied.

Lutter, Marcus; Hommelhoff, Peter (Hrsg.) (2000): GmbH-Gesetz. Kommentar, 15. Auflage, Köln.

Meyer-Scharenberg, Dirk E. (1995): Umwandlungsrecht: Einführung, Gesetze, Materialien zum neuen Handels- und Steuerrecht. Berlin.

Niedner, Jochen; Kusterer, Stefan (1998): Der Weg von der GmbH in die GmbH & Co. KGaA – Gesellschaftsrecht und Steuerrecht. GmbHR 1998, 584.

Palandt (2003): Bürgerliches Gesetzbuch. 62. Auflage, München.

Reichhold, Hermann (2002): Arbeitsrecht. München.

Robinski, Severin; Sprenger-Richter, Bernhard (2002): Gewerberecht. 2. Auflage, München.

Schmidt, Karsten (1997): Gesellschaftsrecht. 3. Auflage, Köln et al.

6. Marktexploration, Marketingstrategie und Preisfindung

HERIBERT GIERL UND ROLAND HELM

6.1. Überblick

Die Geschäftsidee eines Existenzgründers ist die Basis des Erfolgs des daraus entstehenden jungen Unternehmens. Um diese Idee dahingehend zu überprüfen, inwieweit daraus tatsächlich eine erfolgreiche Unternehmensgründung resultieren kann und um die meist notwendigen Fremdkapitalgeber auch von der Idee überzeugen zu können, ist die Erstellung eines Marketingplans unumgänglich. Im nachfolgenden Beitrag werden der Aufbau eines diesbezüglichen Plans, die grundlegenden, bei der Erarbeitung zu berücksichtigenden Grundsätze des Marketing sowie die wichtigsten Optionen des Marketing-Mix vor dem Hintergrund der vorrangig zu verfolgenden Ziele bei einer Unternehmensgründung aufgezeigt.

6.2. Der Aufbau eines Marketingplans

Jeder Existenzgründer wird einen Marketingplan erstellen. Ohne ausreichend klare Vorstellungen über die Höhe der zu erwartenden Umsätze und ohne Überlegungen, wann und warum diese Umsätze zustande kommen werden, ist das Risiko, Gewinne aus den investierten Mitteln an Eigen- und Fremdkapital und der unternehmerischen Tätigkeit zu erzielen, nicht kalkulierbar. Dies bedeutet nicht, dass der Marketingplan in jedem Fall ein sehr komplexes und in jedem Detail korrektes Dokument darstellt. Er soll allerdings so sorgfältig und nachvollziehbar erstellt werden, dass der Existenzgründer und die Fremdkapitalgeber sich ausreichend sicher sein können, den erwarteten Erfolg am Markt auch zu erreichen.

Im Allgemeinen beinhaltet ein derartiger Plan drei Abschnitte, die in Abbildung 1 überblickartig dargestellt sind und nachfolgend kurz erläutert werden.

Zunächst sollen Fakten und fundierte Annahmen dargelegt werden, die darauf abzielen, den zu bearbeitenden Markt (d.h. die Zielgruppe), dessen Größe und dessen Entwicklung und die zur Bearbeitung zur Verfügung stehenden finanziellen, personellen und technischen Ressourcen zu beschreiben. Weiterhin sind hier Informationen bezüglich zusätzlicher erfolgbestimmender Größen, z.B. Beziehungen mit potenziellen Abnehmern, darzulegen. Im Großen und Ganzen ist aufzuzeigen, aufgrund welcher eigenen, vorhandenen Mittel man glaubt, für diese Zielgruppe ein attraktives Angebot bereitstellen zu können. Dieses Resultat einer Marktexploration resultiert in der Beschreibung der angestrebten Wettbewerbsposition.

Sodann sind die beabsichtigen Marketingmaßnahmen sowohl hinsichtlich der *Leistungsgestaltung* (Produkt und Preis) als auch der *Leistungsvermittlung* an den Kunden (Distribution und Kommunikation) vor dem Hintergrund der kurz- und mittelfristigen Ziele zu erörtern. Die groben produktpolitischen Ansatzpunkte ergeben sich meistens direkt aus den Überlegungen des ersten Abschnitts, während die Festlegung von Feinheiten und die anderen Teilbereiche weitere eingehende Analysen erfordern.

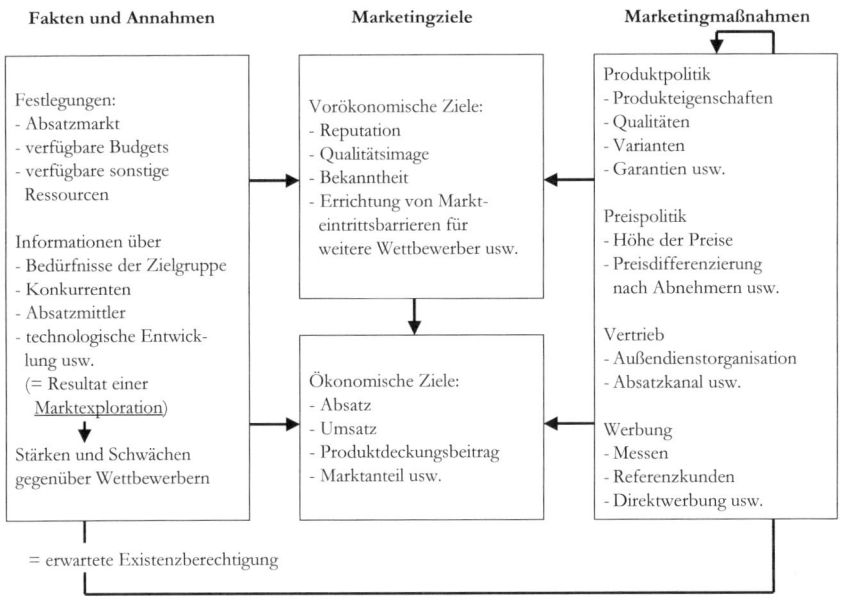

Abb. 1: Aufbau eines Marketingplans

Die als realistisch zu verfolgenden Ziele sollten dabei eine Unterscheidung in vor-ökonomische und ökonomische Ziele erfahren. Erstere betreffen Größen, die durch Marketingmaßnahmen direkt beeinflusst werden können, wie beispielsweise Be-kanntheitsgrad, Reputation bzw. Qualitätsimage etc. Marketingmaßnahmen können dementsprechend anhand dieser Ziele in ihrer Wirksamkeit auch besser beurteilt werden und sollten auch für Existenzgründer von Bedeutung sein. Vorökonomische Ziele beeinflussen in einer längerfristigen Perspektive aber auch den Zielerreichungs-grad von ökonomischen Zielen, wie Absatz-, Umsatz- und Deckungsbeitragszielen. Inwieweit diese jedoch erreicht werden, hängt zum einen von der ausgewählten Zielgruppe, dem angebotenen Produkten bzw. Dienstleistungen und dem Vorhan-densein überzeugender Wettbewerbsvorteile, zum anderen von den Marketingmaß-nahmen (z.B. durchsetzbare Preise, Absatzkanäle) und schließlich von dem Erreichen der oben skizzierten vorökonomischen Ziele ab.

In vielen Fällen stehen bei der Unternehmensneugründung der Aufbau eines gewis-sen (Leistungs-) *Image* und vor allen Dingen die Erlangung von *Reputation* bei mögli-chen Kunden im Vordergrund (Helm 2001). Die Reputation beinhaltet hierbei unter anderem die *Zukunftssicherheit* des Angebots ("Wie lange gibt es das Unternehmen noch?") und die vermutete *Leistungsfähigkeit* ("Werden die gegebenen Leistungsver-sprechen eingehalten?"). Die nachfolgend in den Abschnitten 6.4.1., 6.5.1. und 6.5.2. angeführten Maßnahmen werden vorrangig vor diesem Hintergrund abgeleitet.

6.3. Der Analyserahmen der Marktexploration

6.3.1. Vorabüberlegungen

Vielfach gehen Gründer eines jungen Unternehmens von einer eher technisch geprägten Perspektive an die Vermarktung ihrer Leistungen heran, d.h. sie fixieren sich sehr stark auf die funktionellen Aspekte ihres Angebots. Sie legen ausgehend von den verfügbaren Ressourcen ("Was glauben wir zu können?") ihre Produkte und Dienstleistungen fest, ohne sich gleichzeitig die Fragen zu stellen, was die Zielgruppen im Einzelnen wollen, was Wettbewerber in gleichem Maße zu geringeren Kosten oder in besserem Maße bei gleichen Kosten können, welches Entgelt von den Kunden für die Leistungen verlangt werden kann und wie man z.B. zur Einschätzung der Kunden, ein zuverlässiger Marktpartner zu sein, gelangt.

Bei der Gestaltung der Leistungen eines Unternehmens vor dem Hintergrund des Marketing ist jedoch nicht die im Unternehmen vorhandene (positive) Sichtweise relevant, sondern vielmehr die Wahrnehmung der Leistungen in den Augen potenzieller Abnehmer. Das Marketing kann daher auch als das "Denken vom Markt her" betrachtet werden und ist auch bei der Führung gerade junger Unternehmen von zentraler Bedeutung.

Der alleinige Einbezug des Aspekts des Kundennutzens – damit beschränkt man sich auf die Beziehung "Unternehmen – Kunde" – reicht jedoch im Allgemeinen nicht aus. Die Bewertung des eigenen Angebots aus der Sicht des Kunden wird erst dann aussagekräftig, wenn gleichzeitig die Konkurrenz in die Überlegungen eingeschlossen wird. Die zu betrachtenden grundsätzlichen Determinanten jeglicher Strategieentwicklung sind damit das eigene Unternehmen, die Bedürfnisse der Kunden sowie die relevante Konkurrenz. Dieser geforderte Bezugsrahmen kann im sogenannten Strategischen Dreieck (Abb. 2) abgebildet werden.

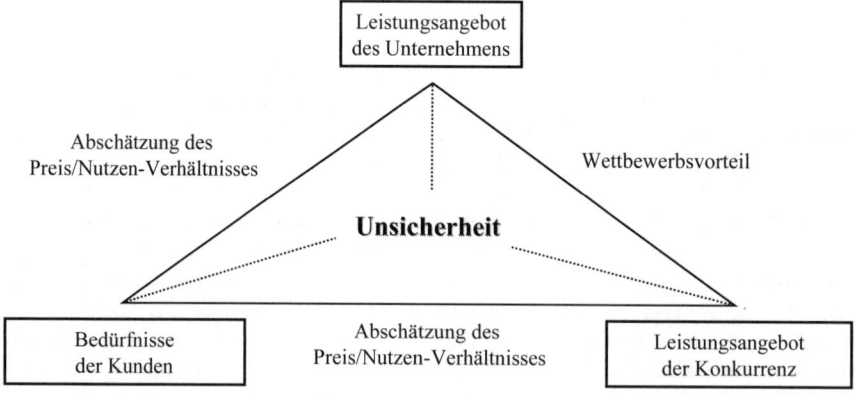

Abb. 2: Marketingorientierte Bewertung von Unternehmensleistungen im Strategischen Dreieck

Ein möglicher Kunde bewertet ein Leistungsangebot damit hinsichtlich des Verhältnisses aus wahrgenommenem Nutzen der angebotenen Unternehmensleistung und dessen Preis sowie mittels eines Vergleichs dieser Größe mit verfügbaren Konkurrenzangeboten. Fällt diese Bewertung für das eigene Unternehmen positiv aus, so verfügt man in den Augen der Kunden gegenüber der Konkurrenz über einen Vorteil.

Die Erstellung eines Marketingplans erfordert demnach zwingend die Kenntnis der Eckpunkte des Dreiecks (Gierl 2002). Selbst bei neuen Märkten ist es dem Kunden nach einiger Zeit meistens möglich, unter verschiedenen Anbietern (vermeintlich) vergleichbarer Leistungen auszuwählen.

Dies führt dazu, dass es für ein Unternehmen nicht genügt, lediglich die Bedürfnisse seiner aktuellen und potenziellen Kunden zu kennen, sondern es muss vielmehr in einem oder mehreren Leistungsmerkmalen aus der Sicht dieser Kunden eindeutig besser sein als seine Konkurrenz. Dies ist gleichbedeutend mit der Schaffung und Erhaltung von mindestens einem *Wettbewerbsvorteil* (Simon 1988, S. 465) des Unternehmens gegenüber der relevanten Konkurrenz im Sinne:

- einer dauerhaften,
- für die Kunden substanziellen und
- wahrnehmbar überlegenen Leistung.

Nur wenn diese drei Merkmale *gleichzeitig* auf ein Leistungsmerkmal des Unternehmens zutreffen, kann von einem komparativen *Wettbewerbsvorteil* gesprochen werden.

Es ist demnach von einiger Bedeutung, die Marketingstrategie auf der Kenntnis der eigenen *Fähigkeiten* und *Schwächen* ("Wo liegen unsere Stärken, wo liegen unsere Schwächen?") in Relation zu denen der aktuellen als auch der potenziellen relevanten Konkurrenz zu erarbeiten ("Was kann diese besser, was können wir besser, ist dies jeweils relevant?"). Des Weiteren sind auch die *Bedürfnisse* der Kunden sowie die aktuellen und zukünftigen Möglichkeiten der Befriedigung dieser Bedürfnisse durch das eigene Unternehmen und die Konkurrenz mit einzubeziehen. Hier ist es insbesondere wichtig, sich nicht nur die Frage zu stellen, was man kann, sondern auch, was man tatsächlich besser kann als die Konkurrenz und ob das, was man besser kann, die Kunden auch wollen und finanziell honorieren. Ein in diesem Zusammenhang weiterer, äußerst relevanter Punkt ist damit natürlich die Frage nach dem *Preis*, den man für die gebotene Leistung tatsächlich am Markt fordern kann.

Die Einschätzung der Stärken und Schwächen der relevanten Konkurrenz sowie der Kundenwünsche ist jedoch mit *Unsicherheit* behaftet, d.h. es bestehen in aller Regel keine konkreten Vorstellungen bezüglich dieser Punkte. Diese ist bei der Bewertung möglicher Marketingoptionen auf jeden Fall zu berücksichtigen und in einem Marketingplan festzuhalten.

Es lässt sich damit zusammenfassen, dass das Ziel eines Marketingplans darin besteht, aus der Analyse der verfügbaren und realistischerweise noch beschaffbaren Ressourcen, aus der Analyse der Gegebenheiten des oben aufgezeigten relevanten

Umfelds und schließlich aus der Ableitung möglicher Maßnahmen der Leistungsgestaltung und -vermittlung einen Wettbewerbsvorteil in oben angeführtem Sinne zu
definieren. Vor diesem Hintergrund sind drei weitere Punkte aufgrund ihrer Bedeutung für das Verständnis des Marketinggedankens konkret anzuführen und zu
diskutieren.

6.3.2. Bedürfnisorientierung, Segmentierung und Marktabgrenzung

In Abschnitt 6.3.1. wurde bereits dargelegt, dass die interne Betrachtung und Bewertung der Leistung aus der Sicht des Kunden zu erfolgen hat. Ein potenzieller Kunde
wird dann die angebotene Leistung des neuen Unternehmens nachfragen, wenn bei
ihm ein Bedürfnis nach dieser Leistung vorliegt, d.h. wenn er bei sich (bzw. in seinem
Unternehmen) einen Mangel erkennt, der behoben werden soll.

Bei der Bewertung von Leistungen wird ein Kunde weiterhin die ihm wichtigen
Leistungsmerkmale einer Prüfung unterziehen und schließlich dem Angebot den
Vorzug geben, welches seinen Idealvorstellungen über die Bedürfnisbefriedigung am
nächsten kommt. Üblicherweise werden aber nur wenige und bei verschiedenen
Kunden auch unterschiedliche Merkmale in diesen Bewertungsprozess einbezogen,
und ebenso werden die Ausprägungen dieser Merkmale unterschiedlich wahrgenommen. Betrachtet ein Kunde beispielsweise die Angebote verschiedener PC-Hersteller,
so lässt sich leicht nachvollziehen, dass unterschiedliche Bedeutungen der Leistungsmerkmale (Prozessor-Taktfrequenz, Arbeitsspeicher, Hersteller etc.) bei verschiedenen Kunden zu unterschiedlichen Präferenzen für die am Markt erhältlichen Angebote führen. Dies bedeutet, dass die bei den Kunden subjektiv geformten Abbilder des
objektiven Leistungsangebots in mehrfacher Hinsicht voneinander abweisen können.

Beim Kunden kann damit das vom Unternehmen angebotene reale (aus der Sicht des
Unternehmens objektive) Produkt auf zweierlei Arten anders wahrgenommen
werden:

- Die Wahrnehmungen der konkurrierenden Produkte hinsichtlich wichtiger
  Merkmale stimmen nicht überein. Es ist z.B. nicht sicher, dass der intern als
  sehr schnell eingestufte Prozessor des PC auch von den Konsumenten als
  sehr schnell beurteilt wird.
- Die Beurteilungsdimensionen variieren. Es ist z.B. nicht sicher, dass der
  Herstellername bei allen Kunden eine große Bedeutung hat.

Als wichtige Erkenntnis dieser Überlegungen lässt sich damit festhalten, dass das
Urteil der Kunden hinsichtlich identischer Leistungen heterogen ist, da diese vor dem
Hintergrund unterschiedlicher Bedürfnisse verschieden wahrgenommen werden. Im
Allgemeinen werden die unterschiedlichen Bedürfnis- und Bewertungskonstellatio-
nen eines Gesamtmarktes als *Marktsegmente* oder *Zielgruppen* bezeichnet. Kunden einer
Zielgruppe sind sich damit in ihrer Bedürfnisstruktur sehr *ähnlich* und ihre Anzahl ist
für eine sinnvolle Marktbearbeitung *ausreichend groß*, sie sind *eindeutig* einem Segment
zuordenbar, d.h. die verschiedenen Segmente lassen sich eindeutig voneinander

abgrenzen, und sie reagieren auch verschieden auf bestimmte Aktionen (z.B. hinsichtlich der Preise) der Anbieter.

Weiterhin sollte damit unmittelbar einsichtig sein, dass es für ein neues Unternehmen wenig Sinn machen dürfte, am Markt existierende unterschiedliche Bedürfnisse mit einem vermeintlich jeden auf irgend eine Art und Weise befriedigenden (Durchschnitts-) Angebot bedienen zu wollen. Damit wird keines der Bedürfnisse exakt getroffen, d.h. kein potenzieller Kunde wird eine echte Präferenz dafür entwickeln können, und man wird sich mit seinem Angebot – bildlich dargestellt – zwischen die Stühle setzen. Erkennbare Marktsegmente sind damit als Folge auch differenziert zu bearbeiten.

Zur Abgrenzung und Beschreibung von Marktsegmenten können grundsätzlich zwei verschiedene Ansatzpunkte gewählt werden. Zum einen kann auf Basis der angebotenen Leistung versucht werden, die möglichen Kunden einzugrenzen und zu beschreiben. Hierbei wird versucht, die Teilmärkte durch die Produktart (z.B. Angebot von Computer-Hardwarelösungen), die zu lösenden Probleme beim Kunden (z.B. Hardware für Bildverarbeitung) oder auch das ganz spezifische Bedürfnis (z.B. extrem hohe Auflösungen bei der Bildbearbeitung und Bilderkennung) näher einzugrenzen. Zum anderen kann aber auch eine kundenbezogene Segmentabgrenzung durch die Erfassung von den Kunden beschreibenden Variablen (Altersgruppe, Einkommen etc. bei Konsumenten oder Betriebsgröße, Umsatzvolumen, Branche etc. bei gewerblichen Abnehmern) oder auch psychographischen Variablen (z.B. Qualitäts-, Umwelt-, Preis- oder Prestigebewusstsein) vorgenommen werden. Aus letzteren lassen sich vielfach sofort Folgerungen für die nähere Gestaltung der Leistungen und von Werbebotschaften ableiten.

6.3.3. Konkurrenzforschung

In Abschnitt 6.3.1. war weiterhin bereits dargelegt worden, dass das Leistungsangebot des jungen Unternehmens nicht nur auf die Bedürfnisse der Kunden ausgerichtet sein muss, sondern auch vor dem Hintergrund der alternativen Leistungsangebote der potenziellen Konkurrenz zu bewerten ist.

Im Folgenden wird anhand eines einfachen Beispiels aufgezeigt, inwieweit die subjektiven Bewertungen des eigenen Angebots durch die Nachfrager, die Bedürfnisse der Nachfrager (d.h. deren Wunschvorstellungen) sowie die wahrgenommenen Alternativen zur Bedürfnisbefriedigung visualisiert werden können. Die simultane Darstellung dieser Gegebenheiten mittels einer sogenannten Multidimensionalen Skalierung (MDS) stellt letztendlich das graphische Abbild der Angebots- und Konkurrenzverhältnisse in einem Markt dar (Albers 1989).

Für ein Unternehmen der EDV-Branche, das sein bisheriges Dienstleistungsangebot erweitern und dieses zumindest zum Teil in einem Outsourcing an andere, junge Unternehmen abgeben wollte, wurden innerhalb einer Marktforschungsstudie die Angebots- und Nachfragekonstellationen untersucht. Zur Vereinfachung der Darstellung und der sich darauf beziehenden Ausführungen wird im Weiteren unterstellt, dass für die Kunden im Präferenzbildungsprozess lediglich zwei Merkmale entscheidend sind, d.h. dass diese ihre Kaufentscheidung anhand von zwei Merkmalen – Schnelligkeit des Serviceteams bei Schadensfällen und Anzahl der Softwareprodukte, für die eine Problemlösungskompetenz besteht (Generalisten vs. Spezialisten) – fällen. Die Erhebung der entsprechenden Daten sowie die darauf basierende Durchführung einer MDS ergab das in Abb. 3 dargestellte Abbild der Marktverhältnisse.

Im betrachteten Markt existieren fünf verschieden große Zielgruppen und neben dem eigenen Unternehmen wurden acht Konkurrenten, die mit vergleichbaren Leistungen am Markt aktiv sind, in die Marktexploration einbezogen.

Die Positionierungen der Anbieter aus der Sicht der Kunden ergeben sich direkt aus der Position im Koordinatensystem. So wird beispielsweise das eigene Unternehmen hinsichtlich der Schnelligkeit des Serviceteams bei einem Schadensfall als etwas weniger akkurat wahrgenommen als Konkurrent A, jedoch besser als alle anderen Konkurrenten. Diese Bewertung ergibt sich direkt aus der Position gegenüber der Ordinate des Koordinatenkreuzes. Ebenso kann für alle Unternehmen die Bewertung der Kunden in Bezug auf das zweite präferenzdeterminierende Merkmal, das auf der

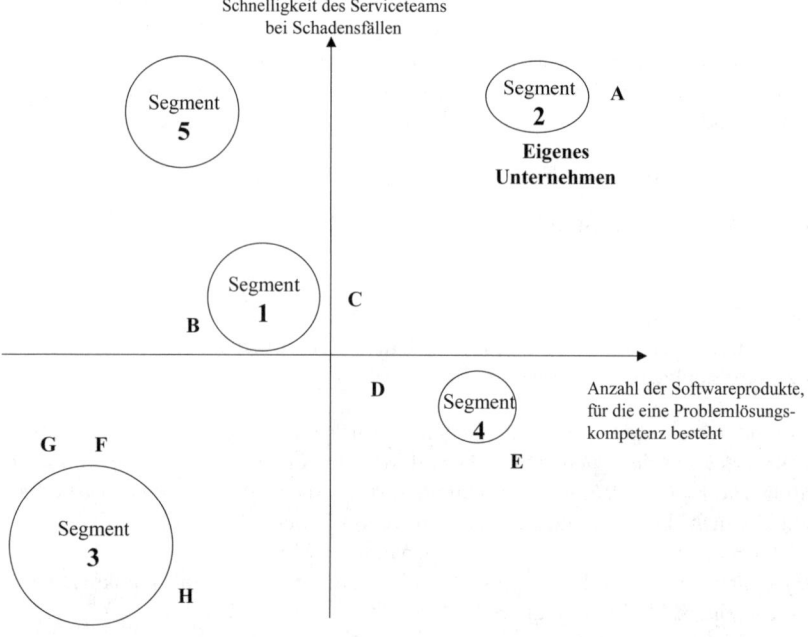

Abb. 3: Nachfrage- und Konkurrenzbeziehungen in einem Markt für EDV-Dienstleistungen

Abszisse angetragen ist, abgelesen werden. Auch hier wird das eigene Unternehmen geringfügig weniger universell eingeschätzt als Konkurrent A, es wird jedoch hinsichtlich dieses Merkmals besser bewertet als die Wettbewerber.

Ebenso sind aber auch die Idealvorstellungen eines Leistungsangebots bei den fünf verschiedenen Marktsegmenten erkennbar. So wollen Abnehmer in Segment 2 bezüglich der beiden in diesem Markt kaufentscheidenden Leistungsmerkmale am liebsten mit einem Anbieter zusammenarbeiten, der bei beiden Merkmalen hohe Ausprägungen aufweist, d.h. der sowohl bei vielen Softwareprodukten eine hohe Problemlösungskompetenz hat als auch sehr schnell vor Ort ist. Hier ist natürlich von Interesse, wie groß dieses Segment ist (angedeutet durch die Größe der Kreise) und wie man die Abnehmer anhand der in Abschnitt 6.3.2. angeführten Merkmale beschreiben kann, so dass diese auch eindeutig identifiziert und angesprochen werden können.

Die relative Position des eigenen Unternehmens bzw. der Konkurrenzunternehmen hinsichtlich der Idealvorstellungen der Kunden in diesem Markt lässt sich direkt aus der Entfernung der Position des Unternehmens im Koordinatenkreuz und der Position der Marktsegmente ablesen. So ist in dieser Hinsicht erkennbar, dass das betrachtete Unternehmen bei der Leistungsgestaltung die Vorstellungen der Kunden in Segment 2 relativ gut trifft und es sich mit Konkurrent A um die Kunden dieses Segments bemüht. In ähnlicher Weise können auch die anderen Unternehmen bewertet werden. Auffällig ist hier noch, dass die Vorstellungen eines idealen Leistungsangebots bei den Kunden von Segment 5 von keinem existierenden Unternehmen in adäquater Weise befriedigt werden. Dementsprechend liegt hier eine Marktlücke vor, die nach Prüfung der Segmentgröße durchaus innerhalb des angedachten Outsourcing mit einem anderen Unternehmen speziell bedient werden könnte.

Neben dieser Möglichkeit einer simultanen Bedürfnis- und Konkurrenzforschung ist es schließlich aber auch notwendig, dass beispielsweise eine Auswertung von Stellenanzeigen, von Geschäftsberichten und von Prospekten der Konkurrenz vorgenommen wird. Dieses sollte nach der Gründung des Unternehmens fortgesetzt werden, so dass letztendlich die Konkurrenzentwicklung nachvollzogen werden kann.

6.4. Maßnahmen der Leistungsgestaltung

6.4.1. Angebotsgestaltung

Wie in Abschnitt 1 bereits erwähnt, ergibt sich das Leistungsangebot in vielen Fällen bereits aus der Unternehmensgründung. Zur genaueren Positionierung gegenüber dem Wettbewerb liegt jedoch eine Vielzahl weiterer Möglichkeiten vor (Böcker/Helm 2003), die in Abbildung 4 aufgezeigt wird.

82

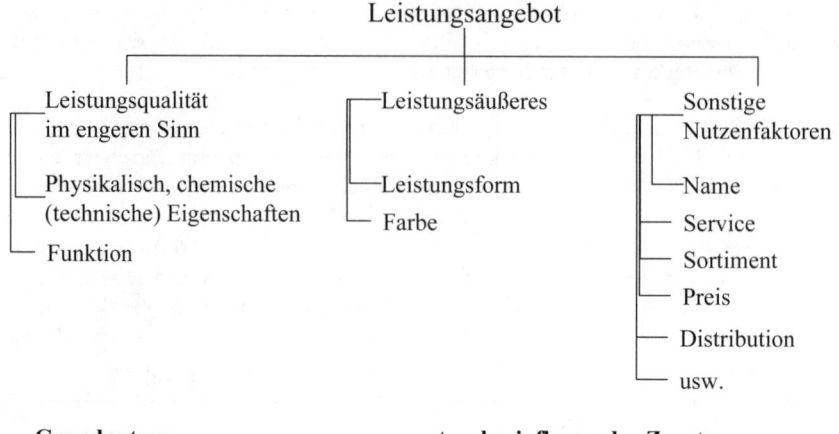

Grundnutzen   **nutzenbeeinflussender Zusatz**

Abb. 4: Gestaltungsdimensionen eines Leistungsangebots

Bei Unternehmensgründungen stellt meist das Leistungsangebot an sich die Gründungsidee dar, wobei dieser Aspekt die Leistungsqualität im engeren Sinne darstellt, die sich aus (innovativen) Produkteigenschaften hinsichtlich der Zusammensetzung und Produktfunktionen ergeben können. Dieser Aspekt stellt den *Grundnutzen* des Unternehmensangebots dar. Unabhängig davon, ob man sich hinsichtlich des Grundnutzens eindeutig oder nur in geringem Ausmaß vom Wettbewerber abgrenzen kann, ist es sinnvoll, sich gegebenenfalls mittels geeigneter weiterer *nutzenbeeinflussender* Merkmale zu differenzieren. Dazu stehen einem Unternehmen die Aspekte des Leistungsäußeren und weiterer Nutzenfaktoren zur Verfügung.

Von besonderer Bedeutung sind vor dem Hintergrund der oben genannten vorökonomischen Ziele die auf der rechten Seite von Abb. 4 aufgezeigten Optionen der sonstigen Nutzenfaktoren, die mit dem eigentlichen Leistungsangebot nur in einem losen Zusammenhang stehen. Da sich die Angebote verschiedener Unternehmen zumindest in den Augen der Konsumenten kaum in ihrem Grundnutzen unterscheiden bzw. die Konsumenten die objektiv vorhandenen Unterschiede nicht erkennen und bewerten können, spielen diese in den meisten Fällen eine herausragende Rolle. Bei geeigneter Auswahl und Betonung in der Unternehmenskommunikation führt dies dazu, dass die Kunden Leistungseinschätzungen anhand dieser leicht erkennbaren Zusatznutzen vornehmen und schließlich auch ihre Präferenzen daran ausrichten. So können sich junge Unternehmen beispielsweise auch durch die Zusammensetzung ihres Sortiments, durch den (hohen oder auch geringen) Preis, der Art der Distribution (beispielsweise Direktvertrieb oder bekannter Absatzmittler) oder – in langfristiger Hinsicht – mittels ihres Namens (Marke) ein unverwechselbares Profil schaffen.

Der Wahl des Namens des Unternehmens bzw. der angebotenen Leistung kommt dabei eine erhebliche Bedeutung zu, da dieser nur sehr schlecht wieder geändert werden kann. Ein Name für das Unternehmen bzw. für die angebotene Leistung sollte sich durch eine gewisse Eigenständigkeit auszeichnen, so dass Verwechslungen von vorneherein vermieden werden. Er ist jedoch auch so zu wählen, dass dadurch keine Behinderungen bei einer Erweiterung des Leistungsangebots zu erwarten sind. Weiterhin ist bei der Wahl darauf zu achten, dass die Seriosität und die Innovativität der Leistung durch den Namen zumindest nicht beeinträchtigt oder dadurch sogar untermauert wird und dass sich der Name leicht merken und aussprechen lässt. Von Vorteil ist auch, wenn der Name gut visualisiert werden kann und wenn er frei von unerwünschten Assoziationen ist. Schließlich sollte eventuell eine geeignete Internetadresse verfügbar sein bzw. sollte der Name bei einer späteren Internationalisierung der Unternehmenstätigkeit auch in den Exportmärkten einzusetzen sein. Sollten diese Punkte in einer Namensprüfung abgehakt werden können, ist eine juristische Prüfung hinsichtlich seiner Verwendbarkeit vorzunehmen.

Wie oben bereits angeführt, sind Marketingmaßnahmen unter Beachtung der vorrangig zu verfolgenden Ziele des Aufbaus eines gewissen Leistungsimage und von Reputation bei Unternehmensneugründungen abzuleiten. Im Bereich der Gestaltung des Leistungsangebots ist an dieser Stelle vor allem noch auf den Punkt der Gewährleistung einzugehen. Es wurde bereits erwähnt, dass junge Unternehmen vielfach mit dem Problem einer mangelnden Reputation zu kämpfen haben, d.h. dass ihre Aussagen hinsichtlich der Leistungsfähigkeit ihres Angebots teilweise wenig glaubwürdig sind.

Ein probates Mittel, um diesem Ressentiment auf Käuferseite entgegen zu treten, ist das Angebot einer Leistungsgarantie. Dabei sollte von jungen Unternehmen der Fokus der Garantiezusage im Bereich des Gewährleistungsumfangs liegen und weniger im Bereich der Gewährleistungsdauer. Beispielsweise sollte das Versprechen einer zehnjährigen Gewährleistung durch einen neuen und unbekannten Anbieter aufgrund von kundenseitigen Unsicherheiten bezüglich der weiteren Unternehmensentwicklung bzw. -präsenz nur bedingt überzeugend sein. Außerdem könnte ein derartiges situationsspezifisch "falsches Signal" auch negative Ausstrahlungseffekte auf die Glaubwürdigkeit anderer Leistungseigenschaften haben. Ein im Vergleich zur Konkurrenz hoher Garantieumfang hingegen kann auch im Falle eines neuen Anbieters Wirkung zeigen. Ein anderes wirksames Instrument dürfte in Einzelfällen eine Geld-Zurück-Garantie darstellen.

6.4.2. Möglichkeiten der Preisfindung

In Abschnitt 6.3.1. wurde vor dem Analyserahmen des strategischen Dreiecks bereits dargelegt, dass mit der Leistungserstellung natürlich die – für diesen Markt und der darin aktiven Konkurrenz – Bestimmung des deckungsbeitragsoptimalen Preises eines der Hauptprobleme der Marketingplanung darstellt. Ist der gewählte Preis für die angebotene Leistung zu gering, verschenkt man potenzielle Gewinne und kann im Weiteren auch mit dem Problem konfrontiert sein, dass durch den zu geringen Preis negative Ausstrahlungseffekte auf die vom Kunden vermutete Qualität der Leistung ("zu billig") entstehen. Ist er zu hoch angesetzt, spricht man eventuell zu wenig Kunden an ("zu teuer"), so dass das Absatzvolumen hinter den Erwartungen zurück bleibt.

Ein Preis sollte daher *kosten-*, *kunden-* und *wettbewerbsorientiert* festgelegt werden. Als Kriterium, anhand dessen die Vorteilhaftigkeit eines Preises zu beurteilen ist, gilt meist der (mittelfristig) erzielbare Deckungsbeitrag. Dadurch wird im Idealfall sichergestellt, dass erstens die eigenen Kosten gedeckt werden, dass zweitens die Preisbereitschaft der Nachfrager ausgeschöpft wird und dass drittens der eigene Preis in einer angemessenen Beziehung zu den Preisen der Wettbewerber liegt.

Es existiert allerdings keine einzelne Methode, die sich generell für alle Fälle, in denen Preise festzusetzen sind, eignet und die zudem gleichermaßen die Kosten-, Kunden- und Wettbewerbsorientierung des Preises sicherstellt. Optimale Preisfestsetzungen ergeben sich immer aus einer Anwendung eines Methoden-Mix.

Hierbei ist der Praxis zu empfehlen, bei der Preisfestsetzung vorab die anzubietenden Produkte oder Dienstleistungen möglichst klar zu formulieren, d.h. sie in Form eines Konzeptes soweit zu konkretisieren, dass sie potenziellen Kunden präsentiert werden können. Anschließend kann deren Preisbereitschaft erfasst werden (Gierl 2002). Häufig wird hierzu, falls bestimmte Bedingungen erfüllt sind, die sogenannte Conjoint-Analyse eingesetzt. Sodann wird durch eine Konkurrenzanalyse erkundet, welche Preise die Wettbewerber am Markt verlangen. Falls Wettbewerber geringere Preise verlangen, als die Nachfrager bezahlen würden, müssten eigene Wettbewerbsvorteile so hervorgehoben werden, dass den Nachfragern die eigenen höheren Preise gerechtfertigt erscheinen, oder die Preise müssten auf das Konkurrenzniveau gesenkt werden. Schließlich ist zu prüfen, ob die Kosten für die Produkte bzw. Dienstleistungen von den Umsatzerlösen gedeckt werden.

Da Preisbereitschaften der Nachfrager, die mittels Conjoint-Analysen untersucht werden, häufig den Ausgangspunkt für Preisplanungen bilden, soll dieses Verfahren an einer überschaubaren Fallstudie kurz erläutert werden.

Der Ausgangspunkt war in diesem Beispiel, dass ein Hersteller von Software sich stärker auf sein Kerngeschäft, nämlich die Programmierleistung, konzentrieren wollte und daran interessiert war, die von ihm bisher auch erbrachten Leistungen im After-Sales-Bereich (Beratung, Kundendienst, Installation von Updates etc.) an Dritte abgeben wollte. Diese Dritten, in aller Regel Existenzgründer mit einem Gebietsschutz für ihre Region, sollte nach einer entsprechenden Schulung als autorisierte Partner des Softwareherstellers einen qualifizierten Service und Support für die Software anbieten. Den Kunden, welche durchwegs Unternehmen waren, müsste verständlich gemacht werden, dass viele Dienstleistungen, die der Softwarehersteller bisher gratis bot, nun von den Dritten gegen Entgelt erbracht werden. Die Frage war, welches Entgelt die Kunden des Softwareherstellers dem von diesen autorisierten Drittanbieter für den After-Sales-Service entrichten würden.

Für die Conjoint-Analyse wurden die möglichen Dienstleistungen zunächst präzisiert. Diese erstreckten sich auf die Dauer zwischen Anfrage des Kunden und dem ersten Problemlösungsansatz (Responsezeit), auf die Fähigkeit, auch Betreuungsleistungen für einige weitere Softwareprodukte, die oft in Zusammenhang mit der hier primär

Merkmal	Ausprägung
Responsezeit	- etwa eine Stunde
	- etwa drei Stunden
	- etwa sechs Stunden
Multivendor	- Spezialist betreut Software mehrerer Hersteller
	- Spezialist betreut nur die Software eines Herstellers
Ort der Problemlösung	- On-Site-Support, d.h. Spezialist kommt vor Ort
	- per Telefon oder Online-Verbindung

Tab. 1:   Gestaltungsmöglichkeiten der angebotenen Dienstleistung

betrachteten Software installiert sind, zu erbringen (Mulitvendor) und auf den Ort der Problemlösung. Tabelle 1 zeigt diese Präzisierung der Dienstleistung nochmals auf.

Die Kombinationen dieser Merkmale ergeben zwölf mögliche Dienstleistungen. Repräsentativ aus der Zielgruppe ausgewählte Entscheider, zumeist die Leiter EDV in den Unternehmen, beurteilten, welches Entgelt sie pro PC, auf dem die interessierende Software installiert ist, und pro Jahr vertraglich vereinbaren würden. Anhand dieser Daten kann pro Nachfrager geschätzt werden, wie viel die Attribute in € wert sind. Das Ergebnis für eine ausgewählte Auskunftsperson lautet beispielsweise wie folgt:

$$
\begin{aligned}
\text{akzeptierter Preis} = \quad & 14{,}91 \text{ für das Referenzobjekt} \\
+ \quad & 108{,}65 \text{ falls Responsezeit rund eine Stunde} \\
+ \quad & 51{,}12 \text{ falls Responsezeit rund drei Stunden} \\
+ \quad & 42{,}61 \text{ falls Betreuung von Software mehrerer Anbieter} \\
+ \quad & 93{,}74 \text{ falls der Spezialist vor Ort erscheint}
\end{aligned}
$$

Das Referenzobjekt ist in diesem Fall durch "Responsezeit höchstens sechs Stunden, nur eine Software betreut, Spezialist erscheint nicht vor Ort" beschrieben. Anhand dieser Ergebnisse kann im Folgenden je Dienstleistungsprofil berechnet werden, welches Entgelt eine ausgewählte Auskunftsperson höchstens bezahlen würde. Ordnet man pro Dienstleistungsprofil diese oberen Preislimits, so entsteht eine Preisresponsefunktion. Für eine der zwölf hier zu unterscheidenden Dienstleistungsangebote ist sie in Abb. 5 dargestellt. Analoge Zusammenhänge können für die weiteren elf Merkmalskombinationen erstellt werden.

In Abbildung 5 ist aufgezeigt, wie viele Unternehmen, welche die interessierende Software installiert haben, bereit sind, einen Ein-Jahres-Vertrag mit einem bestimmten Entgelt pro PC abzuschließen, der die Leistungen "Responsezeit rund drei Stunden, Multivendor, On-Site-Support" zusichert. Die Hälfte der Nachfrager wäre beispielsweise bereit, einen solchen Vertrag abzuschließen, wenn das jährliche Entgelt pro PC höchstens € 94,- beträgt.

86

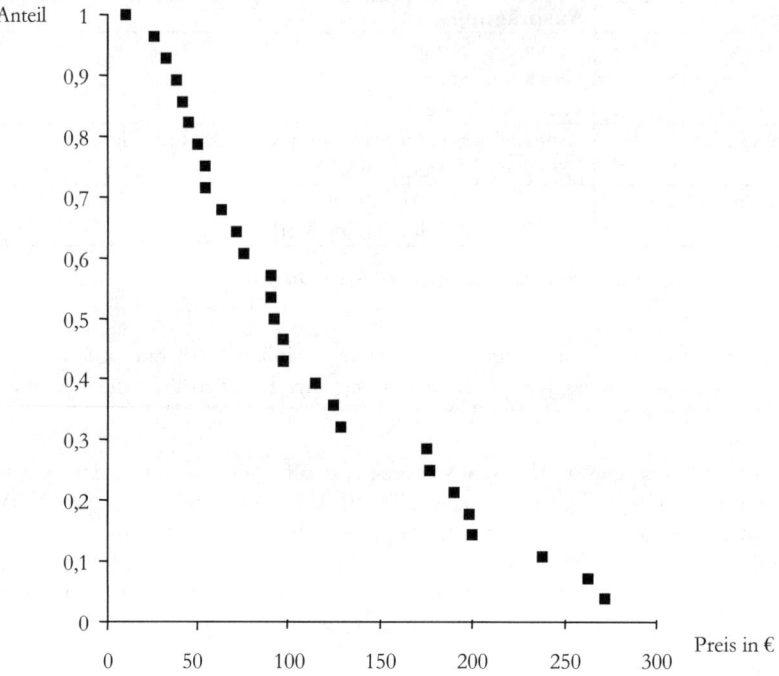

Abb. 5: Preisresponsefunktion für "Responsezeit rund drei Stunden, Multivendor, On-Site-Support"

Man kann nun den skizzierten Zusammenhang zur Ableitung des optimalen Preises für die ausgewählte Dienstleistung verwenden. Die dargestellte Preisresponsefunktion lässt sich durch die Funktion y = 0,94 - 0,0019p (y: Anteil der Nachfrager, die bereit sind, den Preis zu entrichten; p: Preis) beschreiben (R^2=0,92). Es ist folglich der Preis deckungsbeitragsoptimal, bei dem die Funktion DB = (0,94 - 0,0019p)(p - k) (k: erwartete Kosten pro PC und Jahr für den After-Sales-Service im Falle der vertraglichen Vereinbarung der ausgewählten Dienstleistung) das Maximum erreicht. Analog lassen sich die optimalen Preise für die elf weiteren zur Wahl stehenden Dienstleistungsprofile ermitteln.

Conjoint-Analysen erfreuen sich einer weiteren Verbreitung zur kundenorientierten Preisfestsetzung. Daneben bietet die Marketingforschung einige weitere Methoden an, um Preise festzusetzen. Die Frage, welches Verfahren zum Einsatz kommen soll, hängt von den Charakteristika des Produktes bzw. der Dienstleistung ab.

6.5. Maßnahmen der Leistungsvermittlung

6.5.1. Distributionspolitische Aspekte

In Abschnitt 6.4.1. war aufgezeigt worden, dass der (Zusatz-) Nutzen einer Leistung auch in der Art der Distribution, d.h. in der Art, die Leistungen an den Kunden zu bringen, liegen kann. In den meisten Fällen wird der Vertrieb der Leistungen zumindest vorerst über das eigene Personal abgewickelt werden, bis geeignete Partnerunternehmen, mit denen intensiv zusammengearbeitet werden kann, gefunden worden sind. Grundsätzlich kann man damit folgende, in Abb. 6 dargestellten Optionen unterscheiden.

In einer kurzen Distributionskette übernimmt der Direkt-Vertrieb die Aufgaben des Handels; es erfolgt somit eine Verkürzung des Marktkanals mit dem möglichen Vorteil einer schnelleren Kommunikation zwischen Hersteller und Kunde. Relevante Informationen vom Kunden können so ohne nennenswerte Verzögerungen und Verzerrungen an den Hersteller gelangen. Der Direkt-Vertrieb repräsentiert das Unternehmen nach außen und übernimmt einen Großteil der Marktkommunikation mit aktuellen und potenziellen Kunden.

Vor dem Hintergrund der vielfach mangelnden Reputation (vgl. dazu die Ausführungen in Abschnitt 6.2. und der damit einhergehenden fehlenden Bekanntheit junger Unternehmen ist jedoch vorrangig darauf Wert zu legen, dass diese fehlende Reputation am Markt durch die Absatzmittler bzw. Vertriebspartner "geheilt" werden kann.

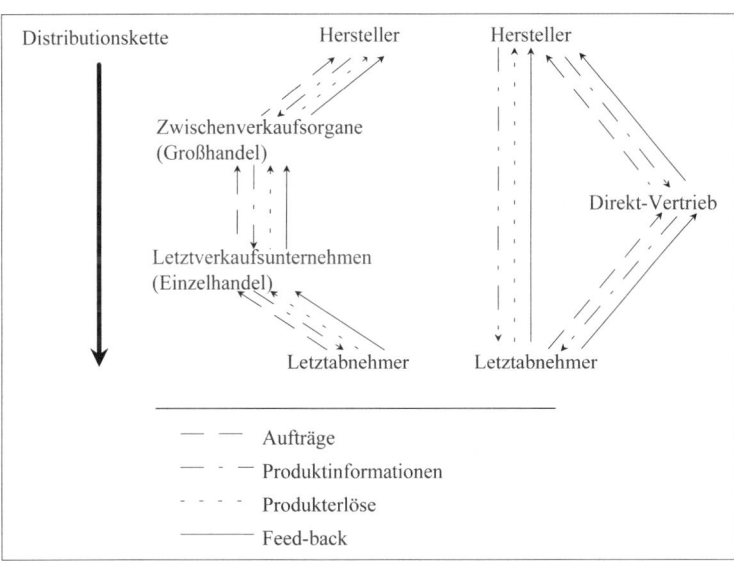

Abb. 6:   Idealtypische akquisitorische Distributionssysteme

Als vorrangiges Auswahlkriterium der Partnerunternehmen ist demnach deren Reputation im anvisierten Kundenkreis zu beachten. In Hinsicht auf die Distribution kann beispielsweise vom neuen Unternehmen ein Vor-Ort-Service garantiert werden, mittels dessen der Anbieter garantiert, dass ein Serviceteam eines unabhängigen, bekannten Händlers das Gerät an Ort und Stelle in Gang setzt oder austauscht. Das Vertrauen des Absatzmittlers in die "Zukunftsfähigkeit" des Herstellers sollte somit das Vertrauen des Konsumenten in den Anbieter stärken.

Die Fülle weiterer distributionspolitischer Optionen (Ahlert 1991; Böcker/Helm 2003) sowie die Möglichkeiten der Gestaltung und Durchführung der Kooperation zwischen dem Unternehmen und möglichen Vertriebspartnern (zu Konsumgütern siehe Gierl/Helm/Puhlmann 2000, zur Kooperation auf gewerblicher Ebene siehe Helm/Peter 1999) werden im Rahmen dieses Beitrags nicht vertieft, da dies für Unternehmensneugründungen eher von untergeordneter Bedeutung sein dürften.

6.5.2. Kommunikationspolitische Aspekte

Die Kommunikationspolitik als letzter Bestandteil des Marketing-Mix zielt in erster Linie darauf ab, die potenziellen Kunden über das Angebot an sich, dessen Konditionen und die verschiedenen Möglichkeiten, die Leistung als Kunde zu erlangen, zu informieren. Dies bedeutet, die Unternehmenskommunikation beinhaltet alle vorher behandelten Aspekte des Marketing (Kroeber-Riel 1988). Bei der Gestaltung der kommunikativen Maßnahmen ist darauf zu achten, dass diese zielgruppenspezifisch gestaltet werden, d.h. dass genau diese Informationen weitergegeben werden, die die jeweiligen Zielgruppen auch tatsächlich zur Entscheidungsfindung heranziehen.

Auch in diesem letzten Teilbereich des Marketing-Mix sollten junge Unternehmen neben der konkreten Informationsübermittlung durch klassische Werbung vorrangig auf den Aufbau der (noch nicht) vorhandenen Reputation achten.

Klassische Printwerbung wird in den meisten Fällen keine direkten Absatzeffekte bewirken, sondern eher in langfristiger Hinsicht den Namen des Unternehmens mit den Angebotsinhalten verbinden und gegebenenfalls bei einem konkreten Bedarf einen Erinnerungseffekt beim Kunden bewirken. Damit sollte vor dem Hintergrund begrenzter finanzieller Mittel dieses Instrument einerseits sehr zielgruppenspezifisch und mit einer klaren Werbebotschaft, d.h. dem Angebotsnutzen (Wettbewerbsvorteil) für den Kunden, eingesetzt werden und andererseits das anteilige Kommunikations-budget für diese Kommunikationsform eher gering sein. Die Verbreitung positiver (vergleichender) Testinformationen sowie etwaige Zertifizierungen unterstützen jedoch die Werbewirkung in den meisten Fällen.

Der Effekt von Sponsoringaktivitäten oder Direktwerbung (Mailings) bei einer Vielzahl potenzieller Kunden dürfte generell in der Startphase des Unternehmens, d.h. bei einer geringen Bekanntheit im relevanten Kundenkreis, als gering einzuschätzen sein.

Informationsinhalte kommunikativer Maßnahmen, die dem Aufbau von Reputation und der Reduktion des Risikos der erstmaligen Inanspruchnahme einer neuen Leistung beim Kunden dienlich sein können, sind beispielsweise das Angebot von Probenutzungen oder auch das Vorhandensein von Referenzkunden. Beide sollten das vom Nachfrager wahrgenommene Risiko allein durch die Vermittlung einer direkten bzw. indirekten (vertrauenswürdigen) Erfahrung deutlich senken können. Bei Unternehmen, die zwar schon etwas länger am Markt sind, aber in neue Geschäftsbereiche einsteigen wollen, können hier auch die bisherigen Erfahrungen in verwandten Produktbereichen eine wirkungsvolle Information darstellen. Ebenso kann die schon vorhandene und damit frühe internationale Geschäftstätigkeit ein glaubwürdiges Signal darstellen.

Im Rahmen des klassischen Kommunikationsinstrumentariums sind bei Unternehmensneugründungen vor allem einschlägige Messen zu nutzen, die – wenn möglich – mit einem industriellen Partner gemeinsam belegt werden sollten. Dadurch wird es Interessenten ermöglicht, die angebotene Leistung zu sehen und eventuell zu probieren bzw. im Einsatz zu beobachten. Der angesprochene Referenzkundenaspekt wird dadurch ebenfalls hervorgehoben.

6.6. Zusammenfassung

Ein Marketingplan umfasst drei abzuarbeitende Abschnitte, die zueinander in Beziehung stehen. Ausgangspunkt der Planungen ist die eingehende Analyse der eigenen Fähigkeiten, der Bedürfnisse der Kunden sowie der konkurrierenden Angebote. Aus dieser Marktexploration sind entsprechend erreichbare Ziele und damit korrespondierende Marketingmaßnahmen abzuleiten. Als eines der wichtigsten Ziele des Marketing bei der Unternehmensgründung wurde der Aufbau eines Image und einer gewissen Reputation im Sinne der Leistungsfähigkeit und der Zukunftssicherheit erkannt. Vor diesem Hintergrund wurden sodann wichtige Aspekte des Marketing-Mix ausgeführt und zum Teil an Beispielen erläutert.

6.7. Verwendete und weiterführende Literatur

Ahlert, D. (1991): Distributionspolitik. 2. Auflage, Gustav Fischer Verlag, Stuttgart, Jena.

Albers, S. (1989): Gewinnorientierte Neuproduktpositionierung in einem Eigenschaftsraum. In: Zeitschrift für betriebswirtschaftliche Forschung, 41, S. 186-209.

Böcker, F.; Helm, R. (2003): Marketing. 7. Auflage, Lucius & Lucius, Stuttgart.

Gierl, H. (2002): Marketing. 2. Auflage, Schaeffer-Poeschel, Stuttgart.

Gierl, H.; Helm, R.; Puhlmann, A. (2000): Strategien der Hersteller zur Motivation des Handels: Eine kausalanalytische Untersuchung der zwischenbetrieblichen Zusammenarbeit im Konsumgüterbereich. In: Trommsdorff, V. (Hrsg.): Handelsforschung 1999/2000 - Verhalten im Handel und gegenüber dem Handel. Gabler-Verlag, Wiesbaden, S. 233-252.

Helm, R. (2001): Planung und Vermarktung von Innovationen. Schaeffer-Poeschel, Stuttgart.

Helm, R.; Peter, A. (1999): Erfolgsfaktoren von Joint Ventures: Ergebnisse der bisherigen empirischen Forschung und deren qualitative Prüfung. In: Zeitschrift für Planung, 10, S. 27-46.

Kroeber-Riel, W. (1988): Strategie und Technik der Werbung. Kohlhammer, Stuttgart.

Simon, H. (1988): Management strategischer Wettbewerbsvorteile. In: Zeitschrift für Betriebswirtschaft, 58, S. 461-480.

7. Finanzierung junger Unternehmen

JOCHEN DRUKARCZYK

7.1. Überblick

Dieses Kapitel gibt eine kurze *Einführung* in Probleme der Finanzierung junger, wachsender Unternehmen. Die Startfinanzierung ist erfolgt, die Geschäftsideen stehen, Kunden- und Lieferantenbeziehungen sind aufgebaut; kompetentes Management ist vorhanden. Regelmäßig ist die Marktdurchdringung nicht abgeschlossen, wichtige Wettbewerber sind nicht abgeschüttelt, und das Unternehmen muss und will wachsen, um zu überleben und die erhofften finanziellen Überschüsse der Initiatoren (Eigentümer) einzufahren. Welche Finanzierungsquellen bestehen, welche Vor- und Nachteile haben sie, welcher Mix an Finanzierungsquellen kann sich im Einzelfall empfehlen?

Die Überlegungen in diesem Kapitel sind auch als Einführung für die in Kapitel 8 folgende Fallstudie Clarion Optical Co. konzipiert. Dieser von Howard Stevenson und Michael Roberts entwickelte Fall ist für den Anfänger auf dem Gebiet der Finanzierung ohne jeden Zweifel anspruchsvoll.[1] Zugleich ist die intensive Beschäftigung mit diesem Fall sehr lohnend, weil alle Aspekte der in diesem 7. Kapitel angesprochenen Teilprobleme für eine befriedigende Lösung des Falles beachtet werden müssen.[2] Es empfiehlt sich daher, Kapitel 7 und 8 dieses Buches als Paket zu betrachten; Kapitel 7 ist eine einfach gehaltene Einführung, Kapitel 8 lädt zur Anwendung der in Kapitel 7 ausgebreiteten Basisüberlegungen ein. Wie überall, ist Anwendung wichtig und lehrreich.

7.2. Definitionen und Fragestellungen

Begriffsdefinitionen sind unerlässlich, damit man weiß, worüber gesprochen wird. An Definitionen zum Begriff der Finanzierung fehlt es nicht in der betriebswirtschaftlichen Literatur. Es ist nicht beabsichtigt, hier einen auch nur annähernd vollständigen Überblick zu geben. Es besteht Konsens in der Literatur, dass Finanzierungsmaßnahmen der Beschaffung von Geld bzw. geldwerten Einlagen dienen, die Unternehmen vornehmen, um die Auszahlungen für Investitionen bewältigen zu können. Man kann eine Finanzierungsmaßnahme abbilden durch einen Zahlungsstrom, durch einen Strom von zeitlich indizierten Ein- und Auszahlungen. Aus der Sicht des Unternehmens (der Eigentümer des Unternehmens) beginnt eine Finanzierungsmaßnahme mit einer Einzahlung an das Unternehmen. Auf diese Einzahlung folgen in späteren Perioden i.d.R. Auszahlungen in Form von Zinsen und Tilgungen, wenn eine Kreditfinanzierung vorliegt, oder Ausschüttungen, Entnahmen, wenn eine Eigen- oder Beteiligungsfinanzierung gegeben ist.

Kennzeichnet man in Analogie eine Investition durch einen Zahlungsstrom, der aus der Sicht des Unternehmers (oder seiner Eigentümer) mit einer Auszahlung beginnt,

---

[1] Anspruchsvoll dann, wenn der Leser eine begründete Lösung erarbeiten will.
[2] Ein ausführlicher Lösungsvorschlag (Hardcopy) kann bei Nachweis einer Dozentenfähigkeit gegen eine Gebühr beim Verfasser angefordert werden E-Mail: Jochen.Drukarczyk@wiwi.uni-regensburg.de

auf die zu späteren Zeitpunkten Einzahlungen folgen, werden Investitions- und Finanzierungsmaßnahmen durch Zahlungsreihen charakterisiert, deren Zahlungswirkungen entgegengesetzt sind. Eine Finanzierungsmaßnahme wird somit vorläufig als eine Einzahlung an das Unternehmen definiert, für die das Unternehmen zu späteren Zeitpunkten Auszahlungen an die Kapitalgeber zu leisten hat.

Die allein auf den Geld- oder Mittelzu- bzw. -abfluss abstellende Definition von Finanzierung ist jedoch nicht zweckmäßig: Es bleiben wichtige Bestandteile von Finanzierungsmaßnahmen außerhalb der Definition. Wichtig ist z.B., zu welchen *Vertragsbedingungen* ein Unternehmen finanzielle Mittel beschaffen kann. Der Finanzierungsvertrag kann vorsehen, dass das Unternehmen bestimmte, vertraglich fixierte Zahlungen unbedingt, d.h. immer und unter allen Umständen, zu leisten hat. Dies ist z.B. beim standardisierten Kreditvertrag der Fall. Der Vertrag kann aber auch so gestaltet sein, dass an den bzw. die Geldgeber nur dann präzisierte Zahlungen zu leisten sind, wenn bestimmte Bedingungen erfüllt sind. Knüpft diese Bedingung z.B. an das Vorliegen positiver Jahresüberschüsse – das sind in einer Gewinn- und Verlustrechnung ausgewiesene Ertragsüberschüsse – an, kann Kapitalbeschaffung durch Ausgabe von Gewinnobligationen, Genussscheinen, Vorzugsaktien, Aktien oder eine atypische stille Beteiligung vorliegen.

Wichtig ist weiterhin, welche Geldgeber sich von Unternehmen besondere *Sicherheiten* oder andere den Zahlungsanspruch stützende Vertragsbedingungen ausbedingen können und welche nicht. Die Zukunft ist unsicher. Geldgeber können deshalb im Zeitpunkt der Geldvergabe nicht völlig sicher sein, dass das Unternehmen die erhaltenen finanziellen Mittel einschließlich eines (positiven) Zinses oder eines „Gewinnanteils" zu einem späteren Zeitpunkt zurückbezahlt. Kann das Unternehmen nicht wie vereinbart zurückzahlen, besteht der Wert einer Sicherheit, z.B. einer Grundschuld, darin, dass der Sicherungsnehmer seine Forderung an das Unternehmen aus der Verwertung des Sicherungsgegenstandes zu befriedigen sucht. Es ist somit bei der Beurteilung einer Finanzierungsmaßnahme sowohl von seiten des Unternehmens als auch von seitens des Geldgebers wichtig, ob und wenn ja, welche Sicherheiten im Finanzierungsvertrag vereinbart werden können.

Von Bedeutung ist ebenso, welche Informationsrechte Geldgeber, welche Informationspflichten geldnehmende Unternehmen haben. Finanzierungsverträge sind zeitüberspannende Verträge: Sie sind mehrperiodig. Zwischen dem Zeitpunkt der Zurverfügungstellung von Geld an das Unternehmen durch einen Kapitalgeber („Financier") und den späteren Zeitpunkten der Zins- bzw. Rückzahlung des Unternehmens kann viel geschehen. Deswegen werden Geldgeber i.d.R. Informationswünsche anmelden. Art und Umfang der Informationswünsche werden von der Höhe des Finanzierungsbeitrages, dem Umfang der Haftung der Eigentümer, der Möglichkeit des Wiederausstieges abhängen, also letztlich davon, ob der Geldgeber zugleich Entscheidungsrechte (z.B. als Geschäftsführer oder über einen Sitz in einem Beirat) hat oder nur Genussscheininhaber oder Kommanditist oder Gläubiger ist.

Was sollte ein Unternehmen bei der Zusammenstellung seiner Finanzierungsquellen nun beachten? Es gilt in aller Regel, ein Mix aus verschiedenen Finanzierungsquellen herzustellen, für den ganz unterschiedliche Aspekte von Bedeutung sind:

- Das Risiko der (des) Basis- oder Kerngeschäfte(s) beeinflusst die Zusammensetzung der Finanzierungsquellen.

- Das Volumen an zustandsunabhängigen, fixen periodischen Zahlungsbelastungen, die aus der Finanzierung resultieren, die sog. Festbetragsansprüche, sind dem Risiko des Basis-(Kern-)geschäftes anzupassen, um Zahlungsprobleme und ggf. -konflikte mit Kapitalgebern zu vermeiden.

- Auch wenn Zahlungskonflikte mit den Inhabern von Festbetragsansprüchen ausbleiben, ist zu beachten, dass zustandsunabhängige Zahlungsansprüche das Risiko der Eigentümer, die sog. Residualansprüche, halten bzw. Restbetragsansprüche erhöhen.

- Mit fixen, zustandsabhängigen Zahlungsbelastungen in Form von Zinszahlungen, Bedienungen von Genussscheinkapital, Leasingraten sind wegen der steuerlichen Abzugsfähigkeit dieser Positionen Steuervorteile verbunden, die genutzt werden sollten.

- Die Kapitalstruktur- oder Finanzierungsplanung muss immer dem möglichen Eintritt des Unerwarteten Rechnung tragen. Finanzierungspotentiale sollten nicht vollständig ausgenutzt werden, da ansonsten die Planannahmen korrigierende Ereignisse nicht bewältigt werden können.

Der Informationstransfer zu den externen Hauptkapitalgebern sollte institutionalisiert werden, um Planungsreputation und Vertrauen in die Kompetenz der Eigentümer zu schaffen.

7.3. Finanzierungsquellen

Einen Überblick über Finanzierungsquellen gibt Abbildung 7.1. Unternehmen generieren finanzielle Mittel im Wege der Außenfinanzierung über Fremdkapitalaufnahme, Eigen- oder Beteiligungsfinanzierung und über hybride Finanzierungsinstrumente, die Eigenschaften von Eigen- und Fremdkapital mischen. Die sog. Innenfinanzierung erfasst begrifflich alle Finanzquellen, die nicht zur Außenfinanzierung zählen. Hierzu gehören insbesondere die Beträge, die die Unternehmen im Rahmen ihrer operativen Kernaktivitäten und Nebenaktivitäten (z.B. Immobilienbesitz, Finanzanlagen) nach Steuern generieren.[3] Dieser operative Cash-flow nach Steuern ist in jungen, wachsenden Unternehmen in aller Regel zu klein, um die geplanten Investitionsprojekte zu finanzieren. Er ist häufig negativ, reicht also nicht einmal aus, um den Kapitalbedarf im Umlaufvermögen (net working capital) zu decken. Folglich haben junge, wachsende Unternehmen vorrangig Kapitalbedarfe, die nur im Wege der Außenfinanzierung zu decken sind. Eine Lehre von der Finanzierung junger, wachsender Unternehmen muss somit eine Lehre der Außenfinanzierung sein.

---

[3] Vgl. zur Ermittlung operativer Cash-flows nach Steuern z.B. Drukarczyk, J. 9. A., 2002, S. 80-111.

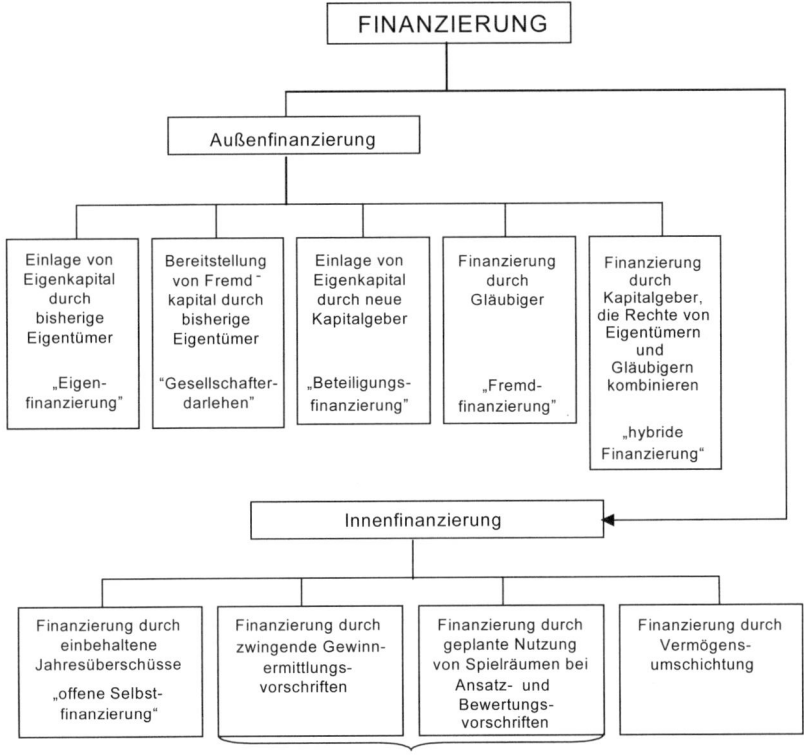

Abb. 1.: Finanzierungsquellen eines Unternehmens

7.4. Ertragspotentiale, Beleihungspotentiale und Generierung finanzieller Mittel im Wege der Außenfinanzierung

Was veranlasst einen externen Kapitalgeber, einem Investor (einem Eigentümer eines auf Überschusserzielung ausgerichteten Unternehmens) finanzielle Mittel für Investitionszwecke zur Verfügung zu stellen?

Eine rationale Antwort setzt voraus, dass man dem Kapitalgeber eine finanzielle Zielsetzung unterstellt wie dem Eigentümer (den Eigentümern) des Finanzmittel suchenden Unternehmens: Er will Einkommen (finanzielle Überschüsse) erzielen, und daher auf die zur Verfügung gestellten Mittel eine positive Rendite[4] erzielen, die

---

[4] Rendite i.S.v. internem Zinsfuß. Das bedeutet, dass die erwarteten Rückflüsse aus dem Engagement (R_t), diskontiert mit r, dem zur Verfügung gestellten Betrag (I_0) entsprechen müssen. Es muss gelten

$$\sum_{t=1}^{T} R_t (1+r)^{-t} = I_0$$

dem vom Financier übernommenen Risiko äquivalent ist. Je höher die vom Financier übernommene Risikomenge ist, desto höher ist seine geforderte Rendite. Fremdkapital ist also scheinbar billiger als Eigenkapital[5]. Bevor eine Festlegung gezogen wird, ist aber zu beachten, dass Fremdkapitalgeber freiwillig keinerlei Risiko übernehmen, solange sie hierfür kein Entgelt erhalten.

Auf was stützt sich die Erwartung externer Kapitalgeber auf Rückerhalt des dem Engagement entsprechenden Betrags zuzüglich der erwarteten Rendite? Hier gibt es nur zwei Möglichkeiten.[6]

Die erste und wichtigste besteht in dem *Ertragspotential* der Kerngeschäfte des Mittel nachfragenden Unternehmens. Dieses Ertragspotential kann abgebildet werden durch die künftigen, im Kerngeschäft erzielbaren unsicheren operativen Cash-flows nach Steuern und nach Auszahlungen für Investitionen. Diese Reihe künftiger unsicherer operativer Überschüsse kann auch in Form eines Barwertes (=heutiger Wert) abgebildet werden, wenn die erwarteten Zahlungen mit einem dem Risiko angemessenen Diskontierungssatz auf den Gegenwartszeitpunkt bezogen werden. Berechnet man die erwarteten Überschüsse in einem ersten Schritt unter der Fiktion der Eigenfinanzierung des Unternehmens[7], zeigt die Rechnung, welche Beträge bzw. Barwertanteile bzw. Anteile am Ertragspotential an partizipierende Financiers abgetreten werden könnten[8]. Je unsicherer die operativen Überschüsse sind, je weiter sie in der Ferne liegen, desto kleiner ist das Ertragspotential.

Die zweite Möglichkeit der Attrahierung von externen Kapitalgebern besteht darin, Kapitalgeber nicht allein auf das Ertragspotential und die damit notwendigerweise unsicheren operativen Überschüsse zu verweisen, sondern auf den Marktwert der einzelnen Vermögensgegenstände, über die das Unternehmen verfügt. Das geschieht in der Weise, dass bestimmten Kapitalgebern gestattet wird, im Falle unzureichenden Ertragspotentials auf die Marktwerte bestimmter Vermögensgegenstände zurückzugreifen. Gesicherte Fremdkapitalgeber verfügen über solche Zugriffsrechte. Im Falle unzureichenden Ertragspotentials greifen sie auf Sicherungsgüter zurück und verwerten diese. Dann tritt das *Beleihungspotential* in Form der Marktwerte der Vermögensgegenstände an die Stelle des als nicht ausreichend eingeschätzten Ertragspotentials.

Welches Potential vorrangige Bedeutung hat, ist abhängig vom Einzelfall. Wenn das Ertragspotential das Beleihungspotential der einzelnen Vermögensgegenstände deutlich übersteigt, ist ersteres von primärer Bedeutung für Fremdkapitalgeber. Für Eigenkapitalgeber ist nur das Ertragspotential von Bedeutung, weil sie in aller Regel auf das Beleihungspotential, das von den Fremdkapitalgebern absorbiert wird, nicht

---

T bezeichnet das Ende des Engagements. Die Rendite r muss die Höhe einer risikoäquivalenten Alternativrendite erreichen.

[5] Der potentielle Eigenkapitalgeber in Kap. 8 (Rebel Ventures) verlangt eine Vorsteuer-Rendite von 60%.

[6] Vgl. z.B. Stützel, W., Liquidität, betriebliche, In: Handwörterbuch der Betriebswirtschaft, 4. Aufl., Stuttgart 1975, Sp. 2515-2523.

[7] Auch in der Fallstudie Clarion Optical in Kapitel 8 wird mit dieser hilfreichen Annahme gearbeitet: Im Ausgangszustand ist Clarion Optical ausschließlich eigenfinanziert.

[8] Die abtretbaren Vorteile wachsen, wenn die Veränderung der Finanzstruktur steuerliche Vorteile generiert. Dieser Sachverhalt wird hier nicht explizit betrachtet.

zurückgreifen können. Aber Ertragspotentiale sind erwartungsabhängig und damit volatil. Fällt das Ertragspotential unter das Beleihungspotential, ist es nur letzteres, das Kreditgeber bei der Stange hält.

7.5. Zustandsunabhängige (unbedingte) Zahlungsansprüche

Typisches Beispiel sind Ansprüche von Kreditgebern. Beteiligung am operativen Risiko ist nicht ihre Intention. Sie wollen risikoarme Positionen einnehmen. Die Konsequenzen sind klar:

- Das Verschuldungsvolumen hängt vom operativen Risiko ab; je höher es ist, umso geringer ist das von Kreditgebern zugestandene Verschuldungsvolumen.

- Fremdfinanzierung erhöht immer das Risiko der Eigentümer, auch wenn Risiken der Insolvenz sehr klein oder null sind.

- Der Einsatz von Fremdkapital generiert steuerliche Vorteile, die zwar abhängig sind von geltenden steuerlichen Regeln, aber nicht gering sind.

- Der Autonomiebereich der Eigentümer schrumpft mit steigendem Verschuldungsvolumen. Auch ohne formale Mitspracherechte erringen professionelle Gläubiger Mitwirkungsrechte über Vertragskautelen (covenants) oder Stimmrechte in Beiräten.

Die Insolvenzrisiken nehmen mit steigendem Verschuldungsvolumen zu.

Ein kritischer Punkt vor dem Zustandekommen von Finanzierungsverträgen, die dem Kapitalgeber zustandsabhängige Zahlungen zusagen, wie sie für Kreditverträge typisch sind, sind die Informationsunterschiede bezüglich der künftigen operativen Überschüsse und sonstigen Planungen, die zwischen Kreditgeber und Kreditnachfrager bestehen. Der Kreditgeber (die Bank) hat auch dann, wenn sie auf Kredite spezialisiert ist, in aller Regel mehr oder weniger deutliche Informationsnachteile gegenüber den Eigentümern (Managern) des die Kredite nachfragenden Unternehmens. Das bedeutet, dass der potentielle Kreditgeber das Ertragspotential bzw. das Beleihungspotential anders einschätzen wird als der (die) Eigentümer. Besonders groß werden die Differenzen bezüglich der Höhe des Ertragspotentials sein. Außerdem ist die Unsicherheit über die künftigen, von den Eigentümern zu treffenden Entscheidungen beim potentiellen Kreditgeber sehr groß. Diese Unsicherheit muss gemindert werden. Hierzu bestehen verschiedene Möglichkeiten: Eine ist, dem Kreditgeber einen bedingten Zugriff auf Teile des Beleihungspotentials zuzugestehen.[9] Eine andere besteht in der Vereinbarung von Vertragsbedingungen (covenants), die die Entscheidungsspielräume der Schuldner für die Dauer der Kreditbeziehung einengen.

---

[9] In der Fallstudie Clarion Optical Co. verlangen einige potentielle Kreditgeber Zugriffsrechte auf Sicherungsgüter des Unternehmens bzw. der Eigentümer.

7.6. Zustandsabhängige (bedingte) Zahlungsansprüche

Typisch für die Form des Anspruchs ist der Anspruch der Eigenkapitalgeber. Das Unternehmen muss leisten (zahlen), wenn es kann, genauer, wenn die Rechenwerke einen entziehbaren Überschuss ausweisen und die Gesellschafter entsprechend beschließen. Schließt man überraschende Kündigungen durch Gesellschafter aus, sind die durch den Einsatz von Eigenkapital ausgelösten Zahlungsbelastungen auf Unternehmensebene bei im Einvernehmen handelnden Gesellschaftern flexibel und planbar. Steuerliche Vorteile sind – ausgenommen beim Einsatz von Genussscheinkapital – in mit Fremdkapital vergleichbarem Ausmaß nicht erzielbar. Eigenkapitaleinsätze sind ein potentiell Vertrauen schaffendes Signal: Externe Kapitalgeber erkennen, was für die Alteigentümer auf dem Spiel steht.

Eigenfinanzierung im Wege der Beteiligung Dritter hat im Vergleich zu Fremdfinanzierung einen weiteren Vorteil: Die Erfolgsbeteiligungen von Alt- und Neueigentümern sind in der Struktur weit ähnlicher als die von Alteigentümern und Kreditgebern. Dies löst insbesondere in Zeiten der Performanceschwäche von Unternehmen weniger Konflikte aus.

Werden neue Eigentümer als Kapitalgeber benötigt, weil das Innenfinanzierungsvolumen nicht ausreicht, um den Kapitalbedarf für das geplante Wachstum zu decken und weil das Verschuldungsvolumen nicht über das erreichte Niveau hochgefahren werden soll oder weil Fremdkapitalgeber eine weitere Erhöhung des Verschuldungsvolumens von der vorherigen Zufuhr von Eigenkapital abhängig machen, entsteht generell das Problem der *Bewertung* des Ertragspotentials. Neue Eigenkapitalgeber wollen einen Anteil an den künftigen operativen Überschüssen und damit am Ertragspotential. Alteigentümer achten darauf, dass die Einlage der Neukapitalgeber den Wert der an diese abzutretenden Überschussanteile nicht unterschreitet. Dazu ist der Wert des Ertragspotentials abzuschätzen unter den Prämissen, dass die Einlage erfolgt und die damit zu finanzierenden Investitionsvorhaben realisiert werden. Diese Aufgabe, die – wie die Fallstudie in Kapitel 8 belegt – bereits hinreichend komplex ist, wird zusätzlich dadurch erschwert, dass die Informationsverteilung zwischen Neukapitalgebern und Alteigentümern asymmetrisch ist. Diese Ungleichverteilung muss gemildert werden, um das Zustandekommen von akzeptablen Vertragsbedingungen zu erleichtern.[10]

---

[10] Vgl. z.B. Schmidt, R.H. (1981), Grundformen der Finanzierung, S. 186 ff.

7.7. Zusammenfassung

Diese kurze Einführung erläutert den Begriff der Finanzierung, stellt die Haupteinflussfaktoren für die Gestaltung der Finanzierungsstruktur vor, systematisiert Finanzierungsquellen und erläutert Ertrags- und Beleihungspotential. Die Unterscheidung in zustandsunabhängige (unbedingte) und zustandsabhängige (bedingte) Zahlungsansprüche von Kapitalgebern ist zentral für die Gestaltung der Finanzierungsstruktur. Sie bildet zugleich den Kern des Problems der in Kapitel 8 dargestellten Fallstudie. Wichtig ist, dass die zwischen Kapitalgebern und Kapitalnehmern in aller Regel bestehenden Informationsunterschiede über das künftige Ertragspotential des Unternehmens und die den (Alt-)Eigentümern möglichen Strategien gemildert und über Vertragsbedingungen reduziert werden.

7.8. Verwendete und weiterführende Literatur

Drukarczyk, Jochen (2002): Finanzierung – Eine Einführung. 9. Auflage, München.

Schmidt, Reinhard H. (1981): Grundformen der Finanzierung. In: Kredit und Kapital, 14. Jg, S. 186-221.

Schween, Karsten (1996): Corporate Venture Capital. Wiesbaden.

Stevenson, Howard H.; Roberts, Michael J.; Grousbeck, H. Irving (1994): New Business Ventures and the Entrepreneur.

Stützel, Wolfgang (1976): Liquidität, betriebliche. In: Handwörterbuch der Betriebswirtschaftslehre, 4. Auflage, Grochla, E. und Wittmann, W. (Hrsg.), Sp. 2515-2523. Stuttgart.

8. Clarion Optical Co.[*]

HOWARD STEVENSON, MICHAEL J. ROBERTS

[*] Translated in full with permission of the Harvard Business School by Jochen Drukarczyk, Michael Uhl und Petra Angerer of the University of Regensburg, Germany. Sole responsibility for the accuracy of the translation rests with the translator. This translation, Copyright first year 2001 by the President and Fellows of Harvard College. The original case entitled Clarion Optical Co, 9-393-116, Copyright 1993 by the President and Fellows of Harvard College, was prepared by Professors Howard H. Stevenson and Michael J. Roberts as the basis for class discussion. Rather than to illustrate either effective handling of an administrative situation.

8.1. Überblick

Anfang September 1992 saßen Jerry Stone und Iris Randal beim Abendessen und besprachen ihre Pläne zum Kauf von Clarion Optical Co., ihrem derzeitigen Arbeitgeber. Das Projekt verfolgte sie seit fast zwei Monaten. Sie verbrachten die meiste Zeit damit, mit eventuellen Financiers zu reden und lernten eine Menge über verschiedene mögliche Finanzierungsquellen.

Jetzt war es Zeit, eine Entscheidung zu treffen. Die wichtigsten Fragen, die es zu lösen galt, waren:

- Wie sollte die Transaktion strukturiert werden?
- Welcher rechtliche Rahmen sollte gewählt werden?
- Mit wem sollten sie Finanzierungsverträge schließen, wieviele Mittel und welche Bedingungen sollten sie akzeptieren?

Clarion Optical war 1946 von Cyrus Atkins gegründet worden. Das Unternehmen lag vor den Toren von Atlanta, Georgia. Clarion begann als Hersteller von Qualitätsglas und mit der Weiterverarbeitung (Schleifen, Polieren) von Linsen für optische Instrumente. In den späten siebziger Jahren stieg das Unternehmen auf Drängen von Chefingenieur Jerry Stone in das Kontaktlinsengeschäft ein. Den Schwerpunkt bilden dabei nicht Standardprodukte, sondern Spezialanfertigungen. Dieses Geschäftsfeld erwies sich als so profitabel, dass Clarion sich aus dem Instrumentengeschäft mehr und mehr zurückzog und zum Ein-Produkt-Unternehmen entwickelte (vgl. Bilanz und GuV für 1991, Anhang 1). Cyrus Atkins zog sich Mitte der achtziger Jahre langsam in den Ruhestand zurück. Jerry Stone übernahm die Geschäftsführung und in zunehmenden Umfang Verantwortung für das Geschäft.

Anfang 1992 kam Iris Randal, neuer Chefingenieur von Clarion, zu Jerry mit einer Idee für eine neue Produktlinie: Implantierte Linsen für das menschliche Auge. Die Häufigkeit von „grauem Star" nahm zu und neue Operationstechniken machten das Auswechseln der Linse des menschlichen Auges fast zu einem Routineverfahren. Iris hatte eine neue Substanz zur Herstellung der Linse entwickelt, die nicht nur wesentlich billiger als die herkömmliche Technologie war, sondern auch eine bessere Linse erzeugte. Jerry und Iris fingen mit der Entwicklung eines Business Plans an, um diese Geschäftsidee auf ihre Profitabilität zu prüfen.

8.2. Der Verkauf von Clarion

Zwei Monate zuvor hatte Cyrus Atkins Jerry mitgeteilt, dass er sich zum Verkauf von Clarion entschlossen hatte. Cyrus war 80 Jahre alt und Witwer. Er hatte zwei Kinder, die ihrerseits sehr erfolgreiche und etablierte Geschäftsleute waren. Atkins hatte mit einem umfangreichen Vermögen, das nur zum Teil aus den Anteilsrechten an Clarion bestand, für seine Kinder reichlich vorgesorgt. Er wollte Clarion als seine einzige nicht liquide Position verkaufen, um sein Vermögen zu ordnen. Jerry äußerte sein

Interesse am Kauf des Unternehmens und Atkins war von der Idee angetan, dass Clarion „in der Familie" bleiben sollte. Er versprach Jerry, dass er ihm für die Entwicklung eines Finanzierungskonzepts ausreichend Zeit geben würde. Cyrus legte den Preis für Clarion auf den zehnfachen Gewinn von 1991 in Höhe von $ 200.000, also auf zwei Millionen US-Dollar, fest.

Jerry war überzeugt, dass die neue Technologie der implantierten Linsen großes Potential hatte und der Schlüssel zum zukünftigen Erfolg von Clarion war. Er hatte außerdem großen Respekt vor den technischen und kaufmännischen Fähigkeiten von Iris. Aus diesem Grund beschloss er, sie in das MBO-Team aufzunehmen. Jerry wusste, dass alle wichtigen Mitarbeiter im Unternehmen bleiben würden. Die Unternehmensleitung würde sich ja nicht ändern und Jerry war seit vielen Jahren Geschäftsführer. Jerry diskutierte die Idee mit Iris; die Chance, einen Teil von Clarion zu besitzen, faszinierte sie. Iris hatte viel Vertrauen in die neue Linsen-Technologie und war begeistert, dass Jerry diese Technologie zu einem Schlüsselelement in der neuen Geschäftsstrategie machen wollte. Nun ging es darum, das Geld für die Umsetzung des Plans zu besorgen.

8.3. Bewertung der Aktiva

Dem Ratschlag eines Freundes aus dem Bankbereich folgend, analysierten Jerry und Iris die Bilanz von Clarion. Sie versuchten, den Marktwert der Vermögensgegenstände zu ermitteln. Das Ergebnis der Bewertung überraschte sie positiv, da dieser Wert sowohl den Buchwert der Aktiva als auch Atkins' Preisvorstellung übertraf (siehe Anhang 2).

Grundstück und Gebäude: Das gesamte Objekt, das sich vollständig im Eigentum von Clarion befand, war 20 Jahre alt und vollständig abgeschrieben; der Buchwert von $ 200.000 repräsentierte die historischen Anschaffungskosten des Grundstücks. Das Gebäude war in exzellentem Zustand und wurde ausschließlich von Clarion genutzt. Im Gebäude waren Produktion, Versand und Management untergebracht, und es gab noch reichlich Platz für die Expansion des Geschäfts. Jerry und Iris studierten das Marktpreisniveau und kamen zu dem Ergebnis, dass der faire Marktpreis des Komplexes sich wie folgt zusammensetzte:

> Grundstück: $ 250.000
> Gebäude: $ 750.000

Betriebs- und Geschäftsausstattung: Die technischen Einrichtungen von Clarion waren relativ neu, die schnelle Abschreibung hatte den Buchwert jedoch auf $ 100.000 reduziert. Jerry und Iris waren überzeugt, dass der Marktwert bei $ 500.000 lag.

Vorräte: Auftragsarbeit war kennzeichnend für das Geschäft von Clarion. Das Unternehmen lagerte deshalb einen hohen Bestand an optischen Qualitätsgläsern. Ein wesentlicher Teil war vor ein oder zwei Jahren zu sehr günstigen Konditionen gekauft worden. Dem Buchwert von $ 200.000 steht daher ein Marktwert von $ 500.000 gegenüber.

Forderungen: Die Mehrheit der Kunden von Clarion waren gut situierte Optiker, die ihre Rechnungen pünktlich zahlten. Der Buchwert der Forderungen von $ 300.000 kam dem Marktwert somit sehr nahe.

Kasse: Der Marktwert des Bargeldes entsprach dem Buchwert von $ 200.000. Jerry und Iris waren davon überzeugt, dass ihnen $ 100.000 als Kassenbestand reichen würde.

Jerry und Iris waren somit überzeugt, dass der Marktwert der Aktiva $ 2,5 Millionen betrug. Jetzt begannen sie, mögliche Finanzierungsquellen zu untersuchen.

8.4. Finanzierung des Kaufs

Der Business Plan von Jerry und Iris wies aus, dass sie zusätzlich zum Kaufpreis etwa $ 1 Million benötigten, um die Forschung und Entwicklung zu betreiben, die für den Einstieg in das Linsen-Geschäft nötig war. Dies erhöhte ihre „magische Zahl" auf $ 3,0 Millionen. Folgende mögliche Finanzierungsquellen für diesen Betrag untersuchten sie:

New England Pension Trust: Dieser steuerbefreite Rentenfonds war ein sehr konservativer Geldgeber. Er bot Jerry und Iris an, Grundstück und Gebäude in Höhe von 80 % des Marktwertes zu einem Zinssatz von 12 % zu beleihen. Das Darlehen wäre durch eine Grundschuld zu sichern. Michael Grund ist ein wohlhabender Bekannter von Jerry. Michael zöge ein Investment von bis zu $ 250.000 in Betracht, wenn dieses eine Rendite nach Steuern von mindestens 30 % brächte. Michael hatte einen persönlichen Einkommensteuersatz von 50 %; Kapitalerträge wurden mit 40 % besteuert.

Georgia Bank and Trust Co.: Diese Regionalbank erklärte sich bereit, einen Kredit in Höhe bis zu 80 % des Buchwerts der Forderungen und 40 % des Buchwerts der Vorräte zu einem Zinssatz von 15 % zu gewähren.

Rebel Ventures: Dieser regional ansässige Venture Capitalist war begeistert von der Geschäftsidee und war bereit, bis zu $ 3,5 Millionen zu investieren. Er forderte allerdings eine Rendite vor Steuern von 60 %. Außerdem sollte das Management-Team $ 40.000 eigene Mittel einbringen.

Bank of Atlanta: Die Bank hat zugestimmt, entweder dem Unternehmen oder Jerry und Iris persönlich einen Betrag bis zu $ 300.000 zu einem Zinssatz von 17 % zu leihen. Bedingung sei allerdings eine persönliche Haftung von Jerry und Iris. Beide verfügten über nur knappe flüssige Mittel (je ca. $ 20.000); beide hatten jedoch durch Investitionen in ein eigenes Haus ein Vermögen von je ca. $ 250.000 aufgebaut.

General Insurance Coporate Credit: Die Kreditabteilung dieser großen Versicherung hatte zugesagt, die maschinellen Anlagen von Clarion zu einem Preis von $ 300.000 zu kaufen, um sie dann für eine Laufzeit von fünf Jahren zu einer jährlichen Leasingrate von $ 100.000 an Clarion zu vermieten (Sale-and-lease-back).

Ratsuchend wandten sich die beiden mit diesen Informationen an zwei Freunde: Bill Lawrence, ein alter Freund, der im Immobiliengeschäft tätig ist und Henry Adams, dem Vorstand der lokalen Bank.

8.5. Finanzierungsvorschlag von Lawrence

Bill Lawrence schlug das folgende Finanzierungspaket vor: Michael Grund kauft Gebäude und Grundstück in einer separaten Transaktion für $ 1 Million, und Clarion mietet es. Die Transaktion wird in Anhang 3 beschrieben. Er könnte: Eine Hypothek in Höhe von $ 800.000 bei einer Bank zu 12 % aufnehmen, Steuerverluste realisieren und Cash flows für seine Investition in Höhe von $ 20.000 erzielen. Er würde Gebäude und Grundstück zu einem festzusetzenden Preis nach sieben Jahren an Clarion zurückverkaufen, um so die geforderte Rendite von 30 % zu erzielen.

Kauf der restlichen Vermögensgegenstände von Clarion für $ 1 Million mit folgender Finanzierung:

- Freisetzung flüssiger Mittel $ 100.000
- Beleihung der Forderungen $ 300.000
- Beleihung der Vorräte $ 80.000
- Sale-and-lease-back der Maschinen $ 300.000
- Kredit, unterlegt mit persönlicher Haftung $ 220.000

Dies würde es Jerry und Iris ermöglichen, 100 % der Anteile an Clarion zu erwerben. Allerdings wären damit auch Nachteile verbunden:

Risiko: Es gäbe nur sehr wenig bzw. gar keinen Raum für Fehleinschätzungen der künftigen operativen Cash flows.

F&E-Zeitplan: Jerry und Iris rechneten, dass es ohne Zufuhr von Eigenkapital (z.B. über eine VC-Gesellschaft) drei Jahre dauern würde, ausreichende Mittel für die Finanzierung der F&E-Aktivitäten in Höhe von $ 1 Million zu generieren.

Dies würde:

- Clarions Markteintritt verzögern,
- den Marktanteil verringern, wenn der Eintritt in einem späteren Zeitpunkt erfolgte,
- und den Markt in den ersten Jahren kleiner machen, da Clarion den Markt nicht mitentwickeln könnte. Anhang 4 erläutert verschiedene Marktszenarios.

Kosten: Wenn sie schließlich in den Markt eintreten würden, hätten sie nicht genügend flüssige Mittel, um maschinelle Anlagen zu kaufen. Dies würde eine Weitervergabe von Produktion und Vertrieb bedeuten, wobei Subunternehmen teilweise die Finanzierung des erforderlichen Betriebskapitals übernähmen. Die Herstellungskosten würden auf 30 % der Umsatzerlöse ansteigen und somit 10 % höher liegen als bei eigener Produktion und Vertrieb.

Gehälter: Jerry hatte ein Gehalt von $ 60.000 und Iris von $ 40.000 pro Jahr. Beide wären bereit, sich mit $ 20.000 pro Jahr zu begnügen, bis das Unternehmen Gewinne erwirtschaftete.

8.6. Finanzierungsvorschlag von Adam

Adam schlug vor, dass die beiden den gesamten Kauf mit Venture Capital finanzieren sollten. Dies würde zwar ihren Anteil am Unternehmen reduzieren, aber es würde das Risiko bedeutend verringern. Diese Form der Finanzierung hätte folgende Wirkungen:

Investitionen: Sie würden in Anlagen und Maschinen zur Produktion von Linsen investieren, was die Herstellungskosten auf 20 % des Umsatzes reduzierte und die Abschreibungen erhöhte. Fixe Belastungen würden zurückgehen:

- keine Miete,
- keine Leasing-Raten und
- keine Zinszahlungen und Tilgungen.

Persönlicher Anteil: Sie würden beide je $ 20.000 eigener Mittel in den Kauf der Anteilsrechte investieren.

8.7. Die Entscheidung

Jerry und Iris wussten, dass diese beiden Vorschläge die Extreme des Finanzierungsspektrums darstellten. Sie vermuteten, dass das Ausprobieren mehrerer Kombinationen einzelner Finanzierungsangebote ihnen ein besseres Gefühl für die zentralen Fragen und ausschlaggebenden Vor- und Nachteile verschaffen würde. Sie aßen zu Ende und gingen zurück ins Büro, um noch einmal alle Annahmen und Zahlen durchzugehen, die Anhang 4 zusammenstellt.

Anhang 1: Gewinn- u. Verlustrechnung und Bilanz für 1991 von Clarion (in Tsd. Dollar)

Gewinn- und Verlustrechnung

Umsatzerlöse	100.010
Herstellungskosten der verkauften Produkte	300
Verwaltung-/Vertriebsaufwand	100
Personalaufwand	200
Operativer Gewinn	410
Abschreibungen	10
Gewinn vor Steuern	400
Steuern	200
Gewinn nach Steuern	200

Bilanz

Grundstücke und Gebäude	200	Eigenkapital	1.000
Betriebs- u. Geschäftsausstattung	100		
Forderungen	200		
Vorräte	300		
Liquide Mittel	200		
Summe Aktiva	1.000	Summe Passiva	1.000

Anhang 2: Vergleich von Buch- und Marktwerten 1991 (in Tsd. Dollar)

	Buchwert	Marktwert (geschätzt)
Grundstücke und Gebäude	200	1.000
Betriebs- u. Geschäftsausstattung	100	500
Vorräte	200	500
Forderungen	300	300
Liquide Mittel	200	200
Summe	1.000	2.500

Anhang 3: Immobilientransaktion und zurechenbare Cash flows

Annahmen:
Hypothek: 25 Jahre Laufzeit; $ 800.000; 12 %; Annuität von $ 102.000 pro Jahr
Amortisierungszeitplan (in Tsd. Dollar):

Jahr	1	2	3	4	5	6	7
Zinszahlung	96,0	95,3	94,5	93,6	92,6	91,4	90,2
Tilgung	6,0	6,7	7,5	8,4	9,4	10,6	11,8

Noch ausstehender zu tilgender Betrag am Ende des siebten Jahres ist ca. $ 740.000.

Laufende Cash flows (in Tsd. Dollar):

Jahr	1	2	3	4	5	6	7
Miete	165,0	173,0	182,0	191,0	200,0	211,0	221,0
Wartung	40,0	41,0	42,0	44,0	45,0	46,0	48,0
Steuern (auf Immobilienbesitz)	25,0	25,0	25,0	25,0	25,0	25,0	25,0
Gewinn	100,0	107,0	114,0	122,0	130,0	140,0	148,0
Annuität auf Hypothek*	102,0	102,0	102,0	102,0	102,0	102,0	102,0
Vor-Steuer-Gewinn	-2,0	5,0	12,0	20,0	28,0	38,0	46,0
+ Tilgung	6,0	6,7	7,5	8,4	9,4	10,6	11,8
- Abschreibung	150,0	120,0	96,0	76,8	61,4	49,0	39,2
= Zu versteuernder Gewinn	-146,0	-108,3	-76,5	-48,5	-23,0	0,5	18,5
+ Steuergutschrift/ (-verlust)	73,0	54,1	38,2	24,2	11,5	-0,2	-9,2
= Cash flow nach Steuern	71,0	59,1	50,2	44,2	39,5	37,8	36,8

* Die Annuität ist ein gleichmäßiger Zahlungsstrom, der Zinsen und Tilgung beinhaltet. Die Tilgung wird zum Cash flow vor Steuern addiert, um zum zu versteuernden Einkommen zu gelangen. Für Michael Grund gilt ein persönlicher Einkommensteuersatz von 50 %.

Cash flow aus dem Verkauf der Gebäude und Grundstücke:
Angenommene Preise: $ 1.000.000 und $ 1.100.000.

Berechnung der Steuerlast:

Umsatzerlös	1.000.000	1.100.000
Netto-Buchwert	407.600	407.600
Gewinn durch Verkauf	592.400	692.400
Steuer (40 %)	236.960	276.960

Berechnung der Kapitalerlöse nach Steuern:

Umsatzerlös	1.000.000	1.100.000
- Steuer-Verbindlichkeiten	236.960	276.960
- Resttilgung	740.000	740.000
Kapitalerlöse nach Steuern	23.040	83.040

Anhang 4: Cash flow-Szenarien

Annahmen:

Umsatzerlöse (siehe Plan A):

Vollständige Fremdfinanzierung: Sie erwarteten, dass es bei diesem Szenario drei Jahre dauern würde, die für F&E nötigen Mittel aus dem Cash flow aufzubringen. In diesem Fall könnten sie nicht vor dem 4. Jahr mit dem Linsen-Implantat auf dem Markt gehen und dann nicht mehr als 40 % Marktanteil erreichen. Zudem würde der Markt kleiner sein, weil sie ihn nicht mitentwickelt hätten.

Vollständige Eigenfinanzierung: Clarion könnte die F&E-Aktivitäten in einem Jahr abschließen und in Jahr zwei auf den Markt gehen. Es könnte einen größeren Marktanteil erobern und den gesamten Markt vergrößern. In jedem Fall werden nach Beginn des Linsen-Implantat-Geschäfts die Umsätze der derzeitigen Kontaktlinsen-Produktlinie stagnieren, unabhängig davon, auf welchem Niveau sie sich befinden.

Herstellungskosten

Vollständige Fremdfinanzierung: Die Herstellungskosten der Linsen-Implantate betragen wegen der Weitergabe der Produktion an Dritte 30 % der Umsatzerlöse.

Vollständige Eigenfinanzierung: Die Herstellungskosten der Linsen-Implantate betragen bei Eigenfertigung und -vertrieb 20 % der Umsatzerlöse.

Die Herstellungskosten der derzeitigen Kontaktlinsen-Produktlinie betragen 30 % der Umsatzerlöse.

Vertriebs- und allgemeiner Verwaltungsaufwand (in Tsd. Dollar)

Jahr	1	2	3	4	5	6	7
Vollständige Fremdfinanzierung:	108,0	120,0	129,0	500,0	600,0	700,0	800,0
Vollständige Eigenfinanzierung:	107,0	500,0	600,0	700,0	800,0	900,0	1000,0

Personalaufwand

Jahr	1	2	3	4	5	6	7
Vollständige Fremdfinanzierung:	40,0	40,0	40,0	200,0	300,0	400,0	500,0
Vollständige Eigenfinanzierung:	100,0	100,0	100,0	200,0	300,0	400,0	500,0

F&E

$ 1 Million wird benötigt, um Forschung und Entwicklung zu den Linsen-Implantaten abzuschließen.

Vollständige Fremdfinanzierung: Bei den voraussichtlich vorhandenen liquiden Mitteln rechneten Jerry und Iris damit, dass etwa drei Jahre nötig wären, um Entwicklungen abzuschließen.

Vollständige Eigenfinanzierung: Würde Eigenkapital zugeführt (z.B. Venture Capital), dauerte es nur ein Jahr.

Abschreibung

Vollständige Fremdfinanzierung: Keinerlei Abschreibungen über die Laufzeit. Weder Betriebs- und Geschäftsausstattung noch Gebäude sind abzuschreiben.

Vollständige Eigenfinanzierung: Abschreibungen auf bestehende Gebäude und Maschinen summieren sich auf $ 150.000 in jedem der nächsten sieben Jahre. Neu gekaufte Maschinen werden über fünf Jahre linear abgeschrieben, im Jahr des Kaufs beginnend. (Beispiel: Maschinen im Wert von $ 1 Million werden in Jahr 1 gekauft; dann werden fünf Jahre lang jedes Jahr $ 200.000 abgeschrieben.) (siehe unter Punkt 12. die Auszahlungen für die benötigten Investitionen).

Plan A
Umsatz Szenarien (in Mio. Dollar)

Vollständige Fremdfinanzierung
Umsätze mit Linsen-Implantaten

Jahr	Umsatz Kontaktl.	Markt Größe	Clarions Anteil	Result. Ums.	TOTAL
1	1,10	1,0	0	0	1,10
2	1,28	2,5	0	0	1,28
3	1,60	5,0	0	0	1,60
4	1,60	10,0	40 %	4	5,60
5	1,60	20,0	40 %	8	9,60
6	1,60	40,0	40 %	16	17,60
7	1,60	65,0	40 %	26	27,60

Vollst. Eigenfinanzierung
Umsätze m. Linsen-Implantaten

Umsatz Kontaktl.	Markt Größe	Clarions Anteil	Result. Ums.	TOTAL
1,1	1,0	0	0	1,1
1,1	5,0	60 %	3	4,1
1,1	10,0	60 %	6	7,1
1,1	20,0	60 %	12	13,1
1,1	40,0	60 %	24	25,1
1,1	60,0	60 %	36	37,1
1,1	80,0	60 %	48	49,1

Zinsen

Vollständige Fremdfinanzierung:

In Höhe von $ 300.000 Beleihung der Forderungen; der Betrag steht über volle 7 Jahre aus; der Zinssatz beträgt 15 % pro Jahr; vorgezogene Tilgungen sind nicht möglich.

In Höhe von $ 80.000 Beleihung der Betriebs- u. Geschäftsausstattung; der Betrag steht über volle 7 Jahre aus, der Zinssatz beträgt 15 % pro Jahr; vorgezogene Tilgungen sind nicht möglich.

In Höhe von $ 220.000 Kredit mit persönlicher Haftung; der Betrag steht über 5 Jahre aus; Tilgungen und Zinszahlungen entsprechen dem folgenden Plan:

Jahr	1	2	3	4	5
Zinsen	38,0	32,0	26,0	19,0	10,0
Tilgung	31,0	37,0	43,0	50,0	59,0

Vollständige Eigenfinanzierung: Keine Zinszahlungen

Leasing-Raten

Vollständige Fremdfinanzierung: Die Leasing-Raten auf Maschinen betragen $ 100.000 pro Jahr bei einer Laufzeit von fünf Jahren, an deren Ende das Eigentum an Clarion zurückfällt.

Vollständige Eigenfinanzierung: Keine Leasing-Zahlungen.

Miete

Vollständige Fremdfinanzierung: Wie in Anhang 3 gezeigt.

Vollständige Eigenfinanzierung: Keine Mietzahlungen.

114

Wartung und Immobiliensteuern
Vollständige Fremdfinanzierung: Keine Wartungskosten oder Immobiliensteuern.
Vollständige Eigenfinanzierung: Wie in Anhang 3 gezeigt.[1]

Steuern
Der Steuersatz beträgt 50 %. Verluste werden auf spätere Jahre vorgetragen und mit eventuellen Gewinnen verrechnet.

Investitionen
Vollständige Fremdfinanzierung: Kauf des Gebäudes in Jahr 7 zu einem Preis, der die geforderten Rendite von 30 % bringt.
Vollständige Eigenfinanzierung: Jährliche, notwendige Investitionen (in Tsd. Dollar):

Jahr	1	2	3	4	5	6	7
Betriebskapital	63,0	600,0	600,0	1.200,0	2.400,0	2.400,0	2.400,0
Maschinen	1.000,0	1.000,0	2.000,0	4.000,0	8.000,0	12.000,0	15.000,0

Tilgungszahlungen
Vollständige Fremdfinanzierung: Nur auf den Kredit in Höhe von $ 220.000, für den persönliche Haftung übernommen wurde; siehe unter Punkt 7. Zinsen.
Vollständige Eigenfinanzierung: Keine.

Endwert
Annahme, dass die Firma am Ende des 7. Jahres für das Zehnfache des Nach-Steuer-Gewinns in beiden Szenarien verkauft wird.

---

[1] Anhang 3 unterstellt, dass Investor Michael Grund bei Erwerb von Gebäude und Grundstück mit einer Steuer auf Immobilienbesitz belastet wird.

Sonstiges

Jerry und Iris realisierten, dass sie noch weitere Annahmen treffen mussten, um ein Urteil über die beiden Szenarien treffen zu können: Treffen Sie folgende Annahmen für die persönlichen Investitionen von Jerry und Iris:

Vollständige Fremdfinanzierung: Investition von 0 in Jahr 0 plus $ 60.000 an „entgangenem Gehalt" in jedem der Jahre eins bis drei.

Vollständige Eigenfinanzierung: Investition von $ 40.000 in Jahr 0.

Berechnen Sie die Cash flows von Jerry und Iris gemeinsam (machen Sie keine Annahmen darüber, wie das Eigenkapital, die Investitionen, oder die Cash flows zwischen den beiden aufgeteilt werden).

Nehmen Sie für das Eigenkapital-Szenario an, dass nur über den Verkauf von Anteilen am Ende von Jahr 7 Erlöse anfallen, d.h. Dividenden oder andere Verteilungen erfolgen nicht.

Nehmen Sie für das Fremdkapital-Szenario an, dass der freie Cash flow nach jedem Jahr abgeschöpft wird. Das gilt auch für das Ende von Jahr 7. Die Annahme bezüglich F&E ist zu beachten.

Berechnen Sie Cash flows bzw. Erlöse an Jerry, Iris und Rebel Ventures vor Einkommensteuer, d.h. Sie schließen Steuern auf Unternehmensebene in ihre Berechnungen ein, aber schließen Einkommensteuern auf Dividenden oder andere Verteilungen von Clarion aus. Beziehen Sie des weiteren nicht die Gehälter von Jerry und Iris in die ihnen zufließenden Cash flows ein, wenn sie die Erlöse berechnen.

Behandeln Sie im Fremdkapital-Szenario den Preis des Gebäudes in Jahr 7 als eine Investition.

Nehmen Sie im Fremdkapital-Szenario an, dass alle verfügbaren Mittel für F&E ausgegeben werden, bis das $ 1 Million-Projekt fertig ist; Sie müssen den Betrag jedes Jahr für F&E einsetzen; d.h. der freie Cash flow sollte 0 sein in allen Jahren, in denen das F&E-Projekt nicht beendet ist.

Gehen Sie davon aus, dass Rebel Ventures jedes Jahr soviel investiert, wie erforderlich ist, um Clarion liquide zu halten. Das vereinbarte Limit von $3,5 Millionen ist (natürlich) zu beachten.

9. Venture Capital
Förderprogramme und Business Angels

WALDEMAR JANTZ

9.1. Überblick

In diesem Beitrag wird zunächst die Entstehung und Entwicklung von Risikokapital (Venture Capital) erläutert, das als Finanzierungsinstrument für Neugründungen eingesetzt werden soll. Die Darstellung des Ablaufs von Finanzierungsprozessen mit Hilfe von Venture Capital schließt sich an und bezieht auch dessen Prämissen und einzelne Stufen mit ein. Von besonderem Interesse ist hier die Rolle des Risikokapitalgebers selbst, die dieser in jungen Unternehmen übernimmt. Struktur und Funktion von Venture Capital Fonds werden beschrieben. Dadurch werden die unterschiedlichen Möglichkeiten für ein Risikomanagement bei dieser Finanzierungsform sichtbar. Eine Analyse des Markts für Venture Capital schließt den Beitrag ab.

9.2. Die Entwicklung der Venture Capital Branche

Venture Capital entstand Anfang der sechziger Jahre in den USA. Man verstand bereits damals unter Venture Capital die Finanzierung von jungen Technologie-Unternehmen mit Eigenkapital. Einige Banken und Universitäten, wie die Stanford University an der Westküste und die Harvard University an der Ostküste, aber auch vermögende Privatpersonen wie die Rockefellers oder die Whitneys, fanden Interesse an dieser neuen Form von Investitionen. Erste Venture Capital Firmen waren u.a. ARD, TA Associates und Burr Egan Deleage in Boston und Institutional Venture Partners (IVP), Sutter Hill, Kleiner Perkins, Mayfield oder Sigma Partners in San Francisco. Eines der ersten und wohl erfolgreichsten Unternehmen, das durch Venture Capital finanziert wurde (von ARD), war Digital Equipment Corporation, kurz genannt DEC.

In Deutschland hat sich diese Art der Unternehmensfinanzierung erst Anfang der achtziger Jahre entwickelt. Die ersten Unternehmen waren u.a. die Wagnisfinanzierungs-Gesellschaft (WFG), IVCP und TVM Techno Venture Management, die im Zeitraum zwischen 1980 und 1983 gegründet wurden. An der Gründung von TVM war u.a. auch Peter Brook von TA Associates in Boston beteiligt, der 1985 TA verließ, um Advent International zu gründen. Im Jahr 1985 waren in Deutschland etwa über zwanzig Venture Capital Unternehmen tätig, die aber gegen Ende der achtziger Jahre, bis auf TVM, aus dem Markt ausschieden, da die Venture Capital Fonds dieser Periode, bis auf wenige Ausnahmen, nicht sehr erfolgreich waren. Zudem waren Investoren nicht bereit, Kapital in neue Fonds zu investieren.

Ende der achtziger Jahre kamen zwei weitere VC Firmen dazu, nämlich die 1987 gegründete Technologieholding, jetzt 3i, und das deutsche Büro von Atlas Venture, die ursprünglich aus den Niederlanden kamen und auch ein Büro in Boston hatten, das jetzt die Zentrale von Atlas ist. Zusammen mit der TVM waren dies Anfang der neunziger Jahre die einzigen VC Firmen, die in Deutschland noch Investitionen in junge Technologie-Unternehmen tätigten. Daraus entstand ab etwa 1995 mit zusätzlichen Unternehmen wie Wellington, Earlybird, Polytechnos, DVC und nach Etablierung des Neuen Marktes und dessen raketenhaftem Aufstieg, eine ganze Welle an Neugründungen von Venture Capital Unternehmen in Deutschland. Dazu kamen noch bereits seit Ende der achtziger Jahre in Deutschland tätige britische Unternehmen wie Apax und 3i, die sich aber bis vor Entstehen des Neuen Marktes ausschließlich auf den Kauf von etablierten Unternehmen (s.g. Buyouts) konzentrierten und erst während der letzten Jahre in das Frühphasen Venture Capital einstiegen.

In der nächsten Phase wurden dann von Industrie-Unternehmen sogenannte Corporate Venture Capital Fonds als VC Fonds wie z.B. von Daimler Chrysler, Bertelsmann, SAP, Intel, Siemens, Telekom u.a. aufgelegt. Die meisten dieser Venture Capital Fonds investieren in die Start-up Phase und haben neben dem Ziel eines möglichst hohen Returns auch einen strategischen Aspekt, d.h. sie möchten die in jungen Unternehmen entwickelten Technologien und Produkte mit ihrem eigenen Geschäft in Verbindung bringen. Dies resultiert oft in gemeinsamen Entwicklungen oder Vermarktungen. Da viele der Muttergesellschaften der Corporate Venture Capital Fonds in der letzten Zeit selbst in finanzielle Probleme geraten waren oder die Konzentration auf das Kerngeschäft wieder wichtiger geworden war, ist auch diese Art von Venture Capital Gesellschaften auf dem Rückzug.

Zu den genannten VC Unternehmen gesellt sich außerdem noch eine Reihe kleinerer Fonds, die in Konzepte oder sehr frühe Phasen z.B. noch vor einer Unternehmensgründung investieren, und deshalb Seed-Fonds genannt werden. Daneben entstanden während der letzten Jahre sogenannte Inkubatoren, d.h. Provider, die junge Unternehmen sehr intensiv betreuen und sie mit Unterstützung von erfahrenem Management aufbauen helfen, um sie dann an die Börse zu bringen. Zu nennen wären hier z.B. Gorilla Park oder German Inkubator. Einige dieser Inkubatoren verfügen auch über eigene Fonds oder Mittel, die sie in Firmen investieren. Da sich aber das Geschäftsmodell von Inkubatoren als sehr schwierig erwiesen hat, kann davon ausgegangen werden, das sich die wenigen Firmen, die sich hier noch betätigen, entweder in Richtung traditioneller Venture Capital Fonds oder in spezialisierte Beratungsunternehmen entwickeln werden.

Vor etwa fünf Jahren starteten die ersten Businessplan-Wettbewerbe in München und Berlin. Diese wurden anfangs von McKinsey, mit Unterstützung des jeweiligen Bundeslandes, einiger Venture Capital Unternehmen und anderer Sponsoren organisiert. Aufgrund des Erfolges dieser Initiativen entstanden dann Wettbewerbe in allen größeren Regionen und auch nationale Wettbewerbe, wie der start-up von Stern, McKinsey und den Sparkassen.

Im Biotechbereich ist der 1995 durchgeführte BioRegio Wettbewerb der Bundesregierung zu nennen, der zu einem Durchbruch bei der Gründung und der Finanzierung von jungen Biotechnologie-Unternehmen führte. Generell kann man behaupten, dass die unterstützenden Finanzierungs-Programme der Kreditanstalt für Wiederaufbau KfW und der Deutschen Ausgleichsbank DtA einen sehr wichtigen Beitrag am Entstehen dieser ganzen Industrie hatten. Diese Programme waren Anfang der neunziger Jahre sehr wichtig, da mit ihnen das fehlende Volumen an Kapital ausgeglichen werden konnte. Die meisten Fonds waren zu diesem Zeitpunkt nämlich noch relativ klein, und es gab auch nur sehr wenige davon. Diese Programme waren aber keine Konkurrenz zu den Fonds, was sehr wichtig war, da sie als reine Co-Investments strukturiert waren, d.h. Unternehmen erhielten nur dann eine Finanzierung durch ein Programm, wenn sie einen VC Fonds als Leadinvestor hatten. Diese Programme sind zwischenzeitlich in die öffentliche Kritik geraten, dabei wird aber übersehen, welch immense Bedeutung sie beim Aufbau der Venture Capital Branche in Deutschland hatten. Natürlich ist jetzt nach vielen Jahren der Zeitpunkt für ein kritisches Überdenken und eine Anpassung der Programme gekommen, dies kann aber nicht vom ursprünglichen positiven Aspekt und der weiterhin sehr wichtigen Bedeutung bei der Finanzierung ablenken.

Es gibt zwischenzeitlich auch eine ganze Reihe von Beratungsunternehmen, die sich um junge Unternehmen kümmern, d.h. ihnen helfen Businesspläne zu schreiben, Kapital zu sammeln, Personal zu finden oder sie beim Börsengang beraten.

Man kann durchaus behaupten, dass sich die relativ junge Branche Venture Capital innerhalb weniger Jahre zu einem beachtlichen Wirtschaftsfaktor entwickelte. Diese Art von Geschäft ist in Deutschland zwar verhältnismäßig jung und wurde bisher nur von eher wenigen Unternehmen betrieben, hat aber mit Sicherheit, ähnlich zu den USA, durchaus noch erhebliche Wachstumschancen.

9.3. Die verschiedenen Investitionsphasen

Man unterscheidet dieses Geschäft im wesentlichen nach den Phasen, in denen in ein Unternehmen investiert wird. Die Frühphasen sind die Seed- und die Start-up-Phase. In der Seed-Phase gibt es im Prinzip erst eine Idee von einem Produkt oder einen noch nicht fertig entwickelten Prototyp. Investitionen in dieser Situation sind natürlich sehr risikoreich, da noch keine tiefergehende Prüfung eines vorhandenen Produktes möglich ist. Finanzdaten sind in dieser Phase verständlicherweise nur begrenzt vorhanden. Es gibt nur Kosten einer Produktentwicklung, die zu Verlusten geführt haben. Ausfallraten, d.h. nicht erfolgreiche Investitionen von Venture Capital Fonds liegen in dieser Phase oft über 50 %, d.h. nur die Hälfte der Firmen überlebt. In der Seed-Phase sind üblicherweise Investitionen zwischen € 0,1 und 0,5 Mio. üblich.

Kapital für die Frühphase wird oft von kleineren Fonds, Inkubatoren oder auch von Privatpersonen, die man auch als Business-Angels bezeichnet, investiert. Angels sind während der letzten Jahre auch in Deutschland entstanden und beginnen sich jetzt bereits in kleineren Fonds, wie z.B. dem Munich Business Angel Network, zu organisieren. Sie investieren teilweise gemeinsam mit anderen Angels in ein Unternehmen, um das Risiko zu teilen. Diese Strategie wird aber auch oft von normalen VC Firmen angewandt; man nennt dies dann syndizieren oder Co-Venturing. Viele der Angels sind ehemalige Manager und bringen neben Kapital auch Management- oder Markt-Know-how in ein Unternehmen ein. Leider ist auch der Markt der Angels von den großen Verlusten an den Aktienmärkten nicht verschont geblieben, d.h. das verfügbare Kapital ist stark zurück gegangen. Dazu kommt leider auch, das viele der von Angels finanzierten Unternehmen jetzt einen viel höheren Kapitalbedarf aufweisen als ursprünglich geplant und damit natürlich den Investor an die Grenzen seiner finanziellen Möglichkeiten bringen.

Es existiert generell die Tendenz, dass kapitalsuchende Unternehmen einen hohen Wert auf die Einbringung von zusätzlichem Know-how durch einen Venture Capital Fonds oder den VC-Manager legen. Man spricht hier von Zusatzwert bzw. Added-Value. In den USA hat man schon seit langem die Erfahrung gemacht, dass gute Venture Capitalists ein Unternehmen beim Aufbau ganz wesentlich unterstützen können und somit einen wichtigen Erfolgsfaktor darstellen.

Auf die Seed-Phase folgt die Start-up-Phase, d.h. in der Regel existiert bereits ein fortgeschrittener Prototyp eines Produktes, oder ein Produkt ist weitgehend fertig entwickelt. Es sind aber oft noch keine Kunden vorhanden bzw. werden gerade erst akquiriert. Die ersten Finanzierungsrunden werden oft als First-Round bezeichnet. Daran schließen sich die weiteren Finanzierungsrunden wie Second- oder Third-Round an. Die letzte Runde vor dem Börsengang wird dann entweder als Bridge oder Pre-IPO bezeichnet. IPO kommt aus dem Englischen, wie viele dieser Fachbegriffe, und bezeichnet ein Initial Public Offering, also einen Börsengang. Bei Venture Capital Investitionen in der Start-up-Phase rechnet man üblicherweise mit Ausfallquoten so um die 20-30 %. Häufig wird auch die Daumenregel angewandt, die besagt, dass etwa 20-30 % der Investitionen verloren gehen, etwa 50 % werden mäßig erfolgreich und 10-20 % werden richtig große Erfolge oder auch Highflyer genannt.

Mittelständische Beteiligungsgesellschaften der einzelnen Bundesländer investieren ihr Kapital hauptsächlich in Form von stillen Beteiligungen. Diese Beteiligungsgesellschaften sehen ihre Aktivität primär auch in einem Förderauftrag und weniger in der Erzielung einer möglichst hohen Rendite. Sie können keine wesentliche Unterstützung beim Aufbau des Unternehmens bieten, sind also daher für Technologie-Unternehmen mit hohen Wachstumsraten eher weniger als alleinige Investoren geeignet.

Die typischen Venture Capital Unternehmen investieren hauptsächlich in Technologie-Unternehmen in der Start-up und Expansions-Phase. Man bezeichnet dies als Early-Stage-Phase. Dabei werden üblicherweise Beträge zwischen € 1 und 10 Millionen in ein Unternehmen in einer oder mehreren Finanzierungsrunden investiert. Die Art von Beteiligungen sind hauptsächlich Minderheitsbeteiligungen bzw. mehrere Venture Capital Fonds teilen sich eine Investitionsrunde, d.h. es wird syndiziert. Dadurch kann er nach mehreren Finanzierungsrunden insgesamt zu einer Mehrheit der Fonds am Unternehmen kommen. Die Investitionen sind in der Regel als offene Beteiligung strukturiert, d.h. die Investoren erhalten einen Unternehmensanteil und sind damit Gesellschafter des Unternehmens.

Andere Beteiligungsgesellschaften investieren in Buy-Outs, Management Buy-Outs (MBO's) oder generell in größere und bereits seit Jahren existierende Unternehmen. Diese Fonds haben in der Regel keinen Technologiefokus und investieren in alle Bereiche der Wirtschaft. Bei diesen Late-Stage Fonds sind Investitionen zwischen € 10 und bis weit über € 50 Millionen durchaus üblich.

9.4. Wie investiert ein Venture Capitalist?

Generell investiert ein Venture Capitalist nur soviel Kapital, wie ein Unternehmen für einen vernünftig überschaubaren Zeitraum benötigt. Damit wird das Risiko einer Investition der Höhe nach begrenzt. Es wird also in den seltensten Fällen ein Betrag investiert, der laut Businessplan den gesamten zukünftigen Finanzierungsbedarf abdecken würde. Der Zeitraum der üblicherweise finanziert wird, bestimmt sich im wesentlichen durch das zukünftige Erreichen von wichtigen Fortschritten bei der Produkt- oder Unternehmensentwicklung. Dadurch kann u.U. bei einer nächsten Finanzierungsrunde eine höhere Unternehmensbewertung erzielt werden, was dem Unternehmen und auch den Venture Capitalisten der ersten Runde zu gute kommt. Der Venture Capitalist kann einen höheren Wert für seine ursprüngliche Beteiligung in seinen Bilanzen ausweisen, zumindest in einer Marktwertaufstellung der Fonds-Beteiligungen wird dies dann so aufgezeigt, und das Unternehmen kann in der nächsten Runde weiteres Kapital zu einer höheren Bewertung einsammeln, d.h. es muss weniger Anteile für das gleiche Kapital am Unternehmen abgeben. Man geht üblicherweise von einem Zeitrahmen von ein bis zwei Jahren zwischen zwei Finanzierungsrunden aus. Bei Finanzierungen in der Frühphase kann dieser Zeitraum aber auch kürzer sein.

Der wichtigste Unterschied des Venture Capital Modells im Vergleich zu einer traditionellen Bankfinanzierung durch Kredite besteht in der Tatsache, dass ein Venture Capitalist durch seine Investition einen Anteil am Unternehmen erwirbt, also Gesellschafter wird. Dadurch kann er, im Gegensatz zu einer Bank, auch am Erfolg eines Unternehmens teilhaben, z.B. wenn dieses an die Börse geht und er dann seine Anteile am Unternehmen, die er als Aktien hält, an der Börse veräußern kann - hoffentlich zu einem viel höheren Kurs als zu dem er die Anteile erworben hatte.

Ein Bankkredit trägt in der Regel ein ähnliches Risiko, da bei einem Konkurs des Unternehmens der Kredit nicht mehr zurück bezahlt werden kann und bei jungen Unternehmen oft keine Sicherheiten wie Grundstücke, Gebäude oder verwertbare Anlagen vorhanden sind, die einen Teil des Risiko abdecken würden. Persönliche Bürgschaften für solche Risikokredite sind im Prinzip nicht darstellbar und vernünftig, da die meisten Unternehmensgründer über kein größeres Vermögen verfügen und man eigentlich ein solches Risiko den Gründern auch nicht zumuten sollte. Ebenso kann der Kreditgeber bei einem Erfolg des Unternehmens nicht richtig daran teilnehmen, da der Kredit sich im Prinzip nur gemäss den ursprünglichen Vereinbarungen verzinst und nicht im Wert steigt. Der Kreditgeber kann nur durch mehr Kredite bzw. deren Zinsen oder weitere Bankgeschäfte seinen Anteil am Erfolg erhöhen. Diese Thematik wird jetzt im Zusammenhang mit der Einführung der Basel II Richtlinien jetzt noch verschärft, obwohl diese Situation für junge Technologie-Unternehmen bereits seit vielen Jahren so existiert.

Der Venture Capitalist erhält also für seine Investition einen Anteil am Unternehmen. Wie hoch dieser Anteil ist, bestimmt sich hauptsächlich aus dem Risikoprofil des Unternehmens und nach dem Betrag, der investiert werden soll. Das Risikoprofil wird wesentlich von der Phase des Unternehmens bestimmt. Zusätzliche Faktoren die den Wert eines Unternehmens beeinflussen sind u.a. Qualität des Managements,

Wachstumspotenzial des Unternehmens und Kooperationen wie z.B. im Vertrieb, die ein Unternehmen bereits abgeschlossen hat. Je früher die Unternehmens-Phase, desto höher das Risiko und dementsprechend höher muss der Anteil am Unternehmen sein, den ein Investor erhält. Je entwickelter und stabiler ein Unternehmen ist und je mehr positive Faktoren vorhanden sind, desto höher ist ein Unternehmenswert anzusetzen und desto geringer wird der Anteil sein, den ein Investor am Unternehmen erhält.

All diese Faktoren sind sicher sehr subjektiv oder auch von Marktverhältnissen abhängig, also z.B. wie viel Venture Capital im Markt vorhanden ist und nach interessanten Investitionsmöglichkeiten sucht oder wie die Börsensituation für eine bestimmte Art von Unternehmen einzuschätzen ist. Bei dieser Art von Investitionen gelten im Prinzip ähnliche Mechanismen wie an der Börse: Von der Einschätzung der Zukunft eines Unternehmens ist vieles abhängig. Je positiver die Einschätzung, desto höher der Preis der Aktie oder die Unternehmensbewertung. Im Endeffekt ist dies eine Sache der Verhandlung zwischen dem Venture Capitalisten und den Eigentümern des Unternehmens.

Man kann grundsätzlich zwischen Mehrheits- und Minderheitsbeteiligungen unterscheiden. In der Regel findet man in der Spätphase (Late-Stage-Bereich) häufig Mehrheitsbeteiligungen und in der Frühphase (Early-Stage-Bereich) Minderheitsbeteiligungen, mit der Ausnahme, dass, wie bereits erwähnt, der oder die Venture Capitalisten nach mehreren Finanzierungsrunden in die Mehrheit wechseln können.

Eine Beteiligung wird üblicherweise in einem Beteiligungsvertrag geregelt, in dem die Höhe der Beteiligung, die investierte Summe, die Rechte der Investoren, die der anderen Eigentümer und des Managements festgehalten werden. Diese Rechte betreffen das laufende Geschäft, aber auch ungewöhnliche Vorgänge wie z.B. einen Börsengang oder den Verkauf eines Unternehmens. Welche Rechte sich ein Investor einräumen lässt, ist sehr unterschiedlich und es gibt relativ wenige Standards. Sie sind auch je nach Unternehmensphase anders strukturiert.

Die Beteiligung ist in der Regel zeitlich nicht begrenzt, da aber die meisten Venture Capital Fonds auch nur für eine begrenzte Laufzeit von normalerweise zehn Jahre aufgelegt werden, sind Exitmöglichkeiten, d.h. die Möglichkeit Anteile zu veräußern nicht begrenzt, bzw. es werden oft Regeln vereinbart, die u.U. auch die anderen Gesellschafter zum Mitverkauf zwingen.

Ein Unternehmen benötigt üblicherweise bis zu einem Börsengang mehrere Finanzierungsrunden. Bei jeder neuen Finanzierungsrunde muss ein neuer Unternehmenswert festgestellt werden. Dazu bietet sich die Hereinnahme eines neuen Venture Capital Investors an, da dieser unabhängig von den bereits existierenden Investoren und anderen Gesellschaftern, den Wert des Unternehmens ohne Interessenskonflikte neu festlegen kann. Der Vorteil dieser Methode ist einerseits die Verbreiterung der Investorenbasis eines Unternehmens und damit eine verbesserte Finanzierungskraft bis zu einem Börsengang. Es wird andererseits das Risiko auf mehrere Investoren verteilt und jeder Venture Capitalist bringt einen zusätzlichen Wert durch seine Erfahrung, seine Kontakte und Verbindungen, also sein Netzwerk, ein.

Ziel eines Venture Capitalisten ist es, in jeder Finanzierungsrunde eine höhere Bewertung für das Unternehmen und damit für seine Investition zu erreichen. Dies kann er in seinen Bilanzen ausweisen und damit u.U. den Erfolg eines Fonds dokumentieren, noch bevor er ein einzelnes Unternehmen veräußern oder an die Börse bringen konnte. Durch die rein finanzielle Zielsetzung eines normalen Venture Capitalisten hat er z.B. keinerlei Interesse an der Übernahme eines Unternehmens, um es dann in seinen Konzern einzuverleiben. Der normale Venture Capitalist hat im Prinzip ein Ziel, dem er alles unterzuordnen versucht: eine möglichst hohe Rendite auf eine Investition zu erzielen. Er will ein Unternehmen auch deshalb an die Börse bringen, da diese Exitvariante langfristig erfahrungsgemäß die höchsten Renditen erzielt. Dies ist auch der Grund, weshalb ein Venture Capital Fonds ausschließlich in Unternehmen mit hohen Wachstumspotenzialen investieren möchte.

Oft wird Venture Capital der Vorwurf gemacht, dass hier nur in die „Highflyer" investiert wird und andere, auch gute Unternehmen nicht beachtet werden. Dies stimmt, ist aber aufgrund des Venture Capital Konzeptes nicht anders möglich. Investoren in Venture Capital Fonds erwarten Renditen die über 20 % liegen und solche Renditen sind nur über Börsengänge von Beteiligungsunternehmen des Fonds zu erzielen. Bei einem Fonds werden in der Regel nur etwa 10-20 % der Investitionen zu „Highflyern", und diese müssen die anderen Investitionen, die entweder Ausfälle oder nicht sonderlich erfolgreiche Investitionen sind, mehr als ausgleichen, um eine hohe Fondsrendite zu erreichen.

An einem Beispiel wird nun erläutert, wie üblicherweise eine Unternehmensfinanzierung durch Venture Capital über mehrere Runden abläuft. Gehen wir davon aus, dass ein junges Unternehmen von zwei Gründern mit jeweils gleichen Anteilen als eine GmbH gegründet wurde. Jeder Gründer hält also 50 % der Gesellschaftsanteile und musste dafür € 25.000 Nominalkapitalanteile investieren. Die Gesellschaft hat also ein Nominalkapital von insgesamt € 50.000.

	Nominal	Aufgeld/Agio	Anteile
Gründer I	€ 25.000	€ 0	50,0 %
Gründer II	€ 25.000	€ 0	50,0 %

Der Venture Capitalist wird jetzt eine Investition von € 2 Mio. durchführen; dieser Wert ist der Cashbedarf der nächsten zwei Jahre laut Businessplan. Der Venture Capitalist möchte aber, dass das Unternehmen eine Mitarbeiterbeteiligung (Stock Option Plan - SOP) für weitere Mitarbeiter von insgesamt 10 % einrichtet. Gehen wir davon aus, dass der Venture Capitalist fordert, dass dieser SOP „non-dilutive" ist, also die Anteile des Venture Capitalisten nicht verwässert werden und dass die Option zum Nominalwert ausgeübt werden kann. Die Parteien haben sich in Verhandlungen darauf geeinigt, dass der Investor für die Investition von € 2 Mio. einen Anteil von 40 % am Unternehmen erhält. Die Unternehmensbewertung liegt also bei € 5 Mio. post-money oder € 3 Mio. pre-money, wenn man die Investitionssumme von der post-money Bewertung abzieht. Der Venture Capitalist wird folglich einen Nominalbetrag von € 40.000 übernehmen müssen und damit zusätzliche € 1.960.000 als Aufgeld - oder auch Agio genannt - in die freien Rücklagen des Unternehmens einbezahlen. Er investierte insgesamt einen Betrag von € 2 Mio., und die Verteilung sieht somit wie folgt aus:

	Nominal	Aufgeld/Agio	Anteile
Gründer I	€ 25.000		25,0 %
Gründer II	€ 25.000		25,0 %
VC I	€ 40.000	€ 1.960.000	40,0 %
SOP I	€ 10.000		10,0 %

Jetzt findet eine weitere Finanzierungsrunde nach zwei Jahren statt. Es werden insgesamt € 10 Mio. von einem neuen Investor eingebracht. Er verlangt wieder einen SOP von 10 %, da der alte SOP an Mitarbeiter verteilt wurde. Diesmal einigt man sich mit dem neuen Investor aufgrund der großen Fortschritte des Unternehmens auf eine post-money Bewertung von € 50 Mio., d.h. er erhält für seine Investition einen Anteil am Unternehmen von 20 %. Die pre-money Bewertung liegt also bei € 40 Mio., aber nicht „fully-diluted", da der SOP diesmal auch die Anteile des neuen Investors verwässert, also wird jeder Gesellschafter um zusätzliche 10 % durch den SOP II verwässert. Der neue Investor hat also „fully-diluted" einen Anteil von nur 18 %. Der SOP I, die Gründer und der VC I werden dadurch im Prinzip zweimal verwässert, einmal durch den neuen Investor und dann durch den SOP II. Die Mitarbeiter, die jetzt Anteile aus dem SOP II erhalten, müssen als Optionspreis aber 20 % der post-money Bewertung dieser Finanzierungsrunde bezahlen. Die Verteilung sieht nun wie folgt aus:

	Nominal	Aufgeld/Agio	Anteile
Gründer I	€ 25.000		18,0 %
Gründer II	€ 25.000		18,0 %
VC I	€ 40.000	€ 1.960.000	28,8 %
SOP I	€ 10.000		7,2 %
VC II	€ 25.000	€ 9.975.000	18,0 %
SOP II	€ 13.889	€ 986.111	10,0 %

Nehmen wir nun an, dass das Unternehmen in zwölf Monaten an die Börse geht und in diesem Zuge neue Aktien in Höhe von 20 % des Unternehmens platziert werden und eine Aktie einen Wert von € 100 hat. Das Unternehmen wurde vor dem Börsengang in eine Aktiengesellschaft umgewandelt und verfügt nach Umwandlung des bisherigen Nominalkapitals in Höhe von € 138.889 jetzt über insgesamt 138.889 Stück Aktien mit einem Nennwert von € 1 pro Aktie. Danach wurde eine Kapitalerhöhung aus Gesellschaftsmitteln durchgeführt, um eine größere Anzahl von Aktien zu schaffen. Diese Erhöhung bestand aus zusätzlichen 1 Mio. Aktien mit einem Nennwert von € 1 pro Aktie. Die Anzahl der Aktien vor dem Börsengang betrug also 1.138.889 Stück. Jetzt werden nochmals 284.722 Stück neue Aktien als Streubesitz ausgegeben, die dann einen Anteil von 20 % nach Kapitalerhöhung repräsentieren. Es stehen damit also insgesamt 1.423.611 Stück Aktien als Grundkapital zur Verfügung. Bei einem Ausgabebetrag von € 100 pro Aktie, wird das Unternehmen also frisches Kapital in Höhe von € 28.472.200 aufnehmen und der Unternehmenswert oder die jetzt so genannte Marktkapitalisierung wird € 142.361.100 betragen, d.h. Anzahl Aktien multipliziert mit dem Wert pro Aktie. Damit haben die Anteile der einzelnen Gesellschafter im Verhältnis zu ihrem ursprünglichen Investment den folgenden Wert:

	Investition	Anteil	Marktwert
Gründer I	€ 25.000	14,40 %	€ 20.499.998
Gründer II	€ 25.000	14,40 %	€ 20.499.998
VC I	€ 2.000.000	23,04 %	€ 32.799.997
SOP I	€ 10.000	5,76 %	€ 8.199.999
VC II	€ 10.000.000	14,40 %	€ 20.499.998
SOP II	€ 1.000.00	8,00 %	€ 11.388.888
Streubesitz	€ 28.472.200	20,00 %	€ 28.472.200

An diesem Beispiel erkennt man, dass die Gründer aus einer Investition von € 25.000 und viel Arbeit und Risiko ein Vermögen von jeweils über € 20 Mio. geschaffen haben. Der VC I hat eine 16-fache Vermehrung seiner Investition, der VC II immerhin noch eine Verdoppelung erzielt. Der Unterschied der Renditen ist im Prinzip mit dem geringeren Risiko bei der zweiten Runde zu rechtfertigen. Aber vielleicht war die Bewertung der zweiten Runde etwas zu hoch. Der VC II wird seine Aktien nach dem Börsengang eventuell noch etwas halten, da sich vielleicht eine Kurssteigerung ergibt. Das gleiche gilt für die SOP's: Der SOP I erzielte eine Investitionsvervielfachung von über 800 und der SOP II noch von 11. Hier ist der Unterschied noch dramatischer. Man hätte den SOP II eventuell auf einen Wert von 10 % der Bewertung legen können, was sich vielleicht positiv auf den Multiple ausgewirkt hätte, oder den SOP I nicht zu nominal zu machen. Ein realistisches Beispiel wäre, wenn sich der SOP I auf etwa zwanzig Mitarbeiter verteilen würde, dann würde jeder dieser Mitarbeiter jetzt durchschnittlich Aktien im Wert von etwa € 400.000 besitzen.

Zusammenfassend verdeutlicht dieses Beispiel, wie Venture Capitalists zu einer Erhöhung des Mehrwerts eines gegründeten Unternehmens beitragen können und wie sie dafür honoriert werden. Die Gründer müssen dafür aber bereit sein, einen Prozentsatz ihrer Anteile zunächst abzugeben und in weiteren Runden verwässern zu lassen. Sie haben zwar zum Schluss relativ betrachtet ein kleineres Stück, aber dafür ist der Kuchen sehr viel größer geworden!

9.5. Due Diligence und Deal Flow

Der Begriff Due Diligence beschreibt die Prüfung einer Investitionsmöglichkeit bzw. eines Unternehmens, in das ein Venture Capitalist investieren möchte. Dabei sucht sich der Venture Capitalist aus seinem Deal Flow, also den vielen Businessplänen, die er von interessierten Unternehmen oder Personen erhält, diejenigen aus, die er für vielversprechend hält. Der Businessplan, ein etwa 30-40 Seiten umfassendes Dokument, in dem die Geschäftsidee, das Produkt, der Markt, der Wettbewerb, die Marketing- und Vertriebsstrategie, das Managementteam und die Finanzplanung beschrieben sind, wird in der Regel von den Unternehmen selbst geschrieben. Dabei kann ein auf dieses Thema spezialisierter Berater hinzugezogen werden. Der Plan sollte insbesondere die Vision des Unternehmens und des Managementteams reflektieren.

Der Venture Capitalist erhält seinen Deal Flow aus einer ganzen Reihe von Quellen. Dies sind u.a. sein Netzwerk, also Personen oder Institutionen die ihn kennen, Mitgliedschaft in Verbänden der Venture Capital Industrie, Presseartikel, die Website und andere Werbemaßnahmen wie Sponsoring von Messen und Veranstaltungen oder auch Auftritte bei Fachveranstaltungen und Konferenzen. Man kann davon ausgehen, dass ein Venture Capitalist in etwa 1-2 % der Businesspläne die er erhält, auch tatsächlich investiert. Es findet also eine extrem hohe Selektion statt.

Der Venture Capitalist lädt die Unternehmen, an deren Businessplänen er Interesse gefunden hat, üblicherweise zu einem ersten Gespräch ein. In diesem Meeting sollte das Management in einer etwa einstündigen Präsentation das Unternehmen und die wesentlichen Inhalte des Businessplans darstellen. Während der Präsentation werden die meisten Venture Capitalisten bereits Fragen stellen. Man kann weder davon ausgehen, dass der Venture Capitalist den Businessplan vollständig und im Detail studiert hat, noch dass er in dem betreffenden Geschäfts- oder Technologiebereich ein tiefgehendes Know-how besitzt. Bei der großen Anzahl an Businessplänen die ein Venture Capitalist erhält, die aus sehr unterschiedlichen Bereichen kommen, die sich dann auch im Laufe der Jahre ändern, kann dies nicht erwartet werden. Man kann jedoch davon ausgehen, dass die meisten Venture Capitalisten aufgrund des sehr hohen Deal Flows und der täglichen Beschäftigung damit, sehr gut über generelle Entwicklungen und Tendenzen in den verschiedensten Märkten informiert sind.

Im Prinzip will der Venture Capitalist in diesem ersten Meeting wissen, ob ihm das Produkt, der Markt, das Potenzial, das Know-how der Firma und des Managementteams gefällt und ob eine Investition in dieses Unternehmen in seine Fondsstrategie passen würde. Er wird den Unternehmen in der Regel innerhalb der nächsten ein bis zwei Wochen nach diesem Treffen mitteilen, ob er an weiteren Gesprächen interessiert ist. Eine mögliche Investition wird normalerweise mit den anderen Partnern oder Managern des Venture Capital Fonds besprochen und dann über ein weiteres Interesse entscheiden. Falls das Ergebnis positiv ist, wird im Prinzip eine Vorstufe der Due Diligence genommen, in der alle Angaben des Businessplans, insbesondere die Informationen über Produkte, Markt und Wettbewerb überprüft werden. Es wird nach Referenzen gefragt, speziell nach Kunden oder Vertriebspartnern. Bei positiven Referenzen wird als nächstes üblicherweise das Unternehmen besucht, und auch die restlichen Mitglieder des Managementteams werden interviewt. Die Finanzplanung wird detailliert hinterfragt und auf Plausibilität und Realität analysiert. Das Businessmodell wird intensiv ausgeforscht.

Falls diese Fragen positiv beantwortet werden, steht als nächstes die rechtliche und finanzielle Due Diligence an. Hier werden u.a. auch externe Berater wie Wirtschaftsprüfer hinzu gezogen. Dies findet oft auch bei der Überprüfung von Produkten, Patenten und technischen Fragen statt. Man sollte davon ausgehen, dass für diese erste Phase der Due Diligence ein Zeitraum von etwa 4-8 Wochen anzusetzen ist. Vom ersten Kontakt bis zur Unterschrift unter den Beteiligungsvertrag, vergehen oft 6-9 Monate.

9.6. Letter of Intent (LOI) und Beteiligungsverträge

Spätestens nach der ersten Phase der Due Diligence wird üblicherweise ein Term Sheet oder auch ein LOI (Letter of Intent) entworfen, mit dem der Venture Capitalist die Rahmenbedingungen beschreibt, unter denen er in ein Unternehmen investieren möchte. Diese LOI's sind meistens für den Venture Capitalisten unverbindlich gehalten, haben aber oft eine Exklusivitätsklausel, mit der der Venture Capitalist verhindern möchte, das er viel Zeit und Arbeit in die Prüfung und Vertragsverhandlungen investiert und ihm dann evtl. ein anderer Venture Capitalist bei der Investition in das Unternehmen zuvorkommt.

Etwas ausführlicher sind die sogenannten Term Sheets. In diesen etwa 10-15 Seiten langen Zusammenfassungen werden die Konditionen einer Beteiligung näher beschrieben. Hierbei handelt es sich im Besonderen um die Höhe der Investition, die Bewertung des Unternehmens, den entsprechenden Anteil am Unternehmen und die Art der Aktien oder Anteile. Hier wird auch beschrieben, ob eine Investition in eine GmbH oder eine AG getätigt wird, oder ob eventuell eine GmbH in eine AG umgewandelt werden soll. Es wird die Besetzung des Aufsichtsrates beschrieben, eventuell einen neu einzurichtenden Stock Option Plan, dessen Höhe in Prozent vom Unternehmen und die Struktur, wie Aktienoptionspreis und Vesting, also der Zeitraum über den eine Option erworben und ausgeübt werden kann.

Andere Rechte wie Informationsrechte und Vorzugsbehandlung des Venture Capital Fonds z.B. bei Verkauf des Unternehmens, Regelungen wie Vorkaufsrechte bei Verkauf von Anteilen eines Gesellschafters, Liquidationsvorzüge etc. sind auch in diesen Term Sheet beschrieben. Darin wird oft der Fall geregelt, was zu geschehen hat, wenn ein Unternehmen nicht nach einigen Jahren an die Börse gegangen ist oder verkauft wurde.

Term Sheet und LOI sind in vielen Fällen nicht voneinander abgrenzbar bzw. LOI's können zum Term Sheet werden, wenn sie ausführlicher gestaltet werden.

Danach kommt die Phase der Vorbereitung der Beteiligungsverträge. Diese Verträge bestehen in der Regel aus einem Beteiligungsvertrag, einer Gesellschaftervereinbarung, einer neuen Satzung der Gesellschaft, neuen Verträgen für das Managementteam, eventuell einem Stock Option Plan und weiteren Vereinbarungen. Der Venture Capitalist wird üblicherweise seinen eigenen Anwalt mit dem Entwurf dieser Verträge beauftragen, da er über das notwendige Know-how verfügt und die Anforderungen des Venture Capitalisten genau kennt. Es ist eher hinderlich, wenn das Unternehmen bzw. dessen Anwalt diese Verträge entwerfen soll, da diese dann im Endeffekt doch den Bedürfnissen des Venture Capitalisten angepasst werden müssen. Der Venture Capitalist und dessen Anwalt verfügen über eine Art von Standardverträgen, auf deren Basis dann die einzelnen Verträge unter Verwendung des Term Sheet ausgefertigt werden.

Die Vertragsverhandlungen gehen durch mehrere Diskussionsrunden, an denen auch die Anwälte der jeweiligen Partei beteiligt sind. Diese Verträge verfügen über umfangreiche Anlagen, in denen z.B. Bilanzen, Gewinn- und Verlustrechung und andere Verträge und Zusicherungen enthalten sind. Mit diesen Vereinbarungen werden die zukünftige Zusammenarbeit und auch mögliche Risiken vor und nach einer Investition und deren Schadenshaftung geregelt.

9.7. Die Begleitung oder das Coaching

Nachdem nun eine Beteiligung beim Notar unterschrieben ist und beim Handelsregister angemeldet wurde, geht der Alltag los. Dieser besteht im wesentlichen aus Aufsichtsratssitzungen im 1-3 monatlichen Rhythmus und dazwischen fast tägliche Telefonate oder e-mails. In den Beteiligungsverträgen hat sich der Venture Capitalist Mitspracherechte bei den wichtigsten Entscheidungen einräumen lassen. Diese beziehen sich normalerweise auf die Unternehmensstrategie, neue Produktentwicklungen, Einstellungen von Top-Managern, Verabschiedung des Budgets, Vertriebsstrategien etc. Damit ist das Umfeld abgesteckt und bietet ausgiebigen Raum für viele notwendige gemeinsame Entscheidungen und Abstimmungen zwischen dem Aufsichtsrat, dem Venture Capitalisten, den Managern und den anderen Gesellschaftern.

Bei der Vielfalt dieser Themen sollte ein erfahrender Venture Capitalist vor allen Dingen seine Rolle nicht nur in der eines Kontrolleurs, sondern mehr des Helfers und Coach sehen. Er sollte all sein Know-how, seine Kontakte und seine Erfahrungen in diesen Prozess einbringen. Und schließlich muss er dann im Aufsichtsrat bei Entscheidungen mitwirken und diese Entscheidungen hinterher auch mittragen.

Im diesem Prozess stellt sich leider oft heraus, dass Mitglieder des ursprünglichen Managementteams nicht den Erwartungen entsprechende Leistungen erbringen. Dies sind schwierige Entscheidungen und müssen gemeinsam gelöst werden, d.h. oft muss ein neuer Manager für diesen Posten gefunden werden. Hier sollte der Venture Capitalist auch seine Kontakte und seine Erfahrung einbringen. Grundsätzlich muss man sagen, dass die oftmals an den Venture Capitalisten gestellten Erwartungen zudem zu hoch sind, was hinterher oft zu Enttäuschungen führt.

Venture Capitalisten, die als Aufsichtsräte bei einem Beteiligungsunternehmen tätig sind, sind diesen Unternehmen natürlich auch direkt verpflichtet, d.h. sie haben gemäß deutschem Aktienrecht primär eine Verantwortung gegenüber dem Unternehmen und erst sekundär gegenüber dem Gesellschafter oder dem Venture Capital Fonds. Dies ist in der Realität sehr schwer durchführbar, hat aber in manchen Situationen zu interessanten Aspekten geführt.

Der Aufsichtsrat sollte nach Möglichkeit aus wenigen Personen bestehen. Eine Anzahl von über sechs Mitgliedern bereitet auch aus Koordinationsgründen eher Schwierigkeiten. Da bei den meisten Sitzungen das Managementteam oder der Vorstand ebenfalls zugegen sind, bedeutet dies bei mehr als drei Aufsichtsratsmitgliedern ein Meeting mit über zehn Personen. Hier wird nicht mehr diskutiert, sondern die Sitzungen mutieren zur Show oder reinen Präsentationsform. Die Mitglieder sollten entweder Venture Capitalisten oder Experten aus der Branche sein bzw. Personen die die weitere Entwicklung des Unternehmens positiv unterstützen können. In der

Regel sind dies nicht notwendigerweise Rechtsanwälte, Steuerberater, Banker oder Politiker oder sonstige berühmte Persönlichkeiten. Auch Personen, die insbesondere bei Großunternehmen bereits in hohen Managementpositionen sind, können oftmals keinen praktikablen Beitrag bei kleinen Unternehmen leisten. Hier steht in den meisten Fällen mehr die Form auf dem Papier und die Reputation im Vordergrund.

Falls Unternehmen eine spezielle technische Beratungskompetenz benötigen, was oft bei Biotech-Unternehmen der Fall ist, sollte ein separater technischer Beirat (Advisory Board) eingerichtet werden. Rein technischen Fragen sollten im normalen Aufsichtsrat nicht zu dominierend sein und sind deshalb in einem separaten Gremium besser aufgehoben. Die Ausgliederung hat sich hier gut bewährt. Es ist auch durchaus üblich die Mitglieder des Aufsichtsrates oder des Technischen Advisory Boards über den Stock Option Plan am Erfolg des Unternehmens zu beteiligen, wobei diese Art der Kompensation oder Motivation in jüngster Vergangenheit auch oft in die Kritik geraten ist, da die Unabhängigkeit der Kontrollgremien dann in Frage gestellt werden kann.

Die Betreuung des Venture Capitalisten betrifft insbesondere auch die Durchführung weiterer Finanzierungsrunden, aber ebenfalls die Planung eines Börsengangs. Bei weiteren Finanzierungsrunden wird der Venture Capitalist beim Timing und der Struktur der Runde helfen, also Fragen wie die Höhe der Finanzierung, die Bewertung des Unternehmens und die Art der Investoren, die angesprochen werden sollen, beantworten. In vielen Fällen kennt der Venture Capitalist bereits potenzielle Investoren und kann den Erstkontakt herstellen. Beim Börsengang, der im Prinzip einer Finanzierungsrunde sehr ähnlich ist, wird der Venture Capitalist auch das Unternehmen intensiv unterstützen. Kernfragen sind hier das Timing, also wann das Unternehmen an die Börse geht und mit welchen Investmentbanken der Börsengang durchgeführt wird.

Sehr bedeutend ist die Betreuung von Unternehmen, die veräußert werden sollen oder bei Beteiligungen, die nicht so gut laufen. Hier wird die Erfahrung eines Venture Capitalisten noch viel wichtiger. Die guten Fälle sind meist einfacher, obwohl jede Beteiligung irgend wann einmal durch schwierige Zeiten geht.

9.8.   Funktionsweise eines Venture Capital Fonds?

Ein Venture Capital Fonds ist in den meisten Fällen eine Organisation, die auf zwei Ebenen strukturiert ist. Der Fonds ist normalerweise als GmbH & Co.KG oder als eine ausländische Limited Partnership organisiert. Die Managementgesellschaft oder der General Partner ist entweder eine GmbH oder eine AG oder hat eine andere Form als Partnership. Die Gesetze und Möglichkeiten sind hier von Land zu Land unterschiedlich. In Deutschland haben Fonds oft eine beratende deutsche Gesellschaft und ein ausländisches Fondskonstrukt. In manchen Fällen hat sich in Deutschland auch eine GmbH & Co.KG als Fondsgesellschaft mit einer GmbH als operativer Managementgesellschaft und einer weiteren GmbH & Co. KG als strategischer Investitions-Komplementärin bewährt.

Es gibt zudem auch andere Formen: So können beispielsweise eine Fonds- und Managementgesellschaft zusammen als eine AG konzipiert werden, wobei das Fondskapital als Eigenkapital in Form einer Kapitalerhöhung in die AG eingebracht wird. Damit können Investitionen aus der AG heraus gemacht werden. Oft wurden solche Konzepte mit dem Ziel eines späteren Börsengangs eingerichtet. Vorbild war hier das meist an der Technologiebörse NASDAQ notierte Unternehmen CMGI.

Dies war in der Vergangenheit attraktiv, als viele neue VC-Fonds davon ausgingen, eines Tages an die Börse gehen zu können. Da sich dies zwischenzeitlich aber geändert haben dürfte, sind solche Konzepte eher seltener geworden oder in Fondskonzepte umgewandelt worden. Da aber in Deutschland erst kürzlich die Gesetzeslage bei Kapitalgesellschaften geändert wurde, also bei AG's Veräußerungsgewinne aus Beteiligungen jetzt steuerfrei sind, wird sich dies wahrscheinlich positiv auf die Entwicklung von derartigen Strukturen auswirken.

Die normalen Venture Capital Fonds haben eine Laufzeit von zehn Jahren mit einer Verlängerungsmöglichkeit von zwei Jahren. Während der ersten drei bis fünf Jahre werden neuen Investitionen getätigt, danach begleitet und in späteren Jahren dann veräußert. Die Investoren in Venture Capital Fonds bestehen entweder aus institutionellen Anlegern wie Versicherungen, Banken und anderen Unternehmen oder auch aus vermögenden Privatpersonen. Diese Investoren erwarten eine Kapitalrendite von über 20 % p.a., da Investitionen in Venture Capital Fonds als besonders risikoreich angesehen werden und dementsprechend eine höhere Rendite erzielen müssen als andere, als sicherer geltende Anlageformen wie Anleihen oder Immobilien. Eine Garantie für solche Renditen ist natürlich nicht möglich.

Der Fonds zahlt üblicherweise eine Managementgebühr von im Durchschnitt 2,5 % p.a. an den Fondsmanager, den dieser sich direkt aus dem Fondskapital, vierteljährlich im voraus, ausbezahlt. Die ersten fünf Jahre wird diese Gebühr auf das gezeichnete Fondsvolumen berechnet und danach entweder auf den Net-Asset-Value des Fonds berechnet oder reduziert sich um einem bestimmten Prozentsatz pro Jahr. Hier gibt es viele verschiedene Konzepte und ein marktüblicher Standard ist nur schwer auszumachen.

Die hohe Motivation für die Fondsmanager oder Venture Capitalisten kommt aus der Gewinnbeteiligung oder dem „Carried Interest". Dieser beträgt üblicherweise 20 % der Gewinne des Fonds. Hat ein Fonds also z.B. ein Volumen von € 100 Millionen, dann wird bis zu einem Betrag von € 100 Millionen das Kapital in Unternehmen investiert. Danach wird bei Veräußerungsgewinnen aus Beteiligungen das Kapital zuerst, und zwar bis zum Erreichen des Zeichnungsbetrags, an die Investoren zurückbezahlt. Nach Erreichen dieser Summe wird von jeder darüber hinaus gehenden Ausschüttung 80 % an die Investoren und 20 % an den Fondsmanager ausbezahlt. In unserem Beispiel würde bei einer Verdoppelung des Fonds, also von dem Gewinn von € 100 Millionen, ein Betrag von € 80 Millionen an die Investoren und ein Betrag von € 20 Millionen als Geweinnbeteiligung an die Fondsmanager gehen.

Die Venture Capital Management Gesellschaften befinden sich oft im Besitz von mehreren Partnern, die sich zu einem früheren Zeitpunkt zusammengefunden haben, um einen Venture Capital Fonds zu gründen. Ihnen gehört i.d.R. auch die Managementgesellschaft oder der General Partner. Weitere Partner werden üblicherweise erst nach einigen Jahren, in denen sie u.U. als Mitarbeiter des Fonds tätig waren, in eine solche Partnership als Partner aufgenommen. In seltenen Fällen werden neue Mitarbeiter sofort als Partner aufgenommen. Solche Personen kommen dann üblicherweise direkt aus höheren Managementpositionen in der Industrie. Die Partner eines Fonds treffen üblicherweise die Investmententscheidungen und auch andere wichtige Entscheidungen die den Fonds und seine Investitionen betreffen. Die Investoren der Fonds haben normalerweise kein Mitspracherecht bei Investitionsentscheidungen, sondern werden in der Regel nur bei außerordentlichen Ereignissen, wie z.B. Änderung der Investitionsstrategie, hinzu gezogen.

Die Management-Gesellschaften von Venture Capital Fonds sind meist kleinere Organisationen mit etwa zehn bis zwanzig Mitarbeitern. Kleinere Organisationsformen haben sich in diesem Geschäft sehr bewährt, da hier die Kommunikationswege noch kurz sind, was insbesondere bei Investitionsentscheidungen wichtig ist. Sobald größere Gremien mit diesen Entscheidungen befasst sind, werden nicht unbedingt Entscheidungen von höherer Qualität getroffen. Deshalb haben sich im Venture Capital eher kleinere Partnerships behauptet.

Die in den letzten Jahren zu bemerkende Tendenz, dass Venture Capital Fonds auch Mitarbeiter für Serviceleistungen wie z.B. Personalberatung, Rechtsanwälte, PR und Marketing, direkt bei sich ansiedeln, dürfte eine vorübergehende Erscheinung sein, da diese Dienstleistungen eher nicht zum Kerngeschäft eines Venture Capital Fonds zählen.

Dagegen sind andere Konzepte wie z.B. Entrepreneurs in Residence eher positiv zu sehen. Hier werden Manager, die auf der Suche nach einem neuen interessanten Unternehmen sind, bei einem Venture Capital Fonds für einige Zeit herein genommen, um sich mit ihnen zusammen den Deal Flow des Venture Capitalisten anzusehen, um dann z.B. in ein Unternehmen zu investieren bzw. als Manager dort einzusteigen.

9.9. Der Venture Capital Markt

In Deutschland gibt es zur Zeit 201 Voll-Mitglieder im Verband der Venture Capital und Beteiligungsunternehmen (BvK). Dies sind Unternehmen, die sich an anderen Unternehmen in den verschiedensten Phasen und Formen beteiligen. Der Venture Capital Markt hat die letzten Jahre weltweit einen ungeheuren Aufschwung erlebt. Nachdem z.B. in den USA im Jahr 1990 von Investoren weniger als US $ 2 Mrd. in Venture Capital Fonds investiert wurde, lag diese Zahl im Jahr 2000 bei etwa US $ 103 Mrd., ist aber in 2001 auf US $ 51 Mrd. zurück gegangen. In Europa wurden im Jahr 2000 über € 32 Mrd. in Venture Capital Fonds investiert und in 2001 waren dies immerhin noch € 24 Mrd. Diese Zahl war vor nicht wenigen Jahren unter € 5 Mrd.

Die Zahl der Venture Capital Unternehmen hat sich auch vervielfacht. Bis zum Jahr 1995 dürften sich in Deutschland etwas weniger als zwanzig Fonds mit Investitionen in junge Technologie-Unternehmen beschäftigt haben. Diese Zahl ist zwischenzeitlich auf etwa einhundert angewachsen, wobei aber der Trend zu Investitionen im Frühphasenbereich oder auch Early-Stage doch stark abgenommen hat: in Deutschland wurden in 2001 € 1,2 Mrd. in die Frühphase investiert und dies im Vergleich zu € 1,6 Mrd. in 2000. In Europa wurden in 2000 insgesamt € 19,6 Mrd. in diesen Bereich investiert und nur € 12,2 Mrd. in 2001, wovon nur € 4,2 Mrd. in Seed- und Start-Up Investitionen ging.

Es ist aber vorauszusehen - und aktuelle Trends bestätigen dies - dass sich aufgrund des teilweise dramatischen Verfalls der Kurse von börsennotierten Technologie-Unternehmen, sich dies nun auch auf die Performance von Venture Capital Fonds auswirkt. Der negative Return on Investment von US Venture Capital Fonds für das Jahr 2001 liegt bei etwa −29 % und hat damit erstmals nach vielen Boomjahren eine eindeutig negative Rendite erzielt. Die Entwicklung an der Börse dürfte wohl zuerst Fonds getroffen haben, die hauptsächlich in Unternehmen in den Bereichen Internet und e-commerce investiert hatten. Diese Industriebereiche stellten bei vielen Fonds der letzten Jahre einen Schwerpunkt dar und deshalb dürften die Auswirkungen auf deren Performance erheblich sein. Als Konsequenz wird sich der Fluss von neuem Kapital, das in Venture Captial Fonds investiert wird, für einige Jahre eher reduzieren.

Generell ist es für junge Unternehmen weitaus schwieriger geworden, Kapital für ihr Wachstum zu finden. Aufgrund der kritischen Investitions-Erfahrungen der letzen Jahre, in der viele der Konzepte, insbesondere im Internet und e-commerce Bereich, nicht wirklich funktionierten, sind die Venture Capital Fonds mit neuen Investitionen sehr zurückhaltend geworden. Es wird jetzt wieder mehr auf gute Managementteams, Technologie und baldiges Erreichen von positivem Cashflow oder Gewinn geachtet.

Die Situation hat sich teilweise dramatisch entwickelt und wird zu einer Bereinigung im Venture Capital Markt führen. Insbesondere kleinere Fonds mit begrenzten Kapitalreserven sind sehr gefährdet. Auch viele der Inkubatoren oder Seed-Fonds werden oder sind bereits in Schwierigkeiten geraten. Vieles wird davon abhängen, wie lange die Aktienmärkte diesmal benötigen, die Enttäuschungen der „.com" und Telekom Unternehmen zu verdauen und nach neuen und lohnenden Investitionen Ausschau zu halten. Die letzte Krise der Venture Capital Industrie gegen Ende der achtziger Jahre benötigte etwa 5 bis 6 Jahre, um dieses Tal zu durchschreiten. Für einige Fonds könnte dies zu lang dauern. Auf jeden Fall werden die Fonds viel weniger investieren, da ein Fonds zur Zeit nicht davon ausgehen kann, während der nächsten Jahre einen neuen Fonds erfolgreich platzieren zu können. Daher wird für Unternehmen viel weniger Kapital zur Verfügung stehen. Einige der größeren US Venture Capital Fonds haben sich ja auch bereits zu einer Reduzierung der kürzlich aufgelegten Fonds entschlossen. Dies ist eine Reaktion auf die Tatsache, dass die notwendigen Investitionsvolumina pro Unternehmen wieder drastisch nach unten gegangen sind. Finanzierungsrunden von über $ 50 Mio., wie während der „com Euphorie" durchaus üblich, sind eher selten geworden. Mit $ 5 bis 10 Mio. sind die Finanzierungsrunden wieder überschaubarer. Damit steigt natürlich auch die Problematik, große Fonds von über $ 500 Mio. durch Early-Stage Investitionen zu platzieren.

9.10. Zusammenfassung

In zunehmenden Maße, trotz der Schwankungen und Marktbereinigungen, wird der Wirtschaftszweig des Venture Capitals wachsen: Einerseits weil immer mehr junge Unternehmen diese Form von Eigenkapitalakquisition nutzen möchten und andererseits wegen der steigenden Zahl von Venture Capital Unternehmen, Förderprogrammen und Inkubatorennetzwerken, die auf die gesteigerte Nachfrage reagieren. Wie die Wirtschaft ansich, wird sich der Venture Capital Bereich auch ändern: Inkubatoren wird es z.B. wieder weniger geben, dafür steigt z.B. die Zahl der Investitionen in Nanotechnologien. Die Anpassungsfähigkeit des Venture Capital Geschäfts ist sicher auch eine seiner Stärken und unterstützt damit ganz entscheidend die Wandlungsfähigkeit einer gesamten Volkswirtschaft.

Neben der Beschaffung von Eigenkapital ist vor allem die Erfahrung und das Knowhow des beratenden Venture Capitalists maßgeblich und verringert so die Wahrscheinlichkeit des Scheiterns einer jungen Unternehmung. Venture Capital Unternehmen haben dagegen in erster Linie die Ziele, in jeder neuen Finanzierungsrunde eine höhere Unternehmensbewertung und damit große Renditen zu erreichen. Schließlich darf aber nicht außer Acht gelassen werden, dass durch den Verfall der Börsenkurse vieler junger Unternehmungen nicht alle Venture Capital Fonds generell nur erfolgreich sind bzw. in der Zukunft aufgrund der schlechter werdenden Performance sein können. Die Realität dieser Aussage ist bereits im vollem Gange und die Auslese unter den Venture Capital Unternehmen wird weiter voranschreiten. Als Resultat könnte am Ende eine erstarkte und wesentlich erfahrenere Branche entstehen.

10. Förderprogramme

ROMAN HUBER

10.1. Überblick

Eingangs werden die wichtigsten Grundregeln für die Beantragung öffentlicher Finanzierungshilfen betrachtet. Hierzu zählen insbesondere die Anforderungen der EU an die Unternehmensstruktur, sowie Regelungen, die das zu fördernde Projekt selbst betreffen.

Anschließend werden verschiedene Förderarten und damit verbundene, spezifische Voraussetzungen dargestellt. Am Anfang stehen dabei Hinweise zur Strukturierung des vielfältigen Förderangebots sowie zu Kontaktstellen, die wertvolle Hilfe beim Auffinden des(r) geeigneten Programme(s), der Antragstellung und der projektbegleitenden Erfüllung von Programmauflagen leisten. In der Folge werden mit speziellem Focus auf die bayerischen Förderprogramme die Fördermöglichkeiten in Form von Zuschüssen und Darlehen (inkl. teilweiser Risikoentlastung durch Bürgschaft oder Haftungsfreistellung) erläutert sowie die Möglichkeiten und Anforderungen im staatlichen Umfeld tätiger Beteiligungsgesellschaften präsentiert.

Der Abschnitt über betriebswirtschaftliche Anforderungen liefert Informationen, welche Inhalte innerhalb der Themen, die in einem Businessplan üblicherweise abgearbeitet werden, besonders akzentuiert dargestellt werden sollten und welche Bestätigungen von Banken und anderen Kapitalgebern notwendig sind.

10.2. Grundregeln für öffentliche Finanzierungshilfen

10.2.1. Unternehmensbezogene Regelungen

Grundsätzlich muss jede Beihilfe (=Förderung) als Programm oder insbesondere im Falle großer Unternehmen projektbezogen bei der Europäischen Union (EU) angemeldet und von der EU-Kommission genehmigt werden. Ausgenommen sind lediglich Beihilfen mit sehr begrenztem Subventionswert („de minimis"- Beihilfe), wenn die Gesamtsumme der Vorteile, die das selbe Unternehmen aus solchen Bagatellförderungen binnen 36 Monaten erhalten hat, den Betrag von € 100.000 nicht übersteigt. Jedes Unternehmen muss bei einem Neuantrag auf eine „de minimis"- Förderung die Frage nach dem Erhalt solcher Förderungen während der letzten 36 Monate beantworten und erhält im Genehmigungsfall eine Mitteilung über die Höhe des „de minimis"-Werts der neuen Förderung.

Die im Folgenden behandelten öffentlichen Finanzierungshilfen dürfen nur zu Gunsten sogenannter KMU (= kleine und mittlere Unternehmen) gewährt werden. Nach der Definition der EU handelt es sich dabei um Betriebe, die nicht mehr als 250 Arbeitskräfte beschäftigen *und* entweder einen Jahresumsatz von höchstens € 40 Mio. erzielen oder eine Jahresbilanzsumme von höchstens € 27 Mio. erreichen *und* die nicht zu 25 % oder mehr des Kapitals oder der Stimmanteile im Besitz eines oder mehrerer Unternehmen gemeinsam stehen, welche die KMU-Definition nicht erfüllen (Unabhängigkeitskriterium). Diese *drei Kriterien* (Beschäftigtenzahl, Umsatz oder Bilanzsumme, Unabhängigkeit) müssen gleichzeitig erfüllt sein.

Wenn auch die Größenklassen für das Start up-Unternehmen zunächst unproblematisch sind, so müssen sie bei der Auswahl etwaiger Gesellschafter zwingend beachtet werden, um nicht die Förderfähigkeit zu verlieren. Zu berücksichtigen ist ferner, dass der mögliche industrielle Beteiligungspartner unter Einbezug des zu ihm gehörenden Gesamtkonzerns betrachtet wird. Eine Ausnahme von dieser 25 %-Beteiligungsgrenze gibt es insbesondere, wenn das Start up-Unternehmen im teilweisen Besitz von öffentlichen Beteiligungsgesellschaften, Risikokapitalgesellschaften oder institutionellen Anlegern steht und diese weder einzeln noch gemeinsam eine Kontrolle über das Unternehmen ausüben.

Als spezielle Kriterien für *kleine* Unternehmen gibt die EU vor, dass die Betriebe weniger als 50 Personen beschäftigen *und* einen Jahresumsatz von höchstens € 7 Mio. oder eine Bilanzsumme von höchstens 5 Mio. € haben *und* das zuvor genannte Unabhängigkeitskriterium erfüllen. Einzelne Förderprogramme sind auf kleine Unternehmen focussiert (z.B. BTU-Beteiligungsprogramm) oder bieten ihnen höhere Fördersätze.

10.2.2. Projektbezogene Regelungen

Öffentliche Finanzierungshilfen sind immer „Hilfen zur Selbsthilfe". Keinesfalls ist die Vollfinanzierung der Vorhabenskosten allein aus öffentlichen Finanzierungsquellen möglich, sondern es wird immer eine Anteilsfinanzierung stattfinden, die der Ergänzung durch private Eigen- und Fremdkapitalgeber bedarf. Zusätzlich zur reinen Finanzmittelbereitstellung bietet aber die bei der Innovationsförderung häufig anzutreffende, genaue technische Projektprüfung durch Fachleute dem antragstellenden Unternehmen den Zusatznutzen, dass die Tatsache der Vorhabensförderung anderen Kapitalgebern, die keinen Zugang zu technischen Experten haben, ein positives Signal bezüglich des technischen Werts und der Zukunftsperspektive des zur Finanzierung vorgeschlagenen Projekts gibt.

Zuschüsse werden in der Regel von der öffentlichen Fördereinrichtung direkt an das Unternehmen ausbezahlt. Die als Darlehen zur Verfügung gestellten öffentlichen Finanzierungshilfen werden normalerweise über die Hausbank des jeweiligen Unternehmens ausgereicht, die den Gründern auch bei der Antragstellung hilft (Hausbankprinzip). Diese Bank trägt das Kreditrisiko und verlangt hierfür eine bankübliche Absicherung. Falls die Firma und ihre Gesellschafter der Bank keine ausreichenden Sicherheiten stellen können und damit die Vorhabensfinanzierung letztlich scheitern würde, sind Anträge auf Bürgschaften bzw. Haftungsfreistellungen öffentlicher Institutionen (in Bayern insbesondere der LfA Förderbank Bayern) möglich.

Unverzichtbar für die Förderfähigkeit jedes Projekts ist der Eingang des Förderantrags vor dem Beginn des Vorhabens bei der Hausbank bzw. der zuständigen Fördereinrichtung. Bei Investitionsvorhaben dürfen vorher keine finanziellen Engagements (z.B. Abschluss eines Kaufvertrags für Maschinen) eingegangen werden; unschädlich sind rechtliche und organisatorische Vorbereitungsmaßnahmen (z.B. Abschluss von Miet- oder Gesellschaftsvertrag, Gewerbeanmeldung etc.).

Bei Innovationsvorhaben können förderfähige Kosten nur innerhalb des genehmigten Projektzeitraums anfallen, als dessen Beginn frühestens der Tag der Antragsabgabe genehmigt werden kann. Alle vorher stattgefundenen Forschungs- und Entwicklungsarbeiten sind nicht förderfähig und alle dort zur Kostendeckung verwendeten Mittel können weder auf den zu leistenden Eigenbeitrag im Förderprojekt angerechnet noch als Vorfinanzierung der für den nächsten Vorhabensabschnitt vorgesehenen Fördermittel akzeptiert werden. Bei der Innovationsförderung eines Projekts gilt, dass das jeweilige Vorhaben aus keinem anderen Förderprogramm zusätzlich unterstützt werden darf.

Zu berücksichtigen ist ferner, dass die Subventionswerte der einzelnen EU-genehmigten Förderungen (= Zuschussbetrag oder Zinsvorteil des Förderdarlehens gegenüber einem normalen Bankkredit) die Höchstgrenzen der EU für Investitionen (15 % für kleine Unternehmen, 7,5 % für die anderen KMU) insgesamt nicht überschreiten. In Regionalfördergebieten sowie für Forschungs- und Entwicklungskosten gelten zum Teil höhere Prozentsätze.

10.3. Förderarten und spezifische Voraussetzungen

10.3.1. Vielfältiges Förderangebot

Die Vielfalt der auf EU-, Bundes- und Länderebene angebotenen öffentlichen Finanzierungshilfen wird häufig als sehr irritierend und als „Förderdschungel" empfunden bzw. dargestellt. Wenngleich unbestritten in einigen Fällen der gut gemeinte Wille der handelnden Förderinstitutionen, den einzelnen Firmen zu helfen, der Klarheit der Fördergesamtstruktur abträglich war und ist, so gilt dennoch, dass ausgehend von der jeweiligen Bedarfsstruktur des zu fördernden Unternehmens (sind Investitionen zu fördern oder Entwicklungsaufwendungen, besteht Eigenkapital- oder Fremdkapitalbedarf etc.) eine Suche in den jeweils erkannten Kategorien zu verwendbaren Ergebnissen führt. Die Förderdatenbank des Bundeswirtschaftsministeriums sowie die entsprechenden Datenbanken der Länderwirtschaftsministerien leisten hier eine wesentliche Hilfe. Die jeweiligen Förderinstitutionen stellen in zunehmenden Maße transparente Informationen über Internet, verständlich lesbare Broschüren und Hotlines für spezielle Fragen zur Verfügung. Bei den Banken und Sparkassen können computergestützte Verfahren für die Zusammenstellung der günstigsten Fördermittelkombination genutzt werden. Für Fragen zu EU-Programmen wurden regionale Innovation Relay Centers (IRC) eingerichtet; in Bayern übernimmt die Bayern Innovativ GmbH in Nürnberg diese Aufgabe.

Als sehr effektiv hat sich im Bereich der Förderung von Entwicklungsvorhaben in Bayern die unmittelbare, bereits in der Antragsvorbereitung einsetzende Betreuung durch die Innovationsberatungsstellen Nord- und Südbayern erwiesen. Dort beraten Ingenieure mit Entwicklungs- und Fördererfahrung die Gründer (-teams) bei der Antragsstrukturierung, geben Hinweise auf nützliche Kooperationspartner in Wirtschaft und Wissenschaft und begleiten auch nach dem Förderbescheid den Projektverlauf und -erfolg, in dem sie weiterhin als Ansprechpartner bereitstehen. Außerdem leiten die Innovationsberatungsstellen die Unternehmen bei Entwicklungsprojekten aber auch bei ggfs. parallelen Investitionsvorhaben zu den im Einzelfall geeigneten Fördereinrichtungen (in Bayern insbesondere LfA Förderbank Bayern), so dass der zuvor beschriebene Suchprozess weitgehend unterbleiben kann.

Für alle Start ups mit Finanzierungsbedarf stehen ferner Innovationsberater bei den Kammern und Verbänden, den Technologietransferstellen an den Universitäten und nicht zuletzt bei den Betreibergesellschaften der Businessplanwettbewerbe München und Nordbayern zur Verfügung. Durch diese persönliche Betreuung nach erster Kontaktaufnahme an einer der vielen Kontaktpunkte des Fördernetzwerkes wird die von vielen gefürchtete Suche nach einer unbekannten Zahl richtiger Ansprechpartner und Programme zum geführten Prozess auf vorstrukturierten Wegen.

10.3.2. Zuschüsse

Zuschüsse haben – abgesehen von Investitionsvorhaben in Regionalfördergebieten – vorrangig in der Innovationsförderung Bedeutung. Sie stellen hier in vielen Finanzierungskonzepten eine für das Gelingen des Gesamtfinanzierungskonzepts mitentscheidende Komponente dar. Als den Entwicklungskosten voll gegenrechenbare Ertragsgröße mindern sie die entwicklungskostenbedingten Anlaufverluste und reduzieren damit den von den Gründern und den weiteren Gesellschaftern (z.B. Kapitalbeteiligungsgesellschaften) zur Vermeidung der Unternehmensüberschuldung aufzubringenden Eigenkapitalbetrag. Aus der Sicht der Gründer, deren technisches Know how die unersetzliche Voraussetzung für diese Förderung bildet, erhöht sich faktisch die aus eigener Kraft aufbringbare Eigenkapitalmenge, so dass insbesondere in der frühen Unternehmensphase mit noch schwer begründbarem und daher eher niedrigem Unternehmenswert nicht zu viele Unternehmensanteile für die Beschaffung des dringend notwendigen Eigenkapitals abgegeben werden müssen. In einigen Bundesländern (z.B. Bayern) wird bereits in der Konzeptphase, in der der/die Gründer ihre Basistechnologie marktgerecht ausrichten sollen, eine Marktstudie zu erstellen ist und der Businessplan komplettiert werden muss, ein Zuschuss für die in dieser Zeit anfallenden Kosten von bis zu € 25.000 gewährt.

Voraussetzung dieser innovationsorientierten Zuschussförderung ist die Entwicklung technologisch fortschrittlicher Produkte und Produktionsverfahren. Hierbei muss ein erhebliches technisches Risiko gegeben sein und die Innovationshöhe sollte die Messlatte Patentierfähigkeit erreichen. Bezugsgrundlage der quotalen Fördermittelfinanzierung sind die Personal- und Materialkosten, die Lizenz- und Patentkosten, Aufwendungen für Fremdleistungen sowie eine Verwaltungsgemeinkostenpauschale und projektbedingte Investitionen.

Gefördert wird jenes Unternehmen, das das technische Risiko von der Entwicklung bis zur späteren Serienfertigung im Wesentlichen selbst trägt. Verschiedene Förderprogramme fordern, dass das Vorhaben als Projekt mehrerer Unternehmen oder eines Unternehmens mit einer Fördereinrichtung abgearbeitet wird (Verbundvorhaben). In diesem Fall kann das Start up-Unternehmen allein aus diesem Programm nicht gefördert werden. In Bayern hilft die Bayern Innovativ GmbH bei der Suche nach geeigneten Kooperationspartnern.

Zu berücksichtigen ist ferner, dass insbesondere aus Ländermitteln gespeiste Förderprogramme die Durchführung des Projekts und die Schaffung der Produktionsarbeitsplätze im jeweiligen Bundesland fordern. Dies steht zwar einer sinnvollen arbeitsteiligen Organisation der Fertigung nicht im Wege, soll aber zum Ausdruck bringen, dass reine Entwicklungsfirmen mit nach außen verlagerter Fertigung und an Dritte vergebenem Vertrieb nicht akzeptiert werden.

Speziell für bayerische Gründer interessant sind das Bayerische Programm zur Förderung technologieorientierter Unternehmensgründungen (BayTOU: Konzeptphase und F&E-Phase bis zum im Kern funktionsfähigen Muster), das Bayerische Technologieförderungs-Programm (BayTP: Phase vom Muster bis zum Prototypen), die speziellen Förderprogramme für neue Werkstoffe und Mikrosystemtechnik sowie das F&E-Programm des Freistaates Bayern für die Informations- und Kommunikationstechnik. Für Gründer aus den Hochschulen bietet das Bayerische Förderprogramm zum leichteren Übergang in eine Gründerexistenz (FLÜGGE) eine Förderung in Höhe der Vergütung einer im öffentlichen Dienst tätigen Halbtagskraft mit Universitäts-/Fachhochschulabschluss für maximal zwei Jahre.

10.3.3. Darlehen

Die Darlehensförderung ist bei den Investitionen die bei weitem häufigste Förderart. Für Gründer sind hier besonders interessant das ERP-Eigenkapitalhilfeprogramm (EKH) und das ERP-Existenzgründungsprogramm - beide von der Deutschen Ausgleichsbank - sowie Kreditprogramme der Länder. Bei dem EKH muss der Gründer in Höhe von in der Regel mindestens 15 % der Investitionskosten selbst Eigenmittel aufbringen. Er erhält dann ein Eigenkapitalhilfedarlehen, das diese Eigenmittel auf 40 % aufstockt und das er als eigenkapitalersetzendes Darlehen in sein Unternehmen einbringen kann, um damit dort die Eigenkapitalbasis zu verbreitern. Die Hausbank des Gründers trägt kein Kreditrisiko.

In Bayern bietet das Bayerische Mittelstandskreditprogramm nicht nur zinsgünstige Mittel in Höhe von bei Gründern 40 % des Investitionsfinanzierungsbedarfs für die Anschaffung von Maschinen, Einrichtungen, Betriebsanwesen, anfallende Nebenkosten (Makler, Notar etc.), erstes Warenlager, etwaiger Beteiligungskaufpreis, sondern es werden durch die zusätzlich angebotene Haftungsfreistellung der LfA Förderbank Bayern in Höhe von bis zu 70 % auch wirksam mögliche Absicherungsprobleme entschärft. Letzteres gilt auch für die Ergänzungsdarlehen der LfA, durch die im Einzelfall eine 100 %-Finanzierung aus Förderdarlehen erreicht werden kann.

Falls die Höhe der Haftungsfreistellung der Hausbank nicht ausreicht und/oder für das jeweilige Förderprogramm diese Risikoentlastung nicht vorgesehen ist, kann eine Bürgschaft bis max. 80 % des Darlehensbetrags seitens einer Bürgschaftsbank oder von Selbsthilfeeinrichtungen (z.B. des Handwerks) beantragt werden. Da High Tech-orientierte Start-ups in der Regel den Industrieunternehmen zuzurechnen sind, ist in Bayern insbesondere die LfA Förderbank Bayern als Bürgschaftsgeber zuständig. Voraussetzung einer Bürgschaftsgewährung ist neben einem überzeugenden betriebswirtschaftlichen Konzept das Fehlen ausreichender bankmäßiger Sicherheiten im Unternehmen und bei den Gesellschaftern. Nicht der Wert der Sicherheiten sondern die Gesamtbeurteilung des Unternehmens und des Gründerteams sind für die Übernahme der Bürgschaft entscheidend. Regelmäßig verlangt wird die persönliche Haftung der tätigen Gesellschafter (ggf. orientiert am Kapitalanteil) für die zu verbürgenden Kredite.

Darlehensförderungen sind auch für Innovationsprojekte möglich. Hierbei ist jedoch zu berücksichtigen, dass die Darlehensfinanzierung der Entwicklungskosten nur dann sinnvoll für das Unternehmen bzw. verantwortbar für die Kreditgeber ist, wenn bereits parallel zur Entwicklungsarbeit Umsätze (z.B. aus Beratungsleistungen oder Handel) stattfinden, die die Verluste der Anfangsjahre in einem Rahmen halten, der vom extern einbezahlten Eigenkapital noch verkraftet werden kann. Außerdem muss der Unternehmens-Cash flow laut Planung so frühzeitig ausreichend groß werden, dass die zeitgerechte Erbringung des Kapitaldienstes aus Zinsen und Tilgung seitens der Fremdkapitalgeber erwartet werden kann.

Auf Bundesebene ist insbesondere das ERP-Innovationsprogramm der KfW Kreditanstalt für Wiederaufbau mit Haftungsfreistellung von 50 % bis 60 % je nach Unternehmensgröße von Bedeutung. Daneben gibt es in den Bundesländern weitere Programme mit unterschiedlichen Schwerpunkten. In Bayern bietet die LfA Förderbank Bayern im Rahmen des Technologieförder-Programms u.a. für die - auch für Start up-Firmen auf Darlehensbasis relevante - Förderphase vom im Kern funktionsfähigen Muster bis zum alle Funktionen erfüllenden Prototypen Darlehen mit 70 %iger Haftungsfreistellung an. Der Förderablauf inklusive dem Prüfprozess entspricht dem unter 10.3.2 dargestellten Zuschussförderprozess.

Da auch der Erwerb und der Einsatz noch nicht branchenetablierter Technologien als innovative Leistung mit erheblichen Risiken betrachtet wird, werden im Bayerischen Technologieförder-Programm derartige Anschaffungen unterstützt, wenn eine klare Konzeption für die Integration im Betriebslauf und die produktionstechnische Nutzung dieser neuen Technologie vorliegt. Diese Implementierungskosten für Planung, Pflichtenheft, Konstruktion, die Anlageninbetriebnahme inkl. Testbetrieb und Mitarbeiterschulung sowie die Anpassung des Produktionsablaufs und der Produkte einschließlich der durch die Investition möglich gewordener Entwicklungen zur Produktpflege an die neue Fertigungstechnik können auch dann gefördert werden, wenn z.B. in einem strukturschwachen Fördergebiet für die Anschaffungskosten der Anlage eine Regionalförderung gewährt wird. Bei Absicherungsproblemen kann eine Bürgschaft der LfA Förderbank Bayern beantragt werden.

Wenn die jungen Unternehmen die Wachstumsphase erreichen und die Vorfinanzierung der zunehmenden Aufträge zum Problem wird, können öffentliche Bürgschaften bis in der Regel 50 % des von der Hausbank hierfür gewährten Kredits beantragt werden (= de minimis-Beihilfe; Subventionswert 0,5 % des jeweiligen Bürgschaftsbetrags). Immer häufiger wird dies im Zusammenhang mit Anzahlungsbürgschaften erforderlich, da gerade die Erstkunden einer neuen Technologie fordern, dass die von ihnen als Käufer zu leistende Anzahlung durch eine Bankbürgschaft für den Fall gesichert wird, dass keine vertragsgerechte Lieferung erfolgt. Die Hausbank des Start up-Unternehmens rechnet solche Bankbürgschaften in den meisten Fällen auf die der jungen Firma ansonsten eingeräumte Kontokorrentkreditlinie an, so dass die Kundenzahlung zu keiner Erweiterung des Liquiditätsspielraums führt. Erst durch die öffentliche Rückbürgschaft werden in Höhe der übernommenen Risikoquote zusätzliche Finanzmittel frei, die dem Unternehmen die Produktion der verkauften Produkte ermöglichen. Falls es sich um ein Exportgeschäft in Länder mit akzeptablem Länderrating handelt, können z.B. in Bayern Rückgarantien bis zu 70 % gestellt werden.

Auch für strukturell gut auf den internationalen Markt ausgerichtete, von Beteiligungsgesellschaften / Business Angel mitfinanzierte Unternehmen mit hohem Wachstumspotential stellt sich nach erfolgreichem Abschluss der F&E-Phase die Expansions-/Diversifikationsfinanzierung bisweilen als schwierig dar, wenn das Geld z.B. für die Vorfinanzierung von Referenzkundenaufträgen, produktspezifische Vertriebsmaßnahmen oder die internationale Produktzulassung benötigt wird. Einige zwingende Bedingungen der staatlichen Bürgschaftsprogramme (neben der persönlichen Haftung der geschäftsführenden Gesellschafter z.B. die Know how – Verpfändung) sind für die oft in der Kapitalminderheit befindlichen Unternehmensleiter und deren Eigenkapitalpartner, die die Erarbeitung des wertvollen Know hows jahrelang bezahlt haben, problematisch. Den speziellen Anforderungen solcher Firmen wird die LfA Förderbank Bayern durch das Konzept „Strukturierte High Tech – Finanzierung" gerecht. Zu risikoadäquaten, flexibel gestaltbaren Marktkonditionen steht sie als wettbewerbsneutraler Konsortialpartner der Hausbank bereit und erleichtert durch bis zu 50 %ige Übernahme des Kreditrisikos die - oft erstmalige - Bankfinanzierung der für die Nutzung der Zukunftschancen der Firma wichtigen Vorhaben.

10.3.4. Beteiligungskapital

Um den Eigenkapitalmarkt für die Start up-Firmen zu erweitern und Kapitalinvestitionen in stärkerem Maße für diesen Sektor zu stimulieren, werden seitens der Kreditanstalt für Wiederaufbau und über die hierfür speziell gegründete tbg Technologie-Beteiligungs-Gesellschaft der Deutschen Ausgleichsbank im Rahmen des Technologie-Beteiligungsprogramms des Bundes (BTU-Programm) maximal fünf Jahre alten Firmen umfangreiche Mittel sowie temporär befristete Risikoentlastungen für kooperierende Beteiligungsgeber offeriert. Diese Beteiligungsmittel sind dem Start up-Unternehmen aber nur zugänglich, wenn ein ebenfalls Eigenkapital einsetzender Investor (= Leadinvestor; z.B. Beteiligungsgesellschaft, Business Angel) das Start up-Unternehmen betreut.

Auf Länderebene hat z.B. der Freistaat Bayern aus Privatisierungserlösen sowie unter Einbezug weiterer Partner die Bayern Kapital Risikokapitalbeteiligungsgesellschaft mbH Landshut gegründet, um jungen technologieorientierten Unternehmen insbesondere auch in der ganz frühen Entwicklungsphase einen zusätzlichen risikobereiten Beteiligungspartner zur Verfügung zu stellen. Die Beteiligungen werden bis zu einem Höchstbetrag von € 1 Mio. zumeist in Form der stillen Beteiligung abgeschlossen, können aber auch in anderer Rechtsform realisiert werden. Analog der KfW und der tbg bedarf es zwingend eines Leadinvestors, um Zugang zu den Bayern Kapital-Mitteln zu erhalten.

Bei diesen staatlich organisierten Beteiligungsmitteln steht nicht die unmittelbar ertragswirksame Entlastung des Start up-Unternehmens bzw. die im Vergleich zu Marktzinsen günstigere Mittelbereitstellung im Vordergrund, sondern hier soll den Gründern ein erweiterter Zugang zum in der Anfangsphase sehr wichtigen Eigenkapital zu akzeptablen Bedingungen ermöglicht werden. Auch hier muss aber eine konkrete Beschreibung des zu finanzierenden Projekts vorhanden sein.

Wesentliche Voraussetzung für das Auffinden interessierter Eigenkapitalpartner ist die Fähigkeit des Unternehmens, innerhalb einer projekt- und marktgerechten Zeitstrecke eine dem Risiko der Eigenkapitalvergabe in der Frühphase adäquate Rentabilität in den Planzahlen plausibel zu zeigen. In besonderem Maße gilt dies, wenn eine der zumeist international tätigen Venture Capital-Gesellschaften für das Investment gewonnen werden soll, da hier besonders hohe Anforderungen gestellt werden (siehe Jantz, Kapitel 9). Falls jedoch eine Firma zwar ein in kurzer Zeit marktreifes Produkt präsentieren kann und über eine plausible Geschäftskonzeption verfügt, aber nicht in wenigen Jahren zum international tätigen Unternehmen mit großen Millionenumsätzen zu werden verspricht, so bedeutet dies keineswegs, dass kein Leadinvestor gefunden werden könnte. Zum einen bilden sich in vielen Regionen professionell organisierte, seriöse Business Angel-Netzwerke, über die die Gründer geeignete Finanzpartner - auch für die seed-Phase - finden können. Zum anderen steht in jedem Bundesland eine vom Land, den Kammern und Verbänden, Banken etc. getragene mittelständische Beteiligungsgesellschaft zur Verfügung, die zu überschaubaren Konditionen Eigenkapital für die Finanzierung derartiger Unternehmen bereitstellt. In Bayern übernimmt die BayBG Bayerische Beteiligungsgesellschaft mbH diese Aufgabe im Rahmen einer ihrer Produktlinien. Die dortige Erfahrung aus inzwischen fast 20 Jahren Innovationsbeteiligungsgeschäft zeigt, dass dieser Weg zum Eigenkapital funktioniert. Mehrere dieser in der Startphase und den Anfangsjahren eher kleineren aber renditeträchtigen Unternehmen haben in späteren Lebensphasen großen Aufschwung genommen, der sie letztlich bis an die Börse getragen hat. Die BayBG ist aufgrund ihrer weiteren Fonds im Stande, derartige spätere Wachstumsphasen ausreichend mit Mitteln zu begleiten, so dass die ehemaligen Start up-Firmen nicht zu einem wachstumsbedingten Partnerwechsel auf der Eigenkapitalseite gezwungen sind.

10.4. Betriebswirtschaftliche Anforderungen

Öffentliche Finanzierungshilfen können nur dann einer Firma zugesagt werden, wenn das unternehmerische Gesamtkonzept (Businessplan) erwarten läßt, dass neben dem technischen Projektplan und der Verfügbarkeit entsprechend kompetenter Entwickler auch das Produktions- und Vermarktungskonzept Erfolg haben wird und die Unternehmensgesamtfinanzierung ausreichend stabil ist. Bei der gebotenen ganzheitlichen Betrachtung des Unternehmens kann sich dabei die Frage der Projektdurchfinanzierung nicht allein auf den Ausgleich der rechnerisch nach Anrechnung der Projektförderung verbleibenden Deckungslücke beschränken. Vielmehr muss ein plausibles Konzept vorliegen, das unter Einbezug aller zu erwartender Einzahlungen in der Form von Kapitaleinlagen, Zuschüssen, Krediten oder Zahlungseingängen aus Forderungen des operativen Geschäfts und der Auszahlungen für Aufwendungen des operativen Geschäftsbetriebs inkl. der zu finanzierenden Projektkosten, Investitionen, Tilgungen, Entnahmen etc. die Aufrechterhaltung geordneter Liquiditätsverhältnisse und die Vermeidung der Unternehmensüberschuldung zeigt.

Die Durchführung der betriebswirtschaftlichen Prüfung ist je nach Förderinstitution und Programm unterschiedlich, folgt aber im Wesentlichen einem der drei nachgenannten Grundmuster:

(1)   Bei den Investitionsförderdarlehen übernimmt fast durchgängig die Hausbank die Bonitätsprüfung, die sie im Rahmen der Kreditvergabeentscheidung ohnehin zu erledigen hat und ohne deren positiven Ausgang es gar nicht zu einer Antragsweitergabe an die Förderinstitution kommt.

(2)   Falls die Fördereinrichtung/-bank teilweise das Kreditnehmerrisiko übernehmen soll oder eine Beteiligung nach dem BTU-Programm oder z.B. der Bayern Kapital beantragt wird, treffen die jeweiligen Einrichtungen im Wesentlichen auf Grundlage der von ihren Partnern (Hausbank, Leadinvestor) bereit gestellten Angaben, zum Teil aber auch auf Basis eigenrecherchierter Informationen selbst ihre Entscheidungen zur Förder-/ Mitfinanzierungsfähigkeit des jeweiligen Einzelfalles.

(3)   Insbesondere bei der Innovationsfinanzierung durch Zuschüsse, bei denen die Einschaltung weiterer Finanzpartner nicht zwingend notwendig ist, wird die betriebswirtschaftliche Prüfung im Rahmen der Subventionsentscheidung - ggf. unter Einschaltung externer Gutachter - durchgeführt. Diese Aufgabe erfüllt in Bayern in den meisten Fällen die LfA Förderbank Bayern. Die wesentlichen Beurteilungsinhalte werden nachfolgend dargestellt. Ausgangspunkt aller Betrachtungen ist die betriebswirtschaftliche Situation des Unternehmens zum Zeitpunkt des Projektbeginns. Falls das High Tech-Projekt aus einem bereits laufenden Geschäftsbetrieb heraus gestartet wird, müssen ein ausreichend aktueller Jahresabschluss des Unternehmens und der/die von verbundenen Unternehmen (auch solche im Eigentum der Gesellschafter und inkl. Immobilienbesitzfirmen) vorgelegt werden. Zusätzlich bzw. bei reinen Neustarts ausschließlich nötig sind Angaben zur persönlichen Schuldensituation der wesentlichen Gesellschafter.

Für die vom zu fördernden Vorhaben betroffenen Geschäftsjahre und in der Regel auch für das hinsichtlich der Verwertung der Projektergebnisse besonders wichtige erste Folgejahr ist jeweils eine Plan-Gewinn- und Verlustrechnung unter Einrechnung der jahresanteiligen Projektaufwendungen sowie eine aussagekräftige Liquiditätsplanung vorzulegen. Sollte aufgrund der Planergebnisse und unter Berücksichtigung der bis dato bekannten Eigenkapitalsituation eine Überschuldung des Unternehmens gegeben sein oder sich abzeichnen, müssen zum einen geeignete Maßnahmen aufgezeigt werden, um diese Unterkapitalisierung zu beseitigen. Zum anderen ist eine Bestätigung des Steuerberaters/Wirtschaftsprüfers vorzulegen, dass durch diese Maßnahmen das drohende Minuskapital in rechtskonformer Weise abgewendet werden kann.

Für die zur Vorhabensfinanzierung vorgesehenen Mittel Dritter müssen bindende Verträge inkl. etwaiger Auszahlungsvoraussetzungen vorgelegt werden. Letters of Intent von Beteiligungsgesellschaften sind in diesem Zusammenhang nicht ausreichend; an Milestones orientierte Valutierungen können insbesondere, wenn die Fördermittelauszahlungen analog geplant werden im Einzelfall akzeptiert werden. Gesellschafterdarlehen, Verwandtendarlehen etc. sind in jedem Fall vor Auszahlung des ersten Teilbetrags der Fördermittel dem Unternehmen unwiderruflich und uneingeschränkt zur Verfügung zu stellen.

Für vorhabensbezogene Bankkredite müssen Bankbestätigungen vorgelegt werden, die abgesehen vom Vorbehalt der Vorhabensförderung uneingeschränkt die Kreditbereitschaft bekunden. Die für diesen Bankkredit vorgesehene Absicherung muss zumindest zwischen Firma und Bank geklärt sein, der Vollzug der Sicherheitenbestellung kann im Hinblick auf die dadurch ausgelösten Kosten bis zur tatsächlichen Vorlage des positiven Förderbescheids zurückgestellt werden. Im letzteren Fall muss aber spätestens zum Zeitpunkt des ersten Fördermittelabrufs die uneingeschränkte Kreditbestätigung nachgereicht werden. Die Laufzeit eines vorhabensbezogenen Kredits muss mindestens die volle Vorhabenslaufzeit umfassen und sollte keine Tilgungen während des Projektzeitraums vorsehen. (Diese Raten müssten vom Finanzierungsbeitrag subtrahiert werden). Falls die Kreditzusage keine Rückführungsvereinbarung beinhaltet, muss sich die Bank bereit erklären, bei Projektende den dann valutierenden Kreditbetrag zu prolongieren und unternehmensverträgliche Rückführungsraten mit der Firma zu vereinbaren.

10.5. Zusammenfassung

Grundvoraussetzung für den Erhalt öffentlicher Finanzierungshilfen ist die Erfüllung der Vorgaben hinsichtlich Unternehmensgröße und Gesellschafterstruktur sowie projektbezogen der Vorbeginnsklausel. Sowohl für die Förderdarlehen (Hausbank) als auch für den Erhalt öffentlicher Beteiligungen nach dem Leadinvestor-Modell (BTU-Programm, Bayern Kapital) sind Finanzpartner erforderlich. Die Förderung eines Projekts aus mehreren Programmen ist nur eingeschränkt bzw. im Innovationsbereich gar nicht möglich. Keinesfalls aber decken die Fördermittel voll die Gesamtkosten ab, und die Restfinanzierung ist aus nicht öffentlichen Finanzierungsquellen darzustellen. Ausgehend von der konkreten Bedarfsstruktur sollten die Gründer die Förderdatenbanken nutzen und versuchen, eine persönliche Beratung durch regionale Innovationsberatungsstellen zu erhalten.

Die Zuschussförderung leistet insbesondere bei Innovationsvorhaben einen wichtigen Beitrag, den durch die hohen Entwicklungskosten ausgelösten, von externen Partnern zu deckenden Eigenkapitalbedarf zu begrenzen. Für bereits kreditfähige Start-up Unternehmen stehen für die Investitionsfinanzierung, aber auch für Innovationsprojekte Darlehensförderprogramme zur Verfügung. Auf Grundlage der Unternehmenskonzeption und der Zukunftsaussichten, nicht aber abhängig vom Wert etwaiger Sicherheiten können Risikoteilübernahmen staatlicher Einrichtungen beantragt werden.

Beteiligungsmittel aus dem BTU-Programm oder auf Länderebene z.B. der Bayern Kapital GmbH helfen dem Gründerteam, auch bereits in der frühen Entwicklungsphase investitionswillige Eigenkapitalgeber zu finden. Später können staatsnahe mittelständische Beteiligungsgesellschaften (u.a. BayBG) tätig werden, z.B. auch für Unternehmen, die sich zwar kaum in wenigen Jahren zum internationalen schnell wachsenden Highflyer entwickeln, aber auf solider Grundlage eine auskömmliche Rentabilität erwirtschaften werden.

Die betriebswirtschaftlichen Anforderungen umfassen im Wesentlichen einen schlüssigen Businessplan sowie rechtsverbindliche Verträge/Zusagen der zur Gesamtfinanzierung des Unternehmens nötigen Eigen- und Fremdkapitalgeber. Die Finanzierung sowohl des Projekts wie auch des Gesamtunternehmens muss auf Basis plausibler Planzahlen im Projektzeitraum und der daran anschließenden nahen Zukunft gesichert sein. Die Überprüfung der betriebswirtschaftlichen Fördervoraussetzungen ist unterschiedlich geregelt und verlagert sich mit zunehmendem öffentlichen Risikoanteil von den Marktpartnern, insbesondere der Hausbank, zur betroffenen Fördereinrichtung hin, die ihrerseits zum Teil Gutachter einsetzt.

10.6. Verwendete und weiterführende Informationen

Gesamtüberblick über die Förderprogramme:
Förderdatenbank des Bundeswirtschaftsministeriums (bmwi.de) sowie bei den jeweiligen Landeswirtschaftsministerien und den Fördereinrichtungen des Bundes (DtA.de; KfW.de) und der Länder (z.B. in Bayern: stmwvt.bayern.de; lfa.de; bayern-innovativ.de; baybg.de; bayernkapital.de; software-offensive-bayern.de).

Konzeption eines Businessplans:
Handbuch zum Münchner Businessplan Wettbewerb bzw. dem Businessplan Wettbewerb Nordbayern (MBPW.de bzw. BPN.de).
Kapitel 16 dieses Buches und die dort angegebene Literatur.

11. Risikomanagement für Gründer

OTTO A. ALTENBURGER

11.1. Überblick

Der vorliegende Beitrag möchte Grundwissen zum Umgang mit Risiken vermitteln und dazu grundlegende Empfehlungen aussprechen, und zwar fokussiert auf Unternehmungsrisiken und den Blickwinkel von Unternehmungsgründern. Damit soll die Sensibilität für eine oft vernachlässigte Thematik gestärkt und zugleich die in dieser Hinsicht bestehende Lücke im Schrifttum verkleinert werden. Im Vordergrund steht die Zielsetzung, konkrete Hilfestellung zu geben, soweit dies auf dem zur Verfügung stehenden Raum und ohne Bedachtnahme auf die Umstände des Einzelfalls möglich ist.

Im anschließenden Abschnitt 11.2. werden die Bedeutung der Problemstellung sowie der Stand der Diskussion knapp charakterisiert. Der Abschnitt 11.3. enthält einen Überblick über das Risikomanagement im Allgemeinen; dabei werden wichtige Ausschnitte aus der einschlägigen Literatur dargestellt. Dieser Überblick bildet die Grundlage für die Risikomanagement-Empfehlungen für Unternehmer, insbesondere Gründer; sie werden im Abschnitt 11.4. zusammengefasst. Der abschließende Abschnitt 11.5. enthält eine kurze Zusammenfassung und Schlussbemerkungen.

Im Interesse besserer Lesbarkeit werden nur die männlichen personenbezogenen Wortformen verwendet; Gründerinnen, Unternehmerinnen usw. sind stets ebenso gemeint.

11.2. Bedeutung der Problemstellung und Stand der Diskussion

Die Übernahme von Risiken gilt allgemein als Wesensmerkmal von Unternehmern (vgl. Cantillon 1755/1987, S. 52 f. und S. 62 ff.; bzw. 1931, S. 27 und S 32 ff.) bzw. Unternehmungen. Unabhängig von seiner persönlichen Risikoeinstellung muss sich jeder Gründer mit der Frage auseinandersetzen, welche Risiken er eingehen soll. Da die Existenz auf dem Spiel stehen kann, kommt dieser Entscheidung im Rahmen der Gründungsüberlegungen zentrale Bedeutung zu.

Das vorliegende Schrifttum zur Unternehmungsgründung spiegelt diese Bedeutung allerdings nicht angemessen wider. Dabei zeigen sich je nach Ausrichtung unterschiedliche Probleme (vgl. Altenburger 2002).

Die Literatur zu Entrepreneurship und Gründungsmanagement beschäftigt sich mit Risiken und deren Bewältigung weder systematisch noch umfassend. Immerhin werden Risiken durchgehend erwähnt, wenngleich dies manchmal nur am Rande oder indirekt geschieht; Versicherungen kommen in den meisten einschlägigen Werken nicht vor.

Gründungsratgeber behandeln Risiken und Versicherungen - wenn sie darauf eingehen - meist auf eine Weise, dass der Eindruck entsteht, alle Risiken seien versicherbar, obwohl dies auf die typischen unternehmerischen Risiken gerade nicht zutrifft. Der Umgang mit Risiken ist kaum ein Thema; Versicherungsempfehlungen werden, wenn überhaupt, sehr abstrakt formuliert (z.B., dass man sich „durch geeignete Versicherungen absichern" sollte).

Angesichts dieses Stands der Diskussion kann der vorliegende Beitrag nur einen ersten Schritt zur Integration von Risiko- und Gründungsmanagement bilden. Überlegungen zum Risikomanagement sind freilich für alle Unternehmungen unabhängig von ihrem Alter wichtig; zum Risikomanagement im Allgemeinen liegt ein umfangreiches Schrifttum vor (vgl. als Überblick Mugler 1988 oder Karten 1993). In den letzten Jahren hat die Thematik im Zusammenhang mit dem Gesetz zur Kontrolle und Transparenz im Unternehmensbereich (KonTraG) in Deutschland und mit ähnlichen Gesetzesänderungen in Österreich neue Aktualität erlangt; etliche Autoren gehen sogar von einer Verpflichtung zu einem umfassenden Risikomanagement für die betroffenen Unternehmungen aus (vgl. vor allem Lück 1999, S. 141 und S. 170, sowie Seibert 1999, S. 9 f.).

11.3. Risikomanagement - ein Überblick

11.3.1. Begriff

Für den bewussten Umgang mit Risiken scheint sich im deutschen Sprachraum das Wort „Risikomanagement" durchzusetzen. Dabei kann es sich - von eigenständigen Interpretationen abgesehen - entweder um eine „modernisierte" Version des Terminus „Risikopolitik" oder um eine Teilübersetzung des in den USA gebräuchlichen Ausdrucks „Risk Management" handeln.

Der klassische deutsche Begriff „Risikopolitik" wird meist in einem umfassenden Sinn verwendet, d.h. für das bewusste, zielgerichtete Gestalten von Risiken, und zwar von allen Risiken jedes beliebigen risikobedrohten Systems. Betrachtet werden können dabei Einzelpersonen, Haushalte und Familien, Unternehmungen und Unternehmensgruppen ebenso wie Vereine und Verbände, Universitäten und Krankenhäuser, Behörden und Armeen, Gemeinden und andere Gebietskörperschaften, Volksgruppen und Staatsvölker, Parteien und Kirchen, Wirtschaftsräume oder die Erde als Ganzes. Bezogen auf Unternehmungen bzw. Betriebe hat Karl Oberparleiter vor etwa 70 Jahren „Risikopolitik" als das „vom Risikobewusstsein vernunftmäßig gebotene betriebswirtschaftliche Verhalten und Handeln" definiert. Da jede unternehmerische Entscheidung Risikowirkungen besitzt, ist es nicht möglich, die Risikopolitik von der (restlichen) Unternehmungspolitik abzugrenzen. Eine gesamthafte Behandlung aller Risiken einer Unternehmung ist wünschenswert, stellt aber eine äußerst komplexe, schwierige Aufgabe dar.

Sollen einem „Risikospezialisten" konkrete Kompetenzen zugeordnet werden, dürfen sich diese nicht auf sämtliche, sondern können sich nur auf einen Teil der Risiken des risikobedrohten Systems erstrecken. Dieses Konzept hat in der Praxis als „Risk Management" weite Verbreitung gefunden, beginnend vor einigen Jahrzehnten in den USA, als Insurance Manager, also die für den Versicherungsschutz zuständigen Führungskräfte, als „Risk Manager" ein erweitertes Aufgabengebiet erhielten. „Risk Management" umfasst jedenfalls lediglich einen *Teil* der Unternehmungspolitik. Dem Nachteil, dass auf diese Weise nur ein Teiloptimum und nicht ein Gesamtoptimum für die Unternehmung erreicht werden kann, steht der Vorteil gegenüber, dass der Risk Manager auf der zweiten (oder dritten) Hierarchieebene der Unternehmung angesiedelt werden und seinen Aufgabenbereich selbständig bearbeiten kann. In den letzten Jahren sind vermehrt Tendenzen erkennbar, die Unternehmungsrisiken bei der Unternehmungsführung gesamthaft zu berücksichtigen; dies ändert aber nichts daran, dass es ab einer gewissen Unternehmungsgröße vorteilhaft ist, spezialisierte Risk Management-Abteilungen einzurichten. Um deren Aufgaben abzugrenzen, ist es erforderlich, die Unternehmungsrisiken in zwei Gruppen zu gliedern, nämlich erstens die Gruppe, die der Risk Manager zu gestalten hat, und zweitens die Gruppe, die außerhalb seines Verantwortungsbereichs liegt.

Diese Zweiteilung der Unternehmungsrisiken kann nach verschiedenen Kriterien vorgenommen werden. Sie überschneiden einander weitgehend; keines liefert eine ganz eindeutige Abgrenzung zwischen den zwei Risikogruppen. Je nach dem angewandten Unterscheidungskriterium entstehen folgende Risikogruppen:

- *Reine Risiken* sind der Gegenstandsbereich des Risk Management nach klassischem anglo-amerikanischem Verständnis. Dabei handelt es sich um jene Risiken, die nur zu Verlusten, nicht aber zu Gewinnen führen können. Dazu gehören z.B. das Risiko, dass eine Fertigungshalle durch Feuer beschädigt oder zerstört wird, und das Risiko einer daraus resultierenden Produktionsunterbrechung. Das „bestmögliche" Ergebnis besteht in diesem Fall darin, dass kein Brand ausbricht. Die komplementäre Risikogruppe zu den reinen bilden die *spekulativen Risiken*, das sind jene Risiken, bei denen Verluste und Gewinne eintreten können, etwa die Einführung eines neuen Produkts.

- Matthias Haller propagiert ein ganzheitliches Risikomanagement, aber dennoch die Einteilung der Risiken in *Bedingungsrisiken* und *Aktionsrisiken* (Haller 1986, S. 19 f.). Aktionsrisiken betreffen bewusst gesetzte Unternehmungsziele, also die eigentliche Geschäftstätigkeit, Bedingungsrisiken deren meist unbewusst vorausgesetzten Randbedingungen. Die Befassung mit diesen Nebenbedingungen ließe sich an einen Risk Manager delegieren. Er könnte z.B. entscheiden oder vorschlagen, ob die Wasserleitungen erneuert oder die vertraglichen Vereinbarungen zur Leitungswasser-Versicherung geändert werden sollen. Er könnte aber nicht allein zu einer Entscheidung gelangen, welche Märkte bearbeitet werden sollen.

- Josef Mugler hat vorgeschlagen, das Risk Management solle sich auf die *theoretisch versicherbaren Risiken* beziehen (Mugler 1979, S. 4 f. und S. 60 ff.). Der Zusatz „theoretisch" stellt klar, dass es sich um jene Risiken handelt, die sich grundsätzlich versichern lassen - unabhängig davon, ob ein konkretes Versicherungsangebot erhältlich ist („praktische Versicherbarkeit"). Es würde zu weit führen, auf die Kriterien der (theoretischen) Versicherbarkeit einzugehen; hingewiesen sei jedoch auf das Kriterium der - zumindest groben - Schätzbarkeit bzw. Kalkulierbarkeit. Ohne diese könnte der Risk Manager nicht beurteilen, ob sich die Versicherung eines Risikos zu den gebotenen Konditionen lohnt. Das Gegenstück zu den (theoretisch) versicherbaren Risiken bilden die nicht versicherbaren Risiken, das sind die Geschäftsrisiken oder das *allgemeine Unternehmungsrisiko* bzw. das allgemeine Unternehmerwagnis, das traditionell als nicht kalkulierbar aus der Kostenrechnung ausgeklammert wird - im Gegensatz zu den kalkulierbaren Einzelrisiken, die sich in den kalkulatorischen Wagnissen niederschlagen.

11.3.2. Vorgehensweise

Kennzeichnend für ein effizientes Risikomanagement ist eine systematische Vorgehensweise. Beispielhaft seien die *Phasen des Risk Management-Prozesses* nach Emmett J. Vaughan angeführt (vgl. Vaughan/Vaughan 1999, S. 27):

1. Zielfestlegung
2. Risikoidentifikation
3. Risikobewertung
4. Alternativenerarbeitung und -auswahl
5. Entscheidungsdurchführung
6. Kontrolle

Das Entscheidende an dieser Phasengliederung ist der Beginn mit der *Zielfestlegung*. Im Gegensatz zu anderen in diesem Zusammenhang vertretenen Auffassungen kommt darin die Überzeugung zum Ausdruck, dass bereits die Risikoanalyse, vor allem die Risikobewertung, das Festlegen von Zielen voraussetzt. Hier geht es nicht um die Unternehmungsziele insgesamt, sondern um Unter- bzw. Teilziele, etwa die Einhaltung eines bestimmten Sicherheitsniveaus; es lässt sich z.B. mit Aussagen zur Anzahl von Schäden oder zur Höhe und Wahrscheinlichkeit von Verlusten konkretisieren. Dabei kann das Value at Risk-Konzept zum Einsatz gelangen; dieser Begriff umschreibt den mit einer vorgegebenen (kleinen) Wahrscheinlichkeit eintretenden Verlust innerhalb eines bestimmten Zeitraums. Freilich müssen nicht alle einschlägigen Vorgaben die Risikoanalyse unmittelbar beeinflussen: Die Festlegung eines bestimmten Budgets für risikopolitische Maßnahmen wirkt z.B. direkt auf deren Erarbeitung.

Die Risikoanalyse (Phasen 2 und 3, vgl. dazu den folgenden Abschnitt 11.3.3.) ist ihrerseits Voraussetzung für das Erarbeiten und Umsetzen risikopolitischer Maßnahmen sowie deren Kontrolle (Phasen 4 bis 6, vgl. dazu den anschließenden Abschnitt 11.3.4.). Die Phasen 1 und 4 bis 6 entsprechen dem allgemeinen Phasenschema der Entscheidungstheorie bzw. der Unternehmungspolitik.

Da sich aus der Kontrolle Rückkopplungswirkungen auf die vorangehenden Phasen ergeben können, muss das angeführte Schema mehrfach durchlaufen werden. Einen noch wichtigeren Grund dafür stellen die laufenden Änderungen der Risikosituation der Unternehmung dar. Risikomanagement kann nicht einmal erledigt und dann „abgehakt" werden, sondern bildet eine ständige Aufgabe.

11.3.3. Risikoanalyse

Die Risikoanalyse umfasst die Risikoerkennung (Risikoidentifikation) und die Risikobewertung.

Für die *Risikoerkennung* stehen viele verschiedene Methoden zur Verfügung.

Als erster Anhaltspunkt empfiehlt sich das Durchgehen von Aufzählungen betrieblicher Risiken im Lichte des konkreten Unternehmungsgegenstands und der eingesetzten Geschäftsprozesse. Die üblichen Gliederungen sind allerdings weder vollständig noch überschneidungsfrei. Unterschieden werden z.B.:

- Marktrisiken (z.B. Entwicklung der Absatzmärkte, Abhängigkeit von bestimmten Kunden),
- Betriebsrisiken (z.B. Produktionsstörungen, Kostensteigerungen),
- finanzielle Risiken (z.B. Forderungsausfälle wegen verspäteter Rechnungsstellung oder mangelnder Überwachung der Zahlungseingänge, Verlust möglicher Gründerförderungen wegen Unkenntnis oder verspäteter Antragstellung) und
- Rechtsrisiken (z.B. Produkthaftpflicht, Patentverletzung).

Bestimmten Rechtsrisiken können sich Unternehmungsgründer auch durch die Gründung einer Kapitalgesellschaft nicht entziehen, wenn sie als Geschäftsführer fungieren. Sie haften als solche z.B. persönlich für das Abführen der Lohnsteuer und der Sozialversicherungsbeiträge für die Mitarbeiter.

Bewährt hat sich Brainstorming zur Risikoerkennung unter Einbeziehung möglichst vieler Mitarbeiter. Häufig angewandt werden auch Betriebsbesichtigungen und Checklisten. Als Beispiel für eine unkonventionelle Methode sei das Studium der Stellenanzeigen von (potentiellen) Konkurrenten, Lieferanten und Kunden angeführt: Sucht ein (potentieller) Konkurrent Personal mit dem Know-how eigener Mitarbeiter, könnten deren Abwerbung und eine Gefährdung der Marktstellung bevorstehen. Stellt ein Lieferant längere Zeit niemanden ein, könnte eine baldige Produktionseinstellung drohen. Dass ein Kunde einen neuen Einkaufsleiter sucht, könnte darauf hindeuten, dass eine Neubewertung aller Lieferanten dieses Kunden geplant ist und demzufolge Anstrengungen erforderlich sind, damit die eigene Unternehmung unabhängig von einer vielleicht jahrelangen Tradition oder persönlichen Bekanntschaft weiterhin als attraktiver Partner angesehen wird.

Trotz systematischer und laufender Bemühungen um die Risikoerkennung lässt sich bedauerlicherweise nicht gewährleisten, dass die bestehenden Risiken vollständig erkannt werden; man muss damit rechnen, Risiken erst aufgrund von Schadenereignissen zu entdecken. Von diesem Problem zu unterscheiden ist das Thema künftige Risiken bzw. Risikoänderungen. Da eine möglichst frühzeitige Befassung mit zukünftigen Risiken deren Bewältigung erleichtert, ist der Einsatz von Frühwarnsystemen in der Regel empfehlenswert.

Bei der *Risikobewertung* geht es um Überlegungen, was passieren kann, vor allem um mögliche Schadenhöhen und deren Wahrscheinlichkeiten. Wichtige Informationsquellen - soweit verfügbar - sind Schadenstatistiken. Hilfreich kann die Unterscheidung zwischen dem Güter- und dem Geldaspekt von Risiken sein; der mögliche Verlust bestimmter Güter (z.B. Menschenleben oder kaum rekonstruierbare Versuchsanordnungen) kann eine andere Risikobewertung nahelegen als potentiellen Schäden zurechenbare Euro-Beträge. Im folgenden werden zwei Möglichkeiten der *Klassifizierung von Risiken* im Rahmen der Risikobewertung kurz dargestellt.

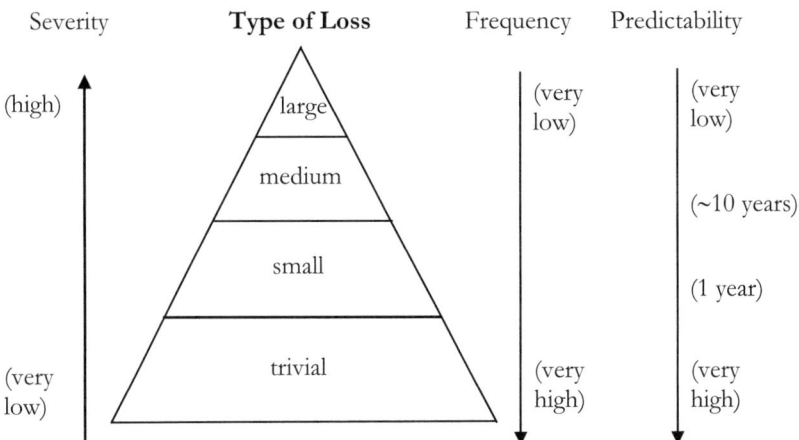

Abb. 1: Risikoklassifizierung nach Neil Crockford (Crockford 1986, S. 11 ff.)

Nach Neil Crockford geht die zunehmende *Schwere* eines Risikos mit einer Verminderung der Schadenhäufigkeit und der Vorhersagbarkeit des Schadeneintritts einher (vgl. Abb. 1). Als mittel bzw. klein werden Risiken eingestuft, die einmal innerhalb von etwa zehn Jahren bzw. einmal jährlich zu Schäden führen; noch häufigere Schäden entsprechen einem Trivialrisiko, seltenere Schäden dagegen einem Großrisiko, wobei von einem hohen Schadenausmaß ausgegangen wird.

Matthias Haller unterscheidet die *Risikograde* nach den *Wirkungen der Schadenereignisse* (vgl. Abb. 2). Ein Kleinrisiko stellt z.B. ein möglicher, kurzfristig nicht behebbarer Motorschaden an einem Personenwagen am Vorabend einer geplanten Geschäftsreise dar, wenn die Reise stattdessen mit öffentlichen Verkehrsmitteln durchgeführt werden kann. Ein mittleres Risiko bildet ein möglicher Autounfall, der die Durchführung der Reise unmöglich macht, etwa weil eine längere Heilbehandlung erforderlich ist. Handelt es sich bei dem Verletzten um den Unternehmungsgründer, könnte bereits ein Großrisiko vorliegen; dies gilt jedenfalls bei dauernder Erwerbsunfähigkeit als Unfallfolge. Die mögliche Zerstörung einer Fertigungshalle kann ein Bagatellrisiko (z.B. wenn in der gleichen Unternehmung oder im gleichen Konzern entsprechende Produktionskapazitäten frei sind) oder ein Katastrophenrisiko sein (wenn es sich um die einzige Produktionsstätte der Unternehmung handelt und die Produkte weder zugekauft noch anderweitig hergestellt werden können).

Zur Abschätzung möglicher Risikowirkungen ist die Unterscheidung bedeutsam, ob Risiken voneinander stochastisch unabhängig sind oder der Eintritt eines Schadens andere Schäden hervorruft. Die Bewertung des Ausgleichsrisikos, das sich aus der Zusammenfassung der Einzelrisiken der Unternehmung ergibt, ist noch schwieriger als die Bewertung der einzelnen Risiken. Teilweise können dafür mathematische Modelle zum Einsatz gelangen.

154

Katastrophenrisiko	(Extremfall)
Großrisiko	Existenzgefahr
Mittleres Risiko	Zieländerung
Kleinrisiko	Mitteländerung
Bagatellrisiko	(Extremfall)

Abb. 2: Risikograde nach Matthias Haller, stichwortartig dargestellt (Haller 1975, S. 28 ff.)

11.3.4. Risikogestaltung

Der Begriff „Risikogestaltung" soll das bewusste Beeinflussen der Risikosituation durch die Gesamtheit aller risikopolitischen Instrumente zum Ausdruck bringen. Für deren Systematisierung gibt es keine anerkannte und überschneidungsfreie Gliederung. Einprägsam ist die Einteilung von Matthias Haller, und zwar wegen ihrer graphischen Aufbereitung, die die Verkleinerung der Menge der getragenen Risiken bis zur Restfläche (4.) optisch sichtbar macht (vgl. Abb. 3). Die Darstellung der Stufen bedeutet keine Rangordnung; sie müssen nicht in dieser Reihenfolge durchlaufen, sondern gemeinsam optimiert werden.

Die wichtigsten Aussagen zu den einzelnen Stufen lassen sich wie folgt zusammenfassen: Viele Unternehmungsrisiken lassen sich nicht vermeiden, wenn die Unternehmung nicht stillgelegt werden soll. Eine Risikoverminderung lässt sich durch Schadenverhütungsmaßnahmen erreichen, z.B. Schutzvorrichtungen an Maschinen zur Verhinderung von Verletzungen, aber auch durch Schaden(ver)minderungsmaßnahmen, etwa das Installieren von Rauchgasmeldern und Sprinkleranlagen oder die Schulung des Personals zum Verhalten im Schadenfall. Zur Risikoüberwälzung gehört in erster Linie die Versicherung, aber auch die Vereinbarung entsprechender Klauseln in Kauf- und Lieferverträgen. Das Selbsttragen des Risikos muss in der Regel, um rational zu sein, mit der Bildung von Reserven verbunden werden. Dazu gehören nicht nur gedanklich entsprechend gewidmete Eigenkapitalbeträge, sondern auch Kreditlinien und nicht-finanzielle Reserven wie Sicherheitsbestände an Roh-, Hilfs- und Betriebsstoffen sowie Halb- und Fertigfabrikaten, Ersatzteile sowie universell einsetzbare Maschinen, Gebäude und Mitarbeiter.

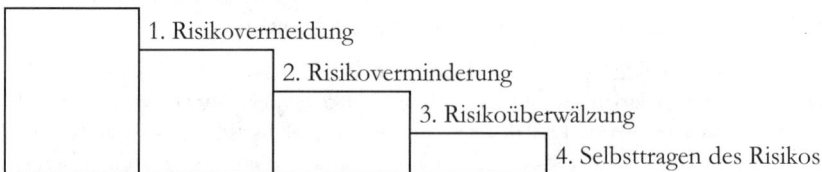

1. Risikovermeidung
2. Risikoverminderung
3. Risikoüberwälzung
4. Selbsttragen des Risikos

Abb. 3: Stufen der Risikopolitik (Möglichkeiten der Risikogestaltung) nach Matthias Haller (Haller 1975, S. 42 ff.)

Auch das Ausgleichsrisiko lässt sich bewusst gestalten, und zwar vor allem durch einzelrisikobezogene Maßnahmen, darunter das gezielte Eingehen bestimmter Einzelrisiken (z.B. bei Hedgegeschäften).

11.4. Risikomanagement-Empfehlungen für Gründer

11.4.1. Inwieweit lassen sich Empfehlungen geben?

Konkrete risikobezogene Entscheidungen sollten wie alle anderen Unternehmungsentscheidungen an den Unternehmungszielen ausgerichtet werden. Da alle Unternehmungsentscheidungen (auch) Risikowirkungen aufweisen, erscheinen isolierte risikobezogene Zielsetzungen nicht sinnvoll; formuliert werden können nur diesbezügliche Unter- bzw. Teilziele, wie sie im Abschnitt 11.3.2. erwähnt worden sind. Wegen der unterschiedlichen persönlichen Präferenzen und Risikoeinstellungen von Gründern und anderen Entscheidungsträgern in Unternehmungen lassen sich keine detaillierten Risikomanagement-Regeln mit dem Anspruch auf allgemeine Gültigkeit aufstellen.

Einige Empfehlungen erscheinen jedoch vertretbar, wenn das Leitbild einer verantwortungsbewussten Unternehmungsführung als Ausgangspunkt gewählt wird. Wer sich den im folgenden jeweils gegebenen Begründungen nicht anschließen möchte, soll von diesen Empfehlungen abweichen. Dies sollte freilich bewusst und nach sorgfältigen Überlegungen geschehen - und nicht deshalb, weil eine Auseinandersetzung mit Risikoproblemen entweder überhaupt unterbleibt oder nur zufallsgesteuert erfolgt, etwa in Abhängigkeit von Besuchen, von Versicherungsvertretern oder von Auflagen in Kreditverträgen.

11.4.2. Grundlegende Empfehlungen für den Umgang mit Risiken

(1)   **Risikomanagement ist (im Grundsätzlichen) Chefsache!**

Angesichts der Konsequenzen, die der Umgang mit Katastrophen- und Großrisiken für den Bestand der Unternehmung haben kann, sollten Risikomanagement-Grundsatzentscheidungen entweder gar nicht oder nur innerhalb eines klar umrissenen Entscheidungsspielraums delegiert werden. Zu diesen Grundsatzentscheidungen gehören vor allem Entscheidungen über den Stellenwert des Risikomanagements für die Unternehmung, über Art und Ausmaß der Risikoanalyse sowie über die Entscheidungsfindung betreffend die Risikogestaltung.

(2)   **Risikoanalyse systematisch und regelmäßig!**

Die Befolgung dieser Empfehlung bildet die Voraussetzung für eine den Unternehmungszielen und den Risikoeinstellungen der Entscheidungsträger entsprechende Risikogestaltung, wenn sie nicht ausdrücklich eine Nichtauseinandersetzung mit Risiken beabsichtigen. Die Regelmäßigkeit der Risikoanalyse ist auch Voraussetzung für den sinnvollen Umgang mit Risikoänderungen. Steigt z.B. der Verbrauch an Kupfer oder anderen starken Preisschwankungen unterliegenden Rohstoffen, könnte anstelle von Termingeschäften oder der Vereinbarung von Preisgleitklauseln eine Bergwerksbeteiligung oder aber die Einstellung des betreffenden Produktionszweigs erwogen werden. Vergrößert sich ein versichertes Risiko, besteht in der Regel eine Anzeigepflicht, deren Verletzung zu einer Verminderung der Versicherungsleistungen auch bei Kleinschäden führt; eine solche „Unterversicherung" kann erwünscht sein, der Selbstbehalt sollte aber bewusst gewählt bzw. vereinbart werden und sich nicht aus Unaufmerksamkeit ergeben.

(3) Katastrophenrisiken und Großrisiken nicht selbst tragen!

Wer sich diese Empfehlung nicht zu eigen macht, riskiert - bewusst oder unbewusst - den Bestand der Unternehmung. Die gewählte Formulierung sagt ausdrücklich nichts darüber aus, ob die angeführten Risiken vermieden bzw. vermindert oder versichert werden sollen (eine anderweitige Überwälzung dürfte kaum in Frage kommen); soweit es sich um Personenrisiken handelt, wird diese Entscheidung in der nächsten Empfehlung angesprochen. Nicht versicherbare Katastrophen- und Großrisiken sollten jedenfalls möglichst vermieden bzw. möglichst weitgehend vermindert werden.

(4) Personenrisiken möglichst vermeiden bzw. vermindern!

Diese Empfehlung beruht auf ethischen Erwägungen: Den betroffenen Personen sollen Erkrankungen, Verletzungen oder andere körperliche oder geistige Beeinträchtigungen sowie ein vorzeitiger Tod möglichst erspart bleiben. Dies gilt grundsätzlich unabhängig von der Schwere dieser Risiken und auch dann, wenn sie sich versichern oder anderweitig überwälzen lassen. Bei dieser Aussage wird davon ausgegangen, dass sich Schmerzen und persönliche Beeinträchtigungen - im Gegensatz zu Heilungs- und Pflegekosten sowie Verdienstentgang - letztlich nicht durch Geldbeträge abgelten lassen. Ausfluss der Befolgung dieser Empfehlung in Verbindung mit der Beachtung der vorigen Empfehlung könnte der Verzicht des Gründers auf die Ausübung bestimmter Sportarten oder eine Regelung sein, wonach er und sein Gründungspartner oder andere Schlüsselpersonen der Unternehmung nicht gleichzeitig dasselbe Verkehrsmittel benutzen dürfen.

(5) Vorschriften und Auflagen einhalten!

Die Befolgung dieser Empfehlung sollte in einem Rechtsstaat selbstverständlich sein; wer mit solchen Vorgaben nicht einverstanden ist, sollte sie auf dem Rechtsweg bekämpfen, auf politischem Weg, etwa über Interessenvertretungen, zu beeinflussen versuchen oder durch entsprechende Sachverhaltsgestaltungen - soweit möglich - vermeiden. Insoweit sich die Vorschriften und Auflagen auf Personenrisiken beziehen, etwa auf die Gefährdung der Gesundheit von Mitarbeitern, überschneidet sich diese Empfehlung mit der vorangehenden. Ausnahmsweise kann auch eine Überschneidung mit der unter (3) angeführten Empfehlung vorliegen, z.B. bei einer gesetzlichen Versicherungspflicht für ein großes Haftpflichtrisiko. Wenn sich eine Versicherungspflicht auch auf Klein- und Bagatellrisiken erstreckt, muss für diese Risiken die folgende Empfehlung zurücktreten.

(6)   Bagatellrisiken und Kleinrisiken nicht versichern!

Die Versicherung solcher Risiken ist unwirtschaftlich, weil die Versicherungsprämien aufgrund von Sicherheits-, Kosten- und Gewinnzuschlägen in aller Regel höher als die Schadenerwartungswerte sind und diesen Mehrkosten - im Gegensatz zu größeren Risiken, bei denen sie überdies relativ weniger ins Gewicht fallen - kein nennenswerter Nutzen gegenübersteht, da die Ausgleichswirkung der Versicherung wegen des geringen Umfangs und der guten Prognostizierbarkeit der Schäden nicht benötigt wird. Reisegepäck-, Glas- oder Einbruchdiebstahlversicherungen erscheinen deshalb nur in seltenen Ausnahmefällen sinnvoll, letztere z.B. dann, wenn bis zur zu erwartenden Entdeckung des Einbruchs substantielle Teile des Gesamtvermögens der Unternehmung entwendet werden könnten, etwa bei einem Juwelier. Auf die absolute Schadenhöhe kommt es nicht an; betreibt eine Unternehmung z.b. einen größeren Fuhrpark, so erscheint ein Verzicht auf Kraftfahrzeug-Fahrzeugversicherungen (Kaskoversicherungen) vorteilhaft, verfügt sie über zahlreiche Auslieferungslager an verschiedenen Orten, sind diesbezügliche Sachversicherungen im Allgemeinen entbehrlich. Zu bedenken ist in diesem Zusammenhang auch, dass sich viele Standard-Versicherungsverträge auf kleinere und größere Risiken gemeinsam beziehen. Im Sinne der angeführten Überlegung sollten Versicherungsverträge, soweit rechtlich zulässig, grundsätzlich mit Selbstbehalten abgeschlossen werden. Sofern Versicherungsunternehmungen Verträge mit Selbstbehalten anbieten, sind die dafür eingeräumten Prämienrabatte in der Regel durchaus attraktiv, weil die Versicherungsunternehmungen nicht nur die unmittelbare Kostenersparnis, sondern auch die Anreizwirkung für Schadenverhütungs- und –minderungsmaßnahmen berücksichtigen. Grundsätzlich enthält die in Rede stehende Empfehlung aber keine Aussage darüber, inwieweit die nicht versicherten Bagatell- und Kleinrisiken vermieden, vermindert oder anderweitig überwälzt werden sollen. Grundüberlegungen zu dieser Frage werden anschließend dargelegt.

(7)   Über möglichst alle Risiken bewusst entscheiden!

Diese Empfehlung bedeutet zunächst eine Wiederholung der unter (2) angeführten Empfehlung; die Einschränkung „möglichst" nimmt darauf Bedacht, dass trotz aller Bemühungen mit Lücken bei der Risikoanalyse gerechnet werden muss. Die Empfehlung umschreibt aber auch die Aufforderung, über alle Risiken innerhalb des von den vorangehenden vier Empfehlungen gesteckten Rahmens wohlüberlegte Entscheidungen zu treffen. Je nach Zielsetzungen und Risikoeinstellungen sollten die Vor- und Nachteile (Nutzen und Kosten) verschiedener risikopolitischer Handlungsalternativen gegeneinander abgewogen werden. Dazu können auch Investitionsrechnungen erforderlich sein, wenn sich (geplante) Entscheidungen auf mehrere Perioden auswirken, etwa die Errichtung räumlich getrennter Fertigungshallen, die Schaffung von Brandabschnitten, die Installation von Alarm- oder Zugangskontrollanlagen, die Anschaffung von Fahrzeugen mit speziellen Sicherheitseinrichtungen oder die längerfristige Anlage von bisher der kurzfristigen Abdeckung von Schadensfällen gewidmetem Kapital. Auch für Versicherungsverträge, die für eine Laufzeit von nur einem Jahr abgeschlossen werden könnten, ist unter Umständen eine längere Bindung vorteilhaft, etwa wenn Rabatte für Schadenverhütungs- oder -minderungsmaßnahmen längerfristig gesichert werden sollen. Im Allgemeinen sollten Wirkungsversicherungen - bei denen es grundsätzlich nicht auf die Schadenursachen ankommt - angestrebt und einheitliche Selbstbehalte vereinbart werden. So erscheint z.B. die von vielen kleinen und mittelgroßen Unternehmungen getroffene Entscheidung nicht rational, Sachschäden aufgrund von Bränden ab dem ersten Euro zu versichern, Betriebsunterbrechungsschäden aufgrund von Bränden jedoch überhaupt nicht, obwohl letztere im Durchschnitt höher sind.

Hingewiesen werden soll abschließend noch auf die drei klassischen Faustregeln der amerikanischen Risk Management-Literatur. In der Formulierung von Robert I. Mehr und Bob A. Hedges lauten diese „Basic Rules of Risk Management" wie folgt (Mehr/Hedges 1963, S. 16, im Original ohne Großschreibung und Rufzeichen):

1. Don't Risk More Than You Can Afford to Lose!
2. Don't Risk a Lot for a Little!
3. Consider the Odds!

Die dritte Regel fordert dazu auf, sich mit möglichen Großschäden auch dann zu beschäftigen, wenn deren Eintrittswahrscheinlichkeit sehr klein ist. Die zweite Regel unterstreicht einerseits die erste Regel: Es erscheint nicht sinnvoll, Großrisiken selbst zu tragen, um die (relativ geringen) Versicherungsprämien zu sparen. Die gleiche Regel spricht andererseits dagegen, relativ hohe Prämien für die Versicherung kleiner Risiken zu bezahlen, z.B. eine jährliche Mehrprämie von 70 Euro für eine Selbstbehaltsverringerung um 100 Euro.

11.4.3. Empfehlungen für den Abschluss von Versicherungen im Rahmen einer Gründung

Wenn Zeit und/oder finanzielle Mittel nicht dazu ausreichen, sich zeitgleich mit allen Risiken auseinanderzusetzen, kann die folgende Prioritätsordnung für den Abschluss von Versicherungsverträgen im Zusammenhang mit der Unternehmungsgründung als Anhaltspunkt dienen:

(1) Absicherung des Gründers (und anderer Schlüsselpersonen)
   (a) Berufsunfähigkeit, Unfälle und Krankheiten
   (b) Hinterbliebenenversorgung
   (c) Altersversorgung

(2) Absicherung der Unternehmung
   (a) Haftpflicht
   (b) Betriebsunterbrechung
   (c) Sachwerte
   (d) Rechtsschutz u.a.

Die persönliche Absicherung des Gründers der Unternehmung besitzt für diese existenzielle Bedeutung. Nicht in der vorstehenden Liste erfasst sind allerdings private Haftpflicht-, Vermögens- und andere Versicherungen, deren Abschluss keinen unmittelbaren Zusammenhang mit der Unternehmungsgründung aufweist. Eine Hinterbliebenenversorgung kann für Alleinstehende weitgehend entfallen; dennoch zu planen ist freilich die Absicherung der Gründungspartner und anderer Schlüsselpersonen. Auch der Altersversorgung sollten von Anfang an Aufmerksamkeit und Geld gewidmet werden; als grober Richtwert lassen sich 800 bis 1.000 Euro pro Monat angeben. Jegliche Kapitalanlage muss freilich sehr kritisch geprüft werden, soweit sie mit Krediten finanziert wird; dies gilt auch für kapitalbildende Lebensversicherungen, obwohl deren Renditen bei langen Laufzeiten im Vergleich zu anderen Anlagen im Allgemeinen günstig abschneiden. Zum Bereich Altersversorgung gehört auch die Vorsorge für altersbedingte Pflegebedürftigkeit; wer keiner Pflegeversicherung im Rahmen der Sozialversicherung unterliegt, ist nach deutschem Recht zum Abschluss einer privaten Pflegeversicherung verpflichtet.

Wichtig für den gesamten Bereich der personenbezogenen Risiken ist die Abstimmung mit der Sozialversicherung, nicht nur mit bereits erworbenen oder pflichtgemäß zu erwerbenden Ansprüchen, sondern auch im Hinblick auf freiwillige Sozialversicherungsdeckungen. Die gesetzliche Terminologie wirkt teilweise verwirrend: In der Rentenversicherung gibt es in Deutschland sowohl eine „freiwillige Versicherung" als auch eine „Versicherungspflicht auf Antrag", für die unterschiedliche Voraussetzungen gelten und die zu unterschiedlichen Rentenansprüchen führen, vor allem bei verminderter Erwerbsfähigkeit. In der obigen Auflistung ist bewusst der Ausdruck „Berufsunfähigkeit" gewählt worden, weil meist ein Abstellen auf den konkreten Beruf - und nicht auf die Erwerbsfähigkeit im Allgemeinen - empfehlenswert ist, also eine (private) Berufsunfähigkeitsversicherung ohne Verweis(ungs)klausel, d.h. ohne Möglichkeit der Leistungsverweigerung oder -einschränkung bei Zumutbarkeit der Ausübung eines anderen Berufs; freilich muss für den Verweis(ungs)klauselverzicht eine Prämienerhöhung in Kauf genommen werden.

Über die Abstimmung mit der Sozialversicherung und über den Bereich der personenbezogenen Risiken hinaus ist die Empfehlung von Bedeutung, Überschneidungen zwischen verschiedenen Versicherungen zu vermeiden. Wer eine Krankenversicherung besitzt, die die Kosten von Krankenhausaufenthalten in voller Höhe deckt, benötigt im Allgemeinen keine *Krankenhaus*tagegeldversicherung, wohl aber vielleicht dennoch eine *Krankheits*tagegeldversicherung; sie erbringt unabhängig von Behandlungskosten krankheitsdauerabhängige Zahlungen, die etwa die Beschäftigung von Stellvertretern ermöglichen oder entgehende Geschäfte abgelten sollen. Eine Betriebshaftpflichtversicherung deckt in der Regel auch einen Großteil des Produkthaftpflichtrisikos. Die Koordinierung aufeinander abzustimmender Versicherungsverträge wird durch möglichst einheitliche Vertragslaufzeiten erleichtert. Ungeachtet des Vertragsbeginns ist es z.B. fast immer möglich, Prämien-Hauptfälligkeit und Vertragsende auf den Jahresbeginn zu legen, wodurch sich auch die Übersichtlichkeit steigern und die Bezahlung und Verbuchung vereinfachen lassen.

Die vorstehenden Hinweise sollen zu einer ausführlichen Beschäftigung mit der Thematik anregen. Abgesehen vom Sonderfall plötzlich auftretender oder erkannter Großrisiken sollten dem Abschluss von Versicherungsverträgen detaillierte Überlegungen, eine gründliche Beratung und das Einholen mehrerer Angebote vorausgehen.

11.4.4. Empfehlungen für den Umgang mit Risiko- und Versicherungsberatern

Als jeweiliges Gegenteil zu in der Praxis häufig beobachtbaren Verhaltensweisen lassen sich die folgenden Empfehlungen aussprechen:

(1) Berater gezielt auswählen!
(2) Aktiver Gesprächspartner sein!
(3) Antragsinhalte genau prüfen!
(4) Kleingedrucktes lesen, Policen prüfen!
(5) Mündliche Zusagen schriftlich bestätigen lassen!

Die Risiko- und Versicherungsberatung auf Honorarbasis ist noch wenig verbreitet, vermeidet aber - bei wirtschaftlicher Unabhängigkeit der Beratungsunternehmung - die Interessenkollisionen, denen Versicherungsvertreter und -makler unterliegen, weil sie Provisionen bzw. Courtagen nur für abgeschlossene Versicherungsverträge erhalten. Im Gegensatz zu Versicherungsmaklern sind Versicherungsvertreter an eine einzige Versicherungsunternehmung oder an einige wenige Versicherungsunternehmungen gebunden; gerade deshalb sind sie aber in der Regel am Aufbau einer guten und langen Kundenbeziehung besonders interessiert. Unabhängig davon, wer die Antragsformulare ausgefüllt hat, ist grundsätzlich der Antragsteller für deren Inhalt verantwortlich. Sind Fragen oder Erklärungen, die das zu versichernde Risiko betreffen, unvollständig oder falsch beantwortet bzw. abgegeben worden, kann die Versicherungsunternehmung vom Vertrag zurücktreten und braucht in mit den Fehlangaben in Zusammenhang stehenden Schadenfällen keine Versicherungsleistungen zu erbringen. Dies kann z.B. in Krankheits- und Berufsunfähigkeitsfällen besonders unangenehm sein.

11.5. Zusammenfassung und Schlussbemerkungen

Trotz der zentralen Bedeutung der Thematik für Gründer lassen sowohl die Literatur zu Gründungsmanagement und Entrepreneurship als auch die Gründungsratgeber eine systematische und umfassende Auseinandersetzung mit Risiken und mit deren Bewältigung vermissen. Das klassische Risk Management amerikanischer Prägung beschränkt sich auf den Umgang mit reinen bzw. Bedingungs- bzw. theoretisch versicherbaren Risiken; unabhängig von organisatorischen Problemen sollten jedoch die Risiken einer Unternehmung in ihrer Gesamtheit betrachtet und im Sinne der jeweiligen Zielsetzungen unter Beachtung der persönlichen Präferenzen und Risikoeinstellungen der Entscheidungsträger optimiert werden. Voraussetzung dafür ist eine möglichst umfassende Risikoerkennung (Risikoidentifikation). Zur Risikoanalyse gehört weiter die Risikobewertung, vor allem die Gliederung der Risiken nach ihrer Schwere bzw. nach Risikograden. Zur Risikogestaltung steht ein umfangreiches Instrumentarium zur Verfügung; einprägsam ist die Einteilung in Risikovermeidung, Risikoverminderung, Risikoüberwälzung und Selbsttragen des Risikos.

Ungeachtet der Umstände des Einzelfalls erscheinen einige Empfehlungen für den Umgang mit Risiken vertretbar. Dazu gehören diesbezügliche Aufmerksamkeit an der Unternehmungsspitze, eine systematische und regelmäßige Risikoanalyse und das bewusste Entscheiden über möglichst alle Risiken. Für den Abschluss von Versicherungen im Rahmen einer Gründung lässt sich eine Prioritätsordnung angeben; an erster Stelle steht die persönliche Absicherung des Gründers und anderer Schlüsselpersonen. Häufig zu beobachtende Fehler beim Umgang mit Risiko- und Versicherungsberatern können durch die Beachtung entsprechender Hinweise vermieden werden.

Risikomanagement kann einen entscheidenden Beitrag zu rationalem Gründer- und Unternehmerverhalten leisten und Unternehmer, insbesondere Gründer, vor den Auswirkungen bestimmter Risiken bewahren. Nutzen und Erfolg von Risikomanagement lassen sich freilich schwer objektiv bewerten und beweisen, insbesondere beim Nichteintreten von Schäden. In keinem Fall aber kann Risikomanagement einem Unternehmer alle Risiken abnehmen. Dies gilt vor allem für die Kernrisiken der jeweiligen Unternehmung, derentwegen - etwas überspitzt formuliert - sie gegründet und betrieben wird, vielleicht eingedenk des folgenden Wortes von George Bernard Shaw: „Nichts lohnt sich, außer was ernste Folgen haben kann".

11.6. Verwendete und weiterführende Literatur

Nicht angeführt werden Gründungsratgeber und Werke zu Gründungsmanagement und Entrepreneurship.

Altenburger, O. A. (2002): Risiken – kein Thema für Gründer? In: Journal für Betriebswirtschaft. 52. Jg. (erscheint demnächst).

Cantillon, R. (1755/1987): Essai sur la nature du Commerce en général, Londres, Faksimile-Ausgabe. Frankfurt/Main, Düsseldorf.

Cantillon, R. (1931): Abhandlung über die Natur des Handels im allgemeinen. Übersetzung ins Deutsche. Jena.

Crockford, N. (1986): An introduction to Risk Management. 2nd Edition. Cambridge.

Doherty, N. A. (2000): Integrated Risk Management. Techniques and Strategies for Managing Corporate Risk. New York usw.

Dorfman, M. S. (1998): Introduction to Risk Management and Insurance. 6th Edition. Upper Saddle River. New Jersey.

Haller, M. (o. J., 1975): Sicherheit durch Versicherung? Gedanken zur künftigen Rolle der Versicherung. Bern, Frankfurt/Main.

Haller, M. (1986): Risiko-Management - Eckpunkte eines integrierten Konzepts. In: Jacob, H. (Hrsg.): Risiko-Management. Wiesbaden, S. 7-43.

Hoffmann, K. (1985): Risk Management - Neue Wege der betrieblichen Risikopolitik. Karlsruhe.

Karten, W. (1993): Risk Management. In: Wittmann, W.; Kern, W.; Köhler, R.; Küpper, H.-U.; v. Wysocki, K. (Hrsg.): Handwörterbuch der Betriebswirtschaft. 5. Auflage. Teilband 3, Stuttgart, S. 3825-3836.

Lück, W. (1999): Betriebswirtschaftliche Aspekte der Einrichtung eines Überwachungssystems und eines Risikomanagementsystems. In: Dörner, D.; Menold, D.; Pfitzer, N. (Hrsg.): Reform des Aktienrechts, der Rechnungslegung und Prüfung, KonTraG – KapAEG – EuroEG – StückAG. Stuttgart, S. 139-176.

Mehr, R. I.; Hedges, B. A. (1963): Risk Management in the Business Enterprise. Homewood. Illinois usw.

Mehr, R. I.; Hedges, B. A. (1974): Risk Management: Concepts and Applications. Homewood. Illinois usw.

Mugler, J. (1979): Risk Management in der Unternehmung. Wien.

Mugler, J. (1988): Risk Management. In: Farny, D.; Helten, E.; Koch, P.; Schmidt, R. (Hrsg.): Handwörterbuch der Versicherung. Karlsruhe, S. 679-683.

Seibert, U. (1999): Das Gesetz zur Kontrolle und Transparenz im Unternehmensbereich (KonTraG) – Die aktienrechtlichen Regelungen im Überblick. In: Dörner, D.; Menold, D.; Pfitzer, N. (Hrsg.): Reform des Aktienrechts, der Rechnungslegung und Prüfung, KonTraG – KapAEG – EuroEG – StückAG. Stuttgart, S. 1-26.

Vaughan, E. J.; Vaughan, T. M. (1999): Fundamentals of Risk and Insurance. 8th Edition. New York usw.

Williams, C. A., Jr.; Smith, M. L.; Young, P. C. (1998): Risk Management and Insurance. 8th Edition. Boston usw.

12. Rechnungslegung und Prüfung bei Gründung

GERHARD SCHERRER

12.1. Überblick

Die Gründung einer Unternehmung erfolgt nicht im rechtsfreien Raum, sondern in dem durch die gesetzlichen Vorschriften vorgegebenen Bedingungs- und Handlungsrahmen. Die Rechtsnormen verlangen, dass der Kaufmann unabhängig von der Rechtsform, in der die Unternehmung geführt werden soll, über die eingebrachten Vermögensgegenstände und Schulden im Rahmen einer Eröffnungsbilanz Rechnung legt. Mit der Rechnungslegung wird das Unternehmensvermögen von dem Privatvermögen des Kaufmanns abgegrenzt und es wird die Grundlage für spätere Vermögensvergleiche und Performancemessungen gelegt. Insoweit dient die Eröffnungsbilanz der Selbstinformation und Selbstkontrolle des Kaufmanns, bei Unternehmen mit begrenzter Haftung der Gesellschafter auch der Sicherung der Kapitalaufbringung als Gläubigerschutz.

12.2. Gründung von Einzelunternehmen

12.2.1. Rechtsgrundlagen

12.2.1.1. Aufstellungspflicht

Nach § 242 Abs. 1 HGB ist jeder Kaufmann verpflichtet, zu Beginn seines Handelsgewerbes eine Eröffnungsbilanz aufzustellen. Nach § 1 Satz 1 HGB ist Kaufmann, wer ein *Handelsgewerbe* betreibt. §§ 1 Abs. 2, 2 und 3 HGB legen im einzelnen fest, wann ein Gewerbe ein Handelsgewerbe ist und damit die für die Pflicht zur Aufstellung der Eröffnungsbilanz maßgebliche Kaufmannseigenschaft vorliegt (Canaris 2000, S. 23 ff.). Dabei ist der Erwerb der Kaufmannseigenschaft zum Teil in dem ausgeübten Handelsgewerbe (Gewerbebetrieb) begründet; in diesem Fall ist die Eintragung in das Handelsregister nur deklaratorisch. Im anderen Fall ist für den Erwerb der Kaufmannseigenschaft die Eintragung in das Handelsregister erforderlich, d.h. die Registereintragung wirkt konstitutiv (Schmidt 1999, S. 278 f.). Der erstgenannte Fall betrifft den sog. Musskaufmann nach § 1 Abs. 2 HGB, der zweitgenannte Fall den sog. Kannkaufmann nach §§ 2, 3 HGB.

12.2.1.2. Aufstellungsstichtag, Aufstellungsfrist

Aufstellungszeitpunkt für die Eröffnungsbilanz ist bei Einzelunternehmen der *Beginn des Handelsgewerbes*. Allerdings lässt sich ein genauer Zeitpunkt des Eintritts der Voraussetzungen für das Vorliegen eines kaufmännischen Geschäftsbetriebs vielfach nicht zweifelsfrei bestimmen. Außer bei Unternehmenserwerb oder der Umwandlung, bei der der Erwerbs- bzw. Umwandlungszeitpunkt feststeht, besteht bei Aufnahme des Geschäftsbetriebs oder bei seiner Ausweitung ein Beurteilungsspielraum. Dieser wird allerdings dadurch begrenzt, dass der Aufstellungszeitpunkt der Eröffnungsbilanz zeitnah zu dem Eintritt der Voraussetzungen festgelegt wird, die eine kaufmännische Organisation und Rechnungslegung erfordern. Wann diese im einzelnen vorliegt, kann nur anhand einer Gesamtwürdigung der Verhältnisse des einzelnen Unternehmens beantwortet werden. Zuweilen wird als Aufstellungszeitpunkt auf den ersten Geschäftsvorfall abgestellt, der sich auf die Gewinn- und Verlustrechnung des Unternehmens auswirkt (ADS 1998, § 242 HGB, Rn. 20).

Als formaler Zeitpunkt wird beim Musskaufmann nach § 1 Abs. 2 HGB spätestens der Zeitpunkt der Anmeldepflicht zum Handelsregister angegeben. Beim Kannkaufmann nach §§ 2, 3 HGB tritt an die Stelle des Zeitpunktes der Anmeldepflicht der Zeitpunkt der Erlangung der Anmeldeberechtigung (Förschle/Kropp in Budde/Förschle 1999, C Rn. 52). Mit der Eintragung in das Handelsregister entsteht der Kannkaufmann unabhängig von der Art seines Gewerbebetriebs.

Maßgebliche Aufstellungszeitpunkte für die Eröffnungsbilanz sind danach der Beginn des Geschäftsbetriebs, der Zeitpunkt der Anmeldepflicht bzw. der Anmeldeberechtigung zum Handelsregister, der Zeitpunkt der Eintragung in das Handelsregister. Der Aufstellungszeitpunkt für die Eröffnungsbilanz ist abhängig von dem *Anlass*. Es kommen in Betracht die Gründung (Neubeginn) des Handelsbetriebs, Besitzerwechsel, Unternehmenskauf, Schenkung, Vermächtnis, Erbschaft und Geschäftsübernahme.

Eine *Frist für die Aufstellung* der Eröffnungsbilanz ist im Gesetz nicht explizit geregelt. § 242 HGB schreibt lediglich vor, dass die Eröffnungsbilanz zu Beginn des Handelsgewerbes des Kaufmanns aufzustellen ist. Gemeint ist damit der Stichtag der Eröffnungsbilanz, nicht der Tag, an dem die Eröffnungsbilanz tatsächlich aufgestellt wird. Ohne die Festlegung eines allgemeinen Aufstellungszeitraums im HGB gilt als Aufstellungsfrist die *einem ordnungsmäßigen Geschäftsgang entsprechende Zeit*. Die Auslegungen dieses Zeitraums sind im Schrifttum unterschiedlich. Nach h.M. wird ein maximaler Zeitrahmen von sechs Monaten, der der Aufstellungsfrist für kleine Kapitalgesellschaften entspricht, verlangt; andere sehen einen Zeitraum von nur drei Monaten bzw. bei Bargründung von einem Monat vor (Schulze-Osterloh, Baumbach/Hueck 2001, § 41 Rn. 42); wieder andere lassen einen Zeitraum von neun bis zwölf Monaten zu (Freericks 1993, HWR, 853). Daneben wird die Auffassung vertreten, den Aufstellungszeitraum nicht durch konkrete Monatsangaben zu begrenzen (ADS 1998, § 242 HGB, Rn. 27).

Die Diskussion um die Aufstellungsfrist der Eröffnungsbilanz hat in der *Praxis* für das Einzelunternehmen kaum Bedeutung. Vielfach wird die Eröffnungsbilanz zusammen mit dem ersten Jahresabschluss aufgestellt.

12.2.1.3. Sanktionen

Nach § 283b StGB ist die verspätete oder unterlassene Aufstellung der Eröffnungsbilanz für den buchführungspflichtigen Gewerbetreibenden *strafbar*. Dies gilt allerdings nur dann, wenn der Einzelunternehmer seine Zahlungen einstellt und das Insolvenzverfahren über sein Vermögen eröffnet oder der Eröffnungsantrag mangels Masse abgelehnt worden ist. Strafbar ist nach § 283b StGB auch die Aufstellung einer Eröffnungsbilanz, die die Übersicht über den Vermögensstand erschwert.

Ein *Zwangsgeld* bei Nichtaufstellung der handelsrechtlichen Eröffnungsbilanz wird nicht erhoben. Lediglich die steuerliche Eröffnungsbilanz kann durch die wiederholte Festsetzung von Zwangsgeld erzwungen werden.

Wird die Eröffnungsbilanz falsch aufgestellt und werden Dritte durch die bewusst falsche Darstellung in der ihnen vorgelegten Eröffnungsbilanz getäuscht, so haben sie u.U. *Schadenersatzanspruch* nach § 826 BGB.

12.2.2. Zwecke der Eröffnungsbilanz

Die Dokumentation der Vermögens- und Kapitalverhältnisse des Kaufmanns in der Eröffnungsbilanz dient der *Selbstinformation* und *Selbstkontrolle* im Interesse des Kaufmanns (ADS 1998, § 242 HGB, Rn. 2).

Die Eröffnungsbilanz führt zu einer *Abgrenzung des Unternehmensvermögens vom Privatvermögen* des Kaufmanns. Auch wenn der Kaufmann uneingeschränkt für die Verbindlichkeiten des Unternehmens haftet, ist diese Trennung schon deshalb von Bedeutung, weil sie es dem Kaufmann erlaubt, die Performance des eingesetzten Kapitals in das Unternehmen zu ermitteln.

Der Jahresabschluss wird aus der Eröffnungsbilanz, die bei laufendem Geschäftsbetrieb mit der Schlussbilanz des Vorjahres übereinstimmt, und den Daten des laufenden Jahres, die sich in der Buchführung niedergeschlagen haben, abgeleitet. Bei dieser Sicht stellt die Eröffnungsbilanz die *Grundlage für die Ableitung des ersten Jahresabschlusses* des Unternehmens dar.

Zur Messung der Vermögensänderung und der Performance des ersten Geschäftsjahres sind die Daten des Jahresabschlusses mit den Daten der Eröffnungsbilanz zu vergleichen. In diesem Sinne ist die Eröffnungsbilanz *Grundlage für den Vermögensvergleich und die Performance-Messung* für das erste Geschäftsjahr.

12.2.3. Rechnungslegungsvorschriften

12.2.3.1. Inventar und Inventur

§ 240 Abs. 1 HGB verpflichtet den buchführungspflichtigen Kaufmann, zu Beginn seines Handelsgewerbes seine Grundstücke, seine Forderungen und Schulden, den Betrag seines baren Geldes sowie seine sonstigen Vermögensgegenstände genau zu verzeichnen und dabei den Wert der einzelnen Vermögensgegenstände und Schulden anzugeben. Im *Inventar* aufzuführen sind nur Vermögensgegenstände und Schulden. Ob der handelsrechtliche Begriff „Vermögensgegenstand" mit dem steuerrechtlichen Begriff „Wirtschaftsgut" übereinstimmt, ist strittig (ADS 1998, § 246 HGB, Rn. 12-14). *Vermögensgegenstände* sind Sachen oder Rechte, die einzeln verwertbar sind und einen wirtschaftlichen Wert haben. *Schulden* sind Verpflichtungen gegenüber

Dritten, denen sich der Kaufmann aus rechtlichen oder wirtschaftlichen Gründen nicht entziehen kann und die wirtschaftlich belastend sind. Nicht in das Inventar aufzunehmen sind Aktivposten, die keine Vermögensgegenstände sind und Passivposten, die keine Schulden sind.

Das Inventar ist im Gegensatz zur Eröffnungsbilanz ein *genaues Verzeichnis* der Vermögensgegenstände und Schulden. In der Eröffnungsbilanz werden Vermögensgegenstände und Schulden ebenso wie in der Jahresbilanz zu Bilanzposten zusammengefasst. *Zweck des Inventars* ist die Dokumentation der zu Beginn des Geschäftsbetriebs vorhandenen einzelnen Vermögensgegenstände und Schulden. Es bildet die Grundlage für die Zusammenfassung der Vermögensgegenstände und Schulden im Rahmen der Aufstellung der Eröffnungsbilanz.

Die Erfassung der in das Inventar aufzunehmenden Vermögensgegenstände und Schulden erfolgt unter Anwendung der nach § 240 Abs. 3 und 4 HGB zugelassenen *Inventurverfahren*. Im Gegensatz zum Inventar, das die Dokumentation der erfassten Vermögensgegenstände und Schulden darstellt, ist die Inventur das Verfahren der Aufnahme der zu Beginn des Geschäftsbetriebes vorhandenen Vermögensgegenstände und Schulden. Für die Inventur gilt der Grundsatz der Einzelaufnahme nach § 240 Abs. 1 HGB. Die Einzelaufnahme kann nach § 240 Abs. 3 HGB durch die Festbewertung, nach § 240 Abs. 4 HGB durch die Gruppenbewertung und nach § 241 HGB durch die Anwendung von Stichprobenverfahren ersetzt werden.

12.2.3.2. Ansatz von Vermögensgegenständen, Schulden, Eigenkapital

Für die Eröffnungsbilanz ist ebenso wie für die Jahresbilanz zwischen dem Ansatz, dem Ausweis und der Bewertung der Vermögensgegenstände, Schulden und des Eigenkapitals zu unterscheiden.

Für den Ansatz der Vermögensgegenstände und Schulden gelten die *Grundsätze der Vollständigkeit und des Verrechnungsverbots* des § 246 HGB. Anzusetzen sind grundsätzlich alle Vermögensgegenstände und Schulden, die dem Kaufmann wirtschaftlich zuzurechnen sind. *Nicht ansetzbar* sind Vermögensgegenstände, für die nach § 248 HGB ein explizites Bilanzierungsverbot besteht. Zudem sind bei Einzelunternehmen nur diejenigen Vermögensgegenstände anzusetzen, die dem Handelsgewerbe dienen und damit Unternehmensvermögen darstellen. Nicht hierzu rechnet das private Vermögen des Einzelkaufmanns, obwohl es im Insolvenzfall für die Schulden des Kaufmanns haftet. Maßgeblich für die Zuordnung von Vermögensgegenständen des Kaufmanns zum Unternehmensvermögen ist weniger der subjektive Widmungsakt als die tatsächliche oder beabsichtigte Nutzung in das Unternehmen.

Für Vermögensgegenstände, die sowohl in dem Unternehmen als auch privat genutzt werden können, haben sich (steuerliche) *Zuordnungskriterien* herausgebildet. Danach erfolgt bei beweglichen Vermögensgegenständen mit > 50 % gewerblicher Nutzung die Zuordnung zum Unternehmensvermögen, bei vernachlässigbarer gewerblicher Nutzung, d.h. bei betrieblicher Nutzung von < 10 %, die Zuordnung zum Privatvermögen. Bei einer betrieblichen Nutzung von > 10 % und < 50 % erfolgt die Zuordnung der Vermögensgegenstände zum Unternehmensvermögen bzw. zum Privatvermögen durch Widmungsakt des Einzelunternehmers. Lassen sich Vermögensgegenstände weder eindeutig dem Unternehmensvermögen noch dem Privatvermögen zuordnen, so gilt nach § 344 HGB die widerlegbare Vermutung, dass die von einem Kaufmann vorgenommenen Rechtsgeschäfte im Zweifel als durch das Handelsgewerbe veranlasst gelten, d.h. die Vermögensgegenstände zu dem Unternehmensvermögen gehören.

Das Prinzip der *Zuordnung* nach objektiven, wirtschaftlichen Kriterien auf den Unternehmens- bzw. auf den Privatbereich des Kaufmanns gelten grundsätzlich auch für die *Schulden*. Maßgeblich ist dabei nicht die Widmung des Kaufmanns, sondern die objektiv feststellbare Verwendung der im Rahmen der Schuldenaufnahme zugegangenen Vermögensgegenstände.

Die Ansatzpflicht in der Eröffnungsbilanz des Einzelunternehmens erfasst neben den Vermögensgegenständen und Schulden auch die *Rechnungsabgrenzungsposten*. Für letztere besteht Ansatzpflicht, wenn vor dem Stichtag der Eröffnungsbilanz Auszahlungen bzw. Einzahlungen geflossen sind, die für eine bestimmte Zeit nach dem Bilanzstichtag Aufwand bzw. Ertrag darstellen.

Neben den Ansatzpflichten des § 246 HGB gelten die *Ansatzwahlrechte* für den Jahresabschluss entsprechend für die Eröffnungsbilanz, wie z.B. das Wahlrecht der Aktivierung eines Auszahlungsdisagios bei der Aufnahme eines Darlehens oder das Ansatzwahlrecht für die Passivierung mittelbarer Pensionsverpflichtungen.

Das *Ansatzverbot* für immaterielle Vermögensgegenstände des Anlagevermögens, die nicht entgeltlich erworben worden sind, gilt nach h.M. in der Eröffnungsbilanz des Einzelunternehmens in besonderem Maße. Das bedeutet, auch immaterielle Vermögensgegenstände, die vor der Gründung des Einzelunternehmens von dem Unternehmer hergestellt wurden oder ihm auf andere Weise ohne Entgelt zugegangen sind, sind in der Eröffnungsbilanz nicht aktivierbar, da der Einzelunternehmer keine Einlagen in das Unternehmen erbringt, sondern Vermögensgegenstände lediglich umwidmet. Allerdings sieht das *Steuerrecht* anders als das Handelsrecht auch bei Einzelunternehmen Einlagen vor. Ein von dem Einzelunternehmer eingelegter immaterieller Vermögensgegenstand des Anlagevermögens ist danach in der steuerlichen Eröffnungsbilanz aktivierungspflichtig. Über den Grundsatz der umgekehrten Maßgeblichkeit ist die Bilanzierung der nicht entgeltlich erworbenen immateriellen Vermögensgegenstände des Anlagevermögens bei Einzelunternehmen auch in der Eröffnungsbilanz anwendbar.

Das *Eigenkapital* der Einzelunternehmer ergibt sich in der Eröffnungsbilanz als Differenzbetrag zwischen Aktiv- und Passivposten. Es ist als Differenzbetrag unabhängig davon, ob die Vermögensgegenstände größer als die Schulden sind oder ob bereits in der Eröffnungsbilanz formale Überschuldung der Einzelunternehmen besteht, *ansatzpflichtig*.

12.2.3.3. Gliederung der Eröffnungsbilanz

Für die Gliederung der Eröffnungsbilanz des Einzelunternehmens gilt § 247 HGB. Danach sind das Anlage- und das Umlaufvermögen, das Eigenkapital, die Schulden und die Rechnungsabgrenzungsposten gesondert auszuweisen und hinreichend aufzugliedern. Eine verbindliche Festlegung eines Gliederungsschemas für die Bilanz des Einzelunternehmens sieht das HGB nicht vor. Es wird vielmehr dem Kaufmann überlassen, wie er im Einzelfall die in § 247 Abs. 1 HGB verlangte *hinreichende Aufgliederung* des Anlage- und Umlaufvermögens, des Eigenkapitals und der Schulden unter Beachtung der für die Bilanz geltenden Grundsätze ordnungsmäßiger Buchführung und Bilanzierung vornimmt.

Im Allgemeinen wird vorgeschlagen, das *Anlagevermögen* aufzugliedern in die Postengruppen:

- Immaterielle Vermögensgegenstände,
- Sachanlagen,
- Finanzanlagen.

Für die Aufgliederung des *Umlaufvermögens* werden die folgenden Postengruppen vorgeschlagen:

- Vorräte,
- Forderungen und sonstige Vermögensgegenstände,
- Wertpapiere,
- Flüssige Mittel.

Für die Aufgliederung der *Schulden* ist von den folgenden Postengruppen auszugehen:

- Rückstellungen,
- Verbindlichkeiten.

Eine Vorgabe für die *Gliederung des Eigenkapitals* des Einzelunternehmens besteht nicht und ist auch nicht aus dem entsprechenden Gliederungsschema für die Bilanz der Kapitalgesellschaft ableitbar. Aus der Verpflichtung zur hinreichenden Aufgliederung in § 247 Abs. 1 HGB kann allenfalls eine Regel für den Jahresabschluss, nicht aber für die Eröffnungsbilanz des Einzelunternehmens abgeleitet werden.

Ist an dem Einzelunternehmen ein *stiller Gesellschafter* beteiligt, so ist dessen Einlage, sofern er typischer stiller Gesellschafter ist, unter Fremdkapital, sofern er atypischer stiller Gesellschafter ist, unter Eigenkapital gesondert auszuweisen.

12.2.3.4. Bewertung der Vermögensgegenstände

Für die *handelsbilanzielle Eröffnungsbilanz* gilt nach h.M. das *Anschaffungswertprinzip*. Dieses Prinzip gilt auch für Vermögensgegenstände, die von dem Kaufmann vor Gründung des Einzelunternehmens angeschafft oder hergestellt worden sind. Die dabei entstandenen Anschaffungs- oder Herstellungskosten bilden die Obergrenze für die Bewertung der entsprechenden Vermögensgegenstände in der Eröffnungsbilanz des Einzelunternehmens. Sind für die vor Gründung des Einzelunternehmens angeschafften oder hergestellten Vermögensgegenstände *Wertsteigerungen* eingetreten, so können sie bei der Bewertung der entsprechenden Vermögensgegenstände in der Eröffnungsbilanz nicht berücksichtigt werden. Andererseits sind *Wertminderungen* durch die Vornahme von planmäßigen und/oder außerplanmäßigen Abschreibungen auf die Vermögensgegenstände zu berücksichtigen.

Die handelsbilanziellen Werte gelten nach dem Grundsatz der Maßgeblichkeit der Handelsbilanz für die Steuerbilanz grundsätzlich auch für die *steuerliche Eröffnungsbilanz*. Der Grundsatz greift allerdings in der Praxis nicht, da bei Eröffnung eines Einzelunternehmens die eingebrachten Vermögensgegenstände wie Einlagen in das Betriebsvermögen zu behandeln sind. Entsprechend sind die eingebrachten Vermögensgegenstände (positive Wirtschaftsgüter) und die damit zusammenhängenden Schulden (negative Wirtschaftsgüter) in der steuerlichen Eröffnungsbilanz im Regelfall mit dem *Teilwert* zu bewerten. Der Teilwert ist der Betrag, den ein Erwerber des ganzen Betriebs im Rahmen des Gesamtkaufpreises für das einzelne Wirtschaftsgut ansetzen würde, wobei davon auszugehen ist, dass der Erwerber den Betrieb fortführt (§ 6 Abs. 1 EStG). Der Teilwert bei der Gründung eines Unternehmen entspricht für Wirtschaftsgüter des Anlage- und des Umlaufvermögens deren *gemeinem Wert*, d.h. dem am Markt erzielbaren Einzelveräußerungspreis. Nur in zwei Fällen ist von der Bewertung der Einlagen zum Teilwert abzuweichen, nämlich dann, wenn das eingebrachte Wirtschaftsgut (1) innerhalb der letzten drei Jahre vor der Einlage in das Unternehmen angeschafft oder hergestellt worden ist oder (2) ein Anteil an einer Kapitalgesellschaft ist, an deren Kapital der Steuerpflichtige innerhalb der letzten fünf Jahre mit mehr als 10 %, ab 01.01.2002 1 %, unmittelbar oder mittelbar beteiligt war.

Mit dem Abstellen auf den Teilwert in der steuerlichen Eröffnungsbilanz wird sichergestellt, dass eine Wertsteigerung eines Vermögensgegenstandes in der Zeit zwischen Erwerb vor Gründung des Unternehmens und dem Zeitpunkt der Einlage in das Unternehmen der Privatsphäre des Kaufmanns zugerechnet wird. Über die *umgekehrte Maßgeblichkeit* können die steuerbilanziellen Wertansätze der Vermögensgegenstände und Schulden auch in die Handelsbilanz und damit in die Eröffnungsbilanz des Einzelunternehmens übernommen werden. Damit wird das Prinzip, nach dem die ursprünglichen Anschaffungskosten des Einzelunternehmers die Obergrenze für die Bewertung der eingebrachten Vermögensgegenstände und Schulden bilden, faktisch aufgehoben.

Vermögensgegenstände des *Anlagevermögens* sind danach mit den fortgeführten Anschaffungs- oder Herstellungskosten, d.h. den Anschaffungs- oder Herstellungskosten nach Vornahme von planmäßigen und/oder außerplanmäßigen Abschreibungen oder zu ihrem höheren Teilwert in der Eröffnungsbilanz anzusetzen. Dies gilt für immaterielle Vermögensgegenstände, Sachanlagen und Finanzanlagen.

Vermögensgegenstände des *Umlaufvermögens* sind mit den Anschaffungs- oder Herstellungskosten oder mit dem niedrigeren beizulegenden Wert anzusetzen. Zudem können in der Eröffnungsbilanz die Vermögensgegenstände des Umlauf-vermögens weiter abgeschrieben werden, soweit die Abschreibungen nach vernünfti-ger kaufmännischer Beurteilung notwendig sind, um zu verhindern, dass in der näch-sten Zukunft der Wertansatz dieser Vermögensgegenstände aufgrund von Wert-schwankungen geändert werden muss (§ 253 Abs. 3 HGB).

Eingebrachte *Verbindlichkeiten* sind in der Eröffnungsbilanz zu ihrem Rückzahlungsbetrag (Erfüllungsbetrag) zu bewerten. *Rückstellungen* sind in Höhe des Betrags anzusetzen, der nach vernünftiger kaufmännischer Beurteilung notwendig ist. *Rentenverpflichtungen*, für die eine Gegenleistung nicht mehr zu erwarten ist, sind mit dem Barwert zu bewerten. Für die steuerliche Eröffnungsbilanz gelten vergleichbare Regeln. In Sonderfällen kann der (höhere) Teilwert der Verbindlichkeit von deren Anschaffungskosten abweichen, z.B. bei Überverzinslichkeit.

12.2.3.5. Gründungsspezifische Aufwendungen

Für gründungsspezifische Aufwendungen besteht zum Teil Aktivierungsverbot, zum Teil Aktivierungswahlrecht. Besondere Bedeutung haben im Allgemeinen die im Folgenden angeführten Sachverhalte.

Aufwendungen für die Gründung, wie Notar-, Gerichts-, Anwalts-, Beratungskosten sowie die Kosten für die Anmeldung zum Handelsregister und Kosten für Gutachten, sind generell nicht bilanzierbar und deshalb für den Fall, dass sie vor dem Stichtag der Eröffnungsbilanz angefallen sind, in der Eröffnungsbilanz eigenkapitalmindernd zu berücksichtigen (Eisele 1993, 1558).

Aufwendungen für die Beschaffung von Eigenkapital, wie Veräußerungsprovisionen aus dem Verkauf von Wertpapieren wegen Beschaffung von Eigenmitteln oder Veräußerungsverluste bei dem Verkauf der Wertpapiere, sind nicht aktivierbar, mindern aber auch nicht das Eigenkapital in der Eröffnungsbilanz, sondern sind dem Privatbereich des Kaufmanns zuzurechnen.

Aufwendungen für die Ingangsetzung des Geschäftsbetriebs sind nach § 269 HGB grundsätzlich nur für die Kapitalgesellschaft und die kapitalistische Personenhandelsgesellschaft sowie nach § 5 PublG i.V.m. § 269 HGB für Großunternehmen nach dem Publizitätsgesetz aktivierbar. Die von Teilen des Schrifttums zugelassene uneingeschränkte Aktivierung wird von der h.M. abgelehnt. Aufwendungen für die Ingangsetzung des Geschäftsbetriebs sind als Bilanzierungshilfe für das Einzelunternehmen nur dann aktivierbar, wenn es wie eine Kapitalgesellschaft Rechnung legt, d.h. die Regeln der §§ 264 ff. HGB anwendet.

Aufwendungen für die Beschaffung von Fremdkapital, wie Auszahlungsdisagio, Rückzahlungsagio, Darlehensgebühren, Vermittlungsprovisionen, sind nach § 250 HGB in der Eröffnungsbilanz des Einzelunternehmens aktivierbar.

12.2.4. Feststellung, Offenlegung, Aufbewahrung

In Auslegung des § 245 HGB ist die Eröffnungsbilanz vom Kaufmann unter Angabe des Datums zu unterzeichnen. Mit der *Unterzeichnung* übernimmt der Kaufmann die Verantwortung für die Richtigkeit und die Vollständigkeit der unterzeichneten Eröffnungsbilanz. Da es beim Einzelkaufmann an einer expliziten Feststellung fehlt, ersetzt die Unterzeichnung den bei Personen- und Kapitalgesellschaften notwendigen Feststellungsakt.

Grundsätzlich besteht für die Eröffnungsbilanz des Einzelunternehmens *keine Offenlegungspflicht*. Lediglich im Laufe eines Rechtsstreits kann das Gericht auf Antrag oder von Amts wegen die Vorlegung der Handelsbücher einer Partei und damit auch der Eröffnungsbilanz des Einzelunternehmens verlangen. Dagegen ist der *stille Gesellschafter* berechtigt, die abschriftliche Mitteilung der Eröffnungsbilanz zu verlangen und deren Richtigkeit unter Einsicht der Bücher und Papiere zu prüfen.

Die *Aufbewahrung* der Eröffnungsbilanz regelt § 257 HGB. Sie ist ebenso wie die Jahresabschlüsse zehn Jahre aufzubewahren. Gleiches gilt für die steuerliche Eröffnungsbilanz. Die Aufbewahrungsfrist beginnt mit dem Schluss des Kalenderjahres, in dem die Eröffnungsbilanz festgestellt worden ist.

12.3. Gründung von Personengesellschaften

12.3.1. Rechtsgrundlagen

12.3.1.1. Aufstellungspflicht

Aufstellungspflichtige Personengesellschaften sind die Personenhandelsgesellschaften OHG, KG, die Gesellschaft des bürgerlichen Rechts (GbR) und die freiberufliche Partnerschaft.

Bei der *Personenhandelsgesellschaft* besteht die Pflicht zur Aufstellung einer Eröffnungsbilanz bereits dann, wenn sie am Markt auftritt und das Erfordernis eines kaufmännischen Geschäftsbetriebs objektiv erfüllt ist. Auf die (spätere) Eintragung in das Handelsregister kommt es bei Vorliegen dieser Voraussetzungen für die Aufstellungspflicht nicht an.

Auch für eine *GbR* besteht die Verpflichtung zur Aufstellung einer Eröffnungsbilanz, wenn ihre Tätigkeit einen kaufmännischen Geschäftsbetrieb erfordert. Dies gilt für alle Arten der GbR, auch für die Gelegenheitsgesellschaft (z.B. Arbeitsgemeinschaft) oder für die Gesellschaft zur Gründung einer Kapitalgesellschaft (Vorgründungsgesellschaft), sofern Art und Umfang ihrer Tätigkeit einen kaufmännischen Geschäftsbetrieb erfordert.

Die Regeln für die Aufstellungspflicht der GbR gelten auch für die *freiberufliche Partnerschaft*. Sie ist für den Fall, dass ihre Tätigkeit nach Art und Umfang ein gewerbliches Gepräge erlangt, d.h. das objektive Erfordernis eines kaufmännischen Geschäftsbetriebs vorliegt, zur Aufstellung einer Eröffnungsbilanz verpflichtet.

Verantwortlich für die Aufstellung der Eröffnungsbilanz ist nicht die Personengesellschaft, sondern die für sie handelnden Personen. Vertretungsorgan der Personengesellschaft sind bei der *Personenhandelsgesellschaft* die zur Vertretung berechtigten Gesellschafter. Bei der OHG ist, sofern im Gesellschaftsvertrag nichts anderes beschlossen wurde, jeder einzelne persönlich haftende Gesellschafter vertretungsbefugt und damit für die Aufstellung der Eröffnungsbilanz verantwortlich. Gleiches gilt für die persönlich haftenden Gesellschafter (Komplementäre) der KG. Abweichend von der Regelung der Personenhandelsgesellschaft sind bei der *GbR* alle Gesellschafter gemeinschaftlich zur Geschäftsführung und Vertretung verpflichtet. Entsprechend besteht für die Aufstellung der Eröffnungsbilanz bei Vorliegen des Erfordernisses eines kaufmännischen Geschäftsbetriebs Verantwortlichkeit aller Gesellschafter.

12.3.1.2. Aufstellungsstichtag, Aufstellungsfrist

Maßgeblicher Stichtag für die Eröffnungsbilanz ist nach § 242 HGB der Beginn des Handelsgewerbes, d.h. der Tag der Errichtung der Personengesellschaft, wenn (1) der Zweck der Gesellschaft auf den gemeinsamen Betrieb eines Handelsgewerbes gerichtet ist und (2) die Gesellschafter von Anfang an die Aufnahme eines nach Art und Umfang vollkaufmännischen Geschäftsbetriebs beabsichtigen (Förschle/Kropp in Budde/Förschle 1999, D Rn. 33). Die *Errichtung* einer Personengesellschaft kann auf zweierlei Weise erfolgen, nämlich

• durch Abschluss des Gesellschaftsvertrags oder
• durch konkludente Einigung der Gesellschafter.

Die Gesellschafter der Personenhandelsgesellschaft können vereinbaren, dass die Geschäftstätigkeit erst nach Eintragung der Gesellschaft in das Handelsregister aufgenommen wird. In diesem Fall ist maßgeblicher Aufstellungsstichtag der Tag der Eintragung der Gesellschaft in das Handelsregister. Abhängig von dem Vorliegen des Erfordernisses einer kaufmännischen Organisation, der Errichtung der Personengesellschaft und dem Zeitpunkt der Eintragung in das Handelsregister ist *frühestmöglicher Stichtag* der Eröffnungsbilanz der Zeitpunkt der Errichtung der Personengesellschaft, *spätestmöglicher Stichtag* der Zeitpunkt der Eintragung in das Handelsregister.

Eine *Aufstellungsfrist* für die Eröffnungsbilanz ist im Gesetz nicht eindeutig festgelegt. Nach §§ 242, 243 HGB ist die Eröffnungsbilanz innerhalb der einem ordnungsmäßigen Geschäftsgang entsprechenden Zeit aufzustellen. Der im Schrifttum geforderte maximale Aufstellungszeitraum von sechs Monaten (Baumbach/Hopt 1995, § 243 Rn. 10) ist aus der gesetzlichen Regelung nicht ableitbar.

12.3.1.3. Anlässe der Aufstellung

Für das Entstehen der Verpflichtung zur Aufstellung einer Eröffnungsbilanz bei der Personengesellschaft sind zwei Gruppen von Vorgängen zu unterscheiden, nämlich Neubeginn und Geschäftserweiterung einerseits sowie Gesellschafterwechsel andererseits.

Der *Neubeginn* umfasst die Gründung einer Personengesellschaft durch Gesellschaftsvertrag. Bei Aufnahme einer gewerblichen Tätigkeit mit vollkaufmännischem Geschäftsbetrieb durch eine neu errichtete Personengesellschaft besteht die Verpflichtung zur Aufstellung einer Eröffnungsbilanz. Eine Gründung liegt auch dann vor, wenn (1) sich mehrere Einzelunternehmen unter Einbringung ihrer jeweiligen Geschäftsbetriebe zu einer Personengesellschaft zusammenschließen oder (2) der Gesellschafter eines bestehenden Einzelunternehmens einen oder mehrere Dritte als Gesellschafter in das Unternehmen aufnimmt.

Eine *Erweiterung* (Ausweitung) des Geschäftsbetriebes einer bestehenden Personengesellschaft liegt vor, wenn eine bisher kleingewerbliche und damit nicht zur Führung von Büchern nach dem HGB verpflichtete Gesellschaft den Geschäftsbetrieb auf eine vollkaufmännische Geschäftstätigkeit ausweitet. Die Eröffnungsbilanz auf den Zeitpunkt der Ausweitung ist auch dann aufzustellen, wenn ein Wechsel der Gesellschafter nicht erfolgt. Die *Verschmelzung* von Kapital- oder Personengesellschaften im Rahmen der Neugründung einer Personengesellschaft stellt einen Neubeginn einer gewerblichen Tätigkeit mit der Pflicht zur Aufstellung einer Eröffnungsbilanz dar. Auch eine *Spaltung* von Kapital- oder Personengesellschaften kann mit Neugründung einer Personengesellschaft verbunden sein. In diesem Fall hat die neu errichtete Personengesellschaft die Pflicht zur Aufstellung einer Eröffnungsbilanz.

Bei dem *Wechsel der Gesellschafter* einer Personengesellschaft wird unterschieden zwischen:

- identitätswahrender Fortführung der bisherigen Personengesellschaft und
- identitätsaufhebender Umgründung, d.h. Auflösung und Neugründung mit Übergang des Gesellschaftsvermögens auf die neu gegründete Personengesellschaft; sie führt zum Entstehen einer neuen Personengesellschaft, die eine Eröffnungsbilanz nach HGB aufzustellen hat.

12.3.1.4. Sanktionen

Bezüglich möglicher Sanktionen wird auf die Ausführungen zum Einzelunternehmen verwiesen. Sie ergeben sich aus unterlassener, verspäteter oder unrichtiger Aufstellung der Eröffnungsbilanz und richten sich gegen die für die Personengesellschaft organschaftlich handelnden und mit der Aufstellung der Eröffnungsbilanz beauftragten Personen.

12.3.2. Zwecke der Eröffnungsbilanz

Die Eröffnungsbilanz dient der *Selbstinformation* der Gesellschafter über Umfang und Zusammensetzung des Anfangsvermögens und des Kapitals, insbesondere des Eigenkapitals der Personengesellschaft.

Die Eröffnungsbilanz als *Dokumentation* der vermögens- und kapitalmäßigen Erstausstattung der Personengesellschaft dient gleichzeitig dem *Schutz* der einzelnen Gesellschafter *vor Übervorteilung* durch die Mitgesellschafter. Die Dokumentationsfunktion ist vor allem bei Sacheinlagen einzelner Gesellschafter von Bedeutung.

Die Eröffnungsbilanz ist schließlich als Errichtungsbilanz die Grundlage für die *Festlegung der Anteile* der einzelnen Gesellschafter am Gesellschaftsvermögen sowie der *Buchwerte der Kapitalkonten* und eventuell bestehender schuldrechtlicher Verrechnungskonten der einzelnen Gesellschafter.

12.3.3. Kapitalaufbringung

Für die Personengesellschaft ist anders als für die Kapitalgesellschaft eine Mindestausstattung mit Eigenkapital gesetzlich nicht vorgeschrieben. Personengesellschaften haben danach im Gegensatz zu Kapitalgesellschaften *kein festes Eigenkapital* i.S. von Stamm- oder Grundkapital. Allerdings können die Gesellschafter ein festes Eigenkapital vertraglich vereinbaren. Eine Mindestausstattung mit Eigenkapital ist auch für die *KG* nicht erforderlich, es sei denn, die Kommanditisten verpflichten sich durch Gesellschaftsvertrag zur Leistung einer Einlage. Ansonsten können die Kommanditisten auch ohne die Erbringung einer Einlage eine Haftung in einer bestimmten Höhe übernehmen. Der Haftungsbetrag ist unter Angabe des Namens des haftenden Kommanditisten in das Handelsregister einzutragen, aber nicht zwingend als Kapitaleinlage in die Gesellschaft einzuzahlen. Insoweit ist grundsätzlich zwischen der vereinbarten Pflichteinlage des Kommanditisten und dem übernommenen Haftungsbetrag zu unterscheiden.

Eine vereinbarte Kapitaleinlage können die Gesellschafter der Personengesellschaft in Geld, Sachen (einschließlich Rechten), zu gewährenden Nutzungsüberlassungen und abweichend von der Kapitalgesellschaft auch in zu erbringenden Dienstleistungen leisten. Die *Kapitaleinlage in Geld* erfolgt durch Bareinlagen oder durch Überweisung. Bei *Sacheinlagen* wird das Eigentum an bestimmten Vermögensgegenständen (Grundstücke, Gebäude, Maschinen, Wertpapiere, Vorräte, Forderungen) auf die Personengesellschaft übertragen. Bei *vereinbarten Dienstleistungen* erbringt der Gesellschafter seine Leistung (z.B. Geschäftsführung ohne Entgelt) gegenüber der Gesellschaft durch Zeitablauf. Bei *Nutzungsüberlassungen* werden Vermögensgegenstände, die im Eigentum der Gesellschafter sind, der Gesellschaft ohne spezielles Entgelt zur Nutzung überlassen.

12.3.4. Rechnungslegungsvorschriften

12.3.4.1. Ansatz von Vermögensgegenständen

Für die Eröffnungsbilanz der Personengesellschaft gilt das *Vollständigkeitsgebot*. Danach sind alle Vermögensgegenstände, Schulden und das Eigenkapital unter Beachtung des Saldierungsverbots vollständig anzusetzen.

Ansetzbar und gleichzeitig *ansatzpflichtig* sind alle Vermögensgegenstände, die bis zum Zeitpunkt des Stichtags der Eröffnungsbilanz der Personengesellschaft als Einlagen erbracht worden sind. Dazu rechnen die folgenden Posten:

- Geld als Bareinlagen,
- Vermögensgegenstände des Anlagevermögens, wie Sachanlagen (Grundstücke, Gebäude, technische Anlagen, Maschinen, Betriebs- und Geschäftsausstattung), Finanzanlagen (Beteiligungen, Wertpapiere),
- immaterielle Anlagen, wie Patente, Urheberrechte, Warenzeichen, Konzessionen u.ä. Rechte und Werte,
- ein Geschäfts- oder Firmenwert, wenn bei Gründung der Personengesellschaft eines Unternehmens eingebracht wird und der Wert der Gegenleistung (hingegebene Kapitalanteile) größer ist als der Wert der empfangenen Leistung (Wert der eingebrachten Vermögensgegenstände abzüglich der übernommenen Schulden); der Geschäfts- oder Firmenwert ist im Gegensatz zu den Vermögensgegenständen in der Eröffnungsbilanz ansetzbar, aber nicht ansatzpflichtig,
- eingebrachtes Umlaufvermögen, wie Vorräte, Forderungen und sonstige Vermögensgegenstände oder Wertpapiere des Umlaufvermögens,
- ausstehende, vertraglich vereinbarte Pflichteinlagen der Gesellschafter der Personengesellschaft.

Nicht in der Eröffnungsbilanz der Personengesellschaft ansetzbar sind Ansprüche und Verpflichtungen aus schwebenden Geschäften, ein originärer Geschäfts- oder Firmenwert (z.B. eine Geschäftsidee), der entstandene Gründungsaufwand und der Aufwand für die Eigenkapitalbeschaffung.

12.3.4.2. Gliederung, Eigenkapitalausweis

Bezüglich der Gliederung der Eröffnungsbilanz der Personengesellschaft gelten die Aussagen zur Gliederung der Eröffnungsbilanz des Einzelunternehmens entsprechend. § 247 HGB verlangt lediglich, dass das Anlage- und das Umlaufvermögen, das Eigenkapital, die Schulden sowie die Rechnungsabgrenzungsposten gesondert auszuweisen und hinreichend aufzugliedern sind.

Ein Problem der Gliederung der Eröffnungsbilanz der Personengesellschaft ist das *Eigenkapital*. Nach h.M. muss eine Mindestgliederung in Gesellschafterkapital und Rücklagen erfolgen. Sind vertraglich ein *Festkapital* und *Rücklagen* der Personengesellschaft vereinbart, so ist das Gesellschafterkapital weiter zu untergliedern in Festkapital und variables Kapital, die Rücklagen sind weiter zu untergliedern in vertragliche Rücklagen und andere Rücklagen. Bei der *KG* wird vorgeschlagen, das Gesellschafterkapital in *Komplementärkapital* und *Kommanditkapital* aufzugliedern. Danach besteht das gegliederte Eigenkapital bei der KG aus den Posten: Komplementärkapital, Kommanditkapital, Rücklagen. Ein gesonderter Eigenkapitalposten für jeden Gesellschafter ist in der Eröffnungsbilanz nicht auszuweisen.

Haben die Gesellschafter der Personengesellschaft im Rahmen der Gründung Kapital als *Fremdkapital* zugeführt, so ist das entsprechende Kapital nicht unter Eigenkapital, sondern als Verbindlichkeiten gegenüber Gesellschaftern unter dem Fremdkapital auszuweisen.

12.3.4.3. Bewertung von Einlagen

Bei der Bewertung der Vermögensgegenstände und Schulden in der Eröffnungsbilanz der Personengesellschaft stehen nicht die Anschaffungskosten der Gesellschafter (vor Gründung der Gesellschaft), sondern die *Anschaffungskosten der Personengesellschaft* im Vordergrund. Für die Bewertung von Sacheinlagen ist zwischen interner (gesellschaftsvertraglicher) Vereinbarung zwischen den Gesellschaftern und externer, den Wegfall der Haftung (des Kommanditisten) verursachenden Bewertung zu unterscheiden. Während die gesellschaftsvertraglich vereinbarte Bewertung von dem Zeitwert der geleisteten Sacheinlage eines Gesellschafters abweichen kann, ist für die Beurteilung des Haftungswegfalls auf den objektiven Zeitwert einer erbrachten Sacheinlage abzustellen.

Maßgebliche Wertgröße für die *steuerliche Eröffnungsbilanz* der Personenhandelsgesellschaft ist grundsätzlich der Teilwert. Bei Gründung entspricht er dem gemeinen Wert, d.h. den Anschaffungskosten, die ein Dritter aufzuwenden hätte, wenn er den Betrieb der Personenhandelsgesellschaft eröffnen würde. Über den Grundsatz der umgekehrten Maßgeblichkeit der Steuerbilanz für die Handelsbilanz ist dieser Wert unmittelbar in der handelsbilanziellen Eröffnungsbilanz der Personenhandelsgesellschaft ansetzbar.

Ein *eingebrachter Geschäfts- oder Firmenwert* ergibt sich als Unterschiedsbetrag zwischen der (höheren) Gegenleistung der Personengesellschaft im Rahmen der Hingabe von Kapitalanteilen und der empfangenen (niedrigeren) Leistung in Form der eingebrachten Vermögensgegenstände abzüglich der übernommenen Schulden, beide bewertet zum Zeitwert. In der steuerlichen Eröffnungsbilanz ist zu prüfen, ob der verbleibende, als Geschäfts- oder Firmenwert in der handelsbilanziellen Eröffnungsbilanz angesetzte Mehrbetrag bei der Einbringung eines Unternehmens tatsächlich einen Geschäfts- oder Firmenwert im Sinne eines Ertragswertes darstellt. Ist dies nicht der Fall, so ist der Mehrbetrag in der steuerlichen Eröffnungsbilanz der Personengesellschaft als Verlustvortrag zu erfassen.

12.3.5. Feststellung, Offenlegung, Aufbewahrung

Die Eröffnungsbilanz ist von allen persönlich haftenden Gesellschaftern der Personengesellschaft zu unterzeichnen. Mit der Unterzeichnung übernehmen die Gesellschafter die *Verantwortung für die Gesetzmäßigkeit* der Eröffnungsbilanz. Zugleich werden mit der Unterschrift die Wertansätze der Vermögensgegenstände und Schulden und die Beträge der Kapitalkonten gebilligt.

Bei der OHG und der GbR wird mit der Unterschrift gleichzeitig die Bilanz *festgestellt*. Bei der KG bedarf es zur Feststellung entweder der zusätzlichen Unterschrift der Kommanditisten unter die Eröffnungsbilanz oder eines Beschlusses der Gesellschafterversammlung über die Feststellung der von den persönlich haftenden Gesellschaftern unterschriebenen Eröffnungsbilanz.

Eine *Offenlegung* der Eröffnungsbilanz der Personengesellschaft wird gesetzlich nicht verlangt. Ebenso wie bei dem Einzelunternehmen kann im Streitfall das Gericht nach § 258 Abs. 1 HGB auf Antrag oder von Amts wegen die Vorlage der Handelsbücher und damit auch der Eröffnungsbilanz anordnen.

Die *Aufbewahrungsfrist* der Eröffnungsbilanz beträgt nach § 257 HGB zehn Jahre. Die Frist beginnt mit Schluss des Kalenderjahres, in dem die Eröffnungsbilanz festgestellt worden ist.

12.4. Gründung von Kapitalgesellschaften

12.4.1. Rechtsgrundlagen

12.4.1.1. Aufstellungspflicht

Die Gründung von Kapitalgesellschaften unterscheidet drei Phasen: die Vorgründungsgesellschaft, die Vorgesellschaft und die Kapitalgesellschaft.

Die *Vorgründungsgesellschaft* ist eine Personenvereinigung der Gesellschafter als reine Innengesellschaft des Bürgerlichen Rechts nach §§ 705 ff. BGB. Sie dient primär der Errichtung der Kapitalgesellschaft, allerdings können im Namen der noch zu errichtenden Kapitalgesellschaft bereits Geschäfte abgeschlossen werden. Aus rechtlicher Sicht hat jedoch die Vorgründungsgesellschaft mit der späteren Kapitalgesellschaft nichts zu tun.

Die Gründung der Kapitalgesellschaft beginnt mit der notariellen Beurkundung des Gesellschaftsvertrags. Dadurch entsteht die *Vorgesellschaft* (VorAG, VorGmbH). Mit dem Gründungsvertrag verpflichten sich die Gründer zur Leistung der vereinbarten Kapitaleinlage. Mit der Übernahme der Geschäftsanteile (GmbH-Anteile, Aktien) ist die Gesellschaft errichtet.

Es folgt die Bestellung der Organe, die Kapitaleinzahlung, die Erstattung des Gründungsberichts und die Gründungsprüfung (bei der AG), die Anmeldung der Kapitalgesellschaft zum Handelsregister, die Prüfung durch das Gericht und die Eintragung in das Handelsregister. Mit der Eintragung entsteht die *Kapitalgesellschaft* als juristische Person, d.h. die Eintragung hat konstitutive Wirkung.

12.4.1.2. Aufstellungsstichtag, Aufstellungsfrist

Der *Stichtag* für die Aufstellung der Eröffnungsbilanz ist im Gesetz nicht geregelt und im Schrifttum mit Blick auf den angeführten Errichtungs- und Gründungsvorgang der Kapitalgesellschaft strittig. Als Aufstellungszeitpunkte kommen danach in Betracht:

- der Eintritt des ersten buchungspflichtigen Geschäftsvorfalls (Schulze-Osterloh in Baumbach/Hueck 2001, § 41 Rn. 40),
- der Zeitpunkt der Errichtung der Kapitalgesellschaft, d.h. das Entstehen der Vorgesellschaft,
- die von der Errichtung unabhängige tatsächliche Geschäftsaufnahme der Gesellschaft,
- die Anmeldung der Kapitalgesellschaft zum Handelsregister,
- die Eintragung der AG, KGaA oder GmbH in das Handelsregister (Eisele 1993, 1558).

Nach h.M. ist maßgeblicher Stichtag der Eröffnungsbilanz die Errichtung der Vorgesellschaft durch die Entgegennahme der Einlagen der Gesellschafter bzw. der davor liegende Zeitpunkt der notariellen Beurkundung des Gesellschaftsvertrags (Förschle/Kropp in Budde/Förschle 1999, E Rn. 75).

Eine *Aufstellungsfrist* für die Eröffnungsbilanz der Kapitalgesellschaft ist im Gesetz nicht vorgegeben, jedoch hat die Aufstellung innerhalb der einem ordnungsgemäßen Geschäftsgang entsprechenden Zeit zu erfolgen. Nach h.M. gilt für die Aufstellungsfrist der für den Jahresabschluss maßgebende Zeitraum von höchstens sechs Monaten. Nach abweichender Auffassung ist die Eröffnungsbilanz bei Sachgründung innerhalb eines Zeitraums von drei Monaten, bei Bargründung innerhalb eines Monats aufzustellen (Schulze-Osterloh in Baumbach/Hueck 2001, § 41 Rn. 42).

12.4.1.3. Kapitalaufbringung

Für Kapitalgesellschaften ist zur Gründung ein *Mindestnennkapital* (Grundkapital, Stammkapital) vorgeschrieben. Es beträgt für die AG 50.000 Euro, für die GmbH 25.000 Euro. Die Kapitalaufbringung kann als Bar- oder als Sacheinlage erfolgen.

Bei *Bargründung* der Kapitalgesellschaft sind mindestens 25 % auf jeden Anteil einzuzahlen. Die Mindesteinzahlung bei der GmbH beträgt absolut 12.500 Euro.

Bei *Sachgründung* wird die bedungene Einlage durch Übertragung des Eigentums an den einlagefähigen Vermögensgegenständen auf die Kapitalgesellschaft erbracht. Sacheinlagen bei der Kapitalgesellschaft können anders als bei der Personengesellschaft nur Vermögensgegenstände sein, deren wirtschaftlicher Wert feststellbar ist. Zudem muss bei Sacheinlagen der Verkehrswert der Einlage den Betrag des vereinbarten Anteils am gezeichneten Kapital der Kapitalgesellschaft mindestens erreichen. Sacheinlagen sind im Gegensatz zu Bareinlagen vollständig zu leisten.

12.4.1.4. Gründungsprüfung

Die Gründungsprüfung ist nur bei der Gründung der AG und der KGaA vorgesehen. Das Gesetz unterscheidet zwischen:

- der Prüfung des Hergangs der Gründung durch die Mitglieder des Vorstands und des Aufsichtsrats nach § 33 Abs. 1 AktG und
- der Prüfung durch einen Gründungsprüfer in den in § 33 Abs. 2 AktG genannten Fällen, namentlich dann, wenn sich Mitglieder des Vorstands oder des Aufsichtsrats besondere Vorteile und/oder Entschädigungen oder Belohnungen ausbedungen haben oder wenn eine Gründung mit Sacheinlagen oder Sachübernahmen vorliegt.

Bei der Sachgründung hat sich die Prüfung insbesondere darauf zu erstrecken, ob der Wert der Sacheinlagen oder Sachübernahmen den Nennbetrag der dafür zu gewährenden Aktien oder den Wert der dafür zu gewährenden Leistungen erreicht. Zu prüfen ist die Angemessenheit der Sondervorteile, des Gründungsaufwands und der Sacheinlagen und Sachübernahmen (WP-Handbuch 1998, 171 ff.; Drukarczyk 1992, S. 937 f.).

12.4.2. Zweck der Eröffnungsbilanz

Die Eröffnungsbilanz der Kapitalgesellschaft hat ebenso wie die Eröffnungsbilanz der Personengesellschaft eine *Dokumentations- und Informationsfunktion*.

Die Eröffnungsbilanz ist einerseits *Vermögensstatus* zu Beginn der Geschäftstätigkeit der Kapitalgesellschaft bzw. zum Aufstellungsstichtag. Zum anderen ist die Eröffnungsbilanz *Kapitalaufbringungsbilanz*; sie zeigt die Eigen-/Fremdkapitalstruktur sowie die Zusammensetzung des Eigenkapitals aus gezeichnetem Kapital und Kapitalrücklagen als den Betrag, der bei der Ausgabe der Anteile über dem Nennbetrag, oder falls der Nennbetrag nicht vorhanden ist, über den rechnerischen Wert hinaus, erzielt worden ist (Aufgeld).

Maßgebliche Bedeutung kommt der Eröffnungsbilanz bei *Sachgründungen* mit Sacheinlagen und Sachübernahmen zu. Haben alle oder einzelne Gesellschafter an Stelle von Bareinlagen Sacheinlagen geleistet, so zeigt die Eröffnungsbilanz die Bewertung der eingebrachten Sachen und Rechte und die dafür gewährten Gegenleistungen als Kapitalanteile (Eigenkapital) bzw. als Verbindlichkeiten gegenüber Gesellschaftern (bei Sachübernahmen).

12.4.3. Rechnungslegungsvorschriften

12.4.3.1. Ansatzpflichten, Ansatzwahlrechte

Ansatzpflicht in der Eröffnungsbilanz der Kapitalgesellschaft gilt für *alle Vermögensgegenstände*, die der Kapitalgesellschaft zum Aufstellungsstichtag der Eröffnungsbilanz gehören, d.h. der Kapitalgesellschaft *rechtliches und/oder wirtschaftliches Eigentum* zusteht. Ansatzpflichtig sind die Vermögensgegenstände, die der Kapitalgesellschaft im Rahmen der Gründung als Bar- oder Sacheinlagen zugegangen sind. Hierzu können rechnen Grundstücke, Gebäude, technische Anlagen und Maschinen, Betriebs- und Geschäftsausstattung, immaterielle Vermögensgegenstände, Beteiligungen, Wertpapiere, Forderungen, sonstige Vermögensgegenstände. Ansatzpflicht besteht auch für eingelegte Sachgesamtheiten, wie Betriebe, Teilbetriebe oder Unternehmen. Keine Vermögensgegenstände in diesem Sinne sind Dienstleistungen, die nach Gründung des Unternehmens erbracht werden sollen.

Ansatzpflicht besteht für die im Rahmen der Gründung (bei Sacheinlagen) eingelegten *Schulden* als Verbindlichkeiten oder ungewisse Verbindlichkeiten (Rückstellungen).

Ansatzpflicht besteht auch für die *ausstehenden Einlagen der Gründer* bei nicht voll eingezahltem Stamm- oder Grundkapital bzw. bei nicht geleistetem Aufgeld (bei der GmbH).

Ein explizites *Ansatzwahlrecht* besteht für Bilanzierungshilfen und Bilanzierungswahlrechte. Als *Bilanzierungshilfe* kommt vor allem der Ansatz von Ingangsetzungsaufwendungen in Betracht. *Bilanzierungswahlrechte* in der Eröffnungsbilanz bestehen für einen derivativen Geschäfts- oder Firmenwert bei der Sacheinlage eines Unternehmens und für Disagiobeträge bei Aufnahme von Darlehen oder Anleihen.

Nicht ansetzbar sind ebenso wie in der Jahresbilanz Ansprüche auf zu erbringende Dienstleistungen der Gesellschafter, erst in Zukunft entstehende Vermögensgegenstände sowie Ansprüche aus zum Stichtag der Eröffnungsbilanz bereits getätigten schwebenden Geschäften. Nicht ansetzbar ist darüber hinaus wie bei der Personengesellschaft ein originärer Geschäfts- oder Firmenwert, der entstandene Gründungsaufwand und ein Aufwand für die Eigenkapitalbeschaffung. Letzteres betrifft u.a. bei der AG den Aufwand für den Druck und die Ausgabe von Aktienurkunden.

12.4.3.2. Gliederung der Eröffnungsbilanz

Für die Eröffnungsbilanz der Kapitalgesellschaft gilt das *Gliederungsschema* des § 266 HGB. Dabei haben große und mittelgroße Kapitalgesellschaften (§ 267 Abs. 3, 2 HGB) die in § 266 Abs. 1 und 2 angeführten Posten vollständig auszuweisen. Für kleine Kapitalgesellschaften (§ 267 Abs. 1 HGB) gilt die Erleichterung einer verkürzten Bilanz, die sich auf die Hauptpostengruppen des § 266 Abs. 2 und 3 HGB beschränkt.

Eine Abweichung von der angeführten Grundregel gilt für die *Gliederung des Eigenkapitals*. Die in § 266 Abs. 3 HGB angeführten Eigenkapitalposten sind in der Eröffnungsbilanz nur dann auszuweisen, wenn die Kapitalgesellschaft in das Handelsregister eingetragen ist. Vor diesem Zeitpunkt, d.h. für die *Vorgesellschaft*, ist das gezeichnete Kapital (Grundkapital der AG, Stammkapital der GmbH) auszuweisen als *„zur Durchführung der Gründung gezeichnetes Kapital"*. Unberührt davon bleibt die Einstellung von Aufgeldern (Agiobeträgen) in die Kapitalrücklage.

Ausstehende Einlagen auf das gezeichnete Kapital sind in der Eröffnungsbilanz entweder als Aktivposten gesondert auszuweisen oder als gesonderter Betrag von dem gezeichneten Kapital bzw. von dem Posten „zur Durchführung der Gründung gezeichnetes Kapital" abzusetzen. *Ausstehende Agiobeträge* sind in der Eröffnungsbilanz als Forderungen gegenüber Gesellschaftern zu aktivieren.

Verbindlichkeiten gegenüber Gesellschaftern sind in der Eröffnungsbilanz gesondert auszuweisen. Sie rechnen nicht zum Eigenkapital. Dies gilt generell, auch soweit die Verbindlichkeiten auf Sachübernahmen im Rahmen der Gründung zurückgehen.

12.4.3.3. Bewertung der Vermögensgegenstände und Schulden

Das Gesellschaftsrecht regelt die Bewertung von Einlagen der Gesellschafter in der Eröffnungsbilanz allein unter dem *Grundsatz der Aufbringung des Nennkapitals*. Jeder Gründer muss mindestens in Höhe des Nennbetrags der ihm gewährten Anteile (Aktien, GmbH-Anteile) Vermögensgegenstände als Geld oder Sachen einbringen. Die Einbringung von Vermögensgegenständen, deren Wert geringer ist als die dem Gesellschafter gewährten Anteile, ist, auch wenn die anderen Gründer der Bewertung zustimmen, unzulässig. Es gilt das *Verbot der Unterpari-Emission*.

Bewertungsgrundsatz für die von den Gründern eingebrachten Vermögensgegenstände und Schulden ist das *Zeitwertprinzip*. Das Prinzip hat naturgemäß nur Bedeutung bei Sacheinlagen oder der Einlage von Geld in fremder Währung. Nach dem Zeitwertprinzip ist ein eingebrachter Vermögensgegenstand mit dem Betrag anzusetzen, der an einen fremden Dritten unter den gegebenen Marktverhältnissen für die Anschaffung des Vermögensgegenstandes zu zahlen wäre.

Neben dem Zeitwertprinzip gilt für die Bewertung der eingebrachten Vermögensgegenstände das *Anschaffungswertprinzip*. Danach ist der Zeitwert der eingebrachten Vermögensgegenstände um angefallene Anschaffungsnebenkosten, z.B. um Grunderwerbsteuer bei der Einbringung eines Grundstücks, zu erhöhen.

Ein *Bewertungsproblem* entsteht, wenn der Zeitwert eines eingebrachten Vermögensgegenstandes, z.B. eines Anlagegutes, höher ist als die dem Gründer hierfür gewährten Anteile. Dabei ist strittig, ob der Zeitwert des Anlagegegenstandes lediglich die Wertobergrenze bildet, aber auch zu dem niedrigeren vereinbarten Betrag in der Eröffnungsbilanz angesetzt werden kann oder ob der Zeitwert zwingend anzusetzen ist (Eisele 1993, 1556). In diesem Fall werden mit der Einlage des Anlagegegenstandes stille Reserven gebildet, die in den Folgeperioden durch geringere Abschreibungen still aufgelöst werden und damit zu einer Verbesserung des Ergebnisses führen.

Die eingebrachten *Vermögensgegenstände des Umlaufvermögens* sind in der Eröffnungsbilanz gleichfalls mit den Anschaffungskosten zu bewerten. Darüber hinaus räumt das Schrifttum (unzulässiger Weise) ein Wahlrecht zur Vorwegnahme von zukünftigen Wertschwankungen nach § 253 Abs. 3 HGB ein.

Ein eingebrachter *Geschäfts- oder Firmenwert* ist mit dem Unterschiedsbetrag zwischen der erbrachten Gegenleistung (Hingabe von Anteilen) und der empfangenen Leistung (Zeitwert der eingelegten Vermögensgegenstände abzüglich Schulden) zu bewerten.

Verbindlichkeiten sind mit dem Erfüllungsbetrag, *ungewisse Verbindlichkeiten* (Rückstellungen) in Höhe des Betrags anzusetzen, der nach vernünftiger kaufmännischer Beurteilung notwendig ist. *Rentenverpflichtungen*, für die eine Gegenleistung nicht mehr zu erwarten ist, sind zu ihrem Barwert zu bewerten.

Ingangsetzungsaufwendungen sind mit dem Betrag der geleisteten Auszahlungen zu bewerten, aktivierte *Disagiobeträge* mit dem Abgeldbetrag.

12.4.4. Feststellung, Offenlegung, Aufbewahrung

Die Eröffnungsbilanz ist von den Vorstandsmitgliedern bzw. Geschäftsführern persönlich unter Angabe des Datums, indem sie der Firma, der Gesellschaft oder der Benennung des Vorstands ihre Namensunterschrift hinzufügen, zu unterzeichnen (§ 79 AktG). Neben der *Unterzeichnung* bedarf es keiner gesonderten *Feststellung* der Eröffnungsbilanz durch Vorstand und Aufsichtsrat oder Hauptversammlung bei der AG bzw. durch Geschäftsführer und Gesellschafter bei der GmbH (Schulze-Osterloh in Baumbach/Hueck 2001, § 41 Rn. 43).

Eine generelle Pflicht zur *Offenlegung* der Eröffnungsbilanz besteht auch bei der Kapitalgesellschaft nicht. Die Offenlegungsvorschriften der §§ 325 ff. HGB führen nicht zwingend zu einer Verpflichtung der Kapitalgesellschaft zur Offenlegung der Eröffnungsbilanz. Unklar ist auch, ob die Eröffnungsbilanz bei Sachgründungen zu den Unterlagen gehört, die von der AG/KGaA nach § 37 AktG, von der GmbH nach § 8 GmbHG der Anmeldung der Gesellschaft zum Handelsregister beizufügen sind.

Die Eröffnungsbilanz der Kapitalgesellschaft ist nach § 257 HGB zehn Jahre aufzubewahren.

12.5. Zusammenfassung

Die Pflicht zur Aufstellung einer Eröffnungsbilanz gilt für alle Kaufleute, den Einzelunternehmer, die Personenhandelsgesellschaft und die Kapitalgesellschaft. Zweck der Eröffnungsbilanz ist die Selbstinformation und Selbstkontrolle, die Abgrenzung des Unternehmensvermögens vom Privatvermögen und die Grundlage für die weitere Rechnungslegung. Aufstellungsstichtag ist der Beginn des Handelsgewerbes, der für die einzelnen Rechtsformen unterschiedlich definiert wird. In der Eröffnungsbilanz sind alle Vermögensgegenstände, Schulden und das Eigenkapital des Kaufmanns anzusetzen. Die anzusetzenden Vermögensgegenstände und Schulden sind grundsätzlich mit ihrem Zeitwert zu bewerten. Mit der Unterschrift wird die Eröffnungsbilanz ein rechtswirksames Dokument.

12.6. Verwendete und weiterführende Literatur

Adler, Düring, Schmaltz (ADS) (1998): Rechnungslegung und Prüfung der Unternehmung. 6. Auflage, Teilband 6. Stuttgart.

Baumbach, Hopt (1995): Handelsgesetzbuch. 29. Auflage, München.

Baumbach, Hueck (2001): GmbH-Gesetz. 17. Auflage, München.

Budde, Förschle (1999): Sonderbilanzen. Von der Gründungsbilanz bis zur Liquidationsbilanz. 2. Auflage, München.

Canaris (2000): Handelsrecht. 23. Auflage, München.

Drukarczyk, J. (1992): Kapitalerhöhung und –herabsetzung, Prüfung der. In: Coenenberg, A.G.; von Wysocki, K. (Hrsg.): Handwörterbuch der Revision (HWRev). 2. Auflage, Stuttgart, S. 934-946.

Eisele, W. (1993): Gründung. In: Wittmann, W. †, u.a. (Hrsg.): Handwörterbuch der Betriebswirtschaft (HWB). 5. Auflage, Stuttgart, S. 1550-1562.

Freericks, W. (1993): Gründungsbilanz. In: Chmielewicz, K.; Schweitzer, M. (Hrsg.): Handwörterbuch des Rechnungswesens (HWR). 3. Auflage, Stuttgart, S 851-859.

Schmidt, K. (1999): Handelsrecht. 5. Auflage, Köln usw.

WP-Handbuch 1998, Band II, Institut der Wirtschaftsprüfer e.V. (Hrsg.), 11. Auflage, Düsseldorf.

13. Steuerliche Grundlagen für Neugründungen

DIRK E. MEYER-SCHARENBERG

13.1. Überblick

Kapitalgesellschaften unterliegen mit ihrem Gewinn der Körperschaft- und Gewerbesteuer. Dagegen unterliegt der von einem Personenunternehmen erzielte Gewinn nicht beim Unternehmen selbst, sondern bei dessen Inhaber(n) der Einkommensteuer. Nur hinsichtlich der Gewerbesteuer ist das Personenunternehmen selbst Steuerschuldner. Bei neu gegründeten Unternehmen konzentrieren sich die wesentlichen Entscheidungen neben der Wahl des Standortes und der Rechtsform auf die Art der Gewinnermittlung und die Dauer des Wirtschaftsjahres. Die umsatzsteuerliche Behandlung des Unternehmens ist weitgehend rechtsformneutral. Als Arbeitgeber muss der Unternehmer vom Arbeitslohn seiner Arbeitnehmer Lohnsteuer einbehalten. Erbschaftssteuerlich sind Personenunternehmen gegenüber Kapitalgesellschaften begünstigt.

13.2. Einkommensteuer

13.2.1. Einführung

Natürliche Personen, die als Einzel- oder Mitunternehmer ein Personenunternehmen betreiben, unterliegen mit den Einkünften aus dieser unternehmerischen Tätigkeit der Einkommensteuer. Die Art der Einkünfte (Gewerbebetrieb, Freiberufler, Land- und Forstwirt) ist von untergeordneter Bedeutung. Wesentliche Unterschiede bestehen bei der Art der Gewinnermittlung. Die Einkommensteuer ist keine reine Unternehmenssteuer, sondern fasst sämtliche Einkünfte aus den sog. sieben Einkunftsarten zu einem Gesamteinkommen zusammen, das einem progressiven Einkommensteuertarif unterliegt. Grundfreibetrag, Eingangs- und Spitzensteuersatz entwickeln sich in den nächsten Jahren wie folgt:

	2002	2003	2004	2005
Spitzensteuersatz	48,5 % ab 55.008 €		47 % ab 52.293 €	42 % ab 52.152 €
Eingangssteuersatz	19,9 %		17 %	15 %
Grundfreibetrag	7.235 €		7.426 €	7.664 €

Abb. 1: Einkommensteuerliche Tarifentwicklung

Soweit sich aus der Unternehmensgründung oder aus anderen Einkunftsarten (Anlauf-)Verluste ergeben, können diese mit positiven Einkünften derselben Art (horizontal) oder einer anderen Einkunftsart (vertikal) ausgeglichen werden, soweit nicht eine besondere Verlustausgleichsbeschränkung greift. Derartige Beschränkungen bestehen für folgende Fälle:

§ 2 Abs. 3 EStG: vertikaler Verlustausgleich (sog. Mindestbesteuerung)

§ 2a EStG: Auslandsverluste aus bestimmten Tätigkeiten

§ 2b EStG: Verlustzuweisungsmodelle

§ 10d EStG: vertikaler Verlustvor- und -rücktrag

§ 15 Abs. 4 Satz 1 und 2 EStG: Verluste aus gewerblicher Tierzucht

§ 15 Abs. 4 Satz 3 und 4 EStG: Termingeschäfte

§ 15a EStG: Verluste bei beschränkter Haftung

§ 17 Abs. 2 Satz 4 EStG: Verluste aus dem Verkauf wesentlicher Beteiligungen

§ 22 Abs. 1 Nr. 3 EStG: Verluste aus gelegentlichen Leistungen

§ 23 Abs. 3 Satz 8 und 9 EStG: Spekulationsverluste

Das Einkommen aus wirtschaftlicher Tätigkeit vermindert sich um bestimmte private Aufwendungen (Sonderausgaben, zu denen auch Vorsorgeaufwendungen gehören und außergewöhnliche Belastungen). Das Existenzminimum bleibt bis zur Höhe des sog. Grundfreibetrages (vgl. Abb. 1) steuerfrei. An die Einkommensteuer als Bemessungsgrundlage knüpft der Solidaritätszuschlag (5,5 %) und die Kirchensteuer (je nach Bundesland 8 % bzw. 9 %) an, wobei die Kirchensteuer als Sonderausgabe bei der Einkommensteuer abziehbar ist.

13.2.2. Eröffnungsbilanz

Unabhängig von der Gewinnermittlungsmethode muss jeder Unternehmer bei der Eröffnung seines Unternehmens eine Eröffnungsbilanz erstellen (vgl. Schneeloch 1994, 232 ff.). In dieser Eröffnungsbilanz sind alle Gegenstände aufzunehmen, die der Unternehmer im Zeitpunkt der Betriebseröffnung aus seinem Privatvermögen dem Unternehmen widmet. Entscheidend ist in diesem Zusammenhang die Bewertung der aus dem Privatvermögen in das Betriebsvermögen eingelegten Gegenstände. Diese erfolgt grundsätzlich mit dem Marktpreis, genauer: Teilwert (§ 6 Abs. 1 Nr. 6 i.V.m. Nr. 5 EStG). Dies entspricht den Interessen des Unternehmers, denn je höher der anzusetzende Wert ist, desto geringer fällt der künftige steuerpflichtige Gewinn aus. Der Einlagewert kann nämlich planmäßig und/oder außerplanmäßig abgeschrieben oder – spätestens – beim Ausscheiden des Wirtschaftsgutes aus dem Betriebsvermögen gewinnmindernd abgesetzt werden. In zwei Fällen erlaubt der Gesetzgeber jedoch den Ansatz des Teilwertes nicht, wenn dieser höher ist als die historischen Anschaffungs- oder Herstellungskosten (§ 6 Abs. 1 Nr. 5 Buchst. a und b EStG):

- wenn das Wirtschaftsgut innerhalb von drei Jahren nach der Anschaffung oder Herstellung eingelegt wird;
- bei Beteiligungen an Kapitalgesellschaften im Sinne des § 17 EStG.

Die Nichtbeachtung der Dreijahresfrist kann erhebliche Steuerbelastungen auslösen. Denn in diesem Fall mindert nicht der möglicherweise sehr hohe Teilwert den künftigen Gewinn des Unternehmers, sondern nur die vergleichsweise niedrigen Anschaffungs- bzw. Herstellungskosten. Dadurch werden im Privatvermögen gebildete stille Reserven unnötigerweise steuerpflichtig gemacht.

Beispiel 1:

Ein Existenzgründer hat Bauerwartungsland für 10 € pro Quadratmeter günstig eingekauft. Nach einem Jahr wird dieses Grundstück zu Bauland (100 € pro Quadratmeter). Er beschließt, ein Bauträgerunternehmen zu gründen, um sein Bauland zu vermarkten. Mit der Betriebseröffnung gelangen die Grundstücke in das Betriebsvermögen. Innerhalb der Dreijahresfrist sind die Grundstücke mit den Anschaffungskosten von 10 € einzulegen. Würde der Unternehmer die Dreijahresfrist abwarten, könnten die Grundstücke mit 100 € pro Quadratmeter angesetzt werden, was einen wesentlich niedrigeren steuerlichen Gewinn zur Folge hat:

	Einlage innerhalb der Dreijahresfrist	Einlage außerhalb der Dreijahresfrist
Veräußerungserlös	150 €/qm	150 €/qm
./. Einlagewert Grundstück	10 €/qm	100 €/qm
Differenz	140 €/qm	50 €/qm
Gewinn bei 10.000 qm	1.400.000 €	500.000 €
Steuerbelastung bei 50 %	700.000 €	250.000 €

Bis zum Jahre 1999 konnten die mit dem Teilwert in das Betriebsvermögen eingelegten Wirtschaftsgüter anschließend ohne (nennenswerten) Gewinn aus dem Betriebsvermögen heraus weiter verkauft werden. Durch Einführung des § 23 Abs. 1 Satz 5 Nr. 1 EStG im Zusammenhang mit der Verlängerung der Spekulationsfrist auf 10 Jahre ist dies bei unbeweglichen Wirtschaftsgütern nicht mehr möglich. Bei einem Verkauf innerhalb von 10 Jahren nach der ursprünglichen Anschaffung eines Grundstücks würden die vor der Einlage entstandenen stillen Reserven als Spekulationsgewinn nachversteuert. Der Bauträger könnte die Grundstücke jedoch für einen Zeitraum von z.B. 10 Jahren im Wege des Erbbaurechts zur Nutzung überlassen sowie eine Kaufoption oder ein Andienungsrecht nach Ablauf der Spekulationsfrist einräumen. Dadurch würde der Verkauf bis nach dem Ablauf der Spekulationsfrist hinausgezögert und so die sofortige Besteuerung des Veräußerungsgewinns verhindert. Die Erbbauzinsen würden dann die entgangenen Erträge auf einen sofortigen Veräußerungserlös ausgleichen (vgl. zu Erbbauzinsen, Biergans 1992, 884 ff.).

Beispiel 2:

Ein angestellter Ingenieur macht in seiner Freizeit eine Zufallserfindung. Ein Interessent bietet ihm hierfür 10 Mio. €. Er meint jedoch, bei Verwertung in eigener Regie 20 Mio. € erlösen zu können. Aus diesem Grunde überlässt er die Erfindung nach Patentierung zur Auswertung noch innerhalb der Dreijahresfrist einer neugegründeten GmbH. Die Patentanmeldegebühren betragen 100.000 €. Durch die Überlassung des Patents an die eigene GmbH entsteht eine sog. Betriebsaufspaltung. Das Patent wird einziger Gegenstand des Betriebsvermögens eines Besitzunternehmens. Innerhalb der Dreijahresfrist gilt das Patent als zu den Herstellungskosten von 100.000 € in das Betriebsvermögen eingelegt. Hätte der Steuerpflichtige die Dreijahresfrist abgewartet oder eine andere Gestaltung gewählt, würde ein wesentlich geringerer Gewinn entstehen:

	Einlage innerhalb der Dreijahresfrist	Einlage außerhalb der Dreijahresfrist
Einnahmen	20,0 Mio. €	20 Mio. €
./. Abschreibung auf Einlagewert	0,1 Mio. €	10 Mio. €
Gewinn	19,9 Mio. €	10 Mio. €
Steuerbelastung bei 50 %	9,95 Mio. €	5 Mio. €

Wer sein Unternehmen in eigenen Räumen betreibt oder an eine Mitunternehmerschaft vermietet, an der er beteiligt ist, oder als wesentliche Betriebsgrundlage im Rahmen einer sog. Betriebsaufspaltung an eine Betriebskapitalgesellschaft vermietet, bildet Betriebsvermögen. Die Entstehung (notwendigen) Betriebsvermögens erfolgt unabhängig davon, ob sich der Steuerpflichtige hierüber im Klaren ist oder nicht. Selbst wenn die Grundstücke nicht in die Eröffnungsbilanz aufgenommen worden sind, handelt es sich um notwendiges Betriebsvermögen. Die Bilanzen sind dann zwar falsch. Dies ändert aber nichts daran, dass im Falle der Veräußerung der Grundstücke die volle Differenz zwischen dem Veräußerungserlös und den (um zwischenzeitliche Abschreibungen verminderten) historischen Anschaffungskosten zu versteuern ist. Ein weiterer wesentlicher Gesichtspunkt bei der Gründungsberatung besteht deshalb darin, zu verhindern, dass betrieblich genutzte Grundstücke und andere Wirtschaftsgüter, die bisher zum Privatvermögen gehörten und die voraussichtlich im Wert steigen werden, ungewollt in das Betriebsvermögen gelangen (vgl. Heigl 1996, S. 141 ff.). Insbesondere Grundstücke bilden erfahrungsgemäß erhebliche stille Reserven, wenn sie langfristig gehalten werden. Diese entstehen einerseits durch Wertsteigerungen, andererseits dadurch, dass Gebäude unabhängig vom Wertverzehr abgeschrieben werden dürfen.

13.2.3. Gewinnermittlungsmethode

13.2.3.1. Einnahmen-Ausgaben-Rechnung

Die einfachste Art, den Gewinn zu ermitteln, ist die sog. Einnahmen-Ausgaben-Rechnung (§ 4 Abs. 3 EStG). Diese Gewinnermittlung erfordert nur geringen organisatorischen Aufwand. Eine (EDV-)Buchhaltung ist nicht erforderlich. Es genügt, wenn die Betriebseinnahmen aufgezeichnet und die Betriebsausgabenbelege (möglichst nach Kostenarten geordnet) gesammelt werden. Der Gewinn wird als Differenz der Betriebseinnahmen und der Betriebsausgaben ermittelt, wobei die zeitliche Abgrenzung am Jahresende allein nach dem Zu- und Abfluss von Zahlungen geregelt wird (§ 11 EStG). Durchbrochen wird das Abflussprinzip im Bereich von langfristig der Einkunftserzielung dienenden Gegenständen (Anlagevermögen) (vgl. Kussmaul 2000, 5 f.). Kauft der Unternehmer Maschinen,

Büroeinrichtungen oder Betriebsgebäude, kann er die Anschaffungs- oder Herstellungskosten für diese Wirtschaftsgüter nur im Wege von (planmäßigen) Abschreibungen steuermindernd geltend machen (§ 4 Abs. 3 Satz 3 EStG). Insoweit gelten die gleichen Grundsätze wie bei bilanzieller Gewinnermittlung und im Bereich der Überschusseinkünfte.

Bei der Einnahmen-Ausgaben-Rechnung ist die Höhe des Gewinns relativ einfach zu beeinflussen. Will der Steuerpflichtige seinen Gewinn mindern, kann er darauf verzichten, Rechnungen für erbrachte Lieferungen und Leistungen zu stellen. In diesem Fall werden ihm die Kunden auch kein Geld überweisen, so dass er den Zufluss in das Folgejahr verlagern kann. Außerdem kann er durch Vorziehen von Ausgaben (Einkauf von Waren und anderen Gegenständen des Umlaufvermögens) seinen Gewinn mindern. Es kommt nur darauf an, dass die Ware im alten Jahr bezahlt wird. Wann sie geliefert wird, ist unerheblich. Für die Vorauszahlung von Löhnen, Mieten, Zinsen und anderen regelmäßig wiederkehrenden Ausgaben gilt die Einschränkung, dass diese mehr als 10 Tage („kurze Zeit") vor Beendigung des Kalenderjahres abfließen müssen (§ 11 Abs. 2 Satz 2 EStG).

Wegen der Möglichkeit, Gewinne in die Zukunft zu verlagern, ist die Einnahmen-Ausgaben-Rechnung nicht allen Unternehmern erlaubt. Nur Freiberufler können diese Gewinnermittlungsmethode uneingeschränkt, d.h. unabhängig von der Unternehmensgröße, anwenden. Dagegen können Gewerbetreibende sowie Land- und Forstwirte bei Erreichen bestimmter Größenmerkmale, die im § 141 AO geregelt sind, vom Finanzamt aufgefordert werden, ihren Gewinn künftig nach bilanziellen Grundsätzen zu ermitteln. Der Übergang zur bilanziellen Gewinnermittlung ist jedoch frühestens in dem Jahr erforderlich, das auf die Anordnung des Finanzamts folgt. Im Jahr des Übergangs müssten sämtliche Forderungen gewinnerhöhend aktiviert werden. Auf Antrag kann der Steuerpflichtige den Übergangsgewinn auf drei Jahre verteilen (R 17 Abs. 1 Satz 4 EStR). Ein Steuerpflichtiger, der freiwillig von der Einnahmen-Überschussrechnung zum Bestandsvergleich übergegangen ist und eine Verteilung des Übergangsgewinns auf drei Jahre beantragt hat, kann ohne besonderen wirtschaftlichen Grund nicht zwei Jahre nach dem Wechsel der Gewinnermittlungsart erneut zur Einnahmen-Überschussrechnung zurückwechseln (BFH v. 9.11.2000, DStR 2001, 160).

Wer als Vollkaufmann handelsrechtlich zur bilanziellen Gewinnermittlung verpflichtet ist, muss dieser Pflicht auch aus steuerlicher Sicht genügen (§ 140 AO), d.h. er kann die Einnahmen-Ausgaben-Rechnung selbst dann nicht anwenden, wenn er die kritischen Größenmerkmale (noch) nicht erfüllt.

13.2.3.2. Bilanzielle Gewinnermittlung

Die bilanzielle Gewinnermittlung gemäß §§ 4, 5 EStG stellt wesentlich höhere Anforderungen an die Aufzeichnungen des Unternehmers als eine reine Einnahmen-Ausgaben-Rechnung. Bloße Belegsammlungen reichen nicht aus. Im Regelfall lässt sich der Buchungsaufwand ohne eine EDV-Buchhaltung nicht bewältigen. Um sämtliche Geschäftsvorfälle ordnungsgemäß nach den Regeln der doppelten Buchführung aufzeichnen zu können, sind geschlossene Geldkreisläufe (Kasse, Bank) erforderlich (vgl. zur doppelten Buchführung: Kupsch, In: Hofbauer/Kupsch 1986, Rz. 51). Um den Buchhaltungsaufwand nicht unnötig aufzublähen und den vollen Schuldzinsenabzug nicht zu gefährden, sollten private Zahlungsvorgänge nicht über betriebliche Konten abgewickelt werden (vgl. zum gemischten Kontokorrentkonto Neufang 2000, 1702, 1705 ff.; Obermeier 2000, 3110, 3112 ff.; Wendt 2000, 417, 418).

Die bilanzielle Gewinnermittlung unterscheidet sich von der Einnahmen-Ausgaben-Rechnung hinsichtlich des Zeitpunktes der Erfassung von Geschäftsvorfällen (vgl. Scheffler 2002, 78 f.). Betriebseinnahmen sind nicht erst mit der Bezahlung, sondern stets bereits mit der Lieferung bzw. Leistungserbringung durch Aktivierung einer Forderung zu erfassen. Es kommt nicht darauf an, wann eine Rechnung gestellt oder diese vom Kunden bezahlt wird. Die Versteuerung der Erträge setzt also bereits zu einem Zeitpunkt ein, indem dem Unternehmer noch die Liquidität für die Bezahlung der Steuer fehlt. Andererseits können Aufwendungen unabhängig von der Bezahlung wesentlich früher geltend gemacht werden, indem eine Verbindlichkeit oder eine Rückstellung passiviert wird. So können künftige Pensionszahlungsverpflichtungen an Arbeitnehmer bereits während der aktiven Dienstzeit steuermindernd berücksichtigt werden. Auch ungewisse Verbindlichkeiten aus Prozess- und Gewährleistungsrisiken können lange vor der Fälligkeit steuermindernd geltend gemacht werden. Anders als bei der Einnahmen-Ausgaben-Rechnung ist der Einkauf von Waren und anderen Vorräten ein erfolgsneutraler Vorgang. Erst der Verbrauch oder Verkauf der Ware führt zu einer Steuerminderung. Gewinnmanipulationen durch Zahlungsvorgänge sind daher weitgehend ausgeschlossen.

13.2.4. Wirtschaftsjahr

Gewinnermittlungszeitraum ist das Wirtschaftsjahr. Dieses entspricht im Regelfall dem Kalenderjahr. Da die Unternehmensgründung meist im Laufe eines Kalenderjahres erfolgt, umfasst das erste Wirtschaftsjahr keine 12 Monate, wenn das Ende des Kalenderjahres als Bilanzstichtag gewählt wird (sog. Rumpfwirtschaftsjahr). Ins Handelsregister eingetragene Gewerbetreibende können ein abweichendes Wirtschaftsjahr bilden, indem sie einen beliebigen Zeitpunkt innerhalb von 12 Monaten nach der Unternehmungsgründung zu ihrem Abschlussstichtag bestimmen. Das abweichende Wirtschaftsjahr hat den Vorteil, dass der Gewinn erst in dem Kalenderjahr zu versteuern ist, in dem das Wirtschaftsjahr endet (§ 4a Abs. 2 Nr. 2 EStG). Damit lässt sich die Steuerzahlung in der Regel hinauszögern. Zwar müssen Unternehmer vierteljährliche Einkommensteuervorauszahlungen leisten. Diese bemessen sich jedoch nach dem Einkommen vergangener Jahre bzw. den (vorsichtigen) Schätzungen des Unternehmers für das laufende Jahr, so dass die Einkommensteuervorauszahlungen meist (deutlich) unter der tatsächlichen Steuerschuld liegen, wodurch sich vorteilhafte Steuerstundungseffekte ergeben können.

Ein weiterer Grund, ein abweichendes Wirtschaftsjahr zu wählen, könnte darin liegen, dass die steuerlichen Vorschriften des Folgejahres günstiger sind als die des laufenden Jahres, wie dies derzeit hinsichtlich der sinkenden Einkommensteuersätze der Fall ist. Soweit sich die steuerlichen Vorschriften jedoch verschärfen, greifen diese auch auf den Teil des Gewinnes, der im alten Jahr erwirtschaftet wurde.

Die nachträgliche Änderung eines dem Kalenderjahr entsprechenden Wirtschaftsjahres in ein abweichendes Wirtschaftsjahr, bedarf der Zustimmung des Finanzamts (§ 4a Abs. 1 Nr. 2 EStG). Das Finanzamt stimmt einer Umstellung des Wirtschaftsjahres in der Regel nur dann zu, wenn hierfür außersteuerliche Gründe maßgeblich sind. Ein wichtiger Grund sind Inventurerleichterungen. Als Abschlussstichtag sollte der Zeitpunkt gewählt werden, in dem die Lagerbestände möglichst gering sind (zum Gewinnermittlungszeitraum vgl. auch von Sicherer 2002, 112 ff.).

13.3. Gewerbesteuer

Wer eine gewerbliche Tätigkeit ausübt, unterliegt mit seinem Gewinn nicht nur der Einkommen-, sondern auch der Gewerbesteuer. Kapitalgesellschaften sowie die typische GmbH & Co. KG unterliegen kraft Rechtsform, unabhängig davon, welche Tätigkeit ausgeübt wird, immer der Gewerbesteuer. Die Gewerbesteuer ist ein wesentlicher Faktor bei der Standortwahl, da die Belastung von der Höhe des Gewerbesteuerhebesatzes abhängt, der von jeder Gemeinde individuell festgelegt werden kann. In Großstädten liegen die Hebesätze zwischen 540 % (Frankfurt) und 400 %. In Randgemeinden liegt der Hebesatz häufig schon deutlich niedriger. Die Gemeinde Norderfriedrichskoog bei Husum in Schleswig-Holstein sowie zwei weitere Gemeinden haben einen Hebesatz von 0 %, d.h. es fällt überhaupt keine Gewerbesteuer an.

Durch die Unternehmenssteuerreform soll die Gewerbesteuer für Personenunternehmen zwar indirekt dadurch abgeschafft werden, dass eine Tarifermäßigung in der Einkommensteuer gewährt wird (§ 35 EStG). Trotzdem lohnt es sich, Anstrengungen zu unternehmen, um die Gewerbesteuerpflicht zu vermeiden, weil die seit 2001 mögliche „Gewerbesteueranrechnung" in vielen Fällen nicht zu einer vollständigen Entlastung von der Gewerbesteuer führen wird (Problem der sog. Anrechnungsüberhänge; vgl. Ritzer/Stangl 2000, 641).

Nicht der Gewerbesteuer unterliegen Freiberufler (§ 18 EStG) und Land- und Forstwirte (§ 13 EStG). Freiberufler sind in erster Linie die in § 18 EStG genannten Berufe (sog. Katalogberufe). Darüber hinaus unterliegen aber auch die diesen Katalogberufen ähnlichen Berufe keiner Gewerbesteuer. Über die Frage, ob ein bestimmter Berufszweig den Katalogberufen ähnlich ist, gibt es eine Vielzahl von Urteilen. Besondere Regelungen gelten für freiberufliche Mitunternehmerschaften (vgl. Meyer-Scharenberg, In: Meyer-Scharenberg/Popp/Woring 1996, 470 ff.). Um die Gewerbesteuerpflicht zu vermeiden, dürfen keine berufsfremden Personen als Mitunternehmer aufgenommen werden. Außerdem muss sich die Personengesellschaft jeglicher gewerblicher Aktivität enthalten, weil anderenfalls Gewerbesteuerpflicht auch hinsichtlich der eindeutig freiberuflichen Einkünfte eintritt (sog. Infektionswirkung, § 15 Abs. 3 Nr. 1 EStG). Gefährdet sind hier insbesondere Gemeinschaften von Ärzten, die Medikamente, Brillen, Zahnersatz und ähnliche Produkte im Rahmen ihrer ärztlichen Mitunternehmerschaft verkaufen. Bei den Landwirten kommt es unter anderem darauf an, in welchem Umfang sie neben den selbst hergestellten auch zugekaufte Produkte verkaufen (R 135 Abs. 5 EStR).

In sehr vielen Fällen wird der Gewerbeertrag, der die Bemessungsgrundlage für die Gewerbesteuer bildet, mit dem nach einkommensteuerlichen Vorschriften ermittelten Gewinn identisch sein. Das Gewerbesteuergesetz kennt jedoch eine Reihe von Korrekturvorschriften, die den einkommensteuerlichen Gewinn modifizieren können (sog. Hinzurechnungen nach § 8 GewStG und Kürzungen nach § 9GewStG). Besonders bedeutsam ist die Hinzurechnungsvorschrift für Dauerschuldzinsen (§ 8 Nr. 1 GewStG). Danach sind Zinsen für bestimmte langfristige Kredite im Ergebnis nur zur Hälfte beim Gewerbeertrag abzugsfähig, d.h. sie müssen zur Hälfte dem nach einkommensteuerlichen Vorschriften ermittelten Gewinn wieder hinzugerechnet werden. Auch bestimmte Miet- und Pachtzahlungen dürfen den Gewerbeertrag nur zur Hälfte mindern (§ 8 Nr. 7 GewStG).

Zu beachten ist, dass die Gewerbesteuerpflicht erst mit der Aufnahme der werbenden Tätigkeit durch Anbieten von Leistungen beginnt. Alle vor diesem Zeitpunkt entstandenen Betriebsausgaben (Löhne, Mieten, Zinsen) sind gewerbesteuerlich irrelevant (vgl. Meyer-Scharenberg, In: Meyer-Scharenberg/Popp/Woring 1996, 671). Um die gewerbesteuerliche Berücksichtigungsfähigkeit dieser Kosten zu gewährleisten, muss daher die werbende Tätigkeit möglichst frühzeitig aufgenommen werden, notfalls bereits in einem Stadium, in dem noch keine volle Leistungsbereitschaft besteht. Auf der anderen Seite endet die Gewerbesteuerpflicht bereits mit der Beendigung der werbenden Tätigkeit. Wird ein Unternehmen als Ganzes veräußert, unterliegt der Veräußerungsgewinn daher nicht mehr der Gewerbesteuer (R 39 Abs. 1 Nr. 1 GewStR). Dies gilt allerdings nur für Personenunternehmen. Bei Kapitalgesellschaften unterliegt der Verkauf des ganzen Betriebes, eines Teilbetriebes oder Mitunternehmeranteils der Gewerbesteuer.

13.4. Umsatzsteuer

13.4.1. Überblick

Der umsatzsteuerliche Unternehmerbegriff ist wesentlich weiter als der Unternehmerbegriff im allgemeinen Sprachgebrauch oder in der Einkommensteuer. Unternehmer im umsatzsteuerlichen Sinne ist jeder, der nachhaltig gegen Entgelt Leistungen erbringt (§ 2 UStG). Wer eine Eigentumswohnung vermietet ist danach ebenso Unternehmer wie jemand, der einen Gewerbebetrieb eröffnet. Im Regelfall muss der Unternehmer 16 % (Regelsteuersatz) seiner (Netto-)Umsatzerlöse an das Finanzamt abführen und zwar unabhängig davon, ob er diese Umsatzsteuer gesondert in Rechnung gestellt hat, weil er sich seiner Umsatzsteuerpflicht bewusst ist, oder ob er dies nicht getan hat. Bestimmte Umsätze unterliegen gemäß § 12 Abs. 2

UStG nur dem ermäßigten Steuersatz von 7 % (Lebensmittel, Bücher, Personennahverkehr, Kunst). Darüber hinaus gibt es eine Reihe von Tätigkeiten, die von der Umsatzsteuer befreit sind (§ 4 UStG): Exporteure, Banken, Versicherungen, Ärzte, Krankenhäuser, Kultureinrichtungen, Grundstücksvermietungen. Auf die Befreiung von der Umsatzsteuer kann teilweise verzichtet werden (§ 9 UStG). Dies ist immer dann sinnvoll, wenn erhebliche Vorleistungen von anderen Unternehmern in Anspruch genommen werden müssen. In diesem Fall kann die von den Unternehmern in Rechnung gestellte Umsatzsteuer als Vorsteuer vom Finanzamt zurückgefordert werden, was eine erhebliche Finanzierungserleichterung darstellen kann, insbesondere z.B. bei der Herstellung von Gebäuden (vgl. Salzmann 2001, 287). Kleinunternehmer (§ 19 UStG) sind von umsatzsteuerlichen Pflichten befreit, können aber zur Regelbesteuerung optieren, was insbesondere bei hohen Vorleistungen in Erwägung zu ziehen ist, um die Vorsteuererstattung zu bekommen.

13.4.2. Erhebungsverfahren

Der Unternehmer muss im Regelfall monatliche Umsatzsteuervoranmeldungen an das Finanzamt abgeben, in denen er - anders als bei der Einkommen- und Gewerbesteuer - nicht nur die Berechnungsgrundlagen angeben, sondern die Steuerschuld selbst ermitteln muss, weshalb die Voranmeldung wie ein Steuerbescheid wirkt (§§ 167, 168 AO). Die Voranmeldungen sind gemäß § 18 Abs. 1 UStG zum 10. des Folgemonats fällig. Bei verspätetem Eingang der Erklärung beim Finanzamt werden Verspätungszuschläge bis zu 10 % der Steuerschuld, höchstens 25.000 € festgesetzt (§ 152 AO). Wird die Erklärung zwar pünktlich eingereicht, die Zahlung aber verspätet geleistet, fallen Säumniszuschläge (§ 240 AO) an (1 % pro angefangenem Monat). Gegen eine Sonderzahlung kann die Abgabe- und Bezahlungspflicht um einen Monat hinausgeschoben werden (sog. 1/11-Regelung (§§ 46-48 UStDV)). Für kleinere Unternehmen gibt es den vierteljährlichen Voranmeldungszeitraum bzw. die jährliche Voranmeldung. Welcher Voranmeldungszeitraum maßgeblich ist, richtet sich nach der Vorjahressteuerschuld (§ 18 UStG). Bei Existenzgründern kommt es auf die geschätzte Umsatzsteuerschuld des laufenden Jahres an (R 225a Abs. 4 UStR).

Für Unternehmen, die eine EDV-Buchhaltung haben, bilden die Umsatzsteuervoranmeldungen ein (zwangsläufiges) Abfallprodukt der monatlichen EDV-Auswertungen. Bereits bei der Verbuchung der einzelnen Geschäftsvorfälle werden die Umsatzsteuerbeträge automatisch herausgerechnet, so dass die pünktliche Einhaltung der Zahlungs- und Erklärungstermine gewährleistet ist. Bei manueller Ermittlung der Umsatzsteuerbeträge ist dies oft problematisch. Es besteht die Gefahr, dass Erklärungspflichten und Zahlungszeitpunke versäumt werden und unnötige finanzielle Sanktionen des Finanzamts greifen.

Die Umsatzsteuer wird im Regelfall nach vereinbarten Entgelten berechnet, d.h. ähnlich wie bei bilanzieller Gewinnermittlung entsteht die Umsatzsteuer nicht erst mit dem Zahlungseingang, sondern bereits mit der Leistungserbringung (sog. Soll-Versteuerung (§ 13 Abs. 1 Nr. 1 i.V.m. § 16 Abs. 1 Satz 1 UStG)). Insbesondere Freiberufler können beantragen, abweichend hiervon nur die vereinnahmten Entgelte der Besteuerung zu unterwerfen (sog. Ist-Versteuerung (§ 13 Abs. 1 Nr. 1 Bust. b i.V.m. § 20 UStG)). Dies ist insbesondere dann sinnvoll, wenn einkommenssteuerlich eine Einnahmen-Ausgaben-Rechnung gewählt wird, was jedoch keine zwingende Voraussetzung ist. Freiberufler können die Ist-Versteuerung auch dann wählen, wenn sie freiwillig bilanzieren (vgl. auch Rose 2002, 108 ff.).

13.4.3. Vorsteuerabzug

Wer die von einem anderen Unternehmer in Rechnung gestellte Umsatzsteuer als Vorsteuer auf seine Umsatzsteuerschuld anrechnen bzw. einen entsprechenden Vorsteuerüberhang erstatten lassen möchte, muss darauf achten, dass er über eine ordnungsgemäße Rechnung verfügt (§ 15 Abs. 1 Satz 1 UStG i.V.m. § 14 Abs. 1 UStG). Bei Rechnungen über 100 € ist es besonders wichtig, dass die im Rechnungsbetrag enthaltene Umsatzsteuer gesondert ausgewiesen wird, d.h. der Betrag, der als Vorsteuer angerechnet werden soll, muss beziffert sein. Die bloße Angabe des Mehrwertsteuersatzes genügt nicht. Sie kann sogar entfallen. Nur bei sog. Kleinbetragsrechnungen bis zu 100 € genügt die Angabe die Mehrwertsteuersatzes ohne einen gesonderten Steuerausweis (§ 33 UStDV).

Die Angabe der Steuernummer ist neuerdings ebenfalls Pflicht (§ 14 Abs. 1a UStG). Ihr Fehlen führt aber nicht zum Verlust des Vorsteuerabzugs.

	Notwendige Angaben der Rechnung	§ 14 Abs. 1 UStG	Kleinbetragsrechnung bis 100 € § 33 UStDV
1	Name und Anschrift des leistenden Unternehmens	ja	ja
2	Name und Anschrift des Leistungsempfängers	ja	nein
3	Menge und handelsübliche Bezeichnung	ja	ja
4	Zeitpunkt der Lieferung	ja	nein
5	Entgelt für die Lieferung (Entgelt = Preis ohne MwSt)	ja	Preis inkl. MwSt
6	gesondert ausgewiesener Steuerbetrag	ja	nein
7	Steuersatz	nein	ja

Abb. 2: Umsatzsteuerliche Anforderungen an eine Rechnung

13.5. Lohnsteuer

Die Lohnsteuer ist eine besondere Erhebungsform der Einkommensteuer. Ihr unterliegen die Arbeitnehmer mit ihrem Bruttoarbeitslohn. Dabei spielt es keine Rolle, ob der Arbeitslohn in Form von Bargeld oder in Form geldwerter Vorteile (unentgeltliche oder verbilligte PKW-Nutzung, Mahlzeiten, Kost und Logie, usw.) besteht. Wirtschaftlich stellt die Lohnsteuer eine Vorauszahlung auf die künftige Einkommensteuer auf das Gesamteinkommen des Arbeitnehmers dar (vgl. Rose 2001, 130 f.).

Der Arbeitgeber ist verpflichtet, die Lohnsteuer einzubehalten, im Rahmen einer Lohnsteuervoranmeldung monatlich oder vierteljährlich dem Finanzamt anzumelden und die einbehaltenen Beträge pünktlich an das Finanzamt abzuführen. Entsprechend muss er auch die Pflichten gegenüber der Sozialversicherung (Renten-, Arbeitslosen-, Krankenversicherung) durch Einbehalt der entsprechenden Arbeitnehmeranteile erfüllen. Kommt der Unternehmer diesen Pflichten nicht ordnungsgemäß nach, haftet er persönlich für die einzubehaltenden Beträge (§ 42d EStG). Im Insolvenzfall drohen strafrechtliche Konsequenzen.

Der Arbeitgeber bescheinigt die einbehaltenen Lohnsteuern sowie die Berechnungsgrundlagen auf der Lohnsteuerkarte des Arbeitnehmers. Dieser kann die einbehaltene Lohnsteuer auf seine Einkommensteuerschuld anrechnen (§ 36 Abs. 2 Nr. 2 EStG).

13.6. Körperschaftsteuer

Wird ein Unternehmen in der Rechtsform der Kapitalgesellschaft (AG, GmbH) betrieben, unterliegt die Kapitalgesellschaft mit ihrem Gewinn der Körperschaftsteuer, die seit dem Jahre 2001 25 % beträgt. Für das Jahr 2003 wurde der Steuersatz auf 26,5 % angehoben, um die Schäden der Flutkatastrophe des Jahres 2002 zu finanzieren. Da Kapitalgesellschaften in vollem Umfang als Gewerbebetriebe gelten (§ 8 Abs. 2 KStG), unterliegen sie mit ihrem Gewinn, unabhängig von der Art der Tätigkeit, in jedem Fall der Gewerbesteuer. Hinzu kommt der Solidaritätszuschlag. Lediglich ausschließlich eigenen Grundbesitz verwaltende Kapitalgesellschaften zahlen aufgrund der sog. erweiterten Kürzung (§ 9 Nr. 1 Satz 2 GewStG) auf ihre Immobilienerträge keine Gewerbesteuer, sofern sie die Voraussetzungen dieser Vorschrift erfüllen. Der Gewinn ist stets durch Bilanz zu ermitteln. Abweichende Wirtschaftsjahre sind zulässig, die Umstellung erfordert die Zustimmung des Finanzamtes (§ 7 Abs. 4 Satz 3 KStG).

Unter dem Gesichtspunkt der Steueroptimierung sind Verträge zwischen dem Gesellschafter und seiner Kapitalgesellschaft interessant. Anders als bei einem Personenunternehmen können die Gehaltszahlungen an den Gesellschafter-Geschäftsführer als Betriebsausgaben abgezogen werden. Dabei geht es in erster Linie um die Minderung der Gewerbesteuer. Denn die ersparte Körperschaftsteuer wird durch die Lohnsteuer auf das Gehalt ersetzt, die regelmäßig höher ist als 25 %. Die größten steuerlichen Vorteile lassen sich jedoch durch Pensionszusagen erreichen. Die Gesellschaft kann bei steuerlich anerkannter Pensionszusage eine Rückstellung bilden (§ 6a EStG). Die Zuführung zur Pensionsrückstellung mindert die Körperschaftsteuer und die Gewerbesteuer, ohne dass dieser steuermindernde Effekt durch einen entsprechenden Einkommenserhöhungseffekt auf der Ebene des Gesellschafters sofort wieder, zumindest teilweise, ausgeglichen wird. Einkommensteuerpflichtig sind erst die späteren Rentenzahlungen. Es entsteht damit eine, im Regelfall sehr lange Steuerstundung, die zu vorteilhaften Zinseffekten führen kann (Drukarczyk/Schüler 2000, S. 33-55). Für die Anerkennung von Pensionszusagen an Gesellschafter-Geschäftsführer sind eine Vielzahl von Voraussetzungen einzuhalten (Probezeit fünf Jahre nach Diensteintritt, Mindestrestarbeitszeit 10 Jahre, Höchstalter 60 Jahre usw.). Außerdem dürfen die Pensionsbezüge nur in einem bestimmten Verhältnis zum Barlohn stehen (maximal 75 %). Die steuerlich optimale Nurpension wird nicht anerkannt (BFH v. 17.5.1995 I R 147/93, DStR 1995, 1749). Außerdem soll verhindert werden, dass der Gesellschafter-Geschäftsführer überversorgt ist. Im Normalfall eines nicht rentenversicherungspflichtigen Gesellschafter-Geschäftsführers darf die Pension 75 % des Barlohnes nicht übersteigen. Rentenansprüche aus den gesetzlichen Sozialversicherungen müssen (pauschal) angerechnet werden. In diesem Fall beträgt die Höchstpension 30 % des Barlohnes (BFH v. 5.2.1987, BStBl. 1987 II, S. 557).

Um zu verhindern, dass die Kapitalgesellschaft durch hohe Gehaltszahlungen in schlechten Jahren in die Verlustzone gerät, während der Gesellschafter-Geschäftsführer das hohe Gehalt der Lohnsteuer unterwerfen muss, werden üblicherweise erfolgsabhängige Vergütungen, insbesondere Gewinntantiemen, vereinbart. In schlechten Jahren sinkt die Vergütung, so dass die Verluste nicht durch Gehaltszahlungen noch zusätzlich erhöht werden. In guten Jahren kann ein höheres Gehalt mit gewerbesteuerlicher Wirkung vom Gewinn abgezogen werden. Auch in diesen Fällen sind jedoch die hierfür aufgestellten Spielregeln der Finanzverwaltung einzuhalten (Abschn. 33 Abs. 2 KStR). Anderenfalls kommt es zu verdeckten Gewinnausschüttungen.

Solange die Gewinne einer Kapitalgesellschaft nicht ausgeschüttet werden, sondern im Unternehmen verbleiben, unterliegt die Kapitalgesellschaft aufgrund der Unternehmenssteuerreform einer geringeren Gesamtsteuerbelastung (38,6 % bei 400 % Gewerbesteuerhebesatz) als Personenunternehmer, die den Spitzensteuersatz zahlen. Kommt es jedoch zur offenen oder verdeckten Ausschüttung der Gewinne, findet eine nochmalige Versteuerung auf der Ebene des Gesellschafters statt. Der Gesellschafter muss den halben Betrag der Gewinnausschüttung der Einkommensteuer unterwerfen. Unter Einbeziehung dieser nochmaligen Steuer liegt die Steuerbelastung der Kapitalgesellschaft bei Vollausschüttung (Gewerbesteuer (Hebesatz = 400 %), Solidaritätszuschlag, Körperschaftsteuer und Einkommensteuer im Spitzenintervall ab 2005: 52,2 %) wesentlich höher als die von Personenunternehmen (45,7 %). Die Kapitalgesellschaft ist daher nur dann die vorteilhaftere Rechtsformalternative, wenn Gewinne über sehr lange Zeiträume nicht ausgeschüttet werden.

Ein Nachteil der steuerlichen Selbstständigkeit der Kapitalgesellschaft ist, dass Verluste nicht mit positiven Einkünften des Gesellschafters verrechnet werden können (sog. Verlustfalle). Verluste können nur gemäß § 10d EStG auf das Vorjahr zurückgetragen werden, was zu einer sofortigen Steuererstattung führt oder mit künftigen Gewinnen verrechnet werden. Ab 2003 ist geplant, dass Verlustvorträge nur noch bis zur Hälfte des Gewinns verrechenbar sind, was zu existenz-gefährdenden Finanzierungsproblemen führen kann.

Beispiel:

Die Anlaufverluste einer neu gegründeten GmbH betragen 1.000.000 €. Der Eigen- und Fremdfinanzierungsspielraum ist ausgeschöpft. Im Folgejahr erzielt die Gesellschaft einen Gewinn von 900.000 €. Die Verlustvorträge dürfen nur in Höhe von 450.000 € verrechnet werden. Die Gesellschaft muss ca. 180.000 € Steuern zahlen, obwohl sie den Break-Even noch nicht erreicht hat.

13.7. Investitionszulagen

Investitionszulagen sind Zuschüsse des Staates für bestimmte Arten von In-vestitionen. Derzeit werden Investitionszulagen nur im Gebiet der ehemaligen DDR gewährt. Gefördert wird die Anschaffung oder Herstellung neuer abnutzbarer beweglicher Wirtschaftsgüter des Anlagevermögens. Wesentliche Voraussetzung ist, dass die Wirtschaftsgüter mindestens drei Jahre im Betrieb verbleiben und nicht vermietet werden. Die Investitionszulage ist weder steuerpflichtig noch mindert sie die steuerlichen Anschaffungs- oder Herstellungskosten. Begünstigt sind bereits Anzahlungen auf Anschaffungskosten bzw. Teilherstellungskosten. Die Höhe der Investitionszulage schwankt zwischen 5 % und 12,5 %. Sie verdoppelt sich für bestimmte Kleinunternehmen. Der Antrag kann erst nach Ablauf des jeweiligen Kalenderjahres gestellt werden.

13.8. Erbschaftsteuer

Werden Personenunternehmen oder Anteile an Kapitalgesellschaften verschenkt oder vererbt, unterliegen diese Vorgänge der Erbschaft- bzw. Schenkungsteuer, wobei die Steuersätze und Freibeträge für Erbschaften und Schenkungen identisch sind. Während sich die Bewertung des Personenunternehmens nach den Steuer-bilanzwerten (§ 109 Abs. 1 BewG) richtet (Ausnahme: Grundstücke, Beteiligungen, Auslandsvermögen), müssen Anteile an Kapitalgesellschaften mit dem gemeinen Wert erfasst werden (§ 11 BewG). Sind die Vermögensgegenstände eines Personen-unternehmens weitgehend abgeschrieben, kann der Steuerwert des Unternehmens auch bei sehr hohen Gewinnen gegen Null gehen, weil der nicht bilanzierungsfähige (originäre) Geschäftswert nicht werterhöhend erfasst wird. Dagegen müssen Anteile an Kapitalgesellschaften im Zweifel nach dem Stuttgarter Verfahren (vgl. R 96 ff.

ErbStR) bewertet werden, bei dem sich hohe Gewinne werterhöhend niederschlagen. Soweit in dem Jahr vor dem Bewertungsstichtag Anteilsverkäufe stattgefunden haben, wird der Steuerwert der Beteiligung aus den Verkaufserlösen abgeleitet (§ 11 Abs. 2 Satz 2 BewG). Er entspricht dann praktisch dem Verkehrswert. Bei börsennotierten Aktiengesellschaften richtet sich die Bewertung nach dem Börsen- oder Marktpreis im Übertragungszeitpunkt (§ 11 Abs. 1 BewG). Es gilt das strenge Stichtagsprinzip. Müssen die Erben zur Begleichung der Erbschaftsteuer Anteilsbesitz verkaufen, so wirkt sich ein daraus resultierender Kursverfall nicht auf die erbschaftssteuerliche Bewertung zum Todeszeitpunkt aus. Aus diesem Grunde lehnen mittelständische Unternehmer häufig einen Börsengang ab. Denn erbschaftssteuerlich kann dieser zu wesentlichen Mehrbelastungen führen, als wenn das Unternehmen in der Rechtsform des Personenunternehmens geführt wird.

13.9. Zusammenfassung

Bei Neugründungen ist die Besteuerung, und vor allem deren Höhe, für den künftigen Erfolg oder Misserfolg ausschlaggebend. Dabei spielen die genannten Steuerarten eine wichtige Rolle. Bei der Einkommensteuer ist neben der Art der Gewinnermittlung der Zeitpunkt, an dem man Vermögen in das neue Unternehmen einbringt, von Bedeutung. Bei Beachtung der oftmals geltenden Dreijahresfrist kann die Belastung der Steuer in großem Maße minimiert werden. Bei der Art der Gewinnermittlung kommt, wegen der Möglichkeit der Gewinnverlagerung in die Zukunft, der Einnahmen-Ausgaben-Rechnung eine gewisse Tragweite zu. Auch die Wahl des Wirtschaftsjahres kann bei der Steueroptimierung Wichtigkeit haben. Durch die Pflicht Gewerbesteuer zu zahlen, wenn man eine gewerbliche Tätigkeit ausübt, kann es bei Neugründungen durchaus vorteilhaft sein, sich nicht in Gegenden mit hohen Gewerbesteuerhebesätzen anzusiedeln, sondern sich beispielsweise in Randgemeinden von Großstädten niederzulassen, die meist einen weitaus geringeren Hebesatz festgelegt haben. Die Umsatzsteuer ist größtenteils rechtsformneutral. Bei Beginn der Umsatzsteuerpflicht sind vor allem die Anforderungen des Finanzamtes hinsichtlich Umsatzsteuervoranmeldung, Vorsteuerabzugsfähigkeit sowie die Ansprüche bei Rechnungsstellung zu prüfen. Schließlich gilt es zu berücksichtigen, dass durch die Rechtsformwahl schon bei Unternehmensgründung Risiken der hohen Steuerbelastung stecken können, die man nicht übersehen sollte.

13.10. Verwendete und weiterführende Literatur

Biergans, Enno (1992): Einkommensteuer und Steuerbilanz: systematischer Kommentar. 6. Auflage, München et. al.

Drukarczyk, Jochen; Schüler, Andreas (2000): Direktzusagen, Lohnsubstitution, Unternehmenswert und APV-Ansatz. In: Festschrift Rößler, Köln, S. 33-55.

200

Heigl, Anton (1996): Unternehmensbesteuerung. 2. Auflage, München et al.

Kessler, Wolfgang; Schiffers, Joachim; Teufel, Tobias (2002): Rechtsformwahl Rechtsformoptimierung. München.

Kupsch, In: Hofbauer, Kupsch (1986): Bonner Handbuch der Rechnungslegung. Einführung B.

Kußmaul, Heinz (2000): Betriebswirtschaftliche Steuerlehre, 3. Auflage, München/ Wien.

Meyer-Scharenberg, Dirk E.; Popp, Michael; Woring, Siegbert (1996): Gewerbe-steuer-Kommentar. 2. Auflage, Berlin.

Meyer-Scharenberg, Dirk. E. (1990): Steuergestaltung durch Umwandlung. Herne/ Berlin.

Neufang, Bernd (2000): Betrieblicher Schuldzinsenabzug im Lichte des § 4 Abs. 4a EStG, BB, S. 1702.

Obermeier, Arnold (2000): Betrieblicher Schuldzinsenabzug (§ 4 Abs. 4a EStG), NWB, Meinungen. Stellungnahmen Heft 34, S. 3110.

Ritzer, Claus; Stangl, Ingo (2000): Anwendungsprobleme der Steuerermäßigung für gewerbliche Einkünfte von Einzelunternehmen und Personengesellschaften nach § 35 EStG, INF, S. 641.

Rose, Gerd (2001): Betrieb und Steuer – Die Ertragsteuern. 16. Auflage, Wiesbaden.

Rose, Gerd (2002): Umsatzsteuer: mit Grunderwerbsteuer und kleineren Verkehr-steuern, 15. Auflage, Bielefeld.

Salzmann, Stephan (2001): Der Vorsteuerabzug für Bauleistungen als Vorbezüge, DStR, S. 287.

Scheffler, Wolfram (2002): Besteuerung von Unternehmen. Bd. I: Ertrags-, Substanz- und Verkehrsteuern, 5. Auflage, Heidelberg.

Schneeloch, Dieter (1994): Besteuerung und betriebliche Steuerpolitik, Bd. 1: Besteuerung, 2. Auflage, München.

Sicherer, Klaus von (2002): Einkommensteuer. 2. Auflage, München et. al.

Wendt, Michael (2000): Mehrkontenmodelle – Zweiter Versuch einer gesetzlichen Regelung in § 4 Abs. 4a EStG, FR, S. 417.

14. Organisation für Gründer

HANS JÜRGEN DRUMM

14.1. Überblick

Organisation strebt die zielorientierte Koordination von Entscheidungen, Ausführungshandeln und Kontrollen in arbeitsteiligen Unternehmungen an. Zur Lösung des Koordinationsproblems müssen Entscheidungskompetenzen verteilt, Stellen als verteilungsfähige Aufgabenbündel gebildet und anschließend konkreten Personen zugewiesen werden. Dieses Problem haben alle Unternehmungen, und damit auch neu gegründete Unternehmungen zu lösen. In einem ersten Schritt müssen die zur Erfüllung der Unternehmungsaufgaben notwendigen Entscheidungskompetenzen und ausführende Aufgaben auf die Mitglieder der neu gegründeten Unternehmung verteilt werden. Wenn dabei die unterschiedlichen Problemlösungspotenziale verschiedener Unternehmungsmitglieder genutzt werden sollen, können Teams gebildet werden. Mit wachsender Größe der Organisation taucht das Problem von deren Untergliederung und des Aufbaus von Leitungssystemen zur umfassenderen Koordination der Einzelaktivitäten auf. Das Informations- und Kommunikationssystem durchzieht die gesamte Organisationsstruktur einerseits wie ein Netz, muss aber andererseits an die formale Verteilung von Entscheidungs- und Ausführungskompetenzen angepasst werden. Organisationskultur als ein System von akzeptierten Werthaltungen und erwünschten Verhaltensweisen steuert das Verhalten der Organisationsmitglieder bei der Erfüllung ihrer Aufgaben und sollte deshalb gestaltet werden. Organisationsentwicklung bedeutet, dass die Verteilung von Entscheidungskompetenzen, dass Stellen, Teams, Gliederung, Leitungssystem und Informationssystem an die Veränderung von Leistungsprozessen angepasst werden. Ursachen dieser Anpassung können jeweils neue Produkte, Kundenwünsche, Techniken, Märkte und insbesondere das Auftreten neuer Konkurrenten sein. Bei all dem darf nicht vergessen werden, dass organisatorische Regelungen der Koordination vom Personal der Unternehmung, und damit von Menschen, praktiziert werden.

14.2. Grundprobleme der Organisation

Wenn Gründer als Alleinunternehmer tätig sind, haben sie nur Ablaufprobleme ihres Handelns zu beachten. Sie müssen Ziele und zielverfolgende Aktionen, deren Reihenfolgen und Termine sowie den Ort des Handelns selbst festlegen. In diesem Fall liegt *Selbstorganisation* vor. Bei wachsender Arbeitsmenge und bei Bedarf an zusätzlich benötigtem, dem Gründer nicht verfügbarem speziellem Wissen muss der Gründer Mitarbeiter einstellen. Die Arbeit wird dann auf die Unternehmungsmitglieder aufgeteilt, wodurch ein *Koordinationsproblem* entsteht. Der Gründer muss zunächst seine Ziele untereinander abstimmen und seine Strategien in der Form von Maßnahmenbündeln auf die abgestimmten Ziele ausrichten. Er muss ferner seine eigenen Aktionen und diejenigen seiner Mitarbeiter auf die Unternehmungsziele und -strategien ausrichten. Er hat dafür zu sorgen, dass die Arbeitsteilung redundanzfrei ist, also keine Doppelarbeit erfolgt. Schließlich hat er Reihenfolgeprobleme bei der Aufgabenlösung in Angriff zu nehmen und festzulegen, wer was zu welchem Zeitpunkt und ggf. auch an welchem Ort zur Lösung der Unternehmungsaufgabe beiträgt. Dies alles sind Grundprobleme der Organisation.

Zur Lösung dieser Grundprobleme kann der Gründer auf das *Subsidiaritätsprinzip* zurückgreifen: Jedem Mitarbeiter sind so viele Aufgaben zuzuordnen, wie dieser allein bewältigen kann. Die vom Mitarbeiter nicht lösbaren Aufgaben bleiben dem Gründer vorbehalten. Ein Maximum an *Aufgabendelegation* gemäß dem Subsidiaritätsprinzip ist anzustreben: Der Gründer bietet dem Mitarbeiter lediglich Hilfe zur Selbsthilfe an. Dies setzt voraus, dass der Mitarbeiter zur Lösung seiner eigenen Aufgaben geeignet ist. Eignungsgerechte Auswahl der Mitarbeiter ist ein personalwirtschaftliches Problem im Rahmen der Personalbeschaffung (siehe Kap. 15.5).

Ab einem Mitarbeiter aufwärts sollte der Gründer prüfen, ob er das *Autonomieprinzip* anwenden kann: Die jedem Mitarbeiter übertragenen Aufgaben sollten von diesem allein und selbständig gelöst werden können. Dazu muss der Mitarbeiter nicht nur fachlich geeignet, sondern auch zielorientiert, loyal und nicht opportunistisch sein. Die Auswahl solcher Mitarbeiter ist wiederum ein personalwirtschaftliches Problem der Beschaffung und Stellenbesetzung (siehe Kap. 15.4. – 15.6.). Im Grenzfall gibt der Gründer dem Mitarbeiter nur Ziele vor und überlässt ihm die Wahl der Mittel zur Zielerreichung. Das Autonomieprinzip ergänzt somit das Subsidiaritätsprinzip.

Bei der Gestaltung der Organisation als Koordinationssystem kann der Gründer sich an konkreten, ihm bereits bekannten Personen und ihren Eigenschaften und an allgemeinen Regeln zur Lösung des Koordinationsproblems orientieren. Je kleiner eine Unternehmung ist, umso stärker können, ja sogar müssen Arbeitsteilung und Aufgabenverteilung auf die Kenntnisse, Fähigkeiten und Wünsche der Mitarbeiter zugeschnitten werden, um positive Motivationseffekte zu erreichen. Mit wachsender Unternehmungsgröße wird eine personenorientierte Lösung des Koordinationsproblems immer schwieriger. An ihre Stelle treten dann sachliche Kriterien, auf die später einzugehen ist. Bei jeder angestrebten Lösung des Koordinationsproblems muss der Gründerunternehmer sich überlegen, welchen Beitrag diese zu den Erfolgszielen der Unternehmung leisten könnte. Gleichzeitig muss der Gründerunternehmer prüfen, ob die von ihm präferierte Koordinationslösung von seinen Mitarbeitern akzeptiert und dann auch praktiziert wird. Akzeptanz, Umsetzung und Erfolgswirkung seiner Regelungen hat der Gründer laufend zu überprüfen. Er stößt dabei allerdings auf das Problem, dass organisatorische Lösungen, Erfolgsbeiträge, Akzeptanz und Umsetzung nicht immer eindeutig messbar und aufeinander zurechenbar sind. Hier muss er sich mit Wirkungshypothesen behelfen.

14.3. Verteilung von Entscheidungskompetenzen

Zur Verteilung von Entscheidungskompetenzen kann der Gründer eine Reihe von grundsätzlichen Überlegungen anstellen. Eine erste Überlegung gilt der *Wahl der Rechtsform*. Zwar legt die Rechtsform keine Organisationsstrukturen im Detail fest; sie regelt jedoch die Entscheidungs-, Kontroll-, Vertretungs- und Delegationskompetenzen an der Unternehmungsspitze. In der *Einzelunternehmung* besitzen Gründerunternehmer alle genannten Kompetenzen selbst. In der *Offenen Handelsgesellschaft* (OHG) und der *Gesellschaft Bürgerlichen Rechts* (BGB Gesellschaft) haben alle Gründer als Gesellschafter die gleichen Rechte. Eine Kompetenzaufteilung an der Unternehmungsspitze ist zwar nach innen möglich. Nach außen gilt jedoch, dass jeder Gesellschafter die Gesellschaft vertreten und rechtswirksam binden kann. In der *Kommanditgesellschaft* (KG) haben nur die Komplementäre die zuvor genannten Kompetenzen. Kommanditisten sind ausschließlich Kapitalgeber und besitzen keinerlei Rechte zur Unternehmungsführung. In der *Gesellschaft mit beschränkter Haftung* (GmbH) liegen alle zuvor genannten Kompetenzen bei der Geschäftsführung. Sie besteht aus einem oder mehreren, im Grenzfall auch aus allen Gesellschaftern. Die GmbH ist eine kleine Kapitalgesellschaft und besitzt deshalb eine eigene Rechtsperson, die unabhängig von der Existenz der Gesellschafter weiterleben kann. In der *Aktiengesellschaft* (AG) besitzt der Vorstand die zuvor genannten Kompetenzen.

Wie Entscheidungen einschließlich der Verfügungsrechte über das Vermögen der Eigentümer formal und inhaltlich an Mitarbeiter delegiert werden sollen, legen die Gründer im Rahmen ihrer rechtsformspezifischen Kompetenzen selbst fest. Sie haben dabei die Wahl zwischen der *Zentralisation* oder *Dezentralisation* von Entscheidungen. Bei *Zentralisation* entscheidet der Gründer, ggf. auch eine Gruppe von Gründern, ausschließlich selbst. Dies hat für ihn den Vorzug, seine Entscheidungen grundsätzlich einfacher koordinieren zu können. Negative Konsequenz der Zentralisation von Entscheidungen können Problemferne, Überlastung und ggf. sogar die Überforderung der zentralen Entscheidungsträger sein. Beides führt nahezu zwingend zu Fehlentscheidungen. Bei *Dezentralisation* delegiert der Gründer seine Entscheidungen an sein Personal. Er selbst behält sich lediglich die grundsätzlichen, strategischen Entscheidungen vor. Positive Konsequenz dieser Entscheidungsverteilung ist die größere Nähe der Entscheidungen zu den tatsächlichen Problemen, was in der Regel auch eine bessere Lösung der Aufgaben zur Folge hat. Nachteile sind einerseits ein höherer Koordinationsaufwand für die Ausrichtung der dezentralen Entscheidungen auf die zentralen Unternehmungsziele. Andererseits kann es bei Dezentralisation zu Fehlentscheidungen kommen, wenn die Qualifikation der Mitarbeiter unter derjenigen der Gründer liegt. Eine Lösung des Problems besteht darin, dass strategische Grundsatzentscheidungen auf der Ebene der Unternehmungsleitung, also derjenigen der Gründer, und operative Entscheidungen zu ihrer Umsetzung dezentral von den einzelnen, fachlich geeigneten Mitarbeitern getroffen werden.

Nur in sehr kleinen Unternehmungen können dezentrale oder zentrale Verteilungsmuster durch Hierarchieverzicht substituiert werden: Die Gründer und all ihre Mitarbeiter entscheiden gemeinsam, sie bilden als erste Alternative *ein Team*. Eine zweite Alternative wäre die Bildung mehrerer Teams mit unterschiedlichen Aufgaben, innerhalb deren jeweils gemeinsam entschieden wird. Bei der zweiten Alternative müssen die verschiedenen Teams entweder durch den Gründerunternehmer, durch alle Teams gemeinsam oder ein zusätzlich zu schaffendes Steuerungsteam koordiniert werden. Beide Alternativen erhöhen den zeitlichen Koordinationsaufwand. Sie nutzen jedoch die Fachkompetenz aller Mit-Entscheidungsträger im Team besser als rein zentrale oder dezentrale Lösungen.

Die Lösung des Problems der Verteilung von Entscheidungskompetenzen prägt nachhaltig die Struktur des Leitungssystems, worauf später zurückzukommen sein wird. Gerade in neu gegründeten und dann wachsenden Unternehmungen besteht jedoch die Gefahr, dass der oder die Gründer aus *Gründeregoismus* völlige Zentralisation aller Entscheidungen anstreben. Die Konsequenzen einer Entscheidungskonzentration auf die Gründer sind allerdings absehbar: Fehlentscheidungen werden wahrscheinlicher, die Gründer werden überlastet und ihre fähigen, von Entscheidungen ausgeschlossenen Mitarbeiter werden demotiviert. Ausweg aus diesem Dilemma ist zunächst die Einstellung von fähigem Personal. Im zweiten Schritt müssen die Gründer lernen, Entscheidungen an dieses fähige Personal zu delegieren.

14.4. Stellenbildung

Gründerunternehmer sollten wissen, dass in einer *Stelle* Aufgaben zusammengefasst werden, die eine Person zu beherrschen und zu erledigen hat. Mindestens müssen jedoch Ziele vorgegeben werden, die von dieser Person erreicht werden sollen: Jeder Gründer und jeder seiner Mitarbeiter muss wissen was er zu tun hat. Unter den Kriterien der *Aufgabenzusammenfassung* hat die Spezialisierung auf bestimmte Objekte oder Verrichtungen besondere Bedeutung dann, wenn durch diese Spezialisierung spezifische, unternehmungstypische Leistungen erreicht werden sollen. Das Kriterium der Generalisierung führt dazu, dass möglichst viele verschiedene Objekte und Verrichtungen in einer Stelle zusammengefasst werden. Generalisierung passt gut zu zentraler, Spezialisierung zu dezentraler Kompetenzverteilung. Ein drittes Kriterium ist die Ganzheitlichkeit der Leistungen in der Stelle: Der Inhaber der Stelle kann bei Anwendung dieses Kriteriums eine in sich abgeschlossene Leistung erbringen. Dies hat normalerweise positive Wirkungen auf die Motivation des Stelleninhabers.

Gründerunternehmer haben zu beachten, dass eine vollständige Zuweisung von Aufgaben nur in einer Welt möglich ist, in der sichere Erwartungen zur Zukunft bestehen. Diese Bedingung ist jedoch nur selten erfüllt. Stattdessen besteht *Ungewissheit hinsichtlich der zukünftigen Entwicklung und damit auch der Aufgaben. Stellenbildung bei Ungewissheit* ist die zwingende Folge. Zur Lösung dieses Problems können der Stelle Kernaufgaben zugewiesen werden. Randaufgaben sucht und definiert der Stelleninhaber selbst. Ein noch weiter gehender Schritt stellt die *Selbstorganisation der Stelle* durch deren Inhaber dar. Die am weitesten gehende Lösung des Ungewissheitsproblems besteht darin, dass der Gründer dem Stelleninhaber lediglich Ziele vorgibt. Die zur Zielerreichung geeigneten Aufgaben muss der Stelleninhaber dann selbst herausfinden. Eine schwächere Variante der Stellenbildung bei Ungewissheit stellt die Schaffung eines Aufgabenpools dar, aus dem die Stelleninhaber sich gemäß ihrer Qualifikation und ihren Interessen, aber auch abhängig von der Dringlichkeit der Lösung Aufgaben wählen. Da bei Ungewissheit eine vollständige Definition der Stellenaufgaben unmöglich ist, muss deren Ergänzung und Anpassung entweder durch Absprache zwischen Gründer und Stelleninhaber oder durch den Stelleninhaber selbst erfolgen. Möglich ist auch ein Aufgabentausch zwischen den verschiedenen Stelleninhabern. Man könnte von einer Aufgabenbörse sprechen. Alle diese Lösungen der Aufgabenverteilung sind nicht nur für einzelne Mitarbeiter, sondern auch auf nachfolgend gesondert behandelte *Teams* anwendbar.

Wenn *Stellen motivationsorientiert* gebildet werden, fördert dies die Aufgabenerfüllung durch den Stelleninhaber. Motivationsförderung aus den Stellenaufgaben selbst entsteht durch Orientierung an der Eignung und den Interessen des Stelleninhabers. Im Grenzfall kommt es zu einer individualisierten Aufgabenzusammenfassung gemäß den Fähigkeiten und Interessen jedes einzelnen Mitarbeiters in der Unternehmung. Auch die Anwendung des Subsidiaritäts- und des Autonomieprinzips wirkt ebenso motivationsfördernd wie die bereits genannte ganzheitliche Leistungsorientierung der Aufgabenzusammenfassung.

Gründerunternehmer sollten davon ausgehen, dass sich ihre Mitarbeiter opportunistisch verhalten können. Die Abwehr opportunistischen Verhaltens löst *Transaktionskosten* aus, die auf organisatorischer Ebene durch eine geeignete Stellenbildung reduziert werden können. Ein *erster Ansatz* zur Reduktion der Transaktionskosten ist die Gewährung von Autonomie und Ergebnisorientierung in Kombination mit einer Erfolgsbeteiligung des Stelleninhabers. Ein *zweiter Ansatz* besteht in der Einführung automatischer Kontrollen bei arbeitsteiligen Prozessen, wenn die Arbeitsergebnisse der Vorgängerstelle von der Nachfolgerstelle überprüft werden müssen. Ein *dritter Ansatz* besteht in der Ergänzung oder dem Ersatz der Stellenarbeit durch Teamarbeit, da sich in Teams dessen Mitarbeiter gegenseitig kontrollieren können. Die Bildung und das Management von Teams werfen eine Reihe von besonderen Problemen auf, die nachfolgend geschlossen behandelt werden. Einen *vierten Ansatz* stellt die Anwendung des Colleague-Prinzips dar. Bei Anwendung dieses Prinzips tritt ein Team an die Stelle eines einzelnen Stelleninhabers, wenn durch Auftreten neuer Aufgaben dessen Kompetenzbereich überschritten wird. In der neugegründeten Unternehmung könnte ein solches Colleague-Team aus dem Gründer und allen Beschäftigten gebildet werden.

Nach Abschluss der Stellenbildung sollten die wichtigsten Aufgaben je Stelle in einer *Stellenbeschreibung* festgehalten werden. Bei hoher Umfeld- und Aufgabendynamik müssten Stellenbeschreibungen allerdings ständig aktualisiert werden. Das kann bei hohem Aktualisierungsaufwand zum Verzicht auf diese organisatorische Hilfe führen. Stellenbeschreibungen sind in diesem Fall durch stellentypische Zielfixierungen zu ersetzen.

14.5. Stellenzuweisung und Personaleinsatz

Die Zuweisung von Stellen an Personen oder der Einsatz von Personen in Stellen ist dann erfolgreich, wenn zwei Kriterien beachtet werden:

(1)　Die Anforderungen der Stellenaufgaben im Sinne von Arbeitsschwierigkeiten stimmen mit der Qualifikation des zukünftigen Stelleninhabers möglichst genau überein.

(2)　Die Arbeit bei der Erfüllung der Aufgaben macht dem Stelleninhaber Freude und trägt dadurch zum Aufbau internalisierter Motivation bei.

Vom ersten Kriterium darf dann abgewichen werden, wenn die Anforderungen über der Qualifikation des Stelleninhabers liegen und die Differenz in überschaubarer Zeit durch Lernprozesse ausgeglichen werden kann. Liegen dagegen die Anforderungen unter der Qualifikation des Stelleninhabers so kommt es nahezu zwingend zu Motivationsverlusten. Der *Stellenbesetzungserfolg* muss durch laufende Gespräche zwischen Stelleninhaber und Vorgesetztem, im Zweifelsfall dem Gründerunternehmer selbst, überprüft und ggf. korrigiert werden. Korrekturen des *Besetzungserfolgs* können durch systematische Einarbeitung des Stelleninhabers, durch Änderung von dessen Stellenaufgaben und im Grenzfall durch die Umbesetzung der Stelle erreicht werden.

14.6. Teammanagement

Teammanagement liegt dann vor, wenn mehrere Mitarbeiter auf Zeit oder Dauer zu einer Gruppe mit gleichem, erfolgswirksamem Ziel zusammengefasst werden. Die Mitglieder des Teams müssen zusammenarbeiten, um das vorgegebene oder selbstgewählte Ziel zu erreichen. *Teammanagement* hat nicht nur in Großunternehmungen Erfolge gebracht, sondern kann wegen seiner vielen Vorteile auch gerade neu gegründeten, noch kleinen Unternehmungen *als dominantes Kooperationsmuster* empfohlen werden. Gründungen mit Nutzung des Teammanagement von Anfang an scheinen erfolgreicher als andere Formen der Kompetenzverteilung zu sein. Ihr Erfolg kann allerdings durch rasches Größenwachstum der Unternehmung gefährdet werden.

Bereits mehrere Gründer sollten ein Team bilden. Arbeit im Team setzt allerdings den Besitz von Sozialkompetenzen voraus, deren Existenz bereits bei dem Zusammenschluss mehrerer Gründer von diesen selbst überprüft werden muss. Die Aufdeckung von Sozialkompetenzen ist bei der Einstellung von Mitarbeitern eine personalwirtschaftliche Aufgabe, die von den Gründern selbst z.B. durch Tests mit führerlosen Gruppendiskussionen gelöst werden kann. Ob mehrere Gründer im Team zusammen arbeiten können, sollten diese möglichst aber schon vor der Unternehmungsgründung ausprobieren.

Die Zusammensetzung von Teams hängt von der im Team zu lösenden, möglicherweise unscharf definierten Aufgabe einerseits und von der erwarteten Eignung potenzieller Teammitglieder für die Lösung dieser Aufgabe ab. Jede Teambildung erfolgt allerdings unter Ungewissheit: Die Kenntnisse, Fähigkeiten und Werthaltungen der potenziellen Teammitglieder sind dem Gründerunternehmer oder seinen Mitarbeitern nur unvollkommen bekannt. Entweder sind daher diese Eigenschaften vor der Teambildung möglichst gut zu explorieren, was zu der personalwirtschaftlichen Aufgabe der Personalforschung gehört. Ist diese Exploration aus zeitlichen Gründen oder wegen Professionalitätsmängeln bei Gründerunternehmern nicht möglich, so wird eine erfahrungsgestützte Revision der Teambesetzung nach Beginn der Teamarbeit unausweichlich. Das Problem der Auswahl geeigneter Teammitglieder verschärft sich, wenn auch die Teamaufgabe nur unscharf definiert ist. Beide Probleme können dann nur durch gemeinsame Lernprozesse bei Gründer und Team gelöst werden.

Teams haben mehr Vor- als Nachteile. In Teams können insbesondere unterschiedliche Kenntnis- und Fähigkeitspotenziale der Teammitglieder genutzt werden. Ferner wird in Teams das gegenseitige Lernen unterstützt. Wenn die Teammitglieder fachlich und motivational aufeinander anregend wirken, können innovative Alternativen leichter gefunden werden. Begabungs- und Qualifikationsdefizite von Teammitgliedern können im Team besser kompensiert werden. Ferner wird allzu risikofreudiges oder risikoscheues Entscheidungsverhalten im Team ganz oder zumindest teilweise ausgeglichen. Hinzu kommt, dass opportunistisches Verhalten von Einzelnen in Teams besser kontrolliert werden kann. Das schließt nicht aus, dass sich ein Team als eine Koalition von Individuen versteht, die sich insgesamt opportunistisch verhalten, was nur durch andere, kooperierende Teams erkannt und eingedämmt werden kann.

Die soziale Funktion von Teams ist unübersehbar, denn sie bieten ihren Mitgliedern das Gefühl von Zugehörigkeit und Anerkennung. Teams können eine interne Hierarchie besitzen, was Koordinationsprozesse in der Regel erleichtert. Teams können aber auch völlig hierarchiefrei arbeiten, was dem weitverbreiteten und akzeptierten Gleichheitsgrundsatz Rechnung trägt. Die Qualität der Arbeitsergebnisse von Teams hängt von deren Besetzung ab. Man weiß aus zahlreichen empirischen Untersuchungen, vorzugsweise aus den Vereinigten Staaten von Amerika, dass heterogen zusammengesetzte, große Teams Entscheidungsvorbereitung sehr erfolgreich betreiben können. Die Entscheidung selbst sollte allerdings kleineren Teams mit weitgehend homogener Besetzung übertragen werden. Ferner ist bekannt, dass der Erfolg von Teamarbeit von der Fähigkeit dieses Teams zur kritischen Selbstreflektion positiv beeinflusst wird (vgl. Kauffeld/Grote 2001).

Die *Alternativenwahl* vor allem bei schwierigen Entscheidungen hängt zu einem erheblichen Teil von den gewählten *Abstimmungsregeln* und *Abstimmungskonditionen* ab. *Abstimmungsregeln* legen fest, wie eine Teamalternative gefunden wird. Die bekannteste Abstimmungsregel fordert, dass nur die in der individuellen Präferenzordnung ranghöchste Alternative in die Abstimmung eingebracht wird. *Abstimmungskonditionen* schreiben vor, welche Mehrheiten für eine Alternative erreicht werden müssen. Die bekannteste Abstimmungskondition fordert die Hälfte aller abgegebenen Stimmen plus eine Stimme für die siegreiche Teamalternative. *Quoren* legen fest, wie viele der stimmberechtigten Teammitglieder bei der Abstimmung anwesend sein müssen. Die Durchsetzbarkeit von Entscheidungen steigt, wenn Quoren von 75 % bis 100 % der Stimmberechtigten festgesetzt werden und Einstimmigkeit, mindestens aber eine qualifizierte Mehrheit von mehr als Dreiviertel der Stimmberechtigten für eine Teamalternative gefordert wird. Hohe Quoren und strenge Abstimmungskonditionen verhindern die Dominanz von Minoritätsmeinungen.

Die *Teamgröße* sollte bei fünf, sieben oder neun Personen liegen, um effiziente Arbeit zu erleichtern, um Pattsituationen bei Entscheidungen zu vermeiden und um Minoritäten von wenigstens zwei Personen zuzulassen. Die *Teamfähigkeit* als Fähigkeit zur konfliktarmen Zusammenarbeit und zum Kompromiss mit anderen wird bereits in der Familie erworben und in der Schule wie anderen sozialen Institutionen prinzipiell weitergepflegt. Teamfähigkeit ist Teil der Sozialkompetenz und muss bei der Auswahl von Teammitgliedern überprüft werden.

Mit wachsender Größe der Neugründung können mehrere Teams gebildet werden. Zur *Koordination von Teams* und zum Erfahrungsaustausch zwischen Teams sollte das *Linking-Pin-Prinzip* verwendet werden. Dieses Prinzip fordert, dass aus jedem Team zumindest ein Mitglied gleichzeitig Mitglied in zwei oder mehreren anderen Teams ist und so zum Mittler zwischen verschiedenen Teams werden kann. Darüber hinaus können auch die Linking-Pin-Mitglieder aus verschiedenen Teams zu einem eigenständigen Linking-Pin-Gremium mit Koordinationsaufgaben zusammengefasst werden. Auf die Koordination mehrerer Teams durch Gründerunternehmer, die Teams selbst oder besondere Steuerungsteams (steering committee) wurde zuvor hingewiesen.

14.7. Abteilungs- und Unternehmungsgliederung

Die Gliederung der Unternehmung in Abteilungen oder Unternehmungsbereiche ist zunächst noch kein Problem für neu gegründete Unternehmungen. Dieses Problem entsteht erst dann, *wenn die neu gegründete Unternehmung wächst*. Ein geradezu klassisches Gliederungskriterium für Abteilungen stellen unternehmerische Funktionen dar (funktionale Gliederung). Beispiele für solche Funktionen sind Entwicklung und Beschaffung, Leistungserstellung, Marketing und Absatz, allgemeine Verwaltung sowie interne Dienstleistungen (Abb. 1). Die seit Anfang der 90er Jahre des vergangenen Jahrhunderts modisch gewordenen *Center-Konzepte* mit Aufbau fiktiver Märkte und Scheinautonomie interner Unternehmungsbereiche sind für kleinere, neu gegründete Unternehmungen dagegen völlig ungeeignet. Weitaus interessanter für neu gegründete Unternehmungen ist deren *Untergliederung nach Prozessen*. Ausgangspunkt für diese Prozessgliederung ist ein Kunde oder eine Kundengruppe auf einem bestimmten Markt.

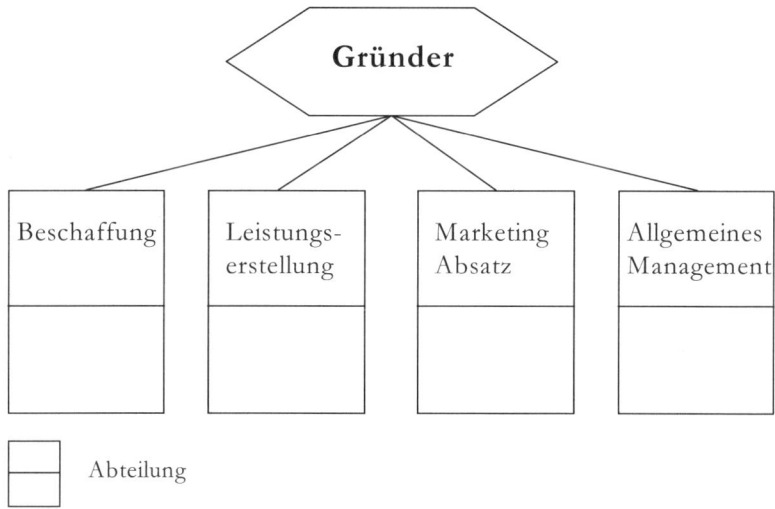

Abb. 1: Funktionale Abteilungsgliederung

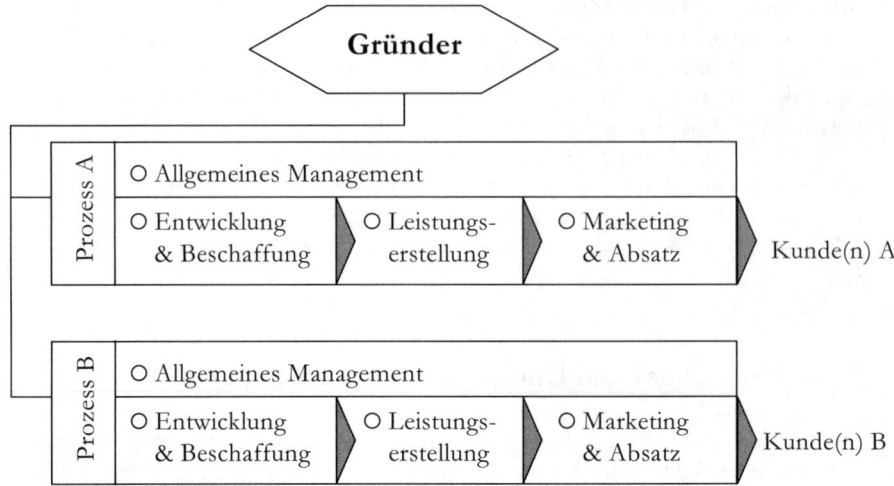

Abb. 2: Prozessgliederung

Von diesem Ausgangspunkt wird retrograd entlang dem Wertschöpfungsprozess innerhalb der Unternehmung eine eigene Gliederungseinheit mit allen Funktionen geschaffen. Eine naheliegende Phasengliederung des Prozessmodells besteht aus Auftragsakquisition, Auftragsvorbereitung, Leistungsvollzug, Kontrolle und Auftragsnachbereitung (vgl. Merker 1998, 295-297). Eine solche Prozessgliederung entlang der Wertschöpfungskette erleichtert bei Vorwärts- und Rückwärtskoppelung der einzelnen Prozessphasen das koordinierte organisatorische Lernen vieler, wenn nicht sogar aller Mitglieder der jungen Unternehmung. Dieses organisatorische Lernen kann zur Verbesserung der Leistungsprozesse genutzt werden. Außerdem erleichtert die Prozessgliederung ganz eindeutig die Orientierung an Kunden und Märkten (Abb. 2); schließlich vereinfacht sie die Koordinationsprozesse innerhalb eines kundenorientierten Leistungsprozesses und fördert Selbstorganisation (vgl. Holtbrügge 2001, 340).

Zu den Organisationsklassikern im Vorfeld einer Abteilungsbildung gehört die Schaffung von entscheidungsunterstützenden Stäben, die den einzelnen Führungskräften zur Unterstützung bei deren Leitungsaufgaben zugeordnet werden (vgl. Abb. 4).

14.8. Leitungssysteme

Neu gegründete, meist noch kleine Unternehmungen haben in der Regel einen oder mehrere Gründer als Entscheidungszentrum. Gerade in der Startphase sollten gemeinsame Entscheidungen nach dem zuvor erläuterten Teamprinzip getroffen werden. Es ist eine erfahrungsgestützte Tatsache, dass direktoriale *Alleinentscheidungen* des Gründers die Kooperationspotenziale des Personals mindestens gefährden, wenn nicht sogar zerstören. *Kooperative gemeinsame Entscheidungen* von Gründer(n) und

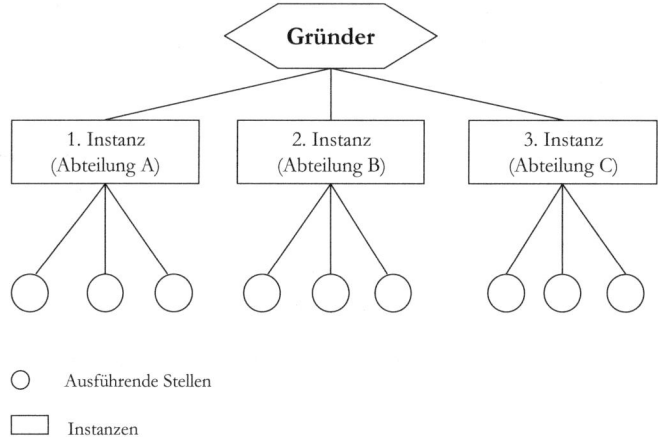

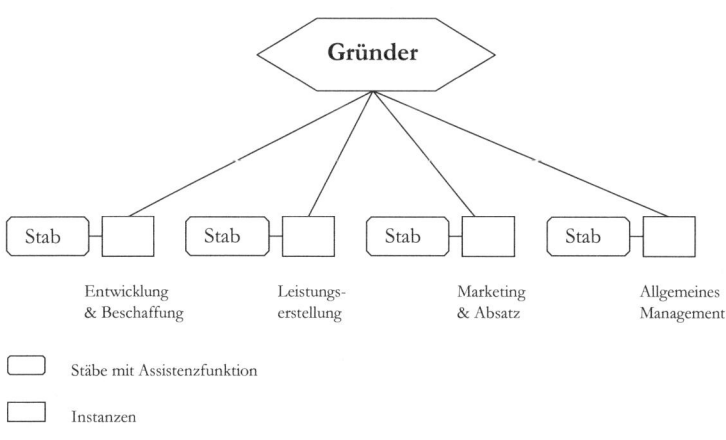

Abb. 3: Hierarchisches Leitungssystem: Einliniensystem

betroffenen Mitarbeitern fördern dagegen nicht nur die Qualität von Entscheidungen durch den Einbezug unterschiedlicher Informationspotenziale, sondern unterstützen auch eine erfolgreiche Entscheidungsdurchsetzung.

Wächst die junge Unternehmung, so werden teamorientierte, kooperative Entscheidungen allerdings schwieriger und müssen durch *hierarchische Entscheidungssysteme* ersetzt werden. In hierarchischen Entscheidungssystemen werden Instanzen geschaffen, die mit Führungskräften besetzt werden. Diese Führungskräfte haben in der Hierarchie abgestufte Entscheidungsrechte. Der Erfolg eines hierarchischen Leitungssystems steht und fällt mit der klaren Abgrenzung der Kompetenzen für jede

Abb. 4: Stabsunterstützung

einzelne Instanz. Da in solchen Leitungssystemen nur Weisungsbeziehungen von *einer Instanz* zu ausführenden Stellen bestehen, nennt man diesen Stellentyp auch *Einliniensystem* (Abb. 3). Die Gliederungstiefe nach Zahl der Instanzenstufen und die Gliederungsbreite nach Zahl der Instanzen stellen in jungen Unternehmungen wegen deren geringer Größe kaum ein Problem dar.

Die Instanzen in Einliniensystemen können durch Stäbe unterstützt werden, wodurch *Stabliniensysteme* entstehen (Abb. 4).

Wird das Leistungsprogramm der neu gegründeten Unternehmung nach Wachstumsprozessen heterogener, so bietet sich die *Matrixorganisation* als ergänzende oder im Grenzfall sogar ersetzende Form eines Leitungssystems an. Bei diesem Leitungssystem werden Entscheidungskompetenzen aufgespalten: Disziplinarische und meist auch funktionale Entscheidungskompetenzen verbleiben bei den Instanzen im Liniensystem. Über dieses Liniensystem wird ein zweites System von Entscheidungskompetenzen gelegt, an dessen Spitze *Matrixinstanzen* stehen. Sie sind in der Regel für Produkte, Projekte, einzelne Kunden, einzelne Märkte oder auch Neuentwicklungen zuständig. Matrixinstanzen können einzelnen Stellen in der Hierarchie auf ihr eigenes Kompetenzspektrum begrenzte Anweisungen geben (Abb. 5).

Genau betrachtet liegt hier eine Spezialisierung der Matrixinstanzen auf bestimmte Entscheidungsbereiche vor, die zu Konflikten in den angewiesenen Stellen führen kann. Dieser Effekt setzt voraus, dass das Personal zum konstruktiven Umgang mit Konflikten bereit sein muss. Dies ist nicht in jeder Soziokultur der Fall. In germanischen Soziokulturen ist die erforderliche Konflikttoleranz begrenzt vorhanden, während sie in romanischen Soziokulturen fast völlig fehlt.

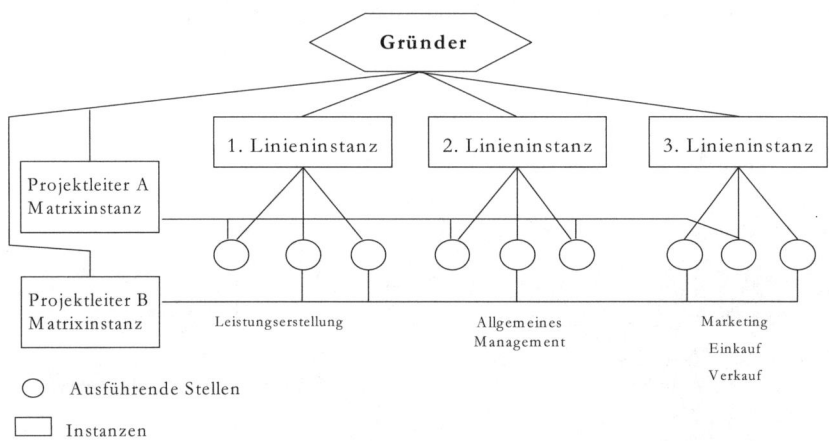

Abb. 5: Matrixorganisation als Mehrliniensystem

Der Vorteil der Matrixorganisation besteht in der Steigerung der Entscheidungsqualität, während als Nachteil ein höherer Koordinationsaufwand zwischen Linieninstanzen, Matrixinstanzen und angewiesenen Stellen in Kauf genommen werden muss. Eine klare, antizipative Abgrenzung der Entscheidungskompetenzen von Matrixinstanzen und Linieninstanzen ist zwar wünschenswert, insbesondere bei turbulentem Umfeld jedoch nicht immer durchführbar.

Das bereits zuvor erläuterte *Teammanagement* ist mit hierarchischen Entscheidungssystemen nach dem Linienprinzip oder mit Kompetenzaufspaltungen nach dem Matrixprinzip unvereinbar. Wird Teammanagement als Leitbild für Leitungssysteme gewählt, so erfordert dies die Beteiligung möglichst aller Betroffenen an gemeinsamen Entscheidungen. In kleinen, neu gegründeten Unternehmungen können hierarchische Entscheidungen meist sehr gut durch Teamentscheidungen ersetzt werden. Bei wachsender Unternehmung stellt die dann auch wachsende Teamgröße eine erhebliche Barriere für effiziente Entscheidungen dar. Soll das Teammanagement als Leitbild für Entscheidungssysteme beibehalten werden, so zwingt dies zur hierarchischen Anordnung von Teams unter Nutzung des bereits vorgestellten Linking-Pin-Prinzips.

Man weiß aus empirischen Untersuchungen und praktischer Erfahrung, dass hierarchische Entscheidungs- und Leitungssysteme die Koordination der Leistungserstellung zwar rasch zu bewältigen vermögen. In Abhängigkeit von der personellen Besetzung der Instanzen kann aber auch das Risiko von Fehlentscheidungen durch einzelne Instanzen deutlich ansteigen. Dieser Mangel wird durch Teamstrukturen relativ gut vermieden. Allerdings verlaufen die Entscheidungsprozesse in Teams – und erst recht zwischen hierarchisch angeordneten Teams – langsamer als in klassischen, hierarchischen Liniensystemen. Der Nachteil geringerer Entscheidungsgeschwindigkeit kann von Teams jedoch im Lauf der Zeit durch Lernprozesse ausgeglichen werden.

14.9. Informations- und Kommunikationssystem

Die Gestaltung des Informations- und Kommunikationssystems ist in jeder, also auch in neu gegründeten Unternehmungen eine existenzsichernde Maßnahme. *Wissenserwerb* und *Wissensverteilung* müssen daher in der neu gegründeten Unternehmung von Anfang an dokumentiert werden. Wissenserwerb kann bei noch geringer Größe der neuen Unternehmung durch täglichen, mindestens aber wöchentlichen Erfahrungs- und Wissensaustausch unterstützt werden. Bewährte Mittel hierzu sind Treffen aller Unternehmungsmitglieder zum Austausch von Berichten über ihre Tätigkeit und deren Hintergründe sowie zu Diskussionsrunden über gemeinsame Probleme. Der Verzicht auf den Einsatz solcher einfachen Instrumente bewirkt für die Mitglieder junger Unternehmungen Intransparenz der Unternehmungsprozesse und wirkt dadurch demotivierend.

Geschäftsverteilungspläne sind ein formaleres Informationsinstrument, um Hinweise auf die Informationsverteilung zu geben. Ein wenig altmodisch, aber hilfreich sind ständig aktualisierte Handbücher oder rechnergestützte Dateien mit Angaben zur Wissensverteilung auf die Unternehmungsmitglieder. Ein modernes Instrument ist die rechnergestützte persönliche Homepage für jeden Mitarbeiter einschließlich der Gründer, auf der Wissen und Kompetenzen in jeweils aktualisierter Form dokumentiert werden. Weitergehend wäre die Schaffung eines Electronic Board, auf dem die Unternehmungsmitglieder rechnergestützt ähnlich einem Notizbuch ihre offenen Probleme vermerken und darauf bauen, dass andere Unternehmungsmitglieder mit Lösungskompetenz sich bei ihnen melden und Hilfe anbieten.

Wissensmanagement in solcher Form stößt auf das verbreitete Werturteil, dass Wissen Macht bedeutet und dessen Weitergabe Machtverlust auslöst. Gerade neu gegründete Unternehmungen gefährden ihre Existenz, wenn ihre Mitglieder einschließlich der Gründer ihr persönliches Wissen monopolisieren. Sie verbessern dagegen ihre Chancen durch unternehmungsinterne Weitergabe von Wissen. Prinzipiell sollten alle Unternehmungsmitglieder unbegrenzten Zugriff auf alle vorhandenen Wissensbasen haben. Lediglich für folgende Datenbasen ist der Zugriff zu beschränken: Personaldaten dürfen nur dem Gründer, dem Personalreferenten oder ggf. der Personalabteilung zugänglich sein. Kundenorientierte Daten dürfen nur dem Gründer, dem Marketingreferenten oder ggf. der Marketingabteilung zur Verfügung stehen. Die Zugreifbarkeit auf Finanzdaten sollte auf Gründer und Finanzreferenten beschränkt sein.

Um alle zuvor genannten Informationsleistungen zu ermöglichen, muss das *Kommunikationssystem* offen und unbeschränkt in dem Sinne sein, dass jeder mit jedem unter Einsatz der verschiedensten Medien kommunizieren kann. Man spricht hier von einer *plenaren Struktur des Kommunikationssystems*. Seine technische Unterstützung sollte multimedial durch Telefon, Mobiltelefon, Fax und vernetzte Rechner erfolgen. Dies gilt insbesondere, wenn Raum und Zeit überbrückt werden müssen. Wenn allerdings kurze Wege zwischen allen Beschäftigten existieren, so erleichtert dies deren Kommunikation untereinander, ohne dass Medien eingesetzt werden müssen.

Offene, transparente Kommunikationssysteme mit multimedialer Unterstützung erleichtern Lernprozesse in Organisationen und fördern insbesondere die Anpassung und Weiterentwicklung von Organisationsstrukturen bei Veränderungen auf den externen Märkten der Unternehmung. Solche Kommunikationssysteme erleichtern auch die *Bildung informeller Strukturen*, die in der Regel die gegenseitige Information beschleunigen. Zur Lösung zeitlich und sachlich abgegrenzter Probleme, z.B. bei Projekten für Kunden, können unter Medieneinsatz auch *virtuelle Strukturen* geschaffen werden. Virtuelle Strukturen der Kommunikation und Kooperation liegen dann vor, wenn sie sich von den festgelegten Strukturen des formalen Kommunikationssystems und den normal üblichen Arbeitsbeziehungen lösen. Man weiß allerdings seit einiger Zeit, dass solche virtuellen Kommunikationssysteme und ihre Nutzung für den Austausch von Wissen nur dann erfolgreich verwendet werden können, wenn zwischen den Akteuren im System Vertrauen besteht. Die Schaffung von Vertrauen durch Verzicht auf opportunistisches Verhalten ist Aufgabe der Personalführung – und damit ein sehr wichtiges personalwirtschaftliches Problem (vgl. Drumm 2000).

14.10. Organisationskultur

Unter *Organisationskultur* versteht man diejenigen Werte und Verhaltensweisen, die von der Unternehmungsleitung erwünscht sind, von ihr praktiziert und den übrigen Unternehmungsmitgliedern zur Nachahmung empfohlen werden. Statt Organisationskultur ist synonym auch die Bezeichnung *Unternehmungskultur* gebräuchlich. Werte als Grundlage und Teil der Organisationskultur steuern die Alternativenwahl und die Beurteilung von Handlungsergebnissen der Organisationsmitglieder. In Unternehmungen müssen *leistungsfeindliche Werte* wie z.B. Desinteresse am Kunden, Faulheit, Verzicht auf Sorgfalt oder Kontaktarmut nicht unterdrückt, sondern durch *Personalentwicklung* verändert werden. *Leistungsfreundliche Werte* wie z.B. Kundenorientierung, Freude an der Arbeit, Kontaktfreude, Genauigkeit, Leistung und Kommunikation müssen dagegen gefördert und bei Fehlen ebenfalls durch *Personalentwicklung* anerzogen werden (siehe Kap. 15.10.-15.11.). Gründer müssen durch sichtbares *Vorleben* die positiven, leistungsfreundlichen Werte betonen und deren Übernahme durch das Personal belohnen. Dadurch gestalten sie die Organisationskultur.

Bei der Durchsetzung leistungsfreundlicher Werte gegenüber dem Personal ist deren Management durch Einsatz von Symbolen hilfreich. Solche Symbole können etwa sein die offenen Türen zu allen Arbeitsräumen, freundliche Begrüßungsrituale, öffentliche Belohnungssysteme für positives Verhalten, offene und demokratische Konferenz- sowie Entscheidungsrituale, offene Kommunikationsrituale sowie die Gestaltung von Räumen und die Vorgabe erwünschter Bekleidung. Generelles Problem solcher Symbole ist jedoch, dass sie nur bei eindeutiger Belegung Wirkung zeigen können. Wenn sich ihr Sinn ändert, ist auch das Symbol anzupassen, um nicht inhaltsleer zu werden. Organisationskultur ist somit stets intervenierende Variable für die Wirkung organisatorischer Strukturen (vgl. Bühner 1999; Frese 2000). Die Überprüfung der Akzeptanz von Werten durch das Personal ist personalwirtschaftliche Aufgabe der Führungskräfte (vgl. Drumm 2000).

14.11. Organisationsentwicklung

Nach der Neugründung wächst die Unternehmung bei Erfolg von neuen Strategien mit neuen Funktionen, Produkten und Märkten. Wachstum der Produkt- und Produktionsvolumina und der Märkte bedeutet fast immer auch Wachstum des Personals. *Wachstum* der Mitarbeiterzahl erzwingt in der Regel eine *Anpassung der Organisationsstruktur* bei Art und Zahl der Stellen, bei der Untergliederung der Unternehmung, dem Kommunikations- und Informationssystem sowie dem Leitungssystem. Auf einzelne Aspekte des organisatorischen Wachstums ist bereits zuvor hingewiesen worden.

Indikatoren für eine *Fehlfunktion der bestehenden Organisationsstrukturen* sind in der Regel Minderleistungen bei Produkten und Terminen, verpasste Chancen, zu hoher Zeitbedarf und falsche Abläufe von Leistungsprozessen. Zwingend erforderlich ist daher eine *periodische Prüfung und Evaluation* der Koordinationsleistungen bestehender Organisationsstrukturen durch den oder die Gründerunternehmer selbst. Zu überprüfen sind von ihnen die Zielorientierung einzelner Aktionen, die Konsistenz koordinierender Regelungen, der Verlauf von Prozessen einschließlich überflüssiger Wartezeiten und der Zeitbedarf einzelner Aktionen im Verlauf des Wertschöpfungsprozesses. Sinnvoll ist ferner eine gelegentliche Überprüfung der Organisationskultur daraufhin, ob die in organisatorischen Regelungen festgehaltenen Werte noch mit den tatsächlich vorhandenen, inzwischen möglicherweise veränderten Werten im Einklang stehen.

Organisationsentwicklung mit Anpassung der Organisationsstrukturen an veränderte Bedingungen bei Umfeld- und Prozessabläufen muss geplant werden. Abb. 6 zeigt Standardschritte der Entwicklung bei wachsender Unternehmungsgröße. Jeder Schritt der Organisationsentwicklung muss mit allen Betroffenen diskutiert und dann implementiert werden. Bei fehlender Professionalität der Unternehmungsmitglieder müssen Beratungsleistungen von außen herangezogen werden.

Typische *Entwicklungsschritte bei Wachstum der Organisationsstruktur* sind die Bildung von Stabsstellen, die Schaffung von Abteilungen mit funktionaler Gliederung, die Erweiterung des Einliniensystems um eine Matrixorganisation oder die Überlagerung von Abteilungen durch markt- und kundenorientierte Prozesse nach dem Matrixprinzip. Bei erheblichem Wachstum kann die Untergliederung der gesamten Unternehmung

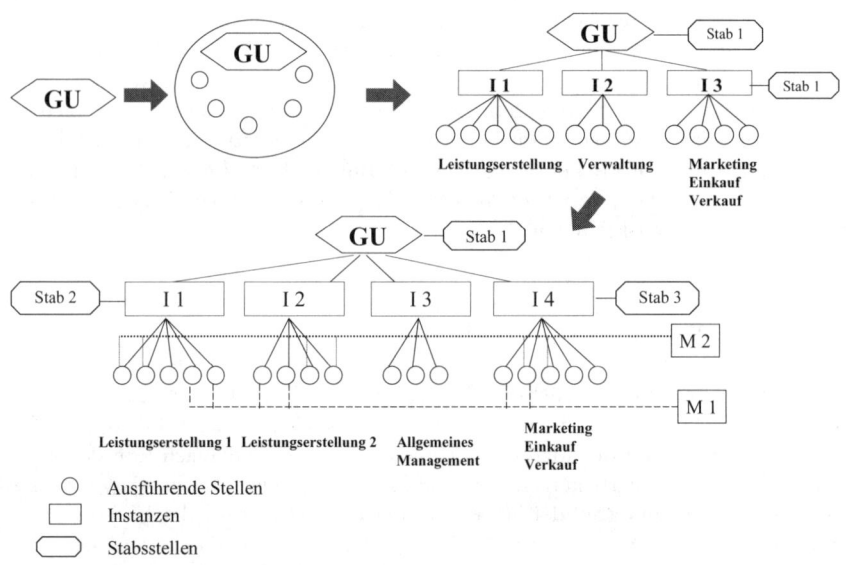

Abb. 6: Entwicklungsschritte der Organisationsentwicklung bei wachsender Unternehmungsgröße. „Einmannunternehmung" mit Gründerunternehmer(n) GU ⇨ Team mit Gründerunternehmer(n) und ausführenden Stellen ⇨ Abteilungsgliederung in Kombination mit Stabliniensystem: drei Instanzen I1, I2, I3 sowie zwei Stabsstellen S1, S2 und ausführenden Stellen ⇨ Abteilungsgliederung in Kombination mit Stabliniensystem und Matrixorganisation mit vier Linieninstanzen I1, I2, I3 und I4, drei Stäben S1, S2 und S3 sowie zwei Projektinstanzen M1 und M2.

nach Produkten oder Produktgruppen ggf. auf Regionen sowie die Ausgliederung von Unternehmungteilen in eigene Gesellschaften (*Outsourcing*) erwogen werden. Abbildung 6 zeigt Standardschritte der Organisationsentwicklung bei wachsender Unternehmungsgröße. Organisationsentwicklung muss stets von *Personalentwicklung* begleitet werden, um das Personal auf neue Aufgaben und den Umgang mit neuen Organisationsstrukturen vorzubereiten (vgl. Dal Zotto 2001).

14.12. Zusammenfassung

Die praktische Erfahrung mit neu gegründeten Unternehmungen zeigt immer wieder, dass sich diese zwar auf Produkte, Märkte und Kunden sowie Probleme der Finanzierung konzentrieren, jedoch Probleme der Organisation und deren Lösung vernachlässigen. Folge einer solchen Vernachlässigung sind Koordinationsverluste bei allen unternehmerischen Aktivitäten, die die Marktfähigkeit der eigenen Leistungen gefährden. Daraus ergibt sich, dass sich neu gegründete Unternehmungen zwingend um Grundprobleme der Organisation und deren Lösung kümmern müssen. Sie haben sich insbesondere mit Stellenbildung, Stellenzuweisung und Teammanagement sowie Leitungssystem und Kommunikationssystem zu beschäftigen. Bei Wachstum der Unternehmung müssen sie alle Systeme der Organisation wie zuvor skizziert anpassen. Die Funktion all dieser Systeme hängt sehr stark davon ab, welche Werte in einer Unternehmung als wichtig angesehen werden. Letzteres ist ein Problem der Organisationskultur, die in allen Unternehmungen durch die Gründer selbst gezielt entwickelt und gepflegt werden sollte. Den Verzicht auf Organisation kann sich nur eine ertragsstarke, nicht jedoch eine gerade gegründete, und erst recht nicht eine junge, im Wettbewerb wachsende Unternehmung erlauben.

14.13. Verwendete und weiterführende Literatur

Bataillard, Victor (1994): Leitfaden zur Unternehmensgründung. Die Betriebswirtschaftlichen Überlegungen. 3. Auflage, Zürich, Kap. 14.

Bühner, Rolf (1999): Betriebswirtschaftliche Organisationslehre. 9. Auflage, München usw.

Dal Zotto, Cinzia (2001): Die Simultaneität und Permanenz von Personal- und Organisationsentwicklung. Frankfurt am Main usw.

Drumm, Hans Jürgen (2000): Personalwirtschaft. 4. Auflage, Berlin usw.

Frese, Erich (2000): Grundlagen der Organisation. 8. Auflage, Wiesbaden.

Holtbrügge, Dirk (2001): Neue Organisationsformen. In: zfo, 70. Jg., S. 338-345.

Kauffeld, Simone; Grote, Sven (2001): Teams in Organisationen – Diagnose und Entwicklung. In: Personalführung, Nr. 1, S. 26-33.

Merker, Richard (1998): Organisationsmatrix und – Tableau – Zwei Instrumente zur Erfassung organisatorischer Veränderungen in KMU. In: Entwicklung von kleinen und mittleren Unternehmen. Hrsg. Norbert Kailer und Josef Mugler. Wien, S. 291-320.

Picot, Arnold; Reichwald, Ralf; Wiegand, Rolf T. (1998): Die grenzenlose Unternehmung. 4. Auflage, Wiesbaden.

Schreyögg, Georg (1999): Organisation. Grundlagen der Organisationsgestaltung. 3. Auflage, München.

Szyperski, Norbert; Nathusius, Klaus (1999): Probleme der Unternehmungsgründung. 2. Auflage, Lohmar, Köln, insbes. Kap. 4.2.2.2.

15. Personalwirtschaft für Gründer

HANS JÜRGEN DRUMM

220

15.1. Überblick

Personalwirtschaft beschäftigt sich mit der Bereitstellung und dem Einsatz von Personal, das zur arbeitsteiligen Abwicklung von Leistungs- und Wertschöpfungsprozessen eingesetzt wird. Personalwirtschaft folgt in der Regel ökonomischen Zielen, die durch soziale Ziele als Nebenbedingungen ergänzt werden können und durch individuelle Ziele der Mitarbeiter abgerundet werden sollten. Um Bereitstellung und Einsatz von Personal zu gewährleisten, muss dieses geplant, beschafft und ausgewählt werden. Ferner muss ein Arbeitsvertrag abgeschlossen werden, und neu eingestellte Mitarbeiter sind einzuarbeiten. Die Vergütung des eingesetzten Personals wirft die Probleme der relativen Gerechtigkeit und auch des Leistungsanreizes auf. Mit letzteren befassen sich insbesondere die Motivation und Führung des Personals, aber auch Erfolgs- und Vermögensbeteiligung. Weiterbildung und Entwicklung des Personals müssen geleistet werden, um dessen unbestimmt formulierte Arbeitsverträge auszufüllen und das Personal an die sich ändernden Aufgaben sowie deren Anforderungen anpassen zu können. Personalentwicklung wird darüber hinaus heute als Teil lebenslangen Lernens gesehen. Die Vermittlung von Unternehmungskultur und Unternehmungsidentität gehört zu denjenigen personalwirtschaftlichen Aufgaben, die erst in den letzten Jahren allmählich entstanden sind. Ein zentrales personalwirtschaftliches Problem stellt die Kooperation mit dem Betriebsrat dar, dessen Installation und Funktionen durch das Betriebsverfassungsgesetz geregelt werden. Alle zuvor genannten Aufgaben können zur strategischen und operativen Planung sowie zur Abwicklung bei der Unternehmungsleitung bzw. dem Gründerunternehmer, bei einem Personalreferenten und ggf. auch in einer Personalabteilung angesiedelt werden.

Dies alles gilt für jede Unternehmung unabhängig von ihrer Branchenzugehörigkeit, ihrem Alter und zum Teil auch ihrer Größe. Die Lösung der zuvor angesprochenen Probleme muss in neu gegründeten Unternehmungen allerdings auf deren Besonderheiten Rücksicht nehmen. Zu diesen gehört vor allem die Berücksichtigung von Defiziten der personalwirtschaftlichen Professionalität. Gründer sollten sich personalwirtschaftliche Aufgaben daher nur dann selbst vorbehalten, wenn sie zu deren Erfüllung befähigt sind. Wenn nicht, müssen sie sich beraten lassen oder personalwirtschaftliche Aufgaben an fachlich einschlägige Mitarbeiter delegieren. Ferner gilt für Neugründungen, dass sie nicht alle, sondern nur einige, besonders wichtige personalwirtschaftliche Funktionen von Anfang an übernehmen müssen. Deren Ausbau ist dann eine Aufgabe der Zukunft. Dass junge Unternehmungen gemäß einer Studie des Instituts für Arbeitswissenschaft der Universität Kassel (2001) auf diesen Ausbau verzichten ist kein Argument gegen den Ausbau personalwirtschaftlicher Funktionen, sondern eher ein Indikator für mangelnde personalwirtschaftliche Professionalität.

15.2. Grundlagen der Personalwirtschaft

Personal ist zusammen mit der Produkt-Markt-Idee der wichtigste *Erfolgsfaktor* jeder arbeitsteiligen Unternehmung unabhängig von deren Alter. Personal sollte gemäß den ökonomischen sowie sozialen Zielen des Unternehmers und den Zielen der

Mitarbeiter eingesetzt und gepflegt werden. Personalwirtschaftliche Investitionen in die Mitarbeiter verbessern die Ausfüllung von deren offenen Arbeitsverträgen und steigern so den Unternehmungserfolg. Der Verzicht auf Investitionen in die Mitarbeiter insbesondere durch Ausbildung, Personalentwicklung und Führung motiviert das Personal negativ und führt zum Abbau seiner Leistung und im Grenzfall zur Kündigung. Alles dies gilt für jede etablierte und für neu gegründete sowie anschließend wachsende Unternehmung. Empirische Untersuchungen zeigen zusätzlich, dass die Überlebenschancen neu gegründeter sowie die Wachstumschancen überlebender Unternehmungen sehr stark von deren Ausstattung mit qualifiziertem, branchenerfahrenem Personal abhängen (vgl. Brüderl/Preisendörfer/Ziegler 1998, Kap. VII; Ziegler 2000, 41-42).

Absolutes *Minimum der Personalwirtschaft* ist eine Lohnbuchhaltung mit Aufzeichnung aller Bruttobezüge. Hinzu kommen der Ausweis und die Abführung von Lohnsteuern und Solidaritätszuschlag an das zuständige Finanzamt sowie von Kirchensteuern an das zuständige Kirchensteueramt. Schließlich gehören auch Ausweis und Abführung von Kranken-, Renten-, Pflege und Unfallversicherungsbeiträgen an die zuständigen Versicherungsträger (z.B. AOK, BFA) zum vorgeschriebenen Minimum der Personalwirtschaft. Dieses Minimum kann allerdings der Steuerberater der Unternehmung gegen Honorar erledigen.

Darüber hinaus verbleiben dem Gründerunternehmer zusätzlich immer die personalwirtschaftlichen Funktionen der Planung, Beschaffung und vor allem der Auswahl des Personals. Hinzu kommen dessen Motivation, Führung, und Vergütung sowie die Gestaltung der Arbeitsbedingungen einschließlich der Arbeitszeit. Gründer müssen daher für ihre Unternehmung festlegen, in welcher Weise und mit welchem Umfang diese Funktionen praktiziert werden sollen. Durch diese Festlegungen schaffen Gründer eine der wichtigsten *Grundlagen der Personalwirtschaft*.

Zu den Grundlagen der Personalwirtschaft gehört aber auch die Lösung des Problems, wie die *notwendigen Informationen für Entscheidungen über das Personal* beschafft werden können. Große Unternehmungen können hierzu weitaus mehr als kleine, gerade gegründete Unternehmungen tun. Insbesondere die Informationen über den externen Arbeitsmarkt sind für neu gegründete Unternehmungen schwer zu beschaffen, weshalb sich die Inanspruchnahme der Arbeitsämter und ggf. von Personalberatern hier fast zwingend anbietet. Auch die systematische Personalforschung mit Ermittlung von Kenntnissen, Fähigkeiten, Werthaltungen und Motiven der einzelnen Mitarbeiter ist eine von neu gegründeten Unternehmungen kaum zu bewältigende methodische Aufgabe. Ihr bleibt deshalb im Wesentlichen die Konzentration auf *Einstellungsgespräche mit Bewerbern* und nach deren Einstellung auf *Mitarbeitergespräche* als Instrument der Führung.

Eine Grundfrage des Personalmanagements lautet, wann und warum der Gründerunternehmer überhaupt Personal braucht. Dies ist immer dann der Fall, wenn die *Arbeitsmenge* für den oder die Gründer allein zu groß ist. Gründer brauchen ferner Personal, wenn sie im unternehmerischen Leistungsprozess auf Dauer spezielles Fachwissen einsetzen müssen, das sie nicht selbst besitzen. Indikatoren für zu große

Arbeitsmengen oder fehlendes Spezialwissen sind in der Regel *Überlastung* und *Fehler* von Gründerunternehmern im täglichen Geschäft.

Junge Unternehmungen müssen Personalwirtschaft und deren einzelne Funktionen in ein geschlossenes Konzept einbinden und die einzelnen Funktionen aufeinander abstimmen. Darüber hinaus sollte ein personalwirtschaftliches Konzept mit den übrigen Strategien der jungen Unternehmung insbesondere auf den Feldern Produkt-Markt, Technik und Finanzierung abgestimmt werden. Dass diese Forderung bisher unerfüllt geblieben ist, macht eine Studie von PricewaterhouseCoopers (2001) deutlich (vgl. auch Schlumbohm/Pendt 2001, 26-27).

15.3. Planung des qualitativen und quantitativen Personalbedarfs

Die Planung des *qualitativen Personalbedarfs* verläuft in drei Schritten. Um eine Vorstellung von den zukünftig benötigten Personalkategorien zu gewinnen, hat der Gründerunternehmer in einem *ersten Schritt zukünftige Aufgaben* zu prognostizieren, die im Zuge der Leistungserstellung und deren Vorbereitung zu bewältigen sind. Der Gründerunternehmer muss sich ferner fragen, welche Branchenkenntnisse und Berufserfahrungen erforderlich sind, um die Überlebenschancen seiner Unternehmung zu verbessern. Insbesondere hat sich der Gründerunternehmer zu fragen, was er zur Verbesserung seiner Produkte und Prozesse gegenüber den Kunden, Lieferanten, Kreditgebern und dem Personal tun muss. Gerade in noch kleinen Unternehmungen ist es sinnvoll, mit dem Gründer auch alle Mitarbeiter in diesen Prognoseprozess im Rahmen eines *Teammanagements* einzubeziehen (siehe Kap. 14.6.). In einem *zweiten Schritt* sind aus den prognostizierten Aufgaben Anforderungen an besondere Fachkenntnisse, kognitive, psychische und physische Fähigkeiten abzuleiten, die durch die Erfüllung der Aufgaben anfallen. Im *dritten Schritt* der qualitativen Personalbedarfsplanung ist zu prüfen, ob die prognostizierten Anforderungen zu bereits bekannten Berufsbildern und damit Personalkategorien passen. Ist dies nicht der Fall, so empfiehlt es sich, die prognostizierten Anforderungen nach ihrer Ähnlichkeit untereinander zu *neuen Personalkategorien* zu klassifizieren. Im Ergebnis erhält der Gründerunternehmer eine Vorstellung davon, welche Arten von Personal er in seiner Unternehmung benötigt. Das Prozedere hat eine Ähnlichkeit mit der *Stellenbildung bei Ungewissheit* im Rahmen der Unternehmungsorganisation (siehe Kap. 14.4.).

Die *quantitative Personalbedarfsplanung* soll beantworten, wie viel Personal der Gründerunternehmer je Personalkategorie braucht. Dazu muss vom Gründer und ggf. allen seinen Mitarbeitern prognostiziert werden, wie hoch in etwa die Arbeitsmenge je Periode – gemessen in Stunden – ist, die bei der Erledigung der einzelnen Aufgaben anfällt. Diese Schätzung kann nicht punktgenau sein, sondern lediglich in Bandbreiten angegeben werden. Die Ermittlung des quantitativen Personalbedarfs erfolgt anhand einer sehr einfachen Überlegung: Die prognostizierte Stundensumme je Personalkategorie und Periode wird durch die Normalarbeitszeit je Personalkategorie und Periode geteilt. Diese Normalarbeitszeit ergibt sich entweder aus dem individuellen Arbeitsvertrag oder aus dem für die junge Unternehmung geltenden Tarifvertrag oder aus einer Vereinbarung mit dem *Betriebsrat*, sofern dieser bereits existiert. Wenn der *Zeitbedarf in Bandbreiten* geschätzt worden ist, kann entweder das arithmetische Mittel der Bandbreite oder aber deren Untergrenze herangezogen werden, um durch Division mit der Normalarbeitszeit einen ersten, geschätzten Personalbedarf je Personalkategorie zu ermitteln. Falls sich die Schätzungen ex post als zu vorsichtig erweisen, ist eine Anpassung des quantitativen Personalbedarfs durch Überstunden sinnvoller als durch Einstellung von neuen Mitarbeitern. Diese Empfehlung gilt allerdings nur so lange, bis ein vorhandenes Überstundenpotenzial ausgeschöpft ist.

Die *Planung des qualitativen und quantitativen Bedarfs an Führungskräften* kann davon ausgehen, dass der oder die Gründer zunächst selbst Führungspositionen übernehmen wollen. Dazu müssen sie allerdings selbst die notwendigen Qualifikationen zur Steuerung der Lösung ihrer unternehmerischen Aufgaben bereits besitzen oder erlernen. Ist dies nicht oder nur begrenzt der Fall, so müssen zusätzlich Führungskräfte für die von den Gründern nicht abgedeckten unternehmerischen Funktionen geplant und später auch beschafft werden. Kriterium für den qualitativen Führungskräftebedarf ist das für Entscheidungen sowie die aufgabenorientierte Führung (siehe Kap. 15.8.) benötigte Fachwissen. Kriterium für den quantitativen Bedarf an Führungskräften sind die Zahl der in einem Funktionsfeld zu führenden Mitarbeiter und die Leitungsspanne je Führungskraft. Man teilt hierzu die Zahl zu führender Mitarbeiter durch die Leitungsspanne als Zahl direkt unterstellter Mitarbeiter je Führungskraft, um einen Schätzwert des Führungskräftebedarfs zu erhalten.

Personalplanung ist kein einmaliger Prozess, nach dessen Abschluss die *Personalbeschaffung* als vermeintlich letzter Schritt folgt. Personalplanung muss vielmehr als permanenter Prozess die Unternehmung vor allem in Wachstumsphasen begleiten, um *Veränderungen des qualitativen Personalbedarfs* erkennen zu können. Diese Veränderungen ergeben sich in der Regel aus der Weiterentwicklung der Produkte, der Techniken der Leistungserstellung, der Kundenart und -menge, der Wettbewerbssituation und der Marktaufgaben. Personalplanerische Folgen dieser Veränderungen können die *Weiterbildung und Entwicklung* des vorhandenen Personals oder sogar dessen *Austausch* gegen deutlich anders und höher qualifiziertes Personal sein. Eigene Beobachtungen einzelner Wachstumsprozesse in jungen Unternehmungen haben gezeigt, dass zur Bewältigung des Wachstums deren Personal nahezu völlig bis zu dreimal ausgetauscht und freigesetzt werden musste, um Kenntnis- und Lernbarrieren besser überwinden zu können.

15.4. Personalbeschaffung

Bei *begrenztem Personalbedarf je Personalkategorie* von weniger als 40 Stunden je Woche bzw. 160 Std. im Monat macht die Beschaffung von Vollzeitarbeitskräften wenig Sinn. In diesem Fall ist die Beschaffung von Teilzeitarbeitskräften vorzuziehen. Alternativ kann bei einfachen Standardqualifikationen auch auf Leiharbeit sowie freie Mitarbeiter auf Honorarbasis zurückgegriffen werden. Wenn unspezifische Qualifikationen der zu beschaffenden Mitarbeiter ausreichen, können z.B. Werkstudenten eingesetzt werden.

Erreicht der Zeitbedarf je Personalkategorie 160 Std. je Monat oder mehr, so müssen Vollzeitarbeitskräfte eingestellt werden. Wenn dem Gründerunternehmer bereits Personen bekannt sind, die für die Einstellung in Frage kommen, so kann er diese direkt ansprechen. Diese Nutzung privater Kontakte ist typisch für viele junge Unternehmungen (vgl. Seidensticker 2001, 4). Ansonsten sind für Gründer Stellenanzeigen in lokalen, regionaler oder überregionalen Pressorganen, in sowie Fachzeitschriften geboten. Auch das Arbeitsamt sowie private Vermittler können zur Beschaffung des benötigten Personals eingeschaltet werden. Deren Vermittlungserfolge müssen aber sehr unterschiedlich beurteilt werden. Akquisitionen direkt an Ausbildungsinstitutionen sind ein weiterer, häufig erfolgreicher Beschaffungsweg. Seit wenigen Jahren hat *die Personalbeschaffung durch Nutzung des Internet* große Bedeutung gewonnen. Hier werden vakante Stellen auf der Homepage der Unternehmung ausgeschrieben. Diese werden in der Regel durch Bewerber mit Medienkompetenz wahrgenommen und für Online-Bewerbungen genutzt. Auch für die Bewerbervorauswahl kann dieses Medium erfolgreich eingesetzt werden, wie Versuche z.B. bei der Zahnradfabrik Friedrichshafen AG oder der Siemens AG zeigen. Alternativ können Inserate in Online-Datenbanken zur Personalbeschaffung genutzt werden.

Bei der *Beschaffung von Führungskräften* mit hohem Managementpotenzial bietet sich für neu gegründete sowie anschließend wachsende Unternehmungen eine Beschaffung älterer erfahrener Manager aus mittleren bis größeren Unternehmungen für begrenzte Zeit an. Diese als *Interims-Management* bezeichnete Beschaffungsstrategie kann mit Hilfe spezialisierter Personalberater abgewickelt werden. Eine solche Beschaffungsstrategie baut auf der Idee auf, dass spezialisierte und im Umgang mit Risiken erfahrene, hoch professionelle Manager aus bereits erfolgreichen Unternehmungen jeweils nur für eine Entwicklungsphase der neuen Unternehmung beschafft und eingestellt werden (z.B. Start, Markterschließung, erstes Wachstum, Marktdurchdringung). Außerdem können diese Interims-Manager an der unternehmungsinternen Heranbildung und Auswahl eigener, zukünftiger Führungskräfte beteiligt werden (vgl. Niedhof 1999). Für Führungskräfte, deren Berufslebensende naht, kann eine solche Interimsbeschäftigung eine interessante Herausforderung darstellen.

Stellenangebote als wichtigstes Mittel der Mitarbeiterbeschaffung müssen *Mindestinformationen* enthalten, um auf dem externen Arbeitsmarkt akquisitorisch wirksam werden zu können. Zu diesen Mindestinformationen gehören in erster Linie die Angabe von Zielen der suchenden Unternehmung, des zu besetzenden Tätigkeitsfelds und der Stellen- oder Berufsbezeichnung für die zu besetzende Position. Ferner sind wichtige Aufgaben, Anforderungen und Verantwortlichkeiten anzugeben. Akquisitorisch können auch Hinweise auf die Einordnung, die Arbeits- und Leitungsbeziehungen der Stelle sowie deren Arbeitsbedingungen und Entwicklungsmöglichkeiten wirken. Zwingend erforderlich sind Angaben zu den benötigten Bewerbungsunterlagen sowie Bewerbungsfristen und Adresse, an die eine Bewerbung zu schicken ist.

Alle Angaben müssen wahrhaftig sein, da sonst der Beschaffungserfolg gefährdet wird. Dies gilt insbesondere für den Fall, dass die in der neuen Unternehmung bereits beschäftigten Mitarbeiter die Inhalte der externen Stellenausschreibung wahrnehmen können und bei unwahren Angaben Loyalitätsverluste erleiden. Von der erfolgreichen Beschaffung qualifizierter Mitarbeiter hängen Gewinn und Wachstum junger Unternehmungen relativ stark ab. Eine 2002 aktualisierte Studie des Instituts für Arbeitswissenschaft der Universität Kassel (2001) hat allerdings ergeben, dass die systematische Beschaffung und Auswahl von Personal in jungen Unternehmungen stark unterentwickelt ist und eine z.T. planlose Hire-and-Fire-Politik vorherrscht.

15.5. Bewerberauswahl

Die *Auswahl des benötigten Personals* unter den Bewerbern sollte *in drei Stufen* erfolgen. In der *ersten Stufe* sind die *Bewerbungsunterlagen* zu prüfen. *Gegenstand der Prüfung* sollten sein: Das Anschreiben mit der Begründung der Bewerbung, der Lebenslauf mit beruflichem Werdegang, die Zeugnisse von Ausbildungsabschlüssen, die Nachweise zu Sprachkenntnissen und bisherigen Arbeitsverhältnissen sowie der Nachweis sonstiger Zusatzqualifikationen. Lichtbilder als Teil der Bewerbungsunterlagen bieten meist nur unzuverlässige Grundlagen für eine Vorauswahl. *Auswahlkriterien* sind ein Vergleich der Anforderungen in der Stelle mit den Qualifikationen der Bewerber, deren erreichte Ergebnisse in Prüfungen, die Dauer der Ausbildung sowie Zahl, Art und Dauer der bisherigen Arbeitsverhältnisse. Allerdings hat das letztgenannte Kriterium in neuerer Zeit vor allem bei jüngeren, bereits berufstätigen Bewerbern an Bedeutung verloren. Diese fühlen sich weniger als ältere Mitarbeiter an eine Unternehmung gebunden. Sie sind eher zum Wechsel der Unternehmung bereit, wenn sie sich davon eine Verbesserung ihrer Entwicklungschancen und ihres Einkommens versprechen.

In der *zweiten Stufe* werden die in der ersten Stufe vorausgewählten Bewerber einem *Bewerbungsgespräch* unterzogen. Teilnehmer eines solchen Bewerbungsgesprächs sollten der oder die Gründer selbst, spätere Vorgesetzte sowie Personalfachkräfte aus der Unternehmung sein, falls es letztere schon gibt. Wenn Gründer sich ihrer Auswahlkompetenz nicht sicher sind, ist der Einbezug eines Personalberaters in den Auswahlprozess erwägenswert. Das Bewerbungsgespräch sollte in einer bewerberorientierten, stressfreien Atmosphäre stattfinden und sich auf die gegenseitigen Erwartungen zur zukünftigen Tätigkeit, auf Entwicklungsziele, Arbeitsbedingungen, Vergütung, Firmenimage, Arbeitszeit sowie die Unternehmungskultur als Gesprächsgegenstände konzentrieren. Ferner können im Bewerbungsgespräch unklare Punkte aus der ersten Stufe der Bewerbung diskutiert werden. Kriterien sind außer der Gewinnung von entscheidungsrelevanten Informationen die Professionalität der Bewerber, ihr Sozialverhalten sowie ihre Reaktion auf Fragen ihrer Gesprächspartner. Die Auswahlgespräche der zweiten Stufe können begrenzt auch online geführt werden.

In der *dritten Stufe* werden die aus der zweiten Stufe verbliebenen Bewerber mit Arbeitsproben oder Tests konfrontiert, soweit diese zur Verfügung stehen und dem Gründerunternehmer oder seinen personalwirtschaftlichen Mitarbeitern bekannt sind. Beispiele für solche Prüfungen sind die Anfertigung von Dokumenten mit Hilfe von Schreibsystemen, die Beschäftigung mit praktischen Fällen aus dem Erfahrungsschatz der gegründeten Unternehmung, führerlose Gruppendiskussionen oder Postkorbanalysen, bei denen vorgelegte Briefe und Dokumente nach Evidenz auf Wichtigkeit und Dringlichkeit geordnet werden müssen.

Alle *Ergebnisse der drei Auswahlstufen* müssen von den Teilnehmern am Auswahlprozess dokumentiert werden, um eine rationale *Auswahl der Bewerber* durchführen zu können. Diese erfolgt durch stufenweise Elimination der schlechtesten Bewerber und schließlich durch Auswahl des oder der Bewerber mit den besten Gesamtergebnissen über alle drei Stufen hinweg. Sympathie oder ggf. Antipathie sollte erst dann als Kriterium herangezogen werden, wenn bei der Auswahl in der letzten Stufe Indifferenz zwischen zwei oder drei der besten Bewerber besteht.

Jede Auswahl von Bewerbern wirft eine *Reihe von Problemen* auf, für deren Lösung es keine Patentrezepte gibt. Ein erstes Problem besteht darin, dass schöne gegenüber weniger schönen Menschen bevorzugt werden. Die auswählenden Personen müssen dies wissen, um ihr eigenes Auswahlverhalten überprüfen zu können. Zweitens ist zu beachten, dass es schauspielerische Talente gibt, die in Bewerbungssituationen einen besonders guten Eindruck zu hinterlassen vermögen. Hier hilft die Konzentration auf die Ermittlung von Kenntnissen und Fähigkeiten der Bewerber durch die auswählenden Personen sowie der Einsatz von Arbeitsproben und ggf. Tests weiter. Ein *drittes Problem* besteht darin, dass es *Handbücher zum Bewerbertraining* gibt, in denen Verhaltensempfehlungen abgegeben und Tests erläutert werden (z.B. Beitz/Loch 1996). Die Auswahl von Bewerbern gelingt umso besser, je genauer sich die auswählenden Personen zuvor mit einschlägigen Handbüchern zum Bewerbertraining vertraut gemacht haben.

15.6. Arbeitsvertrag und Einarbeitung des Bewerbers

Der *Abschluss des Arbeitsvertrags* als Folge eines erfolgreichen Auswahlprozesses kann befristet oder unbefristet erfolgen. Er sollte Probezeit, Kündigungsfristen, Konkurrenzschutzklauseln und Festlegungen zur Vergütung sowie zu sozialen Nebenleistungen wie z.B. der Altersversorgung enthalten. Ferner sind das Tätigkeitsfeld, Arbeitszeitregelungen einschließlich der Überstundenregelungen, die Urlaubsregelung sowie Umzugskostenregelungen zu vereinbaren. Für den Gründer ist es sinnvoll, hier zumindest zu Beginn seiner Tätigkeit die Beratung eines arbeitsrechtlich versierten Rechtsanwalts in Anspruch zu nehmen.

Die *Einarbeitung des Bewerbers* entscheidet über den zukünftigen Arbeitserfolg und damit auch dessen Verbleib in der Unternehmung: Je gründlicher die Einarbeitung geplant und abgewickelt wird, umso weniger ist ein Scheitern des neu eingestellten Mitarbeiters am Ende der Probezeit zu erwarten. Der Bewerbers kann durch den Gründer selbst oder ggf. durch einen sachverständigen Mitarbeiter in der Funktion eines „Paten" eingearbeitet werden. Während der Einarbeitung ist der neu beschaffte Mitarbeiter mit seinen Aufgaben, mit den Arbeitsbeziehungen zu anderen Mitarbeitern sowie Prozessabläufen in der Unternehmung vertraut zu machen. Zur Einarbeitung in der Probezeit gehört auch die Überprüfung des neu eingestellten Mitarbeiters durch Zielvorgaben für seine Arbeit und die Kontrolle der Erfüllung dieser vorgegebenen Ziele z.B. im Mitarbeitergespräch. Ferner sollten dem neuen Mitarbeiter kleinere Projekte zur Lösung übertragen werden, deren Abwicklung Hinweise auf sein Lernverhalten geben kann.

Die *Beobachtung* und *Beurteilung* des Mitarbeiters während der Probezeit von sechs Monaten ist geradezu zwingend, weil nach dieser Probezeit der *Kündigungsschutz* greift und eine Trennung von Mitarbeitern mit Qualifikationsdefiziten wegen der Vorschriften des Kündigungsschutzgesetzes schwierig wird. Ansatzpunkte für die Beobachtung und Beurteilung neuer Mitarbeiter sind Gespräche mit ihnen, insbesondere zu positiven und negativen herausragenden Leistungen. Dazu müssen Leistungen ebenso wie Fehlleistungen durch den unmittelbaren Vorgesetzten oder den Gründer selbst dokumentiert werden, um als Entscheidungsgrundlage genutzt werden zu können.

Bei anhaltendem *Misserfolg des neuen Mitarbeiters* oder wenn Gründerunternehmer sowie neu eingestellte Mitarbeiter nicht miteinander kooperieren können, ist über eine Trennung zum Ende der Probezeit nachzudenken. Dies ist zwingend erforderlich, weil die Probezeit der wichtigste Ansatz zur Kontrolle und ggf. zur Korrektur von Fehlentscheidungen bei der Personalauswahl ist. Die laufende Beobachtung und Beurteilung neu eingestellter Mitarbeiter ist Teil der Mitarbeiterführung und darf deshalb von den Führungskräften sowie dem Gründer selbst auf keinen Fall vernachlässigt werden.

15.7. Vergütung, Erfolgs- und Vermögensbeteiligung

Die *Vergütung* muss grundsätzlich *anforderungs- und leistungsgerecht* sein. Maßstäbe hierfür sind einerseits die Anforderungen selbst und andererseits deren Erfüllung bzw. Unter- oder Übererfüllung. Die Höhe der Vergütung wird aber auch durch die Lage auf dem Arbeitsmarkt bestimmt: Stark nachgefragte, knappe Qualifikationen bzw. Personalkategorien müssen höher als reichlich vorhandene vergütet werden.

Die Vergütungsstruktur sollte aus den vier Bausteinen des tariflich vereinbarten garantierten Mindestlohns, der Leistungskomponente, der Sozialkomponente und der Erfolgsbeteiligung bestehen. Zur Wahl des zweiten Bausteins, der Leistungskomponente, kann auf drei Alternativen zurückgegriffen werden. Zeitlöhne sind periodenfix und können bei gleichmäßigen oder genau bestimmbaren Leistungen gezahlt werden. Prämienlöhne bestehen aus einer periodenfixen Zeitlohnkomponente und Prämien für Zusatzleistungen wie z.B. Qualität oder Service. Gespaltene Löhne bestehen aus einer fixen Grundkomponente in Höhe des tariflichen Mindestlohns sowie einer zusätzlichen, leistungsorientierten variablen Komponente. Die Bemessung der variablen Komponente kann von Zielvereinbarungen und deren Erfüllung ausgehen; sie kann aber auch an erwünschtem Informationsverhalten in der Unternehmung sowie an erfolgreichen Lernprozessen anknüpfen. Wichtig ist, dass alle Einflussgrößen auf die Höhe der variablen Komponente vom Mitarbeiter selbst beeinflusst werden können, da sonst keine Anreizwirkungen von dieser Komponente ausgehen. Die Aufteilung zwischen fixer und variabler Komponente hängt beim gespaltenen Lohn davon ab, in welchem Umfang Leistungsergebnisse allein durch einen Mitarbeiter beeinflussbar sind. Der garantierte Mindestlohn orientiert sich am Tarifvertrag für die Branche und Region sowie an der Arbeitsmarktstellung der Unternehmung. Bei der Aufteilung der gespaltenen Löhne sollte für die variable

Komponente ein Anteil von 50% des Gesamtlohns auf keinen Fall überschritten werden, um Leistungsschwankungen besser berücksichtigen und den Lebensunterhalt des Mitarbeiters sichern zu können. Gespaltene Löhne sind wegen ihrer flexibel gestaltbaren Anreizwirkungen durch die variable Komponente für junge Unternehmungen besonders geeignet.

Der dritte Baustein, die Sozialkomponente, besteht weniger aus den gesetzlich vorgeschriebenen als aus den freiwilligen Bestandteilen der Sozialvergütung. Zu den gesetzlich vorgeschriebenen Bestandteilen gehören z.B. der garantierte Mindestlohn, die Weiterzahlung der Vergütung im Krankheitsfall, der bezahlte Urlaub sowie der Arbeitgeberanteil an der Sozialversicherung. Wichtige freiwillige Bestandteile des sozialen Vergütungsbausteins sind insbesondere Zusagen der Unternehmung zur Altersversorgung, Urlaubs- und Weihnachtsgelder sowie sonstige soziale, geldwerte Leistungen.

Vierter Baustein der Vergütung ist die *Erfolgsbeteiligung.* Sie knüpft am Erfolg der Unternehmung vor Steuern an. Eine völlig gerechte Erfolgsbeteiligung würde voraussetzen, dass einzelne Leistungen des Personals in objektiver Form auf den Unternehmungserfolg zurechenbar sind. Diese Voraussetzung ist nahezu nie erfüllbar. Erfolgsbeteiligung kann daher nur dann als fair empfunden werden, wenn ein vom Gründerunternehmer und Personal akzeptierter Verteilungsschlüssel für Anteile des Gesamterfolges auf das Personal und für diese Anteile auf die einzelnen Mitarbeiter gefunden wird. Ein Ansatz für eine faire Verteilung besteht darin, dass der verteilbare Anteil des Erfolgs anhand des Anteils individueller Leistungslöhne an der Gesamtleistungslohnsumme bestimmt wird. Eine Verteilung nach Köpfen ist immer ungerecht, weil sie von der heroischen Prämisse gleicher Leistungen aller Beschäftigten ausgeht. Zu warnen ist jedoch vor der Einführung von *Aktienoptionsplänen* bei Neugründungen, falls diese bereits in der Rechtsform einer Aktiengesellschaft starten oder nach einer gewissen Wachstumsphase diese Rechtsform wählen. Aktienoptionspläne als Form der Erfolgsbeteiligung beruhen auf der Fiktion, dass die Aktienkurse weniger von Strukturen und Prozessen auf dem Kapitalmarkt als von den Entscheidungen der Führungskräfte einschließlich der Gründer abhängen. Eine solche Fiktion ist ebenfalls heroisch und deshalb nicht haltbar.

Wenn den Mitarbeitern einer jungen Unternehmung vom Gründer eine *Vermögensbeteiligung* angeboten werden soll, so kann dies in der Form einer *Fremdkapitalbeteiligung* durch verzinsliche *Mitarbeiterdarlehen* oder der *Eigenkapitalbeteiligung* als *Stiller Gesellschafter* geschehen. Bei jungen Unternehmungen in der Rechtsform der Aktiengesellschaft ist die Ausgabe von Belegschaftsaktien als Form der Eigenkapitalbeteiligung möglich. Vermögensbeteiligung der Mitarbeiter motiviert diese zwar kaum zur Leistung, wohl aber zum Verbleib. Diese zweite Wirkung macht ihren Einsatz für die Bindung des Personals an die Unternehmung sinnvoll.

15.8. Motivation und Führung

Man könnte sich bei der Konzeption von Führung und Motivation an den Grundsatz halten, dass Mitarbeiter umso weniger geführt werden müssen, je qualifizierter und selbständiger sie sind. Dieser Grundsatz gilt für Unternehmungen mit gefestigten Prozessen, Entscheidungs- und Arbeitsstrukturen, wenn sie über solches Personal verfügen. In der neu gegründeten Unternehmung mit noch unvollständig definierten Leistungsprozessen ist die Praktizierung dieses Grundsatzes jedoch gefährlich. In ihr muss der Gründer ein relativ hohes Maß an *aufgabenorientierter Führung* praktizieren, indem er seine Mitarbeiter bei der Lösung von deren Aufgaben unterstützt. Gründerunternehmer neigen allerdings erfahrungsgemäß dazu, direktiv, ja sogar autoritär zu führen und möglichst alle Entscheidungen selbst zu treffen. Dies schreckt vor allem qualifizierte Mitarbeiter ab. Gründerunternehmer sollten sich vielmehr darum bemühen, bei ihren Mitarbeitern *internalisierte Motivation* aufzubauen. Um dieses Ziel zu erreichen, muss erstens die Arbeit selbst anregend sein und dem Mitarbeiter Freude machen. Zweitens sollte der Gründerunternehmer prüfen, in welchem Umfang er Entscheidungen an seine Mitarbeiter delegieren kann. Auf dieses Ziel, nämlich die Schaffung von Voraussetzungen für den Aufbau internalisierter Motivation, sollte bereits bei der Stellenbildung ebenso wie bei der Personalauswahl hingearbeitet werden (siehe Kap. 14.4.). Stellenaufgaben einschließlich ihrer Anforderungen einerseits sowie Kenntnisse, Fähigkeiten und werthaltige Wünsche der Mitarbeiter andererseits müssen in Einklang gebracht werden.

Führung hat stets die Dimensionen der *Personen- und Aufgabenorientierung. Personenorientierung der Führung* besagt, dass Bedürfnisse und Werte der Mitarbeiter Ansatzpunkte für Belohnungen sein müssen, wenn diese im Sinne der Unternehmung erfolgreich gehandelt haben. Dazu ist dem Mitarbeiter die Belohnung seiner Bedürfnisse und die Respektierung seiner Werte in Aussicht zu stellen, wenn er ein erwünschtes oder vereinbartes Leistungshandeln praktiziert. Entspricht das tatsächlich praktizierte dem erwünschten Leistungshandeln, wird die in Aussicht gestellte Bedürfnisbefriedigung gewährt: So wird *Motivation* erzeugt! Strafandrohungen für unerwünschtes Verhalten garantieren nicht erwünschtes Leistungsverhalten und sind daher kontraproduktiv. Die Bandbreite denkbarer materieller und immaterieller Belohnungen ist groß und schließt auch anreizorientierte Formen der Vergütung und Erfolgsbeteiligung mit ein (siehe Kap. 15.7.). *Aufgabenorientierung der Führung* besteht darin, dass Gründerunternehmer oder Vorgesetzte dem Mitarbeiter fachliche Führung in der Form von Hilfen bei der Aufgabenbewältigung anbieten. Aufgabenorientierte, fachliche Führung setzt voraus, dass Gründer und Vorgesetzte über die dazu notwendige fachliche Qualifikation verfügen. Sind die Aufgaben für Mitarbeiter und Führungskräfte neu, so müssen von den Führungskräften gemeinsame Lernprozesse eingeleitet werden. Dass Führung in jungen Unternehmungen wegen mangelhafter Professionalität der Gründer und Führungskräfte eher misslingt, belegt eine empirische Studie von Pelchrzim (2001, 30).

Ein *erstes wichtiges Führungsinstrument* gerade in neu gegründeten und wachsenden Unternehmungen ist das *Mitarbeitergespräch* zwischen Gründerunternehmer oder Vorgesetzten und einzelnen Mitarbeitern. Gegenstände des Mitarbeitergesprächs müssen ebenso Probleme wie Problemlösungen aus der täglichen Arbeit sein. Ziele, Anreize und fachliche Hilfe kommen ebenfalls als wichtige Gesprächsinhalte in Frage. Nicht zuletzt können und sollen im Mitarbeitergespräch Bedürfnisse und Werthaltungen der Mitarbeiter herausgefunden werden, um im Führungsprozess als Grundlage für Anreize genutzt werden zu können. Einmalige Mitarbeitergespräche im Jahr verfehlen ihren Zweck. Das Mitarbeitergespräch muss täglich geführt werden! Ein *zweites wichtiges Führungsinstrument* gerade in neuen Unternehmungen ist die *Aufzeichnung kritischer Ereignisse*. Dazu dokumentieren Vorgesetzte oder Gründerunternehmer selbst auffälliges, positives und negatives Verhalten sowie entsprechende Arbeitsergebnisse. Diese Dokumentation liefert eine gute Grundlage sowohl für die aufgabenorientierte wie die personenorientierte Führung und kann auch Grundlagen für ein konstruktives Mitarbeitergespräch bieten. *Ein drittes Führungsinstrument* besteht in der Vorgabe von Zielen durch Gründer oder Führungskräfte an einzelne Mitarbeiter mit Überprüfung der Zielerreichung. Alle drei Führungsinstrumente sind miteinander kombinierbar. Trotz Einsatz solcher Führungsinstrumente darf aber nicht vergessen werden, dass das *Verhalten von Gründerunternehmern und Führungskräften* selbst ein wichtiges, informelles Führungsinstrument im Führungsprozess ist. Hierbei besteht die Lösung der Führungsprobleme darin, eine Balance zwischen Führung mit fachlicher Autorität einerseits sowie Vertrautheit und persönlicher Nähe zu schaffen. Arbeitet die junge Unternehmung mit noch wenig Personal, das sich als Team versteht, so bietet sich statt der Führung durch Gründerunternehmer oder Führungskräfte die *vernetzte Führung* an. Bei vernetzter Führung beeinflussen sich alle Mitglieder eines Teams in personenorientierter wie aufgabenorientierter Hinsicht gegenseitig (vgl. Dal Zotto 2001).

Wichtige Aufgabe der Führung ist der *Aufbau von Loyalität der Mitarbeiter zur jungen Unternehmung*. Dies muss durch das Angebot motivierender, interessanter Arbeit und vor allem das Aufzeigen von persönlichen Entwicklungsperspektiven in der jungen Unternehmung geschehen. Misslingt dies, so verlassen vor allem die fähigen, hoch qualifizierten Mitarbeiter als erste die junge Unternehmung, wie die Studie des Instituts für Arbeitswissenschaft der Universität Kassel (2001) zeigt. Zu den wichtigen Aufgaben der Führung gehört ferner der *Aufbau von Vertrauen* zwischen Mitarbeitern, Führungskräften und Gründer(n). Wenn dies gelingt, geht die Führung in die Gestaltung der Unternehmungskultur über. Zum Aufbau von Vertrauen gehören der Verzicht auf Lügen und opportunistisches Verhalten sowie die Belohnung eines solchen Verzichts mindestens durch Lob, ggf. auch durch Einbezug der Belohnung in die variable Komponente der gespaltenen Vergütung. Vertrauensbrüche müssen zum Gegenstand des Mitarbeitergesprächs, aber auch des Gesprächs von Gründerunternehmern untereinander werden. Vertrauensbrüche sollten Anlass zu stärkeren Kontrollen von opportunistischen Mitgliedern der neu gegründeten Unternehmung sein. Wiederholen sich Vertrauensbrüche oder sind sie ebenso wenig wie ihre negativen Folgen heilbar, so verbleibt in vielen Fällen nur die Sanktion der Trennung von vertrauensbrüchigen Mitarbeitern – im Grenzfall sogar von vertrauensbrüchigen Gründern.

15.9. Arbeitszeitmanagement

Arbeitszeitmanagement hat die Gestaltung der Perioden- und Lebensarbeitszeit zum Gegenstand. Es erfolgt immer in den Grenzen des *Arbeitszeitgesetzes* mit acht Stunden Normalarbeitszeit und zehn Stunden Höchstarbeitszeit am Tag. Die Wochenarbeitszeit wird in den Grenzen des Arbeitsgesetzes im Manteltarifvertrag zwischen zuständiger Gewerkschaft und Arbeitgeberverband festgelegt. Manteltarifverträge haben aber nur dann Wirkung, wenn die Unternehmung Mitglied in einem Arbeitgeberverband ist und ihre Mitarbeiter einer Gewerkschaft angehören. Arbeitszeiten werden schließlich innerhalb der vom Arbeitszeitgesetz und ggf. des Manteltarifvertrags gesetzten Grenzen im *Arbeitsvertrag* vereinbart. Die Summe der Arbeitszeiten aller Wochentage soll im Prinzip gleich der vereinbarten Wochenarbeitszeit sein. Als Standard gilt derzeit eine *Wochenarbeitszeit* von 35 bis 40 Stunden. Bei Überschreiten der Standardarbeitszeit wird *Mehrarbeitsvergütung* fällig.

Die *Flexibilisierung der Arbeitszeit* strebt eine möglichst individualisierte Dauer und Lage der Arbeitszeit auf der Zeitachse an. Bekannte Flexibilisierungsmodelle sind die *gleitende Arbeitszeit* mit individuell variiertem Arbeitsbeginn und –ende sowie fester Kernzeit, die *variable Arbeitszeit* mit frei wählbarem Beginn und Ende der persönlichen Arbeitszeit, die *Teilzeitarbeit* mit einem beliebig vereinbarten Bruchteil der Vollarbeitszeit als Normarbeitszeit sowie die unterschiedliche *Verteilung von Arbeits- und Ruhetagen* auf Woche, Monat oder Jahr. Ein besonders wirksamer Ansatz zur Flexibilisierung der Arbeitszeit besteht darin, ein *Arbeitszeitkonto* zu führen. Auf einem solchen Arbeitszeitkonto werden Soll- und Ist-Arbeitszeiten dokumentiert und miteinander verrechnet. Nach dem Arbeitzeitgesetz müssen Salden von Arbeitszeitkonten innerhalb von sechs Monaten so ausgeglichen werden, dass der Halbjahresdurchschnitt acht Stunden am Tag beträgt. Arbeitszeitkonten machen Mehrarbeitsvergütung unter der genannten Ausgleichsvergütung überflüssig. Durch Tarifverträge zwischen zuständiger Gewerkschaft und Arbeitgeberverband sowie Betriebsvereinbarungen als Vertrag zwischen Betriebsrat und Gründer als Unternehmungsleitung können andere Ausgleichsregelungen für Arbeitszeitkonten und Regelungen zur Mehrarbeitsvergütung festgelegt werden. Sehr sinnvoll sind in diesem Zusammenhang *Zeitsparmodelle* mit Arbeitszeitkonten, wenn Ist-Arbeitszeiten kumuliert und Tages-, Wochen-, Monats- und Jahresarbeitzeiten miteinander verrechnet werden. Konzepte variabler Arbeitszeit sind sehr gut kombinierbar mit *Zielvorgaben als Führungsinstrument*. Aus der Praxis junger Unternehmungen ist allerdings bekannt, dass dort Arbeitszeitmanagement ein kaum belegtes Funktionsfeld der Personalwirtschaft ist. In solchen Unternehmungen neigen – häufig begeisterte – Mitarbeiter und Gründer dazu, Arbeitszeit ausschließlich in ihrer variablen Form *ohne* tägliche oder wöchentliche Grenzen zu handhaben (vgl. Schlumbohm/Pendt 2001, 25). Diese Handhabung ist kurzfristig vorteilhaft für die junge Unternehmung, führt aber mittel- bis langfristig zur Selbstausbeutung der Mitarbeiter.

15.10. Weiterbildung und Personalentwicklung

Weiterbildung dient in jeder Unternehmung dem Erwerb und Ausbau von Fach-
kenntnissen und dem Training der Lernfähigkeit. Der Verzicht auf Weiterbildung
führt in der Regel zur Gefährdung des langfristigen Unternehmungserfolgs Ein *Minimum der Weiterbildung* ist der regelmäßige, im Grenzfall tägliche Erfahrungsaustausch
zwischen allen Mitgliedern *der neuen Unternehmung*. Dieser Erfahrungsaustausch kann
in der Form informeller Gespräche, im Rahmen formell einberufener Konferenzen
oder im Rahmen von Diskussionsforen geführt werden. Er kann aber auch rechnergestützt oder multimedial innerhalb der Unternehmung erfolgen. Darüber hinaus
kann die Unternehmung Training on the job betreiben oder *Weiterbildungsangebote
institutioneller Anbieter* wie z.B. Industrie- und Handelskammern, Handwerkskammern,
Universitäten, Fachhochschulen oder privaten Anbietern nutzen. Auch der Besuch
von Messen und Ausstellungen gehört zu einem minimalen Weiterbildungsangebot,
das die neu gegründete Unternehmung nutzen kann.

Personalentwicklung geht insofern über die reine Weiterbildung hinaus, als sie nicht nur
Wissen und Fachkenntnisse, sondern auch Werthaltungen, Verhaltensweisen und
Sozialkompetenzen vermittelt sowie Schlüsselqualifikationen zum Erwerb neuer
Qualifikationen schult. Sie hat ferner die Erfassung systematischer Zusammenhänge
einerseits zwischen Leistungsteilprozessen in der Unternehmung, andererseits zwi-
schen der jeweiligen Unternehmung und ihren Konkurrenten zum Gegenstand.
Methodische Ansätze der Personalentwicklung sind die Führung durch Vorgesetzte
und das Mitarbeitergespräch sowie Seminare mit speziellen Inhalten.

Grundlagen jeder Weiterbildung und Personalentwicklung sind Prognosen der Produkt-
Markt-Entwicklung, der technischen Entwicklung sowie die Ableitung von Aufgaben
und Anforderungen aus Strategien der jungen Unternehmung. Dass diese Grundlagen ebenso wie Konzepte der Weiterbildung und Personalentwicklung in jungen
Unternehmungen eher fehlen, belegt eine empirische Studie von Pelchrzim (2001,
30).

Einen Schritt über die individuelle Weiterbildung und Personalentwicklung hinaus
stellt das *organisatorische Lernen* dar. Dieses besteht darin, dass möglichst alle individuellen Lernprozesse aufeinander abgestimmt werden: Die Organisationsmitglieder
lernen gemeinsam voneinander. Dies gelingt am besten bei Nutzung von
Teamstrukturen der Organisation (siehe Kap. 14.6.). Darüber hinaus müssen die
Lernziele von Gründern und ihren Mitarbeitern mit den Unternehmungszielen final
verknüpft sein. Organisatorisches Lernen beginnt bei der Realisierung von Kunden-
wünschen, die mit allen beteiligten Mitarbeitern besprochen werden sollten. In diesem Zusammenhang ist von allen Mitarbeitern der neu gegründeten und insbesondere der anschließend wachsenden Unternehmung zu prüfen, wie Kundenwünsche in
innovative Leistungen der Unternehmung umgesetzt werden können.

Weiterbildung und Personalentwicklung können auf *individuelle Lernbarrieren und Lern-
grenzen* je Mitarbeiter stoßen. Können diese Barrieren und Grenzen nicht überwunden werden, so wird die Trennung von lernunwilligen und erst recht von lernunfähi-
gen Mitarbeitern zwingend erforderlich. Die Existenz solcher Barrieren sind ein

wichtiger Grund für den zuvor in Abschnitt 15.3. genannten Austausch des Personals. Da gemäß der Studie des Instituts für Arbeitswissenschaft der Universität Kassel (2001) und der Studie von Pelchrzim (2001, 30) Weiterbildung und Personalentwicklung in jungen Unternehmungen weitgehend fehlt, bleibt dort auch die Existenz von Lernbarrieren praktisch unsichtbar.

15.11. Unternehmungskultur und Unternehmungsidentität als personalwirtschaftliche Probleme

Unternehmungskultur - oder mit anderer Bezeichnung aber gleichem Inhalt Organisationskultur - entsteht durch die Übertragung von unternehmungsrelevanten Werten der Gründer auf alle Mitarbeiter. Diese Übertragung erfolgt nicht automatisch, sondern muss als Lernprozess personalwirtschaftlich organisiert werden. Sie ist Teil der Personalentwicklung, für die alle in Frage stehenden Werte zu diskutieren sind. Für die Unternehmungskultur wichtige Werte und Grundverhaltensweisen sollten laufend in Veranstaltungen wie z.B. Mitarbeitergesprächen, Teamkonferenzen oder gesonderten Seminaren den Mitarbeitern glaubwürdig vermittelt und vorgelebt werden.

Die Unternehmungskultur sollte sich auf wenigstens drei *erfolgswirksame Werte* konzentrieren. *Erste wichtigste Werte* der Unternehmungskultur sind Kunden- und Leistungsorientierung. Von ihnen hängt der Erfolg der Unternehmung ab. *Zweiter Wert* der Unternehmungskultur ist die Mitarbeiterorientierung. Mitarbeiter stellen das Humankapital der Unternehmung dar, das erhalten, ausgebaut und an die Unternehmung gebunden werden muss, weil es für den Erfolg jeder, und damit auch der neu gegründeten Unternehmung von entscheidender Wichtigkeit ist. *Dritter wichtiger Wert* ist das ständige, lebenslange Lernen. Einen *vierten Wert* könnte intelligente und pragmatische Flexibilität darstellen. Darüber hinaus können und werden die Gründerunternehmer weitere, für sie unternehmungsrelevante, wichtige Werte als verbindlich festlegen. Gerade diese zusätzlichen Werte bewirken, dass die Kulturen verschiedener, neu gegründeter Unternehmungen voneinander abweichen. Für alle Werte der Unternehmungskultur gilt jedoch, dass sie mit soziokulturellen, allgemein akzeptierten Werten der Gesellschaft möglichst übereinstimmen sollten, mindestens jedoch zu ihnen nicht im Widerspruch stehen dürfen.

Unternehmungsidentität entsteht dadurch, dass die Kunden und alle sonstigen Adressaten der Unternehmung diese als einheitliches Ganzes wahrnehmen. Unternehmungsidentität kann mit *drei Ausprägungen* angestrebt werden. *Erste Ausprägung* ist, dass die Unternehmungsmitglieder zu gleichem bis ähnlichem Verhalten und Auftreten nach innen und außen angehalten werden. Gleiches bis ähnliches Verhalten der Mitarbeiter ist z.B. wichtig für Dienstleistungsunternehmungen wie insbesondere gute Restaurants und Hotels oder Luftfahrtgesellschaften. Das Verhalten selbst kann so zum Markenartikel der Unternehmung werden und Vertrauen zwischen Unternehmungen und ihren Kunden schaffen.

Eine *zweite Ausprägung* der Unternehmungsidentität besteht darin, dass für die Kommunikation zwischen Unternehmung und ihren Kunden sowie sonstigen Adressaten ähnliche bis gleiche Kommunikationsmuster gewählt werden. Dies kann so weit gehen, dass die Unternehmungsmitglieder sich einer gleichen Sprache mit gleichem Fachvokabular bedienen. Auch eine einheitliche Gestaltung aller Dokumente, die intern verwendet oder nach außen abgegeben werden gehört zu diesem Merkmal der Unternehmungsidentität. Darüber hinaus kann die Unternehmung ihre spezifischen Eigenheiten gegenüber allen Adressaten in gleicher oder ähnlicher Weise kommunizieren.

Die *dritte Ausprägung* der Unternehmungsidentität besteht in der Gestaltung eines möglichst einheitlichen äußeren Erscheinungsbildes der gesamten Unternehmung. Dieses kann mit der Gebäudearchitektur der Unternehmung beginnen, sich über die Ausstattung der Geschäfts- und Büroräume fortsetzen und bei der Bekleidung des Personals enden. Auch die Gestaltung eines Markenzeichens, eines Logos oder eine typische Produktgestaltung gehören zu dieser Ausprägung der Unternehmungsidentität. Insgesamt ist Unternehmungsidentität gerade bei neu gegründeten Unternehmungen wichtig, weil sie ähnlich wie eine Produktmarke zum Aufbau von Vertrauen zwischen Kunden und Unternehmung einerseits sowie Kunden und Mitarbeitern andererseits beiträgt.

15.12. Betriebsrat

Die neu gegründete Unternehmung erhält einen Betriebsrat nach geltendem Betriebsverfassungsrecht (§ 1 Abs. 1 BetrVG) nur dann, wenn *fünf wahlberechtigte Mitarbeiter* beschäftigt sind, von denen drei wählbar sein müssen. Dies ist erst dann der Fall, wenn sie dem Betrieb wenigstens sechs Monate angehören. Die näheren Einzelheiten der Wahl regelt das *Betriebsverfassungsgesetz* (§§ 7 ff. BetrVG). Ein Betriebsrat muss allerdings nicht gewählt werden, wenn das Personal dies nicht will. Einzelbeobachtungen zeigen, dass offensichtlich nur eine Minorität junger Unternehmungen aus der sogenannten New Economy in der Vergangenheit einen Betriebsrat gewählt haben. Mit dem Aufkommen wirtschaftlicher Schwierigkeiten bei diesen Unternehmungen scheint sich diese Tendenz jedoch in ihr Gegenteil umzukehren.

Die Einzelheiten der Zusammenarbeit zwischen dem Betriebsrat und dem Gründerunternehmer regelt das *Betriebsverfassungsgesetz* insbesondere in §§ 74 ff. BetrVG). Wichtige Gegenstände der Zusammenarbeit sind zahlreiche Entscheidungen über das Personal, die Ergänzung von Manteltarifverträgen (§§ 87-88 BetrVG) sowie weitreichende Investitions- und Desinvestitionsentscheidungen (§§ 111-113 BetrVG). Die Zusammenarbeit kann unterschiedlichen Mustern folgen. In der Realität wurden konfliktäre Modelle der Zusammenarbeit ebenso beobachtet wie kooperative und indifferente Modelle. Empirischen Untersuchungen zeigen jedoch, dass konfliktäre Zusammenarbeit mit dem Betriebsrat unproduktiv ist (z.B. Osterloh 1993). Die Kooperation zum Wohl der Unternehmung und der Belegschaft fordert das Betriebsverfassungsgesetz in § 2 Abs. 1 BetrVG selbst. Eine solche Kooperation ist langfristig von Vorteil für die Unternehmung, aber auch für die durch den Betriebsrat vertretenen Mitarbeiter.

15.13. Personalabteilung

Zu Beginn und unmittelbar nach der Gründung braucht die neu gegründete Unternehmung noch keine eigenständige Personalabteilung. In dieser Situation müssten der oder die *Gründerunternehmer* selbst die personalwirtschaftlichen Aufgaben der Unternehmung erledigen. *Gründer sind zentrale Personalverantwortliche!* Sie brauchen deshalb zwingend personalwirtschaftliche Kompetenz. Falls ihnen diese jedoch fehlt, sollten sich Gründer von Experten beraten lassen oder eine Fachkraft mit personalwirtschaftlicher Kompetenz einstellen. Wenn die Unternehmung nach der Gründung wächst und weitere Mitarbeiter einstellt, so empfiehlt sich die Schaffung einer oder mehrerer *Stabsstellen für Personalwirtschaft*, die dem Gründer zugeordnet werden sollten. Im Ergebnis würde so ein *organisatorisches Stabliniensystem* entstehen (siehe Kap. 14.8.).

Erst bei weiterem Wachstum ist die Schaffung einer zunächst kleinen Personalabteilung vorteilhaft. Sie kann sich besser auf die Wahrnehmung personalwirtschaftlicher Aufgaben spezialisieren, wie sie in den vorangegangenen Abschnitten skizziert worden sind. Auch ohne Personalabteilung müssen jedoch *Personalakten* geführt werden, in denen alle persönlichen Daten der Beschäftigten festgehalten werden, soweit sie nicht dem Datenschutz unterliegen. Die Führung eines Gehaltskontos ist verpflichtend, kann aber auch einer externen Stelle übertragen werden.

15.14. Zusammenfassung

Personalwirtschaftliche Kompetenz und sachverständiges personalwirtschaftliches Handeln sind für Gründerunternehmer erfolgsbegründend und -sichernd. Singuläre Erfahrungen mit einzelnen, neu gegründeten Unternehmungen zeigen ebenso wie die Studie des Instituts für Arbeitswissenschaft der Universität Kassel (2001), dass der Verzicht auf Personalwirtschaft negative Folgen für das Verhalten des Personals und daher in der Regel auch negative Auswirkungen auf den Erfolg der Unternehmung hat.

Wichtige personalwirtschaftliche Aktivitäten mit Auswirkungen auf den Unternehmungserfolg sind die Personalbeschaffung und Einarbeitung einschließlich der Trennung von ungeeigneten Mitarbeitern – im Grenzfall auch Gründern! Die Vergütung hat insbesondere in der Form der gespaltenen Vergütung wichtige Anreizwirkungen, die neu gegründete Unternehmung nutzen sollten. Motivation und Führung des Personals gehören zu den wichtigsten Aufgaben der Personalwirtschaft, die zunächst der oder die Gründerunternehmer übernehmen müssen. Wenn Gründer einen Teil ihrer Aufgaben an Führungskräfte delegieren, sollten sie bei deren Auswahl dafür sorgen, dass das Personal ihrer Unternehmung in ihrem Sinne sowie gemäß ihren Zielen und Konzeptionen geführt wird.

Diese zentrale Stellung im Konzept des Personalmanagements haben Gründerunternehmer auch bei der Schaffung von Unternehmungskultur und Unternehmungsidentität. Zu Arbeitsvertrag, Vergütung und Arbeitszeitmanagement sind zumindest mittelfristig gültige Regelungen zu treffen, um die sich Gründerunternehmer zu kümmern haben. Wenn sie selbst über unzureichende personalwirtschaftliche Kompetenz verfügen, sollten sie die Dienstleistungen eines Personalberaters in Anspruch nehmen. Prinzipiell gilt, dass junge Unternehmungen keine wesentlich anderen personalwirtschaftlichen Aufgaben als alte Unternehmungen zu lösen haben. Lediglich ihre Professionalität ist in den meisten Fällen deutlich geringer als bei alten, schon lange bestehenden und erfolgreichen Unternehmungen. Dies führt zu deutlichem personalwirtschaftlichem Lernbedarf junger Unternehmungen. Die rasche Abdeckung dieses Lernbedarfs eröffnet jungen Unternehmungen strategisch nutzbare Chancen in der Zukunft.

15.15. Verwendete und weiterführende Literatur

Arbeitszeitgesetz in der jeweils geltenden Fassung.

Backes-Gellner, Uschi; Kay, Rosemarie (2001): Rechtliche Rahmenbedingungen der Personalpolitik in jungen Unternehmen. In: Gründungsmanagement mit Aufgaben und Lösungen. Hrsg. Lambert T. Koch und Christoph Zacharias. München, Wien, S. 268-281.

Bataillard, Victor (1994): Leitfaden zur Unternehmensgründung. Die Betriebswirtschaftlichen Überlegungen. 3. Auflage, Zürich, Kap. 22.

Beitz, Holger; Loch, Andrea (1996): Assessment Center. Erfolgstips und Übungen für Bewerberinnen und Bewerber. 3. Auflage, Niedernhausen/Ts.

Betriebsverfassungsgesetz in der jeweils geltenden Fassung.

Brüderl, Josef; Preisendörfer, Peter; Ziegler, Rolf (1998): Der Erfolg neu gegründeter Betriebe. Eine empirische Studie zu den Chancen und Risiken von Unternehmensgründungen. 2. Auflage, Berlin.

Dickmann, Heinz (1998): Existenz- und Unternehmensgründungen. Köln.

Drumm, Hans Jürgen (2000): Personalwirtschaft. 4. Auflage, Berlin, Heidelberg.

Hahn, Dietger; Esser, Klaus (1999): Unternehmensgründungen. Stuttgart, Kap. 7.2.

Institut für Arbeitswissenschaft der Universität Kassel: Kompetenzentwicklung in schnell wachsenden Unternehmen. Ein- und Aussichten in die New Economy. Pressemitteilung 99/01 vom 19. September 2001. www.uni-kassel.de/presse-/pm/archiv/sep01-11.ghk.

Kündigungsschutzgesetz in der jeweils geltenden Fassung.

Niedhof, Susanna-Daniele (1999): Start-ups brauchen Führungskompetenz. In: Personalwirtschaft, Nr. 11, S. 70-72.

Osterloh, Margit (1993): Interpretative Organisations- und Mitbestimmungsforschung – Eine methodologische Standortbestimmung. Stuttgart.

Pelchrzim, Hilke von (2001): Personalarbeit in Start-ups - Riskanter Mut zur Lücke. In: Personalführung, Nr. 8, S. 28-31.

PricewaterhouseCoopers (2001): HR-Management in der New Economy. Frankfurt am Main.

Schlumbohm, Birgit; Pendt, Gunilla (2001): Personalarbeit im E-Business-Aktuelle Praxis, Perspektiven. In: Personalführung. Nr. 8, S. 24-27.

Seidensticker, Franz-Josef (2001): New Economy – Wahn oder Wirklichkeit? In: Datenverarbeitung, Steuern, Wirtschaft, Recht (DSWR), Nr. 1-2, S. 2-5.

Scholz, Christian (2000): Personalmanagement. Informationsorientierte und verhaltenstheoretische Grundlagen. 5. Auflage, München.

Volkmann, Christine K. (2001): Führung in wachsenden Unternehmen. In: Gründungsmanagement mit Aufgaben und Lösungen. Hrsg. Lambert T. Koch und Christoph Zacharias. München, Wien, S. 283-297.

Ziegler, Rolf (2000): Überlebens- und Erfolgschancen neu gegründeter Betriebe in den alten und den neuen Bundesländern. In: Existenzgründung. Rahmenbedingungen und Strategien. Hrsg. Günter Buttler et al., Heidelberg, S. 33-48.

16. Businesspläne

MICHAEL DOWLING

16.1. Überblick

In diesem Buch wurden in Kapitel 4 bis 15 verschiedene funktionale Aspekte, die bei einer Neugründung zu berücksichtigen sind, erläutert. Es wurde darin auch beschrieben, wie man die funktionalen Perspektiven in einem Businessplan (neudeutsch für einen Geschäftsplan) schriftlich festlegen kann. Der Begriff „Businessplan" ist zwar in letzter Zeit modern geworden, aber in Wirklichkeit ist ein Businessplan nichts anderes als ein traditioneller strategischer Plan für ein neu zu gründendes Unternehmen. Ein Businessplan hat bestimmte Elemente und eine traditionelle Reihenfolge, die in diesem Kapitel zunächst kurz erläutert werden. Fast jedes Lehrbuch zum Thema „Existenzgründung" und „Gründungsmanagement" beinhaltet auch Anleitungen zur Erstellung eines Businessplans. Insbesondere sind folgende ausführliche Beschreibungen zu empfehlen: Klandt, Kubr, Ilar und Marchesi, 1997; Hofmeister, 1999; Handbuch des Businessplan Wettbewerb Nordbayern, 2001. Nachfolgend werden Zweck und Aufbau eines Businessplans kurz erklärt und die wichtigsten Elemente eines Businessplans skizziert.

16.2. Zweck eines Businessplans

Ein Businessplan fasst die kritischen Annahmen eines neu zu gründenden Unternehmens in einem Dokument zusammen, enthält eine Beschreibung der Idee plus ihrer Umsetzbarkeit und letztendlich eine Zusammenfassung des Finanzierungsbedarfs. Obwohl es aus der Vergangenheit Beispiele von erfolgreichen Neugründungen gibt, die ohne Businessplan gestartet sind, ist es heutzutage fast unmöglich, ohne einen professionellen Businessplan eine Finanzierung durch Venture Capital oder durch andere Geldgeber zu erhalten. Für die Gründer ist der Plan selbst eigentlich nicht so wichtig wie der Planungsprozess. Vielmehr werden Gründer, die die nötige Zeit und Mühe in einen ausführlichen Businessplan investieren, gezwungen, über ihre Idee und deren Umsetzbarkeit systematisch nachzudenken.

Ein Businessplan ist für viele Gründer relativ schwierig zu erstellen, da sie mit diesem mehrere Ziele verfolgen: Er soll einerseits dem Gründer oder dem Gründungsteam helfen, die Idee und die Umsetzung zu strukturieren, andererseits aber auch potentiellen Investoren einen Einblick in die Möglichkeiten des zu gründenden Unternehmens geben. Letztendlich soll ein Businessplan eine Systematisierung der Geschäftsidee in Form eines strategischen Konzepts sein, aus dem zu erschließen ist, mit welchen Strategien das zukünftige Unternehmen in eine bestimmte Branche eintreten möchte. Der Businessplan soll auch ein Risikomanagementkonzept im Sinne von Altenburger (siehe Kap. 11) enthalten.

16.3. Kriterien für einen guten Businessplan

Gute Businesspläne haben bestimmte wichtige Elemente. Man muss zunächst erkennen, ob die Gründer Kenntnisse der Branche gewonnen haben, und wie sie ihr Produkt oder ihre Dienstleistung in einem bestimmten Markt wettbewerbsfähig machen möchten. Für Firmen im produzierenden Gewerbe ist ferner eine detaillierte Produktionsplanung notwendig. Ein Businessplan muss auch die Personal- und Organisationsaspekte, die bereits von Drumm (siehe Kap. 14 und 15) beschrieben worden sind, berücksichtigen und letztlich das Finanzierungsmanagement mit möglicher Einbindung von Venture Capital oder anderen Förderprogrammen erläutern.

Ein brauchbarer Businessplan muss die „Opportunity" gut analysieren. Man soll klar erkennen, um welche Geschäftsidee es sich handelt und welche Dienstleistungen oder Produkte an welche Kunden verkauft werden sollen. Auch sollte man einschätzen können, wie schnell ein Unternehmen wachsen kann und was dem Erfolg im Wege steht. Auch die exogenen Faktoren wie die allgemeine Unternehmensumwelt (z.B. Regulierungsfragen, demografische Trends) müssen analysiert werden. Nützlich ist dazu eine Branchenanalyse mit einer Abwägung der wichtigsten Wettbewerbskräfte (vgl. Porter 1992) und eine Analyse von bestehenden Konkurrenten.

Der Plan soll erläutern, wodurch die Gründer ihre Branchenerfahrung gewannen und wie motiviert sie sind, sollte aber auch ehrlich beschreiben, welche Lücken noch im Managementteam bestehen und wie diese eventuell gefüllt werden können. Das Marketingkonzept muss den Kunden die Produkte oder Dienstleistungen erklären, damit sie Verständnis dafür entwickeln können, welche Punkte bei der Kaufentscheidung zu berücksichtigen sind. Ein anderes wesentliches Element ist die Preisgestaltung (vgl. Gierl/Helm, Kap. 6).

Ein guter Businessplan muss auch das Gründerteam präsentieren, indem er über die Anzahl der Teammitglieder sowie deren Werdegang und Erfahrung informiert. Außerdem muss das zusätzliche Hilfsnetzwerk, wie z.B. Rechtsanwälte, Steuerberatungen und Lieferanten vorgestellt werden.

In ihrem Handbuch zum Thema Businessplan (vgl. Kubr et. al., 1997) hat die Unternehmensberatung McKinsey einige Merkmale von schlagkräftigen Unternehmensteams beschrieben. Erstens sollte das Team komplementäre Mitglieder haben, d.h. die Eigenschaften und Stärken der Teammitgliedern sollen sich ergänzen, andererseits sollte ein schlagkräftiges Team eine gemeinsame Vision haben. In der Regel haben erfolgreiche Teams eine Größe von mindestens drei, selten mehr als sechs Personen. Man sollte auch erkennen können, dass das Team in schwierigen Zeiten Flexibilität zeigt und zusammenhalten kann. Professionelle Investoren, wie z.B. Venture Capitalists, legen Wert darauf, dass ein Team bereits miteinander gearbeitet hat und nicht nur akademische, sondern auch relevante Branchenerfahrung mit sich bringt. In dem Teil des Businessplans „Organisationsstruktur" muss natürlich die Rechtsform definiert werden (vgl. Meyer-Scharenberg, Kap. 4). Falls eine Aktiengesellschaft bei der Gründung gewählt werden sollte, müssen die Hauptaktionäre und die Verteilung der Anteile sowie die Kapitalanteile mit Stimmberechtigung erläutert werden.

In dem Finanzmanagementteil des Businessplans muss die Höhe des Finanzbedarfs angegeben werden. Eine Break-Even-Analyse ist wichtig, um darzustellen, wann das zu gründende Unternehmen „schwarze Zahlen" schreiben soll. Auch eine Cash-Flow-Analyse ist zu berücksichtigen. Schließlich sollen die Investitionspläne für die zu gewinnenden Mittel klar gestellt werden.

Ein Businessplan ist außerdem ein Mittel zur Aufdeckung vorhandener Wissensdefizite und zur Entwicklung von Risikomanagementstrategien, um das „Sterblichkeitsrisiko" zu verringern. Aus diesem Grund sollen die Hauptrisiken und geplanten Methoden zur Handhabung dieser Risiken dargestellt werden. Gründer sollten auch die Langzeitentwicklung ihrer Firma überdenken und alternative Strategien kurz darstellen, falls negative Ereignisse eintreffen. Damit kann ein Gründerteam zeigen, dass es flexibel ist und eine flexible Strategie entwickelt hat. Sollten Venture Capitalists im Gespräch sein, muss letztendlich auch die sog. „Exit-Strategy" geplant werden. Ein Unternehmer hat in dieser Hinsicht folgendes Zitat gebracht: „Venture Capitalists can take a lot of bad news, but they hate surprises" (Kubr et. al. S. 112).

16.4. Inhalt eines Businessplans

Businesspläne können zwar verschiedene Elemente haben, zu Beginn ist jedoch das sog. „Executive Summary" sehr wichtig. Da mögliche Investoren zuerst nur diese kurze Zusammenfassung lesen werden, muss ein gutes Executive Summary ihr Interesse wecken, da sonst gleich zum nächsten Businessplan übergegangen wird. Ein Businessplan muss auf jeden Fall eine Kurzbeschreibung der Idee und der geplanten Firma sowie eine Erklärung der Strategie und Opportunity beinhalten. Ein kurzer Umriss des Marktes und der Wettbewerber sowie die Lösung des Finanzierungsbedarf ist ebenfalls notwendig und muss hier erwähnt werden.

Im Folgenden wird die typische Struktur eines professionellen Businessplans präsentiert (vgl. Timmons 1999):

Executive Summary
Kurze Beschreibung der Idee und der geplanten Firma
Genaue Erläuterung der Gelegenheit und der Strategie?
Was ist der Zielmarkt? Wer sind die potentiellen Kunden?
Was ist der entscheidende Vorteil?
Einige Zahlen zur Profitabilität
Welche Leute bilden die Kernmannschaft?
Das Angebot an die Investoren
Die Industrie bzw. Branche
Überblick in Zahlen
Die eigene Firma, das Konzept
Das Produkt bzw. die Dienstleistung
Die Einstiegs- und Wachstumschance

Branchenanalyse
Was sind die Eintrittsbarrieren?
Wer sind die potentiellen Kunden?
Wie groß ist der Markt?
Wie stark wächst der Markt?
Wie viele und wie stark sind die Wettbewerber?
Welche Reaktionen kann man von ihnen erwarten?
Wie wichtig und wie stark sind die Lieferanten?

Marketing-Plan
Gesamtstrategie
Preisfestlegung
Verkaufstaktik
Service und Garantiepolitik
Werbung und Promotion
Verteilungsstrategie

Produktdesign und technische Entwicklung
Entwicklungsstufe und verbleibende Aufgabe
Schwierigkeiten und Risiken
Produktverbesserungen und -weiterentwicklungen
Kosten
Eigentumsrechte, Patente, Trademarks, usw.

Produktion
Produktionszyklen
Geographische Organisation
Einrichtungen
Strategie und Pläne
Rechtliche Aspekte

Das Management-Team
Organisation
Konzeption des Personalmanagement
Schlüsselpersonen
Entlohnungsstrukturen, Gewinnbeteiligung der Eigentümer und Eigentums-
verhältnisse
Andere Investoren
Angestellte und Mitarbeiterbeteiligung
Leitende Angestellte
Anteilseigner
Berater

Der Finanz-Plan
Umsatzplanung und Plan-Bilanz
Cash-flow-Planung
Break-even-Analyse
Kostenkontrollmaßnahmen

Die Finanzierung
Die gewünschte Finanzierung
Das Angebot
Kapitalisierung
Mittelverwendung
Rendite der Investoren
Zeitplan
Kritische Risiken, Probleme und Annahmen

16.5. Aktivitäten nach dem Businessplan

Obwohl der Prozess der Erstellung eines Businessplans manchmal wichtiger ist als
der Plan selbst, kann man trotzdem mit dem fertigen Businessplan verschiedene Ziele
verfolgen.

Ein mögliches Ziel ist, mit Businessplänen Geld zu beschaffen. Es gibt in Deutschland inzwischen eine Reihe von Businessplan Wettbewerben, bei denen nicht nur
Preisgelder zu gewinnen sind, sondern auch die Möglichkeit besteht, an einem Coa-
ching-Netzwerk teilzunehmen und somit Ideen von möglichen Investoren zu bekommen (vgl. Businessplan Wettbewerb Nordbayern 2001).

Gründer wollen in der Regel mit dem Businessplan auch an Venture Capital oder
anderes Risikokapital herankommen. Wenn es möglich ist, sollte man Businesspläne
nicht einfach an alle gelistete Venture Capitalists versenden - obwohl man das inzwi-
schen auch per Email und per Internet machen kann - sondern über ein Beratungs-
netzwerk an Venture Capitalists einreichen. Venture Capitalists sind eher bereit, die
Businesspläne von vertrauten Partnern genauer zu prüfen. Der Prozess für einen
Businessplan, die Evaluierung und das Investment werden im Detail in Kapitel 8 von
Jantz beschrieben. Man sollte sich auch die Zeit nehmen, um genauer über Venture
Capitalists zu recherchieren, denn diese haben verschiedene Investmentziele, z.B.
Frühphase oder Spätphase oder bestimmte Branchen, und über diese Ziele sollte man
sich erkundigen, bevor man einen Businessplan einreicht.

In dem McKinsey-Handbuch werden wiederum einige Kriterien für professionelle
Businesspläne aufgelistet (vgl. Kubr et.al. 1992). Wichtig ist, dass die Kriterien aussagekräftig sind, dass der Businessplan alle wichtigen, aber keine überflüssigen Informationen für einen Investor beinhaltet, dass er klar gegliedert und strukturiert sowie
verständlich ist. Für Gründer aus dem technischen Bereich ist es manchmal schwierig, nicht ihre technische Sprache zu verwenden. Man muss den Businessplan auf die
Zielgruppen abstimmen. Er sollte nicht zu lang sein - in der Regel umfasst ein professioneller Businessplan mit normaler Schriftgröße und Abständen nicht mehr als 30
Seiten. Die Charts und Tabellen sollten eher einfach und übersichtlich präsentiert
werden. Es lohnt sich nicht, mit aufwändigen Farben oder graphischen Spielereien zu
arbeiten.

16.6. Forschung im Hinblick auf Businesspläne

Wie bereits erwähnt, ist ein mögliches Ziel des Businessplans, Risikokapitalgeber für die neue Geschäftsidee zu gewinnen. Aus diesem Grund ist es von Wichtigkeit zu erkennen, wie VC-Geber die unterschiedlichen Anforderungen an einen Businessplan einschätzen. Hierzu wurde im November 2000 von Leitinger et. al. eine empirische Evaluation der Erfolgskriterien eines Businessplans durchgeführt. Diese Studie basiert auf Fragebögen, die an all jene europäischen Venture-Capital-Gesellschaften versandt wurden, die den österreichischen Markt bearbeiten. Hierunter waren Firmen aus der Schweiz, Deutschland, Österreich und Großbritannien. Die Ergebnisse lassen sich in Abbildung 1 ablesen, wobei das Kriterium mit den niedrigsten Punktwerten das mit der höchsten Priorität darstellt.

Es ist zu erkennen, dass die VC-Gesellschaften sich der oft sehr hohen Risiken der Neugründungen bewusst sind und diese Risiken als wesentlichen Bestandteil von chancenreichen Geschäften ansehen. Im Gegensatz dazu wird der finanziellen Verlässlichkeit im Sinne von zusammenhängender Liquiditätsprognosen, Bilanzen und G&V Rechnungen von über 50 % der VC-Geber extreme Wichtigkeit zugesprochen. Die Verfasser der Studie konnten weiterhin belegen, dass unternehmensspezifische Wachstumspotentiale für die Risikokapitalgeber deutlich weniger wichtig sind, als das Branchenwachstum insgesamt. Interessant ist auch das Ergebnis, dass die Kompetenz und die Qualität des Managementteams nie schlechter als „sehr wichtig" beurteilt wurde. Dagegen wird das Vorhandensein eines positiven Cashflows als weniger wichtig für den Entscheidungsprozess eingestuft. Dieses Ergebnis ist aber jetzt, nach dem Verfall des Neuen Marktes, wahrscheinlich nicht mehr aktuell. Die Wichtigkeit von positivem Cashflow hat in den letzten 12 Monaten für die VC-Branche sicherlich an Bedeutung gewonnen.

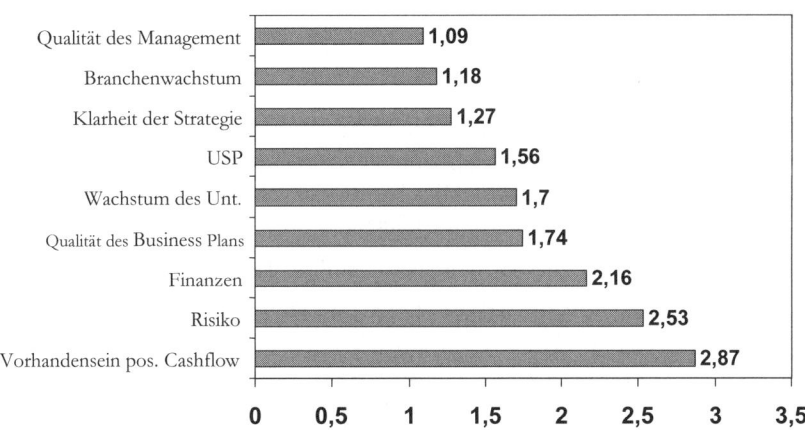

Abb. 1: Ranking der Erfolgskriterien bei Businessplänen; Quelle: Leitinger, Schöfer (2001)

Aus dieser Studie lässt sich damit erkennen, dass zwar keines der untersuchten neun Kriterien als unwichtig eingestuft wurde, jedoch die drei maßgeblichsten Kriterien (Qualität des Managementteams, Branchenwachstum und Klarheit der Strategie) als „K.o. Kriterien" gesehen werden können, damit sich ein möglicher VC-Geber überhaupt den Businessplan detaillierter betrachtet und weitere Informationen einholt.

16.7. Zusammenfassung und Empfehlungen für Gründer

In diesem Kapitel wurde die Wichtigkeit eines professionellen Businessplans erläutert, seine Struktur dafür präsentiert sowie ausführlichere Literatur angegeben. Wie mehrfach betont, ist nicht nur der Businessplan als Dokument wichtig, sondern vor allem der Prozess, in dem sich ein Gründerteam mit seiner Idee und der Marktumsetzung in schriftlicher Form auseinandersetzt. Aus diesem Grund ist es unbedingt notwendig, dass ein Gründerteam den Businessplan selbst erstellt und nicht von Steuerberatern oder Gründungsberatern anfertigen lässt. Die Lerneffekte, die bei dessen Erstellung erzielt werden, gingen sonst verloren. Ein Businessplan kann nicht nur die Chancen, sondern auch die möglichen Risiken darstellen und zeigen, wie ein Gründerteam diese bewältigen kann.

16.8. Verwendete und weiterführende Literatur

Businessplan Wettbewerb Nordbayern. Handbuch 2001. Würzburg.

Hofmeister, Roman (1999): Der Business Plan. Wien.

Klandt, Heinz (1999): Gründungsmanagement: Der integrierte Unternehmensplan. München.

Kubr, Thomas; Ilar, Daniel; Marchesi, Heinz (1997): Planen, gründen, wachsen. Zürich.

Leitinger, Roland; Schäfer, Peter (2001): Charakteristika erfolgreicher Businesspläne – Eine empirische Untersuchung über die Bedeutung einzelner Inhalte von Businessplänen für den Erfolg von KMUs bei Risikokapitalgebern. In: Tagungsband zum 5. Forum Gründungsforschung. Lüneburg.

Porter, Michael (1992): Wettbewerbsvorteile. 3. Auflage, Frankfurt/Main.

Stevenson, Howard H.; Roberts, Michael J.; Grousbeck, H. Irving (1994): New Business Ventures and the Entrepreneur. USA.

Timmons, Jeffrey (1999): New Venture Creation, 5th Edition, USA.

17. Internes Rechnungswesen bei jungen Unternehmen

GERHARD SCHERRER

17.1. Überblick

Junge Unternehmen sind zu Recht primär technisch orientiert. Die durch Gesetz auferlegte externe Rechnungslegung wird in aller Regel als lästiger Kostenfaktor, das interne Rechnungswesen als einsparfähiger, überflüssiger Kostenbereich angesehen. Diese Grundeinstellung ist einer der Gründe für das Scheitern vieler junger Unternehmen. Es fehlt an einer Liquiditätsplanung, Kosten werden zu niedrig, Erlöse zu hoch geschätzt. Die folgende Darstellung macht die Bedeutung und den Anwendungsbereich des internen Rechnungswesens in seinen unterschiedlichen Formen der Finanz- und Liquiditätsrechnung, der Investitions- und Finanzierungsrechnung und der Kosten- und Leistungsrechnung als Planungs- und Kontrollinstrument deutlich.

17.2. Grundlagen

17.2.1. Begriff, Adressaten und Zwecke des internen Rechnungswesens

Mit der Gründung eines Unternehmens entsteht die Verpflichtung zur Rechnungslegung nach §§ 242 ff. HGB. Die gesetzliche Verpflichtung erstreckt sich indessen primär auf die externe Rechnungslegung als Verpflichtung zur Aufstellung eines Jahresabschlusses nach den Vorgaben des HGB. Die Verpflichtung berührt das interne Rechnungswesen nur insoweit, als dieses Grundlage für die Aufstellung der externen Rechnungslegung ist, wie dies für die Buchführung gilt. Der Begriff des internen Rechnungswesens orientiert sich an den Rechnungslegungsadressaten. Im Gegensatz zur externen Rechnungslegung, die sich an Unternehmensexterne, wie Anteilseigner, Gläubiger, Arbeitnehmer und Finanzanalysten als Vertreter der allgemeinen Öffentlichkeit, richtet, dient das interne Rechnungswesen der *Information unternehmensinterner Stellen*, Abteilungen, Bereiche und der zuständigen Entscheidungs- und Kontrollorgane (Ewert/Wagenhofer 2003, 5 ff.).

Die Informationen aus dem internen Rechnungswesen dienen als *Grundlage für die unterschiedlichsten Entscheidungen* in allen Phasen des Unternehmens, d.h. in der Gründungs-, Bestands- und Liquidationsphase, sowie in allen unternehmerischen Bereichen. In Betracht kommen u.a. Entscheidungen im Standort-, Forschungs- und Entwicklungs-, Beschaffungs-, Fertigungs-, Absatz- sowie im Investitions- und Finanzierungsbereich. Die Informationen bilden somit die Grundlage für unternehmerische Entscheidungen sowohl im kurzfristigen wie auch im langfristigen Bereich auf allen Ebenen der Unternehmenshierarchie.

Abhängig von dem Entscheidungsproblem müssen die Informationen global oder differenziert sein. Informationen aus dem internen Rechnungswesen stellen darüber hinaus die *Grundlage für lang- und kurzfristige Kontrollen* in einem jungen Unternehmen dar. Die Informationen zur betrieblichen Kontrolle umfassen Plan-/Soll-Rechnungen sowie Ist-Rechnungen über die maßgeblichen Sachverhalte sowie Angaben über Plan-/Soll-Ist-Abweichungen.

Im Gegensatz zur offenlegungspflichtigen externen Rechnungslegung sind die Daten des internen Rechnungswesens nur den unternehmerischen Entscheidungsträgern und Kontrollberechtigten zugänglich. Nur in Einzelfällen werden Teile der Informationen aus dem internen Rechnungswesen Dritten gegenüber offengelegt, wie z.B. die Daten über die Finanzierungs-, Liquiditäts- und Erfolgsplanung als Entscheidungsgrundlage für kreditgewährende Banken oder andere Kreditinstitute.

17.2.2. Elemente und Ausgestaltungen des internen Rechnungswesens

Das interne Rechnungswesen eines jungen Unternehmens kann die unterschiedlichsten Sachverhalte umfassen. Es kann *zeitbezogen, produktbezogen, bereichsbezogen, vergangenheits- oder zukunftsbezogen sowie lang- oder kurzfristig* sein. Zudem können dem internen Rechnungswesen unterschiedliche *Rechengrößen* zugrunde liegen. Zu unterscheiden sind

- die Finanzrechnung (Buchführung einschließlich unternehmensinterne Auswertungsrechnungen) mit den Erfolgsgrößen Aufwand und Ertrag,
- die Investitions- und Finanzierungsrechnung mit den Rechengrößen Auszahlungen und Einzahlungen,
- die Kosten- und Leistungsrechnung mit den Rechengrößen Kosten und Leistung.

Die auf den Rechengrößen Aufwand und Ertrag beruhende *Finanzrechnung* ist als einziger Teil des internen Rechnungswesens gesetzlich vorgeschrieben. § 238 HGB verpflichtet jeden Kaufmann Bücher zu führen und in diesen seine Handelsgeschäfte und die Lage seines Vermögens nach den Grundsätzen ordnungsmäßiger Buchführung (GoB) ersichtlich zu machen. Nach h.M. hat die Finanzrechnung als externe Rechnungslegung primär die Aufgabe der Informationsvermittlung an unternehmensexterne Rechnungslegungsadressaten, darüber hinaus nach deutschem Verständnis eine Gläubigerschutz- und Ausschüttungsbemessungsfunktion (Coenenberg 2001, 34 f., 46). Bei dieser Einschätzung wird verkannt, dass die Finanzrechnung als interne kurzfristige Rechnung eine erhebliche Bedeutung in bezug auf die *Unterrichtung der Entscheidungsträger* eines Unternehmens hat. Sie liefert über die im HGB vorgeschriebene jährliche Rechnungslegung und die praktizierte Quartalsberichterstattung hinaus monatliche, wöchentliche, bei Realtime-Informationssystemen laufende Informationen i.S. aufbereiteter Buchführungsdaten über entscheidungsrelevante Sachverhalte, die i.d.R. ausschließlich unternehmensintern verwertet werden. Dies gilt in besonderem Maße für junge Unternehmen, soweit sie in der Gründungs- und Anlaufphase nicht über eine ausgebaute Kosten- und Leistungsrechnung verfügen. Entscheidungsgrundlagen lassen sich dann zumindest aus den Daten der Finanzrechnung ableiten.

Die auf Aus- und Einzahlungen beruhende *Investitions- und Finanzierungsrechnung* ist eine ausschließlich interne Unternehmensrechnung, die für den Regelfall im Gesetz nicht vorgeschrieben ist. Allerdings wird in Sonderfällen, wie bei der Verpflichtung zur Aufstellung eines Insolvenzplans, vom Gesetzgeber die Aufstellung von investitions- und insbesondere von finanzierungsbezogenen Planungsrechnungen verlangt. Investitions- und Finanzierungsrechnungen werden vielfach als langfristige interne Rechnungen eingestuft. Tatsächlich umfassen die Rechnungen, vor allem die *Liquiditätsrechnung*, auch die Vornahme von kurzfristigen Rechnungen, z.B. im Rahmen der Bestimmung der kurzfristigen Fremdfinanzierung. Bezüglich der Finanzierungsrechnung wird auf den obigen Abschnitt 6. über die Finanzierung junger Unternehmen verwiesen.

Die *Kosten- und Leistungsrechnung* gilt allgemein als Inbegriff des internen Rechnungswesens. Die Kostenrechnung ist jedenfalls in ihrer klassischen Ausrichtung als kurzfristige interne Rechnung konzipiert. Sie ist als Erfolgsrechnung nicht auf die Ermittlung eines globalen Betriebserfolgs beschränkt, wie das weitgehend die externen Erfolgsrechnungen (Gewinn- und Verlustrechnungen) nach dem Gesamtkostenverfahren und nach dem Umsatzkostenverfahren sind. Ihre Aufgabe besteht demgegenüber gerade in der *Ermittlung differenzierter, alternativer Erfolgsgrößen* als Erfolge einzelner Betriebsbereiche (profit center), als Kostenträgererfolge i.S. von Produkt-, Produktgruppen- oder Auftragserfolgen, als Absatzbereichserfolg i.S. regionaler Erfolge einzelner Betriebsstätten oder Teilbereiche des Unternehmens sowie als Kundenerfolg i.S. des Erfolgs aus Absatzgeschäften mit den wichtigsten Abnehmern (vgl. zum Kosten- und Erlösmanagement, Fischer 2002, 1089 ff.; Dellmann/Franz (Hrsg.) 1994). Für junge Unternehmen ist eine, wenn auch vereinfachte, Kosten- und Leistungsrechnung für die *produktbezogene Kosten-, Leistungs- und Erfolgsmessung* bereits in der Gründungs- und Anlaufphase insoweit notwendig, als die Daten der Finanzrechnung die entsprechenden Informationen nicht bereitstellen.

Die Kosten- und Leistungsrechnung ist in ihrer klassischen Ausprägung bei Zugrundelegung wertmäßiger Kosten als kalkulatorische Rechnung charakterisiert. Dessen ungeachtet ist sie als pagatorische Rechnung ausgestaltbar. Moderne Kostenrechnungssysteme sind u.a. gerade dadurch charakterisiert, dass sie *pagatorischen Charakter* haben, d.h. auf Zahlungsströme ausgerichtet sind. Mit Blick auf die bei jungen Unternehmen vielfach bestehenden finanziellen Engpässe entspricht die pagatorische Ausrichtung der Kosten- und Leistungsrechnung eher den Liquiditätsplanungs- und Kontrollanforderungen als einer auf kalkulatorischen Kosten aufbauende Kosten- und Leistungsrechnung.

Schließlich kann die Kostenrechnung *ermittlungsorientierte und entscheidungsorientierte Rechnung* eines jungen Unternehmens sein. Als ermittlungsorientierte Rechnung ist sie durch den Vergangenheitsbezug und die Konventionalisierung der Kostenverrechnung gekennzeichnet. Als entscheidungsorientierte Rechnung ist sie mittelbares Instrument der Zielrealisation in einem Unternehmen, vor allem in bezug auf Entscheidungen im Forschungs- und Entwicklungs-, Beschaffungs-, Fertigungs- und Absatzbereich.

17.3. Interne Liquiditäts- und Erfolgsplanungsrechnung

17.3.1. Dominanz der Finanz- und Liquiditätsplanung bei jungen Unternehmen

Empirische Studien haben nachgewiesen, dass jungen Unternehmen sehr häufig scheitern. So hat die Kreditreform ermittelt, dass in Deutschland etwa die Hälfte der Unternehmensgründungen innerhalb von sechs Jahren die Geschäftstätigkeit wieder einstellt (Kreditreform 1997). Die Sterbensrate der Neugründungen in Deutschland soll mit derjenigen anderer industrialisierter Länder weitgehend übereinstimmen (Harhoff 2002, 651). Als Gründe für das Scheitern werden vor allem Finanzierungsdefizite, Informationsdefizite, Qualifikationsmängel und Planungsfehler genannt (Freier 2000, 3). Hauptgrund der Insolvenz von jungen Unternehmen ist nach empirischen Studien die zu geringe Ausstattung mit Eigenmitteln der Gründer und die vielfach festzustellende Weigerung von Kreditinstituten zur Bereitstellung von Krediten wegen mangelnder Kreditsicherheiten und fehlender Vergangenheitserfolge von Gründungsunternehmen (Eisele 1993, 1560).

Entscheidender Erfolgsfaktor für ein junges Unternehmen ist danach zunächst das Überleben durch Aufrechterhaltung der Liquidität während des Gründungs- und des sich anschließenden Betrachtungszeitraums. Der wichtigste Teil des internen Rechnungswesens ist entsprechend die *Finanz- und Liquiditätsplanungsrechnung* (Reichmann 1995, 181). Sie hat die Aufgabe, anhand von Prognosen der Zahlungsströme festzustellen, ob aufgrund der erwarteten positiven und negativen Einzahlungsüberschüsse das Unternehmen in dem Betrachtungszeitraum in ausreichendem Maße über zukünftige Liquidität verfügt. Instrument zur Messung der zukünftigen Liquidität ist der Finanzplan (ausführlich zur Finanzplanung und Liquiditätsmessung, Drukarczyk 1999, 92 ff.; Fischer, 2002, 571 ff.).

17.3.2. Erfolgsplanung

Die Liquiditätssicherung allein ist bei Zugrundelegung des ökonomischen Prinzips keine angemessene Zielfunktion eines Unternehmens nach der Gründung. Die Investoren (Eigenkapitalgeber) erwarten aus ihrer Kapitalanlage bei einem neu gegründeten Unternehmen unter Berücksichtigung der Risikoklasse des Unternehmens in aller Regel eine über der Marktverzinsung liegende Rendite. Dies gilt in besonderem Maße für Wagniskapitalgeber (venture capital), die erwarten, dass eine große Anzahl ihrer Portfolio-Unternehmen erhebliche Werterhöhungen erzielen, um negative Ergebnisse bei anderen Portfolio-Unternehmen auszugleichen. Die *Zielfunktion von jungen Unternehmen* ist unter diesem Aspekt als *Erfolgs- bzw. Rentabilitätsmaximierung unter der Nebenbedingung der Liquiditätssicherung* festzulegen.

Die Erfolgs- und Rentabilitätsplanung kann prinzipiell auf der Grundlage von Ertrags-/Aufwandsgrößen oder Leistungs-/Kostengrößen erfolgen. Instrumente der Erfolgsplanung können entsprechend prospektive Gewinn- und Verlustrechnungen oder Plankosten-/Planleistungsrechnungen sein.

17.3.2.1. Plan-Gewinn- und Verlustrechnung als interne Erfolgsplanungsrechnung

Interne Gewinn- und Verlustrechnungen zeichnen sich gegenüber einer nach § 275 Abs. 2, Abs. 3 HGB offenzulegenden Gewinn- und Verlustrechnung durch eine erheblich weitergehende Differenzierung der Aufwands- und Ertragsposten aus. Die Aufwendungen lassen sich bei Zugrundelegung des Gesamtkostenverfahrens nach Aufwandsarten bzw. bei Zugrundelegung des Umsatzkostenverfahrens nach Geschäftsbereichen bzw. Kostenstellen mit Blick auf die unternehmensinternen Belange weiter aufgliedern. Auch lassen sich die Umsatzerlöse leicht nach Produkten oder Produktgruppen untergliedern. *Prospektive Gewinn- und Verlustrechnungen* als interne Planungsrechnungen haben aber auch bei weiterer Untergliederung der aufwandsartenbezogenen oder betriebsbereich-/kostenstellenbezogenen Ausweisstruktur den Nachteil, dass sie nicht in der Lage sind, prospektive (geplante) Produkt- oder Produktgruppenergebnisse aufzuzeigen. Voraussetzung hierfür wäre eine Gliederung der Aufwandsarten nach Produkt- oder Produktgruppenaufwand. Das aber setzt voraus, dass die aufwandsbezogene Gliederung der prospektiven Gewinn- und Verlustrechnung aufgegeben und eine produktgruppenbezogene Aufwandsstruktur eingeführt wird. Dies ist aber nur bei einer völligen Abkehr von den bilanzrechtlichen Vorgaben zu erreichen.

Die interne Erfolgsrechnung eines jungen Unternehmens darf sich bei einem Leistungsumfang, der mehrere Produkte oder Dienstleistungen umfasst, in keinem Fall auf eine globale Erfolgsplanungsrechnung beschränken. Die Rechnung muss von Anfang an Informationen darüber vermitteln, bei welchen der Produkte oder Dienstleistungen planmäßig positive Erfolge in Form von Produktgewinnen oder Produktdeckungsbeiträgen zu erwarten sind, d.h., sie muss *differenzierte Erfolgsplanungsrechnung* sein. Die hierfür in Betracht kommende Rechnung ist eine Gewinn- und Verlustrechnung in Form einer Betriebsleistungsrechnung nach dem Umsatzkostenverfahren. Sie weist je nachdem, ob auf Produktgewinne oder Produktdeckungsbeiträge abgestellt wird, die Produktaufwendungen/Produktkosten in voller Höhe (volle Produktselbstkosten) oder in Höhe ihres variablen Anteils (Grenzselbstkosten) aus.

Im Allgemeinen baut die interne Erfolgsrechnung auf den für den Betrachtungszeitraum geplanten Umsatzerlösen der einzelnen Produkte bzw. Dienstleistungen, auf deren mengenmäßige Veräußerung bzw. Erbringung und auf den geschätzten Veräußerungserlösen pro Produkt- bzw. Leistungseinheit auf, die für den Planungszeitraum erwartet werden. Die *Schätzung der Umsatzerlöse* stellt bei Gründung von Unternehmen aufgrund der fehlenden Datenbasis ein erhebliches Problem dar, das wegen möglicher Abweichungen eine *mehrwertige Schätzung* verlangt. Danach muss die Schätzung zumindest einen best case, einen worst case und ein best estimate, d.h. die Schätzung eines Ergebnisses, das mit der größten Wahrscheinlichkeit erwartet wird, beinhalten. Die Mehrwertigkeit der Schätzung der Umsatzerlöse erlaubt die Ableitung eines unterschiedlichen Erfolgsszenarios eines jungen Unternehmens für die gewählten Schätzalternativen bzw. für einen Erwartungswert aus den Schätzalternativen.

Liegt die mehrwertige Schätzung der Umsatzerlöse fest, so sind die den Umsatzerlösen zuzuordnenden Aufwendungen zu schätzen. Dabei ist zwischen *umsatzerlösinduzierten und nichtumsatzerlösinduzierten Aufwendungen* zu unterscheiden. Für erstere kann angenommen werden, dass sie in einer proportionalen Beziehung zu den Umsatzerlösen stehen. Sie entsprechen den beschäftigungsvariablen Kosten in der Kosten- und Leistungsrechnung. Typische Beispiele für umsatzerlösinduzierte Aufwendungen sind Materialaufwendungen, Akkordlöhne und Vertreterprovisionen. Die Aufwendungen lassen sich bei gegebenen Umsatzerlösen vergleichsweise leicht schätzen. Nichtumsatzerlösinduzierte Aufwendungen stellen bei jungen Unternehmen vielfach den Hauptteil der Aufwendungen dar. Hierunter rechnen Aufwendungen für die Gründung des Unternehmens, die Aufwendungen für die Ingangsetzung des Geschäftsbetriebs sowie die gesamten beschäftigungsfixen Aufwendungen im Beschaffungs-, Fertigungs-, Vertriebs- und Verwaltungsbereich.

Sollen Verzerrungen der Erfolgsplanung durch die Zurechnung der bei jungen Unternehmen relativ hohen beschäftigungsfixen Aufwendungen auf die Produkte oder die Dienstleistungen vermieden werden, so sind in der Planerfolgsrechnung den geplanten Umsatzerlösen der einzelnen Produkte oder Dienstleistungen nicht die vollen Selbstkosten, sondern lediglich die geplanten *beschäftigungsvariablen Aufwendungen* gegenüberzustellen (Scherrer 1999, 142 ff.). Man bestimmt dann für jedes Produkt bzw. für jede Dienstleistung den *Plandeckungsbeitrag.* Die Vorteilhaftigkeit der einzelnen Produkte oder Dienstleistungen als Plangrößen kann dann anhand der Deckungsbeiträge pro Produkt- oder Dienstleistungsart, pro Fertigungszeiteinheit oder anhand anderer Kriterien für die Beurteilung der geplanten performance der einzelnen betrieblichen Aktivitäten gemessen werden.

17.3.2.2. Plankosten- und Planleistungsrechnung als interne Erfolgsplanungsrechnung

Unabhängig von der Größe des jungen Unternehmens muss die Geschäftsführung eine Vorstellung über die in einem abgrenzbaren Zeitraum (Planungsperiode, Betrachtungsperiode) mit dem Unternehmen erzielbaren Erfolge haben. Der Vorstellung können globale Schätzungen über entstehende Kosten und zu erbringende Leistungen zugrunde liegen. Dabei sind die *Schätzungen,* auch wenn sie nur groben Charakter haben, möglichst *kostenträgerweise* bzw. kostenträgergruppenweise, d.h. für die einzelnen Produkte und Produktgruppen oder für die einzelnen Dienstleistungen bzw. Dienstleistungsbereiche, vorzunehmen.

Differenzierte interne Plankosten- und Planleistungsrechnungen werden bei jungen Unternehmen wegen des mit der Einrichtung einer Plankostenrechnung verbundenen Aufwands bzw. der mit ihr verbundenen Kosten nur in seltenen Fällen eingerichtet. Mit dem genannten Verfahren werden für die Betrachtungsperiode kostenstellen- und produktbezogene Kostenplanungen für den Planungszeitraum vorgenommen, die sich an einer geplanten Beschäftigung des Unternehmens und der einzelnen Betriebsbereiche orientieren. Die *Kostenplanung erfolgt produktbezogen.* Dies gilt für die Produkteinzelkosten (Sondereinzelkosten der Fertigung, Fertigungsmaterialkosten, Fertigungslöhne), für die beschäftigungsvariablen Gemeinkosten des Herstellbereichs (Forschungs-, Entwicklungs-, Beschaffungs- und Fertigungsgemeinkosten) auf der Grundlage von Bezugsgrößen und für die beschäftigungsfixen Gemeinkosten des Herstellbereichs sowie die Kosten des Verwaltungs- und Vertriebsbereichs. Eine derartige Kostenplanung setzt bei Fertigungsunternehmen weitgehend eingerichtete Betriebsbereiche, vor allem einen eingerichteten Fertigungsbereich voraus. Fehlt es, wie bei jungen Unternehmen häufig der Fall, an diesen Voraussetzungen, so ist die produktbezogene Leistungs- und Kostenplanung auf der Grundlage von Erwartungen und Schätzungen vorzunehmen oder es sind Einzeldaten zunächst nach vereinfachten Zuordnungsverfahren den herzustellenden Produkten oder den zu erbringenden Dienstleistungen zuzurechnen.

Unter dem Aspekt der Liquiditätssicherung steht für junge Unternehmen u.U. nicht die allgemein vorgenommene Differenzierung der Kosten in Einzelkosten, Gemeinkosten und bei letzteren in beschäftigungsvariable und beschäftigungsfixe Kosten im Vordergrund. Entscheidend ist vielmehr, ob die geplanten *Kosten mit Auszahlungen verbunden* sind (Riebel 1994, 418 ff.). In diesem Sinne ist in erster Linie zwischen der Planung auszahlungsbezogener und nicht auszahlungsbezogener Kosten zu differenzieren. Entsprechend sind die zu erbringenden Leistungen danach zu erfassen, ob sie mit Einzahlungen verbunden sind oder reine Ertragsgrößen ohne den Zufluss von Geld darstellen.

17.4. Interne Liquiditäts- und Erfolgskontrollrechnung

17.4.1. Finanz- und Liquiditätskontrolle als laufender Vorgang

Die dominierende Bedeutung der Finanz- und Liquiditätsrechnung als Teil des internen Rechnungswesens kommt nicht nur in der Planung der Liquidität im Finanz- und im Geschäftsplan zum Ausdruck. Die Liquiditätsplanung bedarf im Zeitablauf der laufenden Kontrolle, die einen notwendigen Vorgang darstellt, der bei jungen Unternehmen häufig vernachlässigt wird, jedenfalls soweit es sich nicht um wagniskapitalfinanzierte Unternehmen handelt. Dagegen wird das Finanz- und Liquiditäts-Controlling bei venture-capital-finanzierten Unternehmen in aller Regel durch die externen Kapitalgeber systematisch verfolgt (Harhoff 2002, 655).

Die *Liquiditätskontrolle* als Plan-Ist-Vergleichsrechnung hat die Aufgabe, Abweichungen zwischen Ist- und Plan-Liquidität festzustellen und auf ihre Ursachen hin zu untersuchen. Die Feststellung hat sich vor allem darauf zu erstrecken, ob die Abweichungen den operativen Geschäftsbereich des jungen Unternehmens betreffen oder durch außerordentliche oder einmalige Vorgänge verursacht sind. Für den operativen Bereich ist zudem zu prüfen, inwieweit die Abweichungen in geringeren Einzahlungen aus der Erbringung von Lieferungen oder Leistungen und in höheren Auszahlungen im beschäftigungsvariablen oder im beschäftigungsfixen Aufwandsbereich begründet sind. Auf der Grundlage der gewonnenen Informationen über eingetretene Plan-Ist-Abweichungen der Liquidität ist in einem zweiten Schritt die bisherige Finanz- und Liquiditätsplanung in berichtigter Form weiterzuführen.

Die für die Liquiditätskontrolle festgelegte Konrollperiode muss bei jungen Unternehmen möglichst kurz sein, damit Plan-Ist-Abweichungen der Liquidität schnell erfasst und mögliche Anpassungen vorgenommen werden können. Monatliche Liquiditätskontrollen sind der maximale Kontrollzeitraum; zu präferieren sind wöchentliche, u.U. tägliche Kontrollen.

17.4.2. Erfolgskontrolle

Die Erfolgskontrolle im internen Rechnungswesen kann sowohl auf der Grundlage der Aufwendungen/Erträge in der Finanzrechnung, d.h. in der Gewinn- und Verlustrechnung, als auch auf der Grundlage der Kosten/Leistung in der Kosten- und Leistungsrechnung vorgenommen werden. Voraussetzung für die Vornahme der Kontrolle als Plan-Ist-Vergleich ist das Vorliegen von Plan- oder Sollgrößen als Maßgrößen für die Beurteilung der ermittelten Istdaten. Der Auffasung, nach der eine Erfolgskontrolle bei jungen Unternehmen wegen fehlender Vergangenheitsdaten nicht möglich ist, wird hier nicht gefolgt. Je kürzer die festgelegte Planungs- und Kontrollperiode ist, umso eher liegen Vergangenheitsdaten vor, die eine Kontrolle ermöglichen. Insoweit ist hier Voraussetzung für die Erfolgskontrolle die Festlegung von möglichst kurzen Planungs- und Kontrollperioden.

Die Erfolgskontrolle hat sich sowohl auf den Erfolgs-/Leistungs-Bereich als positive Erfolgskomponente als auch auf den Aufwands-/Kosten-Bereich als negative Erfolgskomponente zu erstrecken. Die Kontrolle kann sich auf Zeitbereiche, einzelne Produkte oder Dienstleistungen, betriebliche Einheiten (Kostenstellen, Abteilungen, Betriebsbereiche, Werke) und auf einzelne Aufwands-/Kostenarten erstrecken. Die *Erfolgskontrolle* umfasst beschäftigungsvariable und beschäftigungsfixe Aufwendungen/Kosten. Aufwendungen bzw. Kosten sind unabhängig davon, ob der mengenmäßige Faktorverbrauch gemessen werden kann und unabhängig davon, ob es sich um ordentliche oder außerordentliche Aufwendungen/Kosten handelt, in die Kontrolle einzubeziehen.

17.4.2.1. Gewinn- und Verlustrechnung als interne Erfolgskontrollrechnung

Die Gewinn- und Verlustrechnung nach § 275 HGB eignet sich ihrer Struktur nach weniger als Grundlage für produktbezogene Kontrollen. *Kontrollschwerpunkte* können unabhängig von den der Gewinn- und Verlustrechnung zugrundeliegenden Verfahren (Gesamtkostenverfahren, Umsatzkostenverfahren) Aufwands-/Ertrags-Bereiche, wie der operative Bereich, der Finanzbereich und der außerordentliche Bereich, sein. Zudem ist die zeitliche Ausrichtung der Gewinn- und Verlustrechnung für die Kontrolle von jungen Unternehmen nicht geeignet; der Zeitraum von einem Jahr, den nach der externen Rechnungslegung die Gewinn- und Verlustrechnung umfasst, ist für die interne Erfolgsrechnung zu lang. Neben der produktbezogenen Kontrolle muss wie angeführt Kontrollschwerpunkt die kurze Periode sein.

Der *operative Bereich* der Gewinn- und Verlustrechnung als interne Erfolgskontroll-rechnung zeigt den Erfolg aus der gewöhnlichen Geschäftstätigkeit vor Zinsen und Steuern. Die Erfolgskomponenten sind verfahrensbezogen bei Anwendung des Ge-samtkostenverfahrens auf der Ertragsseite die Posten „Umsatzerlöse aus Lieferungen und Leistungen an Dritte, Bestandsveränderungen als Erhöhung oder Verminderung des Bestandes an fertigen und unfertigen Erzeugnissen, andere aktivierte Eigenleis-tungen aus Lieferungen an das eigene Anlagevermögen des Unternehmens und sons-tige betriebliche Erträge", auf der Aktivseite die Posten „Material-, Personal-, Abschreibungs- und sonstige Aufwendungen". Bei Anwendung des Umsatzkosten-verfahrens sind dies auf der Ertragsseite die Posten „Umsatzerlöse aus Lieferungen und Leistungen an Dritte und sonstige betriebliche Erträge", auf der Aufwandsseite die Posten „cost of sales, Verwaltungs-, Vertriebs- und sonstige Aufwendungen".

Der *außerordentliche Bereich* zeigt Erfolgswirkungen, die eher einmalig den Erfolg eines Unternehmens beeinflussen. Allgemein rechnen hierzu Aufwendungen aufgrund von Naturkatastrophen (Erdbeben, Sturm, Hochwasser). Entsprechend sind außerordent-liche Erträge Zahlungen von Versicherungsunternehmen für Schäden aus Naturka-tastrophen. Bei jungen Unternehmen kann man in weiter Auslegung auch einmalige Ingangsetzungsaufwendungen, die nicht aktiviert werden, zu den außerordentlichen Aufwendungen rechnen.

Aus beiden Rechnungen der für die kurze Periode aufgestellten Gewinn- und Ver-lustrechnung lassen sich wichtige *Erfolgsindikatoren* ableiten. So ist bei Anwendung des Gesamtkostenverfahrens erkennbar, ob bzw. in welchem Umfang auf Lager und in das Anlagevermögen produziert worden ist oder Lagerbestände abgebaut worden sind. Zudem lassen sich wichtige Aufwands-/Erfolgsrelationen ableiten, wie die Ma-terial-, die Personal- und die Abschreibungsquote in bezug auf die Umsatzerlöse. Bei Anwendung des Umsatzkostenverfahrens lassen sich durch Gegenüberstellung von Umsatzerlösen und cost of sales das Bruttoergebnis vom Umsatz, die Verwaltungs-kosten- und die Vertriebskostenquote bestimmen. In beiden Rechnungen erhält man durch Gegenüberstellung von operativem Erfolg und Umsatzerlösen die Umsatzren-tabilität vor Zinsen und Steuern.

Interne *Kontrollrechnungen auf der Grundlage der Plan-Ist-Daten* der Gewinn- und Verlust-rechnung haben den Vorteil vergleichsweise leichter Ermittelbarkeit der kontrollrele-vanten Daten, soweit es sich um die angeführten Sachverhalte handelt. Insbesondere bedarf es keiner Transformation von aufwandsart- bzw. aufwandsbereichsbezogenen geplanten und erfassten Aufwendungen in produktart-, produktgruppenart- oder auf-tragsartbezogene Aufwendungen. Damit fehlt allerdings der Bezug der internen Kon-trollrechnung zu dem in der Kosten- und Leistungsrechnung im Vordergrund ste-henden Kostenträger als Planungs- und Kontrolleinheiten in der Form von Produkt-arten, Produktgruppenarten oder Auftragsarten. Erstellt das junge Unternehmen mehrere unterschiedliche Produkte oder erbringt es mehrere unterschiedliche Leis-tungen, so ist die Information über die Produktaufwendungen, Produkterlöse, Pro-duktgewinne bzw. Produktverluste sowie Produktdeckungsbeiträge im Planungs- und im Istbereich von zentraler Bedeutung. Dies gilt nicht nur für die performance, son-dern auch für das Überleben eines Unternehmens.

17.4.2.2. Betriebsergebnisrechnung als interne Erfolgskontrollrechnung

Schwerpunkt der internen *Erfolgskontrollrechnung* des jungen Unternehmens ist abhängig von dem angewandten Verfahren die kostenartenbezogene, die kostenstellenbezogene oder die produktbezogene Erfolgskontrolle. Der Vornahme der Erfolgskontrolle dienen unterschiedliche Verfahren der Betriebsleistungsrechnung in der Form des Gesamtkostenverfahrens und des Umsatzkostenverfahrens. Während die Betriebsleistungsrechnung auf der Grundlage des *Gesamtkostenverfahrens* weitgehend auf die Kontrolle der Kostenarten beschränkt ist, dient die Betriebsleistungsrechnung in Form der unterschiedlichen *Umsatzkostenverfahren* der produktbezogenen Erfolgskontrolle als Kontrolle der Produktgewinne bzw. Produktdeckungsbeiträge. Bei Anwendung des Umsatzkostenverfahrens werden den Produkt-/Leistungsarten jeweils die ihnen zuzuordnenden Kosten entweder als volle Selbstkosten (Umsatzkostenverfahren auf Vollkostenbasis) oder als Teilkosten (Umsatzkostenverfahren auf Teilkostenbasis) gegenübergestellt. Als Differenz zwischen Produkterlösen und Produktkosten der einzelnen Produktarten erhält man die Produktgewinne bzw. Produktdeckungsbeiträge.

Die *Erfolgskontrolle* setzt voraus, dass die Verfahren der Betriebsleistungsrechnung sowohl unter Ansatz der *Istdaten* als auch unter Ansatz der *Plandaten* durchgeführt werden. Nur so erlaubt es die Erfolgskontrolle, die Produktgewinne bzw. Produktdeckungsbeiträge der einzelnen Produkt-/Dienstleistungsarten als Ist- und Planwerte gegenüberzustellen. Man erhält dann für jede Produktart bzw. für jede Dienstleistungsart die Umsatzerlöse und die Produktkosten im Plan/Soll und im Ist. Die festgestellten *Erfolgsabweichungen* bei den einzelnen Produkt- oder Dienstleistungsarten können sodann in einem ersten Schritt daraufhin analysiert werden, inwieweit sie in Abweichungen der Kosten oder der Erlöse begründet sind. In einem zweiten Schritt sind die Ursachen für das Entstehen der Erfolgsabweichungen im Kosten- und Erlösbereich zu erforschen, um so der Unternehmensleitung Grundlagen für Entscheidungen im Rahmen des Erlös- und Kostenbereichs der einzelnen Produkte und Dienstleistungen bereitzustellen.

Bei den *Verfahren der Betriebsleistungsrechnung* ist zwischen offener Produkterfolgsrechnung (Artikelergebnisrechnung) und geschlossener Produkterfolgsrechnung zu unterscheiden (Kilger 1993, 759 ff.). Die von dem jungen Unternehmen anwendbare, wesentlich einfacher zu handhabende offene Produkterfolgsrechnung ist dadurch gekennzeichnet, dass sie Bestände an unfertigen und fertigen Produkten sowie an unfertigen Dienstleistungen nicht berücksichtigt. Bei der zu einem späteren Zeitpunkt einzurichtenden geschlossenen Produkterfolgsrechnung gehen Bestandsveränderungen in die Ermittlung der Produktgewinne bzw. Produktdeckungsbeiträge ein.

Schwerpunkt der internen Erfolgskontrolle ist die Kostenkontrolle. Als *Verfahren der Kostenkontrolle* kommt grundsätzlich der externe und der interne Kostenvergleich in Betracht (Scherrer 1999, 447 ff.).

Externe Kostenvergleiche als *Ist-Ist-Kostenvergleich* mit einem konkreten anderen Unternehmen, mit Durchschnittswerten der Branche oder mit dem Benchmark-Unternehmen scheitern vielfach an den nicht vorliegenden Vergleichsdaten. Externe Kostenvergleiche sind insoweit auf Vergleiche von in Geschäftsberichten veröffentlichten Daten, wie der durchschnittlichen Materialquote, Personalquote, Abschreibungsquote, der durchschnittlichen Umsatzrentabilität, der Eigenkapital- und Gesamtkapitalrentabilität, begrenzt. Für junge Unternehmen ist aber auch der interne Ist-Ist-Kostenvergleich als Gegenüberstellung von Kosten gleicher Art, gleicher Kostenstellen und gleicher Produkte aus unterschiedlichen aufeinanderfolgenden Abrechnungsperioden begrenzt, da Vergleichsperioden weitgehend fehlen. Zudem leidet der Ist-Ist-Kostenvergleich an der Zugrundelegung einer falschen Messgröße, nämlich den Istkosten vergangener Perioden. Beinhalten diese Unwirtschaftlichkeiten, was bei Ist-Ist-Kostenvergleichen nicht festgestellt werden kann, so werden diese unzulässigerweise als Maßgrößen für Folgeperioden verwendet, ein Sachverhalt, der schon früh kritisiert wurde (Schmalenbach 1963, 438).

Der interne Kostenvergleich, dem maßgebliche Bedeutung für die Kostenkontrolle zukommt, ist der *Plan-/Soll-Ist-Kostenvergleich*. Er beruht auf der Gegenüberstellung der Istkosten der Abrechnungsperiode mit vorgegebenen, auf der Grundlage analytischer, messtechnischer und prognostischer Verfahren für die Betrachtungsperiode festgelegten Plan-/Soll-Kosten, die als Maßgröße für den Kostenvergleich gelten und die Grundlage für die Ermittlung und Beurteilung auftretender Plan-/Soll-Ist-Kostenabweichungen bilden. Bei den anwendbaren Verfahren ist zwischen dem einfach handhabbaren Kostenkennziffernvergleich, der sich auf die Kontrolle einzelner Kostenarten oder Kostenstellen richtet, und der umfassenden Kostenabweichungsanalyse, die die Kontrolle aller Kostenartenkosten, Kostenstellenkosten und Kostenträgerkosten umfasst, zu unterscheiden. Junge Unternehmen werden je nach Größe und Komplexität der Leistungserbringung zunächst die Kostenkontrolle auf Kontrollschwerpunkte beschränken können, um wesentliche Kostenabweichungen in diesen Bereichen festzustellen. In einem späteren Zeitpunkt kann der Kostenkennziffernvergleich in einen partiellen Plan-/Soll-Ist-Kostenvergleich und in einer endgültigen Lösung in einen geschlossenen Plan-/Soll-Ist-Kostenvergleich ausgebaut werden.

Die Kostenkontrolle ist bei allen angewandten Verfahren auf die Kosten beschränkt. Sie sagt nichts über den Erfolg der einzelnen hergestellten Produkte bzw. erbrachten Dienstleistungen aus. Insoweit muss im Rahmen der internen Erfolgskontrollrechnung die Kontrolle auf die Leistung ausgedehnt werden. *Leistungskontrollen* erstrecken sich auf die Mengen- und Wertkomponenten der hergestellten und abgesetzten Produkte und erbrachten Dienstleistungen. Im Rahmen der Erlöskontrolle ist festzustellen, ob die geplanten Erlöse für den Betrachtungszeitpunkt erzielt worden sind bzw. worin Abweichungen zwischen Plan- und Ist-Erlösen begründet sind.

17.5. Zusammenfassung

Die Ergebnisse der obigen Darstellung lassen sich wie folgt zusammenfassen. Gegenstand des internen Rechnungswesens als zeit-, produkt- und bereichsbezogene Rechnung ist die Finanz- und Liquiditätsrechnung, die Investitions- und Finanzierungsrechnung sowie die Kosten- und Leistungsrechnung. Dominierender Teil des internen Rechnungswesens junger Unternehmen ist die Finanz- und Liquiditätsplanungs- und Liquiditätskontrollrechnung. Auf der Grundlage der für die externe Rechnungslegung erfassten Daten ist es ohne wesentliche Kostenbelastungen möglich, daneben eine Erfolgsplanungs- und Erfolgskontrollrechnung einzurichten. Diese auf Aufwands- und Ertragsgrößen beruhende Rechnung kann in späteren Phasen der Existenz des Unternehmens in eine Kosten- und Leistungsplanungs- und Erfolgsrechnung ausgeweitet werden.

17.6. Verwendete und weiterführende Literatur

Coenenberg, A.G. (2001): Jahresabschluß und Jahresabschlußanalyse. 18. Auflage, Verlag Moderne Industrie, Landsberg/Lech.

Dellmann, K., Franz, K.P. (Hrsg.) (1994): Neuere Entwicklungen im Kostenmanagement. Verlag Paul Haupt, Bern, Stuttgart, Wien.

Drukarczyk, J. (1999): Finanzierung, 8. Auflage, Lucius & Lucius, Stuttgart.

Eisele, W. (1993): Gründung. In: Wittmann, W. †, u.a. (Hrsg.): Handwörterbuch der Betriebswirtschaft (HWB), 5. Auflage, Schäffer-Poeschel, Stuttgart, S. 1550-1562.

Ewert, R., Wagenhofer, A. (2003): Interne Unternehmensrechnung. 5. Auflage, Springer, Berlin, Heidelberg, New York.

Fischer, E. (2002): Finanzplanung. In: Küpper, H.-U., Wagenhofer, A. (Hrsg.): Handwörterbuch Unternehmensrechnung und Controlling (HWU). 4. Auflage, Schäffer-Poeschel, Stuttgart, S. 569-577.

Fischer, T.M. (2002): Kosten- und Erlösmanagement. In: Küpper, H.-U., Wagenhofer, A. (Hrsg.): Handwörterbuch Unternehmensrechnung und Controlling (HWU). 4. Auflage, Schäffer-Poeschel, Stuttgart, S. 1089-1098.

Freier, P. (2000): Etablierungsmanagement innovativer Unternehmensgründungen: eine empirische Analyse der Biotechnologie. Gabler, Wiesbaden.

Harhoff, D. (2002): Gründungsplanung. In: Küpper, H.-U., Wagenhofer, A. (Hrsg.): Handwörterbuch Unternehmensrechnung und Controlling (HWU). 4. Auflage, Schäffer-Poeschel, Stuttgart, S. 647-656.

Kilger, W. (1993): Flexible Plankostenrechnung und Deckungsbeitragsrechnung, bearb. durch Vikas, K.; 10. Auflage, Gabler, Wiesbaden.

Reichmann, T. (1995): Controlling mit Kennzahlen und Managementberichten. Grundlagen einer systemgestützten Controlling-Konzeption. 4. Auflage, Vahlen, München.

Riebel, P. (1994): Einzelkosten- und Deckungsbeitragsrechnung. Grundfragen einer markt- und entscheidungsorientierten Unternehmensrechnung. 7. Auflage, Gabler, Wiesbaden.

Scherrer, G. (1999): Kostenrechnung. 3. Auflage, Lucius & Lucius, Stuttgart.

Schmalenbach, E. (1963): Kostenrechnung und Preispolitik. Westdeutscher Verlag, Köln, Opladen.

18. Patent- und Markenstrategie für Unternehmensgründer

JOSEF BECK

18.1. Überblick

Für den Erfolg einer Unternehmensgründung ist es erforderlich, einen Wettbewerbsvorteil zu haben. Ziel jedes Unternehmers ist es, den Wettbewerbsvorteil zu halten oder zu vergrößern. Dieses Ziel ist jedoch nicht einfach zu erreichen, da es grundsätzlich erlaubt ist, Ideen anderer zu übernehmen und zu kopieren. Damit steht es jedem frei, ein auf dem Markt befindliches Produkt oder eine Dienstleistung nachzuahmen. Die grundsätzlich erlaubte Nachahmung ist jedoch dann nicht mehr zulässig, wenn das Produkt oder die Dienstleistung durch ein Patent geschützt ist. Die folgenden Ausführungen zeigen, wie Patente effizient zur Steigerung der Wettbewerbsfähigkeit eingesetzt werden können.

Im ersten Abschnitt wird ein Überblick über die Wirkungen und den Einsatz eines Patentes gegeben. Daran anschließend werden im zweiten Abschnitt verschiedene Möglichkeiten der Finanzierung einer Patentanmeldung aufgezeigt. Im dritten Abschnitt wird der Einsatz von Erfindungen zur Verbesserung der eigenen Wettbewerbssituation erläutert. Es werden verschiedene Patentanmeldestrategien aufgezeigt. Im vierten Abschnitt wird eine Anleitung für die Entwicklung einer Patentstrategie gegeben. Es werden die für die Beurteilung des Wertes eines Patentes wichtigen Faktoren aufgezeigt und es wird ein Entscheidungsschema erläutert, das eine effiziente und konsequente Patentstrategie ermöglicht. Im fünften Abschnitt wird auf die Bedeutung von Patenten von Wettbewerbern eingegangen. In den folgenden Abschnitten wird ein Einblick in die Bedeutung von Kennzeichen und Marken für Unternehmensgründer gegeben.

18.2. Patente – Wirkungen und Einsatz

18.2.1. Instrument des Wettbewerbs

Ein Patent ist ein Monopolrecht, das dem Patentinhaber für maximal 20 Jahre ab dem Anmeldetag das Recht gibt, anderen das Herstellen, den Verkauf und die Nutzung der patentierten Erfindung zu verbieten. Damit kann ein Wettbewerbsvorteil, der durch ein Patent geschützt ist, gegenüber jedem Wettbewerber unabhängig von der wirtschaftlichen Größe des Wettbewerbers verteidigt werden. Ein Patent ist somit für neu gegründete Unternehmen ein geeignetes Mittel, um sich auch gegen wirtschaftlich stärkere Unternehmen durchzusetzen. Zudem kann für eine unberechtigte Benutzung des Patents ein Schadensersatz verlangt werden. Weiterhin gilt ein Patent als Zeichen für Innovation und verbessert den Ruf des Unternehmens. Patente sind zudem ein wichtiger Schlüssel, um im Austausch über Lizenzverträge Zugang zu Technologien zu erhalten, die von Wettbewerbern patentiert sind.

18.2.2. Verbietungsrecht/Nutzungsrecht

Es ist zu beachten, dass mit einem Patent nicht das Recht einer Benutzung, sondern nur ein Verbietungsrecht gegenüber Dritten verbunden ist. Besteht ein Grundsatzpatent, das einen breiten Schutzumfang hat, so können auf spätere erfinderische Weiterentwicklungen des Grundsatzpatentes wieder Patente erteilt werden. Diese Patente weisen einen kleineren Schutzumfang als das Grundsatzpatent auf und stellen abhängige Patente dar. Mit einem abhängigen Patent kann dem Inhaber des Grundsatzpatentes die Nutzung der im abhängigen Patent geschützten Erfindung verboten werden. Aber der Inhaber des Grundsatzpatentes kann dem Inhaber des abhängigen Patentes die Nutzung der grundlegenden Erfindung und damit auch die Nutzung der im abhängigen Patent geschützten Erfindung verbieten. Somit darf der Inhaber des abhängigen Patents die eigene Erfindung nicht nutzen.

Beispiel: Firma A hat zuerst ein Patent auf ein Auto mit Rädern erteilt bekommen. Damit kann A den Bau jedes Autos mit jeder Art von Rädern verbieten. Firma B erhält später ein Patent für ein Auto mit Rädern, deren Felgen aus Aluminium sind. B kann sein Patent nicht nutzen, da das Patent von B abhängig ist von dem Patent des A ist und eine Benutzung eine Verletzung des Patentes von A darstellt. A kann aber auch keine Autos mit Rädern mit Aluminiumfelgen bauen. In dieser Situation ist es meistens sinnvoll, sich gegenseitig Benutzungsrechte über einen Lizenzvertrag einzuräumen.

18.2.3. Patentanmeldung

Um ein Patent zu erhalten, muss die Erfindung in Form einer Patentanmeldung bei einem Patentamt eingereicht werden. Im Folgenden wird das Patenterteilungsverfahren vor dem Deutschen Patent- und Markenamt (DPMA) kurz erläutert. Die Anmeldung ist schriftlich beim DPMA einzureichen, und es ist eine Anmeldegebühr zu bezahlen. Die Patentanmeldung muss einen Antrag auf Erteilung des Patents mit einer kurzen Bezeichnung der Erfindung enthalten. Weiterhin muss die Patentanmeldung eine Beschreibung der Erfindung und, falls erforderlich, Zeichnungen enthalten, auf die sich die Beschreibung bezieht. Zudem ist eine Zusammenfassung der Erfindung einzureichen. Auch müssen die Erfinder auf einem gesonderten Blatt genannt werden. Nicht unbedingt vorgeschrieben, aber sinnvoll ist die Einreichung wenigstens eines Patentanspruches, der angibt, was unter Schutz gestellt werden soll. Es sollen nur die wichtigsten technischen Merkmale der Erfindung in den Patentansprüchen angegeben werden, mit denen eine möglichst allgemeine Beschreibung der Erfindung gegeben wird. Es ist wichtig, die Anzahl der Merkmale in den Patentansprüchen gering zu halten, da ein Patent nur dann benutzt wird, wenn alle Merkmale eines Patentanspruchs benutzt werden. In der Beschreibung muss die Erfindung so deutlich und vollständig offenbart werden, dass ein Durchschnittsfachmann die Erfindung ausführen kann. Nachträgliche Ergänzungen sind nicht zulässig. Eine Erfindung sollte deshalb so ausführlich wie möglich beschrieben werden. Weitere Hinweise gibt das Merkblatt für Patentanmelder, das beim DPMA auch übers Internet (www.dpma.de) erhältlich ist.

18.2.4. Erfordernisse für eine Patenterteilung

Als Erfindungen können technische Vorrichtungen oder Verfahren geschützt werden.

Eine Erfindung ist patentfähig, wenn der in den Patentansprüchen beschriebene Gegenstand neu ist, auf einer erfinderischen Tätigkeit beruht und gewerblich anwendbar ist.

Der Begriff gewerblich anwendbar bedeutet, dass die Erfindung auf einem gewerblichen Gebiet einschließlich der Landwirtschaft hergestellt oder benutzt werden kann. Die Erfindung ist neu, wenn die Erfindung vor dem Tag der Anmeldung beim Patentamt nicht im Stand der Technik bekannt war. Unter dem Stand der Technik wird jede Art von Veröffentlichung zum Zeitpunkt der Anmeldung verstanden. Als Veröffentlichung zählen weltweit alle Dokumente in jeder Sprache, Bilder, Vorträge, Filme und Produkte oder Verfahren. Ebenso stehen auch eigene Veröffentlichungen einer späteren Patentierung entgegen.

Deshalb: Zuerst anmelden, dann veröffentlichen!

Eine Erfindung beruht auf einer erfinderischen Tätigkeit, wenn sich die Erfindung für einen Fachmann nicht in nahe liegender Weise aus dem Stand der Technik ergibt. Als Fachmann wird derjenige angesehen, der auf dem technischen Gebiet der Erfindung tätig ist und über durchschnittliche Kenntnisse verfügt. Die Erfahrung zeigt, dass zur Patenterteilung oftmals eine geringe erfinderische Tätigkeit, ein besonderer technischer Pfiff, ausreicht.

Von der Patentierung ausgeschlossen sind Entdeckungen, wissenschaftliche Theorien, mathematische Methoden und ästhetische Formschöpfungen. Pläne, Regeln und Verfahren für gedankliche Tätigkeiten, für Spiele oder für geschäftliche Tätigkeiten sind ebenfalls von der Patentierung ausgeschlossen. Computersoftware ist in Form von Verfahren schutzfähig, wenn die Software einen Beitrag zur Lösung eines technischen Problems liefert. Somit ist Software grundsätzlich patentfähig. Weiterhin sind Erfindungen von der Patentierung ausgeschlossen, deren Veröffentlichung oder Verwertung gegen die öffentliche Ordnung oder die guten Sitten verstoßen würde. Auch eine Patentierung von Pflanzensorten, Tierarten und im Wesentlichen biologische Verfahren zur Züchtung von Pflanzen und Tieren ist ausgeschlossen. Dieser Ausschluss gilt nicht für mikrobiologische Verfahren und die mit Hilfe dieser Verfahren gewonnenen Erzeugnisse. Zudem sind Verfahren zur chirurgischen oder therapeutischen Behandlung des menschlichen oder tierischen Körpers und Diagnostizierverfahren, die am menschlichen oder tierischen Körper vorgenommen werden, nicht patentfähig, da diese nicht als gewerblich anwendbar gelten.

18.2.5. Prüfungsverfahren

Ein Patent wird vom DPMA nur dann geprüft, wenn ein Prüfungsantrag gestellt und die Prüfungsgebühr bezahlt worden ist. Vor dem DPMA besteht die Möglichkeit, den Prüfungsantrag innerhalb von 7 Jahren ab dem Anmeldetag zu stellen. Nach der Stellung des Prüfungsantrages wird die Patentanmeldung in Bezug auf formale Erfordernisse und die Erfordernisse der Neuheit, der erfinderischen Tätigkeit und der gewerblichen Anwendbarkeit überprüft. Wird der Prüfungsantrag mit Einreichung der Patentanmeldung gestellt, so erhält man innerhalb von ungefähr 8 Monaten einen ersten Prüfungsbescheid. Zur Beurteilung der Erfindung führt ein Prüfer eine Recherche nach Stand der Technik durch. Im Prüfungsbescheid beurteilt der Prüfer die Patentfähigkeit der Erfindung im Vergleich zu den recherchierten Dokumenten. Der Patentanmelder hat die Möglichkeit, die vom Prüfer im Prüfungsbescheid aufgezeigten Mängel auszuräumen und einen patentfähigen Gegenstand durch eine Umformulierung der Patentansprüche festzulegen. Die gesamte Beschreibung der Erfindung dient als Offenbarungsquelle, aus der Merkmale entnommen und in die Patentansprüche aufgenommen werden können. Die Beschreibung darf jedoch nachträglich nicht durch neue Merkmale ergänzt werden. Die Patentanmeldung wird 18 Monate nach dem Anmeldetag veröffentlicht. Nach zwei bis drei Bescheiden erteilt der Prüfer ein Patent oder weist die Patentanmeldung zurück. Nach der Erteilung des Patentes wird vom Patentamt eine Patentschrift veröffentlicht.

Wird die Patentanmeldung vom Prüfer zurückgewiesen, so hat man die Möglichkeit, Beschwerde einzulegen und die Entscheidung des Prüfers vom Bundespatentgericht überprüfen zu lassen. In dem Verfahren vor dem Bundespatentgericht kann man die Patentansprüche erneut ändern, um einen patentfähigen Gegenstand zu formulieren. In besonderen Fällen, in denen eine Rechtsbeschwerde nach der Entscheidung des Bundespatentgerichts zulässig ist, kann die Patentanmeldung vor dem Bundesgerichtshof geprüft werden.

Bis zu einer Patenterteilung vergehen durchschnittlich 2 bis 4 Jahre. Das Patent hat eine Laufzeit von höchstens 20 Jahren ab dem Anmeldetag. Für jede Patentanmeldung und jedes Patent ist für das dritte und jedes folgende Jahr, gerechnet vom Anmeldetag an, eine Jahresgebühr zu entrichten. Die Jahresgebühren sind in der Höhe für die einzelnen Jahre gestaffelt und liegen zwischen 70 und 1.940 € beim DPMA.

18.2.6. Einspruch

Nach der Patenterteilung ist innerhalb einer Einspruchsfrist von 3 Monaten ein Einspruch gegen das Patent möglich. Im Einspruch sind die Gründe und Beweismittel anzugeben, die zeigen, dass das Patent zu Unrecht erteilt wurde. In den meisten Fällen werden neue Dokumente vorgebracht, gemäß denen die im Patent geschützte Erfindung nicht neu oder nicht erfinderisch ist. Aufgrund des Einspruchs wird das Patent entweder widerrufen, beschränkt aufrechterhalten oder unverändert aufrechterhalten. Als Rechtsmittel gegen die Entscheidung über das Patent ist die Beschwerde vor dem Bundespatentgericht möglich. Im Einspruchsverfahren trägt grundsätzlich jede Partei ihre Kosten selbst, so dass das Einspruchsverfahren ein kostengünstiges Verfahren zum Beseitigen von störenden Patenten darstellt.

18.2.7. Nichtigkeit

Nach Ablauf der Einspruchsfrist kann ein Patent während der gesamten Laufzeit mit einer Nichtigkeitsklage angegriffen werden. Ein Patent wird dann für nichtig erklärt, wenn die Erfindung nicht patentfähig ist, oder wenn der Schutzbereich des Patentes unzulässig erweitert worden ist. Die Nichtigkeitsklage ist beim Bundespatentgericht schriftlich zu erheben. Über die Nichtigkeitsklage wird durch Urteil entschieden. Gegen die Urteile findet die Berufung an den Bundesgerichtshof statt. Die Kosten des Verfahrens trägt der Unterlegene. Wird das Patent beschränkt aufrechterhalten, so tragen anteilig sowohl der Nichtigkeitskläger als auch der Patentinhaber die Kosten der Nichtigkeitsklage. Für die Nichtigkeitsklage sind durchschnittlich Kosten in der ersten Instanz in einer Größenordnung von 20.000 € und in der zweiten Instanz in einer Größenordnung von 30.000 € zu veranschlagen. Die Kosten hängen jedoch von dem Wert des angegriffenen Patents ab und können daher deutlich höher, aber auch niedriger sein.

18.2.8. Priorität

Eine erste Patentanmeldung einer Erfindung bei einem Patentamt begründet ein Prioritätsrecht. Das Prioritätsrecht erlaubt es, innerhalb eines Jahres nach dem Anmeldetag für weitere Länder die Erfindung anzumelden, wobei die Patentanmeldungen für die weiteren Länder genauso behandelt werden, als wären die Patentanmeldungen am gleichen Tag wie die erste Patentanmeldung eingereicht worden. Damit wird bei der Beurteilung der Neuheit und der erfinderischen Tätigkeit nur Stand der Technik berücksichtigt, der vor dem Anmeldetag der ersten Patentanmeldung bekannt war. Somit hat ein Patentanmelder nach der ersten Patentanmeldung 12 Monate Zeit, sich über die Wichtigkeit der Patentanmeldung klar zu werden, um dann für weitere Länder Nachanmeldungen einzureichen. Für Unternehmensgründer bietet die Prioritätsfrist die Möglichkeit, nach einer kostengünstigen Patentanmeldung beim DPMA innerhalb von 12 Monaten einen Lizenznehmer oder einen Investor zu finden, der die hohen Kosten für weitere Anmeldungen im Ausland trägt. Eine Patentanmeldung kann für die weiteren Länder bei den jeweiligen nationalen Patentämtern, dem Europäischen Patentamt (EPA) und als internationale Patentanmeldung bei dem DPMA oder dem EPA eingereicht werden.

18.2.9. Rechte aus dem Patent

Die Patentanmeldung hat die Wirkung, dass nach der Offenlegung der Patentanmeldung ein Anspruch auf eine angemessene Entschädigung gegenüber demjenigen entsteht, der die Erfindung benutzt. Nach der Erteilung eines Patentes steht dem Patentinhaber ein Anspruch auf Schadensersatz und als schärfste Waffe ein Verbietungsrecht gegenüber demjenigen zu, der die Erfindung nutzt. Ohne das Einverständnis des Patentinhabers ist Dritten die Benutzung der patentierten Erfindung verboten. Der Patentinhaber kann sein Recht mit einer Klage vor einem Landgericht durchsetzen. Die Wirkung des Patentes erstreckt sich nicht auf die Benutzung der Erfindung im privaten Bereich, zu nicht gewerblichen Zwecken oder zu Versuchszwecken. Der Schadensersatz und der Verbietungsanspruch stehen dem Patentinhaber zu, auch wenn der Patentverletzer von dem Patent keine Kenntnis hatte. Es wird als Pflicht angesehen, sich über Patentanmeldungen und Patente der Wettbewerber zu informieren.

18.2.10. Verfügungen über das Patent

Das Recht auf das Patent, der Anspruch auf Erteilung des Patents und das Recht aus dem Patent sind vererblich und können beschränkt oder unbeschränkt übertragen werden. Diese Rechte können ganz oder teilweise Gegenstand von Lizenzen sein. Bei einer einfachen Lizenz ist der Lizenzgeber nicht gehindert, Dritten weitere Lizenzen zu erteilen. Dagegen kann bei einer ausschließlichen Lizenz keine weitere Lizenz an einen Dritten vergeben werden. Ein Patent oder eine Patentanmeldung stellt einen Vermögensgegenstand dar, der beschlagnahmt oder gepfändet werden kann.

18.2.11. Beratung und Kosten

Da mit einer Patentanmeldung nicht unerhebliche Kosten verbunden sind, sollte vor einer Patentanmeldung kompetenter Rat eingeholt werden. Eine Patentanmeldung kann ohne Patentanwalt ausgearbeitet und beim DPMA oder EPA eingereicht werden. Jedoch ist eine Beratung durch einen Patentanwalt zu empfehlen. Die meisten Patentanwälte sind bereit, eine kostenlose Erstberatung vorzunehmen. Ein Patentanwalt hat ein technisches Studium absolviert und verfügt über eine juristische Zusatzausbildung im Bereich des gewerblichen Rechtsschutzes. Patentanwälte dürfen auf dem Gebiet der Patente, Gebrauchsmuster, Marken, Geschmacksmuster und sonstigen technischen Erfindungen beraten. Weiterhin sind Patentanwälte auch befugt, auf dem Gebiet des Arbeitnehmererfindergesetzes zu beraten.

In größeren Städten werden kostenlose Erfinderberatungen von Patentanwälten abgehalten. Auskünfte gibt die Patentanwaltskammer oder die örtliche Industrie- und Handelskammer. Zudem bietet auch die Patentstelle der Fraunhofer-Gesellschaft (www.pst.fraunhofer.de) in München eine kostenlose Beratung an. Weitere Informationen können vom Patentserver (www.patente.bmbf.de) des Bundesministeriums für Bildung und Forschung (BMBF) abgerufen werden.

Die Kosten für einen Patentanwalt liegen in der Größenordnung von 150 bis 250 €/Stunde. Die Gebühren des Deutschen Patent- und Markenamtes liegen für eine Patentanmeldung bis zur Erteilung unter 500 €. Ab dem dritten Jahr fallen Jahresgebühren an, die zwischen 70 und 1.940 € liegen und mit der Laufzeit gestaffelt zunehmen. Neben den Kosten für die Patentanmeldung sind auch noch die Kosten für die Führung des Erteilungsverfahrens zu berücksichtigen. Üblicherweise sind bis zur Patenterteilung Gesamtkosten in der Höhe von 3.000 bis 5.000 € für ein vom DPMA erteiltes Patent zu veranschlagen.

Ein europäisches Patent, das für 6 bis 8 Länder gültig ist, verursacht Kosten in der Größenordnung von 20.000 €. Für die Erteilung eines Patentes in USA oder in Japan sind Kosten in der Größenordnung von jeweils 7.500 € zu veranschlagen.

18.3. Finanzierung

18.3.1. Fördermöglichkeit

Es gibt unterschiedliche staatliche Programme zur Förderung von klein- und mittelständischen Unternehmen, die einen Teil der Kosten übernehmen, die für ein Patent entstehen. Es werden Unternehmen gefördert, die in den letzten Jahren keine Patente oder Gebrauchsmuster angemeldet haben. Üblicherweise wird nur ein Teil der entstehenden Kosten übernommen. Einzelheiten zu den aktuellen Förderprogrammen können auf dem Patentserver des BMBF abgerufen werden.

Eine weitere Förderung bietet die Fraunhofer-Gesellschaft an. Die Fraunhofer-Gesellschaft wählt dabei Erfindungen aus, die mit einer großen Wahrscheinlichkeit lizenziert oder vermarktet werden können. Die Fraunhofer-Gesellschaft übernimmt die Kosten für die Patenterteilung und hilft bei der Vermarktung. Im Gegenzug ist die Fraunhofer-Gesellschaft an den Lizenzeinnahmen oder am Verkaufspreis des Patentes beteiligt. Nach dem gleichen Prinzip arbeiten auch einige Unternehmensberatungen.

18.3.2. Kostengünstige Patentanmeldung

In den meisten Fällen ist es schwierig, schnell Kapital für eine Patentanmeldung zu erhalten. Sollte es nicht möglich sein, die Kosten für einen Patentanwalt aufzubringen, so hat man die Möglichkeit, die Patentanmeldung selbst zu verfassen und selbst beim Deutschen Patent- und Markenamt einzureichen. Man kann auch auf die Zahlung der Anmeldegebühr verzichten. Somit fallen auch keine amtlichen Gebühren an. Wird keine Anmeldegebühr bezahlt, so wird durch die Patentanmeldung nur das Prioritätsrecht begründet. Soll später das Patenterteilungsverfahren weitergeführt werden, so muss innerhalb eines Jahres nach dem Anmeldetag eine Patentanmeldung unter Inanspruchnahme der Priorität der ersten Patentanmeldung eingereicht werden.

Erste Hilfen für die Vorbereitung und Einreichung einer Patentanmeldung sind beim DPMA erhältlich. Weitere Informationen zur selbstständigen Ausarbeitung einer Patentanmeldung können Sie auf dem Patentserver des BMBF abfragen. Hilfreich ist auch das Lehrprogramm "Patente und Muster", das vom Verein Deutscher Ingenieure und von INSTI (www.insti.de), ein Projekt des Instituts der deutschen Wirtschaft Köln, bezogen werden kann. Auch das Prüfungsverfahren kann ohne Patentanwalt geführt werden.

Eine Patentanmeldung kann ohne Zahlung von Amtsgebühren eingereicht werden. Die Folge ist, dass nur das Prioritätsrecht begründet wird, aber die Patentanmeldung als nicht anhängig gilt. Auch diese Vorgehensweise ermöglicht es, innerhalb von 12 Monaten nach dem Anmeldetag eine Nachanmeldung sowohl beim DPMA als auch in weiteren Ländern unter Beanspruchung der Priorität einzureichen. Diese Vorgehensweise ist jedoch nur für die Erfindungen ratsam, bei denen eine Beurteilung der Erfindung durch das DPMA nicht benötigt wird. Man hat zudem den Vorteil, dass die Zahlung der Jahresgebühren für die Nachanmeldung um ein Jahr in die Zukunft verschoben ist, da die Jahresgebühren jeweils ab dem Anmeldetag und nicht ab dem Prioritätstag fällig werden.

Es ist jedoch zu empfehlen, einen Patentanwalt mit der Ausarbeitung der Patentanmeldung und mit der Führung des Prüfungsverfahrens zu beauftragen, da für eine gute Patentanmeldung eine Vielzahl von Vorschriften bezüglich des Inhalts und der Formulierung eingehalten werden müssen. Fehler, die bei der Anmeldung gemacht werden, können später kaum mehr rückgängig gemacht werden.

18.3.3. Verfahrenskostenhilfe

Personen, die die Kosten des Patenterteilungsverfahrens nicht oder nur zum Teil aufbringen können, wie z.B. Studenten ohne eigenes Einkommen, können beim DPMA einen Antrag auf Verfahrenskostenhilfe stellen. Die Verfahrenskostenhilfe wird bewilligt, wenn eine hinreichende Aussicht auf Erteilung eines Patentes besteht. Antragsformulare und Merkblätter zur Verfahrenskostenhilfe sind beim DPMA erhältlich. Dem Antrag muss eine Erklärung über die persönlichen und wirtschaftlichen Verhältnisse beigefügt werden. Nach erfolgreicher Bewilligung wird man von der Zahlung der Patentamtskosten ganz oder teilweise befreit. Auf einen besonderen Antrag hin können auch die Kosten eines Patentanwaltes übernommen werden. Voraussetzung ist, dass die Vertretung durch einen Patentanwalt erforderlich ist. Diese Voraussetzung dürfte in den meisten Fällen gegeben sein.

18.3.4. Stundung

Weiterhin besteht nach dem Patentgesetz die Möglichkeit, eine Stundung der Jahresgebühren beim DPMA zu beantragen, wenn man aus persönlichen oder wirtschaftlichen Gründen zur Zahlung nicht in der Lage ist. Entsprechende Informationen sind beim DPMA erhältlich.

18.3.5. Ermäßigung der Jahresgebühren

Die Jahresgebühren werden auf die Hälfte reduziert, wenn dem DPMA gegenüber eine Lizenzbereitschaftserklärung abgegeben wird. Nach der Abgabe der Lizenzbereitschaftserklärung kann jeder dem Patentinhaber anzeigen, dass er die Erfindung benutzen will. Nach der Anzeige kann der Anzeigende die Erfindung gegen eine angemessene Vergütung benutzen. Die Lizenzbereitschaftserklärung kann auch widerrufen werden, so lange keine Anfrage nach einer Lizenz eingegangen ist. Nach dem Widerruf sind die gesparten Anteile der Jahresgebühren nachzuzahlen.

18.4. Wertschöpfung durch Erfindungen

18.4.1. Arbeitnehmererfindergesetz

Patente können nur auf Erfindungen erteilt werden. Die Erfindung entsteht beim Erfinder und gehört dem Erfinder. Hat der Erfinder ein Arbeitsverhältnis, so ist der Erfinder nach dem Arbeitnehmererfindergesetz verpflichtet, die Erfindung dem Arbeitgeber schriftlich mitzuteilen. Der Arbeitgeber hat nach der Mitteilung 4 Monate Zeit, um die Erfindung durch eine schriftliche Inanspruchnahmeerklärung auf sich zu übertragen. Verstreicht die Frist ohne Inanspruchnahme, dann gehört die Erfindung dem Erfinder. Der Erfinder kann dann über die Erfindung frei verfügen. Der Erfinder kann die Erfindung selbst anmelden und selbst verwerten. Deshalb ist die Einhaltung der Inanspruchnahmefrist von besonderer Bedeutung für den Arbeitgeber. Erfindungen von Beschäftigten einer Hochschule (Universität und Fachhochschule) gehören grundsätzlich der Hochschule. Die Hochschule kann die Erfindung auch durch eine Inanspruchnahme auf sich übertragen, wenn der Erfinder die Erfindung veröffentlichen will. Hochschulwissenschaftler haben jedoch das Recht, eine Erfindung geheim zu halten, so dass die Hochschule die Erfindung nicht in Anspruch nehmen kann. Dem Hochschulwissenschaftler stehen nach der Inanspruchnahme der Erfindung 30% der Bruttoeinnahmen zu, die mit der Erfindung erwirtschaftet werden. Bruttoeinnahmen umfassen alle erfindungsbezogenen Einnahmen ohne Abzug der Kosten.

18.4.2. Verwertung von Erfindungen

Eine Erfindung kann auf drei Arten zur Verbesserung der eigenen Position eingesetzt werden: Veröffentlichen, Geheimhalten oder als Patent Anmelden.

18.4.2.1. Veröffentlichen

Eine Veröffentlichung einer Erfindung ohne Patentanmeldung hat die Wirkung, dass die Erfindung ab dem Zeitpunkt der Veröffentlichung zum Stand der Technik zählt und nicht mehr patentiert werden kann. Die Veröffentlichung bewirkt zwar kein Verbietungsrecht, verhindert aber, dass Wettbewerber auf die Erfindung ein Patent erteilt bekommen. Gleichzusetzen mit einer Veröffentlichung ist auch ein Anbieten oder Verkaufen eines Produktes, in dem die Erfindung erkennbar realisiert ist. Eine Veröffentlichung ist ein kostengünstiges Mittel, um sich Entwicklungsbereiche für eigene Produkte freizuhalten. Eine Veröffentlichung ist insbesondere dann zu überlegen, wenn sich eine Patentierung aus wirtschaftlichen oder patentrechtlichen Gründen nicht lohnt.

18.4.2.2. Betriebsgeheimnis

Eine Erfindung kann auch zum Betriebsgeheimnis erklärt werden. Ein Anerkennen eines Betriebsgeheimnisses durch den Arbeitgeber hat zur Folge, dass der Arbeitgeber dem Arbeitnehmer nach dem Arbeitnehmererfindergesetz vergütungspflichtig wird, ohne dass das Betriebsgeheimnis auf eine erfinderische Tätigkeit geprüft wird. Die Vergütungpflicht beginnt mit dem Anerkennen des Betriebsgeheimnisses und dauert 20 Jahre. Die Vergütungpflicht wird auch dann nicht unterbrochen, wenn das Betriebsgeheimnis bekannt wird. Auch schützt das Betriebsgeheimnis nicht gegen eine Patentierung des Betriebsgeheimnisses durch Dritte. In Deutschland erwirbt man durch eine Nutzung des Betriebsgeheimnisses ein Vorbenutzungsrecht, das gegen ein späteres Patent eines Wettbewerbers schützt.

Aufgrund der Besonderheiten des Betriebsgeheimnisses sollte nur dann eine Erfindung als Betriebsgeheimnis anerkannt werden, wenn sichergestellt ist, dass das Betriebsgeheimnis nicht oder erst nach einem längeren Zeitraum öffentlich wird. Als Betriebsgeheimnis bieten sich Erfindungen an, die am Produkt nicht nachweisbar sind. Eine Vielzahl von Herstellungsverfahren sind oft nachträglich am Produkt nicht nachweisbar. Die Erfahrung zeigt jedoch, dass Betriebsgeheimnisse oft mit dem Wechsel von Mitarbeitern oder durch eine enge Zusammenarbeit mit anderen Unternehmen abfließen. Ein Betriebsgeheimnis kann vorteilhaft sein, wenn eine Erfindung nicht oder nicht mit einem ausreichenden Schutzumfang patentierbar ist, aber doch einen wichtigen Wettbewerbsvorteil darstellt. In diesem Fall kann versucht werden, über ein Betriebsgeheimnis den Wettbewerbsvorteil möglichst lange zu sichern.

18.4.2.3. Anmelden

Entsteht eine Erfindung und kann mit der Erfindung ein Wettbewerbsvorteil erreicht werden, so sollte zuerst der Erfinder, der üblicherweise mit dem technischen Umfeld der Erfindung am besten befasst ist, prüfen, ob ihm ein gleicher oder ähnlicher Gegenstand bekannt ist. Ist die Stellungnahme des Erfinders nicht ausreichend für eine Beurteilung der Qualität der Erfindung, dann sollte eine Recherche nach Veröffentlichungen durchgeführt werden, die gleiche oder ähnliche Gegenstände/Verfahren wie die Erfindung betreffen. Alle bekannten Gegenstände und Verfahren stellen den so genannten Stand der Technik dar. Bei der Prüfung im Patentamt wird die Erfindung gegenüber dem Stand der Technik in Bezug auf die Erfordernisse der Neuheit und der erfinderischen Tätigkeit geprüft. Die Recherche ermöglicht es, die Patentfähigkeit der Erfindung vorab einzuschätzen, bevor Zeit und Kosten in eine Patentanmeldung investiert werden. Die Recherche kann man selbst durchführen oder einen Patentanwalt oder einen Rechercheur damit beauftragen.

Veröffentlichungen von Patentanmeldungen sind in technische Klassen eingeteilt. Anhand der technischen Klasse ist eine gezielte Suche nach technischen Gebieten möglich. Kostenlose Recherchen können beim DPMA oder über das Internet in Online-Datenbanken des DPMA und des Europäischen Patentamtes (EPA) durchgeführt werden. Auch die Benutzung der Datenbank des Amerikanischen Patentamtes (www.uspto.gov) ist kostenlos. Bei einer Recherche in Patentdatenbanken muss beachtet werden, dass nur Patentanmeldungen zu finden sind, die schon länger als 18 Monate angemeldet sind. Somit können die neuesten Anmeldungen der letzten 18 Monate nicht gefunden werden.

Datenbanken werden auch von kommerziellen Anbietern zur Verfügung gestellt, die kostenpflichtig sind. Der Vorteil von kommerziellen Datenbanken liegt in den vielfältigeren Informationen und den präziseren Abfragemöglichkeiten. Nachteilig sind die Kosten und die für einen Ungeübten komplexen Suchbefehle. Internetlinks zu verschiedenen Datenbanken enthalten die Homepages des DPMA (www.dpma.de) und des EPA (www.european-patent-office.org).

Für einen schnellen Überblick reichen oftmals selbst durchgeführte Recherchen in kostenlosen Datenbanken aus. Sollen jedoch von dem Rechercheergebnis wirtschaftlich wichtige Entscheidungen abhängig gemacht werden, so ist die Recherche durch einen Fachmann unabdingbar. Auch sollten dann die gefundenen Dokumente von einem Patentanwalt ausgewertet werden. Der recherchierte Stand der Technik kann zudem als Anregung für eigene Weiterentwicklungen genutzt werden.

Anhand der gefundenen Dokumente kann die Patentfähigkeit der Erfindung abgeschätzt werden. Sind die Erfolgsaussichten für eine Patenterteilung ausreichend groß und gewährt die Erfindung auch im Lichte des Standes der Technik einen ausreichenden Wettbewerbsvorteil, so sollte für die Erfindung ein Patent angemeldet werden.

18.4.3. Patentanmeldestrategie

18.4.3.1. Patentanmeldung ohne Prüfungsantrag

Eine Patentanmeldung ohne Prüfungsantrag hat den Vorteil, dass das Prüfungsverfahren nicht angestoßen wird und keine weiteren Kosten, abgesehen von den Jahresgebühren, entstehen. Diese Vorgehensweise hat den Nachteil, dass keine Information über die Qualität der Erfindung erhalten wird.

18.4.3.2. Patentanmeldung mit Prüfungsantrag

In der Regel ist die Anmeldung mit Prüfungsantrag vorzuziehen, da man innerhalb von 8 bis 10 Monaten einen ersten Prüfungsbescheid des Deutschen Patent- und Markenamts erhält. Aufgrund des ersten Prüfungsbescheides ist eine Beurteilung der Qualität der Erfindung möglich, so dass noch rechtzeitig innerhalb des Prioritätsjahres unter Berücksichtigung der Qualität der Erfindung eine Auswahl für die Länder getroffen werden kann, in denen Nachanmeldungen für die Erfindung eingereicht werden.

18.4.3.3. Patentanmeldung mit Recherchenantrag

Vor dem Deutschen Patent- und Markenamt kann anstelle eines Prüfungsantrages für eine Patentanmeldung auch ein Recherchenantrag zur Ermittlung des Standes der Technik gestellt werden. Die Gebühren für einen Prüfungsantrag liegen bei 350 € und die Gebühren für den Recherchenantrag liegen bei 250 €. Das Ergebnis der Recherche wird ebenfalls innerhalb von 8 Monaten erhalten. Mit dem Rechercheergebnis ist neben dem Stand der Technik auch eine Bewertung über die Wichtigkeit des Standes der Technik in Bezug auf die Erfindung enthalten. Eine Besonderheit des deutschen Patentrechtes ermöglicht es, einen Prüfungsantrag für eine Patentanmeldung innerhalb von 7 Jahren zu stellen. Dies bedeutet, dass man zuerst eine Patentanmeldung einreichen kann und anschließend bis zu 7 Jahre Zeit hat, um einen Prüfungsantrag zu stellen. Der aufgeschobene Prüfungsantrag hat den Vorteil, dass die Wettbewerber über den Schutzumfang der Patentanmeldung im Unklaren bleiben und man selbst beruhigt die Entwicklung der Wettbewerber abwarten kann. Innerhalb der 7 Jahre können die Patentansprüche im Rahmen der ursprünglichen Offenbarung an Produkte der Wettbewerber angepasst werden. Es kann jedoch jeder Dritte einen Prüfungsantrag stellen, wobei die Prüfungsgebühr von dem Dritten zu zahlen ist.

Anhand des Recherchenberichtes kann ein Patentanwalt mit etwas mehr Aufwand als beim Prüfungsbescheid die Qualität der Erfindung beurteilen. Somit kann auch bei dieser Variante innerhalb des Prioritätsjahres unter Berücksichtigung der Qualität der Erfindung entschieden werden, in welchen Ländern eine Nachanmeldung eingereicht wird. Ein Nachteil dieser Vorgehensweise besteht darin, dass ein Patent später erteilt wird und somit eine Klage aus einem Patent nicht sofort, sondern erst nach Patenterteilung möglich ist.

18.4.3.4. Gebrauchsmuster

Das Gebrauchsmuster gilt als kleines Patent und es gelten ähnliche Anforderungen wie für ein Patent. Die Erfindungshöhe ist für ein Gebrauchsmuster niedriger als für ein Patent. Somit eignet sich das Gebrauchsmuster für einfachere Erfindungen. Die Laufzeit des Gebrauchsmusters beträgt nur 10 Jahre. Verfahren können mit einem

Gebrauchsmuster nicht geschützt werden. Das Gebrauchsmuster muss beim DPMA angemeldet werden. Das Gebrauchsmuster wird nicht geprüft, sondern nur eingetragen. Damit entfällt das Prüfungsverfahren. Zudem sind die Kosten für die Aufrechterhaltung günstiger als bei einem Patent. Aus einem eingetragenen Gebrauchsmuster kann geklagt werden. Eine Klage aus einem ungeprüften Schutzrecht, wie dem Gebrauchsmuster, ist jedoch nur nach Gewissheit über die Rechtsbeständigkeit anzuraten. Dazu kann ein Rechercheantrag gestellt werden. Das DPMA ermittelt bei der Recherche Stand der Technik, der für die Prüfung der Rechtsbeständigkeit von Bedeutung ist. Ein Patentanwalt kann aufgrund des Rechercheergebnisses eine Aussage über die Rechtsbeständigkeit des Gebrauchsmusters machen. Ein Gebrauchsmuster kann mit einem Löschungsantrag angegriffen werden.

Sollte eine eigene Veröffentlichung, die vor weniger als 6 Monaten erfolgt ist, einem Patent entgegenstehen, kann noch ein Gebrauchsmuster angemeldet werden. Das Gebrauchsmustergesetz gewährt eine Neuheitsschonfrist von 6 Monaten für den Erfinder. Dies bedeutet, dass Veröffentlichungen des Erfinders, die jünger als 6 Monate sind, bei der Beurteilung des Gebrauchsmusters nicht berücksichtigt werden.

18.5. Patentstrategie

18.5.1. Grundlagen

Für die Festlegung einer Patentstrategie ist es zunächst erforderlich, festzulegen, welches Ziel mit Patenten erreicht werden soll. Ausgehend von der Unternehmensstrategie ist zu prüfen, in welcher Art und Weise Patente zu deren Unterstützung eingesetzt werden können. Abhängig von dem Umfeld, in dem man aktiv ist, geben Patente unterschiedliche Möglichkeiten, die Wettbewerbssituation zu verbessern. Nach einer Analyse des Umfeldes können die Faktoren ausgewählt werden, die eine Beeinflussung der Wettbewerbssituation im Einklang mit der Unternehmensstrategie ermöglichen. Nach der Bestimmung der eigenen Position kann eine Patentstrategie festgelegt werden, die an das Umfeld und die Unternehmensstrategie angepasst ist. Mögliche Ziele sind: Der Schutz der eigenen Produkte vor Nachbau; Zugang zu Technologien, die von Wettbewerbern durch Patente geschützt sind; Erzielung von Lizenzeinnahmen; Aufbau eines innovativen Rufes und die Vermeidung der Nutzung von Wettbewerberpatenten.

18.5.2. Umfeld

Für die Festlegung einer Patentstrategie ist es unabdingbar, das wirtschaftliche Umfeld und die Wettbewerber zu kennen. Zur Klärung dieser Fragen können Recherchen in Wirtschaftsdatenbanken oder in Patentdatenbanken durchgeführt werden. Über die Recherche kann die Anmeldetätigkeit von Wettbewerbern nach Ländern aufgeschlüsselt werden. Damit gewinnt man einen Überblick über die Anmeldestrategie der Wettbewerber.

Die Anzahl der für ein technisches Gebiet ermittelten Patentanmeldungen und Patente gibt einen Hinweis darauf, welcher Wert Patenten in diesem technischen Gebiet beigemessen wird. Die Anzahl der Patentanmeldungen und Patente ist auch ein Indiz für die Gefahr, aus einem Patent verklagt zu werden. Da Patentanmeldungen Entwicklungsleistungen binden und Kosten verursachen, ist damit zu rechnen, dass die Wettbewerber versuchen, einen Return of Invest zu erhalten. Der Return of Invest kann in Lizenzeinnahmen, einer Monopolstellung und damit in einem erhöhten Preis des Produktes oder in einem Austausch gegen die Nutzung von Patenten eines Wettbewerbers bestehen.

Für eine einfache Beurteilung des Umfeldes kann die Anzahl der Patente und Patentanmeldungen der wichtigsten Wettbewerber verwendet werden. Der Vergleich mit der Anzahl der eigenen Patente und Patentanmeldungen ermöglicht eine Einschätzung der eigenen Position. Ein genaueres Bild ergibt sich, wenn neben der Anzahl auch die Qualität der Patente und der Patentanmeldungen berücksichtigt wird.

Ein weiterer wichtiger Faktor ist die Größe des Marktes und die Bedeutung der Technik für den Markt. Je größer der Markt ist und je mehr die Entwicklung des Marktes von technologischen Entwicklungen abhängt, desto größer ist die Bedeutung von Patenten für den Markt.

18.5.3. Wert eines Patents

Der Wert eines Patentes hängt im Wesentlichen von folgenden Faktoren ab:

- Technologie, die durch das Patent geschützt ist,
- Schutzumfang, d.h. Breite des Patents und
- Umsatz, der vom Patent erfasst wird.

Für eine übersichtliche Bewertung sollte ein einfaches Bewertungsschema gewählt werden. Ein einfaches Bewertungsschema weist drei Technologiekategorien auf. Die Technologiekategorie mit dem größten Wert wird als Schlüsseltechnologie bezeichnet und umfasst die Technologien, die für zukünftige Produkte von grundlegender Bedeutung sind. Eine Technologie ist dann von grundlegender Bedeutung, wenn die Entwicklung des Produktes ohne Nutzung der grundlegenden Technologie nahezu unmöglich ist oder sehr verteuert wird.

Die Technologiekategorie von mittlerem Wert wird als Fortschrittstechnologie bezeichnet und umfasst die Technologien, die für zukünftige Produkte von Bedeutung sind und ohne deren Nutzung ein Wettbewerbsnachteil entsteht. Der Wettbewerbsnachteil kann in höheren Kosten oder in einer schlechteren Funktion des Produktes liegen. In die Kategorie Fortschrittstechnologie fallen auch die Technologien, die von großer Bedeutung für derzeitige Produkte sind, die aber in absehbarer Zeit auslaufen werden. Darunter fallen auch grundlegende Technologien, ohne deren Nutzung derzeitige Produkte kaum realisierbar sind.

Die Technologiekategorie mit geringstem Wert wird als Alltagstechnologie bezeichnet und umfasst jene Technologien, die nur von mittlerer oder geringer Bedeutung für aktuelle Produkte sind. Das sind Technologien, die jederzeit durch Ersatztechnologien ersetzt werden können.

Durch die Zuordnung des Patents zu einer der Technologiekategorien wird der Wert des Patents im Wesentlichen festgelegt. Abhängig von der Technologiekategorie kann beispielsweise eine Länderauswahl festgelegt werden, in denen das Patent angemeldet wird. Die Anzahl der Länder nimmt mit der Bedeutung der Technologie zu.

Das zweite wichtige Kriterium für den Wert eines Patents ist der Schutzumfang des Patents. Der Schutzumfang legt fest, welche Produkte vom Patentinhaber verboten werden können. Je größer der Schutzumfang, umso größer ist der technische Bereich, dessen Nutzung verboten werden kann.

Der Schutzumfang wird durch die Merkmale der Patentansprüche, insbesondere durch Patentanspruch 1, festgelegt. Grundsätzlich gilt, dass der Schutzumfang umso größer ist, je weniger Merkmale ein Patentanspruch hat. Lautet der Patentanspruch: „Auto mit Rädern", so kann der Patentinhaber alle Autos mit Rädern, nicht jedoch Autos mit Kettenantrieb verbieten. Lautet der Patentanspruch: „Autos mit Rädern, wobei die Räder Felgen aus Aluminium aufweisen", so kann der Patentinhaber nur Autos mit Rädern mit Felgen aus Aluminium verbieten. Autos mit Felgen aus Edelstahl sind vom Patent nicht erfasst. Damit wird klar, wie wichtig die Formulierung der Patentansprüche ist.

Der Schutzumfang eines Patentes sollte möglichst objektiv und unabhängig vom Erfinder bewertet werden. Patente können abhängig von der Größe des Schutzumfangs in mehrere Schutzumfangskategorien eingeteilt werden. Eine einfache Einteilung weist drei Schutzumfangskategorien auf: Grundsatzpatente, Ausführungspatente und Detailpatente. Ein Grundsatzpatent weist einen derart breiten Schutzumfang auf, dass die von dem Grundsatzpatent betroffene Technologie kaum ohne Nutzung des Grundsatzpatentes verwendet werden kann. Ein Ausführungspatent weist einen Schutzumfang auf, mit dem eine besondere Ausführungsform der Technologie geschützt ist. Neben der geschützten Ausführungsform können noch weitere Ausführungsformen bestehen, die von dem Patent nicht erfasst sind. Das Detailpatent weist einen Schutzumfang auf, der so gering ist, dass das Patent mit geringem Aufwand von Wettbewerbern durch eine andere technische Lösung ohne Nutzung des Patentes umgangen werden kann.

Der vom Patent erfasste Umsatz ist der dritte wesentliche Faktor. Dabei ist der eigene Umsatz und der Umsatz der Wettbewerberprodukte zu berücksichtigen. Der eigene Umsatz zeigt, wie groß der Wert der eigenen Produkte ist, die gegen eine Nachahmung geschützt sind. Der Umsatz der Wettbewerberprodukte zeigt, wie groß die zu erwartende Schadensersatzzahlung ist. Da die patentverletzenden Produkte meist nicht bekannt sind, wird oft ein fiktiver Wert für den Umsatz angenommen, für den das Patent gefährlich sein könnte.

Ist das Patent oder die Patentanmeldung nach den drei Faktoren bewertet, dann kann dem Patent oder Patentanmeldung ein fiktiver Wert zugeordnet werden.

18.5.4. Steuerung der Patentstrategie

Ein Patent entfaltet nur territorial Wirkung für das Land, für das das Patent erteilt ist. Ein Patent hat zum einen die Wirkung, dass die eigenen Produkte vor Nachahmung geschützt werden und zum anderen, dass die Produkte eines Wettbewerbers behindert werden. Deshalb trägt sowohl der eigene Umsatz als auch der Umsatz der Wettbewerber zu dem Umsatz bei, der von einem Patent erfasst wird.

Deshalb ist es sinnvoll, wertvollere Patente in mehr Ländern anzumelden, um einen größeren Umsatz zu erfassen. In einem einfachen Auswahlschema werden für jede Technologiekategorie abhängig von den drei Schutzumfangskategorien drei Länderkreise festgelegt. Jeder Länderkreis weist eine Auswahl von Ländern auf, in denen ein Patent angemeldet wird, das der entsprechenden Technologiekategorie zuzuordnen ist und das den entsprechenden Schutzumfang aufweist.

Bei der Auswahl der Länder für einen Länderkreis sind die eigenen Umsätze und die Umsätze der Wettbewerber in den Ländern zu berücksichtigen. Weiterhin sind die Kosten für die Patenterteilung in den Ländern und die Aufrechterhaltung des Patentes ein wichtiges Auswahlkriterium. Beispielsweise ist ein Patent für die USA mit Kosten bis zur Erteilung von bis zu 7.500 € relativ teuer im Vergleich zu einem Patent in Deutschland oder Frankreich, das Kosten in der Größenordnung von 4.000 € verursacht. In vielen Fällen ist jedoch der Umsatz, der von einem US-Patent erfasst wird, deutlich größer als die Summe der Umsätze, die von einem Patent in Deutschland und Frankreich erfasst werden. Somit ist es in manchen Fällen bezogen auf den erfassten Umsatz kostengünstiger, in einem teureren Land ein Patent anzumelden als in zwei günstigeren Ländern.

Außer dem Umsatz kann für die Auswahl der Länder auch berücksichtigt werden, in welchen Ländern Produktionsstandorte von Wettbewerbern sind. Wird beispielsweise ausschließlich in Deutschland produziert, so kann mit einem Patent in Deutschland ein ausreichender Schutz erreicht werden. Bei der Konzentration auf Produktionsländer ist jedoch zu berücksichtigen, dass Produktionsstandorte verlagert werden können. Dagegen kann ein Patentschutz nur innerhalb des Prioritätsjahres auf weitere Länder ausgedehnt werden.

Patente können auch dazu verwendet werden, um über Lizenzverträge Lizenzeinnahmen zu erhalten. Dabei kann sich die Lizenz auf Märkte erstrecken, die man selbst nicht bedienen kann oder will. Deshalb kann es auch interessant sein, ein Schutzrecht in einem Land zu haben, das man selbst nicht beliefern will, das aber von einem Lizenznehmer beliefert wird.

Die Auswahl der Länder, in denen ein Patent angemeldet wird, kann auch davon abhängen, ob eine Lizenzierung oder eine Kooperation mit einem anderen Unternehmen vorbereitet werden soll. Zudem können Patente auch an Tochterunternehmen lizenziert werden, um einen Gewinn in Ländern anfallen zu lassen, in denen die Steuer niedriger ist.

Weiterhin können bei der Festlegung der Länderkreise Besonderheiten, wie z.B. das Bestehen von einheitlichen Absatzmärkten, berücksichtigt werden. Bei Massenprodukten, wie z.B. dem Kraftfahrzeug, das von einem Hersteller nahezu weltweit vertrieben wird, ist der Hersteller nicht gewillt, für einzelne Länder unterschiedliche Lösungen zu wählen. Somit ist es, um einen Automobilhersteller zu blockieren, nicht erforderlich, in allen Absatzländern ein Patent anzumelden. Es reicht aus, wenn ein wesentlicher Umsatz betroffen ist.

Außerdem ist zu beachten, dass die Durchsetzung von Patenten in manchen Ländern, insbesondere für Ausländer erschwert ist. Zudem sind die Verfahrenskosten in den verschiedenen Ländern unterschiedlich. Auch bestehen in manchen Ländern, wie z.B. China, nur geringe Schadensersatzansprüche. Die Verwendung des beschriebenen Auswahlschemas für die Auswahl der Länder, in denen ein Patent angemeldet wird, bietet den Vorteil, dass nicht für jede einzelne Patentanmeldung eine grundlegende Diskussion über die Auswahl der Länder geführt werden muss. Die Länderkreise sind in regelmäßigen Zeitabständen mit dem Marketing, dem Vertrieb und der Geschäftsführung abzustimmen.

18.5.5. Patentanmeldung im Ausland

Eine Beurteilung und Bewertung des Schutzumfanges einer Patentanmeldung kann in den meisten Fällen erst nach Erhalt eines ersten Prüfungsbescheides durchgeführt werden. Somit ist es ratsam, zuerst eine Anmeldung in einem Land vorzunehmen, in dem die Patentanmeldung geprüft wird und anschließend nach Erhalt des ersten Prüfungsbescheides die Beurteilung des Schutzumfanges vorzunehmen. Das DPMA verspricht die Übermittlung des ersten Prüfungsbescheides innerhalb von 8 Monaten ab dem Anmeldetag. Eine Anmeldung in weiteren Ländern nach der Technologiekategorie und der Schutzumfangskategorie der Patentanmeldung ist innerhalb des Prioritätsjahres durchzuführen. Eine deutsche Patentanmeldung kann beim DPMA für Deutschland eingereicht werden. Eine europäische Patentanmeldung kann beim Europäischen Patentamt (EPA) für eine Vielzahl von europäischen Ländern eingereicht werden. Die europäische Patentanmeldung ist deutlich teurer als die deutsche Patentanmeldung. Zudem kann eine internationale PCT Patentanmeldung für die wichtigsten Industrieländer beim DPMA oder beim EPA eingereicht werden. Auch die internationale Patentanmeldung ist deutlich teurer als die deutsche Patentanmeldung. Eine Patentanmeldung kann auch für jedes Land bei dem nationalen Patentamt des entsprechenden Landes eingereicht werden. Als kostengünstige Vorgehensweise sollte die erste Patentanmeldung der Erfindung mit Prüfungsantrag beim DPMA eingereicht werden. In Einzelfällen können jedoch Aspekte wie eine bessere Recherche oder eine Überlastung des DPMA dazu führen, dass trotz der höheren Kosten das Europäische Patentamt für die erste Patentanmeldung vorzuziehen ist.

Für die Anmeldung in weiteren Ländern innerhalb des Prioritätsjahres bietet eine Anmeldung beim Europäischen Patentamt den Vorteil, dass für eine Vielzahl von europäischen Ländern mit einem einzigen Prüfungsverfahren ein einheitliches Patent erteilt wird. Nach der Erteilung des Patentes zerfällt das Patent in ein Bündel nationaler Patente. Damit fallen auch erst nach der Erteilung Kosten für die Übersetzungen und die ausländischen Patentanwälte an. Auch kann die Anzahl der Länder, in denen ein europäisches Patent wirksam werden soll, zu einem späten Zeitpunkt entschieden werden. Weitere Vorteile der europäischen Patentanmeldung liegen in einem einheitlichen Patenterteilungsverfahren und einem Anfall eines großen Teils der Kosten erst zu einem Zeitpunkt, zu dem der Schutzumfang des Patentes bereits feststeht.

Soll in mehreren Ländern außerhalb der Europäischen Union ein Patent angemeldet werden, ist es vorteilhaft, eine internationale Patentanmeldung als Erstanmeldung oder als Nachanmeldung innerhalb des Prioritätsjahres anstelle von nationalen Patentanmeldungen einzureichen. Mit der internationalen Patentanmeldung kann man weltweit für die wichtigsten Industrieländer eine Patentanmeldung einreichen und eine Recherche mit Prüfung durchführen. Die internationale Patentanmeldung bietet den Vorteil, dass nur eine einzige Patentanmeldung in deutscher Sprache einzureichen ist und man 20 Monate bzw. 30 Monate Zeit hat, je nach dem, ob eine vorläufige Prüfung beantragt wird oder nicht, um nationale Patentanmeldungen zu hinterlegen. Man erkauft sich durch höhere Kosten eine längere Frist, innerhalb der nationale Patentanmeldungen eingereicht werden können. Man hat somit mehr Zeit, um die Wichtigkeit der Erfindung besser beurteilen zu können, bevor die Entscheidung über nationale Patentanmeldungen getroffen werden muss und hohe Kosten anfallen.

18.5.6. Steuerung der Erfindungen

Durch die Faktoren Technologie und Umsatz können die technischen Gebiete festgelegt werden, in denen es sich lohnt Erfindungen zu generieren. Entwickeln Sie beispielsweise ein Einspritzventil für Dieselmotoren, das im Wesentlichen ein Gehäuse, einen Aktor und eine Düsennadel mit Einspritzdüse aufweist. Die Düsennadel und die Einspritzdüse seien schon lange bekannt und funktionieren gut. Der Aktor jedoch ist veraltet und Sie arbeiten an einer neuen Antriebsart, z.B. an einem piezoelektrischen Aktor anstelle des bekannten Elektromagneten. Dann sollten auch kleinere Erfindungen vom piezoelektrischen Aktor und nur größere Entwicklungssprünge bei der Düsennadel und der Einspritzdüse zum Patent angemeldet werden. Die Entwicklungsleistung sollte auf die Technologie Aktor konzentriert werden.

Gerade kleine oder neu gegründete Unternehmen müssen sich auf die wesentlichen Technologien konzentrieren. Nur durch eine Weiterentwicklung der wesentlichen Technologien und eine Patentierung der Weiterentwicklungen kann ein Unternehmen langfristig erfolgreich sein.

18.6. Patente von Wettbewerbern

18.6.1. Überwachung und Bewertung von Wettbewerberpatenten

Patente von Wettbewerbern sind zu beachten, da die Herstellung und der Verkauf eines Produktes, das von einem Patent geschützt ist, verboten werden kann. Zudem kann der Patentinhaber Schadensersatz für die Benutzung seines Patentes fordern.

Die Patentanmeldungen und Patente der Wettbewerber sollte man deshalb überwachen und dahingehend auswerten, ob eigene Produkte oder Entwicklungen gestört werden. Auf diese Weise erhält man frühzeitig Hinweise über den Entwicklungsfreiraum, der zur Verfügung steht. Durch eine frühzeitige Information kann flexibler auf störende Patentanmeldungen und Patente reagiert werden. Wird eine störende Patentanmeldung frühzeitig gefunden, so hat man noch Zeit, um entweder eine andere technische Lösung zu entwickeln, die das Patent nicht benutzt, oder um eine günstige Lizenz auszuhandeln, da noch Zeit besteht, um eine Umgehungslösung zu entwickeln, die das Wettbewerbspatent nicht benutzt. Kurzfristig bedeutet die Auswertung von Patentanmeldungen und Patenten von Wettbewerbern einen Zusatzaufwand, der sich jedoch langfristig lohnt. Zudem kann für ein deutsches und ein europäisches Patent innerhalb einer Einspruchsfrist von drei Monaten bzw. neun Monaten nach der Patenterteilung mit einem Einspruch beantragt werden, das Patent zu widerrufen. Nach Ablauf der Einspruchsfrist kann das Patent nur noch mit einer Nichtigkeitsklage angegriffen werden, die allerdings im Gegensatz zum Einspruch ein großes Kostenrisiko birgt.

Eine Beurteilung von ausländischen Patenten sollte wegen national unterschiedlicher Maßstäbe hinsichtlich der Rechtsbeständigkeit und des Schutzumfanges von einem Patentanwalt des entsprechenden Landes durchgeführt werden. Insbesondere ist es vor der Markteinführung eines Produktes in den USA erforderlich, eine Patentrecherche über störende Patente durchzuführen und von einem US-Anwalt auswerten zu lassen.. In den USA wird eine erhöhte Sorgfalt bei der Beachtung von Patenten erwartet. Wird diese Sorgfalt nicht eingehalten, dann kann anstelle des einfachen Schadensersatzes der dreifache Schadensersatz bei einer Patentverletzung zugesprochen werden. Nur durch eine vor dem Markteintritt durchgeführte Patentrecherche und durch eine entsprechende Auswertung durch einen US-Anwalt besteht die Möglichkeit, bei einer späteren Patentverletzung den Anspruch auf Schadensersatz auf den einfachen Schadensersatz zu begrenzen.

18.6.2. Entwertung eines Grundsatzpatentes

Hat ein Wettbewerber ein Grundsatzpatent, so ist es vorteilhaft, eine Vielzahl von abhängigen Patenten um das Grundsatzpatent herum aufzubauen. Damit werden dem Wettbewerber vorteilhafte Weiterentwicklungen abgeschnitten. Als Folge davon wird das Grundsatzpatent entwertet und der Wettbewerber ist eher gewillt, eine Nutzung seines Grundsatzpatentes gegen die Zahlung einer Lizenzgebühr und/oder gegen eine Nutzung der abhängigen Patente zu erlauben.

18.6.3. Geringe Erfindungshöhe

In den vergangenen Jahren sind die Anforderungen an die erfinderische Tätigkeit eines Patents gesunken. Damit steigen zum einen die Chancen, einen eigenen großen Patentbestand aufzubauen. Aber zum anderen steigen auch die Gefahren, von Wettbewerbern aus Patenten mit geringer Erfindungshöhe angegriffen zu werden. Diese Situation bedeutet zum einen, dass man sich als ein in der Entwicklung führendes Unternehmen nicht auf wenigen Grundsatzpatenten ausruhen kann, sondern dafür sorgen muss, dass die Wettbewerber keine wichtigen abhängigen Patente erhalten. Deshalb sollte auch bei kleineren technischen Entwicklungen überlegt werden, ob ein Patent angemeldet oder die Entwicklung veröffentlicht wird. Aufgrund der geringen Erfindungshöhe ist eine erhöhte Sorgfalt mit dem Umgang von Erfindungen geboten.

Für Unternehmen, die in der Entwicklung nicht führend sind, ergibt sich die Chance, trotz bestehender Grundsatzpatente von Wettbewerbern über eine Vielzahl von abhängigen Patenten eine gewichtige Patentposition aufzubauen, die die Inhaber von Grundsatzpatenten zu einer Zusammenarbeit, beispielsweise in Form eines Lizenzaustauschvertrages, bewegen kann.

18.6.4. Eintritt in abgeschottete Märkte

Ist ein Markt durch eine Vielzahl von Patenten abgedeckt, besteht kaum eine Chance in den Markt einzudringen. Wird jedoch eine wesentliche Technologie des Marktes durch eine neue Technologie abgelöst, dann hat auch ein neuer Marktteilnehmer durch eine möglichst breite Patentierung der neuen Technologie eine gute Chance in den Markt einzudringen. Die Patentinhaber, die bisher den Markt beherrscht haben, sind gezwungen, sich mit dem neuen Marktteilnehmer zu einigen, um die neue Technologie nutzen zu können.

18.7. Markenstrategie für Unternehmensgründer

Marken und Geschäftsbezeichnungen können wesentlich zu einer Wertschöpfung eines Produktes oder einer Dienstleistung beitragen. Viele Produkte und Dienstleistungen sind nahezu identisch und der Käufer entscheidet sich nach der Marke des Produktes oder nach dem Namen des Unternehmens, das die Dienstleistung erbringt. Zudem besteht die Pflicht für Unternehmensgründer, bestehende Rechte an Marken, Geschäftsbezeichnungen und Domainnamen zu beachten. Bei einer Verletzung eines derartigen Rechtes ergibt sich ein Anspruch auf Schadensersatz und Unterlassung. Mit den folgenden Ausführungen wird ein kurzer Einstieg in die für Unternehmensgründer wesentlichen Aspekte der Marken, Geschäftsbezeichnungen und Domainnamen gegeben.

18.8. Kennzeichen als Instrumente des Wettbewerbs

Mit einem Kennzeichen können Produkte, Dienstleistungen und der Name (Firma) eines Unternehmens unterscheidbar von den Produkten, Dienstleistungen und dem Namen anderer Unternehmen gekennzeichnet werden. Die Kennzeichen werden verwendet, um sich von Wettbewerbern abzugrenzen. Diese Funktion ist besonders wichtig für neu gegründete Unternehmen. Ein junges Unternehmen hat bei einem Markteintritt wesentlich damit zu kämpfen, dass es unbekannt ist und mögliche geeignete Kunden naturgemäß wenig Vertrauen gegenüber neuen Unternehmen haben. Die Wahl des Kennzeichens kann wesentlich dazu beitragen, dass die neuen Kunden schneller Vertrauen zu dem neuen Unternehmen aufbauen.

Unter Kennzeichen werden Marken für Produkte und Dienstleistungen, der Name eines Unternehmens sowie Titel für Werke und Domainadressen verstanden. Für einen erfolgreichen Unternehmensstart ist es von Vorteil, wenn die Kennzeichen zusammen mit Ausstattungen des Unternehmens wie Unternehmensbroschüre, Visitenkarten, Internetauftritt usw. in Form einer Corporate Identity eine geschlossene Einheit bilden. Die Kennzeichen sollten die Eigenschaften widerspiegeln, die Kunden von dem Unternehmen erwarten. Abhängig von der Branche können das unterschiedliche Eigenschaften sein. Im Bereich der Werbung wird das Auftreten eines Unternehmens anders aussehen als bei Anwälten. Für die Wahl der geeigneten Corporate Identity stehen eine Vielzahl von Beratungsunternehmen zur Verfügung. Bei der Wahl der Kennzeichen sollte auch die langfristige Entwicklung des Unternehmens berücksichtigt werden. Mit den Kennzeichen kann eine Wertschöpfung über Jahrzehnte betrieben werden. Ein Beispiel dafür ist die Marke DaimlerChrysler, deren Wert auf 33 Mrd. € für das Jahr 2002 geschätzt wird (semion brand broker GmbH).

18.9. Kennzeichenrechte

Ein wichtiges Kennzeichenrecht ist das Namensrecht. Das Namensrecht (§12 BGB) gibt jeder natürlichen und juristischen Person das Recht, den eigenen Namen oder die Firma zu benutzen. Wer den Namen zuerst benutzt, hat die älteren Rechte und damit grundsätzlich Vorrang vor dem jüngeren Recht. Bei Verletzung eines Namensrechtes besteht Anspruch auf Beseitigung der Verletzung. Derjenige, der jüngere Rechte hat, muss dafür Sorge tragen, dass ein Abstand zu dem älteren Recht gewahrt wird, so dass der Verkehr erkennt, dass es sich um ein anderes Unternehmen handelt. Möchte beispielsweise ein Unternehmer, der mit Familiennamen Porsche heißt, Autos herstellen und verkaufen, dann muss er Zusätze verwenden, wie z.B. Josef Porsche Regensburg, so dass für den Verkehr klar ist, dass das neue Unternehmen nicht das bekannte Unternehmen Porsche aus Stuttgart ist.

Weitere Rechte gewährt das Markengesetz, das die Rechte aus eingetragenen Marken, aus nicht eingetragenen, benutzten Marken und aus geschäftlichen Bezeichnungen regelt. Unter geschäftlichen Bezeichnungen werden Unternehmenskennzeichen und Werktitel verstanden. Unternehmenskennzeichen sind der Name eines Unternehmens oder sonstige Zeichen wie z.B. einheitliche Arbeitskleidung oder ein Briefkopf, die von einem Unternehmen verwendet werden. Werktitel sind Titel, die ein Werk, beispielsweise eine Zeitung oder ein Computerspiel kennzeichnen. Der Schutz entsteht nur, wenn die geschäftliche Bezeichnung oder der Werktitel benutzt wird. Voraussetzung für die Entstehung des Rechtes ist, dass die geschäftliche Bezeichnung Unterscheidungskraft hat und sich zur Kennzeichnung eignet. Eine förmliche Eintragung ist nicht erforderlich. Das Recht gilt aber nur geographisch in den Bereichen, in denen das Zeichen benutzt wird. Somit können lokale oder deutschlandweite Rechte entstehen. Der Nachweis der Entstehung und die räumliche Erstreckung des Rechtes sind oft strittig. Im Zweifelsfall muss der Beginn der Benutzung und die räumliche Wirkung durch Unterlagen nachgewiesen werden. Wenn ein Unternehmen nur lokal in Regensburg tätig ist und nur in Regensburg Werbung macht, entsteht der Schutz nur im Umfeld von Regensburg. Folglich kann sich ein Unternehmen mit der gleichen Dienstleistung oder den gleichen Produkten, das in Frankfurt tätig ist, genauso nennen wie das Unternehmen in Regensburg, ohne in die Rechte des Regensburger Unternehmens einzugreifen.

Markenrechte entstehen zum einen durch eine Anmeldung und Eintragung beim Deutschen Patent- und Markenamt (DPMA). Zum anderen entsteht bei nicht eingetragenen Marken, so genannten Benutzungsmarken, das Markenrecht, wenn die Marke Verkehrsgeltung für das Produkt innerhalb der Verkehrskreise erworben hat. Verkehrsgeltung liegt dann vor, wenn der Verkehr die Marke als Hinweis für die betriebliche Herkunft des gekennzeichneten Produktes erkennt. Ist das Bestehen der Verkehrsgeltung strittig, dann werden aufwändige und teure Verkehrsbefragungen durchgeführt, um den Zeitpunkt und die Entstehung der Verkehrsgeltung festzustellen.

18.10. Anmeldung einer Marke

Die einfachste und sicherste Möglichkeit, sich ein Kennzeichenrecht zu sichern, ist die Anmeldung und Eintragung einer Marke beim DPMA. Damit ist das Bestehen des Markenrechtes dokumentiert. Zudem ist bei der eingetragenen Marke eine Benutzung der Marke erst innerhalb von 5 Jahren ab der Anmeldung erforderlich. Damit können Marken auf Vorrat gesichert werden. Wird die Marke länger als 5 Jahre nach der Anmeldung nicht benutzt, so kann die Marke wegen Nichtbenutzung gelöscht werden. Eine Marke hat eine Laufzeit von 10 Jahren und kann beliebig oft verlängert werden. Für die Anmeldung einer Marke stehen folgende Markenformen zur Verfügung: die reine Wortmarke, die Wort-/Bildmarke, die 3-D-Marke, die Farbmarke und die Hörmarke.

Eine Marke kann ohne Patentanwalt beim DPMA angemeldet werden. Für die Anmeldung muss ein Antrag gestellt und eine Anmeldegebühr (derzeit € 300,00 bei Beanspruchung von bis zu drei Klassen) bezahlt werden. Für jede Marke müssen Klassen von Waren/Dienstleistungen angegeben werden, für die die Marke eingetragen wird. Eine Marke entfaltet nur für die angegebenen Klassen von Waren und

Dienstleistungen Markenschutz. Je mehr verschiedene Klassen angegeben werden, desto höhere Gebühren sind zu zahlen. Ausführliche Informationen und eine Anleitung zur Markenanmeldung sind im Internet auf der Homepage des DPMA zu finden.

Das DPMA prüft die Marke auf objektive Schutzvoraussetzungen. Die wesentlichen objektiven Schutzvoraussetzungen sind: Die Marke muss grafisch darstellbar sein, muss Unterscheidungskraft aufweisen, darf für die beanspruchten Waren/Dienstleistungen nicht beschreibend sein und es darf kein Freihaltebedürfnis für Wettbewerber bestehen.

Damit die Marke präzise hinterlegt wird, ist es erforderlich, die Marke grafisch darzustellen. Die Hörmarke wird in Form von Noten hinterlegt. Die Farbmarke wird durch die Abbildung der Farbe und die Benennung der Farbe nach einer Norm wie z.B. der RAL-Nummer hinterlegt. Unterscheidungskraft bedeutet, dass die Marke geeignet ist, um eine Ware/Dienstleistung eines Unternehmens von den Waren/Dienstleistungen eines anderen Unternehmens zu unterscheiden. Damit können alle Zeichen verwendet werden, die sich irgendwie zur Kennzeichnung der Herkunft einer Ware/Dienstleistung eignen. Die Marke darf für die beanspruchten Waren/Dienstleistungen oder eine wesentliche Eigenschaft der Ware/Dienstleistung nicht beschreibend sein. Nicht eingetragen wird z.B. das Wort Computer als Marke für Computer. Ein Freihaltebedürfnis besteht, wenn die Wettbewerber die Marke benötigen, um auf die Ware/Dienstleistung hinzuweisen oder um die Ware/Dienstleistung zu beschreiben. Erfüllt die Marke die objektiven Schutzvoraussetzungen, dann wird die Marke eingetragen. Eine Marke muss, um eingetragen zu werden, nicht neu sein.

Es ist zu beachten, dass nicht geprüft wird, ob ältere Rechte bestehen. So kann es vorkommen, dass zeitlich nacheinander identische Marken für identische Produkte angemeldet werden. In diesem Fall kann die jüngere Marke von dem Inhaber der älteren Marke gelöscht werden. Zudem verletzt die jüngere Marke die Rechte der älteren Marke, wodurch Schadensersatzansprüche entstehen. Die Eintragung einer Marke gibt kein Recht zur Benutzung der Marke.

Damit wird deutlich, dass vor einer Anmeldung der Marke eine Recherche nach älteren Rechten ratsam ist, um vor Überraschungen geschützt zu sein. Eine Markenrecherche kann über verschiedene Datenbanken (DPMA, CompuMark) ausgeführt werden. Für die Auswertung, ob ein Eingriff in ältere Rechte besteht, sollte ein Fachmann zu Rate gezogen werden. Für wichtige Marken sollte auch die Recherche von einem Fachmann durchgeführt werden.

Bei einer Markenverletzung sind die Anwaltskosten von dem Verletzer zu tragen, die auf mindestens 1.500 € zu veranschlagen sind, abgesehen von den Kosten, die entstehen, um die Broschüren, Kataloge, Werbemittel und Waren zu vernichten, die das Markenrecht verletzen. Damit wird deutlich, dass eine ausführliche und professionelle Recherche nach älteren Rechten vor einer Einführung einer Marke, Geschäftsbezeichnung, eines Titels oder eines Domainnamens anzuraten ist.

18.11. Markenanmeldung im Ausland

Mit der ersten Anmeldung einer Marke beim DPMA entsteht ein Prioritätsrecht, mit dem innerhalb von 6 Monaten eine weitere Markenanmeldung in anderen Ländern unter Nutzung der Priorität der ersten Anmeldung eingereicht werden kann. Die späteren Anmeldungen werden gegenüber anderen Rechten so gestellt, als wäre die Anmeldung am Anmeldetag der ersten Anmeldung eingereicht worden.

Für das Ausland können Marken national oder über verschiedene internationale Systeme angemeldet werden. So gibt es eine europäische Marke, die mit einem Anmeldeverfahren in allen Ländern der EU wirksam beim Harmonisierungsamt in Alicante, Spanien, angemeldet werden kann.

Eine Marke gilt nur in dem Land, in dem die Marke angemeldet ist. Besteht beispielsweise nur in Deutschland ein Markenschutz, so darf für die gleiche Ware/Dienstleistung die Marke von Wettbewerbern in allen anderen Ländern genutzt werden. Da eine Marke nicht neu sein muss, besteht die Gefahr, dass im Ausland eine parallele Marke von einem Wettbewerber angemeldet wird. Damit wird eine Benutzung der eigenen Marke im Ausland durch die Marke des Wettbewerbers behindert.

18.12. Rechte aus Kennzeichen

Das Namensrecht nach § 12 BGB gibt das Recht zur ungestörten Benutzung des eigenen Namens. Darunter zählen neben den Namen von Personen auch Namen von Unternehmen. Ein Namensrecht wird verletzt, wenn der Inhaber des Namensrechtes in seiner Ausübung beeinträchtigt ist und Verwechslungen zwischen Personen und Unternehmen auftreten.

Eine Marke gewährt das Recht, Dritten die Benutzung eines jüngeren Zeichens für die eingetragenen oder ähnlichen Waren/Dienstleistungen zu verbieten, wenn die Gefahr besteht, dass der Verkehr die Waren/Dienstleistungen, die mit dem Zeichen gekennzeichnet sind, mit den Waren/Dienstleistungen verwechselt, die mit der Marke gekennzeichnet sind.

Für die Überprüfung, ob eine Verwechslungsgefahr vorliegt, wird die Ähnlichkeit der Marke mit dem Zeichen und die Ähnlichkeit der Waren geprüft. Aus dem Ergebnis der beiden Vergleiche wird beurteilt, ob eine Verwechslungsgefahr besteht. Die Marke und das Zeichen werden auf schriftbildliche, klangliche oder begriffliche Ähnlichkeit geprüft. Besteht für eine der drei Kategorien eine Ähnlichkeit, werden die Marke und das Zeichen als ähnlich angesehen. Beispiel: Die Worte "Beck" und "Bäck" sind klanglich ähnlich, da sich die Worte nur in den Buchstaben e bzw. ä unterscheiden und der Buchstabe e ähnlich ausgesprochen wird wie der Buchstabe ä.

Bei der Ähnlichkeit der Waren/Dienstleistung wird im Wesentlichen geprüft, ob die Waren/Dienstleistungen üblicherweise von ein und demselben Unternehmen hergestellt oder verkauft werden. Brezen und Brot werden als ähnlich angesehen, da beide Waren vom Bäcker hergestellt werden. Brezen und Computer dagegen gelten als nicht ähnlich.

Abhängig von dem Grad der Ähnlichkeit der älteren Marke und dem jüngeren Zeichen und dem Grad der Ähnlichkeit der sich gegenüberstehenden Waren/Dienstleistungen wird entschieden, ob für den Verkehr die Gefahr einer Verwechslung der Herkunft der Waren/Dienstleistungen besteht. Je ähnlicher die Marke und das jüngere Zeichen sind, desto größeren Abstand müssen die Waren/Dienstleistungen haben, damit keine Verwechslungsgefahr vorliegt. Bei berühmten Marken erstreckt sich der Schutz über den Bereich der ähnlichen Waren/Dienstleistungen hinaus, wenn die Gefahr einer Rufschädigung oder Verwässerung der berühmten Marke besteht. Deshalb ist von berühmten Marken ein besonders großer Abstand zu wahren.

Das Recht einer Geschäftsbezeichnung wird verletzt, wenn die Gefahr besteht, dass der Verkehr zwei Unternehmen verwechselt, die ähnliche Geschäftsbezeichnungen verwenden. Zur Überprüfung der Verwechslungsgefahr werden die Ähnlichkeit der Geschäftsbezeichnungen und die Ähnlichkeit der Branchen geprüft, in denen die Unternehmen tätig sind. Je ähnlicher die Geschäftsbezeichnungen sind, desto größer muss der Abstand der Branchen sein, damit keine Gefahr der Verwechslung vorliegt. Der Abstand der Branchen wird danach beurteilt, ob die Branchen ähnlich sind, d.h. ob der Verkehr erwartet, dass die Branchen üblicherweise von einem Unternehmen abgedeckt werden. Berühmte Geschäftsbezeichnungen haben wie berühmte Marken einen größeren Schutzumfang, der über ähnliche Branchen hinausgeht.

Bei der Verletzung eines Rechtes an einem Namen, einer Marke oder einer Geschäftsbezeichnung hat der Inhaber des Rechts einen Anspruch auf Unterlassung der Verletzung. Dies bedeutet, dass das verletzende Zeichen, die verletzende Marke, der verletzende Name oder die verletzende Geschäftsbezeichnung geändert werden muss.

Zusätzlich hat der Verletzte Anspruch auf Schadensersatz. Der Schaden wird beispielsweise nach der Methode der Lizenzanalogie berechnet. Dabei wird der Verletzer so behandelt, als hätte er eine Lizenz genommen. Für die Berechnung der Lizenzgebühr wird der Umsatz der verletzenden Ware mit einem üblichen Lizenzsatz multipliziert. Übliche Lizenzsätze liegen zwischen 1% und 10%.

Der Verletzte hat weiterhin Anspruch auf Vernichtung der verletzenden Ware. Diese Maßnahme kann sehr gravierende wirtschaftliche Folgen für den Verletzer haben. Zudem besteht ein Auskunftsanspruch des Verletzten über die Lieferanten und Lieferwege der Ware. Dieser Anspruch ist hilfreich, um Importwege aufzudecken und um die Hersteller der verletzenden Produkte ausfindig zu machen.

Ein wirksames Mittel zur Verhinderung von Importen von Waren, die Kennzeichenrechte verletzen, ist die Beschlagnahmung der Waren an der Grenze durch die Zollbehörde (www.grenzbeschlagnahme.de). Damit die Zollbehörde aktiv wird, ist ein Antrag zu stellen und eine Gebühr zu bezahlen. Weitere Informationen können bei der Zollbehörde eingeholt werden.

Eine Marke kann lizenziert oder verkauft werden. Eine Marke kann auch für Teile der angegebenen Waren/Dienstleistungen lizenziert oder verkauft werden.

18.13. Domainnamen

Domainnamen sind technische Internetadressen, die von verschiedenen zentralen Einrichtungen vergeben werden. In Deutschland ist das Deutsche Network Information Center in Frankfurt (DE-NIC) für die Vergabe der Domainnamen zuständig. Bei der Vergabe der Domainnamen wird nicht geprüft, ob der Domainname ältere Rechte verletzt. Es wird nur geprüft, ob dieser Domainname schon als Internetadresse belegt ist.

Ein Domainname wird je nach Benutzung als Name, geschäftliche Bezeichnung oder auch als eine Marke angesehen. Durch die Benutzung eines Domainnamens können Rechte wie bei einer Benutzungsmarke oder einer geschäftlichen Bezeichnung entstehen. Die bloße Registrierung einer Domain begründet keine Rechte, kann jedoch bereits in bestehende ältere Schutzrechte eingreifen. Führt die Verwendung eines Domainnamens, der ähnlich einer Marke oder einer Geschäftsbezeichnung ist, zu einer Zuordnungsverwirrung des Verkehrs oder zu einer Identitätstäuschung, dann besteht eine Verletzung der Marke, der Geschäftsbezeichnung oder eines Namensrechts. Auch in diesen Fällen hat der Verletzte Anspruch auf Unterlassung und Schadensersatz. Deshalb ist unbedingt vor der Wahl eines Domainnamens eine Recherche nach älteren Rechten und eine Recherche in einer Markendatenbank zu empfehlen.

18.14. Rechtsmittel gegen Kennzeichenrechte/Domainnamen

Grundsätzlich ist es sinnvoll, sich bei Rechtsstreitigkeiten außergerichtlich zu einigen. Sollte eine außergerichtliche Einigung nicht möglich sein, stehen folgende Rechtsmittel zur Verfügung, um gegen Kennzeichenrechte und Domainnamen vorzugehen.

Gegen Namensrechte kann nur über zivilrechtliche Klagen vorgegangen werden, mit denen gezeigt wird, dass das Namensrecht nicht besteht oder jünger ist als das eigene Recht.

Gegen Geschäftsbezeichnungen kann ebenfalls nur über zivilrechtliche Klagen vorgegangen werden, mit denen festgestellt wird, dass kein Recht an der Geschäftsbezeichnung besteht oder das Recht jünger ist als das eigene Recht. Genauso wird mit nicht eingetragenen Marken verfahren. Für Streitigkeiten bezüglich Domains steht der Zivilrechtsweg sowie für com-Domains zusätzlich das Schiedsverfahren der WI-PO (World Intellectual Property Organization) offen.

Eine eingetragene Marke kann von einem Inhaber einer älteren Marke mit einem Widerspruch innerhalb einer 3-Monatsfrist nach Eintragung mit der Begründung angegriffen werden, dass die eigene Marke älter ist und die neu eingetragene Marke in die eigenen Rechte eingreift, d.h. dass eine Verwechslungsgefahr besteht.

Zudem kann unbefristet ein Löschungsantrag beim DPMA für eine eingetragene Marke gestellt werden, wobei zu begründen ist, dass die Marke nicht die objektiven Schutzvoraussetzungen, d.h. die grafische Darstellbarkeit oder die Unterscheidungskraft aufweist, oder nicht beschreibend ist oder ein Freihaltebedürfnis zur Zeit der Eintragung bestand. Weiterhin kann die eingetragene Marke mit einer Zivilklage gelöscht werden, wenn die Marke länger als 5 Jahre nach der Eintragung nicht benutzt wurde.

18.15. Zusammenfassung

Patente sind insbesondere für neu gegründete Unternehmen ein wesentliches Wettbewerbsinstrument, um den Eintritt in einen Markt zu unterstützen und um im Markt erfolgreich bestehen zu können. Über ein Patent kann auch ein junges Unternehmen eine Differenzierung eines Produktes erfolgreich gegen größere und im Markt bereits etablierte Unternehmen verteidigen. Damit kann unabhängig von der bestehenden Marktsituation durch eine erfinderische Leistung und ein darauf erteiltes Patent eine Monopolstellung erworben werden.

Ein weiterer Vorteil eines Patentes liegt für ein neu gegründetes Unternehmen darin, dass die Bedeutung eines Patentes auch von dem Umsatz abhängt, den das Patent bei einem Wettbewerber erfasst. Somit ist ein Unternehmen mit einem großen Umsatz bei Patentstreitigkeiten grundsätzlich größeren Schadensersatzforderungen ausgesetzt als ein neu gegründetes Unternehmen mit wenig Umsatz.

Zudem ist es dringend zu empfehlen, die Patente der Wettbewerber zu beachten, damit keine Schadensersatzansprüche entstehen oder die Herstellung und der Verkauf des eigenen Produktes nicht verboten werden können.

Marken und Geschäftsbezeichnungen sind wichtige Instrumente, um den Markteinstieg eines neu gegründeten Unternehmens zu erleichtern. Zudem kann durch eine überlegte Markenstrategie die Wertschöpfung des Unternehmens erhöht werden. Deshalb sollten von jedem neu gegründeten Unternehmen diese Instrumente genutzt werden. Die Auseinandersetzung mit Marken und Geschäftsbezeichnungen ist unerlässlich in Bezug auf Marken und Geschäftsbezeichnungen von Wettbewerbern, da eine Verletzung von älteren Rechten drastische Konsequenzen nach sich zieht.

18.16. Weiterführende Literatur und Internetadressen

Literaturverzeichnis:

Ilzhöfer, V. (1999): Patent-, Marken- und Urheberrecht. 3. Auflage, Verlag Vahlen, München.

Harke, D. (2000): Ideen schützen lassen? 1. Auflage, Deutscher Taschenbuch Verlag, München.

Sonn, H.; Pawloy, P.; Alge, D. (2000): Patentwissen leicht gemacht. 2. akt. und erw. Auflage, Überreuter, Wien.

Rebel, D. (2001): Gewerbliche Schutzrechte: Anmeldung – Strategie – Verwertung: Ein Praxishandbuch. 3. überarb. und erw. Auflage, Heymanns, Köln, Berlin, Bonn, München.

Becher, G. (1996): Patentwesen an Hochschulen. Herausgegeben vom Bundesminister für Bildung, Wissenschaft, Forschung und Technologie, Bonn.

Berlit, W. (1999): Das neue Markenrecht. 3. neu bearb. Auflage, Beck, München.

Henning-Bodewig, F. (1988): Marke und Verbraucher - 1. Grundlagen. 1988 – XIX, S. 370.

Schütz, P. (2001): Die Macht der Marken - Geschichte und Gegenwart. Dissertation der Universität Regensburg.

Internetadressen und Anschriften:

World Intellectual Property Organization: www.wipo.int

Harmonisierungsamt Alicante: oami.eu.int

Deutsches Patent- und Markenamt: www.dpma.de

Europäisches Patentamt: www.european-patent-office.org

Patentserver des Bundesministeriums f. Bildung u. Forschung: www.patente.bmbf.de

Zollbehörde: www.grenzbeschlagnahme.de

Adresse: Oberfinanzdirektion Nürnberg, Zentralstelle Gewerblicher Rechtsschutz, Sophienstraße 6, D-80284 München, zgr@ofdm.bfinv.de

19. Standortwahl und Netzwerke von Unternehmensgründern

JÜRGEN SCHMUDE

19.1. Überblick

Der vorliegende Beitrag thematisiert – vorwiegend aus regional- bzw. wirtschaftsgeographischer Sicht - die Aspekte *Unternehmensstandort* und *Netzwerke*. Ausgehend von theoretischen Überlegungen wird die Relevanz beider Aspekte anhand empirischer Analysen aufgezeigt. Insgesamt können die Ausführungen als Appell verstanden werden, bei der Planung einer Unternehmensgründung sowohl der Standortwahl als auch den Netzwerken ausreichend Aufmerksamkeit zu schenken.

19.2. Zur Standortwahl von Unternehmensgründern

19.2.1. Regionalwissenschaftliche Aspekte der Standortwahl

Die Bedeutung der Entscheidung, wo ein neues Unternehmen zu lokalisieren ist, ist von Unternehmen zu Unternehmen unterschiedlich. Hierfür sind insbesondere branchenspezifische Gründe ausschlaggebend. Ein start-up im Internet muß sich dieser Frage sicherlich weniger intensiv widmen, als ein Dienstleister, der häufig von seinen Kunden persönlich aufgesucht wird. Die teilweise vorherrschende Meinung, die Standortfrage werde vor dem Hintergrund neuer Medien zukünftig bedeutungslos, ist aber sicherlich falsch. Für einen Teil von Unternehmen werden sich lediglich die Anforderungen an den Standort ändern. Entsprechend der sich wandelnden Rahmenbedingungen weist die Standortfrage auch in der wirtschaftswissenschaftlichen Diskussion eine lange Tradition auf.

Während bis weit in die zweite Hälfte des 20. Jahrhunderts die Diskussion der Standortentscheidung von Unternehmen wesentlich durch die Lokalisierung von Industrieunternehmen geprägt war und entsprechend Standortfaktoren wie Rohstoffe, Produktionsmittel und Arbeitskräfte im Vordergrund der Betrachtung standen, haben in der jüngeren Vergangenheit im Zeichen der Tertiärisierung andere Aspekte zunehmend an Bedeutung gewonnen (etwa Kontaktpotential). Dabei ist zu berücksichtigen, daß sich die Standortanforderungen für bestehende Unternehmen oft im Laufe ihrer Existenz ebenfalls ändern, was dann ggf. zu einer Neubewertung eines ehemals optimalen Standorts führt. Die Folge können Anpassungsmaßnahmen bis hin zur Standortverlagerung sein; allerdings besitzen einmal gewählte Standorte eine große Persistenz, Standortspaltungen bieten hier oftmals einen Ausweg.

Die Frage des optimalen Standorts für Industrieunternehmen wurde u.a. bereits in der 1909 veröffentlichten Industriestandortlehre von Alfred Weber diskutiert (z.B. Schätzl 1993, 34ff), wobei den Transportkosten in dieser Theorie zentrale Bedeutung zukommt. Auf deduktivem Wege wird der optimale Standort für industrielle Einzelbetriebe ermittelt. Hierbei werden zum einen die Transportwege der für die zur Produktion verwendeten Materialen berücksichtigt: von deren Fundstellen zum Produktionsstandort (= Unternehmensstandort) und weiter zum Konsumort. Zum anderen werden die bei der Produktion verwendeten Materialien dahingehend unterschieden, ob sie mit ihrem Gewicht vollständig (Reingewichts-) oder nur partiell (Gewichtsverlustmaterialien) in das Endprodukt eingehen, da hierdurch unterschiedliche Transportkosten zwischen Produktions- und Konsumort verursacht werden. Die Analyse des Unternehmensstandorts läuft somit auf die Ermittlung des Transportkostenminimalpunktes hinaus. Um einen stärkeren Realitätsbezug zu erreichen, berücksichtigte Weber neben den Transportkosten weitere wesentliche Standortfaktoren: Arbeitskosten sowie Agglomerationswirkungen. Hierdurch kann der Standort des Unternehmens durchaus vom Transportkostenminimalpunkt abweichen, wenn Mehrkosten für den Transport z.B. durch höhere Einsparungen bei den Arbeitskosten kompensiert werden.

Die klassischen deduktiven Standorttheorien von Weber, Hotelling oder Lösch (meist produktions- oder absatzorientiert) haben im Laufe des 20. Jahrhunderts – analog zur rückläufigen Bedeutung der Transportkosten als wichtigste Einflußgröße – die Standortentscheidung von Unternehmern immer weniger erklären können. Zudem setzte sich die Erkenntnis durch, daß neben den in der Weber'schen Theorie verwendeten *harten* Standortfaktoren auch *weiche* Standortfaktoren bei der Entscheidung für einen Unternehmensstandort eine wichtige Rolle spielen. Typische weiche Standortfaktoren sind z.B. das Image eines Standorts oder persönliche Präferenzen der Unternehmer. Diese sind auch für die Mehrzahl der kleinen, neu gegründeten Unternehmen von großer Bedeutung. Diese in der Regel subjektiven und/oder persönlichen Kriterien können im Extremfall vom Gründer gegenüber harten ökonomischen Aspekten überbetont werden und u.a. für den Mißerfolg eines Unternehmens verantwortlich sein.

Durch die weichen Standortfaktoren kommt es bei der Standortsuche von Unternehmensgründern zu einer Reduzierung des *potentiellen* Suchraums auf den *tatsächlichen* Suchraum. Diese Einschränkung und die anschließende Entscheidung der Unternehmensgründer können nicht mehr ausschließlich mit deduktiven Standorttheorien erklärt werden, sondern erfordern die Einbeziehung verhaltenswissenschaftlichen Ansätze (Pred 1967 und 1969).

Hierbei kommt dem Faktor *Information* besonderes Gewicht zu. Grundlegende Bedeutung kommt einer auf den Gründer bezogenen Verhaltensmatrix zu, die zum einen durch die Quantität und Qualität der wahrgenommenen Informationen, zum anderen durch die Fähigkeit wahrgenommene Information zu nutzen aufgebaut wird. Weiter ist zu berücksichtigen, daß Informationsstand und Informationsverarbeitung der Gründer (Unternehmer) einem zeitlichen Wandel unterworfen sind. Diese Dynamik kann einerseits auf Erfahrungen (Lerneffekt aus eigenen Fehlern, Nachahmung des Verhaltens erfolgreicher Konkurrenten) beruhen, andererseits kann auch die Einführung neuer Informationssysteme und -möglichkeiten zu verändertem Informationsverhalten führen. Die wesentlichen Ergebnisse der verhaltenswissenschaftlich orientierten Betrachtungsweise der Standortentscheidung von Unternehmensgründern lassen sich wie folgt zusammenfassen:

• Unternehmensgründer verfügen über unterschiedliche Informationen und unterschiedliche Fähigkeiten, diese zu verarbeiten. Es ist ein starker Zusammenhang zwischen dem Informationsstand und der Unternehmerleistung einerseits und der Qualität der Standortentscheidung andererseits zu vermuten.

294

- Durch die limitierenden Faktoren Zeit, Geld und Information ist es den Existenzgründern in der Planungsphase nicht möglich, sämtliche potentielle Standorte in ihre Unternehmensplanung einzubeziehen. Vielmehr wird durch diese limitierenden Faktoren eine erste Reduktion des potentiellen Standortraumes vorgenommen.

- Bei gleichem Informationsstand und gleichen Fähigkeiten, diese zu verarbeiten, können unterschiedliche Standortentscheidungen getroffen werden. Ursache hierfür ist, daß neben objektiven und rationalen Kriterien auch subjektive und persönliche Wertvorstellungen bei der Standortwahl eine Rolle spielen. Das Ergebnis sind wirtschaftlich nicht optimale (suboptimale) Entscheidungen, die im Extremfall außerhalb der räumlichen Gewinnzone liegen.

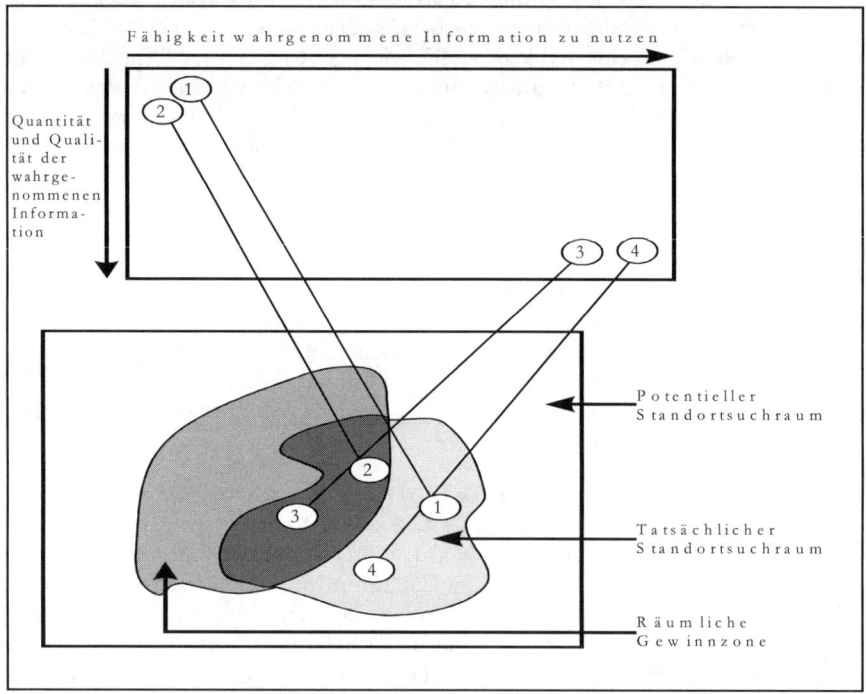

Abb. 1:   Verhaltensmatrix und Standortwahl

Quelle: Eigener Entwurf in Anlehnung an Schätzl 1993, S. 58

Ist die Fähigkeit zur Informationsaufnahme und Verarbeitung bei Unternehmensgründern nur schlecht ausgebildet (oder wird deren Bedeutung vernachlässigt), ist die Gefahr, einen Standort außerhalb der Gewinnzone zu wählen, entsprechend groß. Allerdings kann durch den Einfluß weicher Standortfaktoren - quasi durch Zufall – der Standort dennoch in der räumlichen Gewinnzone gewählt werden (vgl. Gründer 2 in Abbildung 1)

Besitzen die Unternehmensgründer die Fähigkeit, umfangreiche Informationen über Markt- und Absatzstrukturen, die Konkurrenzsituation o.ä. aufzunehmen, zu bewerten und zu nutzen, so ist die Wahrscheinlichkeit, daß sie sich für einen Standort möglichst nahe am optimalen Standort entscheiden relativ groß. Dabei können verschiedene Unternehmensgründer durchaus auch zu unterschiedlichen Standortentscheidungen gelangen (vgl. Gründer 3 und 4 in Abbildung 1). Ursache hierfür sind häufig weiche Standortfaktoren (z.B. gewünschte Nähe zum Wohnort). Die Ansiedlung eines Unternehmens in der räumlichen Gewinnzone kann hierdurch im Extremfall gefährdet werden.

In der Gründungsforschung haben die verhaltenswissenschaftlichen Ansätze einen deutlich höheren Erklärungswert für die Standortwahl von Unternehmensgründern als die deduktiven Theorieansätze. Verschiedene Untersuchungen haben gezeigt, daß der Standort neugegründeter Unternehmen meist im bisherigen regionalen Umfeld des Gründers angesiedelt ist (z.B. Albert 1994 oder Schmude 1994). Dies beruht insbesondere darauf, daß die Gründer über ihre unmittelbare Umgebung den besten Informationsstand besitzen und hier auch meist intensive soziale Verflechtungen bestehen. Aufgrund der Bedeutung des "mikrosozialen Umfeldes" (Klandt 1984, 59) werden von Existenzgründern alternative Standorte, die über den lokalen Rahmen hinausgehen, in der Regel bereits bei der Gründungsplanung ausgeschlossen bzw. gar nicht in die Gründungsplanung einbezogen (vgl. etwa Kirschbaum 1982, 90). Es stellt sich für die Existenzgründer also die Frage nach dem *ihrer Meinung nach besten Standort* für ihre Unternehmung innerhalb eines ihnen bekannten Raumes. "Die Folge ist nicht die Wahl eines optimalen, sondern eines zufriedenstellenden Standorts" (Schätzl 1993, 59.

19.2.2. Empirische Befunde zur Standortentscheidung von Unternehmensgründern

Informationen zum Suchverhalten und zur Standortentscheidung der Existenzgründer werden weder durch amtliche Statistiken erfaßt, noch von den Förderinstitutionen (z.B. Hausbank der Gründer) erfragt. Auch findet eine konkrete Standortberatung von Unternehmensgründern – etwa durch die IHKs oder HWKs – nur selten statt. In der empirischen Gründungsforschung können Untersuchungen zur Standortwahl von Unternehmensgründern daher „nur" anhand von Primärerhebungen durchgeführt werden.

Schmude (1994, 77 ff.) konnte am Beispiel von 912 geförderten Unternehmensgründern in Baden-Württemberg zeigen, daß die räumliche Abgrenzung der bisherigen Lebenswelt der Unternehmensgründer wesentlich für die Abgrenzung ihres tatsächlichen Standortsuchraumes ist. Zur Analyse der Bedeutung ihres mikrosozialen Umfelds für die Standortentscheidung wurden von jedem Gründer der Standort des neugegründeten Unternehmens und des Unternehmens der letzten abhängigen Beschäftigung sowie der Wohnstandort erfragt. Die Berechnung der räumlichen Distanz zwischen diesen Standorten bestätigt die enge Bindung der Gründer an ihr lokales Aktionsfeld.

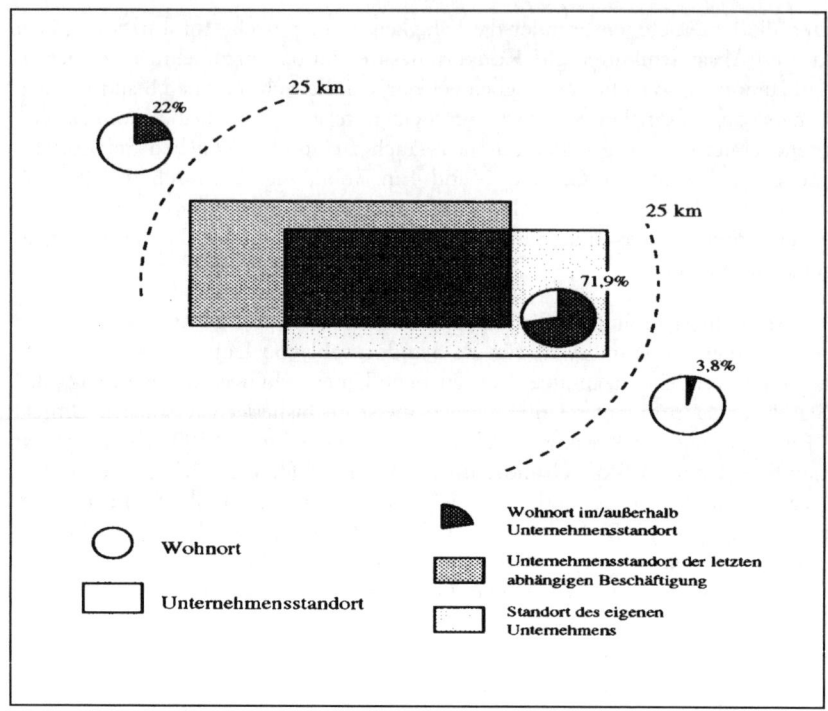

Abb.: 2: Räumliche Distanz zwischen dem eigenen Unternehmen, dem Unternehmen der letzten abhängigen Beschäftigung und dem Wohnstandort

Quelle: Schmude 1994, S. 80

Nur 8,9 % der Befragten gaben an, ihr eigenes Unternehmen weder in ihrem Wohnort noch in der Standortgemeinde des Unternehmens, in dem sie ihrer letzten abhängigen Beschäftigung nachgegangen sind, gegründet zu haben. Dagegen haben insgesamt 56 % der Befragten ihr eigenes Unternehmen in der Gemeinde gegründet, in der auch das Unternehmen ihrer letzten abhängigen Beschäftigung angesiedelt ist. Lediglich bei 14,5 % der Existenzgründer ist die Distanz zwischen diesen beiden Standorten größer als 50 Kilometer. Noch ausgeprägter ist die Übereinstimmung zwischen dem Standort des neugegründeten Unternehmens und dem Wohnstandort. Insgesamt 71,9 % der Existenzgründer haben ihr eigenes Unternehmen in der Gemeinde angesiedelt, in der sie selbst wohnen. Bei nur 3,8 % der Gründer beträgt die Distanz zwischen ihrem Wohnort und dem eigenen Unternehmen mehr als 25 Kilometer. Damit wurde die räumliche Distanz zwischen Wohn- und Arbeitsort von einem erheblichen Teil der Gründer reduziert, denn während ihrer letzten abhängigen Beschäftigung wohnten 22 % der Befragten mehr als 25 Kilometer vom Unternehmensstandort entfernt.

Der tatsächliche Standortsuchraum der Existenzgründer beschränkt sich also auf ein relativ eng begrenztes Gebiet. Es ist anzunehmen, daß sich auch mögliche Standortalternativen innerhalb dieses Gebietes befinden. Jedoch nur rund knapp 35 % der befragten Existenzgründer haben während der Planungsphase mindestens zwei Standortalternativen geprüft. Alle anderen Gründer haben dagegen nur den später gewählten Standort in ihre Planungen einbezogen. Es ist zu vermuten, daß die Gründer aufgrund ihrer engen Verflechtung mit ihrem lokalen Aktionsfeld und der hieraus resultierenden Lokalkenntnis offensichtlich von der Qualität des von ihnen vorgesehenen Standorts überzeugt waren. Eine Zunahme der Zahl der geprüften Standortalternativen schlägt sich in einer Zunahme der durchschnittlichen Entfernung zwischen der Wohnstandortgemeinde und dem Standort des eigenen Unternehmens nieder. So beträgt die Distanz zwischen Wohnstandort und Unternehmensstandort bei Existenzgründern, die keine alternativen Standorte geprüft haben, lediglich 3,7 Kilometer; bei Existenzgründern die mindestens zwei Standorte in die Planung einbezogen hatten, jedoch 11,9 Kilometer.

Die Mehrzahl der Gründer war vier bzw. fünf Jahre mit dem von ihnen gewählten Standort zufrieden. Für die lediglich 14,5 % der Befragten, die mit ihrer Standortwahl nicht mehr zufrieden waren, lassen sich im wesentlichen zwei Gruppen unterscheiden:

- So bemängelte rund ein Drittel die *periphere Lage* des Unternehmensstandortes und bzw. oder machten den *strukturschwachen Raum* für die *mangelnde Nachfrage* verantwortlich. Da Mehrfachnennungen möglich waren, wurden diese Argumente häufig in Kombination angeführt. Offensichtlich zeigten die Unternehmensgründungen nicht den gewünschten Erfolg, wobei nicht abgeschätzt werden kann, inwieweit von den Existenzgründern versucht wird, eventuelle markt- oder produktorientierte Schwächen im Gründungskonzept nachträglich mit dem ungünstigen Standort des Unternehmens zu erklären.

- Im Gegensatz dazu wurden von einer zweiten Gruppe (26 % der mit dem Standort unzufriedenen Gründer) *mangelnde Expansionsmöglichkeiten* am Unternehmensstandort kritisiert. Diese neuen Unternehmen sind offensichtlich schneller gewachsen als vorgesehen bzw. ihre Expansion wurde bei der Planung unterschätzt.

Selbst bei einer intensiven Auseinandersetzung mit der Standortfrage und der Prüfung verschiedener Alternativen kann es zu Fehlentscheidungen kommen, wenn wesentliche weiche Standortfaktoren vernachlässigt werden. Die Korrektur der Standortentscheidung ist später oft nur mit erheblichen Mehrkosten (im Extremfall Standortverlagerung) zu realisieren.

Zusammenfassend kann festgestellt werden, daß die Standortentscheidung von Unternehmensgründern wesentlich durch ihre bisherige Lebenssituation und ihr Lebensumfeld vorbestimmt wird (regionale Verhaftung). Dies belegt auch Urlhardt (2001, 54) bei der Analyse von Unternehmensgründern aus Regensburg: Die Standortwahl wird vor allem durch Menschen aus dem sozialen Umfeld der Gründer beeinflußt. Allerdings wird der Frage des Standorts seitens der Gründer in der Regel zu wenig Aufmerksamkeit geschenkt. So hat die Mehrzahl der Gründer den Standort ihres Unternehmens schon lange vor Gründung festgelegt. Abgesehen von der Gründungsidee haben die Gründer keine andere Aufgabenstellung mehrheitlich bereits so früh bewältigt. Zudem attestieren sie der Aufgabe der Standortsuche einen - aus ihrer Sicht - geringen Schwierigkeitsgrad.

Je nach Branche, in der eine Gründung vorgenommen wird, kommt der Standortwahl jedoch besondere Bedeutung zu, werden doch durch die Standortscheidung wesentliche Erfolgsdeterminanten für das zukünftige Unternehmen festgelegt (z.B. durch Erreichbarkeit oder Image des Standorts). Umgekehrt beeinflußt der Standort und sein Umfeld u.U. den Erfolg einer Unternehmensgründung. So wirkt sich eine gute forschungsinfrastrukturelle Ausstattung einer Region positiv auf die Zahl der Gründungen im IT-Bereich aus (Berger/Nerlinger 1997, 170).

Hierdurch ergeben sich einerseits konkrete Ansatzpunkte für eine Optimierung der Gründerberatung. Dies gilt insbesondere für geförderte Unternehmensgründer, da diese ihr Unternehmenskonzept durch eine unabhängige Stelle (z.B. Kammern oder Unternehmensberatungen) bewerten lassen müssen. Andererseits können die Gründer neuer Unternehmen aufgrund ihres räumlich stark eingeschränkten Standortsuchraums als endogenes Potential der Region, in der sie leben, aufgefaßt werden, d.h. die gezielte Förderung von Gründungen kann als wesentlicher Stimulus zur Weckung bzw. Nutzung des endogenen Potentials einer Region angesehen werden. Steil (1999, 46) geht davon aus, daß „das „Angebot" an neuen Gründern in einer Region wesentlich durch das hier ansässige Gründerpotential bestimmt wird."

19.3. Netzwerke bei Unternehmensgründungen

19.3.1. Theoretische Vorüberlegungen

Bei jeder Unternehmensgründung und bei jedem bereits existierenden Unternehmen ist ein Zusammenspiel mehrerer Handlungsebenen zu berücksichtigen. Hiervon sind nicht zuletzt auch der Gründungsprozeß und –erfolg sowie das weitere Unternehmensschicksal abhängig. Diese Ebenen werden zum einen durch den Unternehmer selbst, durch das von ihm gegründete bzw. geführte Unternehmen sowie durch sein regionales Umfeld definiert. Auf allen Handlungsebenen bestehen personalisierte Beziehungen, die auch als Netzwerk bezeichnet werden können: „Unter einem Netzwerk ist eine Menge von Akteuren zu verstehen, die untereinander durch Beziehungen verbunden sind. Individuen, Haushalte, Familien, Zweckverbände, andere soziale Gruppen, lokale oder regionale Einheiten ... Charakteristische Beziehungen in der Menge dieser Akteure sind u.a. Verwandtschaft, Freundschaft, Informationsaustausch, Arbeitsleistungen, Transaktion materieller Ressourcen, ..." (Schweizer 1989, 1). Die Teilnahme an solchen Netzwerken ist freiwillig und funktioniert aufgrund von Beziehungen, die auf Tauschbeziehungen basieren. Somit haben Netzwerke weder klare Grenzen, noch unterliegen sie à priori Regelhaftigkeiten. Bei der Beschäftigung mit Netzwerken kann grundsätzlich zwischen Gesamtnetzwerken und egozentrierten Netzwerken unterschieden werden. Während bei der Analyse von Gesamtnetzwerken die vollständige Struktur aller Beziehungen zwischen den Netzwerkmitgliedern untersucht wird, konzentriert sich die Analyse von egozentrierten Netzwerken auf die Beziehungen eines individuellen Akteurs (hier des Unternehmensgründers), die auch aus dessen Perspektive beleuchtet werden (vgl. Pappi 1987, 13), d.h. Beziehungen der anderen Netzwerkmitglieder untereinander werden „ausgeblendet". Während ökonomische Netzwerke oft strategisch ausgerichtet sind und sich auf die Sicherung bzw. Verbesserung der Wettbewerbssituation konzentrieren, betreffen soziale Netzwerke grundsätzlich alle Lebensbereiche. Trotz der Freiwilligkeit haben gerade soziale Netzwerke oft ein hohes Maß an Verbindlichkeit (vgl. Burmeister/Canzler 1994, 19 f.).

Es ist offensichtlich, daß die Netzwerke von Unternehmensgründern einen Einfluß auf deren Gründung und ihren Erfolg haben. Nach Bühler (2000, 36) suchen Gründer ihre Umwelt „nach unternehmens- bzw. gründungsrelevanten Informationen und Ressourcen ab ... und beziehen diese Informationen und Ressourcen innerhalb ihres gewachsenen sozialen Netzwerks. Die bestehenden sozialen Beziehungen zu Familienmitgliedern, Verwandten, Freunden bilden für den Akteur die Ausgangsbedingungen für die Aquirierung externer Ressourcen. Damit sind soziale Netzwerke letztendlich dafür verantwortlich, daß Individuen überhaupt und unterschiedlich gut mit gründungsrelevanten Ressourcen versorgt sind." Dabei greifen die Unternehmensgründer in unterschiedlichen Phasen der Unternehmensentwicklung auf verschiedene Netzwerkmitglieder zurück (Butler/Hansen 1991, 3). So spielt in der Vorphase der Unternehmensgründung vor allem das soziale Netzwerk eine wichtige Rolle (Ideensammlung, Eruierung von Ressourcen etc.). In der Gründungsphase selbst tritt stärker das unternehmensbezogene Netzwerk in den Vordergrund (Geschäftsbeziehungen mit Kunden oder Lieferanten), bevor im weiteren Verlauf des Lebenszyklus eines Unternehmens das Netzwerk zunehmend eine strategische Ausrichtung erhält. Die große Bedeutung des sozialen Netzwerk gerade in der Planungs- und Startphase von neuen Unternehmen ist empirisch mehrfach belegt worden (z.B. Johannisson 1993).

Allerdings besteht das Netzwerk der Unternehmensgründer nicht nur aus deren sozialen Beziehungen. Je nach Aufgabenstellung und individuellem Wissen, werden in unterschiedlichem Maße für verschiedene Tätigkeiten externe Ressourcen benötigt.

19.3.2. Empirische Befunde zu Netzwerken von Unternehmensgründern

Welche Aufgaben und Anforderungen im Gründungsprozeß wahrgenommen werden, fällt zwischen den Unternehmensgründern individuell unterschiedlich aus. Dabei können einerseits wesentliche Aufgaben unterbewertet oder gar nicht wahrgenommen werden (z.B. Standortplanung), andererseits aber auch eher unwichtige Aufgaben überbewertet werden.

Wie die Analyse der Netzwerkstrukturen von Regensburger Unternehmensgründern zeigt, gibt es allerdings bzgl. des eigenen Wissens einerseits und dem Ausmaß der eigenen Betätigung für die verschiedenen Tätigkeiten andererseits erhebliche Diskrepanzen (Leiner 2001). Während sich die Unternehmensgründer mit „ihrem" Produkt intensiv beschäftigt haben und hierüber ihr Wissen fast ebenso hoch einschätzen, müssen sie sich zwar auch intensiv mit der Frage der Förderung ihrer Gründung auseinandersetzen, verfügen hierzu jedoch nur über ein recht geringes Wissen (vgl.

300

Abbildung 3). In der Konsequenz bedeutet dies, daß für alle Aufgaben- oder Tätig-
keitsbereiche, in denen eigenes Wissen und die Notwendigkeit zur eigenen Beschäftigung mit der Thematik divergieren, externe Ressourcen oder Unterstützungsleistungen aktiviert werden müssen, d.h. es müssen Netzwerkbeziehungen genutzt oder
aufgebaut werden.

Von der Wahrnehmung der Aufgaben und Anforderungen durch die Unternehmensgründer ist abhängig, welche Unterstützungsleistungen in Anspruch genommen werden. Sie ist weiter abhängig von der Wahrnehmung bestehender Beziehungen
und/oder den Möglichkeiten, solche aufzunehmen (dies ist u.a. abhängig von der
sozialen Kompetenz oder den finanziellen Möglichkeiten der Gründer). Bei den

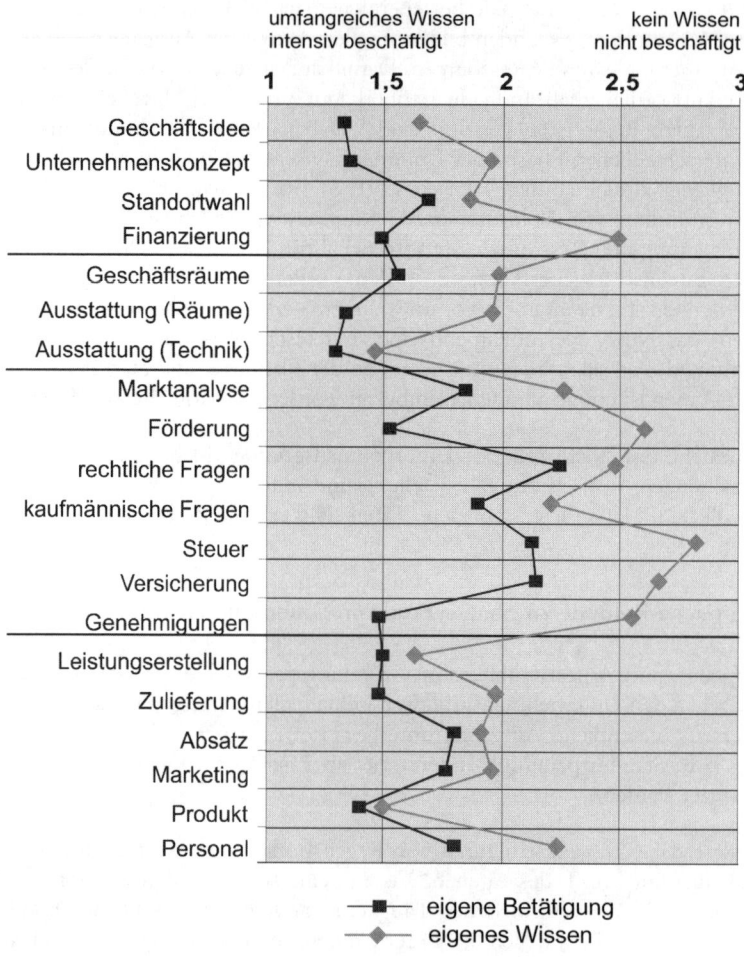

Abb. 3: Wissen und Beschäftigung mit verschiedenen Aufgaben in der Planungsphase des Gründungsprozesses. Quelle: Leiner, 2001; Eigene Darstellung

Akteuren der Unterstützungsleistungen handelt es sich um Akteure, die entweder dem sozialen Netzwerk eines Gründers zugeordnet werden können (z.b. Eltern, Lebenspartner etc.), um Akteure aus dem unternehmensbezogenen Netzwerk (z.b. Kunden oder Lieferanten) oder um professionelle Akteure (z.b. Bank, Rechtsanwalt etc.). Da vor allem im sozialen Netzwerk sich Beziehungen als unterschiedlich intensiv darstellen, werden diese in der Regel in starke Beziehungen (strong ties; z.b. Lebenspartner, Freunde) und schwache Beziehungen (weak ties; z.b. ehemalige Arbeitskollegen) unterschieden.

Bei der Analyse von Regensburger Unternehmensgründungen (Urlhardt 2001) konnte festgestellt werden, daß die beiden wichtigsten Personen ihres Netzwerkes nach Einschätzung des Unternehmensgründer aus dem sozialen Netzwerk stammen, erst mit der dritten und vor allem vierten Person erhalten die professionellen Akteure eine größere Bedeutung (vgl. Abbildung 4). Zusätzlich ist zu berücksichtigen, daß den verschiedenen Teilnetzwerken eine unterschiedliche Bedeutung im Phasenverlauf von Unternehmensgründungen zugeschrieben werden kann. So nimmt lediglich die Bedeutung des unternehmensbezogenen Netzwerkes im Laufe der Zeit zu, während insbesondere die Bedeutung der Beziehungen zu professionellen Akteueren zwischen Planungs- und Startphase der Gründung in der Regel abnimmt. Dabei werden von den professionellen Akteuren vor allem „Rat und Tat" (Information, Beratung) geliefert, während durch die sozialen Netzwerke auch emotionale Unterstützungsleistungen (Motivation, Ermunterung) gewährt werden.

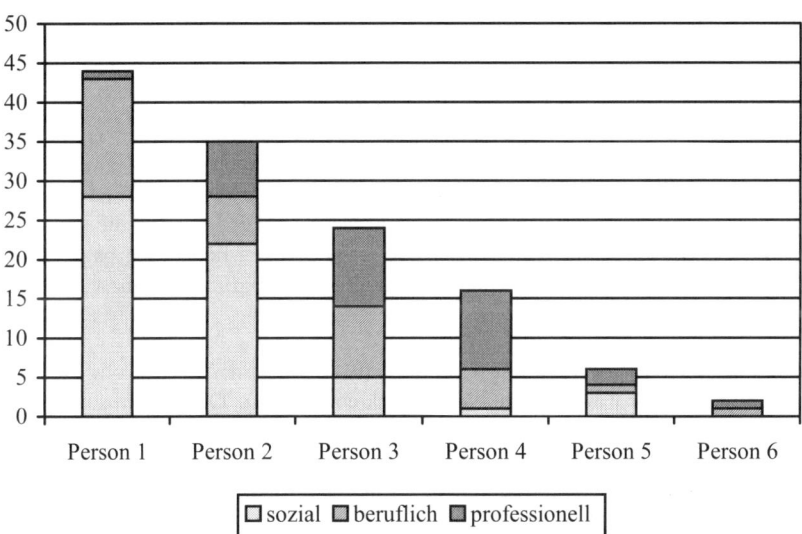

Abb. 4: Bedeutung der Bezugspersonen von Unternehmensgründern nach Zugehörigkeit zum Netzwerk. Quelle: Urlhardt 2001, S. 60

Allerdings wird von den Unternehmensgründern oft kritisiert, daß seitens der professionellen Akteure das Interesse an den neugegründeten Unternehmen nach Vollzug der Gründung nachläßt. Hieraus ergibt sich das Problem, daß eine notwendige „Nachbetreuung" der Gründer – auch im Sinne einer ggf. notwendigen Korrektur verschiedener Unternehmensentscheidungen – häufig nicht mehr stattfindet. Auch die stark ausgeprägten sozialen Beziehungen verlieren im Laufe der Zeit an Bedeutung, allerdings fällt dieser Bedeutungsrückgang geringer aus.

Die unterschiedliche Bedeutung der Netzwerkgruppen ist selbstverständlich auf unterschiedlichen Aufgaben zurückzuführen, zu deren Bewältigung sie genutzt werden. So spielen die professionellen Akteure vor allem bei Fragen der Finanzierung und finanziellen Förderung der Unternehmensgründung eine wichtige Rolle. Da hier das Wissen der Gründer auch relativ eingeschränkt ist, weisen diese Themen die höchsten Kontaktzahlen auf. Aber auch bei rechtlichen, kaufmännischen, steuerlichen, Versicherungs- und Genehmigungsfragen dominieren die Kontakte zu professionellen Akteuren. Demgegenüber ist für die Geschäftsidee sowie für die Wahl der Geschäftsräume und ihre Ausstattung das soziale Netzwerk der Gründer von größerer Bedeutung. Schließlich gibt es eine Reihe von Aufgaben, für deren Bewältigung die Unternehmensgründer auf einen mehr oder weniger ausgeglichenen Mix von Akteuren zurückgreifen, wobei die Zahl der Kontakte insgesamt deutlich abnimmt.

Differenziert man die Netzwerkstrukturen der Gründer nach der Verortung ihrer Unternehmen (Zentrum – Peripherie), so zeigen sich zumindest auf der recht hohen Aggregatebene der Stadt- und Landkreise nur geringe Unterschiede, obwohl der Gründungsprozess in städtischen und ländlichen Regionen nicht deckungsgleich verläuft. Hierzu sind seitens der Gründungsforschung bereits eine Reihe von Ergebnissen vorgelegt worden. So hat etwa die Gründungsförderung im ländlichen Raum eine relativ höhere Bedeutung als im städtischen Raum. Offensichtlich ist aber die räumliche Ebene der Stadt- und Landkreise ein zu hohes Aggregat, um unterschiedliche Netzwerkstrukturen zwischen Zentrum und Peripherie zu identifizieren. Auf Kreisebene deutet sich bzgl. der Netzwerkstrukturen lediglich an, daß die professionellen Akteure im Stadtkreis Regensburg eine etwas größere Bedeutung haben als im Landkreis Straubing, wobei dieser Unterschied in der Nachgründungsphase am stärksten ausgeprägt ist.

Eine mögliche Erklärung für diese Unterschiede könnte im Angebot und der Verfügbarkeit solcher professionellen Netzwerkakteure liegen. Die Distanzanalyse der Akteursgruppen zeigt, daß sich die Mitglieder des sozialen, stark ausgeprägten Netzwerkes deutlich stärker auf das unmittelbare Umfeld der Gründer konzentrieren als dies bei den professionellen Akteuren der Fall ist. Um diese zu erreichen, müssen durchschnittlich höhere Distanzen überwunden werden als dies bei den strong ties der Fall ist.

19.4. Zusammenfassung

Die Ergebnisse der Analysen von Standorten und Netzwerken haben gezeigt, daß beide Aspekte für die Unternehmensgründer und ihre Unternehmen von großer Bedeutung sind. Als Quintessenz läßt sich zunächst festhalten, daß bei der Gründungsberatung zum einen in der Vorgründungsphase noch stärker auf die Problematik des Standorts eingegangen werden sollte, zum anderen sollte die Gründungsberatung durch die professionellen Akteure zukünftig zeitlich weiter ausgedehnt werden. In diesem Zusammenhang wäre beispielsweise zu überlegen, inwieweit die Gründungsförderung – analog zur Gründungsvorbereitung – nicht auch eine Beteiligung an den Kosten einer Nachbetreuung anbieten sollte. Hinsichtlich der Netzwerkstrukturen kann für die Praxis aus den Ergebnissen die Forderung nach einer stärkeren Regionalisierung bestimmter professioneller Akteure abgeleitet werden. Konkret bedeutet dies etwa den Aufbau eines stärker regionalisierten Beratungsnetzes der Förderinstitute (z.B. DtA) oder der Kammern (z.B. IHK). Weiter sollten von den professionellen Akteuren zukünftig auch Themen aufgegriffen werden, die seitens der Unternehmensgründer bisher vor allem ohne professionelle Unterstützung in ihrem sozialen Netzwerk bewältigt werden.

Unternehmensgründer sollten vor den Hintergrund der obigen Ergebnisse bereits in der Planungsphase folgende Maßnahmen ergreifen:

- Überprüfung des geplanten Standortes auch in Bezug auf vorgelagerte (z.B. Zulieferer) und nachgelagerte (z.B. Kunden) Aktivitäten der Geschäftstätigkeit unter Einbeziehung von Standortalternativen,
- Berücksichtigung von harten und weichen Standortfaktoren bei der Analyse des Standortes (der kostengünstigste ist in der Regel nicht der beste Standort),
- Analyse des zur Verfügung stehenden Netzwerkes vor dem Hintergrund der zu bearbeitenden Aufgabenbereiche in der Planungs- und Durchführungsphase der Gründung,
- systematische Ergänzung des Netzwerkes durch professionelle Akteure, falls Aufgaben durch Mitglieder des sozialen Netzwerkes nicht bewältigt werden können.

19.5. Verwendete und weiterführende Literatur

Albert, J. (1994): Unternehmensgründungen – Träger des Strukturwandels in wirtschaftlichen Regionalsystemen. Selbstverlag des Wirtschafts- und Sozialgeographischen Instituts der Friedrich-Alexander-Universität, Nürnberg.

Berger, G.; Nerlinger, E. (1997): Regionale Verteilung von Unternehmensgründungen in der Informationstechnik: Empirische Ergebnisse für Westdeutschland. In: Harhoff, D. (Hrsg): Unternehmensgründungen – Empirische Analysen für die alten und neuen Bundesländer. ZEW-Wirtschaftsanalysen, 7. Nomos, Baden-Baden, S. 151-186.

Bühler, Chr. (2000): Die strukturelle Eingebundenheit neugegründeter Unternehmen. Dissertation an der Ludwig-Maximilian-Universität München, Institut für Soziologie, München.

Burmeister, K.; Canzler, W. (1994): Netzwerke und gesellschaftliche Praxis. In: Hagedorn, F. (Hrsg.): Anders arbeiten in Bildung und Kultur: Kooperation und Vernetzung als soziales Kapital, Beltz, Weinheim und Basel, S. 25-30.

Butler, J.E.; Hansen, G.S. (1991): Network evolution, entrepreneurial success and regional development. In: Entrepreneurship & Regional Development, S. 1-16.

Johannisson, B. (1993): Designing supportive contexts for emerging enterprises. In: Karlsson, C.; Johannisson, B.; Storey, D. (Hrsg.): Small Business dynamics. Routledge, London und New York, S. 117-142.

Kirschbaum, G. (1982): Die Entstehung neuer Unternehmen im regionalen Kontext – Theoretische Analysen und empirische Untersuchungen zur Gründungsproblematik am Beispiel Nordrhein-Westfalens von 1973-1979. Dissertation, Köln.

Klandt, H. (1984) Aktivität und Erfolg des Unternehmensgründers. Eine empirische Analyse unter Einbeziehung des mikro-sozialen Umfelds. Eul, Bergisch-Gladbach.

Leiner, R. (2001): Unternehmensgründung und Region. Gründungsprozeß-Gründungserfolg-Wirkungen. Dissertation an der Universität Regensburg (in Vorbereitung).

Pappi, F.-U. (1987): Die Netzwerkanalyse unter soziologischer Perspektive. In: Pappi, F.-U. (Hrsg.): Methoden der Netzwerkanalyse, Techniken der empirischen Sozialforschung, Oldenbourg, München.

Pred, A. (1967): Behavior and location. Foundations for a geographic and dynamic lacoation theory. Lund Studies in Geography, Series B 28, Gleerup, Lund.

Pred, A. (1969): Behavior and location. Foundations for a geographic and dynamic lacoation theory. Lund Studies in Geography, Series B 28, Gleerup, Lund.

Schätzl, L. (1993): Wirtschaftsgeographie I. Theorie. UTB. Paderborn, München, Wien, Zürich.

Schmude, J. (1994): Geförderte Unternehmensgründungen in Baden-Württemberg. Eine Analyse der regionalen Unterschiede des Existenzgründungsgeschehens im Eigenkapitalhilfeprogramm (1979 bis 1989). Erdkundliches Wissen 114. Steiner, Stuttgart.

Schweizer, T. (1989): Netzwerkanalyse aus ethnologischer Perspektive. Reimer, Berlin.

Steil, F. (1999): Determinanten regionaler Unterschiede in der Gründungsdynamik. Eine empirische Analyse für die neuen Bundesländer. ZEW-Wirtschaftsanalysen, Band 34, Nomos, Baden-Baden.

Urlhardt, S. (2001): Ausgewählte Einflußfaktoren im Gründungsprozeß junger Unternehmen – Eine empirische Analyse der Stadt Regensburg. Diplomarbeit an der Ludwig-Maximilians-Universität München, Institut für Wirtschaftsgeographie. München.

20. Unternehmensnetzwerke: Wachstumsfaktor für Gründer

CHRISTIAN LECHNER

20.1. Überblick

Die Entwicklung und Implementierung von Wachstumsstrategien für neu gegründete Unternehmen, ja das gesamte Management, stößt aus forschungstheoretischer und praktischer Sicht auf einige Hindernisse. Traditionell hat sich die Betriebswirtschaftslehre auf die große Industrieunternehmung konzentriert, die aus einem bestimmten historischen Prozess hervorgegangen ist. Vor diesem Hintergrund stellt sich die Frage, welche traditionellen Theorieansätze auf Start-ups angewendet werden können und welche neuen Theorieansätze geeignet sind, um das Wachstum dieses Unternehmenstypus erklären zu können. In diesem Beitrag wird zunächst das besondere Gründungsumfeld beschrieben, um anschließend Netzwerke als gerade für neu gegründete Unternehmen geeignete Wachstumsstrategie zu diskutieren. Empirische Ergebnisse aus einer Studie von Netzwerken in München's IT-Cluster werden präsentiert. Die sich aus der Forschung ergebenden Implikationen sollten die Aufmerksamkeit von Gründern hinsichtlich der Zusammensetzung des Gründerteams wecken.

20.2. Das Strategieproblem: Die industrielle Großunternehmung als Modell für die klassische Betriebswirtschaftslehre

Die Gründung der ersten Handelshochschulen in Deutschland im Jahr 1899 wurde durch den aus der Industriellen Revolution hervorgegangenen Unternehmenstypus ausgelöst: Das moderne Industrieunternehmen, also das große industrialisierte Unternehmen, das neue Managementprobleme aufwarf. Parallelentwicklungen fanden gleichzeitig im europäischen Ausland statt: In Frankreich wurden die Grandes Ecoles für Ingenieure und Betriebswirte (école supérieure de commerce) gegründet, die im Gegensatz zu Deutschland später nicht in die Universitäten eingegliedert wurden, sondern eigenständig blieben. Zur damaligen Zeit sprach man allerdings noch nicht von Management, sondern vielmehr von Verwaltungsproblemen. Der US-amerikanische Begriff *business administration* (für Betriebswirtschaftslehre) impliziert ebenfalls die Notwendigkeit Ansätze zu entwickeln, die es erlauben, die großen Massen an Menschen innerhalb von Firmen verwalten zu können.

Das Modell der großen, oft multi-nationalen Unternehmung als ein Extrempol der Organisation industrieller Wertschöpfungsprozesse durch vertikale Integration der Wertschöpfungskette ist das traditionelle Modell ökonomischer Theorie. Die Entwicklung dieser Organisationsform wurde in der Literatur so beschrieben, dass sie inkremental ist, durch Direktinvestitionen ermöglicht wird und geprägt von Unternehmenskrisen ist, die zu Neuausrichtungen führen. Diese Firmen verfolgen ein internes Wachstumsmodell, das auf Direktinvestitionen beruht, die durch einbehaltene Gewinne finanziert wurden, oder auf Akquisitionen. Das klassische Strategiekonzept beruht auf der Allokation von Ressourcen. Ein Teil des Allokationsprozesses besteht in der Optimierung der Wertschöpfungskette und der Bestimmung des optimalen Outsourcing-Grades. Aus dieser Sicht kann man feststellen, dass der Wettbewerbsfähigkeit von Start-ups oder Firmennetzwerken kaum akademische Beachtung geschenkt wurde. Die Strategielehre ist demnach auf die Bedürfnisse der industriellen Großunternehmung zugeschnitten.

20.3. Netzwerke für Neugründungen

20.3.1. Wachstumsprobleme für Neugründungen

Eine wachstumsorientierte Gründung ist durch folgende Elemente bestimmt, die auch als Entrepreneurship-Paradigma gelten: Neuheitshandicap (liability of newness), Größenhandicap und Ressourcenarmut und letztendlich das Problem des Erwachsen-Werdens (liability of adolescence). Gründungsmanagement umschließt einen Lebenszyklus, der mit dem Gründungsvorhaben beginnt und mit dem Übergang zu einer etablierten (Groß-) Unternehmung endet. Entrepreneurship ist somit das fehlende Glied in der klassischen Managementlehre.

Die unmittelbare Start-up-Phase ist durch das Neuheitshandicap kennzeichnet. Die neue Firma ist mit einer Innovation zu vergleichen. Wie eine Produktinnovation muss die neue Firma bestimmte Marktbarrieren überwinden, und wie die meisten Produktinnovationen scheitern auch die meisten Firmen.

Das junge Unternehmen leidet zusätzlich unter Ressourcenarmut, die ein Kennzeichen des Größenhandicaps ist. Ressourcenarmut, kombiniert mit dem Neuheitshandicap, bildet die Wachstumsfalle für Neugründungen. Eine Neugründung besitzt in der Regel nicht ausreichend Ressourcen, um sich eigenständig im Markt zu etablieren, gleichzeitig ist der Zugang zu Ressourcen erheblich erschwert.

Nach Überwindung des Neuheitshandicaps steht die Realisierung schnellen Wachstums vor dem Hintergrund einer generellen Ressourcenarmut im Vordergrund (vgl. Welsh/White 1981). Der spezielle Kontext einer Neugründung bedeutet, dass Neugründungen Wachstumsstrategien entwickeln müssen, die mit Strategien etablierter Grossunternehmen nicht zu vergleichen sind (vgl. Lorenzoni/Ornati 1988).

20.3.2. Netzwerke als Wachstumsalternative für Neugründungen

Firmennetzwerke können als Beziehungen zwischen Firmen verstanden werden. Wir werden Firmennetzwerke als „Organisationsform" verstehen. Sie bezeichnet jede Ansammlung von Akteuren (N>2), die wiederholt und dauerhaft Austauschbeziehungen betreibt und gleichzeitig keine organisationelle, legitimierte Autorität besitzt, die als Schiedsrichter bei entstehenden Streitigkeiten während der Beziehung fungiert und mögliche Konflikte zu lösen vermag. Kürzer gefasst, ist ein Firmennetzwerk die Summe von Beziehungen zwischen Firmen, die nicht durch eine Autorität geregelt werden.

Der Netzwerkansatz betrachtet „Opportunities" (auf Deutsch: Gelegenheit) als Ergebnis von Netzwerkstrukturen. Betrachtet man nun die existierenden Beziehungen zwischen Akteuren als Teil der Netzwerkstruktur, so ergeben sich Chancen für Entrepreneure dort, wo strukturelle Löcher im Netzwerk existieren, d.h. dort, wo Akteure im Netzwerk nicht miteinander verbunden sind. Die Schließung eines strukturellen Loches ist mit der Ausnutzung einer Gelegenheit gleichzusetzen (vgl. Burt 1992).

Das Fehlen von strukturellen Löchern in reifen Industrien bedeutet einen Mangel an Gelegenheiten für Entrepreneure. Zusätzliche Umsätze können hauptsächlich nur erzielt werden, wenn man bestehende Beziehungen der Konkurrenten durch eigene ersetzen kann.

Füllt ein Akteur ein strukturelles Loch, d.h. verbindet ein Akteur zwei zuvor unverbundene Akteure, so nutzt er eine Gelegenheit, indem er sich dazwischen platziert: Er verfolgt damit eine „Go-between"-Strategie. Ein Entrepreneur zu sein bedeutet, rechtzeitig strukturelle Löcher zu identifizieren oder zu schaffen und schließlich diese zu füllen. So schlossen beispielsweise Großhändler das strukturelle Loch zwischen Produzenten und Einzelhändlern. Man kann verschiedene „Go-between"-Strategien unterscheiden. Die unterschiedlichen Gelegenheiten beruhen auf strukturellen Löchern zwischen Branchen, innerhalb von Branchen auf der Konsumentenebene und innerhalb von Branchen auf der Anbieterebene.

20.3.3. Gelegenheiten durch strukturelle Löcher

Eine Reihe von Gelegenheiten ergeben sich im Schnittpunkt von Industrien oder zwischen Industrien, die nicht miteinander verbunden waren. Dabei entstehen neue Märkte außerhalb der traditionellen Branchengrenzen. So kann beispielsweise der gesamte Bereich des Krankenhauscaterings als strukturelles Loch zwischen der Gastronomie und dem Krankenhausmanagement verstanden werden. Die Multi-Media-Branche (vgl. Abb. 1) ist durch die Verbindung verschiedener Branchen entstanden. Ähnliches gilt für Aktivitäten entlang der Wertschöpfungskette von Branchen. Aus dieser Perspektive kann sich ein potentieller Entrepreneur die Frage stellen, welche unverbundenen Industrien existieren und, ob es ein strukturelles Loch gibt oder eines geschaffen werden kann, das noch nicht gefüllt wurde.

Durch Marktentwicklungen können sich Gelegenheiten, also strukturelle Löcher auch auf der Konsumentenebene ergeben. Das pdf-Format von Adobe ist ein Beispiel für das Ausnutzen einer Gelegenheit in diesem Sinn. Trotz der Tatsache, dass Microsoft ihr Betriebssystem und Anwendungssoftware zum Industriestandard gemacht haben, gestaltete sich der Austausch von Dokumenten als kompliziert. Zwei Probleme existierten. Das erste ist das Ergebnis von Konsumentenclustern innerhalb der Branche: Grafikdesigner, traditionelle Macintosh-Nutzer, konnten beispielsweise ihren Kunden Dokumente nicht auf elektronischem Weg zusenden. Das zweite Problem bezog sich auf Untergruppen innerhalb der Microsoft-Nutzer. So konnten Nutzer mit älteren Versionen von Microsoft-Anwendungsprogrammen die Dokumente von Nutzern, die mit der jüngsten Version arbeiteten, nicht öffnen. Das Herunterladen von Dokumenten oder das Verschicken von Dokumenten an einen größeren Kreis von

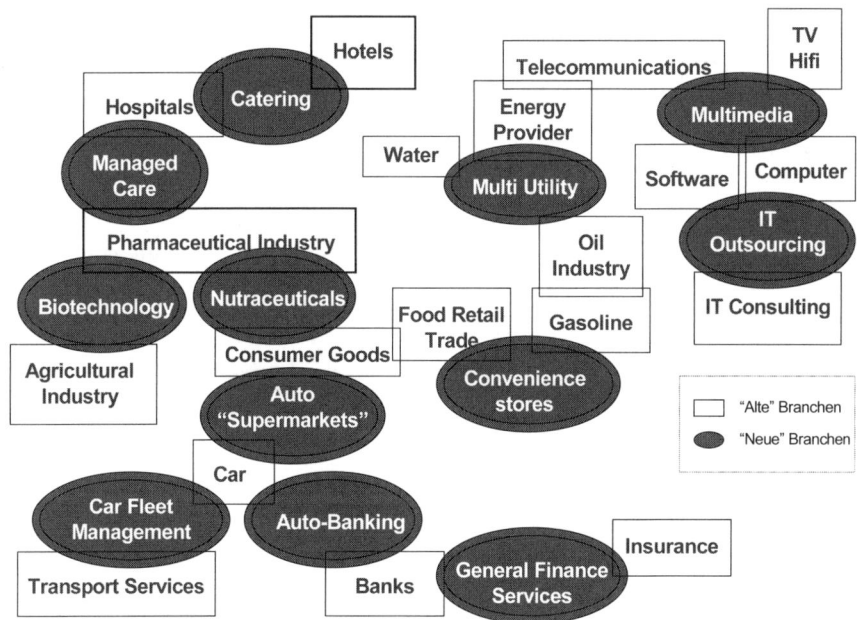

Abb. 1: Go-Between Strategien (adaptiert von Heuskel 1999, S. 32-33)

Nutzern wurde dadurch erheblich erschwert. Genau genommen gab es strukturelle Löcher zwischen Microsoft-Nutzern und Nicht-Microsoft-Nutzern sowie zwischen Nutzern von verschiedenen Programmversionen innerhalb der Microsoft oder jeder sonstigen Nutzergruppe. Diese strukturellen Löcher waren eine Gelegenheit, die Adobe nutzte: Die Schaffung des pdf-Formats und des Acrobat-Anwendungs-programms erlaubten die Generierung von verschiedensten Dokumententypen in einem Format und füllte die strukturellen Löcher (vgl. Lechner 2001).

20.4. Wachsen durch Firmennetzwerke: Implikationen aus Münchens IT-Cluster

20.4.1. Die Vorteile von Netzwerken für Gründer

Die Analyse von strukturellen Löchern erlaubt die Identifizierung von Gelegenheiten. Aber selbst wenn Gelegenheiten identifiziert werden konnten, stellt sich die Frage, wie es Neugründungen gelingt, das Neuheitshandicap, das Größenhandicap und die Ressourcenarmut zu überwinden.

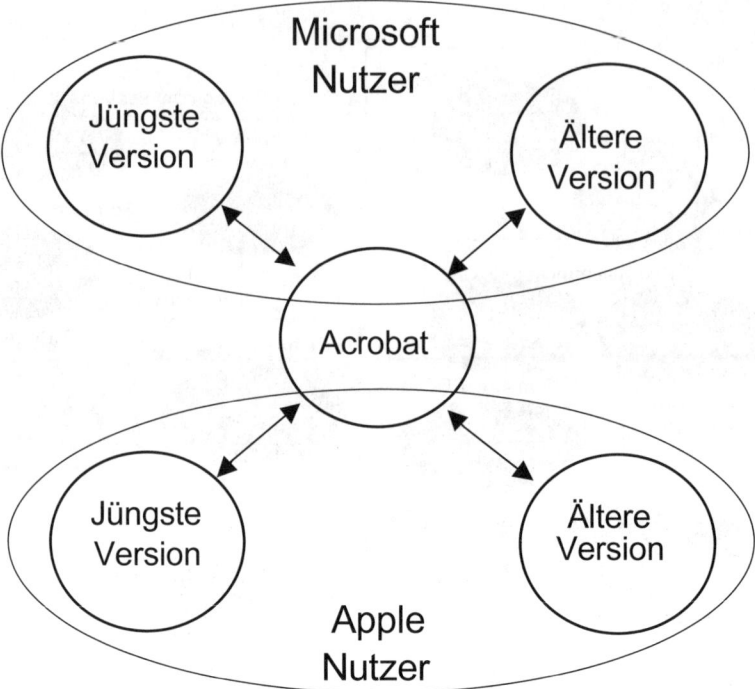

Abb. 2: Adobe's Go-between Strategie

Externe Beziehungen zu anderen Firmen bieten einer Neugründung die Möglichkeit, Zugang zu Ressourcen zu erhalten. Es konnte empirisch gezeigt werden, dass kleinere Unternehmen diese Beziehungen zunehmend nutzen, um das typische Größenhandicap zu überwinden (vgl. Dollinger/Golden 1992; McGee et al. 1995). Erfolgreiche Neugründungen entwickeln ihre eigene Wachstumsstrategie, indem sie strategisch auf externe Beziehungen zurückgreifen und Netzwerke mit sich selbst als strategischem Zentrum aufbauen (vgl. Lorenzoni/Ornati 1988; Jarillo 1989). Diese Firmen besitzen nicht alle notwendigen Ressourcen für eine Wachstumsstrategie, sondern kontrollieren die Ressourcen durch die Koordination des Netzwerkes. Die Entwicklung und Pflege von Beziehungen ist somit eine der Schlüsselfähigkeiten einer Neugründung.

Diese spezielle Form der Neugründungen entwickelt sich durch eine Reihe von Partnerschaften zu einem Netzwerk alliierter Firmen, die der jungen Firma eine virtuelle Größe verleihen. Diese Firmenkonstellationen entwickeln sich schließlich durch Verfestigung bestimmter Beziehungen und durch eine stärkere Strukturierung zu einem komplexen Beziehungsgeflecht, das von dem schnell wachsenden Start-up geführt wird: Das Netzwerk ändert sich mit der Zeit in seinem Wesen von einem eher zufälligen Gebilde, zu einem geplanten und strukturierten Netzwerk.

Die Rolle der Gründer scheint dabei besonders wichtig für die Entwicklung eines Start-ups zu einem strategischen Zentrums eines Netzwerkes zu sein (vgl. Lipparini/ Sobrero 1997). Die persönlichen Beziehungen, also Freunde, Bekannte und enge ehemalige Arbeitskollegen werden genutzt, um erste organisationelle Beziehungen aufzubauen (vgl. Lechner/Dowling 2000). Eine der Hauptaufgaben des Gründungsteams ist es daher, Beziehungen in die Neugründung einzubringen. Doch welche Beziehungen sind besonders wichtig für ein junges Unternehmen, und welche fördern das Wachstum?

Lechner (2001) entwickelte eine Reihe von Thesen über das Wachstum von Neugründungen, basierend auf seiner Studie des Münchner IT-Clusters. Bei der detaillierten Untersuchung von schnell wachsenden IT-Unternehmen in verschiedenen Entwicklungsstadien entstanden neue Erkenntnisse über die Typen von Beziehungen, die Neugründungen verwendet haben, um sich im Markt zu etablieren und schnell zu wachsen.

Prinzipiell konnten Ergebnisse von früheren Studien bestätigt werden, dass die Beziehungen des Gründungteams von entscheidender Bedeutung für die Entwicklung des Unternehmens sind und dass Firmen ohne Beziehungen zu anderen Organisationen äußerst ungünstige Startbedingungen haben. Ein Gründer formulierte es folgendermaßen: „Ohne Partner würden wir heute nicht existieren. Als wir anfingen, waren die Beziehungen der Gründer eigentlich die einzigen Ressourcen, die wir besaßen. Die Beziehungen der Mitgründer sind absolut entscheidend".

Bei einer Analyse der wichtigsten Beziehungen von schnell wachsenden Unternehmen wurde klar, dass verschiedene Netzwerke, d.h. unterschiedliche Beziehungstypen für die Generierung von Wachstum notwendig sind. Erfolgreiche Neugründungen verfügen über einen Beziehungsmix, der sich aus Sozialen, Reputations-, Marketing-, Reziprozitäts- und Wissensnetzwerken zusammensetzt. Die Anzahl der Beziehungen je Netzwerktyp und die Bedeutung, die die Gründer diesen Netzwerktypen zukommen lassen, bestimmen den Beziehungsmix der Firma.

Interessanterweise betrachteten die Firmen Zulieferernetzwerke im Allgemeinen als nicht entscheidend oder wie ein Gründer bemerkte: „Wir beziehen viele Komponenten und andere Leistungen von anderen Firmen. Aber solange wir nicht mit diesen Firmen enger verbunden sind und wir z.B. Technologiepartnerschaften entwickeln, die unsere Produkte verbessern, stellen sie für uns keinen Beitrag zum Unternehmenserfolg dar".

20.4.2. Soziale Netzwerke

Verschiedene Netzwerke sind in verschiedenen Entwicklungsstufen des Unternehmens wichtiger als andere. Lechner (2001) entwickelte einen Phasenmodell für die Netzwerkzusammensetzung von jungen Unternehmen. In Phase 1 sind soziale und Reputationsnetzwerke von entscheidender Bedeutung. Soziale Netzwerke sind die Eintrittskarte in die Industrie oder Branche. Erste Beziehungen zu anderen Firmen, die aufgrund des Neuheitshandicaps und somit aufgrund mangelnden Vertrauens besonders schwierig sind, werden durch soziale Netzwerke kompensiert. Freunde, Bekannte und ehemalige, enge Kollegen helfen, den ersten Sprung zu machen, den ersten Lieferanten zu finden, den ersten Kunden zu gewinnen. Eine ausschließliche Konzentration auf soziale Netzwerke bringt jedoch Probleme. Ein Gründer meinte: „Am Anfang gingen wir nur Beziehungen mit Freunden ein. Wir wussten auch nichts anderes. Aber wie viele tolle Freunde kann man in einer Branche haben? Manchmal waren unsere Freunde, die auch IT-Firmen gegründet hatten oder in etablierten Firmen arbeiteten, nicht die geeigneten Partner für das Projekt, das wir abwickeln sollten. Wir hatten ein Qualitätsproblem. Gleichzeitig brauchten wir mehr Partner, um zu wachsen. Freunde waren einfach nicht mehr ausreichend".

20.4.3. Reputationsnetzwerke

Soziale Netzwerke setzen Grenzen. Reputationsnetzwerke sind ein Mittel, diese Grenzen zu überwinden. Reputationsnetzwerke sind Beziehungen zu anderen Firmen, die einer jungen Firma eine gewisse Reputation und damit eine gewisse Glaubwürdigkeit im Markt verleihen. Ein Gründer verwies darauf, dass Reputationspartnerschaften ein übliches Mittel im Silicon Valley seien: „Die meisten unserer Gründer haben eine Zeit lang im Silicon Valley gearbeitet. Aus unserer Erfahrung wissen wir, dass man dort nicht lange überlebt, wenn man nicht schnell nach der Gründung eine Partnerschaft mit einer Firma wie Microsoft bekannt geben kann". Reputationsnetzwerke geben einer Firma Optionen für zukünftige Beziehungen mit anderen Firmen. Durch die Verbindung mit einer starken Firma, gewinnt eine Neugründung an Vertrauen und Gewicht in ihrer Umwelt. Erfolgreiche Neugründungen scheinen nur weniger Reputationsbeziehungen zu bedürfen. Reputationsnetzwerke haben auch ihren Preis. Erstens muss eine Neugründung interessant für eine etablierte Firma sein, d.h. die Technologie sollte in irgendeiner Form komplementär zu den Produkten der etablierten Firma sein. Zweitens besteht die Gefahr, dass die etablierte Firma sich im Zuge der Beziehung diese Technologie aneignet und der jungen Firma die Existenzgrundlage entzieht. Zumindest bei den untersuchten Firmen schien der erwartete Nutzen, Reputation zu gewinnen, größer zu sein als das Risiko. Ein Gründer kommentierte den Trade-Off folgendermaßen: „Natürlich hatten wir Angst, eine Technologiepartnerschaft mit Intel einzugehen. Wir befürchteten, unsere Technologie zu verlieren. Aber letztendlich haben wir uns gedacht, dass uns eine Partnerschaft mit Intel neue Türen öffnen und somit unser Fortbestehen sichern würde". In Phase 1 beginnen Neugründungen durch soziale Netzwerke ihr ökonomisches Netzwerk zu bauen; Reputationsnetzwerke erweitern die Möglichkeiten, in der Zukunft das Firmennetzwerk auszubauen.

20.4.4. Marketingnetzwerke

Nachdem die Firma eine gewisse Glaubwürdigkeit entwickelt hat, steht in Phase 2 das Umsatzwachstum im Vordergrund. Die untersuchten, schnell wachsenden Firmen versuchten dabei eine Gratwanderung: Auf der einen Seite schnelles Umsatzwachstum, auf der anderen Seite Minimierung der Kosten durch verhaltenes Personalwachstum. Schlüssel zu dieser scheinbar widersprüchlichen Vorgehensweise sind zwei Netzwerktypen: Marketing- und Reziprozitätsnetzwerke.

Marketingnetzwerke sind Beziehungen zu anderen Firmen, die es dem Start-up erlauben, schnell an Marktinformationen oder direkt an Neukunden zu gelangen. Oft sind es die ersten großen Kunden, die dem Start-up neue Kunden vermitteln. Eine der untersuchten Firmen bezog 80 % ihrer Aufträge von einem Kunden. Ihr Geschäftsführer sagte: „Dieser Kunde vermittelt uns an andere Firmen. Manchmal erhalten wir von diesem Kunden sogar direkt Aufträge von anderen Firmen". In diesem Sinn, scheint die anfängliche Abhängigkeit von einem sehr engen und großen Kunden für ein junges Unternehmen zunächst keine allzu große Gefahr darzustellen, solange es der Firma gelingt, durch diesen Kunden Neukunden zu gewinnen, die in der Zukunft die Abhängigkeit reduzieren.

20.4.5. Reziprozitätsnetzwerke

Reziprozitätsnetzwerke minimieren die Gefahr von Personalkosten in einer Phase z.T. instabiler Umsätze, ohne den Verlust von Aufträgen zu bedeuten. Reziprozitätsnetzwerke sind horizontale Beziehungen zu anderen Firmen mit komplementären oder ähnlichen Ressourcen und Fähigkeiten. Sie sichern die Flexibilität der Firma und erlauben gleichzeitig Wachstum. Oft handelt es sich dabei um Beziehungen mit direkten Konkurrenten. Der folgende Fall beschreibt die Funktionsweise von Reziprozitätsnetzwerken.

Eine Firma ist voll ausgelastet und erhält einen dringenden zusätzlichen Auftrag. Anstatt diesen abzulehnen, nimmt die Firma den Auftrag an und vergibt ihn in Subunternehmerschaft an einen Konkurrenten. Folglich verliert die Firma keinen Auftrag und gewinnt möglicherweise sogar einen Neukunden, während das Personalwachstum beschränkt bleibt. Die paradoxe Situation, mit einem Konkurrenten zu kooperieren, die in Deutschland häufig vorzukommen scheint (vgl. Dowling et al. 1998), erklärte ein Gründer so: „Wenn du einen Auftrag an einen Konkurrenten in Subunternehmerschaft weitergibst, so tut dir das nicht sonderlich weh. Was wirklich schmerzt, ist, wenn du einen Kunden verlierst". Großprojekte übersteigen oft die Möglichkeiten junger Unternehmen. Durch die Beziehungen zu anderen Firmen mit komplementären Ressourcen und Fähigkeiten ist es jedoch möglich, sich auch für größere Projekte zu bewerben. Reziprozitätsnetzwerke funktionieren allerdings nur, wenn die anderen Partner die Gefälligkeiten erwidern. Ein Gründer kommentierte die Situation so: „Natürlich könnten wir die Situation ausnutzen, wenn einer unserer Konkurrenten nicht ausgelastet ist, aber gewöhnlich versuchen wir zu helfen. Natürlich erwarten wir das auch von der anderen Seite". Es gibt sogar Firmen, die sich Ressourcen „ausleihen", wie ein anderer Gründer erklärte: „Manchmal gibt es Aufträge, die von der Größe genau richtig wären, aber zur Abwicklung fehlt uns ein Spezialist auf einem bestimmten Gebiet. Anstatt das Projekt zusammen mit einer anderen Firma durchzuführen, leihen wir uns von einem Partner den Spezialisten für das Projekt aus".

Reziprozitätsnetzwerke scheinen in regionalen Clustern verwurzelt zu sein und stellen somit einen regionalen Vorteil dar. Einen ähnlichen Konkurrenten hinsichtlich Grösse und Kooperationsbereitschaft zu finden, scheint aus verschiedenen Gründen in Regionen einfacher. Erstens fördert regionale Kultur die Unternehmenskultur (vgl. Lechner/Dowling 2000). Zweitens ist es einfacher, einen Partner zu finden, wenn man über ein funktionierendes Informationsnetzwerk verfügt, das meist regional beschränkt ist. Drittens generiert eine erfolgreiche regionale Agglomeration mehr Geschäftsvolumen, was die Wahrscheinlichkeit erhöht, dass Gefälligkeiten tatsächlich erwidert werden. Und viertens entsteht Vertrauen über die Zeit und durch Interaktion. Starke Beziehungen verlangen häufige, direkte Interaktionen, die durch räumliche Nähe erleichtert werden. Eine der untersuchten Firmen hält den Personalstamm im Verhältnis zur Auftragslage bewusst unterbesetzt, um das Risiko durch mögliche Auftragsschwankungen zu minimieren. Zusätzlich versucht sie, die Firmengröße klein zu halten, indem sie Spin-offs Mitarbeiter-Neueinstellungen vorzieht. Ungefähr ein Drittel der effektiven Kapazitäten werden durch externe Firmen abgedeckt. In den Worten eines Gründers ist das „der Vorteil eines engmaschigen Clusters: Du kannst dich auf andere verlassen".

20.4.6. Wissensnetzwerke

Nach Phase zwei, die von flexiblem Umsatzwachstum geprägt ist, sucht das schnell wachsende Unternehmen in Phase 3 nach neuen Möglichkeiten, zu expandieren. Einerseits spielen Reziprozitätsnetzwerke nach wie vor eine wichtige Rolle, andererseits werden Technologiepartnerschaften in dieser Phase immer wichtiger, da Firmen nach Wegen suchen, ihre anfängliche Technologiebasis, die vielfach Grundlage der Gründung war, auszuweiten. Ein weiterer Aspekt gewinnt in Phase drei zunehmend an Bedeutung: das aktive Netzwerkmanagement. Die untersuchten Firmen haben in nur wenigen Jahren eine Vielzahl von Beziehungen aufgebaut. Sie starteten durchschnittlich mit nur etwa fünf Beziehungen. In Phase zwei hatten die Firmen durchschnittlich Netzwerke mit einer Größe zwischen 25 und 40 Partnern, und in Phase drei mit teilweise weit über 100 Partnern. Die untersuchten Firmen waren sich darüber einig, dass ihre Fähigkeit, Beziehungen einzugehen und zu pflegen, beschränkt ist, so dass die Notwendigkeit entsteht, das bestehende Netzwerk zu kontrollieren, neue Beziehungen aufzubauen und alte zu beenden sowie die Netzwerke hierarchisch zu strukturieren, um zwischen engen und losen Beziehungen zu differenzieren (vgl. Lechner 2001).

Das vorgeschlagene Phasenmodell veranschaulicht, wie junge Firmen durch Etablierung verschiedener Netzwerke schnelles Wachstum realisieren. Für Entrepreneure stellt sich vor der Gründung die Frage, welche wichtigen Beziehungen die Gründer in das Unternehmen einbringen. Gleichzeitig suggeriert die Studie, dass aktivem Beziehungsmanagement für Neugründungen eine entscheidende strategische Rolle zukommt.

20.5. Zusammenfassung

Der Kontext von Entrepreneurship als Gründungs- und Wachstumsmanagement legt es nahe, nach Konzepten zu forschen, die die besondere Gründungsproblematik berücksichtigen. Die Netzwerkperspektive kann helfen, Gelegenheiten für Entrepreneure zu identifizieren oder Strategien zur Schaffung von Gelegenheiten zu entwickeln. Die vorgestellten Studien legen auch nahe, dass Firmennetzwerke eine Strategiealternative für schnell wachsende Unternehmen sein können. Dieser Beitrag sollte Gründer anregen, über das Gründungsteam hinaus über Beziehungen nachzudenken, Gelegenheiten aus einer neuen Perspektive zu betrachten und Netzwerke als Chance für Geschäftsvorhaben und den Aufbau eines schnell wachsenden Unternehmens zu sehen.

20.6. Verwendete und weiterführende Literatur

Burt, R. (1992): Structural Holes. Cambridge MA.

Dollinger, M.; Golden, P. (1992): Interorganizational and Collective Strategies in Small Firms: Environmental Effects and Performance. In: Journal of Management, 18(4), S. 659-716.

Dowling, M.; Lechner, C. (1998): Kooperative Wettbewerbsbeziehungen – eine empirische Untersuchung. In: Franke, N.; von Braun C. F. (Hrsg.): Innovationsforschung und Technologiemanagement. Berlin.

Ebers, M. (1997): Explaining Inter-Organizational Network Formation. In: Ebers, M. (ed.), The Formation of Inter-Organizational Networks. Oxford, S. 3-40.

Heuskel, D. (1999): Wettbewerb jenseits von Industriegrenzen. Campus, Frankfurt.

Jarillo, J. (1989): Entrepreneuship and Growth: The Strategic Use of External Resources. In: Journal of Business Venturing. S. 133-147.

Lechner, C. (2001): The Competitiveness of Firm Networks. Frankfurt.

Lechner, C.; Dowling, M. (2000): The Evolution of Industrial Districts and Regional Networks: The Case of the Biotechnology Region Munich/Martinsried. In: Journal of Management and Governance. S. 309 – 338.

Lipparini, A.; Sobrero, M. (1997): Co-Ordinating Multi-Firm Innovative Process: Entrepreneur and Catalyst in Small Firm Network. In: Ebers M., S. 199-219.

Lorenzoni, G.; Ornati, O. (1988): Constellations of Firms and new Ventures. In: Journal of Business Venturing. 3, S. 41-57.

McGee, J.; Dowling, M.; Megginson, W. (1995): Cooperative Strategy and New Venture Performance: The Role of Business Strategy and Management Experience. In: Strategic Management Journal. Vol. 16., No. 7., S. 565-580.

Welsh, J.; White, J. (1981): A Small Business is not a Little Big Business. In: Harvard Business Review, Vol. 59, No. 4, S. 18 – 32.

21. Der Gang an die Börse

PHILIPP GRAF VON UND ZU LERCHENFELD UND GERTRAUD DIRSCHERL

21.1. Überblick

Die Euphorie für Börsengänge in den letzten Jahre, die ihren Höhepunkt in den Jahren 1999 und 2000 mit 168 bzw. 152 Neuemissionen allein an der Frankfurter Wertpapierbörse hatte, ist merklich abgeklungen. So wurden im Jahr 2001 nur noch 21 Unternehmen (davon 11 am Neuen Markt) an der Frankfurter Wertpapierbörse neu gelistet. Gleichzeitig verschwanden in 2001 25 Unternehmen vom Neuen Markt durch Übernahmen, freiwilligen Segmentwechsel oder durch freiwilliges bzw. erzwungenes Delisting. Trotz der negativen Entwicklung des Börsensegments für innovative Unternehmen in den letzten Jahren bleibt ein Börsengang nach wie vor eine überzeugende Lösung für die Wachstumsfinanzierung eines erfolgreichen Unternehmens.

In einer starken Wachstumsphase fehlt dem Unternehmen in der Regel das nötige Eigenkapital, um seine Ideen zu verwirklichen und voranzutreiben. Gute Berater unterstützen das Unternehmen dabei, den Zugang zu den Kapitalmärkten mit allen Chancen und Möglichkeiten zu erlangen. Sie helfen, das Unternehmen publik zu machen und den gestiegenen Anforderungen des Kapitalmarktes gerecht zu werden, damit es auch in Zukunft den Wettbewerbern einen Schritt voraus ist. Nachfolgend sollen die Vor- und Nachteile, die typischen Problembereiche, gesellschaftsrechtliche und steuerrechtliche Themenstellungen beim Börsengang dargestellt werden.

21.2. Vor- und Nachteile eines Börsengangs

Im Mittelpunkt der Motivation der Neuemittenten stehen meistens Wachstums- und Expansionsziele, die durch eine Stärkung der Eigenkapitalbasis und den Zufluß liquider Mittel aus der Emission erreicht werden können. Gleichzeitig erhält das börsennotierte Unternehmen Zugang zu allen an der Börse handelbaren Finanzierungsinstrumenten. Darüber hinaus erhöht sich mit einem verstärkten Eigenkapital die Bonität des Unternehmens und verbessert sich die Möglichkeit zu einer Erweiterung der Fremdfinanzierung.

Der Börsengang bietet den Unternehmensgründern bzw. bisherigen Anteilseignern die Möglichkeit – unter Wahrung der Mehrheitsverhältnisse und unter Berücksichtigung der gesetzlich vorgegebenen bzw. vertraglich vereinbarten Lock-up-Periode – das vorhandene Risiko zu reduzieren und einen Teil des Erfolgs zu realisieren. Daneben ist der Börsengang auch eine Möglichkeit für Risikokapitalgeber sich aus einer Beteiligung wieder zu lösen (Exitstrategie).

Durch den Börsengang wird das Unternehmen verselbständigt, da es nicht mehr ausschließlich von wenigen Anteilsinhabern und deren finanziellen Interessen oder Möglichkeiten abhängig ist. Gleichzeitig wird mit der verstärkten Publizität und der laufenden Beobachtung durch die einschlägige Presse und Finanzanalysten der Bekanntheitsgrad des Unternehmens wesentlich erhöht, was zu Wettbewerbsvorteilen, zu einer Verbesserung der Kooperationsfähigkeit und zu einer höheren strategischen Flexibilität führen kann. Nicht zu vergessen ist in diesem Zusammenhang auch die

Möglichkeit, Aktien als günstige Akquisitionswährung ohne Liquiditätsbeanspruchung des eigenen Unternehmens zum Erwerb anderer Unternehmen einzusetzen.

Neben der Realisierung von Gewinnen der Alteigentümer durch die Veräußerung von Unternehmensanteilen können diese zusätzlich ihre zukünftigen Ausschüttungen steigern, auch wenn ihr Anteil am Unternehmen durch den Börsengang (IPO = Initial Public Offering) deutlich verwässert wurde.

Ein weiterer Grund für einen Börsengang liegt – wenn auch wegen der derzeitigen Marktsituation und Diskussion über die Abbildung in den Finanzzahlen abgeschwächt - unverändert darin, die Attraktivität des Unternehmens für neue und eigene Mitarbeiter in einem engen Arbeitsmarkt für Spezialisten zu erhöhen. Ferner kann man Mitarbeiter – insbesondere Führungskräfte - durch entsprechende Beteiligungsmodelle (Stock Option Pläne) einfacher am (Börsen-)Erfolg des Unternehmens partizipieren lassen und damit die Bindung wesentlicher Mitarbeiter an das Unternehmen zu festigen.

Der Börsenkurs ermittelt den Unternehmenswert eines börsennotierten Unternehmens permanent neu. Damit führt der Börsengang auch zu einer laufenden Kontrolle der Unternehmenspolitik und der Qualität des Managements. Die größere Beachtung durch die Öffentlichkeit, die ein börsennotiertes Unternehmen genießt, kann daher auch unangenehme Folgen für das Management, die Anteilseigner und sogar die Wirtschaftsprüfer haben, wie spektakuläre Fälle im in Europa und USA gezeigt haben.

Diese Gefahr besteht nicht nur für die Unternehmen der „New economy" , sondern auch für Unternehmen der sog. „old economy" wie z.B. Daimler-Chrysler oder Bayer. Erfolg und Misserfolg liegen an der Börse dicht beisammen. Fehler und Missbräuche werden von der Börse unbarmherzig bestraft. Dabei kann es auch teilweise zu Überreaktionen kommen, indem ganze Branchen für das Missverhalten einzelner Unternehmen bestraft werden. Das hat seit dem Herbst 2000 dazu geführt, dass der Börsenwert einzelner Unternehmen teilweise unter die im Unternehmen vorhandenen liquiden Mitteln sank.

Für alle Unternehmen, besonders aber für die in der jüngsten Vergangenheit gelisteten, ist es daher wichtig, dass die Investoren zeitnah und in guter Qualität Auskünfte über die Unternehmensentwicklung erhalten und die tatsächliche Entwicklung den veröffentlichten Planzahlen entspricht. Die Glaubwürdigkeit der Unternehmensführung ist einer der wichtigsten Einflussfaktoren auf die Kursentwicklung. Gewinn- oder Umsatzwarnungen, wie sie sich nunmehr häufen, sorgen für Verunsicherung bei den Anlegern und können neben einem Kurssturz der eigenen Aktien zu einem Crash der ganzen Branche beitragen. Die Skandale verschiedener Unternehmen an den Wachstumssegmenten in Deutschland und USA (z.B. Enron, Worldcom, Comroad, em-tv) haben darüber hinaus zu einer tiefen Verunsicherung der Anleger geführt, von der sich die Börsen weltweit nur schwer wieder erholen.

Comrad Aktien AG o.N. und Worldcom Inc. Shares
Entwicklung seit Beginn 2002

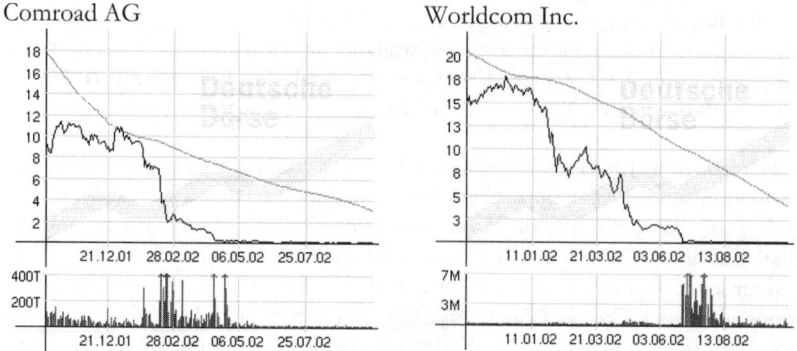

Comrad AG   Worldcom Inc.

Quelle: Deutsche Börse AG; --- Kursverlauf, --- 200 Tages-Durchschnitt

Abb. 1: Kursverläufe

In der nachfolgenden Tabelle sind die wesentlichen Vor- und Nachteile, die sich
durch einen Börsengang ergeben können stichpunktartig aufgelistet:

Vorteile eines Börsengangs
• Liquiditätszufluss → Stärkung des Eigenkapitals → Wachstum und Expansion
• Wachstum durch Anteilstausch → Aktien = Akquisitionswährung
• Laufende Ermittlung des Unternehmenswertes durch die Börse → Shareholder value
• Zugang zu sämtlichen, an der Börse handelbaren Finanzierungsinstrumenten
• Börsennotierung als Bonitätskennzeichen → Mögliche Erweiterung der Fremdfinanzierung und positive Publizitäts- und Imageeffekte
• Präsentation in der Öffentlichkeit, Steigerung des Bekanntheitsgrades und Erweiterung der Marketingmöglichkeiten
• Verbesserung der Kooperationsfähigkeit und der strategischen Flexibilität
• Zusätzliche Möglichkeit der Mitarbeiterbeteiligung (Stock options)
• Erhöhte Attraktivität für Fremdmanager
Nachteile eines Börsengangs
• Verlust der unternehmerischen Unabhängigkeit für Alteigentümer
• Bei mißglücktem Börsengang oder negativer Kursentwicklung schlechtes Image und PR
• Erhöhter Aufwand für Administration, Berichtwesen und Pflege der „Investor Relation"
• Hohe Kosten für den Börsengang bzw. die erweiterte Publizitätspflicht als börsennotierte AG
• Börsennotierter Unternehmenswert kann bei schlechter Kursentwicklung kleiner als der tatsächliche Unternehmenswert sein
• Gefahr der Fremdübernahme durch andere Investoren

Abb. 2: Vor- und Nachteile des Börsengangs

21.3. Voraussetzungen für den Börsengang

Wesentlichste Vorraussetzung für den Börsengang ist neben den rechtlichen und formellen Aspekten die Börsenreife des Unternehmens, d.h. ob das Unternehmen tatsächlich emissionsfähig ist. Während früher die Unternehmensgröße bzw. die Umsatz- und Ertragsentwicklungen der Vergangenheit oder auch das Alter des Unternehmens eine bedeutende Rolle bei der Beurteilung der Börsenfähigkeit spielten, sind ist es heute die Equity-story des Unternehmens, also eher zukunftsorientierte Kriterien, wie die in der Geschäftsidee liegenden Wachstums- und Ertragspotentiale oder die Markt- und Wettbewerbsposition.

Die Qualität des Managements und der wesentlichen Mitarbeiter, die organisatorischen Strukturen des Unternehmens und ein überzeugendes Unternehmenskonzept sind ebenfalls kritische Erfolgsfaktoren für einen erfolgreichen Börsengang.Die aktuelle oder zurückliegende Ertragssituation hat heute nicht mehr den Einfluss auf die Emissionsfähigkeit eines Unternehmens, wie noch bis Mitte der 90iger Jahre. In Abhängigkeit vom Börsensegment, an dem das Unternehmen notiert werden möchte, finden unterschiedliche Beurteilungsmaßstäbe Beachtung. Unternehmen mit kontinuierlichen Wachstumsraten in einem verhalten wachsenden Markt werden weiterhin an den Kriterien derzeitige Umsatz- und Ertragsgröße, vorhandene Vermögensstruktur und aktueller Cash-flow gemessen werden. Nachdem aber immer mehr junge Unternehmen aus dem High-Tech-Bereich an der Börse notiert worden sind, stehen eine überzeugende Unternehmensstrategie und eine darauf aufbauende schlüssige Planung mit entsprechend attraktiven Wachstumsraten im Vordergrund. Faktoren wie Wettbewerbsposition und -strategie, Marktvolumen, Marktpotenzial sowie Produktinnovation und Produktlebenszyklen sind dabei von entscheidender Bedeutung. Eine überzeugende Equity-story, also eine fundierte Darstellung des Unternehmens, ihrer Erfolgsfaktoren und der zukünftigen Chancen gegenüber anderen Marktteilnehmern, ist der Maßstab für einen erfolgreichen Börsengang.

Wie oben bereits dargestellt kommt es heute aber vor allem anderem auf die Glaubwürdigkeit der im Unternehmen handelnden Personen an, da im Kapitalmarkt das Vertrauen der Anleger in das Management und die Kontroll- und Aufsichtsgremien der jeweiligen Unternehmen eine herausragende Rolle einnimmt.

Die fachliche und persönliche Kompetenz des Managements spielen dabei eine herausragende Rolle. Nicht unterschätzt werden darf in diesem Zusammenhang die Bedeutung der persönlichen Integrität der verantwortlichen Personen. Insbesondere aufgrund der unerfreulichen Vorkommnisse bei verschiedenen, nicht nur jungen, börsennotierten Unternehmungen in der letzten Zeit machen deutlich, dass dieser Aspekt in den Vordergrund zu stellen ist.

Eine übersichtliche und transparente Unternehmens- und Organisationsstruktur sind ebenfalls von großer Bedeutung für den potentiellen Anleger. Unübersichtliche Beteiligungsverhältnisse, sowie verschachtelte Konstruktionen mit unklaren Beherrschungs- und Eigentumsverhältnissen vermitteln dem potentiellen Anleger leicht den Eindruck, dass die Altgesellschafter die neuen Investoren übervorteilen könnten.

Vertragliche Beziehungen zwischen den Altgesellschaftern und dem Börsenkandidaten sollten deshalb auf das notwendige Mindestmaß beschnitten werden, um einem negativen Eindruck entgegenzuwirken.

Eine klare und übersichtliche Aufbau- und Ablauforganisation des Unternehmens, in der Entscheidungs- und Verantwortlichkeitsbereiche eindeutig geregelt werden, sind für ein effizient arbeitendes Unternehmen selbstverständlich. Im Zuge des Börsenganges muss dabei darauf geachtet werden, dass die zusätzlichen Aufgaben, die dem börsennotierten Unternehmen erwachsen, ebenso effizient gelöst werden können.

Meistens wird beim Aufbau eines Unternehmens dem Bereich Rechnungswesen nicht die Bedeutung zugemessen, die notwendig ist, um den hohen Ansprüchen gerecht zu werden, denen ein börsennotiertes Unternehmen in Hinblick auf zuverlässige und zeitnahe Informationen genügen muss. Oft ist dieser Bereich daher auch noch nicht mit einem verantwortlichen Vorstandsmitglied besetzt. Bei jungen Unternehmen ist das Rechnungswesen häufig sogar noch an externe Dienstleister vergeben. Eine bereits im Jahr 2000 veröffentlichte Untersuchung zeigt, dass bei Unternehmen, die seinerzeit einen Börsengang planten, insbesondere Defizite bei der Unternehmensplanung und im Rechnungswesen bestanden. (Hanff/Kretschmer 2000) Die Ereignisse der Jahre 2001 und 2002 an den Weltbörsen zeigten deutlich, dass Mängel in diesen Bereichen nicht nur den Börsenkurs junger, börsennotierter Unternehmen negativ beeinflusst haben.

Ein börsennotiertes Unternehmen muss über ein leistungsfähiges Rechnungswesen und Controlling verfügen, um einerseits den vorgeschriebenen Publizitätspflichten zu genügen, andererseits aber auch um kurzfristig auf Veränderungen der Ertrags- und Liquiditätssituation reagieren zu können. Die Einrichtung eines entsprechenden Berichtswesens ist daher für das Management dringend notwendig. Ein funktionstüchtiges Risikomanagementsystems ist für börsennotierte Unternehmen gesetzlich vorgeschrieben.

21.4. Typische Problembereiche beim Börsengang

21.4.1. Eigenkapital

Kein Börsengang gleicht dem anderen. Jeder Börsengang ist von spezifischen Problemstellungen begleitet. Nicht ausreichend vorhandenes Eigenkapital kann einen Börsengang verhindern – wobei die Grenzen je nach Marktsegment unterschiedlich sind. So muss das Unternehmen für die Zulassung am Neuen Markt vor der Kapitalerhöhung, die zur Ausgabe der neuen Aktien führt, über ein Mindestkapital von 1,5 Mio. € verfügen.

Gerade junge, innovative Unternehmen zeichnen sich häufig dadurch aus, dass sie über ein zu geringes Eigenkapital verfügen. Unternehmensgründer haben meist nicht die Möglichkeit, ihr Unternehmen mit hohem Eigenkapital auszustatten, und oft ist das Eigenkapital junger, innovativer Unternehmen durch hohe Anfangsverluste weitgehend verbraucht. Das für den Börsengang notwendige Eigenkapital wird daher häufig in Form einer oder mehrerer Finanzierungsrunden von Privatpersonen, Banken und/oder Venture Capital Gesellschaften aufgebracht. Die Folge davon ist, dass die Mehrheitsverhältnisse der ursprünglichen Anteilseigner verändert werden, was den Einfluss auf das eigene Unternehmen bereits im Vorfeld des Börsenganges wesentlich einschränken kann. Zusätzlich entsteht in der Regel eine Verwässerung der Herrschaftsverhältnisse der Alteigentümer. Um zu verhindern, dass die Einflussnahme der Alteigentümer auf das Unternehmen nach einem Börsengang zu stark begrenzt wird, sollten sie im Vorfeld des Börsenganges entsprechende Strategien zur Wahrung ihres Einflusses auf das Unternehmen bedenken. Hierzu können aktienrechtliche Maßnahmen, wie z.B. die Bestimmung der Aktiengattung oder besondere Ausgestaltungen in der Satzung der Aktiengesellschaft ebenso dienen wie eine vertragliche Interessenbindung der Alteigentümer in Form von Stimmbindungs- oder Poolverträgen.

Insbesondere Venture Capital Gesellschaften schließen mit emissionswilligen Unternehmen oft Aktionärsvereinbarungen ab, die die Alteigentümer in ihren Rechten teilweise erheblich einschränken. Regelungsinhalte dieser Vereinbarungen können Verfügungsbeschränkungen, Vor- und Mitverkaufsrechte bzw. –verpflichtungen, Informations- und Mitwirkungsrechte sowie Vetorechte der fremden Investoren sein. In manchen Fällen wird für den Fall des Scheiterns des Börsenganges innerhalb einer bestimmten Frist von der Venture Capital Gesellschaft bereits in der Beteiligungsvereinbarung festgelegt, alle Anteile am Unternehmen an bestimmte Investmenthäuser gemeinsam zu veräußern. Nachdem in der letzten Zeit Börsengänge als Exitstrategie für Venture-Capital-Gesellschaften schwieriger geworden sind, sind diese Trade-sales häufig die einzige Möglichkeit für die Risikokapitalgeber ihre Beteiligung am Unternehmen gewinnbringend zu veräußern.

21.4.2. Kosten des Börsengangs

Auf das Unternehmen kommen im Zuge des Börsenganges hohe Kosten zu. Üblicherweise rechnet man für einen Börsengang mit Kosten für externe Berater und die beteiligten Banken in Höhe von 7 % bis 12 % des Emissionsvolumens – je nach Größe des Emissionsvolumens. Der zeitliche Anfall der Kosten hängt vom Projektfortschritt ab. Ein Großteil dieser Kosten ist zwar vom tatsächlichen Erfolg des Börsenganges abhängig. Dennoch kann ein misslungener Börsengang durch die hohen erfolgsunabhängigen Kosten die Existenz des Unternehmens gefährden.

21.4.3. Emissionszeitpunkt

In den vergangenen Jahren sind viele Börsengänge offiziell wegen der Verfassung der Börse verschoben oder aufgegeben worden. Bei anderen Börsengängen wurden die Emissionspreise weit unter den ursprünglich geplanten bzw. bereits öffentlich kommunizierten Kursen festgesetzt. Im Rahmen der Planungen für einen Börsengang kommt daher dem Zeitpunkt der Emission besondere Bedeutung zu. Bei der Wahl des Emissionszeitpunktes sind neben den Zulassungsvoraussetzungen der Börse und der Fähigkeit des Unternehmens, diese zeitgerecht zu erfüllen, auch die Verfassung und Konventionen des Kapitalmarktes, die Börsentendenz sowie gesamtwirtschaftliche und branchenspezifische Kriterien zu beachten. In der Vergangenheit wurde häufig bei der Erstellung der Zeitpläne den Vorbereitungen des Unternehmens auf die Börsenfähigkeit zu wenig Beachtung geschenkt. Oft stellte sich in der Vergangenheit zu einem relativ späten Zeitpunkt (z.B. bei der Due diligence durch die Konsortialbank siehe 21.6.5.) heraus, dass die innere Börsenreife des Unternehmens nicht oder nicht vollständig gegeben ist. Eine hieraus resultierende Verzögerung kann dazu führen, dass der Zeitpunkt des Börsengangs sich in eine Phase verschiebt, in der die Verfassung der Kapitalmärkte nicht optimal ist. Die neueren Entwicklungen zeigen, dass nunmehr alle am Prozess beteiligten Parteien dem Vorhandensein der Börsenreife erheblich mehr Bedeutung beimessen und der Zeitdruck in den Hintergrund tritt.

21.4.4. Börsenreife

Das wesentliche Hindernis für einen erfolgreichen Börsengang ist daher in der mangelnden Vorbereitung und im Fehlen der inneren Börsenreife des Unternehmens zu sehen. Ein Börsengang stellt für die Unternehmensführung, die Mitarbeiter und die beteiligten Berater eine besondere Herausforderung dar. Meist sind dabei sehr enge zeitliche Vorgaben zu erfüllen. Ist das Unternehmen von der Ausgestaltung der Organisation, den Voraussetzungen des internen und externen Rechnungswesens und des Controlling her nicht in der Lage, den erhöhten Anforderungen eines börsennotierten Unternehmens nachzukommen, so droht ein Scheitern des Börsenganges. Eventuell können die im Rahmen des Börsengangs vorgelegten Zahlen nicht realisiert werden, weil das Management aufgrund der hohen eigenen Einbindung in die Vorbereitung des Börsengangs dem Tagesgeschäft nicht die notwendige Aufmerksamkeit schenken konnte. Bei einer im Jahr 2000 durchgeführten Umfrage unter 433 potentiellen Börsenkandidaten, die angabegemäß einen Börsengang innerhalb der nächsten 15 Monaten planten, gaben immerhin fast 20 % an, nicht über ein börsenfähiges Rechnungswesen zu verfügen. Rund 25 % dieser Unternehmen hatten noch nie Quartalsabschlüsse erstellt oder verfügten nur über unvollständige Planabschlüsse, und 14 % hatten sich noch nicht mit Internationaler Rechnungslegung beschäftigt. (Hanff/Kretschmer 2000).

Fehlende Börsenreife kann im Rahmen der Vorbereitungen auf den Börsengang nicht mehr beseitigt werden, da Unternehmen und Berater mit wesentlichen anderen Aufgaben beschäftigt sind. Auf Seiten des Unternehmens muss daher frühzeitig überlegt werden, ob dem Prozess des Börsenganges, nicht zunächst die Schaffung der inneren Börsenreife mit dem Ausbau einer effizienten Organisation und der Verbesserung der Funktionsfähigkeit des Rechnungswesens vorgeschaltet werden muss. Für diesen vorgeschalteten Prozess sind ausreichend Zeit und die Unterstützung durch geeignete Berater vorzusehen.

Die teilweise sehr engen zeitlichen Vorgaben erzwingen eine enge Koordination aller am Börsengang beteiligten Gruppen. Die beteiligten Personen unterschätzen dabei häufig die zeitliche und personelle Beanspruchung, die durch die Vorbereitung des Börsenganges auf das Unternehmen und ihr Mitarbeiter zukommt. Ohne ein vernünftiges Prozessmanagement ist daher der Börsengang vom Scheitern bedroht.

21.5. Gesellschafts- und steuerrechtliche Aspekte

21.5.1. Gesetzliche Grundlagen

Die Vorbereitung auf den Börsengang ist eine Gelegenheit, das Unternehmen nicht nur betriebswirtschaftlich und organisatorisch unter dem Aspekt des Börsenganges neu auszurichten, sondern bietet auch die Möglichkeit, die gesellschafts- und steuerrechtlichen Voraussetzungen innerhalb des Unternehmens und in deren gesamten Umfeld zu überdenken. Das kann von Fragen der Rechtsformwahl und der rechtlichen Neugestaltung der Unternehmensstruktur bis zu Überlegungen zur Überarbeitungen des gesamten Vertrags- und Lizenzwesens oder zur Neuordnung der Unternehmensnachfolge reichen.

Nach §§ 36, 38 BörsG i.V.m. § 15 BörsZulV können nur frei handelbare Wertpapiere zum Amtlichen Handel und zum Geregelten Markt zugelassen werden. Gleiches gilt für den Neuen Markt und den Freiverkehr. Damit können nur die Anteile von Unternehmen in der Rechtsform der AG oder der KGaA an einer Börse zugelassen werden. Die Rechtsform der KGaA, die eine Mischform zwischen einer Aktiengesellschaft und einer Kommanditgesellschaft darstellt, hat am deutschen Aktienmarkt bei Neuemissionen zur Zeit keine große Bedeutung. Daher wird auf eine eingehende Darstellung dieser Rechtsform verzichtet. Die Aktiengesellschaft ist eine Gesellschaft mit eigener Rechtspersönlichkeit, die für die Verbindlichkeiten gegenüber ihren Gläubigern nur mit ihrem Gesellschaftsvermögen haftet. Das Grundkapital der Gesellschaft muss nach § 7 AktG mindestens 50.000 € betragen, der Mindestnennbetrag der Aktien muss 1 € betragen bzw. darf der auf eine Stückaktie entfallende Anteil am Grundkapital den Betrag von 1 € nicht unterschreiten.

Die in Deutschland vorherrschende Aktienform ist die Inhaberaktie, die wie bewegliche Sachen durch Einigung und Übergabe übertragen werden kann. Im Zuge verbesserter Beziehungen zu den eigenen Aktionären haben verschiedene Aktiengesellschaften neuerdings verstärkt die Ausgabe von Namensaktien überlegt, die im angelsächsischen Raum, die übliche Aktienform darstellen. Namensaktien sind geborene Orderpapiere, die durch Indossament zu übertragen sind. Da die Übertragung dieser Aktien der Gesellschaft unter Angabe des Namens und des Wohnortes des Inhabers zur Eintragung in das Aktienbuches anzuzeigen ist, hat die Gesellschaft Kenntnis über die Zusammensetzung ihrer Aktionäre und kann damit eine verbesserte Kommunikation zu ihnen aufrechterhalten. Auch für die Aufsichtsorgane der Börsen bietet diese Aktienform eine verbesserte Möglichkeit, die Einhaltung von Auflagen für Altaktionäre (z.B. Lock-ups) oder Verstöße gegen Börsenregeln zu beobachten.

Die Aktiengesellschaft sieht im Grundsatz eine strenge Trennung zwischen Eigentum und Management vor. Daher gibt das AktG eine stark typisierte, in ihren satzungsmäßigen Grundlagen weitgehend nicht abänderbare Unternehmensform zum Schutz der Aktionäre vor. Organe der Aktiengesellschaft sind der Vorstand als Leitungsorgan, der Aufsichtsrat mit Beratungs- und Überwachungsfunktion und die Hauptversammlung als Organ der Willensbildung der Anteilseigner. Die Zuständigkeiten der einzelnen Organe sind grundsätzlich abschließend geregelt und zwingend von einander abgegrenzt. Vorstand und Aufsichtsrat bilden die Verwaltung der Gesellschaft, wobei der Vorstand die Gesellschaft in eigener Verantwortung leitet und dabei vom Aufsichtsrat überwacht wird. Die Hauptversammlung wählt den Aufsichtsrat und beschließt über grundsätzliche Fragen der Gesellschaft.

21.5.2. Die Gründung der Aktiengesellschaft

Die Aktiengesellschaft kann im Wege der Bar- oder Sachgründung bzw. durch gemischte Bar- und Sachgründung oder durch Umwandlung einer bereits bestehenden Personen- oder Kapitalgesellschaft errichtet werden. Über die Gründung der Aktiengesellschaft ist von den Gründern ein Gründungsbericht zu erstellen, der über alle für den Hergang der Gründung wesentlichen Fragen Auskunft geben muss. Die Mitglieder des Vorstandes und des Aufsichtsrates haben den Hergang der Gründung zu prüfen. In bestimmten Fällen (z.B. bei Sacheinlagen bzw.- übernahmen) ist eine Gründungsprüfung durch einen oder mehrere vom Amtsgericht zu bestellende unabhängige Gründungsprüfer vorzunehmen.

Die Gesellschaft ist beim Gericht von allen Gründern, dem Vorstand und den Mitgliedern des Aufsichtsrates zur Eintragung in das Handelsregister anzumelden. Die Anmeldung darf erst erfolgen, wenn für jede Aktie soweit nicht Sacheinlagen vereinbart sind, der eingeforderte Betrag ordnungsgemäß eingezahlt worden ist und endgültig zur freien Verfügung des Vorstandes steht. Bei Bareinlagen muss dieser Betrag mindestens ein Viertel des Ausgabebetrages der Aktien (Nennbetrag und Agio) betragen. Sacheinlagen sind vollständig zu leisten. Das Gericht hat nach der Anmeldung zu prüfen, ob die Gesellschaft ordnungsgemäß errichtet und angemeldet ist. Durch die Eintragung in das Handelsregister entsteht die Aktiengesellschaft.

21.5.3. Steuerliche Aspekte

Für die Aktiengesellschaft als Kapitalgesellschaft gelten hinsichtlich der Ertragsteuern die Vorschriften des Körperschaft- und Gewerbesteuerrechts. Im folgenden soll nur auf diejenigen speziellen steuerlichen Fragen eingegangen werden, die mit dem Börsengang in enger Verbindung stehen. Die Behandlung der Umwandlung oder Einbringung bestehender Unternehmen in eine Aktiengesellschaft und der steuerlichen Auswirkungen auf die Gesellschaft und deren (Alt-)Gesellschafter kann hier nicht ausführlich dargestellt werden. Auf jeden Fall sollten Umstrukturierung und Umwandlung der Unternehmen im Vorfeld des Börsenganges möglichst steuerneutral erfolgen, damit den Altanteilseignern nicht aus der Aufdeckung stiller Reserven steuerliche Belastungen erwachsen.

Im Zuge des Börsenganges sind oft mehrere Finanzierungsrunden notwendig, um das notwendige Eigenkapital für den Börsengang bereit zu stellen. Bereits im Rahmen dieser Finanzierungen müssen die Altgesellschafter darauf achten, dass ihnen keine ertragsteuerlichen Probleme (z.B. aus dem Verkauf von Anteilen) entstehen. In diesem Zusammenhang ist auch darauf zu achten, dass bestehende steuerliche Verlustvorträge der Unternehmung erhalten bleiben, die bei einer Übertragung von mehr als 50 % der Anteile und der Zufuhr überwiegend neuen Betriebsvermögens wegen der Vorschriften des § 8 Abs. 4 KStG gefährdet sein können.

Ein besonderes Problem der Umsatzsteuer tritt hinsichtlich der Kosten des Börsenganges auf, da die Finanzverwaltung die Abzugsfähigkeit der entsprechenden Vorsteuerbeträge für diese Kosten nicht vollständig anerkennen will. Dabei steht die Finanzverwaltung auf dem Standpunkt, dass es sich um Kosten handelt, die in Zusammenhang mit dem Verkauf von Gesellschaftsanteilen stehen, der nach § 4 Nr. 8 f UStG umsatzsteuerfrei ist. Deshalb soll eine Abzugsfähigkeit der damit in Zusammenhang stehenden Vorsteuerbeträge nicht möglich sein. Eine Klärung dieses Sachverhaltes wird erst durch finanzgerichtliche Entscheidungen in der kommenden Zeit erwartet.

21.6. Der Börsengang als Prozess für das Unternehmen

21.6.1. Die Struktur des Prozesses

Die Vorbereitung des Börsenganges muss als Prozess verstanden werden, wobei die Kernaufgabe des Projektmanagements die systematische Vorbereitung des Unternehmens auf den Börsengang und die Koordination aller am Börsengang Beteiligten ist. Nachstehendes Schaubild gibt einen Überblick über die einzelnen Prozessabschnitte und die einzelnen Aufgabenstellungen.

Aus der nachfolgenden Abbildung 3 ergibt sich, dass an einem Börsengang neben den verantwortlichen Mitarbeitern im Unternehmen eine Vielzahl von Beratern beteiligt ist. Dazu zählen die Berater zur Börseneinführung, Rechts- und Steuerberater, Wirtschaftsprüfer, Unternehmensberater und die beteiligten Emissionsbanken sowie Marketingexperten. Für das Unternehmen selbst ist dabei vordringlich, dass ihre erfolgreiche Geschäftspolitik trotz aller Zusatzaufgaben im Rahmen des Börsenganges aufrechterhalten werden kann. Nachfolgende Ausführungen geben zu wesentlichen Milestones im Prozess einen Einblick in die erforderlichen Arbeiten.

328

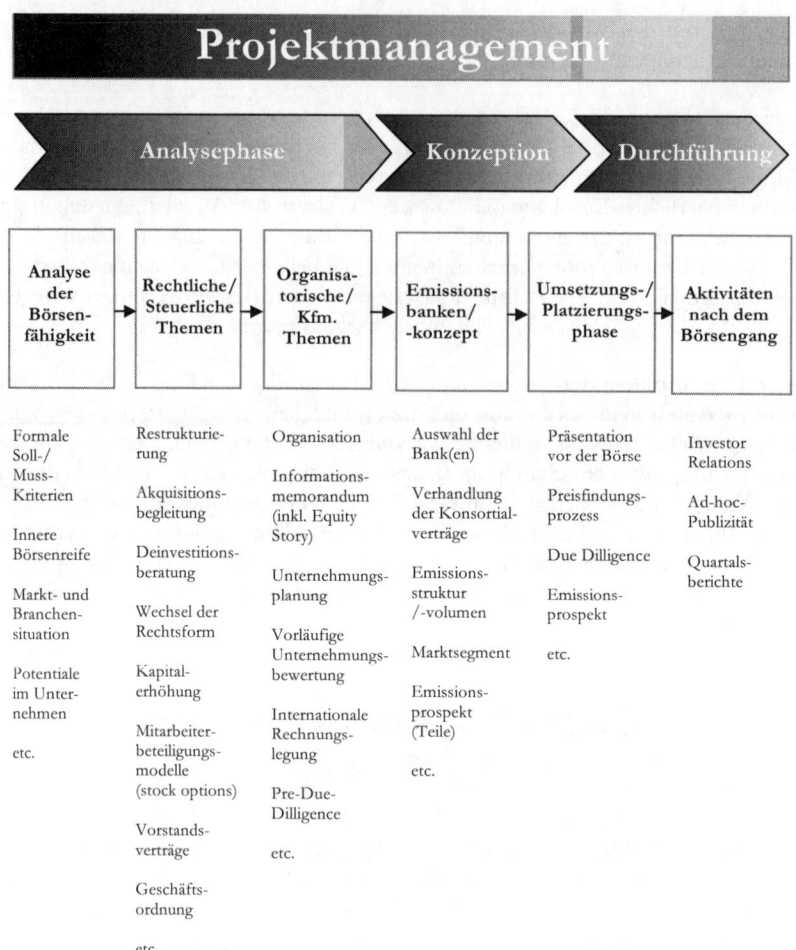

Abb. 3:   Ablaufmodell des Börsengangs

21.6.2. Analysephase

Am Beginn der Analyse- und Planungsphase steht eine umfassende Evaluierung des Unternehmens. Im Rahmen dieser Untersuchung muss eine Überprüfung der rechtlichen Rahmenbedingungen und steuerlichen Struktur des Unternehmens durchgeführt werden. Gleichzeitig sind die Organisationsstruktur und das Informationsmanagement im Unternehmen zu beschreiben und gegebenenfalls notwendige Optimierungen der Geschäftsprozesse einzuleiten. Der Aufbau und die Dokumentation des Risikomanagement des Unternehmens ist ebenfalls zu analysieren, was im Ergebnis zur Installation zusätzlicher oder gänzlich neuer Prozesse führen kann.

Nachfolgend sind die Zulassungskriterien für den Neuen Markt dargestellt, da nach derzeitigem Diskussionsstand davon auszugehen ist, dass diese vom Kapitalmarkt geforderten Informationen von allen Unternehmen, die im neuen Prime Standard gelistet werden wollen, erfüllt sein müssen:

Zulassungskriterien für den Neuen Markt	
Unternehmungsbestand	Die Unternehmung muss seit min. 1 Jahr und sollte seit min. 3 Jahren Bestand haben
Kurswert	5 Millionen € (voraussichtlich)
Gesamtnennbetrag	250.000 €
Anzahl der Aktien	100.000
Streubesitz	mindestens 25 % ohne „friends & family"-Programm und ohne „Greenshoe"
Kapitalerhöhung	50 % des Emissionsvolumens müssen aus einer Kapitalerhöhung gegen Bareinlage stammen.
Weitere Kriterien	Zulassung zum Neuen Markt erfordert zugleich Zulassung am Geregelten Markt
	Gesetzliche Lock-up Periode für die Altgesellschafter 6 Monate
	Erstellung eines Emissionsprospektes
	Bestellung von zwei Betreuern (designated sponsor)

Zusätzliche Anforderungen der Konsortialbanken	
Rechtsform	Die Umwandlung in eine Kapitalgesellschaft sollte bereits erfolgt sein
Unternehmungsbestand	Die Unternehmung sollte als wirtschaftliche Einheit seit 3 bis 5 Jahren existieren
Umsatz	Mindestumsatz von 15 bis 25 Mio. €
Rendite	3 % bis 6 % Umsatzrendite nach Steuern
Wachstum	Erhebliche Wachstumsrate
Ertragslage	Vorhandensein bereits ausschüttungsfähiger Erträge, d.h. die Produkte der Unternehmung sollten bereits den Markteintritt vollzogen haben
Informationspaket	... zur Darstellung der inneren Börsenreife und für die Urteilsbildung über die Chancen und Risiken der Emission
	• transparente Organisationsstrukturen
	• Unternehmungsführungskonzept und Managementkompetenz
	• überschaubare Eigentümerstruktur
	• effizientes Controlling, systematisches Planungs- und Berichtssystem, funktionierendes und zeitnahes internes und externes Rechnungswesen
	• Erfahrung in der aktiven Öffentlichkeitsarbeit
	• Glaubwürdigkeit der geplanten Unternehmensentwicklung

Abb. 4: Zulassungskriterien

Bereits in dieser Phase der Vorbereitung des Börsenganges empfiehlt es sich, eine Vorabbewertung des Unternehmens auf der Grundlage einer detaillierten integrierten Finanzplanung vorzunehmen und dabei die Planungsgrundlagen, Prämissen und Prognosen des Unternehmens zu überprüfen. Diese Phase muss zeigen, dass die von der Unternehmensleitung dargestellte bzw. mit dem IPO-Berater erarbeitete Equitystory des Unternehmens sich in der Planung wieder findet; d.h. die strategischen Erfolgsfaktoren des Unternehmens sind dabei überzeugend darzustellen.

Häufig werden die entsprechenden Untersuchungen in der Form einer Pre-Due-Diligence durchgeführt, die die später von den Emissionsbanken durchzuführende Untersuchung vorwegnimmt und das Unternehmen bereits auf die Vorgaben der Banken vorbereitet. Eine wichtige Entscheidung in dieser Phase stellt auch die Überlegung zur Wahl des Börsensegmentes dar, da darauf aufbauend die entsprechenden Zulassungsvoraussetzungen zu berücksichtigen bzw. abzuprüfen sind. Die endgültige Festlegung des Börsensegments erfolgt gemeinsam mit den begleitenden Kreditinstituten. Für die einzelnen Marktsegmente der Wertpapierbörsen gelten unterschiedliche Zulassungsvoraussetzungen. Beispielhaft sollen hier nur die wesentlichen Zulassungsbedingungen für den Neuen Markt aufgeführt werden. Aus der Tätigkeit der Emissionsbanken haben sich zusätzliche Anforderungen für die formalen, wirtschaftlichen und organisatorische Voraussetzungen zur Übernahme eines Mandates entwickelt, die ebenfalls in Abbildung 4 aufgeführt werden.

21.6.3. Unternehmensbewertung und Schätzung des Emissionspreises

Grundlage für den zu erzielenden Emissionserlös und damit für den Erfolg des Börsenganges bildet der Wert des Unternehmens. Dabei sind Interessengegensätze zwischen dem Unternehmen und ihren bisherigen Anteilseignern einerseits sowie den beteiligten Banken und den künftigen Aktionären andererseits vorprogrammiert. Wie die nachfolgende Abbildung 5 zeigt, ist die marktgerechte Preisfindung ein längerer Prozess in dem eine Vielzahl von Informationen verarbeitet werden.

Das Unternehmen und seine Anteilseigner sind daran interessiert, einen möglichst hohen Erlös aus dem Börsengang zu realisieren, ohne eine zu große Beteiligung an die neuen Aktionäre abgeben zu müssen. Dagegen steht für die beteiligten Banken zunächst die problemlose Platzierung der Aktien und die Minderung des Platzierungsrisikos durch einen niedrigeren Emissionskurs im Vordergrund. Auch die potentiellen Neuaktionäre sind eher an Investoren als an einem niedrigen Emissionskurs interessiert, um möglichst rasch Zeichnungsgewinne zu realisieren. Sie können aber wegen vorhandener Informationsdefizite über die künftige wirtschaftliche Entwicklung des Unternehmens den Emissionskurs nur schwer einschätzen.

Für die Unternehmensbewertung als Grundlage für die Ermittlung des Emissionskurses werden das *Vergleichsverfahren* mit Hilfe von Multiplikatoren sowie die Wertermittlung auf Basis der zukünftig ausschüttungsfähigen Erträge (Discounted-Cashflow-Methode) zugrunde gelegt. Bei der Vergleichsmethode werden verschiedene Kennzahlen (Kurs-Gewinn-Verhältnis, Umsatz, EBIT und EBITDA) vergleichbarer,

331

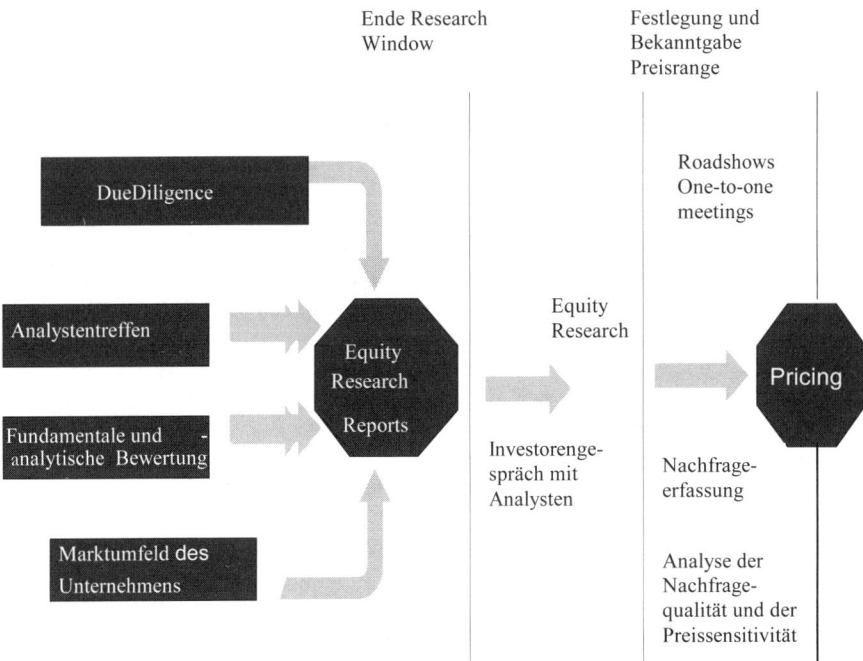

Abb. 5: Preisfindungsprognosen

an der Börse notierter Unternehmen oder ähnlicher Transaktionen zur Kursfindung herangezogen. Aufgrund der hieraus entwickelten Multiplikatoren kann der Wert des eigenen Unternehmens hochgerechnet werden. Der Vorteil der Methode besteht darin, dass die Vergleichszahlen in der Regel leicht ermittelbar und schnell nachvollziehbar sind. Problematisch bei diesen Verfahren ist jedoch die begrenzte Vergleichbarkeit unterschiedlicher Unternehmen und die Unsicherheit hinsichtlich der künftigen Profitabilität. Im Rahmen dieses Verfahrens werden nur Vergangenheitszahlen vergleichbarer Unternehmen aus deren Veröffentlichungen herangezogen, die über die zukünftige Entwicklung keine Aussagen treffen können. Zusätzlich bringen jedoch die Analysten der Emissionsbanken hier ihre Zukunfterwartungen mit ein.

Die DCF-Methoden basieren auf den Planzahlen der Unternehmung, die natürlich auf entsprechend realistischen Planprämissen aufbauen müssen. Zur Ermittlung des Unternehmungswertes werden bei diesen Verfahren die zukünftigen erwirtschafteten

Cash-flows auf den Bewertungszeitpunkt abgezinst. Die DCF-Methoden – auch bezeichnet als fundamentale Unternehmungswertermittlung - zeichnet aus, dass sie die flexible und genaue Erfassung aller für die Zukunft prognostizierten Zahlungsströme eines Unternehmens wiedergeben. Hierdurch werden neben den Gewinnen auch die zukünftige Veränderung im Working Capital und der Investitionsbedarf erfasst. Die

Ergebnisse dieser Methode hängen wesentlich von der Plangenauigkeit und der Korrektheit der zugrundeliegenden Planungsprämissen ab. Letztlich wird der Wert des Unternehmens im Rahmen des Börsenganges und nach der Aufnahme der Notierung dann aber vom Markt festgelegt.

21.6.4. Erstellung des Informationsmemorandums und Auswahl der Banken

Ziel des Informationsmemorandum ist es, den Banken, die für die Emissionsbegleitung in Frage kommen, eine umfangreiche Darstellung des Unternehmens und ihrer Entwicklung zu geben. Dieses Memorandum ist damit zugleich eine erste Grundlage für den zu erstellenden Emissionsprospekt und die in diesem Zusammenhang durchzuführende Due Diligence. Gleichzeitig werden auch die Unternehmenskennzahlen sowie die Planung des Unternehmens mit den Erfolgsfaktoren des Unternehmens und des Marktes ausführlich dargestellt. Weiter gehört in gleicher Weise eine detaillierte Beschreibung der Markt- und Wettbewerbssituation des Unternehmens sowie eine Darstellung von deren Motiven für den Börsengang dazu.

Das die Emission begleitende Kreditinstitut bzw. das zugehörige Bankenkonsortium wird in der Regel im Rahmen eines „Beauty-Contests" vom Unternehmen ausgewählt, bei dem alle eingeladenen Banken Gelegenheit haben, zu Fragen des Unternehmens über die Emissionsbegleitung Stellung zu nehmen. Ausschlaggebend für die Auswahl der konsortialführenden Bank sind ihre Stärken und Erfahrungen bei erfolgreichen Platzierungen von Aktien (möglichst in jüngerer Vergangenheit) und deren weiterer Kurspflege, die Bereitschaft zur festen Übernahme der Emission, die Höhe der Emissionsgebühren und Beratungskosten, ein vernünftiges Konzept zur Organisation der Vermarktungsaktivitäten vor Börsengang etc. Wichtig ist dabei aber auch die Haltung der Bank zu der Praxis der Zuteilung von Neuemissionen insbesondere die Bevorzugung einzelner Kunden oder die Zusammenarbeit mit dem Unternehmen im Rahmen eines „Friends-and-Family-Programms" sowie die Festlegung eines „Greenshoes" (siehe 21.6.8.).

21.6.5. Erarbeitung des Emissionskonzepts

Gemeinsam mit der ausgewählten Emissionsbank und den beteiligten Beratern muss dann ein umfassendes und schlüssiges Emissionskonzept mit einem detaillierten Zeitplan bis zum Emissionszeitpunkt erarbeitet werden, ggf. ergänzt durch entsprechende Ausweichszenarien für eine Verschiebung des Börsenganges. Kriterien für die Platzierungsart, das Platzierungsvolumen sowie die Auswahl des Börsenplatzes und -segments müssen dabei ebenso berücksichtigt werden wie das Platzierungsverfahren selbst (z.B. book building), Greenshoe-Optionen und Zuteilungsverfahren. Selbstverständlich sind auch die Marketingaktivitäten wie z.B. Werbemaßnahmen, Road-show oder Analystentreffen bereits im Vorfeld zu planen.

21.6.6. Due Diligence

Die begleitende Emissionsbank läßt durch einen unabhängigen Wirtschaftsprüfer oder eine Wirtschaftsprüfungsgesellschaft sowie durch eine unabhängige Rechtsanwaltskanzlei eine Due Diligence durchführen. Von diesen neutralen Personen wird eine eingehende Untersuchung und Analyse des Unternehmens in Hinblick auf die wirtschaftlichen Rahmenbedingungen, technischen Voraussetzungen, finanziellen Daten sowie die rechtlichen und steuerlichen Gegebenheiten durchgeführt. Die Due Diligence dient insbesondere dazu, einen genauen Einblick in das Unternehmen mit allen Stärken und Schwächen zu erhalten, um die Chancen und Risiken des Investments besser abschätzen zu können. Für das emittierende Kreditinstitut besteht auch die Notwendigkeit, sich durch die eingehende Untersuchung des Unternehmens vor Verstößen im Rahmen der Prospekthaftung oder bei der Anlageberatung abzusichern bzw. das eigene Risiko durch den Einsatz von unterschiedlichen Spezialisten für die einzelnen Bereiche zu reduzieren.

Da die Erkenntnisse aus der Due Diligence auch in den Börsenzulassungs- und Verkaufsprospekt einfließen, ist deren gute Vorbereitung für das Unternehmen unabdingbar. Diese sollte in der Form geschehen, dass die eigenen Berater des Unternehmens für die einzelnen Bereiche Voruntersuchungen durchführen, die die auftretenden Fragestellungen einer Due Diligence bereits im Vorfeld klären und entsprechende Mängel abstellen bzw. sich mit den vorhandenen Risiken auseinandersetzen.

21.6.7. Der Emissionsprospekt

Kernstück für die Information des zukünftigen Aktionärs ist neben den Researchberichten der Emissionsbanken der Emissionsprospekt nach dem Börsen- gesetz und der Börsenzulassungsverordnung bzw. dem Regelwerk des Neuen Marktes mindestens einen Werktag vor Einführung der Wertpapiere in deutscher Sprache (Neuer Markt: auch in englischer Sprache) veröffentlicht werden.

Voraussetzung für die Veröffentlichung ist die Billigung durch die Zulassungsstelle. Für den Prospekt sind umfangreiche Formvorschriften sowie Pflichtangaben notwendig, die von der Schriftart und –größe über die Nennung der für den Prospekt Verantwortlichen sowie allgemeine und besondere Informationen zu Aktien und Emittenten bis hin zu detaillierten Angaben über die Vermögens-, Finanz- und Ertragslage des Emittenten mit entsprechender Darstellung aller Unternehmensrisiken reichen. Außerdem sind die geprüften Jahresabschlüsse der letzten drei Geschäftsjahre mit den Bestätigungsvermerken der Abschlussprüfer im Prospekt zu veröffentlichen.

Bei Unternehmen, die noch nicht drei Jahre als Aktiengesellschaft bestanden haben, müssen die Jahresabschlüsse der letzten drei Geschäftsjahre auch in Form sog. „Als-ob-Abschlüsse" veröffentlicht werden, d.h. in Form von Jahresabschlüssen, die nach den Vorschriften aufgestellt wurden, als ob das Unternehmen eine börsennotierte Gesellschaft gewesen wäre. Für den Neuen Markt sind außerdem entsprechende, nach internationalen Rechnungslegungsvorschriften aufgestellte Jahresabschlüsse im Prospekt zu veröffentlichen.

Zum Schutz der Märkte und der Anleger sieht das deutsche Strafrecht harte Sanktionen in der Form von Freiheits- oder Geldstrafen für unrichtige Angaben in einem Börsenprospekt vor. Daneben können zivilrechtliche Schadensersatzansprüche aus Prospekthaftung von den Anlegern gegenüber den Verantwortlichen geltend gemacht werden. Im Außenverhältnis handelt es sich bei den Verantwortlichen immer um die Emissionsbank.

21.6.8. Platzierung und Marktpflege

Vor der eigentlichen Plazierung steht die Phase der Marketingaktivitäten zur Erhöhung des Bekanntheitsgrades des Unternehmens und der Vorankündigung des Börsenganges. Im Rahmen von Roadshows, Unternehmenspräsentationen und Einzelgesprächen werden Beziehungen zu den Investoren aufgebaut. Zwischen der konsortialführenden Bank und dem emittierenden Unternehmen wird ein Übernahmevertrag über die neuen Aktien geschlossen, wobei es in Deutschland üblich ist, dass sich das Bankenkonsortium zur festen Übernahme der zu platzierenden Aktien gegen die Zahlung eines sofort oder zumindest zeitnah zu bezahlenden Gegenwertes verpflichtet. Dieser Übernahmevertrag wird meistens erst zu einem sehr späten Zeitpunkt des Börsenganges, oft erst kurz vor Ende der Bookbuilding-Phase unterzeichnet, damit das Risiko für das Bankenkonsortium gering gehalten wird. Der Übernahmevertrag entspricht aber im Wesentlichen dem Letter of Engagement, den das Unternehmen zu Beginn der gemeinsamen Arbeit mit der Emissionsbank unterzeichnet.

Der Unterschied besteht im Wesentlichen darin, dass im Letter of Engagement noch kein Preis für die zu emittierende Aktie festgelegt wird. Zur Preisfestsetzung hat sich das Bookbuilding-Verfahren durchgesetzt, in dem die potentiellen Investoren in die Emissionspreisfindung eingebunden sind. Hierbei sammelt die konsortialführende Bank zunächst die Zeichnungswünsche der Investoren sowohl hinsichtlich des Preises wie auch der Menge der zu übernehmenden Aktien. Aufgrund der eingegangenen Zeichnungswünsche, die in einem Orderbuch erfasst werden, wird dann der endgültige Emissionspreis festgesetzt. Die Zuteilung kann dann auch unter Berücksichtigung einer gewünschten Anlegerstruktur erfolgen. Dies führt jedoch zu einer Benachteiligung von Kleinanlegern, wenn es zu hohen Überzeichnungen der Aktien kommt. Verschärft wird dies durch die Zurückhaltung von bestimmten Kontingenten für Familienangehörige, Mitarbeiter und Geschäftsfreunde (Friends- and Family-Programm). Insbesondere bei hohen Überzeichnungen, aber auch zur Kurspflege nach der Erstnotierung, hat sich das Instrument des „Greenshoes" durchgesetzt. Dabei wird der konsortialführenden Bank für eine bestimmte Zeit nach der Erstnotierung eine Kaufoption von den Altaktionären oder dem Emittenten eingeräumt, die die Bank berechtigt, eine bestimmte Menge weiterer Aktien zum Emissionspreis zu erwerben. Mithilfe des Greenshoes ist die Konsortialbank in der Lage nach der Platzierung eine gezielte Kurspflege bzw. Kursstabilisierung der neuen Aktien zu betreiben.

Seit 1. September 2002 gelten obendrein die „neuen Regeln für Börsengänge", die die Deutsche Börse in Zusammenarbeit mit Emittenten, Konsortialführen und Investoren ausgearbeitet haben. Diese enthalten unter anderem eine sogenannte Blackout-Periode für Emittenten (vgl. Financial Times Deutschland, 30.Aug.2002). In dieser Phase (vier Wochen vor der Notierungsaufnahme) darf die IPO Gesellschaft keine börsenkursrelevanten Informationen veröffentlichen, die nicht bereits im Börsenprospekt enthalten sind. Dazu gehören beispielsweise Informationen zur Geschäfts- und Ertragslage des Unternehmens. Ferner wird die Verteilung von Research-Produkten durch die Emissionsbanken ab 2 Wochen vor der Notierungsaufnahme unterbunden.[1] Dadurch soll die asymetrische Informationsweitergabe in der Startphase verhindert werden.

21.6.9. Folgepflichten für das Unternehmen

Für ein börsennotiertes Unternehmen ergeben sich neben den allgemeinen Verpflichtungen der Aktiengesellschaft eine Reihe von Folgeverpflichtungen. Als wichtigste Verpflichtungen sind hier die Ad-hoc-Publizität und die Veröffentlichungspflicht von Zwischenergebnissen zu nennen. Nach dem Wertpapierhandelsgesetz muss ein börsennotiertes Unternehmen neue Tatsachen unverzüglich veröffentlichen, wenn diese aufgrund ihrer Auswirkungen auf die Vermögens-, Finanz- und Ertragslage oder den allgemeinen Geschäftsverlauf des Emittenten geeignet sind, den Börsenkurs der Aktie wesentlich zu beeinflussen. Die Ad-hoc-Publizität soll damit die laufende Publizität mit Veröffentlichung von jährlichen Geschäftsberichten oder Zwischenberichten verbessern und gleichzeitig die Gefahr des Missbrauches von internen Kenntnissen im Rahmen von Insidergeschäften verringern. In der Vergangenheit ist allerdings die Ad-hoc Publizität teilweise so exzessiv oder für Werbezwecke ausgelegt worden, dass nunmehr bestimmte Regeln von den Wertpapierbörsen aufgestellt worden sind. Zu dem ist durch die Verabschiedung der Corporate Governance Grundsätze zum 1. Juli 2002 die Haftung für Vorstand und Aufsichtsrat für den Missbrauch von bzw. die Herausgabe unrichtiger Ad-hoc Mitteilungen erheblich verschärft worden. Auch in der Fachpresse werden mittlerweile „Top-Ad-hoc"- und „Schrott-Ad-hoc" – Meldungen publiziert. So werden Unternehmen bloßgestellt, die auf plumpe Art versuchen, Investoren mit belanglosen Informationen zu blenden, wie z.B. mit der neu kreierten Kenngröße „Ergebnis vor Marketingausgaben".

Bestimmte Marktsegmente wie z.B. der Neue Markt und künftig das Prime Standard verlangen von den Emittenten regelmäßige Berichterstattung in Form von Quartalsberichten, die nach internationalen Rechnungslegungsvorschriften aufgestellt werden müssen. Da die Zeitvorgaben für die Veröffentlichung der Quartalsberichte sehr eng sind, muss das Rechnungswesen auf diese Vorgaben vorbereitet sein. Meistens wird die Veröffentlichung der Quartalsberichte in Pressekonferenzen mit den Fachleuten der einschlägigen Presse vorgenommen und auch für die Verbesserung der Investorrelation in Form von Analystentreffen genützt. Aufgrund der Zulassungsverpflich-

---

[1] Deutsche Börse: Barbara Nißelbeck (Market Supervision Equity/Index)

tungen und auch aufgrund von Vereinbarungen mit der Konsortialbank sind die Altaktionäre gehalten, für eine bestimmte Zeit nach Börsengang auf den Verkauf ihrer Aktien zu verzichten (Lock-up-period), damit der Börsenkurs nicht unkontrollierbar wird. Üblich sind dabei heute Verpflichtungen bis zu 18 oder 24 Monaten nach Börsengang, obwohl die börsenrechtlichen Vorschriften nur eine Lock-up-period von sechs Monaten vorsehen.

21.7. Zusammenfassung

Die Börse ist für junge Unternehmen unverändert eine hochinteressante Möglichkeit, Eigenkapital und Liquidität für die Verfolgung der Wachstums- und Expansionsziele zu erhalten und gleichzeitig den Unternehmensgründern einen Teil des Risikos durch die Streuung des Anteilsbesitzes abzunehmen. Neben den rechtlichen und formellen Aspekten ist die äußere und innere Börsenreife des Unternehmens die wesentliche Voraussetzung für einen erfolgreichen Börsengang. Heute sind die wichtigsten Kriterien für die externe Börsenreife eine überzeugende Unternehmensstrategie und eine schlüssige Planung, die auf Faktoren wie Wettbewerbsposition, Marktvolumen, Marktpotential und innovativen Produkten fundiert aufbaut. Übersichtliche Unternehmensstrukturen, eine klare Aufbau- und Ablauforganisation, persönliche Kompetenz und Integrität des Managements sowie ein funktionierendes und leistungsfähiges Rechnungswesen und Controlling sind kritische Erfolgsfaktoren der inneren Börsenreife eines Unternehmens. Bei der Aufbringung des notwendigen Eigenkapitals für einen Börsengang sind neben steuerlichen Problemen auch rechtliche Fehler zu vermeiden, damit den Alteigentümern der notwendige Einfluss auf das Unternehmen verbleibt. Die hohen, mit einem Börsengang verbundenen Kosten zwingen dazu, den Börsengang möglichst sorgfältig zu planen, um Mängel bei der inneren Börsenreife des Unternehmens bereits im Vorfeld beheben zu können. Der notwendige Zeitplan darf nicht zu enge Vorgaben enthalten und sollte ausreichend Reserven für unvorhergesehene Probleme beinhalten. Die Vorbereitungen für einen erfolgreichen Börsengang sind als Prozess mit der Kernaufgabe zu gestalten, das Unternehmen systematisch auf den Börsengang vorzubereiten und die Tätigkeit aller am Börsengang beteiligten Berater, der Emissionsbanken und der verantwortlichen Mitarbeiter zu koordinieren. Überlegungen zum angestrebten Börsensegment, zum Wert des Unternehmens und dem voraussichtlichen Emissionskurs sollten dabei bereits vor Einschaltung der Konsortialbanken angestellt werden. Die Erstellung des Börsenprospekts und die Durchführung der Due Diligence durch die Konsortialbank verlangen eine gründliche Vorbereitung. Vor einer erfolgreichen Platzierung müssen angemessene Marketingaktivitäten geplant werden. Die Festsetzung des Emissionspreises erfolgt heute üblicherweise im Bookbuilding-Verfahren, in dem auch die zukünftigen Investoren in die Festsetzung des Kurses einbezogen sind. Nach der Platzierung ergeben sich für das Unternehmen und die Altaktionäre neben den aktienrechtlichen Pflichten umfangreiche Verpflichtungen, u.a. hinsichtlich der Veröffentlichungen, die hohe Anforderungen an das Rechnungswesen des Unternehmens stellen.

Hinzuweisen ist abschließend auf die für Anfang 2003 von der Deutschen Börse angestrebte Neusegmentierung des Aktienmarktes, die damit unter anderem auf die Probleme des Neuen Marktes reagiert. Hierbei erfolgt eine Zweiteilung des Gesamtmarktes in zwei Handelssegmente mit unterschiedlichen Transparenzanforderungen. Im Domestic Standard werden künftig Unternehmen mit nationaler Ausrichtung gehandelt, für die gesetzliche Mindesttransparenzanforderungen gelten. Höhere Auflagen – ähnlich denen des Neuen Marktes - sind mit dem Prime Standard verbunden, der als Qualitätssegment den Unternehmen den internationalen Kapitalmarkt öffnen soll. Dazu gehören unter anderem Ad-hoc-Mitteilungen, Quartalsberichte und internationale Rechnungslegungsstandards.[2] Die bisherigen Segmente Smax und Neuer Markt sollen dann spätestens Ende 2003 der Vergangenheit angehören.[3]

21.8. Verwendete und weiterführende Literatur

Ballwieser, W. (1998): Unternehmensbewertung mit Discounted Cash-flow-Verfahren, WPg 1998, S. 81 ff.

Deutsche Börse AG (2002): Regelwerk Neuer Markt (Stand 1. Juli 2002).

Deutsche Börse (2002): Deutsche Börse stellt neue Aktienmarktsegmentierung vor. URL: www.deutsche-boerse.de, (Stand: 17.09.2002, Abruf: 24.10.2002).

Ehlers, H.; Jurcher, M.: Der Börsengang von Mittelstandsunternehmen – Eine Einführung mit Modellfall. München (1999).

Financial Times Deutschland (2002): Banken unterstützen neue Regeln für Börsengänge. URL: www.ftd.de/bm/bo/1030560971846.html?nv=se, (Stand: 30.08.02, Abruf: 24.10.2002).

Financial Times Deutschland (2002): Börse beerdigt den Neuen Markt. URL: www.ftd.de/bm/bo/1032946095194.html?nv=se, (Stand: 27.09.2002, Abruf: 24.10.2002).

Hanff St.; Kretschmer Th.(2000): Umfrage über die börsengerechte Planung und Organisation im Vorfeld eines Börsenganges, Arthur Andersen, Frankfurt a.M.

Löhr, A. (2000): Börsengang – Von der Idee zum Erfolg der Kapitalbeschaffung, Stuttgart.

Schanz, K.-M. (2000): Börseneinführung – Recht und Praxis des Börsengangs, München.

Volk G. (Hrsg.) (1998): Going Public – Der Gang an die Börse 2. Auflage, Stuttgart.

---

[2] Vgl. Deutsche Börse (24.10.2002)
[3] Vgl. Financial Times Deutschland (27.09.2002)

22. Internationalisierungsstrategien für Neugründungen und junge Unternehmungen

REINHARD MECKL

22.1. Überblick

Aufgrund der zunehmenden Internationalisierung von Märkten stellt sich auch für junge Unternehmungen bzw. Neugründungen die Frage nach dem Aufbau von Geschäftsaktivitäten außerhalb des Heimatmarkts. Es wird gezeigt, dass die Internationalisierung für junge Unternehmungen große Chancen bietet, wenn sie den Aufbau einer gesicherten Marktposition unterstützt und damit das Überleben sichert. Da jedoch junge Unternehmungen normalerweise enge finanzielle und personelle Kapazitäten aufweisen, kommt der Frage nach der Art der Internationalisierung eine zentrale Rolle zu. Ausgehend

von unterschiedlichen Umweltkonstellationen werden idealtypisch eine Kick-Down-Strategie, die auf den schnellen Aufbau einer Position im Ausland abzielt, und eine Stufenstrategie, die eher langfristig angelegt ist, unterschieden. Beide Strategien haben die Funktion von Hypothesen, die aus vielen Gesprächen mit Gründern entstanden sind. Die Inhalte und vor allem die Risikoprofile dieser Strategien werden dargelegt und anhand von zwei besonders eindrucksvollen praktischen Internationalisierungsfällen erläutert und überprüft.

22.2. Problemstellung und Ziel

Die traditionelle Sichtweise empfiehlt einem Unternehmungsgründer, zunächst auf dem regionalen bzw. nationalen Markt eine starke Position aufzubauen und erst dann über die ersten Schritte auf internationale Märkte nachzudenken. Hintergrund dieser Argumentation ist die Überlegung, dass Auslandsmärkte durch hohe Unsicherheiten und zusätzliche Risiken, z.B. aufgrund differierender technologischer Standards oder Vertriebsstrukturen, gekennzeichnet sind. Eine Unternehmung sollte sich deshalb zunächst klare Wettbewerbsvorteile schaffen, bevor sie sich auf diese Risiken einlässt. Hinzu kommt, dass sowohl die finanziellen Ressourcen als auch die quantitative und teilweise wohl auch die qualitative Managementkapazität von jungen Unternehmungen nicht ausreichen, um einen unbekannten Markt mit spezifischen Rahmenbedingungen erfolgreich bearbeiten zu können.

Dieser Ansatz der Verlagerung der Internationalisierungsaktivitäten auf einen späteren Zeitpunkt der Lebensphase einer Unternehmung wird jedoch zunehmend in Frage gestellt. Ein Großteil der Märkte, auf denen sich junge Unternehmungen bewegen, sind insbesondere im Hochtechnologiebereich internationalisiert. Die Kunden und Wettbewerber agieren nicht mehr im nationalen Rahmen, sondern versuchen, Chancen zu nutzen, die sich aus der Expansion in andere Märkte ergeben. Um die Kundenbedürfnisse zu befriedigen und den Wettbewerbern Paroli bieten zu können, erscheint eine Internationalisierung der Unternehmungstätigkeit gerade auch für junge Unternehmungen bedenkenswert.

Angesichts dieser Überlegungen stellt sich für eine junge Unternehmung die Frage, ob internationalisiert werden soll, und wenn ja, wie gegebenenfalls eine Internationalisierungsstrategie aussehen kann, die den Rahmenbedingungen und den Spezifika einer jungen Unternehmung gerecht wird. Im folgenden sollen diese Fragen beantwortet werden. Allerdings ist darauf hinzuweisen, dass die konkrete Strategieentwicklung nur für den Einzelfall sinnvoll erfolgen kann. Um dennoch möglichst konkrete Aussagen und Empfehlungen ableiten zu können, wird bei den nachfolgenden Ausführungen typisiert. Das heißt, dass Konstellationen von Rahmenbedingungen erstellt werden, für die die grundsätzliche Sinnhaftigkeit einer Internationalisierung untersucht wird, bzw. potenziell erfolgreiche Strategien entwickelt werden.

22.3. Internationalisierungsmotive sowie Rahmenbedingungen von Neugründungen und jungen Unternehmungen

22.3.1. Chancen und Risiken einer Internationalisierung

Die Chancen einer Internationalisierung und die Gefahren, die mit einem solchen Schritt verbunden sind, sind abhängig von der Ausgangssituation einer Unternehmung. Für junge Unternehmungen ergeben sich folgende internationalisierungsrelevante Spezifika:

- Informationsbasis:
  In Großunternehmungen gibt es Stabsstellen, die sich explizit mit der Konstellation und den Spezifika von Zielmärkten beschäftigen. In jungen Unternehmungen ist eine solche dezidierte Informationsbeschaffung normalerweise nicht möglich.

- Ressourcenstärke:
  Die Expansion in Auslandsmärkte setzt häufig hohe Vorlaufinvestitionen z.B. in ein Vertriebssystem voraus. Hinzu kommt der notwendige Aufbau von spezifischer Personalkapazität. Jungen Unternehmungen stehen diese Ressourcen zumindest in der frühen Lebensphase nur selten zur Verfügung.

- Erfahrungspotenzial:
  Nur in Ausnahmefällen verfügen die Gründer von jungen Unternehmungen über explizite Erfahrung was den Aufbau von Auslandsaktivitäten betrifft. Dies gilt in vielen Fällen auch für die Mitarbeiter.

- Managementkapazität:
  Das Management, vor allem in Person der Gründer, ist gerade in der frühen Lebensphase einer Unternehmung mit einer Vielzahl von Aufgaben im Bereich der internen Optimierung und externen Etablierung der Unternehmung im Heimatmarkt beschäftigt. Die hohe Aufmerksamkeit, die eine Internationalisierung bedarf, tritt als zusätzliche Kapazitätsbelastung auf.

Um entscheiden zu können, ob internationalisiert werden soll, muss geklärt werden, welche grundsätzlichen Vorteile aber auch welche Gefahren sich bei der Expansion in neue Märkte ergeben. Motive für eine Internationalisierung sind insbesondere:

- Steigerung des Jahresüberschusses bzw. Cash-Flows durch Übertragung der Wettbewerbsvorteile auf einen ausländischen Markt,

- Nutzung ausländischer Absatzpotenziale zur Erzielung von Volumeneffekten durch Stückzahlsteigerung,

- Verbesserung der Leistungs- und insbesondere der Innovationsfähigkeit durch Lerneffekte im Auslandsmarkt,

- Risikodiversifikation durch konjunkturell divergierende Entwicklungen in den bearbeiteten Märkten.

Eine erfolgreiche Internationalisierung erlaubt einer Unternehmung damit die langfristige Sicherung einer stabilen Wettbewerbsposition. Das Erreichen dieser Wettbewerbsvorteile ist aber mit Risiken verbunden:

- Hohe Anfangsinvestitionen z.B. für ein Vertriebssystem können nötig sein,

- aufwendige Produktdiversifikation aufgrund von technologischen Unterschieden oder einer anderen Nachfragestruktur kann Voraussetzung für eine erfolgreiche Auslandsmarktbearbeitung sein,

- ungünstigere Wettbewerbsstrukturen auf dem Auslandsmarkt bergen die Gefahr z.B. eines Preiskriegs mit den heimischen Unternehmungen,

- eine lange Zeitdauer, bis sich die ersten Rückflüsse in Form von signifikantem Umsatz einstellen, belastet die Ergebnissituation der Unternehmung,

- interkulturelle Divergenzen bergen die Gefahr von Ineffizienzen beim Aufbau des Geschäfts im Ausland.

Angesichts der oben beschriebenen internationalisierungsrelevanten Spezifika können diese Gefahren gerade für junge Unternehmungen sehr schwerwiegend sein, so dass sich insgesamt doch ein erhebliches Risikopotenzial für jungen Unternehmungen bei der Internationalisierung ergibt.

22.3.2. New Economy versus Old Economy

„Junge Unternehmungen" ist ein Sammelbegriff für eine stark heterogene Gruppe von Firmen. Der Inhalt des operativen Geschäfts, die Art der Wettbewerbsvorteile, die Konstellation auf den bearbeiteten Märkten und damit die Erfolgsfaktoren dieser Unternehmungen sind sehr unterschiedlich. Besondere Relevanz, nicht nur durch die Etablierung des Börsensegments „Neuer Markt", haben technologieorientierte junge Unternehmungen. Basisinnovationen in der Forschung z.B. in der Biotechnologie oder völlig neue Marktchancen durch die Entwicklung des Internet haben die Gründung solcher Unternehmungen in den letzten Jahren nicht nur in Deutschland erheblich gefördert. Technologieorientierte Neugründungen zeichnen sich dadurch aus, dass ihr Wettbewerbsvorteil in einer technischen Innovation besteht, die den Kundennutzen im Vergleich zu den herkömmlichen Problemlösungen erheblich steigert.

Exemplarisch wird in den folgenden Kapiteln gezeigt, ob und wenn ja, wie eine Internationalisierung für solche Unternehmungen erfolgen sollte. Aber auch innerhalb dieser technologieorientierten Neugründungen gibt es Unterschiede, die die Fragen in Zusammenhang mit einer Internationalisierung stark beeinflussen. Es erscheint deshalb sinnvoll, Typen von technologieorientierten jungen Unternehmungen zu definieren, für die dann konkrete Empfehlungen zur Internationalisierung abgeleitet werden können.

Als eine Variable für die Typisierung junger Unternehmungen bietet sich das technologische Umfeld, insbesondere die Dynamik des Technologiefortschritts an. Hier kann grundsätzlich unterschieden werden, ob die Innovation, auf der die Unternehmung ihren Wettbewerbsvorteil aufbaut, „evolutionärer" oder „revolutionärer" Natur ist. Evolutionär ist sie dann, wenn eine bestehende Technologie durch eine inkrementale Verbesserung weiterentwickelt wird. Revolutionär ist die Innovation, wenn ein grundsätzlich neues Verfahren entwickelt bzw. erfunden wurde und dementsprechend ganz neue Problemlösungen für die Kunden zur Verfügung stehen.

Das marktliche Umfeld, in dem sich die jungen Unternehmungen bewegen, muss ebenfalls berücksichtigt werden, wenn qualifizierte Aussagen über die Internationalisierung gemacht werden sollen. Bei der Marktentwicklung als zweiter Variable kann unterschieden werden zwischen „bestehenden" Märkten und „entstehenden" Märkten. „Bestehende Märkte" bedeutet, dass sich die neue Unternehmung auf einem Markt bewegt, der in seiner wesentlichen Konstellation schon etabliert ist. Das bedeutet, dass die Wettbewerber eindeutig identifizierbar sind, dass die Kunden und ihre Nachfragestruktur bekannt sind, dass Vertriebssysteme und Technologien zur Problemlösung etabliert und insgesamt gesehen die Spielregeln und Erfolgsfaktoren des Geschäfts gegeben sind. Bei entstehenden Märkten ist das anders. Die Marktkonstellation ist hier noch nicht gefestigt. Es ist z.B. nicht klar, welche Wettbewerber letztendlich zu beachten sind und für welche Kunden die angebotene Problemlösung den höchsten Nutzen bringt. Ein zentrales Charakteristikum für solche Märkte ist auch, dass die Technologiestandards noch nicht gesetzt sind. Es ist auch noch unklar, welche Technologien sich durchsetzen und sich als Plattformtechnologie für den neuen Markt etablieren können. Anhand der beiden Variablen „Technologiefortschritt" und „Marktentwicklung" lassen sich junge technologieorientierte Unternehmungen mit Hilfe einer Matrix einteilen. Abbildung 1 zeigt die vorgenommene Typisierung.

In Zusammenhang mit den technologieorientierten Unternehmungen tauchen in den Medien immer wieder die Begriffe „New Economy" und „Old Economy" auf. Allerdings ist die Begriffsverwendung sehr unscharf. Die in Abb. 1 gewählte Einteilung erlaubt eine genauere Spezifizierung dieser Begriffe und gleichzeitig die Verwendung dieser Termini für die Bezeichnung der im folgenden thematisierten Typen. Eine junge Unternehmung der New Economy bezeichnet demnach eine Gesellschaft, die mit einer revolutionären Technologie in einem erst im Entstehen begriffenen Markt arbeitet. Beispiele hierfür lassen sich vor allem in der Biotechnologie finden, in der auf der Basis der Gentechnik an neuen Wirkstoffen gearbeitet wird. Obwohl die Produkt- und Dienstleistungsmärkte in Zusammenhang mit dem Internet nun auch

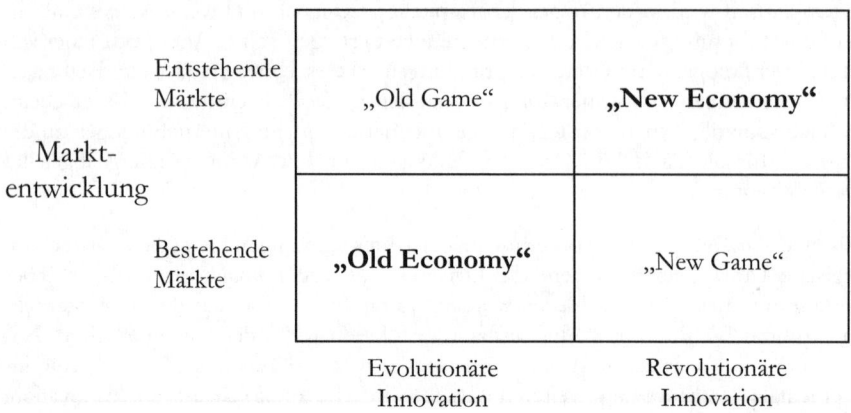

Abb. 1: Typisierung junger, technologieorientierter Unternehmungen

schon einige Jahre alt sind, erfüllen viele Unternehmungen, die hier tätig sind, die Kriterien für eine New Economy - Zugehörigkeit. Eine Old Economy –Unternehmung hingegen bewegt sich in bereits etablierten Märkten und baut auf die Verbesserung einer bereits bestehenden Technologie. Solche Unternehmungen finden sich in großer Anzahl in den klassischen Industrien. Die beiden anderen Felder der Matrix, die hier mit „New Game" bzw. „Old Game" bezeichnet wurden, stellen Spezialfälle dar, die im weiteren nicht betrachtet werden.

Welches sind nun die Rahmenbedingungen für junge Unternehmungen aus der *New Economy*? Aus der Ausprägung der beiden gewählten Variablen „Marktentwicklung" und „Technologiefortschritt" lassen sich folgende Charakteristika ableiten:

- Hohe Innovationsrate im technologischen Umfeld:
  In Folge des Durchbruchs bei einer Plattformtechnologie bilden sich unterschiedliche technische Lösungen für Kundenbedürfnisse heraus. Die Weiterentwicklung der Plattformtechnologie, vor allem was die Anwendung betrifft, setzt einen Innovationsschub frei.

- Hohe Unsicherheit bzgl. der Durchsetzung der Innovation:
  Da noch nicht klar ist, welche technische Lösung sich durchsetzt, herrscht auch große Unsicherheit über die Tragfähigkeit der verschiedenen technischen Lösungen im Markt.

- Starker Zeitwettbewerb:
  Der Markt ist gerade erst dabei, sich zu entwickeln. Technologische Standards werden gesetzt, Leitkunden vergeben. Der erste, der sich im Markt etabliert, hat typische „first mover"-Vorteile, was bedeutet, dass sich die nachfolgenden Unternehmungen an den Strukturen und Vorgaben der Nr. 1 orientieren müssen.

- Stark wachsende Märkte in frühen Lebensphasen:
  Die Wachstumsraten des Markts sind häufig exponentiell, da sich ausgehend von einem relativ geringen Niveau eine hohe Nachfrage von seiten der Kunden ergibt. Diese erhöhte Nachfrage besteht aufgrund einer potenziell hohen Problemlösungskompetenz der neuen Technologie.

- Hohe F&E-Vorleistungen führen zu hohem Investitionsaufwand:
  Die Entwicklung der neuen Technologie zur Anwendungsreife und die Umsetzung in Form von Prototyplösungen setzen gerade im Hochtechnologiebereich hohe Anfangsinvestitionen voraus.

- Hohe Renditeerwartungen von Investoren:
  Stark wachsende Märkte, eine vielversprechende Innovation und hohe Investitionen verbunden mit erhöhtem Risiko führen auf seiten der Investoren dazu, dass eine Rendite auf das eingesetzte Kapital von mehr als 20 % erwartet wird. Venture Capital-Geber, die häufig als Kapitalgeber für New Economy - Unternehmungen auftreten, haben noch höhere Erwartungen.

Ausgehend von diesen Rahmenbedingungen lassen sich Erfolgsfaktoren für New Economy - Unternehmungen identifizieren, die ein Überleben und eine nachhaltig sichere Position im wachsenden Markt garantieren sollen. Im einzelnen sind dies:

- Tragfähigkeit der Innovationsidee:
  Der eigene eingeschlagene Lösungsweg bei der Technologieentwicklung muss sich als wettbewerbsfähig zu alternativ angebotenen Lösungen erweisen.

- Möglichst geringe „Time-to-Market":
  Der oben beschriebene starke Zeitwettbewerb zwingt zu einer schnellen Entwicklung der Produkte und einer schnellen Markteinführung über ein Vertriebssystem, das zumindest die wichtigen Kunden erreicht.

- Sicherung eines stabilen Marktanteils vor allem im stark wachsenden Markt:
  Wenn der schnelle Eintritt gelingt, ist es auch möglich, mittelfristig einen Marktanteil zu erreichen, der hohe Umsätze erlaubt.

- Schnelles Erreichen von hohen Stückzahlen:
  Bei Produktionsunternehmungen ist es wichtig, durch hohe Stückzahlen möglichst schnell Volumeneffekte zu realisieren, die über Degressionseffekte zu einer günstigen Kostenposition führen.

- Lerneffekte für nachfolgende Produktgenerationen:
  Aufgrund der hohen Innovationsrate ist es nötig, Fortschritte, die in der Technologieentwicklung gemacht werden, aufzunehmen und in das eigene Produkt einzubauen.

Zusammenfassend lässt sich für junge New Economy - Unternehmungen festhalten, dass Geschwindigkeit ein zentraler Erfolgsfaktor ist. Eine Technologieinnovation öff-net ein „strategisches Fenster", das sich aber durch eine Besetzung der Märkte durch Wettbewerber mit konkurrierenden Problemlösungen schnell wieder schließen kann.

Für *Old Economy* - Unternehmungen sehen die Rahmenbedingungen anders aus. Als wesentliche Faktoren aus dem Umfeld sind hier zu nennen:

- Kalkulierbare Innovationsfortschritte im technologischen Umfeld:
  Es gibt Innovationen in der Technologie. Allerdings äußern sich diese in der schrittweise Weiterentwicklung bestehender Technologie und inkrementalen Verbesserungen von einer Produktgeneration zur nächsten.

- Moderat wachsende Märkte in der Reifephase:
  Die Wachstumsraten sind deutlich niedriger als bei New Economy - Märkten. Dies liegt im wesentlichen daran, daß häufig die Nachfrage nur in Form von Ersatzbedarf für veraltete Systeme auftritt.

- Verdrängungswettbewerb gegen etablierte Wettbewerber:
  Da die Märkte schon bestehen, sind die Spielregeln etabliert und die Wettbewerber für eine junge Unternehmung meist vorgegeben. Diese Wettbewerber verfügen über ein funktionierendes System zur Marktbearbeitung z.B. hinsichtlich ihrer Kundenkontakte und Vertriebssysteme vor allem auch international.

- Geforderte EK-Rendite von 10-15 %:
  Da Dynamik und Unsicherheit nicht so stark ausgeprägt sind wie bei New Economy-Aktivitäten, geben sich Investoren mit niedrigeren Renditen zufrieden.

Angesichts dieser Rahmenbedingungen ergeben sich für Old Economy-Unternehmungen auch andere Erfolgsfaktoren als bei der New Economy:

- Deutliche (und vermittelbare) Kundennutzensteigerung durch die Innovation:
  Für einen erfolgreichen Markteintritt gegen die etablierten Wettbewerber muss den Kunden deutlich gemacht werden, worin die Nutzensteigerung der eigenen Innovation liegt.

- Sicherstellung der Systemkompatibilität:
  In vielen Fällen ist ein „Arrangement" mit den etablierten Systemen bzw. Produkten nötig. Es empfiehlt sich deshalb, die eigenen Produkte kompatibel mit den installierten Systemen der Konkurrenz zu halten, um lange bestehende Kundenverbindungen der Wettbewerber aufzubrechen.

- Aufbau von mehreren Wettbewerbsvorteilen:
  Um gegen die etablierten Wettbewerber bestehen zu können, reicht es häufig nicht aus, nur einen evolutionären Technologiefortschritt aufweisen zu können. Auch die anderen klassischen Einflussfelder auf die Wettbewerbsposition, also Kosten, Zeit und Qualität müssen von einer solchen jungen Unternehmung beherrscht werden. Eine effiziente Organisation der Leistungserstellung und ein funktionierender Zugang zu den Kunden gehören ebenfalls dazu.

- Wettbewerberanalyse und Reaktion auf Strategieänderung:
  Was die Lerneffekte bei den New Economy - Unternehmungen sind, ist die Beobachtung und angemessene Antwort auf eine Strategieänderung der etablierten Konkurrenten bei den Old Economy - Unternehmungen. Nur so ist es

möglich, der (noch) überlegenen Marktmacht der Wettbewerber Paroli bieten zu können.

- Absicherung durch Patente wichtig:
  Um den zentralen Wettbewerbsvorteil, den die junge Unternehmung hat, also die Innovationsfähigkeit zu schützen, ist eine frühzeitige Patentierung der technischen Lösungen unabdingbar.

Die durch die oben beschriebenen Rahmenbedingungen und den daraus resultierenden Erfolgsfaktoren definierte Old Economy war gegenüber den New Economy - Unternehmungen lange Zeit stark in den Hintergrund getreten. Da sich jedoch zeigte, dass viele New Economy - Unternehmungen die Versprechungen, mit denen sie angetreten waren, nicht halten konnten, wurde der Begriff Old Economy eher wieder zum Ausweis der Solidität.

Damit ist die Typisierung der jungen Unternehmungen abgeschlossen. Sie weist natürlich auch die bekannten Nachteile einer Typisierung auf. So sind die im weiteren Verlauf abgeleiteten Aussagen zur Sinnhaftigkeit der Internationalisierung und zu den vorgeschlagenen Internationalisierungsstrategien nur für den jeweiligen Typ zutreffend. Die hier definierten Typen bieten aber als Extremvarianten die Möglichkeit, die eigene Unternehmung einzuordnen und die dann plausibel übertragbaren Empfehlungen zur Internationalisierung zu verwenden.

22.4. Sinnhaftigkeit der Internationalisierung von jungen Unternehmungen

Sollen junge Unternehmungen angesichts der Chancen und Risiken, die in Abschnitt 22.3.1. beschrieben wurden, schon früh internationalisieren oder sich doch lieber zunächst auf den nationalen Markt beschränken? Diese Frage kann für die beiden in Abschnitt 22.3.2 definierten Typen durch eine Bewertung der Chancen der Internationalisierung für den jeweiligen Typ im Grundsatz beantwortet werden. In Abbildung 2 wird eine ordinale Einschätzung gegeben, ob und wenn ja, in welchem Ausmaß die Potenziale, die eine Internationalisierung bietet, für eine junge Old Economy - bzw. New Economy - Unternehmung relevant sind. Die New Economy – Unternehmungen müssen aufgrund ihrer Rahmenbedingungen, insbesondere wegen des Zeitwettbewerbs, der hohen Renditeforderungen der Geldgeber und der dynamischen Technologieentwicklung die beschriebenen positiven Effekte einer Internationalisierung realisieren. Daraus resultiert die mit jeweils einem „++" vorgenommene Bewertung in Abbildung 2. Die Risikodiversifikation spielt hier genauso wie bei den Old Economy - Unternehmungen nur eine untergeordnete Rolle, da die Geschäftsaktivitäten ohnehin erst aufgebaut werden müssen. Bei einer Old Economy – Unternehmung fällt das Urteil nicht so eindeutig aus. Zwar müssen Volumeneffekte realisiert werden, um der etablierten Konkurrenz in der Kostenposition nicht auf Dauer unterlegen zu sein. Die Notwendigkeit der kurzfristigen Renditeerhöhung ist aufgrund der niedrigeren Renditeerwartung aber nicht gegeben. Außerdem sind Lerneffekte aufgrund der verhalteneren Entwicklung der Technologie nicht zwangsläufig

Chancen einer Internationalisierung	„New Economy" Unt.	„Old Economy" Unt.
Übertragung der Wettbewerbsvorteile auf ausländischen Markt zur Renditeerhöhung	+ +	+
Nutzung ausländischer Absatzpotenziale zur Erzielung von Volumeneffekten	+ +	+ +
Verbesserung der Leistungsfähigkeit durch Lerneffekte im Auslandsmarkt	+ +	+
Risikodiversifikation durch konjunkturell divergierende Entwicklungen	0	0

Abb. 2: Bewertung der Internationalisierungschancen für junge Unternehmungen

nur über eine eigenständige internationale Betätigung zu erzielen.

Als Zwischenergebnis ist damit festzuhalten: Sowohl für Old Economy - als auch für New Economy - Unternehmungen bietet die Internationalisierung große Vorteile, die einen langfristigen Erfolg der Unternehmung sicherstellen helfen. Insbesondere für Unternehmungen aus der New Economy erscheint vor dem Hintergrund ihrer spezifischen Konstellation eine frühzeitige Internationalisierung als eine unabdingbare Voraussetzung für einen langfristigen Erfolg. Allerdings wurde in Abschnitt 22.3.1. auch auf die Risiken und vor allem auf die ungünstigere Ausgangsposition von jungen Unternehmungen bei einer Internationalisierung hingewiesen. Diese belastenden Faktoren müssen bei der konkreten Formulierung einer Internationalisierungsstrategie berücksichtigt werden, um eine erfolgversprechende Auslandsmarktbearbeitung zu erreichen.

22.5. Internationalisierungsstrategien für junge Unternehmungen

22.5.1. Typisierung und Zuordnung von Internationalisierungsstrategien

Wie sieht, vor dem Hintergrund des bisher Gesagten eine für junge Unternehmungen geeignete Internationalisierungsstrategie im einzelnen aus? Sinnvollerweise wird im Folgenden wieder für die oben definierten Old Economy - und New Economy -

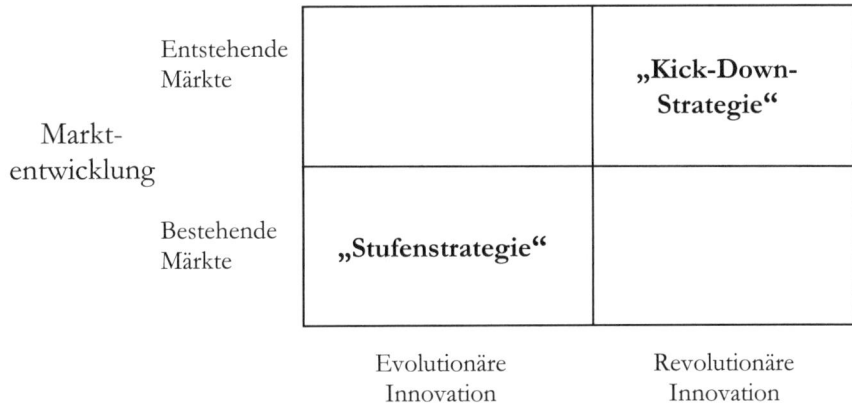

Abb. 3:   Basisstrategien zur Internationalisierung von New Economy - und Old Economy - Unternehmungen

Unternehmungen argumentiert. Es wird aus Kapazitätsgründen darauf verzichtet, die Details der Strategieentwicklung zu erläutern. Vielmehr werden die Ergebnisse der Strategieentwicklung für die oben beschriebenen Typen referiert. Abbildung 3 zeigt die Zuweisung von zwei Basisstrategien der Internationalisierung für die beschriebenen Unternehmungen.

Demnach wird den New Economy - Unternehmungen die „Kick-Down-Strategie", den Old Economy - Unternehmungen die „Stufenstrategie" als erfolgversprechend zugeschrieben. Beide Strategien werden im Anschluss erläutert.

22.5.2. Die Kick-Down-Strategie

Zunächst zur inhaltlichen Beschreibung der Kick-Down-Strategie. Als primäres Strategieziel ist die schnelle Besetzung der entstehenden Märkte im Ausland zu postulieren. Dieses Ziel ist direkt aus den Rahmenbedingungen und den Erfolgsfaktoren ableitbar. Zunächst müssen jedoch diejenigen Zielmärkte identifiziert werden, die primär bearbeitet werden sollen. Als Entscheidungskriterien spielen hier der Technologie- und Marktlebenszyklus, das Nachfragepotenzial und die Nachfragestruktur sowie das in dem ausländischen Markt vorhandene Mitarbeiterpotenzial eine große Rolle. Nach der Auswahl der Zielmärkte sind die dort zu schaffenden Wertschöpfungsstufen festzulegen. Um den sich etablierenden Markt nachhaltig bearbeiten zu können, reicht es in vielen Fällen nicht aus, nur eine Vertriebsniederlassung zu gründen. Vielmehr ist es nötig, einen parallelen Aufbau von mehreren Wertschöpfungsstufen durchzuführen. Ist der Auslandsmarkt technologisch führend, so empfiehlt es sich, F&E-Aktivitäten dort zu plazieren. Dementsprechend sind organisatorische Strukturen aufzubauen und vor allem Mitarbeiter zu akquirieren. Parallel zum Aufbau des Vertriebssystems ist eine explizite Kommunikationsstrategie zu entwickeln, um den potenziellen Teilnehmern des sich entwickelnden Marktes die Präsenz der Unternehmung anzuzeigen. Letztendliches Ziel ist es dabei, sich als „Insider" im Auslandsmarkt zu etablieren. Genauso kann über eine Kommunikation an Investoren auf die Renditechancen durch den Auslandsmarkt hingewiesen werden.

Das zentrale Kriterium bei der Umsetzung dieser Strategie ist die Geschwindigkeit. Die beschriebenen Maßnahmen müssen schnell und so weit möglich parallel umgesetzt werden, um die Anfangsphase des Marktes mit seinen hohen Wachstumsraten und der Möglichkeit der Standardsetzung zu nutzen. Dieses Vorgehen erlaubt den schnellen Aufbau einer Marktpräsenz und damit auch die kurzfristige Realisierung von Volumeneffekten.

Allerdings weist dieser Strategietyp auch ein erhöhtes Risikoniveau auf. Dieses resultiert im wesentlichen aus dem kurzfristig hohen Kapitaleinsatz, der zum Aufbau des Auslandsgeschäfts nötig ist. Hinzu kommt die hohe Managementkapazität, die in diese Strategie investiert werden muss. Generell ist ein solcher New Economy - Markt durch eine gesteigerte Unsicherheit der Rückflüsse durch die frühe Lebenszyklusphase und die geringen Informationen über den Auslandsmarkt gekennzeichnet.

Es ist festzuhalten, dass die Kick-Down-Strategie für die speziellen Erfordernisse eines New Economy - Marktes gut geeignet ist. Vergleicht man diese Risiken bzw. Bedingungen mit den generellen Rahmenbedingungen für junge Unternehmungen (vgl. Abschnitt 22.3.), so erweisen sich die Ressourcen- und Kapazitätsbeschränkungen, denen viele der jungen Unternehmungen unterliegen, als ein Hindernis für die Umsetzung dieser Strategie. Andererseits muss aber, wie in (Abschnitt 22.4.) gezeigt, eine New Economy - Unternehmung auf die schnelle Internationalisierung bauen.

Eine Möglichkeit, um zumindest teilweise den hohen Ressourcen- bzw. Kapazitätseinsatz abzumildern, besteht im Abschluss von Kooperationen nach Möglichkeit sogar von Netzwerken. Ein bereits etabliertes Vertriebssystem des Partners im Auslandsmarkt, die entsprechenden Kontakte und evtl. auch Technologie-Know-how zur Anpassung der Produkte bedeuten für die junge Unternehmung eine spürbare Entlastung auf der Kostenseite. Über die IHK und speziell eingerichtete Kooperationsbörsen werden Kontakte hergestellt. Allerdings muss sich der Jungunternehmer bewusst sein, dass bei einer Kooperation die Selbstständigkeit und damit die alleinige Entscheidungsfreiheit über Inhalt, Art und Ausmaß der Expansion in den Auslandsmarkt nicht mehr gegeben sind. Verfolgt der Partner andere Interessen, so kann die Internationalisierungsstrategie aufgrund der Abhängigkeit schnell scheitern und die Unternehmung von vorne anfangen, was bei einem New Economy - Markt häufig das „AUS" bedeutet, da der Zeitverlust dann zu groß ist.

22.5.3. Die Stufenstrategie

Das Ziel der Stufenstrategie besteht in der langfristigen Besetzung der ausländischen Märkte. Der Versuch einer möglichst schnellen Etablierung in den Auslandsmärkten wäre angesichts der Rahmenbedingungen der Old Economy - Unternehmungen nicht angebracht. Insbesondere die Marktbedingungen mit den bereits etablierten Konkurrenten lassen die Kick-Down-Strategie als eher schwierig erscheinen. Auch bei der Stufenstrategie steht die Bestimmung der Zielmärkte am Anfang. Im Unterschied zur Kick-Down-Strategie sind die wesentlichen Entscheidungskriterien hier die Wettbewerbskonstellation, die Höhe der Markteintrittsbarrieren, die Kundenstruktur und die Technologiestandards. Nach der Identifikation der Zielmärkte muss eine Anpassung der Produkte in technologischer und marktlicher Hinsicht erfolgen. Der nächste Schritt besteht normalerweise in der Suche nach einem Vertriebspartner, der detaillierte Kenntnisse über den Markt hat. Dieser muss auf die Produkte geschult werden. Dann müssen Leitkunden, die als Referenz dienen können, gefunden werden. Mit diesen Informationen und mit Beratung durch den Vertriebspartner kann daraufhin die Produkt- und insbesondere die Preisstrategie festgelegt werden. Je nach Erfolg im Zeitablauf werden Parameter der Strategie geändert oder beibehalten. Zeigt sich die Marktbearbeitung als erfolgreich, so ist ein Ausbau der Aktivitäten anzustreben. Dies kann dadurch erfolgen, dass der Vertriebspartner gekauft wird und zusätzliche Wertschöpfungsstufen bis hin zur Produktion in das Land verlagert werden.

Das wesentliche Charakteristikum der Stufenstrategie liegt in der sequentiellen Umsetzung der Maßnahmen. So wird stufenweise das Engagement im Auslandsmarkt erhöht. Dieses „Vortasten" beschränkt das Risiko. Der Kapitaleinsatz in der Anfangsphase ist relativ gering. Es bleibt Zeit zur inhaltlichen Anpassung der Internationalisierungsstrategie. Dadurch können Spezifitäten des Auslandsmarkts, die bei der ursprünglichen Strategieentwicklung nicht erkannt wurden, berücksichtigt werden. Dies erhöht die Erfolgsaussichten.

Eine Voraussetzung für den Erfolg der Stufenstrategie ist eine starke Stellung im Heimatmarkt. Dies gilt insbesondere deswegen, weil über hohe Stückzahlen im Heimatmarkt ein ausreichender Volumeneffekt zur Verbesserung der Kostenposition gegeben sein muss. Die etablierten Konkurrenten haben in vielen Fällen eine volumenbedingt gute Kostenposition. Ein weiterer Nachteil liegt in der langen Zeitdauer, die die Stufenstrategie benötigt. Die Wettbewerber haben Zeit, eine Gegenstrategie zu entwickeln und z.B. den Innovationsvorteil, den die junge Unternehmung hat, zu kompensieren bzw. aufzuholen. Hinzu kommt, dass zumindest teilweise eine Abhängigkeit vom Vertriebspartner entsteht. Dies kann einen Flexibilitäts- und Kontrollverlust bedeuten, der bei schlechter Wahl des Partners den Erfolg der Gesamtstrategie gefährdet. Hier gelten die Argumente, die oben bei der Kick-Down-Strategie unter Hinzuziehung eines lokalen Partners bereits genannt wurden, analog.

Die Stufenstrategie kommt einer jungen Unternehmung entgegen, da die finanziellen und auch die Managementressourcen nicht so stark beansprucht werden, wie das bei der Kick-Down-Strategie der Fall ist. Das Informationsdefizit bezüglich des Auslandsmarkts wird durch die Möglichkeit der flexiblen Anpassung der Strategie zumindest abgemildert. Das relativ niedrige Risikopotenzial macht eine Gefährdung der Gesamtunternehmung bei einem Fehlschlag eher unwahrscheinlich.

Andererseits muss bei der Wahl der Stufenstrategie auch bedacht werden, dass der Wettbewerbsvorteil, auf den eine junge Unternehmung im Wettbewerb mit großen Unternehmungen baut, über eine längere Zeit verteidigbar sein muss, damit die Strategie zum Erfolg führt. Dies ist wohl nur auf Old Economy - Märkten möglich. Eine deutliche Verbesserung des Unternehmungsergebnisses und damit der Renditen ist nur langfristig zu erwarten.

22.6. Fallstudien zu Internationalisierungsstrategien von jungen Unternehmungen

22.6.1. Intershop AG

Das Ziel der beiden im folgenden erläuterten Fallstudien besteht darin, anhand von konkreten Beispielen die möglichen Ausgestaltungsvarianten der oben definierten Internationalisierungsstrategien für junge Unternehmungen zu zeigen. Gleichzeitig können die Erfolgsfaktoren und Erfahrungen, die Unternehmungen mit diesen Strategien gemacht haben, referiert werden. Die Fallstudien sind so aufgebaut, dass die jeweilige Unternehmung zunächst kurz anhand von Finanzkennzahlen und einer Beschreibung des Geschäfts und des bearbeiteten Markts vorgestellt wird. Darauf aufbauend ergibt sich die Zuordnung zur New Economy oder zur Old Economy. Die dann beschriebene Internationalisierungsstrategie der jeweiligen Unternehmung und die daraus resultierenden Ergebnisse werden verglichen mit den konzeptionellen Ableitungen aus Abschnitt 22.5.

Die Intershop AG stellt Software für den elektronischen Handel über das Internet her. Es wird ein digitaler Marktplatz durch die Software geschaffen, auf dem Transaktionen zwischen Unternehmungen („B2B") aber auch Transaktionen zwischen Unternehmungen und Endkunden („B2C") abgewickelt werden können. Abbildung 4 zeigt die wichtigsten Kennzahlen für die Intershop AG.

Parallel zum Wachstum des Gesamtmarkts ist auch der Umsatz der Intershop AG nahezu exponentiell bis zum Jahr 2000 gewachsen. Eine entsprechende Erhöhung der Mitarbeiterzahl war die Voraussetzung für die Erwirtschaftung des Umsatzes. Allerdings haben sich auch die Verluste im Jahr 2000 auf ca. 39 Mio. € erhöht. Im Jahr 2001 hat das Platzen der Internetblase auch bei der Intershop AG deutliche Spuren hinterlassen. Der Umsatz ging erheblich zurück, der Verlust fiel mehr als viermal so hoch aus wie im Vorjahr. Eingeleitete Restrukturierungsmaßnahmen beinhalteten auch Entlassungen. Die Intershop AG ist am Neuen Markt notiert. Nach einer sehr starken Steigerung des Kurses bis März 2000 mit einem Höchststand deutlich über 100 Euro ist die Aktie im Zuge des generellen Rückgangs des Neuen Markts auf einen Wert von ca. 1 Euro in 2002 gesunken.

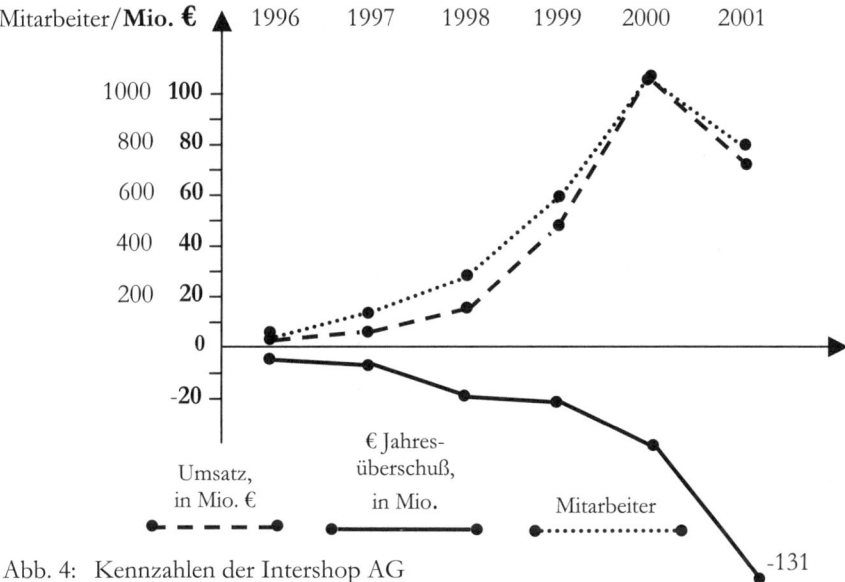

Abb. 4: Kennzahlen der Intershop AG

Das Geschäftsmodell der Intershop AG umfasst die Entwicklung der Software und den Verkauf von Lizenzen für die Nutzung. Außerdem werden Schulung von Kundenmitarbeitern und Hilfe bei der Implementierung angeboten. Die Hauptwettbewerber befinden sich in den USA. Die USA stellen auch den weitaus größten Einzelmarkt für Software für elektronische Marktplätze dar. Die neue Technologie der Abwicklung von Transaktionen komplett über das Internet kann als revolutionär bezeichnet werden. Die Geschwindigkeit, die Flexibilität und auch die Markttransparenz schaffen nicht nur einen völlig neuen Vertriebskanal sondern verändern auch die Beziehungen zwischen den Marktteilnehmern. Der Markt für diese Software hat sich erst im Zuge der Etablierung des Internet in den 90er Jahren gebildet. Aufgrund dieser Rahmenbedingungen kann die Intershop AG als eine typische New Economy-Unternehmung bezeichnet werden (vgl. Abschnitt 22.3.).

Aus konzeptioneller Sicht wäre damit die Kick-Down-Strategie als Internationalisierungsstrategie zu erwarten. Und in der Tat weisen die Schritte ins Ausland bei der Intershop AG die typischen Kennzeichen dieser Strategie auf. Bereits 1996 wurde eine Niederlassung in den USA gegründet. Ein Jahr später wurde dann sogar der Firmensitz nach San Francisco verlegt und alle wichtigen Wertschöpfungsstufen auch in den USA aufgebaut. Es folgten in den kommenden Jahren die Gründung einer Vielzahl von Auslandsniederlassungen weltweit, so dass sich die Intershop AG als der am internationalsten aufgestellte Wettbewerber im Markt etablieren konnte. Der Erfolg dieser Strategie lässt sich am schnellen Wachstum des Anteils des Auslandsumsatzes erkennen, wie in der linken Hälfte von Abbildung 5 zu sehen. In 2000 stabilisierte sich der Auslandsanteil trotz der schon schwieriger gewordenen Geschäftssituation auf hohem Niveau.

354

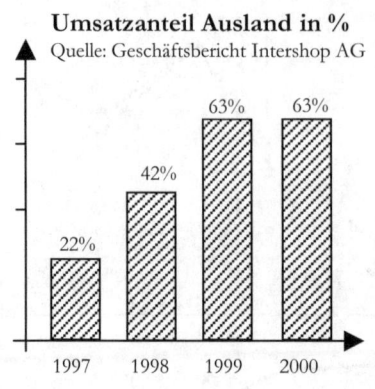

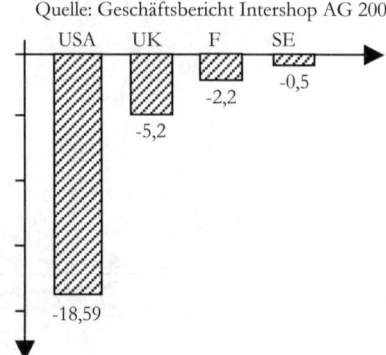

Abb. 5: Auslandsumsatzanteil und Ergebnisbeitrag wichtiger Auslandsgesellschaften
der Intershop AG (Quelle: Geschäftsbericht Intershop AG 1999 und 2000)

Im rechten Teil der Abbildung 5 werden aber auch die Risiken dieser Strategie deutlich. Insbesondere in den USA, dem aufgrund der Größe, des Technologieniveaus
und der Präsenz von globalen Kunden wichtigsten Auslandsmarkt haben sich die
Gefahren der Kick-Down-Strategie bewahrheitet. Die Umsatzerwartungen und die
angestrebte Marktposition konnten nicht erreicht werden, was ein wesentlicher
Grund für den oben geschilderten Umsatz- und Gewinnrückgang war. Was sind die
Gründe für den bisherigen Misserfolg der Kick-Down-Strategie in den USA? Folgende Problemfelder lassen sich, allgemeingültig für alle Unternehmungen, die diese
Strategie einschlagen wollen, identifizieren:

- Zu geringe Vorleistungen für Maßnahmenumsetzung:
  Die Kick-Down-Strategie erfordert einen hohen Mitteleinsatz am Anfang. Für
  den USA-Markt mit seiner Größe und Vielschichtigkeit, vor allem was die Vertriebssysteme betrifft, waren die von der Intershop AG eingesetzten Mittel offensichtlich zu gering, um eine stabile Position zu erreichen. Hier werden die
  Probleme junger Unternehmungen bei der Internationalisierung aufgrund der
  Ressourcenbeschränkung sehr deutlich.

- Personalbeschaffungsprobleme:
  Gerade für junge, (noch) unbekannte Unternehmungen aus dem Ausland ist es
  schwierig, exzellentes Personal z.B. im Vertrieb zu akquirieren.

- Zu später Markteintritt und Umsetzung der Maßnahmen:
  Eine wesentliche Voraussetzung der Kick-Down-Strategie ist die frühzeitige Besetzung eines Markts, um Standards beeinflussen zu können und bei der initialen
  Marktverteilung dabei zu sein. Eventuell war der Lebenszyklus des Markts in
  den USA schon zu weit fortgeschritten.

- Abschwächung der Gesamtkonjunktur und insbesondere des Internetwachstums:
  Die Investitionen im Telekommunikations- und insbesondere im Internetbereich sind im Zuge der Gesamtkonjunkturabschwächung in den USA deutlich zurückgegangen. Das für die Kick-Down-Strategie notwendige Wachstum des Gesamtmarkts hat darunter erheblich gelitten.

- Produktanpassung für USA nicht erfolgreich:
  Die Software war hinsichtlich der technischen Standards und der Leistungsfähigkeit, wie von Branchenanalysten bestätigt, dem Markt und den Wettbewerbern angepasst. Dieser häufige Grund des Scheiterns einer internationalen Expansion junger Unternehmungen trifft also hier wohl nicht zu.

Die Intershop AG befand sich damit im Jahr 2001 in einem Internationalisierungsdilemma, das die Risiken der Kick-Down-Strategie sehr deutlich macht. Aufgrund der unbefriedigenden Ergebnissituation müssen Kosteneinsparungen und Reorganisationen vorgenommen werden. Diese notwendigen Kostensenkungen können aber die unvollendete Kick-Down-Strategie in den USA konterkarieren. Dem Management stellt sich die Aufgabe, die Effizienz der Kick-Down-Strategie, also die Zielerreichung bei geringerem Mitteleinsatz zu erhöhen, was bei Intershop durch eine Fokussierung auf Großkunden und auf das B2B-Geschäft erfolgen soll.

22.6.2. Analytik Jena AG

Die Analytik Jena AG entwickelt, produziert und vertreibt analytische Systeme für industrielle und wissenschaftliche Anwendungen. Abbildung 6 zeigt einige wichtige Kennzahlen der Unternehmung.

Sowohl Umsatz, Mitarbeiterzahl als auch das Ergebnis sind in den letzten Jahren kontinuierlich gestiegen. Trotz der positiven Geschäftsentwicklung konnte sich auch die Aktie der Analytik Jena AG, die seit Juni 2000 am Neuen Markt notiert ist, der rückläufigen Tendenz des Gesamtmarkts nicht entziehen.

Die Analytik Jena AG betreibt vom Geschäftsmodell her ein klassisches Produktgeschäft. Hard- und dazugehörige Software werden auf einem Markt vertrieben, der mittlere Wachstumsraten aufweist und schon seit langer Zeit besteht. Die etablierten Wettbewerber, die alle deutlich größer als die noch junge Analytik Jena AG sind, bewegen sich aufgrund der weltweit weitgehend standardisierten Technik auf einem globalen Markt. Die technologische Entwicklung ist durch Detailinnovationen und eine schrittweise Konvergenz z.B. von Prozesstechnik und Sensorik geprägt. Die Analytik Jena AG ist damit eine typische junge Unternehmung aus der Old Economy.

Konzeptionell gesehen müsste diese Unternehmung damit die Stufenstrategie verfolgen. Die Auslandsaktivitäten der Analytik Jena AG sind dadurch geprägt, dass vereinzelt mit Vertriebspartnern in vielversprechenden Zielmärkten Verträge

356

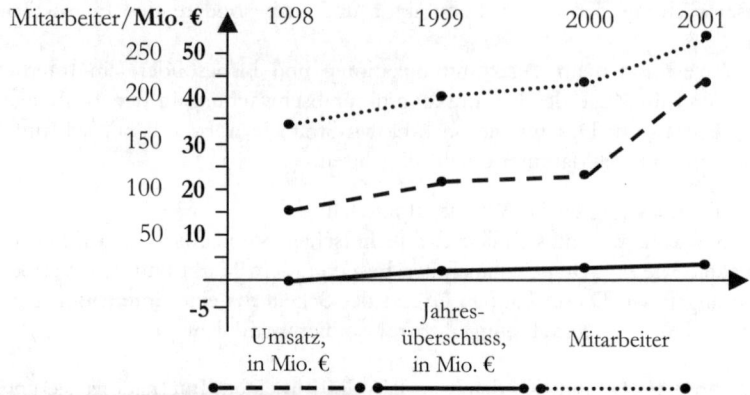

Abb. 6: Kennzahlen der Analytik Jena AG

abgeschlossen worden sind. Weitere Wertschöpfungsstufen sind bisher nicht im Ausland angesiedelt. Im Dezember 2000 wurde eine Eigenkapitalbeteiligung am indischen Vertriebspartner erworben. Dadurch sollen die Umsätze in dem Land erhöht werden. Dieses langsame „Vortasten" zeigt die typischen Kennzeichen einer Stufenstrategie. Damit können auch die in Abschnitt 22.5. beschriebenen Vorteile dieser Strategie, insbesondere das niedrige Risikoprofil realisiert werden. Die Produkte und die Preisstrategie werden flexibel an den jeweiligen Markt angepasst, was sich z.B. in Indien bewährt hat. Die Kehrseite der Stufenstrategie zeigt sich in Abbildung 7.

Der Auslandsanteil am Umsatz liegt bei moderaten 17 % und damit nur etwa bei der Hälfte des gesteckten Ziels. Aus dem Auslandsgeschäft ergeben sich dadurch noch keine Wettbewerbsvorteile z.B. aus zusätzlichem Volumen, das im Ausland generiert

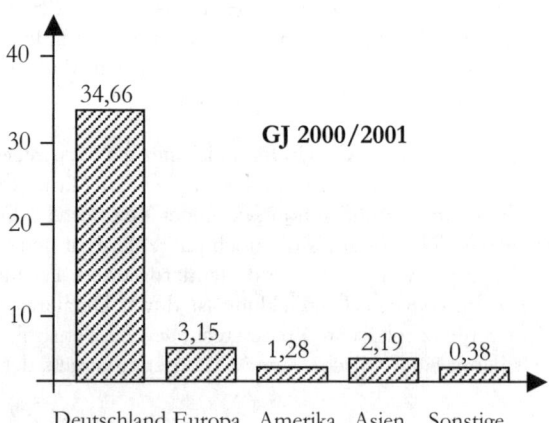

Abb. 7: Umsatzerlöse nach Regionen in Mio. € der Analytik Jena AG (Quelle: Geschäftsbericht der Analytik Jena AG 2000/2001)

wird. Die Hauptwettbewerber beziehen durch ihre globale Positionierung Vorteile aus der höheren Stückzahl, wodurch mittelfristig Gefahren für die starke Stellung der Analytik Jena AG im Heimatmarkt Deutschland entstehen können.

Um das angestrebte Ziel der 31 % Auslandsanteil am Umsatz zu erreichen und der Gefahr der Erosion der Wettbewerbsposition in Deutschland zu begegnen, muss die Stufenstrategie forciert werden. Möglichkeiten hierzu bestehen in der Akquisition von Vertriebspartnern in Märkten, in denen sich gezeigt hat, dass die Produkte der Analytik Jena AG erfolgreich plaziert werden können. Entsprechende strategische Schritte wurden vom Management in 2002 ergriffen.

22.7. Zusammenfassung

Die erste untersuchte Fragestellung beschäftigte sich mit der grundsätzlichen Sinnhaftigkeit der Internationalisierung von jungen Unternehmungen. Hier kann als eindeutiges Ergebnis festgehalten werden, dass die Expansion in ausländische Märkte auch für jungen Unternehmungen eine Vielzahl von Chancen bietet, die das langfristige Überleben sichern können. Gerade für diese Unternehmungen, die sich in einem sehr dynamischen und gerade erst entstehenden „New Economy"- Markt bewegen, ist die Internationalisierung zur Erzielung von Wettbewerbsvorteilen unabdingbar. Die Ressourcen- und Kapazitätsbeschränkungen können durch strategische Allianzen und Kooperationen umgangen werden.

Bei der Frage nach der konkret zu wählenden Internationalisierungsstrategie wurde nach unterschiedlichen Umfeldbedingungen differenziert. Bei New Economy-Unternehmungen steht eine schnelle Besetzung geeigneter Zielmärkte im Vordergrund. Dies kann durch die beschriebene Kick-Down-Strategie erreicht werden. Bei der Wahl dieser Strategie ist ein bewusstes Risikomanagement aber dringend zu empfehlen. Der Chance der schnellen Besetzungen eines Auslandsmarkts stehen Risiken durch die hohen Investitionen und die Unsicherheit der Marktentwicklung gegenüber. Ein gezielter Einsatz der bei jungen Unternehmungen ohnehin häufig knappen Ressourcen ist bei der Kick-Down-Strategie unerlässlich. Das Risikomanagement muss möglichst zeitnah die Effizienz der eingesetzten Ressourcen überprüfen und möglichst frühzeitig gegensteuern. Damit kann eine Überforderung der Ressourcenbasis durch die Internationalisierungsstrategie und eine letztendliche Gefährdung der Gesamtunternehmung verhindert werden. Die durchaus risikoreiche Kick-Down-Strategie empfiehlt sich nicht für eine junge Unternehmung, die aus dem Bereich der Old Economy kommt. Die hier angebrachte Stufenstrategie ist langfristig angelegt und führt deshalb nicht zu schnellen Internationalisierungserfolgen. Allerdings ist durch das langsame „Herantasten" an die Zielmärkte und den am Anfang begrenzten Ressourceneinsatz eine „Versuch-Irrtum-Vorgehensweise" möglich, die das Risiko begrenzen hilft.

Insgesamt gesehen kann festgestellt werden, dass die Frage einer Internationalisierung inzwischen bereits in der Gründungsphase einer Unternehmung berücksichtigt und entsprechend explizit geplant werden sollte. Dadurch kann den Anforderungen, die sich aus der zunehmenden grenzüberschreitenden Vernetzung der wirtschaftlichen Aktivitäten ergeben, begegnet werden und eine gesicherte Marktposition erreicht werden.

22.8. Verwendete und weiterführende Literatur

Lu, J.; Beamish, P. (2001): The Internationalization and Performance of SMEs. In: Strategic Management Journal 22. Seite 565-586.

Sachse, U. (2002): Internationalization of Medium-sized Enterprises. Sternenfels.

Schmidt-Buchholz, A. (2001): Born Globals. Die schnelle Internationalisierung von High-Tech-Start-Ups. Köln.

Zaby, A. (1998): The Process of Internationalization in Emerging High-Technology Industries. Wiesbaden.

23. Wachstumsstrategien für Neugründungen und Wachstumsfehler

MICHAEL DOWLING UND HANS JÜRGEN DRUMM

23.1. Überblick

Im Schlusskapitel dieses Buches werden mögliche Strategien für die besonderen Probleme von Wachstum bei Neugründungen untersucht. Zuerst wird Wachstum als Phänomen und grundsätzliches Problem beschrieben. Insbesondere wird die Problematik aus der Sicht von neu gegründeten Firmen analysiert, die von Anfang an planen, schnell zu wachsen und groß zu werden. Es folgt eine Reihe von verschiedenen Strategien für Wachstum, die kleine Firmen verfolgen können. Im zweiten Teil des Kapitels werden die bekanntesten Fehler präsentiert, die Neugründungen während der Wachstumsphase machen. Auf Ansätze zur Korrektur und noch besser zur Vermeidung dieser Fehler wird hingewiesen. Zum Schluss werden Empfehlungen gegeben, wie Gründer von Wachstum am besten profitieren.

23.2. Wachstum von Neugründungen als Problem

23.2.1. Definition und Statistiken

Zunächst ist zu definieren, was mit Wachstum gemeint ist und welche Firmen wachstumsorientiert sind. Eine solche Definition ist aber nicht ohne Schwierigkeiten. In der Regel werden Kriterien wie Wachstum der Beschäftigungszahlen oder Umsatzwachstum zu Hilfe genommen. Zum Beispiel definiert in den USA das Kaufmann-Center für Entrepreneurial Leadership, ein führendes Institut für Gründungsmanagementforschung, wachstumsstarke Unternehmen als diejenigen, die mehr als 30 % Umsatzwachstum oder mehr als 20 % Beschäftigungszuwachs in jedem der vorangegangenen drei Jahren vorweisen können. Andere Forscher in den USA (vgl. Siegel/MacMillan 1993) definieren starkes Wachstum als mehr als 25 % Wachstum pro Jahr über einen Zeitraum von drei Jahren.

Die Zahl von stark wachsenden Unternehmen ist sicherlich begrenzt. Sogar in den USA, der Hochburg von Neugründungen, wird geschätzt, dass nur 5 % aller Unternehmen pro Jahr zusätzliche Mitarbeiter beschäftigen (vgl. Sexton/Bowman-Upton 1991, S. 12). Trotzdem haben diese schnell wachsenden Unternehmen eine überproportionale Bedeutung für den Zuwachs von Arbeitsplätzen. Es wird in den USA z.B. geschätzt, dass nur 12–15 % aller Betriebe für 100 % des Beschäftigungswachstums in der US-Wirtschaft verantwortlich sind (vgl. Sexton/Bowman-Upton 1991, S. 10). Auch Untersuchungen in Deutschland haben gezeigt, dass Betriebe zwischen 50 und 250 Mitarbeitern den größten Beschäftigungszuwachs verzeichneten (vgl. Kühlhorn/Wissdorf 2001). Internationale Vergleichsdaten sind in den sog. Global Entrepreneurship Monitor (GEM) zu finden. Auf der Basis einer Unternehmensbefragung von 1999 stellte das GEM den Anteil an stark wachsenden Gründungen an allen Gründungen in Deutschland und anderen Ländern dar (siehe Abb. 1). Die Befragung kam zu dem Ergebnis, dass in Deutschland ca. 16 % aller Gründungen als stark wachsend zu bewerten sind, womit Deutschland im internationalen Vergleich gut abschneidet (vgl. Sternberg 2000).

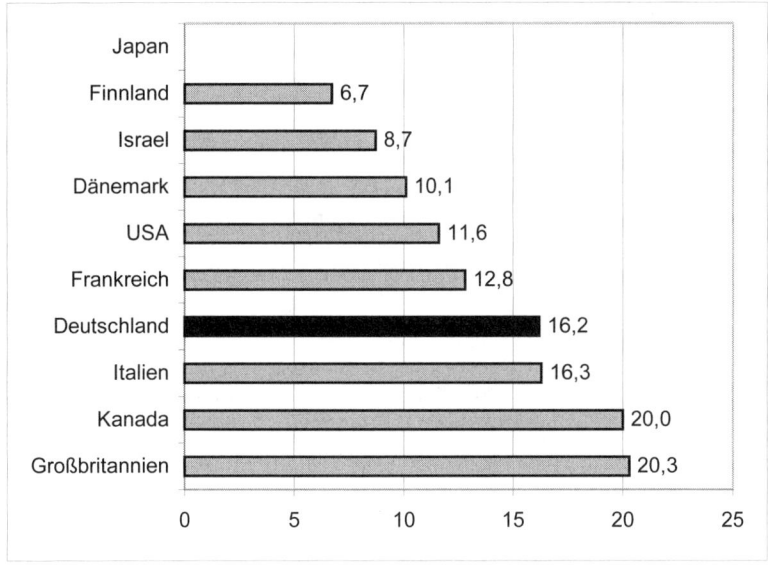

Abb. 1: Ländervergleich: Anteil von stark wachsenden Gründungen zu allen Gründungen (Quelle: Sternberg 2000)

23.2.2. Wachstumsmodelle

Wie schon kurz in Kapitel 2 erwähnt, werden in der Entrepreneurship-Forschung sehr oft Lebensphasenmodelle benutzt, um den Gründungsprozess zu beschreiben. Auch bei der Forschung über Wachstumsprobleme werden solche Modelle verwendet. Beispielsweise haben Kazanjian und Drazin (1980) ein Vierphasenmodell des Wachstums entwickelt und die typischen Wachstumsprobleme bei schnell wachsenden Firmen in jeder Phase identifiziert.

Phase 1 – *Konzeption und Entwicklung:* Fokus auf die Invention und Entwicklung eines Produktes oder Dienstleistung. Wichtige Probleme sind:

- Entwicklung der Idee
- Test eines Prototyps
- Unterstützung für die Idee von möglichen Geldgebern.

Phase 2 – *Kommerzialisierung:* Entwicklung des Produktes für die Produkteinführung. Wichtige Probleme sind:

- Aufbau der Organisation und Produktion
- Lösung von technischen Problemen
- Markteintritt.

362

Phase 3 – *Wachstum:* Die Phase des schnellen Wachstums ist gekennzeichnet durch einen Fokus auf den Markt. Öfters müssen Krisen überwältigt werden. Wichtige Probleme sind:

- Produktion in größeren Mengen
- Qualitätssicherung
- Ausbau des Marktanteils
- Personalprobleme.

Phase 4 – *Stabilität:* In dieser Phase ist der Fokus auf Konsolidierung der Marktposition mit dem ersten Produkt und auf Entwicklung von weiteren Produkten. Ein wichtiges Problem ist:

- Das gleichzeitige Management der Markteinführung neuer Produkte ohne die Wettbewerbsvorteile bei den früheren Produkten zu verlieren.

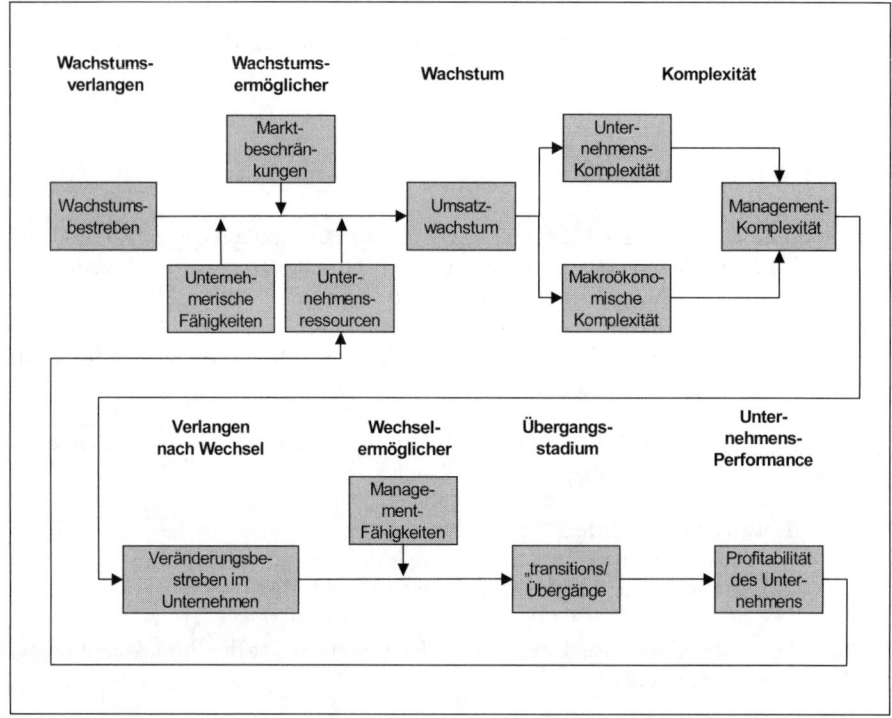

Abb. 2: Das „Complexity Management" - Wachstumsmodell. (Quelle: Covin/Slevin 1997)

Obwohl solche Lebensphasenmodelle für die Forschung und Praxis als Entscheidungshilfe dienen können, sind sie auch mit Vorsicht zu genießen. Sexton und Bowman/Upton (1991) warnten in einer Kritik solcher Modelle, dass wirtschaftliche Phänomene nicht immer mit biologischen (Lebenszyklen) zu vergleichen sind. Zum Beispiel entwickelt sich das Wachstum von Firmen nicht immer in linearer, ordentlicher Weise durch die Phasen solcher Modelle hindurch. Gerade in schnell wachsenden und von technologischem Wandel geprägten Branchen ist Wachstum eher von Chaos als Ordnung gekennzeichnet. Außerdem sind bekannte Wachstumsmodelle mit glockenförmiger oder konkaver oder Plateau-Struktur nur als idealtypische Referenzmuster für tatsächliche Wachstumsverläufe verwendbar.

Aufbauend auf diese Kritik, schlagen Covin und Slevin (1997) ein anderes Wachstumsmodell aus der Perspektive von „Complexity Management" vor (siehe Abb. 2). Dieses Modell betont, dass Wachstum durch bestimmte Marktfaktoren in Kombination mit internen Fähigkeiten und Ressourcen entsteht. Das Hauptproblem für Gründer ist hierbei, die zunehmende organisatorische und externe Komplexität zu bewältigen. In den folgenden Teilen dieses Kapitels werden mögliche Strategien für Wachstum bei Neugründungen erläutert.

23.3. Wachstumsstrategien

23.3.1. Wachstumsmöglichkeiten durch Branchentransformation

Die Forschung über komplexe Systeme hat seit langem erkannt, dass es grundsätzlich zwei Modelle des Wandels gibt: evolutionäre und revolutionäre. In Zeiten von revolutionärem Wandel in Branchenstrukturen gibt es mehrere Möglichkeiten für neu gegründete Firmen, Wachstumchancen wahrzunehmen. Das Branchenanalysemodell von Porter (vgl. Porter 1992) bietet eine grundlegende Methode, um Branchen zu analysieren. Neue Überlegungen von Porter (vgl. Porter/Rivkin 2000) zeigen, wie dieses Modell auch für die Analyse von Branchentransformationen nützlich ist und welche Möglichkeiten solche Transformationen für Gründer bieten. Um Branchenänderungen für Wachstum zu analysieren, müssen Gründer die Phasen von Branchentransformationen verstehen. Die typischen Phasen sind: eine Auslöserphase, eine Phase von Unsicherheit und Experimenten sowie eine Stabilitätsphase.

Der Wandel in einer Branche wird öfter von Technologieänderungen ausgelöst. Es gibt dafür viele Beispiele: Die Substitution für digitale Technologien in einer Reihe von Analogprodukten von Büromaschinen bis zu Telefongeräten, das Internet als Kommunikationsmedium. Solche technologischen Änderungen ermöglichen neu gegründeten Firmen, die neue Technologien schnell entwickeln und auf den Markt bringen können, die Positionen von etablierten Wettbewerbern zu übernehmen (siehe 23.3.5.).

Ein zweiter Auslöser für Branchentransformationen sind Änderungen im Konsumverhalten von Kunden. Zum Beispiel hat die zunehmende technologische Kompetenz der Käufer das Wachstum von Direkt-Computer-Verkäufern wie Dell ermöglicht. Käufer sind bereit, sich über das Internet auch über hochtechnologische Produkte direkt zu informieren und diese zu bestellen, anstatt sich in einem Geschäft informieren zu lassen.

Auch Deregulierung bzw. Liberalisierung kann ein Grund für Branchentransformation und Wachstum werden. In verschiedenen Branchen wie z.B. Flugverkehr, Telekommunikation, Finanzdienstleistungen wurden in den letzten Jahren durch Branchenderegulierung Chancen für neu gegründete Firmen geschaffen und Wachstumsmöglichkeiten kreiert.

Änderungen in Technologien, Kundenpräferenzen oder Regulierungen bieten Chancen für Transformation und Wachstum, aber Gründer müssen von diesen Chancen Gebrauch machen. Am Anfang einer Transformationsperiode müssen Firmen versuchen, durch Experimente verschiedene Strategien auszuprobieren, um unter den Branchengegebenheiten Wachstumspotential auszuschöpfen. Solche Experimente hat man in vielfältiger Weise in den letzten Jahren mit Internet-Technologie gesehen. Viele von diesen Experimenten sind fehl geschlagen, aber einige erfolgreiche Geschäftsmodelle haben überlebt. Das Beispiel von Dell-Computer als erfolgreichem Direktvertreiber von PCs über das Internet wurde schon genannt. Die Vermittlung von Autos über das Internet an traditionelle Autohändler durch die Firma Auto-By-Tel in den USA oder das Internetauktionshaus E-Bay sind andere Beispiele.

Nach einer Periode von vielen Experimenten kommt eine Stabilisierungsphase. In der Literatur zum Innovationsmanagement wird von sog. „Dominant-Designs" gesprochen. Mit einem Dominant-Design wird eine bestimmte Industriestruktur und die Positionen von Wettbewerbern stabilisiert. In der Regel gibt es dann eine Konsolidierungsphase in der Branche, und erfolglose Experimente führen dazu, dass Firmen aus der Branche verschwinden. Erfolgreiche Geschäftsmodelle können aber für die Überlebenden zu noch schnellerem Wachstum führen, indem sie Marktanteile von anderen Wettbewerbern übernehmen.

23.3.2. Wachstum durch Aufkauf von anderen Unternehmungen

In der Gründungsmanagement-Literatur wird in der Regel von internem Wachstum gesprochen. Man hat aber als schnell wachsendes Kleinunternehmen genauso die Möglichkeit, durch Akquisition zu wachsen. Diese Chancen sind sogar in den letzten Jahren durch die zunehmende Verfügbarkeit von Venture Capital und auch von Kapitalressourcen aus Börsengängen gestiegen. Eine Akquisitionsstrategie für eine schnell wachsende, neu gegründete Firma kann viele Vorteile bringen. Erstens können kleine Firmen, genau wie große Firmen, versuchen, Synergien durch komplementäre Ressourcen von zugekauften Firmen zu erwirtschaften. Umsatzwachstum durch Zukauf von Firmen in der gleichen Branche kann möglicherweise durch kombinierte Ressourcen und den Zukauf von fähigen Mitarbeitern effizienter gestaltet werden.

Man kann auch eine Akquisitionsstrategie verfolgen, um Wachstum in neuen geografischen Märkten zu ermöglichen (siehe Kapitel 22). Gerade in anderen Ländern, wo die Etablierung von neuen Geschäften schwierig sein kann, ist die Expansionsmöglichkeit durch Akquisition besonders attraktiv.

Eine Akquisitionsstrategie kann auch die Chance bieten, eine verbundene Diversifikation einzugehen, d.h. dass eine neu gegründete Firma andere Produkte oder Dienstleistungen zukaufen kann, die mit den Ursprünglichen verbunden sind. Zusätzlich können hier Synergieeffekte wie reduzierte oder geteilte Gemeinkosten gewonnen werden. Durch Akquisitionen können sich Firmen auch vertikal integrieren, d.h. Lieferanten oder Abnehmer aufkaufen, um mehr Stufen der Wertkette intern abzuwickeln. Vertikale Integration kann manchmal Kosten oder Differenzierungsvorteile bringen. Kostenvorteile können entweder durch Käufe oder Aufbau billigerer Distributionswege (Vorwärtsintegration) oder durch Käufe oder Aufbau kostengünstiger Inputs (Rückwärtsintegration) entstehen. Differenzierungsvorteile kann man durch Distributionswege oder Inputs, die sich von der Konkurrenz abheben, erzielen (vgl. Porter 1992).

Wenn die zu übernehmende Firma bereits Erfolg hat, ist eine solche Übernahme eine mögliche Finanzierungsquelle. Außerdem kann man durch die Übernahme zusätzliche qualifizierte Mitarbeiter gewinnen, die eventuell auch die Ursprungsunternehmung stärken können. Man kann zusätzliche Kunden gewinnen oder Kunden billiger akquirieren, als wenn man Kunden über herkömmliche Marketingmethoden finden muss. Die Akquirierung von anderen Firmen kann auch eine Möglichkeit sein, um technologisches Wissen oder sogar neue Technologien in Form von Patenten zu erwerben.

23.3.3. Wachstum durch Kooperationen

Ein Mittelweg zwischen internem Wachstum und Wachstum durch Ankauf anderer Unternehmungen ist die Kooperationsstrategie. Eine Reihe von Studien in den USA belegten, dass schnell wachsende Neugründungen manchmal von Kooperationen mit anderen kleinen Unternehmungen und manchmal mit großen etablierten Firmen Gebrauch machen (siehe Kapitel 20).

Diese Kooperationen nehmen verschiedene Formen an. Zum Beispiel ist die Lizenzierung eine typische Strategie in der Biotech-Branche. Kleine Biotech-Neugründungen haben in der Regel nicht die nötigen komplementären Ressourcen (vgl. Teece 1986), um neue Medikamente durch alle Testphasen zu bringen und dann zu vermarkten. Solche Firmen verkaufen für diese neuen Produkte oft Lizenzen an etablierte Pharma-Firmen (Die Gefahr dieser Strategie wird nachfolgend behandelt.). Andere Kooperationsstrategien wie Forschungs- und Entwicklungskooperationen oder Outsourcing von Produktion sind möglich. Kooperationsstrategien werden häufiger dort benutzt, wo Netzwerke von neu gegründeten Firmen existieren (vgl. Kapitel 20 und Lechner 2001).

Obwohl neue Firmen durch Kooperation fehlende komplementäre Ressourcen gewinnen können, müssen sie trotzdem Grundkompetenzen in Basistechnologien und Schlüsselfunktionen haben. McGee et. al. (1995) zeigten in einer Studie von High-Tech-Neugründungen in den USA, dass diejenigen Neugründungen am schnellsten gewachsen sind, die Kooperationsstrategien benutzt haben, um auf Stärken zu bauen, und *nicht* um Schwächen zu kompensieren.

23.3.4. Wachstumsstopp durch Verkauf

Eine Akquisition kann als Wachstumsstrategie betrachtet werden, jedoch führt der Verkauf eines Unternehmens zum Wachstumsstopp. Ein solcher Verkauf muss aber nicht immer als Verlust bezeichnet werden. Im Gegenteil, das sog. „Trade Sale", d.h. wenn eine neu gegründete Firma sich an eine andere Firma verkauft, kann als erfolgreiches Ende eines Gründungsprozesses betrachtet werden. Es bietet sich die Möglichkeit, dann entweder als Teil einer anderen Firma weiterzuwachsen, oder die Gründer können mit den Verkaufserlösen anderen Aktivitäten nachgehen. Es gibt sowohl in den USA als auch in Deutschland eine Reihe von sog. „Serial Entrepreneurs". Diese Gründer haben mehrmals neue Firmen gegründet, zum Wachsen gebracht und anschließend verkauft, um dann anderen Aktivitäten nachzugehen. Das beste Beispiel dafür ist Jim Clark von Silicon Valley. Er arbeitet zurzeit an seiner vierten und fünften Gründung, beide im Internetbereich. Er hat zuvor mehrere Milliarden US-$ Wert für sich selber und seine Kollegen in drei sehr erfolgreichen High-Tech-Gründungen geschaffen: Silicon Graphics, Netscape und Healthion. Clark hat schon lange erkannt, dass er die Wachstumsphase einer neu gegründeten Firma am besten beherrscht, für das professionelle Management in einer reifen Organisation aber zu ungeduldig ist. Er versucht, neue Firmen im richtigen Zeitpunkt an andere Wettbewerber, die diese Reifephase besser beherrschen, zu verkaufen (vgl. Chong et. al. 2000).

23.3.5. Wachstum durch Innovation

Wie schon oben erwähnt, bieten Zeiten technologischen Wandels im Sinne von Schumpeters Konzept der „Schöpferischen Zerstörung" den Neugründungen die Möglichkeit zu wachsen. Neue Firmen, die mit technologischen Änderungen neue Produkte oder Dienstleistungen als Marktführer bringen, können schnell Wettbewerbsvorteile erlangen. Allerdings müssen solche technologischen Innovationen schützbar sein (siehe Kapitel 18), da sie sonst nicht dauerhaft sind. Die neuen Firmen müssen auch die nötigen komplementären Ressourcen für die Produkte und Vermarktung solcher Produkte besitzen oder akquirieren (vgl. Teece 1986).

Bestimmte Arten von Innovationen bieten besondere Vorteile für Neugründungen. In seinem Buch *The Innovator's Dilemma* unterscheidet Christensen (1997) zwischen „Sustaining Technologies" und „Disruptive Technologies". „Sustaining" oder erhaltene Technologien verbessern bestehende Produkt-Markt-Strukturen und werden in der Regel von etablierten Firmen am erfolgreichsten eingeführt. „Disruptive" oder ablösende Technologien, die neue Anwendungen für neue Kundensegmente ermöglichen, werden jedoch eher von Neugründungen entwickelt und vermarktet. Christensen zeigt am Beispiel der Computerfestplatten-Branche, wie Neugründungen sehr oft als Ausgliederungen von etablierten Firmen am erfolgreichsten über 20 Jahre hinweg gewachsen sind. Ähnliche Entwicklungen sind in anderen Branchen zu erkennen.

Im nächsten Teil dieses Kapitels werden die häufigsten Wachstumsfehler bei Neugründungen analysiert.

23.4. Wachstumsfehler

23.4.1. Managementfehler

Man wird kaum unterstellen können, dass junge Unternehmungen über umfassende technische und betriebswirtschaftliche Kompetenzpotentiale verfügen, die sie zur Umsetzung ihrer Wachstumsabsichten einsetzen können. Singuläre Beobachtungen von und in neu gegründeten Unternehmungen veranlassen eher zu der These, dass junge Unternehmungen partiell unprofessionell geführt werden und einen erheblichen Lernbedarf bei Konzepten und Methoden des Management haben. Wenn der Lernbedarf nicht oder noch nicht abgedeckt ist, begehen junge Unternehmungen Managementfehler.

Ein geradezu klassischer *erster Fehler* ist die Wahl eines Produkts - und noch schlimmer eines Markts - ohne Wachstumspotenzial. Zur Abwendung dieses Fehlers helfen nur sorgfältige Marktanalysen zur Aufdeckung des gesamten Marktpotenzials. Diese Analyse muss durch die Wahl einer Markteroberungsstrategie ergänzt werden, mit der unter Beachtung gegebener Finanzierungsrestriktionen ein vermutetes Marktpotenzial erschlossen werden kann (vgl. Kapitel 6 und 22). Ein *zweiter Fehler* besteht in dem Verzicht auf die frühzeitige Wahl einer der Wachstumsstrategien, wie sie zuvor erläutert worden sind. Ein *dritter Fehler* besteht darin, auf eine Kombination mehrerer, miteinander kompatibler Produkt-Markt-Strategien zu verzichten. Kompatibilitätskriterien sind hierbei die Erzeugung positiver Synergieeffekte auf dem Markt, die Finanzierbarkeit der Strategien und die Verfügbarkeit des kompetenten und professionellen Personals zur Umsetzung der geplanten Strategien. Ein *vierter Fehler* besteht darin, Produkt-Markt-Strategien des Wachstums nicht mit den übrigen Strategien der Unternehmung, insbesondere mit Finanzierungs-, Personal- und Organisationsstrategien abzustimmen. Ein *fünfter Fehler* besteht in der Wahl des falschen Finanzierungsmodells. Ein geradezu klassischer Fehler ist hier die Refinanzierung langfristig gebundenen Kapitals durch kurzfristige Rückflüsse aus den Absatzmärkten oder durch kurzfristige revolvierende Kredite. Ein *sechster Fehler* besteht in der Forcierung des Wachstums. Das gilt selbst dann, wenn das Wachstum entlang der Wertschöpfungskette erfolgt, wodurch scheinbar Synergieeffekte erzielt werden. Bei zu raschem Wachstum droht nämlich der Verlust des Gesamtüberblicks über die Einzelrisiken in den Aktivitäten der Wertschöpfungskette selbst dann, wenn das Wachstum finanzierbar ist. Kontinuierliche Entwicklung ist hier sprunghaftem Wachstum überlegen (vgl. insbes.

Hutzschenreuter 2001, Kapitel 5), weil sie besser die Abdeckung des Lernbedarfs zum Management ermöglicht. Beispiele für den fünften und sechsten Fehler hat bis zum Jahr 2002 vor allem die EM.TV AG geliefert. Auf einige dieser Managementfehler wird nachfolgend näher eingegangen.

23.4.2. Inkompatibilität von Wachstumsstrategien und Organisationsstruktur

Wachstum muss von der jungen Unternehmung geplant und durch eine oder mehrere der zuvor diskutierten Strategien unterstützt werden. Der Verzicht auf Planung und Strategieentwicklung ist ein bedeutender Wachstumsfehler. Aber selbst wenn dieser Fehler vermieden wird und Wachstumsstrategien existieren, wird gerne übersehen, dass zwischen der gewählten Strategie sowie insbesondere der Organisationsstruktur der jungen Unternehmung ein Zusammenhang besteht. Dessen Missachtung gefährdet das Wachstum schwer.

Die noch kleine, wachstumsbestrebte Unternehmung sollte zu Beginn eher Teamstrukturen oder notfalls straffe Zentralisation als Strukturmuster der Organisation wählen (siehe Kapitel 14), um Wissensmanagement und Koordination von Entscheidungen sowie die Umsetzung der Entscheidungen besser bewältigen zu können. Der Verzicht auf Teammanagement und Vernetzung in der Gründungs- und Konsolidierungsphase wirkt wachstumshemmend (siehe Kapitel 14 und 20), wie auch die Erfahrungen junger Unternehmungen aus Silicon Valley gezeigt haben.

Wird das Wachstum durch Steigerung der Produktmenge erreicht, so kann eine Anpassung der ursprünglichen Organisationsstruktur hinausgeschoben werden, bis Entscheidungsmängel wie z.B. die Verzögerung von Entscheidungen sichtbar werden. Die Beibehaltung von Teamstrukturen und Teammanagement führt bei wachsender Unternehmung in der Regel zu Koordinationsverlusten. Sie verzögert außerdem die Schaffung eines klar gegliederten Unternehmungsaufbaus (siehe Kapitel 14). Klare Strategien mit arbeitsteiliger Erfüllungsnotwendigkeit sind bei unklarer Kompetenzverteilung in der jungen Unternehmung oder bei fortgesetztem Teammanagement trotz beginnenden Wachstums Ursachen für eine Wachstumsreduktion durch Koordinationsmängel. Deshalb müssen Regelungen der Kompetenzverteilung auf die Strategien der jungen Unternehmung zugeordnet werden. Wenn dabei Teamstrukturen hinderlich sind, weil sie zu langsam sind, müssen sie durch hierarchische Strukturen ersetzt werden (siehe Kapitel 14).

Wächst die Unternehmung aufgrund von Diversifikationsstrategien in neue Märkte, in neue Produkte mit Ausbau der Wertschöpfungskette oder durch Arbeitsteilung in Netzwerken, so setzt dies eine Differenzierung der Strategien voraus. Diese hat allerdings als Voraussetzung gute Kenntnisse der Branche(n), in die hinein die junge Unternehmung diversifizieren möchte. Die Differenzierung der Strategien bewirkt bei Erfüllung der genannten Prämisse Spezialisierung der zuständigen Mitarbeiter und Mitgründer. Beides zusammen legt den Übergang zu einer dezentraleren Organisationsstruktur mit verschiedenen, relativ selbständigen Geschäftsbereichen nahe. Dezentralisation nach Geschäftsbereichen macht jedoch deren Koordination zwingend erforderlich (siehe Kapitel 14). Es gehört zu den geradezu klassischen Fehlern junger Unternehmungen, entweder zu lange mit der Dezentralisation zu warten, Kenntnisse fremder Branchen zu vernachlässigen oder zu früh zu dezentralisieren und/oder auf eine Koordination der neuen Geschäftsbereiche zu verzichten. Jeder dieser vier Fehler allein sowie der zweite bis vierte im Verbund wirken sich hemmend auf das Unternehmungswachstum aus und können im Grenzfall sogar das Konkursrisiko der jungen Unternehmung steigern.

23.4.3. Mangelhafte oder falsche Marketing-, Kooperations- und Finanzierungs- sowie Personalstrategien

Die für junge Unternehmungen wichtigsten Funktionen sind in den vorangegangenen Kapiteln erläutert worden. Ein Blick auf reale junge Unternehmungen zeigt jedoch, dass der Ausbau dieser Funktionen nicht selbstverständlich ist. Jeder Verzicht auf den Ausbau der Funktionen Unternehmungs- und Strategieplanung, Marketing, Finanzierung, Risikomanagement, Personalwirtschaft, Organisation sowie Internationalisierungspolitik stellt das Wachstum der Unternehmung in Frage. Dies gilt umso mehr, wenn nicht nur eine, sondern gleich mehrere der genannten Funktionen vernachlässigt werden. Besonders gravierend sind Wachstumsfehler bei den Funktionen Marketing, Finanzierung und Personalwirtschaft.

Eine *erste Gruppe* fehlerhaltiger unternehmerischer Wachstumsstrategien sind Marketingstrategien. Insbesondere ist bei jungen Unternehmungen immer wieder beobachtbar, dass sie sich mit einem technisch oder naturwissenschaftlich geprägten Produkt auf die Weiterentwicklung des Produkts selbst sowie auf die Neuentwicklung weiterer Produkte konzentrieren, und deren Vermarktung nachrangig behandeln. Dies gilt auch für junge Unternehmungen der Medienbranche, die unter Einsatz neuer Medien Informations- oder Produktplattformen sowie eigene Softwarelösungen entwickelt haben. Marketingpläne und ihre Fortschreibung sind somit Voraussetzungen für die Vermeidung von Wachstumsfehlern (siehe Kapitel 6). Der Verzicht auf Marktexploration, auf die Ermittlung vorhandener Kundenwünsche, auf die Weckung neuer Kundenwünsche, auf die Marktsegmentierung und Markteroberung führt dazu, dass Wachstum unterbleibt. Erst durch systematische Marktexploration wird für junge Unternehmungen erkennbar, ob sie am Markt eine beherrschende Stellung erreichen können oder sogar bereits haben. Im zweiten Fall könnten sie versuchen, Wettbewerber vom Markt zu vertreiben oder vom Markteintritt abzuhalten. Je nach Ausstattung mit finanziellen Mitteln, z.B. nach erfolgreichem Gang an die Börse, kann es sogar sinnvoll sein, Wettbewerber aufzukaufen und so zu wachsen.

Wachstumshemmend können *zweitens* Kooperationsstrategien wie z.B. Strategien der Anlehnung an etablierte Unternehmungen als Seniorpartner sein, die das Marketing der eigenen Produkte übernehmen sollen oder als Lizenznehmer auftreten. Wenn sich diese Unternehmungen für ihre jungen Juniorpartner wirklich einsetzen, so endet eine solche Kooperation bei Erfolg nicht selten mit der Übernahme der jungen Unternehmung durch den Seniorpartner. Damit wird lediglich Wachstum des Seniorpartners erreicht. Gefährlich ist auch die Weitergabe von Lizenzen an größere Unternehmungen, bevor die Entwicklung des Produkts abgeschlossen ist - ein Problem biotechnologischer Start-ups, wenn die Zulassung neuer Medikamente durch das Bundesgesundheitsamt noch nicht ausgesprochen worden ist (z.B. Antisense Pharma GmbH). Weitaus üblicher ist jedoch opportunistisches Verhalten des Seniorpartners, der sich seine Marketingaktivitäten vom Juniorpartner zwar gut honorieren lässt, jedoch wenig zu Gunsten des Vertriebs der Leistungen des Juniorpartners unternimmt. Auch in diesem Fall wirkt sich die skizzierte falsche Marketingstrategie als massive Wachstumsbremse aus.

Eine *dritte Gruppe* fehlerhaltiger unternehmerischer Strategien betrifft die Finanzierung des Wachstums. Wachstum kann in den ersten Lebensphasen der jungen Unternehmung kaum aus deren Gewinnen und meist auch nicht aus dem Eigenkapital der Gründer heraus finanziert werden. Gerade junge Unternehmungen sind häufig unterkapitalisiert. Damit bleibt nur die Wahl der Fremdfinanzierung als Alternative. Um den Verlauf der Finanzströme in der jungen Unternehmung für diese sichtbar zu machen, ist die Aufstellung von Finanzplänen und die Überprüfung von deren Realisation zwingend erforderlich. Unterbleibt dies, so liegt ein gravierender Wachstumsfehler vor.

Man kann bei jungen Unternehmungen immer wieder beobachten, dass zur Finanzierung von Wachstumsstrategien langfristiges Fremdkapital aufgenommen wird, das aus den Erlösen der Strategieumsetzung verzinst und getilgt werden soll. Ebenso beobachtbar ist die schrittweise Tilgung und Verzinsung langfristiger durch Aufnahme revolvierender kurzfristiger Kredite gemäß einer alten Idee aus den 50er Jahren (Münnemann-Prinzip). Beide Finanzierungsstrategien gefährden das Wachstum erheblich oder machen es sogar zunichte, wenn die fest eingeplanten zukünftigen Erlöse ausbleiben oder neue kurzfristige Kredite nicht zum erforderlichen Tilgungszeitpunkt für eine Tranche des langfristigen Kredits zur Verfügung stehen. Junge Unternehmungen begehen einen weiteren, finanzierungsbedingten Wachstumsfehler, wenn sie zu früh an die Börse gehen und die dabei erlösten Mittel lediglich dazu verwenden Fremdkapital abzulösen und durch Eigenkapital zu ersetzen. Noch gravierender ist der nach Börsengängen beobachtbare Wachstumsfehler, das neu erworbene Eigenkapital nicht zur Finanzierung von sinnvollen Wachstumsstrategien zu verwenden, sondern lediglich die Kassenhaltung zu erhöhen oder planlos andere Unternehmungen aufzukaufen (z.B. Adori AG; EM.TV AG).

Gravierende Wachstumsfehler können auch bei Personalstrategien als *vierter Gruppe* flankierender unternehmerischer Strategien gemacht werden. Junge Unternehmungen beginnen in vielen Fällen mit einer Gründer- und Personalgeneration, die im vierten, manchmal auch erst dritten Lebensjahrzehnt steht. In vielen Fällen handelt es sich dabei um hoch qualifizierte Absolventen guter Universitäten und Fachhochschulen (vgl. Frank/Opitz 2001, S. 454). Die Homogenität der bereits vorhandenen Altersstruktur veranlasst junge Unternehmungen dann häufig, neues Personal möglichst aus der gleichen Altersstufe zu akquirieren, der die Mehrheit des bereits vorhandenen Personals angehört. Homogene Altersstrukturen führen allerdings im Gleichschritt zu altersbedingten Motivationseinbrüchen, zum Nachlassen der Lernfähigkeit und der Loyalität. Deshalb müssen gerade junge Unternehmungen auf eine heterogene Altersstruktur ihrer Mitarbeiter achten. Sie müssen auch ältere, branchenerfahrene Mitarbeiter mit ausgeprägter Managementkompetenz aus anderen, erfolgreichen Unternehmungen zu akquirieren versuchen. Insbesondere wäre hier an Führungskräfte mit begrenzter Restlebensarbeitszeit zu denken, die vor ihrem Ruhestand die Arbeit in einer jungen Unternehmung als neue Herausforderung verstehen. Loyalitätsmängel bei ihrem Personal müssen junge Unternehmungen dazu veranlassen, über die Bindung ihrer besonders talentierten Mitarbeiter nachzudenken. Unterbleibt all dies, sind Wachstumsbremsen geradezu vorprogrammiert.

Weitaus wichtiger ist jedoch die Weiterentwicklung der Kenntnisse und Fähigkeiten des *gesamten* Personals in Abhängigkeit von den gewählten Wachstumsstrategien der jungen Unternehmung. Die für die Ausformulierung und Umsetzung der Wachstumsstrategien erforderlichen Kenntnisse und Fähigkeiten müssen im Rahmen einer qualitativen Personalplanung prognostiziert und dann durch Personalentwicklung oder externe Personalbeschaffung bereit gestellt werden (vgl. Drumm 2000, Kapitel II.2, II.5., II.6.). Wird dies versäumt, so wird eine nur schwer überwindbare Wachstumsbarriere errichtet (siehe Kapitel 15). Auch der Verzicht auf strategieorientierte Personalentwicklung und der Verzicht auf den Aufbau und die Pflege internalisierter Motivation des Personals durch attraktive Arbeit und vorteilhafte Arbeitsbedingungen ist eine häufig verkannte Wachstumsbarriere.

23.4.4. Mangelhafte oder falsche interne Rechnungslegung

Jede, also auch eine junge Unternehmung braucht eine interne Rechnungslegung, die Kosten und – soweit willkürfrei zurechenbar – Erlöse je Kostenträger, je Kostenstelle und je Bereich ausweisen kann (vgl. Kapitel 17). Unter den verfügbaren Verfahren der Vollkosten-, der Grenzplankosten-, der Prozesskosten- und der Zielkostenrechnung (vgl. z.B. Scherrer 1999) ist selbst die Vollkostenrechnung mit Schlüsselung fixer Kosten und dadurch ausgelöst willkürlichen Kostenzuweisungen auf Kostenträger und Kostenstellen noch vorteilhafter als der Verzicht auf jede Kostenrechnung. Dieser Verzicht ist jedoch bei jungen Unternehmungen immer wieder beobachtbar.

Vorteilhaft ist auf jeden Fall der Aufbau einer Kostenträgerrechnung, einer Kostenstellenrechnung sowie einer Deckungsbeitragsrechnung (vgl. Scherrer 1999), um durch Soll-Ist-Vergleiche der Kosten und Deckungsbeiträge Unwirtschaftlichkeiten und Verlustquellen aufdecken zu können. Bei hartem Wettbewerb muss auch eine ergänzende Zielkostenrechnung hinzu kommen, um durch Kostenanpassung die Preispolitik der Konkurrenten unterlaufen zu können.

Der *Verzicht auf jede Kostenrechnung* führt dazu, dass nicht nur Verlustquellen unaufgedeckt, sondern auch Gewinnpotentiale verborgen bleiben. Beides sind grundsätzlich Quellen der Wachstumsgefährdung. Daher muss die junge Unternehmung dieser Wachstumsgefährdung durch raschen Aufbau einer Kosten- und Erlösrechnung sowie einer Deckungsbeitragsrechnung vorbeugen. Eine Erfolgssteuerung durch Controlling ist als Wachstumsvoraussetzung unabdingbar. Allerdings ist Controlling ohne Kosten- und Erlösrechnung sowie Deckungsbeitragsrechnung kaum vorstellbar. Dies gilt ganz besonders für junge Unternehmungen im Markt der Informationstechnologien, bei denen bis zum Markteintritt hohe Entwicklungskosten anfallen, die durch die Umsätze der Zukunft abdeckt werden müssen.

23.4.5. Abhängigkeit von Dritten

Wie die Überlegungen in den Kapiteln 6., 7., 20., 22. und 23 gezeigt haben, führen zahlreiche Gründungs-, Überlebens- und Wachstumsstrategien geradezu zwingend zur Abhängigkeit der jungen Unternehmung von Dritten. Das ist unproblematisch, so lange die Interessen aller beteiligten Personen und Unternehmungen gleichgerichtet oder kompatibel aber nicht heterogen und konfliktär sind. Abhängigkeit von Dritten mit den Funktionen der Kapitalgeber, der Lizenzgeber, der Partner oder Hauptabnehmer auf dem Absatzmarkt oder der Alleinlieferanten führen nicht zwingend zum Aufbau von Wachstumsbarrieren. Abhängigkeit wird jedoch nachteilig bei Interessendivergenz oder opportunistischem Verhalten der Partner. Dann nämlich wird das Wachstum der jungen Unternehmung gehemmt und sie wird zur Abwehr des opportunistischen Verhaltens der Partner gezwungen. Diese Abwehr löst für die junge Unternehmung negativ erfolgswirksame Transaktionskosten aus, die bereits in der Phase der Vorbereitung einer Partnerschaft und des Abschlusses von Kooperationsverträgen als Anbahnungskosten anfallen und später durch Transaktionskosten der Kontrolle und Fehlerkorrektur ergänzt werden. Daraus folgt, dass die Vermeidung von Abhängigkeiten für junge Unternehmungen unvorteilhaft ist und das Wachstum verhindern kann, dafür aber keine Transaktionskosten mit negativer Wirkung auf den Unternehmungserfolg auslöst.

Abhängigkeiten von Dritten sollten jedoch mit wachsender Überlebensdauer der jungen Unternehmung schrittweise reduziert werden. Abhängigkeit von Lizenzgebern kann und muss durch eigene Forschung und Entwicklung kompensiert werden. Abhängigkeit von Fremdkapitalgebern ist dagegen meist nicht zu vermeiden. Sie kann aber bei Aufnahme von Risikokapital durch eine Erfolgsbeteiligung der Kapitalgeber bei der jungen Unternehmung zur Herstellung von Interessenhomogenität positiv genutzt werden.

Abhängigkeit von Dritten kann, wie schon zuvor gezeigt, bei der Vermarktung der eigenen Produkte auftreten. Sie kann aber auch beim Bezug von Vorprodukten sowie bei der Finanzierung entstehen. Sie ist in Unternehmungsnetzwerken maximal. Deshalb muss sich die junge Unternehmung immer wieder aufs Neue fragen, ob diese Abhängigkeiten existenz- und überlebenssichernd sind, oder ob sie das eigene Wachstum gefährden. So lange das Überleben durch strategische Abhängigkeiten etwa innerhalb eines Netzwerks kooperierender Unternehmungen, von Zulieferanten oder von Abnehmern gesichert wird, muss die junge Unternehmung Abhängigkeiten in Kauf nehmen. Gefährden solche Abhängigkeiten jedoch Erfolg und Wachstum, so muss die junge Unternehmung versuchen, sich durch Aufbau eigener Absatz- oder Beschaffungswege aus ihnen zu lösen. Abhängigkeiten in Netzwerken sind dann unbedenklich, wenn die betrachtete junge Unternehmung mit den anderen Unternehmungen im Netzwerk im Gleichschritt oder sogar schneller wächst. Transaktionskosten der Opportunismusabwehr fallen auch bei wechselseitiger Kontrolle in Netzwerken an. Auch hier gilt, dass bereits bei Konstruktion des externen Netzwerks auf Interessenhomogenität geachtet werden muss, um wachstumshemmende Transaktionskosten zu minimieren.

23.4.6. Akkulturationsfehler beim Kauf von Unternehmungen

Wachstum durch Zukauf von Unternehmungen entlang der Wertschöpfungskette oder durch Diversifikation in andere Branchen hinein schafft nicht nur ein Fehlerpotential durch mangelhafte Branchenkenntnisse, sondern auch durch mangelhafte Akkulturation der erworbenen Unternehmungen. Man muss davon ausgehen, dass jede Unternehmung vom Zeitpunkt ihrer Gründung an eine eigenständige Unternehmungskultur entwickelt. Diese manifestiert sich in den Werthaltungen der Gründer gegenüber ihrem Personal, ihren Kunden, Lieferanten, Kreditgebern und sonstigen Kooperationspartnern. Gründer werden stets versuchen, diese Werthaltungen auf ihr Personal zu übertragen, so dass sie dessen Verhalten ganz oder teilweise prägen. So gelten z.B. in der Newtron AG Geschwindigkeit und Effizienz als wichtige Werte, auf die jeder Mitarbeiter ab seiner Einstellung verpflichtet wird. Sie manifestiert sich zweitens in erwünschten Verhaltensweisen, Ritualen und akzeptierten Verfahren der Problemanalyse und -lösung, die von den Gründern praktiziert werden und die sie auch bei ihrem Personal praktiziert sehen möchten. Die Vermittlung dieser Werte und Verhaltensweisen ist Teil des Führungsprozesses (siehe Kapitel 14 und 15). Die Unternehmungskultur kann bis hin zur Verwendung einer eigenen Sprache mit unternehmungsspezifischer Terminologie reichen, die zwar innerhalb der jungen Unternehmung, nicht aber außerhalb verstanden wird.

Werden nun im Zuge von geplanten Wachstumsprozessen eine oder mehrere andere Unternehmungen gekauft, so wird damit auch deren „fremde" Unternehmungskultur mit übernommen. Die Konfrontation zweier oder mehrerer inkompatibler Unternehmungskulturen macht Akkulturation zwingend erforderlich. Die unterschiedlichen Kulturen müssen aufeinander abgestimmt werden, da sonst Wachstum der gesamten Unternehmung und ihrer Teile durch Nutzung von Synergieeffekten unterbleibt!

Drei verschiedene *Akkulturationsstrategien* sind wählbar. Bei *Usurpation* werden die Führungskräfte der aufgekauften durch diejenigen der aufkaufenden Unternehmung ersetzt. In der Regel ist dieses Modell blutig und teuer, aber relativ rasch umsetzbar. Bei *Adaption* lernen kaufende und gekaufte Unternehmung(en) die wechselseitigen Kulturen kennen und verstehen, um sie dann schrittweise zu verändern und aneinander anzupassen. Dieses Modell ist deutlich langsamer, aber auch billiger als dasjenige der Usurpation. Das Modell der *Synthese* besteht in der bewussten Aufgabe der alten und der Schaffung einer neuen Unternehmungskultur. Dieses Modell ist sinnvoll einsetzbar, wenn sich durch den Aufkauf die Märkte und damit auch die marktorientierten Strategien der Unternehmung ändern oder eine nationale Ausrichtung der jungen Unternehmung durch Internationalisierung erweitert werden kann (siehe

Kapitel 22). Der Verzicht auf Akkulturationsstrategien wirkt nicht nur begrenzend auf das Wachstum, sondern trägt auch zur Erhöhung des Konkursrisikos bei.

23.5. Zusammenfassung

Unternehmungswachstum muss von alten ebenso wie von jungen Unternehmungen geplant werden. Es setzt die Wahl einer oder mehrerer, der zuvor diskutierten Strategien voraus, die das Wachstum fördern. Wichtige Strategien für junge Unternehmungen sind diejenigen der Produkt- und Verfahrensinnovationen, der Differenzierung von Produkten und Märkten, der Nutzung von Marktnischen sowie der Vernetzung mit anderen Unternehmungen der gleichen Produktionsstufe oder aufeinander folgender Produktionsstufen und der Branchentransformation. Wachstum entlang der Wertschöpfungskette ist ein Spezialfall der vertikalen Vernetzungsstrategie. Der Aufkauf ganzer Unternehmungen ist ebenfalls als Wachstumsstrategie geeignet, setzt aber die Bereitstellung von ausreichendem Kapital und die Lösung der Akkulturationsproblematik voraus. Wachstum kann gravierend durch Managementfehler gefährdet werden, die zuvor ausführlich diskutiert worden sind. Wie diese Fehler vermieden werden können sollten die Darlegungen in diesem Kapitel gezeigt haben.

23.6. Verwendete und weiterführende Literatur

Chong, M. L. et. al. (2000): The Silicon Valley Edge. Stanford. CA. S. 120-121.

Covin, J. G.; Slevin, D. P. (1997): High Growth Transitions. Theoretical Perspectives and Suggested Directions. In: Sexton, D. L.; Smilor, R. W., 1997. S. 99-125.

Christensen, C. M. (1997): The Innovator's Dilemma. Boston.

Drumm, Hans Jürgen (2000): Personalwirtschaft. 4. Aufl. Berlin usw.

Frank, Egon; Opitz, Christian (2001): Internet-Start-ups – Ein neuer Wettbewerber unter den „Filteranlagen" für Humankapital. In: Zeitschrift für Betriebswirtschaft. 71. Jg., S. 453-469.

Hutzschenreuter, Thomas (2001): Wachstumsstrategien. Einsatz von Managementkapazitäten zur Wertsteigerung. Wiesbaden.

Kazanjian, R. K.; Drazin, R. (1990): A Stage-Contingent Model of Design and Growth for Technology-based New Ventures. In: Journal of Business Venturing. Vol. 5., S. 137-150.

Kühlhorn, G.; Wissdorf, F. (2001): Jobmotor Mittelstand. In: Impulse März 2001-05-28., S. 20-27.

Lechner, C. (2000): The Competitiveness of Firm Networks. Frankfurt usw.

McGee, J. E.; Dowling M. J.; Megginson, W. L. (1995): Cooperative Strategy and New Venture Performance. The Role of Business Strategy and Management Experience. In: Strategic Management Journal. Vol. 16, Nr. 7, S. 565-580.

Porter, Michael (1992): Wettbewerbsvorteile. 3. Aufl. Frankfurt/Main.

Porter, M. E.; Rivkin, J. W. (2000): Industry Transformation. Harvard Business School. Publishing N9-701-008, July 10.

Scherrer, Gerhard (1999): Kostenrechnung. 3. Aufl. Stuttgart.

Sexton, D. L.; Bowman-Upton, N. B. (1991): Entrepreneurship: Creativity and Growth. New York.

Sexton, D. L.; Smilor, R. W. (1997): Entrepreneurship 2000. Dover.

Siegel, R.; Siegel, E.; MacMillan, I. (1993): Characteristics Distinguishing High Growth Ventures. In: Journal of Business Venturing. Vol. 8, No. 2, S. 169-180.

Sternberg, R. (2000): Entrepreneurship in Deutschland – Das Gründungsgeschehen im internationalen Vergleich: Länderbericht Deutschland zum Global Entrepreneurship Monitor. Berlin.

Teece, D. J. (1986): Profiting from Technological Innovation: Implications for Integration, Collaboration, Licensing, and Public Policy. Research Policy 15., S. 285-305. Elsevier Science Publishers B.V. (North-Holland).

24. Verzeichnis der Autoren

Altenburger, Otto A., Prof. Dr., Wirtschaftsprüfer und Steuerberater: Geburt 1951 in Wien, Studium der Betriebswirtschaftslehre in Wien und Oxford, Ohio, Promotion an der Wirtschaftsuniversität Wien bei Heinrich Stremitzer, Habilitation im Fach Betriebswirtschaftslehre an der Wirtschaftsuniversität Wien bei Gerhard Seicht, seit 1991 Ordentlicher Professor für Betriebswirtschaftslehre mit dem Schwerpunkt Versicherungsbetriebslehre an der Universität Regensburg. Ab Frühjahr 2003 Universität Wien.

Beck, Josef, Patentanwalt: Geburt 1964 in Münchsmünster, Studium der Physik an der TU München, 1992 bis 1995 Ausbildung zum European Patent Attorney bei der Robert Bosch GmbH in Stuttgart, 1995 bis 1999 Ausbildung zum Deutschen Patentanwalt bei der Siemens AG in München, 2000 Mitbegründer und Partner der Patentanwaltskanzlei Wilhelm & Beck in München, seit 2001 Lehrbeauftragter für Gewerblichen Rechtsschutz an der FH Ingolstadt.

Dirscherl, Gertraud, Dipl.-Vw., Wirtschaftsprüferin und Steuerberaterin: Geburt 1958 in Landshut, Studium der Volkswirtschaftslehre in München, seit 1998 Partnerin der KPMG Deutsche Treuhandgesellschaft AG, Leiterin des Bereichs Financial Advisory Services der Bayerischen Treuhandgesellschaft AG.

Dowling, Michael, Prof. Dr.: Geburt 1958 in New York, Studium an der University of Texas (BA und Ph.D.) und Harvard University (MS), seit 1996 Inhaber des Lehrstuhls für Innovations- und Technologiemanagement an der Universität Regensburg.

Drukarczyk, Jochen, Prof. Dr., Dr. h.c.: Geburt 1938 in Stettin, Studium der Betriebswirtschaftslehre in Frankfurt am Main, Promotion an der Johann-Wolfgang-Goethe-Universität in Frankfurt am Main bei Adolf Moxter, Habilitation im Fach Betriebswirtschaftslehre an der Johann-Wolfgang-Goethe-Universität in Frankfurt am Main bei Adolf Moxter und Wolfram Engels, seit 1974 Ordentlicher Professor für Betriebswirtschaftslehre mit dem Schwerpunkt Finanzierung an der Universität Regensburg.

Drumm, Hans Jürgen, Prof. Dr.: Geburt 1937 in Saarbrücken, Studium der Betriebswirtschaftslehre in Saarbrücken, Hamburg und Berlin, Promotion an der FU Berlin bei Erich Kosiol, Habilitation im Fach Betriebswirtschaftslehre an der Universität des Saarlandes bei Herbert Hax, seit 1974 Ordentlicher Professor für Betriebswirtschaftslehre mit den Schwerpunkten Personalwirtschaft, Organisation und Unternehmungsplanung an der Universität Regensburg.

Gierl, Heribert, Prof. Dr.: Geburt 1959 in Viechtach, Studium der Betriebswirtschaftslehre in Regensburg, Promotion an der Universität Regensburg bei Franz Böcker, Habilitation im Fach Betriebswirtschaftslehre an der Universität Regensburg bei Franz Böcker, seit 1992 Inhaber des Lehrstuhls für Betriebswirtschaftslehre mit dem Schwerpunkt Marketing an der Universität Augsburg.

Helm, Roland, Prof. Dr.: Geburt 1966 in Tirschenreuth, Studium der Betriebswirtschaftslehre in Regensburg, Promotion an der Universität Universität Augsburg bei Heribert Gierl, Habilitation im Fach Betriebswirtschaftslehre an der Universität Augsburg bei Heribert Gierl, seit 2001 Inhaber des Unilever-Stiftungs-lehrstuhls für Allgemeine Betriebswirtschaftslehre, insbesondere Absatzwirtschaft, Marketing und Handel an der Friedrich-Schiller-Universität Jena.

Huber, Roman, Dipl.Kfm., Bankkaufmann: Geburt 1958 in München, Studium der Betriebswirtschaftslehre in München, Ausbildung zum Bankkaufmann bei der Hypo-Bank München, seit 1992 Leiter der Innovationsfinanzierung bei der LFA-Förderbank Bayern in München.

Jantz, Waldemar, Dipl.Betriebswirt (FH): Geburt 1955 in Tübingen, Studium der Betriebswirtschaftslehre in Reutlingen, seit 1984 als Venture Capitalist tätig, Managing Partner bei Techno-Venture-Management, seit 1999 Gründer und Partner des Venture Capital Fonds Target Partners GmbH in München, Direktor der European Venture Capital Association und Aufsichtsratsvorsitzender der Parsytec AG.

Kirnberger, Christian; Dr. jur., Dipl.-Kfm., Rechtsanwalt und Wirtschaftsprüfer, Geburt 1967 in Marburg/Lahn, Studium der Rechtswissenschaften und Betriebswirtschaftslehre in Passau, Promotion an der Universität Passau bei Hartmut Söhn, seit 2001 Geschäftsführender Gesellschafter bei SUSAT & Partner oHG Wirtschaftsprüfungsgesellschaft in München.

Lechner, Christian, Prof. Dr.: Geburt 1966 in München, Studium der Betriebswirtschaftslehre an der LMU München, in Florenz (Italien) und Athens, Georgia (USA), Promotion an der Universität Regensburg bei Michael Dowling, seit 2000 Professor für Strategisches Management und Entrepreneurship an der ESC Toulouse.

Lerchenfeld, Philipp Graf von und zu, Dipl. Ing. agrar., Wirtschaftsprüfer und Steuerberater: Geburt 1952 in Köfering, Studium der Agrarwissenschaften an der TU München-Weihenstephan, seit 1993 Partner der KPMG Deutsche Treuhandgesellschaft AG, Prokurist und Leiter der Niederlassung Regensburg der Bayerischen Treuhandgesellschaft AG.

Meckl, Reinhard, Prof. Dr.: Geburt 1964 in Parsberg, Studium der Volkswirtschaftslehre in Regensburg, Promotion an der Universität Regensburg bei Hans Jürgen Drumm, Habilitation im Fach Betriebswirtschaftslehre an der Universität Regensburg bei Hans Jürgen Drumm, seit 2000 Inhaber des Lehrstuhls für Allgemeine Betriebswirtschaftslehre, insbesondere Internationales Management an der Friedrich-Schiller-Universität Jena.

Meyer-Scharenberg, Dirk E., Prof. Dr., Steuerberater: Geburt 1954 in Flensburg, Studium der Betriebswirtschaftslehre in München, Promotion und Habilitation an der Universität München bei Enno Biergans, seit 1992 Ordentlicher Professor für Betriebswirtschaftslehre mit dem Schwerpunkt Betriebswirtschaftliche Steuerlehre an der Universität Regensburg.

Scherrer, Gerhard, Prof. Dr., Steuerberater: Geburt 1936 in Hagenbach, Studium der Betriebswirtschaftslehre in München, Promotion an der LMU München bei Peter Scherpf, Habilitation im Fach Betriebswirtschaftslehre an der Universität Hamburg bei Lutz Fischer, seit 1976 Ordentlicher Professor für Betriebswirtschaftslehre mit den Schwerpunkten Unternehmensrechnung, Revisions- und Treuhandwesen an der Universität Regensburg.

Schmude, Jürgen, Prof. Dr.: Geburt 1955 in Dortmund, Studium der Geographie und Mathematik in Heidelberg, Promotion in Geographie mit Mathematik und Soziologie an der Universität Heidelberg bei Peter Meusburger, Habilitation an der Universität Heidelberg bei Peter Meusburger, seit 1998 Inhaber des Lehrstuhls für Wirtschaftsgeographie an der Universität Regensburg.

Stevenson, Howard H., Prof. Dr.:, Geburt 1941 in Salte Lake City, Studium der Mathematik (B.A.) an der Stanford University, BA und Promotion (D.B.A.) an der Harvard University, seit 1982 Sarofim-Rock-Professor of Business Administration an der Harvard University, Graduate School of Business Administration.

25. Sachverzeichnis

382

390

26. Abkürzungsverzeichnis

Ad-hoc	sofort
AO	Abgabenordnung
B2B	Business to Business
B2C	Business to Consumer
BetrVerfG	Betriebsverfassungsgesetz
BewG	Bewertungsgesetz
BFH	Bundesfinanzhof
BGB	Bürgerliches Gesetzbuch
BörsG	Börsengesetz
BörsZulV	Börsenzulassungsverordnung
CEO	Chief Executive Manager
DtA	Deutsche Ausgleichsbank
EBIT	Earning Before Interest and Tax (Einkommen vor Zinsen u. Steuern)
EBITDA	Earning before Interest, Tax, Depreciation and Amortisation (Einkommen vor Zinsen, Steuern, Abschreibung und Reinvestitionsrate)
EK	Eigenkapital
ErbStG	Erbschaftsteuergesetz
EstG	Einkommensteuergesetz
F&E	Forschung und Entwicklung
GewStG	Gewerbesteuergesetz
GuV	Gewinn und Verlust
h. M.	herrschende Meinung
HGB	Handelsgesetzbuch
HWK	Handwerkskammer
IHK	Industrie- und Handelskammer
INSTI	Verbundprojekt des BMBF zur Innovationsstimulierung
IPO	Initial Public Offering
IT	Informationstechnologie
KGaA	Kommanditgesellschaft auf Aktien
KStG	Körperschaftsteuergesetz
MBG	Mitbestimmungsgesetz
MBO	Management Buyout
n	Unbestimmte Anzahl von Objekten
OEM	Original Equipment Manufacturers
p. a.	per annum/pro Jahr
Part GG	Partnerschaftsgesellschafts-Gesetz
PR	Public Relations
PublG	Publizitätsgesetz
R	Bestimmtheitsmaß
StBerG	Steuerberatungsgesetz
StGB	Strafgesetzbuch

UmwStG	Umwandlungssteuergesetz
UStDV	Umsatzsteuer-Durchführungs-verordnung
UstG	Umsatzsteuergesetz
VC	Venture Capital

Druck: Strauss Offsetdruck, Mörlenbach
Verarbeitung: Schäffer, Grünstadt

27. Danksagungen zur 2. Auflage

Als Herausgeber sind wir unseren siebzehn Koautoren dafür dankbar, dass sie ihre gehaltvollen und klar formulierten Beiträge größtenteils bereits für die erste Auflage geschrieben sowie unter Einhaltung der vorgegebenen Fristen für die zweite Auflage durchgesehen, soweit notwendig verbessert und aktualisiert haben. Frau cand.rer.pol. Patricia Kraft hat bereits für die erste Auflage das Schlagwortregister sowie das Abkürzungsverzeichnis angelegt und für die zweite Auflage überarbeitet, wofür wir ebenfalls dankbar sind. Frau Anja Pilkenroth hat alle Beiträge in die vom Verlag vorgeschriebene Form gebracht und die formale Schlussredaktion bewältigt. Auch für diese unerlässliche und zugleich aufwändige Hilfe sind wir sehr dankbar. Der Springer Verlag hat sich der verlegerischen Arbeit mit Engagement angenommen und für eine rasche Abwicklung der gesamten Publikation gesorgt. Dafür schulden wir dem Verlag und dort insbesondere Herrn Dr. Müller uneingeschränkten Dank.

An dieser Stelle möchten wir auch dem Hans Lindner Institut und insbesondere dem Unternehmer Herrn Hans Lindner für seine Unterstützung von Gründungsmanagementaktivitäten an der Universität Regensburg und im ostbayerischen Raum danken.

Regensburg, im Januar 2003

Michael Dowling   Hans Jürgen Drumm